남경태의 가장 독창적 역사 읽기

종횡무진 한국사 2

일러두기
*이 시리즈는 《종횡무진 한국사 1, 2》, 《종횡무진 동양사》, 《종횡무진 서양사 1, 2》로 구성되어 있으며, 본문에 서로 관련된 내용이 표시되어 있습니다. (예: 《종횡무진 한국사》 1권, 00~00쪽 참조)
*본문의 이해를 돕기 위해 173쪽에 있는 〈도성도〉는 원본과 다르게 거꾸로 넣었습니다.

남경태의 가장 독창적 역사 읽기

종횡무진 한국사

2 조선 건국에서
대한민국 정부 수립까지

남경태 지음

Humanist

책머리에

지은이의 향기가 나는
종횡무진 시리즈가 되기를 바라며

깊으면 좁아지고 넓으면 얕아지게 마련이다. 그럼 깊으면서도 넓을 수는 없을까? 16년 전 종횡무진 시리즈를 시작할 때부터 늘 나를 괴롭혀온 질문이다.

'종횡무진'이라는 표제가 말해주듯이, 이 시리즈는 전문가용 학술서가 아니라 역사에 관심이 있는 일반 독자를 위한 대중서다. 하지만 넓어지면 얕아진다는 대중서의 '숙명'을 피하기 위해 나는 일반 대중서에는 없는 요소들을 과감히 끌어들였다. 구어적인 서술 방식이라든가 빠른 진행은 대중서 특유의 생동감을 불어넣으려는 시도였지만, 대담한 사건 연결이나 인물 비교는 역사 교과서나 대중서에서 볼 수 없는 역사적 상상력을 동원한 결과였다. 이렇게 두 마리 토끼를 쫓을 수 있었던 이유는 역사를 단순한 사실의 나열로 보지 않고 추리와 추측을 가미했기 때문이라고 자부한다.

대개 대중 역사서를 쓰는 사람들은 어떻게 하면 역사를 쉽게 정리할 수 있을까를 고민한다. 말하자면 역사의 교통경찰과 같은 역할을 자임하는 것이다. 하지만 이 시리즈에서 내가 하고자 한 역할은 교통경찰을 넘어 오케스트라의 지휘자였다. 교통경찰은 교통을 소통시켜주면 그것으로 임무가 끝나지만, 오케스트라의 지휘자는 작품을 끊임없이 재해석해야 한다. 나는 역사라는 과거의 작품을 해석하고 재해석해 역사 오케스트라의 지휘자가 되고자 했다.

그것은 쉽지 않은 길이었다. 다른 책들도 그렇지만 특히 한국사의 경우 많은 독자가 잘 아는 데다 관심도 높기 때문에 자칫 잘못 해석할 경우 오해와 비난을 부를 수도 있다. 그 위험에서 벗어나는 데는 역시 나의 '신분'이 유리했다. 전문 연구자나 학자였다면 과감한 추리가 가미될 경우 누군가 뒷덜미를 잡아당기는 듯한 기분이었겠지만, 대중서 지은이라는 신분은 학계의 선배라든가 학문적 질책을 가할 사람이 없는 탓에 상당히 자유로웠다. 다만 지나치게 방종하지 않도록 주의하고 내적인 규제의 선만 넘지 않으려고 노력했다.

물론 이런 고충을 독자 여러분이 굳이 이해하고 양해해줄 필요는 없다. 독자들은 단지 책을 통해 지식을 얻거나 흥미를 느끼면 그만이다. 그러나 지식과 흥미에도 여러 가지 차원이 있다. 지은이의 의도를 정확하게 따라잡으며 책을 읽는 것도 깊은 지식과 흥미를 포착하는 하나의 방식이 될 것이다.

지금까지 인문학을 주제로 여러 권의 책을 썼고 많은 책을 번역했다. 무엇보다 종횡무진 시리즈만큼 애정과 관심을 쏟고 정성을 기울인 책은 없다. 분량만도 전부 합쳐 원고지 1만 매에 달하는 데다 다루는 주제도 통사이기 때문에 많고 넓다. 앞으로도 이런 거대한 주제를 방대한 분량으로 엮어내는 작업은 못할 것 같다. 그래서 새로운 교열을 거쳐 한꺼번에 출간하는 것을 이 종횡무진 시리즈의 최종판으로 삼고자 한다.

베스트셀러였던 적은 없지만 그래도 지금까지 독자들의 꾸준한 사랑을 받는 것으로 보아서는 역사 교과서의 지루함과 엄숙주의를 거부하는 사람들이 상당수 있다는 이야기다. 이 책은 '종횡무진'이라는 표제처럼 좌충우돌하며 자유분방하게 역사를 서술하면서도 교과서에 나오는 지식과 정보를 최대한 수용하려 애썼기 때문이다.

전 세계를 통틀어도 동양사, 서양사, 한국사를 한 사람이 책으로 엮어낸 사례는 드물 것이다(무엇보다 한국사가 포함되어 있으니 외국인은 불가능할 것이다). 하지만 이 시리즈는 그런 형식적인 특징에 만족하지 않는다. 독자들은 이 시리즈에서 한 사람의 지은이가 가진 일관된 사관과 역사 서술을 읽어내고 그것을 중심으로 공감이나 비판의 시선을 던져주기를 바란다. 그래야만 한 사람의 지은이가 시리즈를 완성한 보람이 있을 것이다.

디지털 시대를 맞아, 텍스트를 위주로 할 수밖에 없는 책은 낡은 매체로 보일지도 모른다. 그러나 나는 소설을 영화로 만든 것 중에서 원작을 능가하는 작품은 보지 못했다. 아무리 훌륭한 영화감독이라 해도 소설을 읽는 독자의 마음속에 세팅된 무대와 캐릭터를 완벽하게 재현하지는 못하기 때문이다. 더욱이 소설이 아니라 인문학이라면 말할 것도 없고, 앞으로도 텍스트의 근본적인 미덕은 변치 않을 것이다.

지은이의 향기가 나지 않는 책은 가치가 없고, 좋은 텍스트는 다른 어떤 매체보다 지은이의 향기가 진하다. 앞으로도 독자들이 이 종횡무진 시리즈에서 지은이의 체취를 느껴주기를 바라는 마음이다.

2014년 겨울
지은이 남경태

차례

종횡무진 한국사 2

책머리에 ... 4

7부 유교 왕국의 완성

19장 건국 드라마 ... 19
조선의 기획자 19 | 두 신생국의 신경전 23 | 유교 왕국을 꿈꾸며 28

20장 왕자는 왕국을 선호한다 ... 33
붓보다 강한 칼 33 | 유교 왕국의 모순 39 | 2차 건국 43

21장 팍스 코레아나 ... 49
무혈 쿠데타 49 | 역사상 유일한 문화 군주 55 | 문자의 창조 59 | 유교 왕국의 모범 답안 62 | 세종이 뿌린 모순의 씨 68

8부 왕국의 시대

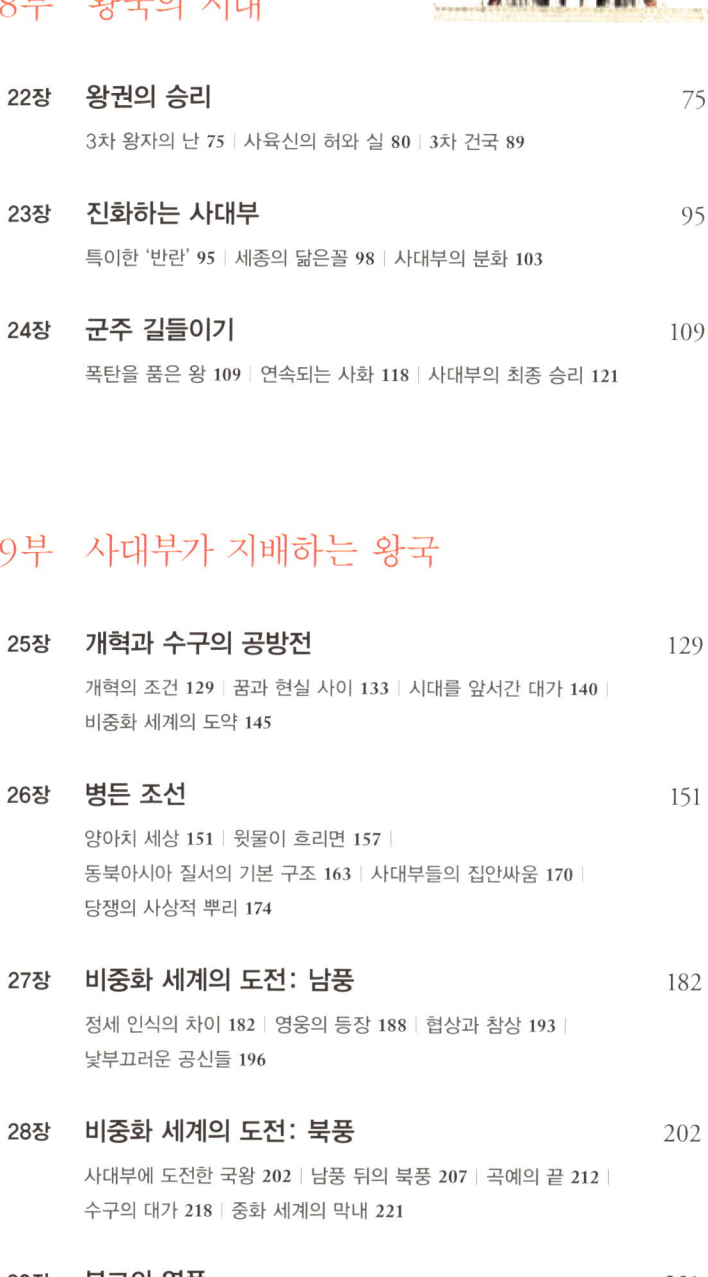

22장 왕권의 승리 · 75
3차 왕자의 난 75 | 사육신의 허와 실 80 | 3차 건국 89

23장 진화하는 사대부 · 95
특이한 '반란' 95 | 세종의 닮은꼴 98 | 사대부의 분화 103

24장 군주 길들이기 · 109
폭탄을 품은 왕 109 | 연속되는 사화 118 | 사대부의 최종 승리 121

9부 사대부가 지배하는 왕국

25장 개혁과 수구의 공방전 · 129
개혁의 조건 129 | 꿈과 현실 사이 133 | 시대를 앞서간 대가 140 | 비중화 세계의 도약 145

26장 병든 조선 · 151
양아치 세상 151 | 윗물이 흐리면 157 | 동북아시아 질서의 기본 구조 163 | 사대부들의 집안싸움 170 | 당쟁의 사상적 뿌리 174

27장 비중화 세계의 도전: 남풍 · 182
정세 인식의 차이 182 | 영웅의 등장 188 | 협상과 참상 193 | 낯부끄러운 공신들 196

28장 비중화 세계의 도전: 북풍 · 202
사대부에 도전한 국왕 202 | 남풍 뒤의 북풍 207 | 곡예의 끝 212 | 수구의 대가 218 | 중화 세계의 막내 221

29장 복고의 열풍 · 231
시대착오의 정신병 231 | 허망한 북벌론 235 | 소중화의 시작 242

| 30장 | **조선판 중화 세계** | 248 |

세계화 시대의 중화란 248 | 당쟁의 정점 254 | 왕국의 조짐 261

10부 왕정복고의 빛과 그림자

| 31장 | **조선의 새로운 기운** | 269 |

되살아난 당쟁의 불씨 269 | 왕국으로 가는 길 273 |
건국의 분위기 279

| 32장 | **한반도 르네상스** | 285 |

새로운 학풍 285 | 한계를 넘지 못한 실학 291 |
사대부의 거부권 298

| 33장 | **마지막 실험과 마지막 실패** | 306 |

도서관이 담당한 혁신 306 | 반정의 예방 조치 313 |
정조의 딜레마 319 | 미완성 교향곡 324

11부 불모의 세기

| 34장 | **사대부 체제의 최종 결론** | 331 |

과거로의 회귀 331 | 혼돈의 시작 336 | 불모의 땅에 핀 꽃 344

| 35장 | **허수아비 왕들** | 351 |

무의미한 왕위 계승 351 | 원범 총각, 한양에 가다 356 |
총체적 난국 359 | 서학에는 동학으로 365

| 36장 | **위기와 해법** | 369 |

다시 온 왕국의 꿈 369 | 한 가지 해법 : 문 닫기 374 |
격변기의 비중화 세계 381 | 잘못 꿴 첫 단추 389 |
또 하나의 해법 : 문 열기 396

37장 **친청, 친일, 친러의 사이에서**　　　　　　　　400

　　　　개혁 없는 개화의 결론 400 | 사흘간의 백일몽 408 |
　　　　내전의 국제화 414 | 도발된 전쟁과 강요된 개혁 419 |
　　　　어느 부부의 희비극 426 | 기묘한 제국 433 | 후보 단일화 439

12부　식민지와 해방과 분단

38장 **가해자와 피해자**　　　　　　　　　　　　　　447

　　　　식민지를 환영한 자들 447 | 때늦은 저항 453 |
　　　　합법을 가장한 합병 460

39장 **식민지 길들이기**　　　　　　　　　　　　　　466

　　　　주식회사와 토지조사 466 | 세계적 모순의 집약지 472 |
　　　　높아지는 야망, 거세지는 항일 479

40장 **항전, 그리고 침묵과 암흑**　　　　　　　　　485

　　　　홍군 속의 조선군 485 | 모두가 침묵한 때 490

41장 **해방, 그리고 분단**　　　　　　　　　　　　497

　　　　남의 손으로 맞은 해방 497 | 분열로 날린 기회 501 |
　　　　두 개의 정부, 분단의 확정 507

에필로그　역사에 대한 반성으로 더 큰 도약을　　　512

　　　　　진행 중인 역사 512 | 역사적 반성을 위해 515

연표　　　　　　　　　　　　　　　　　　　　　　518
자료 제공 및 소장처　　　　　　　　　　　　　　527
찾아보기　　　　　　　　　　　　　　　　　　　528

종횡무진 한국사 1

1부 깨어나는 역사
- 1장 신화에서 역사로
- 2장 왕조시대의 개막

2부 화려한 분열
- 3장 고구려의 역할
- 4장 깨어나는 남쪽
- 5장 뒤얽히는 삼국
- 6장 진짜 삼국시대

3부 통일의 바람
- 7장 역전되는 역사
- 8장 통일 시나리오
- 9장 통일의 무대

4부 한반도의 단독 정권
- 10장 새 질서와 번영의 시대
- 11장 소용돌이의 동북아시아
- 12장 단일 왕조시대의 개막

5부 국제화 시대의 고려
- 13장 모순에 찬 출발
- 14장 고난에 찬 데뷔전
- 15장 안정의 대가

6부 표류하는 고려
- 16장 왕이 다스리지 않는 왕국
- 17장 최초의 이민족 지배
- 18장 해방, 재건, 그리고 멸망

종횡무진 동양사

1부 태어남
- 1장 중국이 있기까지
- 2장 인도가 있기까지
- 3장 일본이 있기까지

2부 자람
- 4장 세상의 중심이었던 중국
- 5장 분열이 자연스러운 인도
- 6장 군국주의로 치닫는 일본

3부 섞임
- 7장 중국의 화려한 시작과 비참한 종말
- 8장 외부에서 온 인도의 통일
- 9장 도발로 수미일관한 일본

종횡무진 서양사 1

1부 씨앗
- 1장 두 차례의 혁명
- 2장 충돌하는 두 문명
- 3장 새로운 판짜기
- 4장 통일, 그리고 중심 이동

2부 뿌리 1
- 5장 그리스 문명이 있기까지
- 6장 폴리스의 시대

7장 　전란의 시대
8장 　사상의 시대
9장 　문명의 통합을 낳은 원정

3부 　뿌리 2

10장 　로마가 있기까지
11장 　지중해로 뻗어나가는 로마
12장 　제국의 탄생
13장 　팍스 로마나
14장 　추락하는 제국

4부 　줄기

15장 　유럽 세계의 원형
16장 　또 하나의 세계 종교
17장 　원시 서유럽
18장 　하늘 하나에 땅 여럿
19장 　십자가 없는 십자군
20장 　국민국가의 원형
21장 　해체되는 중세
22장 　중세적인, 너무나 중세적인

종횡무진 서양사 2

1부 　꽃

23장 　다른 세계를 향해
24장 　신에게서 인간으로
25장 　종교의 굴레를 벗고

2부 열매 1

26장 영토와 주권의 의미
27장 유럽을 낳은 전쟁
28장 자본주의 출범
29장 변혁의 18세기
30장 근대의 완성

3부 열매 2

31장 각개약진의 시대
32장 완성된 유럽 세계
33장 제국 없는 제국주의
34장 큰 전쟁과 큰 혁명
35장 불안의 과도기
36장 최후의 국제전
37장 유럽을 벗어난 유럽 문명

7부
유교 왕국의 완성

처음부터 유학 이념을 지배 이데올로기로 채택한 만큼 조선은 두 가지 진화의 길 가운데 하나를 선택해야 한다. 유교 왕국이란 원래 왕과 사대부를 축으로 하는 모순적인 이중 권력 체제이기 때문이다. 초기의 승자는 왕권이었다. 건국 초기부터 사대부 체제를 이룩하고자 한 정도전의 구상은 당연히 왕국 체제를 선호하는 왕자들의 거센 반발을 불러일으켰다. 그 덕분에 세종까지는 국왕이 사대부를 관료로 거느리는 정상적인 왕국 체제가 유지될 수 있었으나, 머리가 커진 사대부들은 점차 왕권에 대한 도전을 꿈꾸게 된다.

19장

건국 드라마

조선의 기획자

작은 사물이 큰 사물에 이끌리는 것은 자연법칙이다. 그것은 '자연스러운 현상'이면서도 다른 면에서 보면 '자연현상'에 불과한 것이기도 하다. 자연과 달리 의지를 지닌 사물, 이를테면 인간이나 인간 집단은 그 자연법칙에 종속되지 않을 수 있다. 따라서 사대事大란 필연적인 것이 아니라 자발적이고 선택적인 행위다.

— 《역사의 물리학》에서

14세기 말의 동북아시아는 활기에 넘쳤다. 한 세기 동안 몽골의 지배를 받다가 다시 한족 왕조가 들어선 중국과 새 왕조로 말을 갈아탄 한반도는 바야흐로 건국과 재건의 활발한 계절을 맞았다. 몽골이라는 공동의 적을 두었던 같은 처지의 신생국임에도 불구하고 두 나라는 아직 죽이 잘 맞지 않았지만, 서로 바쁜 초기의 건설기가 끝나고 나면 명확한 관계가 설정될 것이다.

이성계李成桂(1335~1408)가 조선의 건국자라면, 정도전鄭道傳(1342~1398)은 조선의 기획자였다. 공식적으로는 위화도 회군 때부터, 비공식적으로는 더 이전부터 이성계의 브레인으로 역할한 정도전은 이성계가 '고려의 마지막 왕'으로 취임하자마자 일약 한반도에서 가장 바쁜 사나이가 되었다(이성계는 공양왕을 폐위하고 즉위한 뒤 곧바로 새 왕조 개창을 선언하지는 않았다). 그 목적은 물론 이성계를 '새 나라의 초대 왕'으로 만드는 데 있었다. 1384년에 이성계와 역사적인 첫 만남을 갖기 전 그는 9년 동안이나 유배와 유랑의 생활을 했는데, 그 시기에 갈고 닦은 경륜을 이제 마음껏 발휘할 무대가 마련된 것이다.

이성계가 권력을 장악하자마자 정도전은 새 정부의 많은 요직을 겸직하게 되었다. 하지만 직함 따위는 전혀 중요하지 않았다. 어차피 그가 권력상으로 2인자라는 사실은 모르는 사람이 없었고, 새 나라에 필요한 소프트웨어의 총책임자라는 사실도 아는 사람은 다 알았다.●

● 정도전은 이성계를 한 고조 유방(劉邦, 기원전 247?~기원전 195)에 비유하고 자신을 장량(張良, 기원전?~기원전 168)에 비유했다. 유방은 진시황이 죽은 뒤 초의 항우를 물리치고 중국을 재통일한 한의 건국자이며, 장량은 그 과정에서 결정적인 역할을 한 뛰어난 참모였다. 심지어 정도전은 유방이 장량을 이용한 게 아니라 거꾸로 장량이 유방을 이용했다고 말했는데, 조선 건국의 실질적인 기획자는 자신이라는 것이다. 그의 호방함도 대단하지만 그런 말을 이성계가 용납했을 정도면 당시 정도전의 위상이 어느 정도였는지 짐작할 만하다.

탁월한 정치적 감각과 대세관, 뛰어난 학문과 중국에서도 보증한 문장력, 게다가 예술과 병법마저 통달한 이상적인 참모가 정도전이었다. 팔방미인인 만큼 할 일도 많았지만, 가장 중요하고 또 가장 먼저 해야 할 일은 나라 이름을 짓는 것이었다. 이성계가 공식적인 건국 발표를 미룬 이유 중 하나도 바로 새 나라의 국호가 정해지지 않았기 때문이다. 더욱이 그것은 명의 요구이기도 했다. 이 중요한 국가 대사를 기획자가 하지 않으면 누가 할까?

여러 문헌을 뒤적거리며 국호 후보감을 찾던 정도전은 고려를 건국할 무렵의 왕건이 부러웠을 것이다. 고구려를 계승한다는 취지였으니 고려라는 국호는 지을 것도 없이 당연했을 테니까. 게다가 왕건의 시대에는 중국이 분열기였으므로 한반도에 간섭할 여유가 없지 않았던가? 반면에 지금은 새 나라의 국호조차 독자적으로 짓지 못하고 중국의 허가를 얻어야 할 뿐 아니라 그 허가 여부가 국호의 가장 중요한 요건이었다. 고심 끝에 그는 결국 두 개의 후보를 찾아냈다.

하나는 화령和寧(지금의 영흥)이다. 화령이라면 이성계의 출생지인데, 중국의 경우 건국자의 출생지를 국호로 정하는 것은 고대의 전통이니까 그에 따른 작명이다. 물론 하자는 없지만 정도전은 중국이 그 이름을 거부하리라는 것을 예상하지 않았을까 싶다. 중국을 받드는 처지에 중국의 전통을 함부로 취하는 것도 문제가 되겠지만 화령은 불과 수십 년 전까지 원의 쌍성총관부雙城摠管府가 있던 곳, 그러니까 철령위鐵嶺衛 사태에서 쟁점이 된 지역이 아닌가? 명이 화령이 어딘지를 모를 리 없을 테니 그런 지역의 이름을 국호로 쓴다면 중국에서 쓸데없이 그 저의를 의심하게 될 수 있다.

그래서 또 하나의 후보가 필요했다. 바로 조선이다. 조선이라면 한반도 역사의 여명기에 있었던 고대 국가의 이름이니 굳이 명에서도 반대할 리 없다. 더욱이 옛 조선(고조선)은 중국 문명의 영향을 받아 성립한 국가였을 뿐 아니라, 2500년 전 중국에서 주나라가 세워질 무렵 무왕武王이 은나라 귀족 기자箕子에게 봉토로 내주었던 곳이 아닌가(1권, 41~42쪽 참조)? 거기에 생각이 미친 순간 정도전은 무왕을 주원장에 비유하고, 기자를 이성계에 비유하는 절묘한 알레고리를 생각해낸다. 홍건적 두목 출신인 주원장도 자신이 전설 속의 성군聖君인 무왕에 비교된다면 더없이 만족할 테니 승인은 따 놓은 당상이다.●

1392년 자청해서 명에 사신으로 간 한상질韓尙質(?~1400)은 이듬해 2월에 당당히 조선이라는 국호를 승인받고 돌아왔다. 이 '작명 해프닝'은 한편으로 정도전의 천재적인 재치를 보여주지만, 동시에 이른바 역성혁명易姓革命으로 새 왕조를 세웠음에도 불구하고 그의 대중국관이 중국 한족 왕조에 대한 전통적인 사대주의에서 벗어나지 못했음을 말해준다. 아직 국교가 충분히 회복되지 않은 상태였으므로 명은 국호 하나만 가지고도 조선을 골탕 먹일 수 있었다. 그러나 아무리 심사가 꼬인 명 조정이라 해도 두 나라의 관계를 옛 주나라와 기자조선의 관계에 비유하는 정도전의 영리한 아부에 냉담하기란 어려웠을 것이다.

흔히 정도전은 고려 말의 주자학자들과는 달리 중국에 대해 자주적인 태도를 견지한 것으로 알려져 있으나, 국호를 정하는 데서도 중국과 한반도의 전통적인 사대 관계를 이용할 만큼 자주성과는 거리가 먼 인물이었다. 이런 그의 진면목은 얼마 뒤에 더욱 생생히 드러난다.

● 조선이라는 국호에 대단히 만족한 정도전은 자신이 지은 《조선경국전(朝鮮經國典)》에서 그 경위를 이렇게 밝히고 있다. "해동(한반도)는 그 국호가 일정하지 않았다. 박·석·김 세 성씨가 신라라고 일컬었고, 온조는 백제라 했으며, 견훤은 뒤에 후백제라고 일컬었다. 또 고주몽은 국호를 고구려라 했고, 궁예는 후고구려라 했으며, 왕씨(왕건)는 궁예를 대신해 고려라는 국호를 사용했다. 이들은 모두 한 지역을 임의로 차지하여 중국의 명령을 받지도 않고서 스스로 명호를 세우고 서로 침략했으니, 국호는 있으되 어떻게 나라라고 할 수 있겠는가? 다만 기자만은 주나라 무왕의 명령을 받아 조선 왕에 봉해졌다." 중국의 승인을 받아야 제대로 된 나라라고 할 수 있다는 이야기다. 이렇게 조선은 국호를 정할 때부터 사대주의를 바탕으로 시작한 왕조였다.

두 신생국의 신경전

가장 중요한 국호가 결정되자 정도전의 조선 기획은 더욱 가속화되었고, 그에 따라 그의 재능도 더욱 빛을 발했다. 우선 그는 이성계의 덕을 칭송하기 위해 춤과 노래가 어우러진 일종의 간이 오페라인 〈문덕곡文德曲〉과 〈몽금척夢金尺〉, 〈수보록受寶錄〉을 지어 작사·작곡·안무의 솜씨를 유감없이 보여주었다(현재 음률은 전하지 않고 《악학궤범樂學軌範》에 가사와 일부 춤동작만이 전한다).

그러나 이런 예능의 자질은 정도전이 지닌 능력의 일부에 불과했다. 곧이어 그는 군사제도를 정비했다. 의흥삼군부義興三軍府를 만들어 병권을 장악하고는 직접 군사 조련까지 담당했다. 1394년에 그는 국가 운영 지침서인 《조선경국전》을 저술하는가 싶더니, 새 도읍지로 한양을 정하고, 새로 지을 궁궐과 종묘의 위치, 이름까지 일일이 제정했다.●● 또 이듬해에는 《고려사高麗史》 37권의 편찬까지 맡았으니 슈퍼맨이 따로 없다(원래 새 왕조는 건국한 지 50년 이내에 전 왕조의 역사서를 편찬하는 게 관례이므로 그에 따른 것이다. 하지만 이 문헌은 지금 전하지 않고 세종 때 재편찬한 《고려사》가 전한다).

그러나 건국 작업에 여념이 없는 정도전이 잠시 손길을 늦출 수밖에 없는 사태가 일어난다. 고려 말부터 한반도의 사태에 사사건건 딴죽을 걸 명이 여전히 조선을 곱지 않은 눈길로 보고 있었기 때문이다. 일단 조선이라는 국호까지는 승인했으나 명은 여전히 새

●● 지금 서울의 대표적 '고궁'인 경복궁(景福宮)이 바로 이때 지어진 조선왕조의 정궁(正宮)이다. 처음 지어질 당시 경복궁은 400칸이 채 못 되는 작은 규모였으므로 정도전이 작업을 총감독하고 부속 건물들의 이름까지 지을 수 있었다. 그는 《시경(詩經)》에 나오는 '介爾景福(그대에게 빛나는 복이 있으라)'이라는 구절에서 따와 경복궁이라는 이름을 짓고, 왕의 집무실인 근정전(勤政殿)과 사정전(思政殿), 침소인 강녕전(康寧殿) 등의 위치와 명칭도 직접 정했다. 그러나 그가 심혈을 기울인 이 경복궁은 훗날 임진왜란 때 완전히 불에 타 없어졌고, 현재의 궁궐은 1867년에 흥선대원군이 다시 지은 것이다.

왕조는커녕 이성계의 쿠데타 자체를 승인하지 않고 있었다. 명으로서는 원의 속국이었던 전 왕조 고려가 못마땅하기는 했으나, 그렇다고 해서 중국 대륙의 주인이 바뀐 것에 때맞추어 한반도의 주인이 바뀐 것을 환영할 마음도 없었을 것이다.

사실 정도전이 국호를 정하는 일에서도 중국의 눈치를 볼 수밖에 없었던 이유는 정통성에 문제가 있었기 때문이다. 조선은 고려가 건국될 때처럼 분열되어 있던 나라들을 통일한 게 아니라 쿠데타로 이룬 새 나라였다. 그러므로 정통성의 문제는 오로지 중국에 의존할 수밖에 없었다.

그런데 공교롭게도 그 점에서는 명도 같은 처지였다. 비록 오랜만에 복귀한 한족 왕조였지만 아직까지는 신생국의 딱지를 벗지 못하고 있었으므로 명 태조 주원장의 최대 관심사는 하루빨리 신생 제국을 든든한 반석 위에 올려놓는 일이었다. 따라서 그로서는 무엇보다 주변 정세에 대해 예민했다. 그전까지의 중국 왕조들이 중원에 도읍을 정한 데 비해 주원장은 오랜 이민족의 지배에서 벗어났음을 확실히 선언하는 동시에 자신의 고향이자 세력 근거지에서 크게 벗어나지 않기 위해 이례적으로 강남의 난징에 도읍을 정했다(곧 베이징으로 도읍을 옮기지만 중국의 역대 통일 제국 중에서 난징에 도읍을 정한 것은 명이 유일했다).

그러므로 한반도에 관해 주원장이 가장 만족스러워할 만한 변화는 정몽주를 대표로 하는 고려 말의 친명親明 세력이 집권하는 것이었다. 고려가 친원親元의 사슬에서 벗어나 개혁에 성공하는 것은 대환영이지만 새 왕조로 교체되는 것은 전혀 환영하는 결과가 아니었다. 하지만 이미 물 건너갔으니 어쩔 수 없는 일, 그래서 그는 조선의 고삐를 한껏 죄어 처음부터 제대로 길들일 작정이었

배산임수 새 술은 새 부대에 담아야 한다. 정도전은 북한산을 뒤로하고 한강을 앞에 둔 천혜의 도읍지인 한양으로 수도를 정하고 궁궐과 누각 들을 새로 지었다. 그림은 경복궁의 전경인데, 이것은 19세기 말에 중건된 모습이고 처음 지을 무렵에는 이보다 훨씬 작았다.

다. 그 결과로 생긴 사건이 이른바 표전表箋 문제다(표전이란 중국 황제에게 올리는 보고서인 표문과 황제를 제외한 다른 황족에게 올리는 보고서인 전문을 합친 말이다).

국호 문제가 통과된 시점에서 이제 명의 수중에 남은 카드는 이성계에 대한 승인장뿐이었다. 조선을 승인했는데 이성계에 대해 거부권을 행사할 수 있을까? 물론 그럴 수는 없다. 하지만 적어도 애를 먹일 수는 있다.

1395년 11월, 이성계는 정총鄭摠(1358~1397)을 명에 사신으로 보냈는데, 그 임무는 자신의 승인장, 즉 조선 국왕 임명장을 받아오는 것이었다. 고상한 용어로는 고명誥命과 인신印信이라는 절차다. 고명이란 왕위를 승인하는 임명장이고, 인신이란 그에 부수되는 인장을 말한다. 쉽게 말해 책봉의 절차라고 보면 된다. 원래 고명과 인신은 당 제국 시대에 5품 이상의 관리를 임명할 때 주던 임명장과 인장을 뜻하는 용어였다. 중국의 관점에서 보면 한반도의 왕은 중국의 관리에 해당한다는 것이다. 물론 조선이 중국의 일부분이 아니라 바깥에 있는 속국인 이상 황제의 책봉을 받지 못했다고 해서 이성계가 조선의 국왕 노릇을 하지 못하는 것은 아니었다. 그러나 책봉을 받기 전까지는 정식 국왕이 아니었으므로 그때까지 그는 '고려권지국사高麗權知國事'(1권, 336~337쪽 참조)를 자칭할 수밖에 없었으므로 여러모로 자존심도 상하고 나름대로 불편한 구석도 있었다.

국호를 승인받은 이상 이성계는 책봉도 쉽게 이루어질 줄로 믿었다. 그러나 예기치 않은 사태가 터졌다. 정총의 표문을 받아본 주원장은 엉뚱하게도 표문의 문구가 불손하다며 트집을 잡았다. 애초부터 그는 뭔가 꼬투리를 잡을 심산이었으니, 표문의 문구 따위는 표면상의 구실일 뿐이었다. 평소 같으면 다시 써 보내라고 명하면 될 텐데, 그렇게 하지 않은 게 그 증거다.

주원장은 표문을 반려하는 데 그치지 않고 정총을 억류해버렸다. 이듬해 조선은 다시 사신을 보냈으나 이번에도 역시 표문이 경박하다는 이유로 사신이 억류되었다. 이내 명은 진짜 의도를 드러냈다. 표문을 지은 사람을 보내라고 다그친 것이다. 물론 그 지은이는 다름 아닌 정도전이었다.

이제 사태는 명확해졌다. 명은 처음부터 정도전을 주목하고 있었다. 왜 그랬을까? 정도전이 조선의 기획자이기 때문이다. 앞서 말했듯이 명은 한반도에 조선이 들어서는 것보다 고려의 온건파이자 친명파인 개혁 세력이 집권하기를 바랐다. 그렇게 해서 환골

탈태한 고려왕조가 적극적인 친명 정책으로 충실하게 사대해주기를 원했다. 그런데 예상치 못하게 쿠데타가 발생해 고려왕조를 무너뜨리고 새 나라가 들어섰다. 게다가 그 주체 세력은 이색과 정몽주 등 적극적인 친명파를 제거하고 집권했다. 그렇다면 명이 사소한 문서를 놓고 강짜를 부리는 의도는 분명했다. 조선의 브레인이자 기획자인 정도전을 제거하거나 최소한 그에게서 충성의 다짐을 받아두어야겠다는 것이다.●

그런 흑심을 알고서 호랑이굴로 찾아갈 바보는 없다. 정도전은 몇 차례나 중국의 소환령을 거부하고 다른 관료들을 대신 보내면서 버텼다. 결국 이 사건은 1년 이상 질질 끌다가 1396년 7월에 정도전의 표문 작성을 도왔던 정탁鄭擢(1363~1423)과 권근權近(1352~1409)이 명에 가서 사죄하면서 일단락되었다.

하지만 그것으로 사태가 완전히 종결되지는 않았다는 것을 명도, 정도전도 잘 알고 있었다. 무엇보다 표문의 근본 목적인 이성계의 책봉이 아직 이루어지지 않았기 때문이다. 어차피 명은 다시 그것을 이용해 뭔가 꼬투리를 잡을 테고, 그렇게 되면 결국 최대의 피해자는 정도전이 될 터였다. 그래서 정도전은 중대 결심을 한다. 바로 명을 향해 무력시위를 하는 것이다.

이것이 이른바 조선 초에 있었던 랴오둥遼東(요동) 정벌이다. 하지만 계획은 있었어도 실행되지 않았으니 정벌이라고 부를 만한

● 정도전도 고려 말에는 친명파였으며, 새 국호를 정하는 과정에서 보듯이 조선이 건국된 뒤에도 중국에 사대하는 입장은 변치 않았다. 그러나 명에서 보기에 이성계와 정도전은 중국의 승인 없이 쿠데타를 일으키고 집권한 일종의 '반역자'였다. 명 황실에서 특히 정도전을 밉본 이유는 정몽주가 살해된 탓도 있었다. 비록 범행 자체는 이방원이 꾸민 것이지만 정몽주를 제거하지 않았으면 쿠데타가 성공하기 어려웠으니 정도전도 그 책임을 면할 수는 없었다. 1권 507쪽 주에서 보았듯이, 정몽주는 고려와 명의 관계가 악화되어 있던 1384년에 명에 사신으로 파견되어 관계를 개선한 바 있었다. 게다가 당시 정도전은 정몽주의 서장관(종사관)이었으므로 명 황실은 정도전을 상관에 대한 배신자로 여겼을 것이다.

19장 건국 드라마

사건은 못 된다. 일단 정도전은 군량미를 비축하고 군대를 증강하고 예행연습도 하는 등 나름대로 정벌의 채비를 갖추었다. 그러나 그게 '시위용'이라는 것은 정도전도, 명도 알았고, 훈련에 참여한 병사들도 알았을 것이다. 실제로 당시 조선 군대의 힘으로 랴오둥을 정벌할 가능성은 거의 없었다. 게다가 정도전의 최대 목표는 어떻게든 이성계의 책봉을 받아내는 것인데, 책봉을 바라는 나라가 책봉을 주는 나라를 공격해서 그 목표를 이루려 한다는 것은 누가 봐도 어불성설이었다. 실제로 이 계획은 1398년 사건의 양 당사자인 주원장과 정도전이 죽음으로써 흐지부지되고 만다.●

● 기본적으로 친명파이자 사대주의자인 정도전이, 비록 계획으로만 그쳤지만 랴오둥 정벌을 계획할 수 있었던 이유는 당시 명이 신생국이었다는 사실과 무관하지 않다. 이런 상황은 고려 초기 광종의 정책과 닮아 있다(1권, 358쪽 주 참조). 960년 중국에서 송이 분열시대를 종식시키고 새로운 통일 제국으로 성립하자 광종 역시 송을 쉽게 인정하지 않다가 12년 뒤에야 비로소 송을 섬기는 정책으로 바꾼 바 있었다. 그래도 고려 초 광종은 잠시나마 독자적인 연호를 쓸 만큼 강경 노선을 취했으나 정도전은 그 정도까지 버티지를 못했고 그렇게 버틸 생각도 없었을 것이다.

유교 왕국을 꿈꾸며

주원장이 조선을 회의적으로 바라본 데는 그럴 만한 이유가 있었다. 그가 볼 때 조선은 생겨날 필요가 없는 나라였다. 이미 고려 말에 명을 섬기겠다는 세력(신진 사대부)이 고려의 실권을 확실히 장악한 마당에 왜 굳이 새 왕조를 세워야 했을까? 중국의 원-명 교체는 민족 주체가 바뀌고 비중화 세계에서 중화 세계로 복귀했으니 의미가 있고 필연적인 변화라고 할 수 있지만, 고려-조선 교체는 의미도 없고 필연성도 없다. 바꾸어 말하면 고려와 조선은 성격상의 차이가 없고 왕실의 성씨만 달라진 데 불과하다. 주원장과 정도전이 신경전을 벌인 이유는 서로가 그런 배경을 익히 알고 있었기 때문이다.

그렇다면 정도전이 해야 할 일은 명백하다. 고려와 조선의 차이를 드러내야 한다. 고려에서 조선으로 왕조가 바뀔 만한 타당하고 합리적인 명분을 만들어내야 한다. 정도전은 그 차이의 핵심이 바로 유학 이념이라고 판단했다. 고려는 유학을 건국이념으로 채택했지만 왕실에서도 스스럼없이 승려가 배출될 만큼 불교가 융성한 나라였다. 또한 고려는 과거제를 도입했으나 사대부-관료 체제를 이룩하지 못하고 귀족 지배 체제에 머물렀다. 정도전은 그런 점이 고려왕조의 치명적인 결함이었다고 생각하고 조선을 완벽한 사대부 국가로 만들고자 했다(하지만 고려는 점차 유교 국가로 발전하고 있었으니, 굳이 조선으로 대체되지 않았다 해도 어차피 사대부 국가가 되었을 것이다). 바로 그것이 한반도에 조선이 들어서야 할 역사적 필연성이다.

정도전이 국호를 결정한 다음 곧바로《조선경국전》을 쓰기 시작한 것은 그 때문이다. '조선이라는 나라를 경영하기 위한 책'이라는 뜻의 제목에 어울리게《조선경국전》은 새 왕조의 정치·경제·사회·문화·군사·법 등 모든 부문을 총망라한 종합 교과서다. 흔히 교과서라면 객관적이고 엄정한 책으로 여기지만, 실은 국가의 지배 이데올로기를 충실하게 반영했다. 이씨 왕실을 위한 교과서인《조선경국전》에 담긴 지배 이데올로기는 바로 유학이다.

정도전이 이 책의 차례를 구성하는 데 가장 크게 참조한 문헌은《주례周禮》다.《주례》는《의례儀禮》,《예기禮記》와 더불어 이른바 '3례'를 이루는 중국의 국가 제도에 관한 최고最古의 문헌으로, 일찍이 주 무왕의 일급 참모였던 주공周公이 편찬했다고 한다. 무려 2500년 전에 있었던 중국 주나라의 예법을 다룬 문헌을 참고서로 삼은 이유는 무엇일까? 말할 것도 없이 주나라가 역사상 가장 완벽한 유학 국가였기 때문이다.

주나라는 중국인들이 그전의 하나라, 은나라와 합쳐 삼대三代라고 부르며 동경하는 태평성대의 맨 마지막이자 유학의 맹아를 탄생시킨 나라다. 그래서 일찍이 공자가 이상적인 국가의 모델로 삼았고, 중국 역대 왕조들이 늘 본받아야 할 영원한 이상향으로 추앙한 나라다. 국호를 정할 때도 주 무왕과 기자의 관계를 떠올린 정도전이니 《주례》를 참고서로 삼은 것은 지극히 당연한 일이다.●

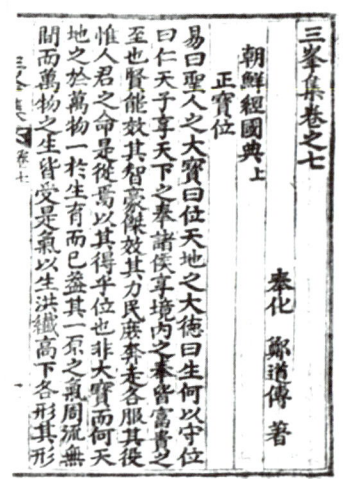

조선의 설계도 정도전의 문집인 《삼봉집(三峯集)》에 실린 《조선경국전》의 첫 부분이다. 어떤 의미에서 이성계는 정도전의 설계에 따라 조선의 시공만 담당한 '십장'이라고 할 수 있는데, 그렇다면 《조선경국전》은 조선의 설계도에 해당하는 셈이다. 과연 나중에 이 책은 세조 때 본격적인 국가 운영 지침서인 《경국대전》의 모태가 된다.

《조선경국전》은 《주례》의 6전六典을 본떠 국정의 부문을 치治·부賦·예禮·정政·헌憲·공工의 여섯 가지로 나누었다. 이것이 이吏·호戶·예禮·병兵·형刑·공工의 여섯 부서인데, 각각 관리·백성·제사·군사·사법·산업을 관장한다.●●

당대의 위정자와 관리, 백성에게는 그 구체적인 조항과 내용이 중요했겠지만, 역사적으로 더 중요한 것은 그 전체적인 성격이다. 《조선경국전》에서 주목할 것은 우선 서론에서 강조되는 '인仁'의 정치다. 공자는 주나라 시대에 생겨난 조상숭배와 사직을 뜻하는 예禮의 개념에 국가와 사회 조직의 원리인 인을 더해 새로운 정치 이데올로기인 유학을 창시했다(맹자도 역시 인에 의한 왕도王道 정치를 주장한 바 있다).

정도전이 국가 경영(경국)의 원리로 인을 내세운 것은 곧 유교 정치 이념에 충실해야 한다는 의미다. 그런데 유교 국가의 왕은 사직에 충실하면 될 뿐 실무를 담당하는 존재가 아니다. 국가 경영의 실무는 과거제로 뽑은 관료들이 담당한다. 그래서 정도전은 관료들의 수장인 재상이 통치의 실질적 권한을 가져야 한다고 역설했다. 이를테면 국왕은 상징적 절대 권력으로 군림하는 존재이고, 실제 정치와 행정은 재상 중심으로 가져가야 한다는 것이다. 이런 구도는 천자를 정점으로 하고 사대부들이 천자를 보좌하는 전형적인 유교 정치의 밑그림이며, 주자학(성리학)을 정립한 주희朱熹(1130~1200)의 정치사상이기도 하다.

그렇다면 정도전이 제시한 조선 건국의 이념은 명확해진다. 그는 옛 주나라의 예법을 기본 바탕으로 하면서 주희가 체계화한 성리학의 정신에 따라 조선을 유교 왕국으로 만들고자 했던 것이다. 아울러 개인적인 동기로, 정도전은 이성계가 국왕이지만 조선의 기획자인 자신이 실질적인 통치권을 행사하고 싶은 마음도 있었을 것이다. 그러기 위해서는 국왕을 상징 권력으로 치부하고 관료가 실무를 담당하는 체제가 가장 바람직스럽다.

이렇게 해서 조선은 유교 왕국, 바꾸어 말해 사대부-관료 체제

● 정도전은 주원장을 주 무왕에 비유하면서도 은근히 명이 옛 주나라에 미칠 수 있겠냐는 저의를 내비치고 싶었는지도 모른다. 주나라 이후 중국의 모든 왕조는 저마다 그 '좋았던 옛날'을 계승한다고 표방했으나 실은 어느 왕조도 주나라의 후예라는 영예를 얻지는 못했다. 따라서 정도전이 주나라를 내세운 이유는 실제로도 유학 이념에 충실하고자 했겠지만, 그와 더불어 명에 우리 조선도 유학과 중화의 이념을 소중히 여기며 실천하고 있다는 것을 과시하려는 의도가 있었을 것이다. 그렇다면 중국에서 그런 태도를 오만한 자세로 보았을 가능성은 충분하다. 가뜩이나 비천한 신분의 열등감을 지닌 주원장은 그런 정도전의 태도에 심기가 불편했을 것이며, 그게 조선과의 관계를 악화시킨 하나의 요소로 작용했을 것이다.

●● 《주례》에서는 치(治)·교(敎)·예(禮)·정(政)·형(刑)·사(事)로 구분하지만 쓰인 글자만 다를 뿐 각각의 의미는 똑같다. 《조선경국전》의 6전 부분만을 따로 뽑아 별책으로 만든 문헌이 조선 최초의 법전인 《경제육전(經濟六典)》이다. 《경제육전》은 조선 초기에 네 차례나 간행되었으나 지금은 전하지 않는다.

를 공언하면서 출발했다. 역사상 어느 나라도 이렇듯 처음부터 지배 이데올로기와 체제를 명확히 밝히고 시작하는 경우는 드물 것이다. 그러나 정도전의 그 원대한 야망은 곧 예상치 못한 거센 반격을 받게 된다.

20장
왕자는 왕국을 선호한다

붓보다 강한 칼

이성계는 조선의 건국이 최종 목표였겠지만, 정도전은 목표가 거기에 그치지 않았다. 이성계가 조선의 얼굴이라면 정도전은 조선의 두뇌이며, 이성계가 시공자라면 정도전은 건축가다. 그러므로 이성계는 건물이 다 올라간 것에 만족할 수 있어도 정도전은 실내 장식까지 마쳐야만 완공이라고 본다. 게다가 중국의 까다로운 준공 검사에 합격하려면 실내 장식을 소홀히 해서는 안 된다. 이성계가 아직도 조선 국왕으로 책봉되지 못하고 고려권지국사에 머물러 있는 게 그 증거다.

복귀한 유교 제국 명과 좋은 짝을 이루려면 조선도 유교 왕국으로 거듭나야 한다. 붓은 칼보다 강하다고 했던가? 《조선경국전》으로 이념적 기틀을 마련한 정도전은 지배 이데올로기로 갓 자리 잡은 유학을 확고히 안정시키기 위해 자신의 최대 무기인 붓을 놓지 않았다. 1394년에는 《심기리편心氣理篇》을 써서 유교와 라이벌 관계에 있는 불교와 도교를 공격하는가 하면, 4년 뒤에는 《불씨잡변佛氏雜辨》으로 불교에 대해 확실한 사형선고를 내린다.● 그러나 그는 붓이 칼보다 강한 때는 사회가 정상적인 진화 과정을 밟고 있는 동안만이라는 것을 모르고 있었다. 아직 조선은 실내 장식이 끝나지 않은 미완성 건물, 따라서 아직까지는 붓보다 칼의 힘이 더 강했다.

고려의 건국 과정에서도 보았듯이 무릇 새 왕조는 이른바 '개국 초기 증후군'이라는 증상을 겪게 마련이다. 건국자의 특권과 권위는 보장되지만 건국자가 물러난 뒤에는 그 특권과 권위가 특정한 개인에게 순탄하게 상속되기 어렵다는 증상, 요컨대 후계 문제가 바로 그것이다. 이성계에게는 1354년생인 맏이에서부터 1382년생인 막내까지 아들이 여덟 명이나 있는 데다 그 가운데 첫째 아내에게서 얻은 여섯 아들은 조선을 건국할 무렵 모두 장성해 있었다.

건국 당시 이미 이성계의 나이는 50대 후반이었으니 아무래도 후계 문제가 민감할 수밖에 없었다. 물론 장자 계승의 전통적인 원칙이 있지만 그것 역시 사회가 정상적인 행정에 있을 때나 통하는 원칙일 따름이다. 더구나 이성계의 맏아들인 이방우李芳雨(1354~1393)는 고려 말부터 관직을 맡아 일했으나 아버지의 역성

● '심기리(心氣理)'의 심은 불교, 기는 도교, 리는 유교를 뜻한다. 《심기리편》에서 정도전은 불경을 이용해 도교를 비판하고 노장사상을 이용해 불교를 비판하면서 결국 리를 본질로 하는 유교만이 최선의 이념이라고 찬양한다. 또한 《불씨잡변》에서는 논의의 차원을 더욱 끌어올려 철학적으로 불교의 윤회설을 공박하면서 불교를 숭상한 고려가 어떻게 멸망의 길로 치달았는지를 성리학적 관점에서 치밀하게 논증하고 있다. 흥미로운 것은 불교의 자비와 유교의 인 개념을 혼동하지 말라고 주장한 점이다. 언뜻 보면 비슷해 보이지만 정도전에 따르면 자비는 무차별적 박애주의이므로 오히려 사회의 도덕적 질서를 파괴하는 위험한 개념이다. 그 근거는 분명하다. 불교의 자비는 도덕적 개념이지만 유학의 인은 원래 정치와 국가 운영을 가리키는 개념이니까.

쿠데타에 반발해 황해도 해주에서 술을 벗하며 살다가 죽었기 때문에 가뜩이나 복잡한 후계 문제를 더욱 꼬이게 만들었다.

그래서 건국자가 죽고 난 다음에 왕위 계승전이 벌어진 고려와는 달리 조선의 개국 초기 증후군은 이성계가 시퍼렇게 살아 있는 시절에 터져 나왔다. 조선왕조를 배경으로 한 통속 역사소설과 드라마에서 즐겨 다루는 이른바 '왕자의 난'이 그것이다.

여기서 잠시 1392년 건국의 시점으로 되돌아가보자. 갓 탄생한 새 왕조가 한시바삐 안정을 찾으려면 무엇보다 권력의 승계가 분명해야만 한다. 하지만 장성한 아들들이 다 조선의 건국에 일등 공신이므로 이성계는 어느 아들을 편들 수 없다. 그러자 그는 나름대로 공정하다고 생각되는 방책을 마련한다. 여섯 아들은 모두 지난해에 죽은 첫 아내(신의왕후)의 소생, 따라서 태어나면서부터 왕자의 신분이 아니었으므로 어떤 의미에서는 온전한 왕위 계승자라고 볼 수 없다.•• 그래서 이성계는 지금의 아내 강씨(신덕왕후)의 소생인 이방번李芳蕃(1381~1398)을 세자로 책봉하고자 마음먹었다. 강씨는 고려 말 권문세족인 강윤성의 딸인데, 이성계는 처가의 도움에 보답할 겸 명문의 후손을 후계자로 삼고자 방번을 낙점했을 것이다.

이에 정도전과 남은南誾(1354~1398)을 비롯한 개국공신들은 일단 찬성이다(이성계의 결정에는 정도전의 강력한 권고가 있었을지도 모른다). 그들의 입장에서는 신의왕후 소생의 장성한 아들들이 부담스러운 존재였기 때문이

•• 왕위 계승자의 신분이 태어나면서부터 왕자였나, 아니었나는 지금 우리가 보기에는 사소하지만 당대에는 중요한 기준이었다. 참고로, 로마 제국에서는 현역 황제를 아버지로 두고 황궁에서 태어난 아이를 가리켜 포르피로게니투스(porphyrogenitus, '태어나면서부터 황태자')라는 별도의 용어를 사용했다. 아버지가 건국자인 경우 아들은 대개 그런 신분이 아니다. 따라서 개국공신들, 쉽게 말해 건국자의 부하들은 건국자의 아들에 대해 특별히 왕자로서의 예우를 갖추어 대하지는 않았다(물론 건국자의 아내, 즉 왕후에 대해서도 마찬가지다). 모르긴 몰라도 이성계의 장성한 아들들은 조선이 건국되기 전까지는 정도전이나 조준을 아저씨나 삼촌이라고 부르며 따르지 않았을까?

다. 특히 조선을 사대부 국가로 만들려는 정도전은 권력의 경쟁자인 그들이 왕권을 장악하면 자칫 국가 대사는 물론 그 자신의 개인적 야망마저도 물거품이 될지 모른다는 위협을 느꼈음직하다. 하지만 공신들은 이성계에게, 그럴 바에는 오히려 막내인 이방석 李芳碩(1382~1398)을 세자로 책봉하라고 권한다. 기록에는 방번의 성품이 경솔하기 때문이라고 전하지만 겨우 열한두 살짜리 아이가 경솔하지 않을 수 있을까? 공신들은 막내를 계승자로 삼아 왕권을 더 제한하려는 의도가 있었을 것이다. 어쨌든, 그것은 신덕왕후 강씨 소생을 후계자로 삼으려는 이성계의 의도와 일치했으므로 1392년 8월에 드디어 이방석이 세자로 책봉되었다.

그러나 방석의 배다른 형들, 즉 신의왕후의 아들들은 불만이 가득했다. 막상 조선 건국을 위해 발이 닳도록 뛴 것은 자기들인데, 엉뚱하게도 열한 살짜리 배다른 막내 동생이 세자가 되었으니 죽 쒀서 개 준 격이란 바로 그들의 처지를 뜻하는 말이리라. 특히나 정몽주를 죽여 사실상 건국의 길을 닦은 다섯째 아들 이방원 李芳遠(1367~1422)은 기가 막힌 심정이다. 또 하나의 정씨(정도전)가 그의 목표가 되는 계기는 여기서 나온다. 하지만 정도전은 자신에게 닥쳐올 그림자를 눈치채지 못하고 있었다. 하기야, 노래 짓고 천도하고 책 쓰고 군사 조련하면서 사실상의 왕권을 행사해온 그이니 알았다 해도 대수롭지 않게 여겼음직하다.

결국 무모한 랴오둥 정벌 계획이 정도전의 명을 앞당기고 말았다. 정벌 준비를 하느라 분주한 1398년 여름, 정도전은 왕자들이 거느리고 있던 사병私兵 조직을 해체하고 왕자들도 군사 훈련에 참가하라는 명령을 내렸다. 왕자들이 따르지 않자 정도전은 징계 삼아 그들을 모두 지방으로 보내려 했는데, 그게 곧 '왕자들의 반

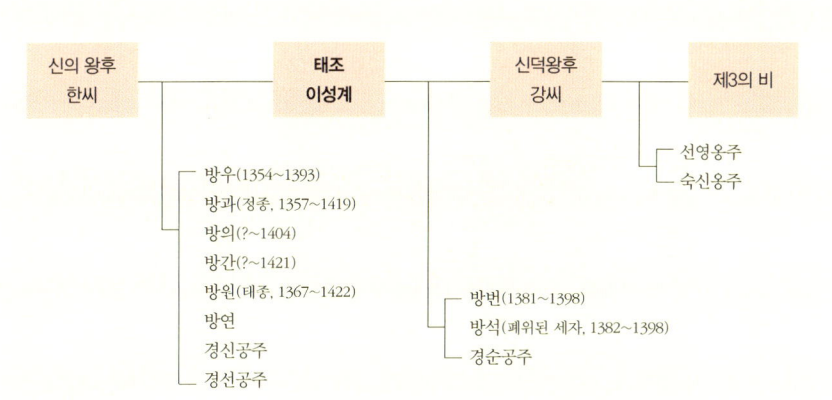

가지 많은 나무 이성계 집안의 가계도다. 옛날로 치면 아들 여덟 명이 그리 많은 편은 아니지만, 건국자의 입장에서는 아들의 수가 적을수록 분란의 불씨가 적을 것이다. 그러나 이 불씨에 불을 댕긴 것은 어리고 힘없는 막내를 세자로 삼아 조선을 일찌감치 사대부 국가로 만들려 한 정도전이었다.

란'이라는 묘한 봉기의 빌미가 되었다.

8월 26일 밤, 이방원은 휘하 병사들을 거느리고 남은의 첩실 집에 있던 정도전과 남은을 살해하고 간단히 권력을 장악했다.● 그 길로 이성계에게 달려간 왕자들은 세자를 다시 책봉하라고 다그쳤다. 졸지에 브레인을 잃은 이성계는 패닉에 빠졌다. 아들들의 서슬에 그저 마음대로 하라고 놔둘 수밖에 없었다.

이제 왕위 계승은 왕자들의 몫이 되었다. 그들은 모두 정몽주와 정도전을 살해한 방원을 추대했다. 그러나 아직 전면에 나설 때가 아니라고 판단한 방원은 짐짓 서열을 운위하

● 당시 정도전은 이웃집으로 도망쳤다가 주인의 밀고로 잡혀 나와 이방원 앞에 무릎을 꿇고 살려달라고 애걸했다. "예전에 이미 나를 살렸으니 지금도 살려주시오." 그가 말하는 '예전'이란 바로 1392년 이방원이 정몽주를 죽인 덕분에 그가 유배에서 풀려 나왔던 사실을 가리킨다. 그러나 이방원은 단호하게 대답했다. "당신은 조선의 모든 권리를 누렸음에도 뭐가 부족해서 이런 악행을 저지른 거요?" 조선의 기획자인 정도전이 악행을 저질렀다는 말에는 어폐가 있으나, 왕자의 관점에서는 엄연한 '왕국'을 때 이르게 사대부 국가로 만들려 한 것이 악행이라면 악행이었을 것이다. 그러나 정도전이 꿈꾼 사대부 국가는 100여 년 뒤에 현실화된다.

함흥으로 돌아간 이성계   태조 이성계는 왕좌에서 물러난 뒤 고향 함흥으로 돌아갔다. 일설에는 태조가 한양에서 보낸 차사를 모두 죽였다 하나,《태종실록》에는 판승추부사 박순의 희생만이 남아 있고, 그마저도 1402년 조사의의 난 때 피살된 것으로 나온다. 함흥차사 이야기가 후대로 내려오면서 상당히 윤색된 부분이 있음을 알 수 있다.

면서 둘째 이방과 李芳果(1357~1419)에게 양보했다(이성계도 고려를 무너뜨릴 때 그랬듯이, 원래 쿠데타의 실세는 허수아비를 먼저 내세운 다음에 집권하는 절차를 밟는 법이다).

배다른 형들은 냉혹했다. 폐위된 어린 세자 이방석은 유배 조치를 받고 도성을 나가자마자 살해되었고, 곧이어 그의 형인 이방번도 같은 길을 걸었다. 가뜩이나 정신적 스승과도 같았던 정도전을 잃고 헤매던 이성계는 두 아들이 다섯 아들(맏이인 이방우는 1393년에 죽었다)에 의해 살해되자 더 이상 왕위를 유지할 기력이 없었다. 그래서 다음 달인 9월에 새 세자인 방과에게 왕위를 물려주는데, 그가 2대 왕인 정종定宗(재위 1398~1400)이다.●

그러나 이것은 1라운드에 불과했다. 고려 초기에도 그랬듯이 신생국 조선이 개국 초기 증후군에서 완전히 졸업하려면 2라운드가 필요했다.

● 무인년에 일어났다고 해서 이 사건을 무인정사(戊寅靖社)라고 부른다. 이렇게 간지로 사건의 이름을 붙이는 것은 조선시대에 흔히 볼 수 있는데, 그 이유는 독자 연호를 쓰지 못했기 때문이다. 대외적이고 공식적인 기록에서는 중국 황제의 연호를 썼지만 대내적인 기록에서는 간지를 많이 사용했다. 하지만 이 경우 60년마다 해의 이름이 되풀이된다는 단점이 있다.

유교 왕국의 모순

조선의 2대 왕 정종은 고려의 2대 왕 혜종과 같은 처지였다. 서열상 맏이인 덕택에 왕위를 물려받기는 했으나 왕좌에 오래 머물 수 없다는 것은 그 자신이 잘 알았다. 더구나 그에게는 후사도 없었다(아들은 있었지만 정비 소생이 아니었으므로 방번, 방석 형제까지 서자로 취급된 마당에 왕위 계승권을 바랄 수는 없었다). 그래도 시한부 재위를 조금이나마 연장하기 위해 그는 즉위 직후 개경으로 천도해 한양의 악몽을 떨쳐내려 했다. 그러나 그가 물러나야 하는 상황은 예상보다 일찍 닥친다.

서열에 따르자면 다음 왕위 계승권은 셋째 이방의 李芳毅(?~1404)에게 있었지만, 그는 일찌감치 왕위를 포기하고 다섯째 방원을 밀고 있었다. 그로서는 현명한 선택이지만 두 번째 분쟁은 바로 여기서 싹튼다.

넷째 이방간 李芳幹(?~1421)은 둘째(정종)와 셋째(방의) 형이 방원을 지원하는 게 당연히 불만이었다. 게다가 그는 여전히 사병 조직을 거느리고 있었다. 목표(왕위)가 있고 수단(군대)이 있고 열정(방원에 대한 시기심)도 있으니 반란의 삼박자가 구비된 셈이다. 아우의 의도를 알게 된 정종이 만류했으나 방간은 마침내 1399년에 병력을 일으켜 방원에게 도전했다. 정종은 아버지 이성계가 그랬듯이 어느 누구를 편들지 못한 채 두 아우의 싸움을 그냥 두고 볼

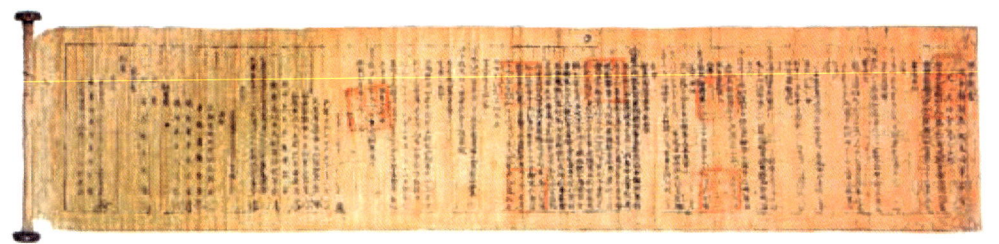

개국공신의 양면성 이성계가 어느 개국공신에게 토지와 노비를 하사한다는 내용을 담은 문서다. 조선이 정상적인 왕국으로 출범했더라면 개국공신들은 자연스럽게 국왕을 보좌하는 관료 세력을 이루어야 했다. 그러나 정도전이 그 행정을 비틀어 국왕을 허수아비로 만들고 사대부가 실권을 쥐는 체제를 만들려 했기에 왕자의 난이라는 권력투쟁이 일어난 것이다.

수밖에 없었다. 개경 시내 한복판에서 두 형제가 사력을 다해 치열한 시가전을 벌인 결과 승자는 방원으로 정해졌다.

결승전에서 승리했다는 여유일까, 아니면 더 이상 형제의 목숨을 빼앗는 데 부담을 느낀 걸까? 아무튼 방원은 형 방간의 목숨만 살려주고 그의 부하들을 모두 죽였다. 이제 대권 후보가 단일화되었으니 정종이 갈 길도 결정되었다. 정종은 이듬해 2월 '무서운 아우' 방원을 세자가 아닌 세제世弟로 삼고 그해 말 왕위를 양보했다. 친형제의 대결로 벌어진 2라운드는 결국 애초부터 집요하게 왕권을 노린 방원의 승리로 끝났다.

혈투 끝에 즉위한 방원, 즉 태종太宗(재위 1400~1418)은 고려의 4대 왕인 광종과 여러모로 닮았다. 건국자의 아들이라는 점과 형제 간에 치열한 왕위 계승전의 최종 승자라는 점, 집권 이후 정상적인 재위 기간을 회복한 점, 이후 왕실의 적통이 그의 후손으로 이어졌다는 점이 그렇다. 그러나 이보다 더 많이 닮은 점은 2차 건국 사업을 주도했다는 사실이다. 고려의 광종이 노비안검법과 과거제를 도입하고 관제를 개편하고 중국과의 관계를 설정했듯이,

조선의 태종도 그간 권력 승계의 문제 때문에 미루어온 여러 건국 사업을 마무리하게 된다.●

조선왕조 전체로 볼 때 이방원이 대권을 승계한 것은 단순한 힘겨루기만이 아니다. 마치 무협영화처럼 전개된 그 사건의 이면에는 중대한 의미가 숨어 있다. 그것은 조선왕조가 당당한 '왕국'으로 자리매김했다는 사실이다. 조선이 왕국이라는 것은 처음부터 당연한 사실인데 왜 그게 중요할까?

물론 형식상으로 보면 조선은 왕국으로 출발했고, 20세기 초에 멸망할 때까지 500여 년 동안 내내 왕국이었다. 그러나 내용으로 보면 다르다. 조선은 이성계가 왕국으로 세운 나라였지만, 건국 과정에서 주도적 역할을 한 사람은 앞에서 보았듯이 정도전을 중심으로 한 개국공신, 즉 고려 말의 신진 사대부들이었다. 그들은 사실상 새 왕조의 모든 권력을 장악하고서 조선을 사대부 국가로 만들고자 노력했다. 바로 여기에 유교 왕국의 모순이 놓여 있다.

유교 왕국은 국왕이 상징적인 존재로 군림하고 사대부가 실제의 정치와 행정을 담당하는 체제다. 여기에 가장 충실했던 것은 이성계가 재위하던 시절의 조선이었다. 이성계는 조선의 건국자이자 시공자로서, 또 정도전은 조선의 기획자이자 설계자로서 서로 조화로운 분업을 이루었기 때문이다. 그러나 그런 기형적인 '이원집정부제'가 언제까지나 제대로 기능하리라고 기대할 수 있을까? 서열 피라미드의 정점에 있는 국왕의 권위가 언제까지나

● 권력 다툼의 측면만 보면 조선의 태종과 비슷한 인물은 고려의 광종보다 800년 전 중국 당의 2대 황제인 태종이다. 당의 건국자인 이연은 조선의 이성계처럼 살아생전에 아들들의 골육상잔을 목도하고 그 승자에게 제위를 내주었다. 그의 둘째 아들 이세민은 황태자였던 형 이건성과 아우 이원길을 살해하고 아버지의 양위를 받아 태종으로 즉위했다. 우연의 일치도 있다. 당의 황실과 조선의 왕실 성씨가 모두 이씨였던 점, 이세민과 이방원이 공교롭게도 '태종'이라는 시호를 썼다는 점이 그것이다. 형제들을 죽이는 참극을 벌이며 즉위한 것에 어울리지 않게 당 태종 이세민과 조선 태종 이방원은 뛰어난 치적을 쌓았다.

권력으로 바뀌지 않은 채 사대부들이 원하는 것처럼 상징으로만 남아 있을 수 있을까?

그럴 수 없기 때문에 역사적으로 유교 왕국은 늘 중앙 권력의 불안정에 시달렸다. 중국의 역사를 보면 더욱 분명하게 드러난다. 처음으로 유학을 공식 이데올로기로 채택한 중국의 한 제국은 사대부들의 힘이 미약했기 때문에 황실의 외척과 환관 들이 정치를 좌지우지했고, 당 제국은 과거제를 채택했음에도 귀족과 변방의 절도사 들이 사실상의 권력을 장악하고 전횡을 일삼았다. 그 뒤를 이은 송 제국에 이르러서야 비로소 사대부들은 꿈에 그리던 권력을 잡았으나, 밖으로는 강성한 북방 이민족 왕조들에게 시달리고 안으로는 사대부들 간의 치열한 당쟁으로 국력을 소모했다.●

● 한반도의 경우는 중국보다 시기적으로 한 왕조씩 뒤처진다. 즉 통일신라는 중국의 한 제국처럼 유학을 지배 이데올로기로 채택했고, 고려시대에는 중국의 당 제국처럼 과거제를 도입했으면서도 귀족과 호족 들이 중앙 정치를 주물렀다. 그렇다면 조선은 중국의 송과 비교할 수 있다. 나중에 보겠지만 실제로 건국 초기를 넘어서면서 조선은 본격적인 사대부 왕국으로 탈바꿈해 송대처럼 망국적인 당쟁에 시달리게 된다.

송 제국이 온몸으로 보여주었듯이 가장 완벽한 유교 제국이 가장 부실한 체제가 될 수밖에 없다는 게 바로 유교 국가의 근본적 모순이다. 정도전은 그 점을 미처 몰랐기에 조선을 유교 왕국으로 만드는 것을 역사적 사명으로 믿었지만, 실은 그의 실험이 실패한 게 신생국 조선으로서는 다행스런 일이었다. 실력으로 왕좌를 차지한 태종 대에 이르러 조선왕조는 비로소 진짜 왕국으로 발돋움하면서 처음이자 마지막이 될 도약과 번영의 시대를 맞는다.

2차 건국

태종은 정식으로 왕위에 오르기 전, 그러니까 형인 정종의 세제로 책봉되면서 사실상의 국왕으로서 국정을 담당했다. 쿠데타로 집권한 경우 늘 그렇듯이, 맨 먼저 할 일은 두 번 다시 그런 쿠데타가 일어나지 않게 하는 것이다.

아무리 개국 초기 증후군이라고 해도, 고려의 경우와 달리 왕자들이 직접 칼을 들고 나선 것은 좀 심했다. 사태가 그렇게까지 격화된 이유는 왕자들이 자기 군대를 거느리고 있었기 때문이다(이 점은 고려 초와 마찬가지다). 그래서 태종은 정치와 군사를 확실히 분리하기로 마음먹었다. 몽골 지배기 초에 설치된 귀족들의 의결 기구인 도평의사사都評議使司를 의정부議政府로 개편하고, 지휘권이 제각기 다른 사병 조직들을 흡수해 삼군부三軍府를 설치한 것은 그런 노력이다(기구상으로는 정도전이 만든 의흥삼군부와 건국 초에 군사 문제를 담당하기 위해 설치된 기구인 중추원中樞院이 합쳐져서 삼군부를 이루었다. '삼군'이란 좌군, 우군에다 국왕의 친위대를 합친 개념이다).

의정부를 만들기는 했지만 사대부들의 권력기관인 의정부에 많은 권력과 권한을 줄 생각은 추호도 없었다. 그래서 태종은 국왕 비서실 격인 승정원承政院을 직속 기구로 독립시켜 의정부가 하던 기능을 대부분 흡수했다. 지금으로 치면 내각을 대통령 비서실이 맡은 셈이다. 또한 정책 토론 기구로서 사간원司諫院을 신설해 의정부의 기능을 분산시켰고, 아울러 사헌부司憲府의 기능도 강화했다.

오늘날 민주주의 국가의 행정부(의정부)와 입법부(사간원), 사법부(사헌부)의 골격을 갖춘 셈이지만 당시는 왕국인 만큼 그 '3권'

이 모두 국왕 직속 기관이었다. 특히 의정부의 정승들이 가지고 있던 문무 관리의 인사권을 이조와 병조에 각각 귀속시킨 것은 태종이 사대부의 권한을 축소하기 위해 얼마나 부심했는지를 말해주는 사실이다. 6조六曹는 의정부에 비해 아무래도 왕권의 직접적인 관할을 받을 수밖에 없으니까.

왕권 강화를 위한 태종의 노력은 비정하다 할 만큼 철저했다. 그의 쿠데타에 일등공신으로 기여한 처남 민무구閔無咎의 4형제를 죽인 일이나 심복인 이숙번李叔蕃을 유배 보낸 것은 단순한 토사구팽의 차원을 넘어 명백한 숙청이었다. 그 덕분에 재위 몇 년 만에 그의 권위와 권력에 도전할 만한 사대부나 관료 세력은 씨가 말라버렸다. 이제 사대부는 국왕의 충실한 관료가 되거나 순수한 사림士林●으로 남을 수밖에 없었다. 정도전이 애써 가꾼 사대부 체제는 완전히 무너졌다.

● 사림이라는 말은 고려 말에 처음 사용되었는데, 조선 초까지는 유학을 공부하는 선비라는 의미였다. 즉 관리로 임용되지 않았거나 그럴 의사가 없는 유학자인데, 지금으로 치면 순수한 학자라고 할 수 있다. 그러나 유학은 본래 정치 이데올로기로 탄생했으므로 생리상 순수한 학문에 머물 수 없고 정치와 접목될 수밖에 없었다. 그래서 조선이 본격적인 사대부 국가가 되는 16세기부터 사림은 제도권 바깥에 있으면서(즉 신분상으로는 관리가 아니면서) 현실 정치에 개입하는 세력을 가리키는 용어가 된다.

중앙관제를 정비하고 나면 그다음 과제는 지방행정제도의 수술이다. 태종은 고려시대의 유물인 향·소·부곡을 해체하고 주요 도시의 이름을 중국식으로 바꾸었으며, 전국을 목牧과 군郡, 현縣으로 일목요연하게 정리했다. 아울러 전국의 도를 여덟 개로 구분하고 이름을 개정했는데, '조선 8도'라는 말은 이때부터 사용되기 시작했다.

그 모든 개혁 조치, 2차 건국 사업의 최종 목표는 조선을 확고한 '왕국'으로 만드는 것이었다. 그러나 단순히 정치와 행정 개혁만으로는 그 목표를 달성할 수 없다. 재정이 뒷받침되어야 한다.

무의미한 왕조 교체 고려와 조선의 닮은꼴은 무엇보다 토지제도에서 나타난다. 태종 때 전면적으로 실시한 새 토지제도인 과전법은 고려 초의 전시과와 다를 바 없었다. 과전법은 기존의 토지 소유관계를 그대로 두고 임자만 새 왕조의 건국 세력으로 바꾸었을 뿐이다. 결국 왕조 교체의 필연성은 별로 없었던 셈이다. 사진은 《고려사》에 기재된 과전법의 내용이다.

국가 재정이 튼실하지 못하면 왕국은커녕 사대부 국가조차 이룰 수 없을 것이다. 더구나 개인적으로도 쿠데타로 집권한 태종 자신이 조선 왕계의 새로운 적통으로 자리 잡으려면 안정된 재정 확보가 무엇보다 절실하다. 그동안 다져놓은 권력을 기반으로 그는 드디어 최종 마무리 작업인 경제 개혁에 착수했다.

국가 재정의 기초는 단연 토지이므로 우선 필요한 것은 양전量田, 즉 토지 측량이다. 가용 재산이 얼마나 되는지 알아야 어디다 쓸 것인가를 결정할 수 있을 테니까. 양전은 이미 고려 말 창왕 때부터 시작된 사업이었으나, 태종은 거기에 더욱 채찍질을 가해 마침내 1413년에 그 결실을 거두었다. 남쪽의 전라도와 경상도에서 북쪽의 평안도와 함경도까지 대대적인 측량 사업을 벌인 결과 토지 120만 결을 확보했다.

이것이 임자 없는 땅을 거두어들이는 과정이었다면 그다음은 부당하게 가진 땅을 빼앗는 것이었다. 그 대상은 고려시대 최대의 번영을 누렸던 불교 사원들의 토지다. 면세의 혜택에다 고려 중기부터 대지주들과 함께 토지 겸병으로 엄청난 토지를 장악한 사원들은 세상이 바뀌었다는 사실을 실감할 수밖에 없었다. 이미 정도전에게서 이념적 포화를 받은 데다 태종의 경제적 공략으로 사원들은 사실상 기능이 마비되었다. 오늘날 유명 사찰들 거의 대부분이 산자락에 자리 잡고 있는 이유는 당시 도시와 촌락에 있던 사원들이 깨끗이 청소되었기 때문이다.

예나 지금이나 국가 재정의 목표는 국가가 재산을 그러모으는 데 있지 않다. 국가는 거두어들인 재정 수입에 맞게 재정 지출을 해야 한다. 지금처럼 사회 간접 시설이 많지 않던 시절이므로 국가의 재정 지출 가운데 으뜸은 단연 관리들의 봉급이었다. 고려시대에도 바로 그 문제가 토지제도를 결정하는 가장 큰 변수가 아니었던가? 따라서 태종은 고려 말 전시과田柴科가 다른 옷을 입고 나온 과전법科田法을 손보기 시작했다. 마침 상당량의 사전私田을 폐지하고 공전公田을 크게 늘려놓은 덕분에 비교적 여유롭게 과전법을 개혁할 수 있는 조건이 숙성되었다.●

● 농경 문명을 중심으로 하는 동양식 왕조에서는 토지제도를 근본적으로 바꾸려면 기존의 토지 소유를 무효화해야 하므로 왕조 교체가 필수적이다. 중국과 한반도의 역사에서 왕조 교체가 일정한 유형처럼 반복되는 이유는 바로 거기에 있다. 전 왕조를 무너뜨리고 새로 건국된 왕조는 새 토지제도가 효력을 발휘하는 시기까지는 대체로 잘나간다. 그러나 그 제도가 수명을 다하는 중기 무렵부터 제도의 모순이 노출되면서 경제가 붕괴한다. 그 영향이 정치에까지 확대될 때 새 왕조로 대체되는 것이다. 조선 역시 이 법칙에서 예외가 아니었다.

여기서 개혁의 세세한 내용은 중요하지 않다. 흔히 역사 교과서에서 중시되는 내용, 즉 관리들의 등급에 따라 토지(봉급)가 어떻게 주어졌고 어떤 토지를 어떤 이름으로 불렸는지 따위는 지극히 사소한 문제다. 중요한 것은 과전법의 구체적 시행보다도 그 바탕에 깔린 정신과 기본 성격이다.

문제는 그 취지와 성격이 예전의 고려시대와 전혀 달라지지 않았다는 점이다. 1권에서 보았듯이, 고려의 토지제도는 중대까지 전시과가 적용되었다. 전시과는 기본적으로 국가가 토지를 소유하면서 관리에게는 토지의 생산물을 수취할 권리, 즉 수조권收租權만을 허용하는 제도다. 원리상으로는 훌륭한 제도이므로 그대로만 집행된다면 아무 문제도 없다. 그러나 고려의 경우에 보았듯이, 전시과에는 현직 관리가 죽어도 봉급으로 받은 토지가 국가에 반납되지 않는다는 현실적인 결함이 있었다. 그 결과로 고려는 중대에 접어들면서 국가 재정이 파탄 날 지경에 이르렀고, 결국 지주들이 토지 겸병에 나서면서 백성들의 삶도 피폐해졌다.

불행히도 전시과를 대체한 조선의 과전법도 전시과와 크게 다르지 않았다. 물론 작은 차이는 있었다. 예를 들어 전시과는 지방 호족들의 현실적 권력을 감안해야 했으므로 토지를 배분하는 데 인품이라는 모호한 기준까지 적용되었지만, 중앙집권력이 한층 강화된 조선에서는 그럴 필요가 없었다. 하지만 과전법의 제정 동기와 시행 과정은 전시과의 경우와 전혀 다르지 않았다. 과전법을 만든 고려 말의 신진 사대부는 그간의 오랜 관행으로 사실상 사유화된 토지를 다시 수조권만 재분배하는 것으로 바꾸려 했을 뿐이다(아울러 전시과를 제정할 때보다 시지柴地의 중요성이 덜해져 전시과라는 명칭이 무의미해졌기 때문에 과전법이라는 새 명칭이 채택된 것이다). 따라서 과전법도 전시과의 결함을 그대로 노출하게 될 것은 불을 보듯 뻔했다.●●

태종은 양전 사업의 결과로 당장 가용할 수 있는 토지가 손에 쥐어져 있으므로 굳이

●● 전시과나 과전법에서 모두 세습을 인정한 토지는 공신전(功臣田)이다. 호족들의 지원으로 통일을 이룬 왕건이야 말할 것도 없지만 이성계 역시 적지 않은 개국공신들(그의 아들들도 포함된다)의 도움을 받았으므로 그들에게는 상당한 정도의 특권을 부여해야 했다. 그래서 공신전은 수조권과 무관하게 사전으로 취급되어 세습될 수 있었다. 이런 예외 조항이 있는 한 아무리 엄격한 토지제도라도 구멍이 뚫릴 수밖에 없다. 태종은 원래 면세의 특혜까지 누렸던 공신전에서 세금을 거두는 방식으로 전환했지만 공신전의 세습까지 막을 수는 없었다. 이러한 특권은 나중에 공신의 후손 세력과 신흥 사대부 세력 간에 알력을 부르는 계기가 된다.

그런 결함을 의식하지 않았을 것이다. 고려 초에도 그랬듯이, 원래 개국 초기에는 관리들에게 나누어줄 토지가 충분한 데다 양전 사업과 사전 혁파를 통해 국가 재정을 크게 늘렸으니, 그런 걱정 따위는 할 필요도 없었을 것이다. 그러나 그런 환경이 나중에도 계속 지속될 수는 없었다. 과전법의 문제점은 태종이 예상한 것보다 훨씬 빨리 터져 나왔다.

그토록 재정 확보에 신경을 집중하고 여러 차례 관리들의 봉급을 삭감해 재정을 절약했음에도 불구하고 돈 쓸 곳은 너무나 많았다. 더구나 태종은 재건국 사업을 실시하고 있었으므로 재정은 항상 부족하기만 했다. 결국 새로 임용하는 관리에게 봉급을 지급하지 못하는 현상이 고려 초기보다 훨씬 앞당겨지게 되었다.

이를 타개하기 위해 태종은 경기 지역에만 설정한 과전을 충청·경상·전라의 하삼도下三道 지역까지 확장할 수밖에 없었다. 그러자 한양으로 오는 양곡이 부족해지는 문제가 생겼다. 다음 왕인 세종은 도로 과전을 경기 지역으로 제한했다. 당대에는 어느 누구도 몰랐겠지만 이렇게 개국 초부터 토지 정책이 갈팡질팡하는 것은 태종의 왕국 실험이 장차 실패로 끝날 것임을 예고하는 조짐이었다.

21장

팍스 코레아나

무혈 쿠데타

제2의 건국자답게 태종은 그리 길다고 볼 수 없는 18년의 재위 기간 동안 다방면으로 폭넓은 치적을 남겼다. 그것도 중앙관제나 지방행정제도, 군제, 토지제도 등과 같은 굵직한 하드웨어의 정비 작업만이 아니라 소프트웨어에서도 섬세하면서도 창의적인 솜씨를 보였다.

비록 자신의 손으로 사대부 세력을 제거하기는 했으나 태종 역시 유학 이념을 지향하는 군주였다(다만 국왕 중심의 유교 왕국을 꿈꾸었을 뿐이다). 그래서 이념적 공백을 메우고 유학자를 양성하기 위해 그는 중앙의 성균관을 강화하고 지방의 향교鄕校를 적극적으로 육성했다. 또한 백성들을 위해 신문고申聞鼓를 설치하는가 하면 호패號牌를 도입해 유민을 방지하는 등 철의 군주답지 않은

조선시대의 ID카드 조선이 고려보다 백성들에 대한 장악력이 뛰어났다는 것은 호패(사진)에서 증명된다. 조선 시대의 주민등록증이라 할 호패에는 이름과 직업, 신분 등 인적 사항이 명기되었다. 16세 이상의 남자에게만 지급된 데서 보듯이, 호패는 국가가 백성을 세 수입원으로 인식하기 시작했다는 증거이기도 하다.

● 신문고나 호패가 반드시 백성들의 삶에 도움을 주었다고는 할 수 없다. 신문고는 1402년에 처음 설치되었는데, 흔히 알려진 것처럼 백성들이 마음대로 직접 두드릴 수 있는 북이 아니라 정식 재판을 거친 뒤에도 억울한 점이 있을 때 담당 관리에게 의뢰해서 두드리는 북이었다. 게다가 일반 백성이 상급 수령을 고발하는 경우에는 이용 자체가 허락되지 않았으니 순전히 백성을 위한 것이라고는 볼 수 없다. 또한 호패는 국가가 세수입을 위해 백성을 관리하기 위한 목적이 강했으므로 이것 역시 백성을 배려한 국가의 시혜는 아니었다.

모습도 선보였다.●

태종 때에 이르러 처음으로 역사서가 편찬되었다는 점도 주목할 필요가 있다. 권근이 왕명을 받고 단군 시대부터 삼국시대까지의 역사를 정리한 《동국사략東國史略》은 《고려사》와 더불어 조선 이전까지의 한반도 전체 역사를 기록하려는 노력이었다. 비록 그 결과물이 《삼국사기》보다도 더 심하게 사대주의와 신라 중심주의에 물들고 성리학적 사관에다 '춘추필법'으로 오염된 문헌이라는 사실은 실망스럽지만, 태종은 원대에 간행된 중국 역대 왕조의 약사略史인 《십팔사략十八

史略》의 한반도 버전이 필요하다고 여겼을 것이다.

또한 1408년에 태조 이성계가 죽자 태종은 즉각 《태조실록太祖實錄》을 편찬하게 했다. 왕이 바뀌면 전 왕의 치세를 실록으로 정리하는 것은 당연하지만 태종의 조치는 지나치다 싶을 만큼 성급했다. 그러나 군신의 반대에도 태종은 뜻을 관철시켜 훗날 《조선왕조실록朝鮮王朝實錄》의 첫째 편이 되는 문헌을 만들어냈다. 그렇게 해서라도 아버지의 시대를 빨리 정리하고 싶었던 걸까? 그보다는 자신의 치세에 아버지의 실록을 편찬해야만 자신의 쿠데타를 역사적으로 정당화할 수 있다고 믿었을 것이다.

이렇듯 태종의 시대에 각종 사업이 추진됨으로써 조선은 비로소 명실상부한 왕국의 면모를 갖추게 되었다. 그러나 태종의 '역사적' 위업은 그것에 있지 않다. 물론 왕권 다툼으로 한동안 지연된 조선의 건국 사업에 박차를 가한 것도 적지 않은 공로였지만, 태종의 최대 업적은 바로 후계자를 잘 골랐다는 것이다.

건국 사업이 자신의 시대에 최종적으로 마무리되지는 못하리라는 것을 예상했던 걸까? 아니면 왕위 계승으로 골육상잔의 비극이 재현되는 사태가 없도록 하기 위해서였을까? 셋째 아들을 후계자로 선정하고 자신의 생전에 왕위를 물려준 것을 보면 그는 그 두 가지 사항을 다 고려했을 것이다. 과연 그의 기대에 걸맞게 그의 셋째 아들 이도李祹(1397~1450, 충녕대군)는 아버지의 전폭적인 지원으로 순조롭게 왕위에 올라 건국의 마무리 작업을 성공적으로 완료하게 된다. 그가 바로 조선의 4대 왕인 세종世宗(재위 1418~1450)이다.

우리 역사에서 흔히 '대왕'으로 불리는 임금, 오늘날 서울 도심의 거리 이름에다 시립 문화회관, 사립 대학교, 심지어 남극 대륙에 설치된 국립 과학 기지의 이름에까지 두루 올라 있는 세종은 한반도 역사상 누구보다 큰 존경과 인기를 누리는 임금이지만, 사실 그의 즉위 과정에는 장차 조선왕조 전체를 관통하게 될 모순이 개재되어 있다. 그것은 바로 앞서 말한 유교 왕국의 모순이다.

세종이 셋째 아들이라면 형이 둘이나 될 텐데, 여기에는 틀림없이 사연이 있을 것이다. 일단 공식 기록을 보자.

태종은 자신이 형제 서열을 거스르고 피비린내 나는 쿠데타를 거쳐 왕위에 오른 만큼 이후부터는 정상적인 왕위 계승을 확립하지 않으면 안 된다고 판단했다. 그래서 그는 1404년에 일찌감치 열 살배기 맏이인 이제李褆(1394~1462, 양녕대군)를 세자로 책봉했는데, 문제는 생각지도 못한 곳에 있었다. 사냥과 풍류를 즐기고 자유분방한 성격을 지닌 양녕대군은 아무래도 왕통을 정상화하고 새 왕조를 안정시킬 역사적 사명을 수행할 만한 후계자감이 못 되었던 것이다. 태종은 여러 차례 아들을 타이르고 벌을 주기도 하면서 다스리려 애썼다. 그러나 소용이 없다는 것을 알고 결국 1418년에 셋째인 충녕대군으로 세자를 교체했다.

여기서 과연 어디까지가 사실일까? 두 번 다시 비정상적인 왕위 승계가 있어서는 안 되겠다는 태종의 굳은 각오는 분명한 사실이다. 만약 또다시 왕자의 난 같은 게 벌어진다면 갓 건조된 조선호는 항구를 채 벗어나기도 전에 침몰해버릴지 모른다. 그런데 재위 기간 내내 그런 위기를 우려한 그가 세자를 셋째로 바꾸는 과정을 그렇듯 쉽게 결정할 수 있었을까? 더구나 둘째인 이보李補(1396~1486, 효령대군)까지 건너뛰고?

양녕대군이 분방한 인물이었던 것은 사실인 듯하다. 하지만 그게 반드시 군주적 자질과 무관하다고만 볼 수는 없다. 오히려 그런 품성을 가진 세자가 왕위를 계승했더라면 아버지 태종이 18년 동안 다져놓은 튼튼한 왕권을 바탕으로 한층 창의적이고 혁신적인 정치를 펼쳤을지도 모른다. 따라서 그에게 군주의 자질이 모자란다는 말은 그가 '일반적인 군주'가 아니라 특정한 성향의 군주, 즉 '유교적 군주감'이 못 된다는 뜻으로 해석해야 한다. 사냥을 좋아하고 시와 음악을 즐기는 취미는 아무래도 엄격한 유교적 제왕의 법도와는 무관한 자질일 테니까. 그렇게 본다면 그를 마음에 들어 하지 않은 사람은 아버지 태종이라기보다 바로 사대부들이었을 것이다.●

아닌 게 아니라, 세자 교체를 먼저 계획한 사람은 태종이 아니라 군신들이었다. 1418년 6월, 양녕대군이 개성에 가 있는 틈을 타서 그들은 태종에게 세자의 평소 행동거지에 대한 불만을 토로했다. 그들의 거듭된 압박에 결국 손을 들 수밖에 없었던 태종은 처음에 양녕의 아들을 대체 후보로 떠올렸다. 열 살도 되지 않은 어린 손자를 세자로 책봉하려는 생각은 어떻게든 정상적인 장자 계승 원칙을 따르려는 그의 의지를 말해준다. 그러나 그것도 반대에 부딪히자 태종은 충녕을 제안했고, 그제야 비로소 신료들은 기다렸다는 듯이 맞장구를 쳤다(둘째인 효령은 태종이나 신료들이나 모두 성품이 유약하다는 이유로 제쳐놓은 상태였다. 어차피 맏이인 양녕을 폐위한 마당에 둘째를 건너뛰는 것은 어렵지 않은 일이다).

● 이 점을 분명히 말해주는 기록이 있다. 태종은 문귀라는 신하를 시켜 세자 교체의 결정을 양녕에게 전하는 과정에서 비통한 감정을 이렇게 토로했다. "그토록 뉘우치라고 했건만 너는 어찌해서 이 지경까지 되었느냐? 백관들의 청에 못 이겨 부득이 그에 따랐으니 너는 그리 알라. 네가 화를 자초했으니, 너와 나는 부자 관계지만 또한 군신의 도리가 있다." 양녕에게 폐위 소식을 전하고 돌아온 문귀에게 태종은 양녕이 슬퍼하더냐고 묻는다. 문귀가 그렇지 않더라고 대답하자 태종은 의미심장한 말을 남긴다. "그렇기 때문에 그리 된 것이니라." 태종은 양녕의 잘못이 평소에 신료들의 마음에 들게 처신하지 않은 데 있음을 분명히 파악하고 있었던 것이다.

양녕은 왕위에 관심이 없어 아버지에게 세자 자리를 사양하고 싶다고 청했다가 거부된 적이 있었다고 전한다. 그러나 그의 본심이 어땠든 간에 그보다 더 중요한 것은 '문무백관'이 세자의 교체까지 건의하고 그 뜻을 관철시킬 만큼 발언권이 강했다는 사실이다. 그들은 양녕의 자질을 물고 늘어지면서(더구나 양녕이 당시 병조판서인 김한로와 두터운 친분을 유지하는 것에 위기감도 느꼈다) 태종에게 압력을 가했고, 마침내 현직 왕의 이름으로 차기 왕을 교체하는 데 성공한 것이다.

태종은 개국 이래 최초로 평화적인 정권 교체를 이루는 정도에 만족했겠지만, 사대부들은 개국 이래 가장 강력한 왕권을 행사한 왕을 상대로 일종의 무혈 쿠데타를 성공시킨 셈이다. 이런 사실은 향후 조선의 성격, 아니 원래부터 있던 조선의 모순적 성격을 잘 보여준다.

'유교 왕국'이라는 모호한 용어를 분해해본다면 조선은 '왕국'이라는 정체성보다 '유교'라는 수식어에 더 충실한 왕조일 수밖에 없었다. 국왕은 좋게 말해 군림하는 상징, 나쁘게 말해 허수아비이며, 사대부는 겉으로 국왕을 받들지만 안으로는 권력을 움켜쥔 실세가 되는 게 유교 왕국이다. 그렇게 보면 세자가 태종의 셋째 아들 충녕으로 교체되면서 이미 조선왕조의 기본적 성격과 노선이 정해졌다고 할 수 있다. 최고 권력자를 사대부들이 임명한 거니까. 그러나 국왕은 한 명이지만 사대부는 다수이기에, 유교 왕국의 숙명적 모순은 이때부터 발동하기 시작한다.

역사상 유일한 문화 군주

결과적으로 보면 사대부들의 선택은 옳았다. 즉위 과정에는 문제가 있었지만 어쨌든 세종은 뛰어난 인물이었기 때문이다. 태종은 그를 세자로 책봉하는 근거로 '천성이 총명하고 학문에 부지런하다'는 것과 '정치에 관한 큰 줄기를 안다'는 것을 들었는데, 뒤의 자질이 그의 즉위를 결정한 요소라면(그 말을 바꾸면 사대부와의 관계가 좋다는 뜻이니까) 앞의 자질은 즉위 후 그의 활약을 예고하는 요소다.

세종의 치세는 조선 역사상 가장 번영하고 평화로운 시대이자 한반도 전체 역사로 보면 8세기 초반의 1기, 11세기 중반의 2기에 이어 세 번째로 맞이하는 '팍스 코레아나Pax Koreana'의 시대가 된다(그 세 차례의 번영기가 모두 50년을 넘지 못했다는 게 큰 아쉬움이지만). 더구나 앞선 두 차례의 번영기와는 달리 세종의 치세에서는 국왕 개인의 역량이 단단히 한몫했다는 점에서 가장 빛나는 번영기였다.

세자로 책봉된 지 불과 2개월 만인 1418년 8월에 태종의 양위를 받아 즉위한 스물두 살의 세종은 우선 때맞추어 준공된 창덕궁昌德宮으로 옮겨 새 술은 새 부대에 담겠다는 결심을 밝혔다. 사실 그는 개인적 역량도 출중했을 뿐만 아니라 모든 여건 또한 최적이었다. 무엇보다 아버지가 즉위하던 때와 달리 왕위 계승과 관련된 잡음이 전혀 없는 상태로 출발했다는 게 최대의 강점이었다(여기에는 아버지와 형이 그를 적극적으로 지원해준 게 큰 도움이 되었다). 게다가 개국공신이 없다는 것도 좋은 환경이었다. 정도전을 위시해 조준, 권근 등 조선 건국에 이바지한 (따라서 발언권이 큰) 공신들은 제거되거나 죽었다. 그래서 세종은 태종이 즉위 초에 권력 안정으로 부심했던 것과는 달리 처음부터 본연의 업무인 통치행위에 집중할 수 있었으며, 그것도 그 자신이 직접 주도할 수 있었다.

그러나 아무리 뛰어난 왕이라 해도 모든 일을 혼자 도맡을 수는 없는 노릇이다. 세종에게 필요한 것은 공신들처럼 사사건건 간섭하지 않으면서 충직하게 왕을 도와 국정을 처리해줄 관료 세력이다. 세종은 마침 개국 초부터 착실히 성장해온 유학자 집단이 있으니 그들을 제도적으로 묶어주면 큰 힘이 될 수 있으리라고 판단했다. 집현전集賢殿을 활성화시킨 것은 그 때문이다('현자들이 모인 집'이라는 뜻이니 이름도 좋다. 집현전이라는 기구 자체는 고려 중기부터 있었으나 실제로 국정 운영에 적극적으로 활용되기 시작한 것은 조선의 세종 때부터다). 사대부들에게 휘둘리던 전 왕들과 반대로, 세종은 사대부들을 직속 부대로 거느리고 조선의 마무리 건국 작업을 진두에서 지휘할 수 있었다. 그래서 그의 치세는 왕권과 신권臣權이 최적의 조화를 이루면서 유교 왕국의 가장 바람직스런 형태를 취했다. 그 덕분에 유교 왕국의 근본 모순은 일단 지연된다.

집현전 학자들은 세종의 전폭적인 지원과 지휘를 받아 눈부신 활약을 보였다. 우선 유학의 경서들을 비롯해 역사, 지리, 법률, 의학, 문학, 예술, 과학 등등에 이르기까지 온갖 서적이 집필되고 번역되고 간행되었다. 그중에서도 가장 중심적인 것은 역시 왕조의 근본적 성격과 이념이다. 정도전이 편찬한 《경제육전》을 수정 보완해 《속육전續六典》으로 간행한 것은 조선이라는 새 왕조의 법제적 정비를 마무리하려는 작업이었다. 또한 사대부적 관점이 많이 투영된 정도전의 《고려사》를 변계량卞季良(1369~1430)에게 개찬하도록 한 것은 조선이 왕국 체제임을 확실히 한 것이다. 나아가 불교를 선종과 교종의 두 개 종파로 정리하고 사찰 신축을 금지한 것은 조선의 건국이념이 '유학'임을 재차 천명한 것이다. 이 세 가지를 정리하면 조선은 '유학을 지배 이념으로 삼는 새 왕국'이라는 결론이 나온다. 세종 대에 이르러 비로소 조선 건국이 완료되었다고 할 수 있는 이유는 이 때문이다.

이러한 일련의 작업에 세종은 단순히 감독자로서만 관여한 게 아니라 직접 현장에 뛰어들어 독려했고, 때로는 실무까지 담당했다. 예를 들어 중국 송 대에 나온 역사서인 《자치통감資治通鑑》을 주해한 《자치통감훈의資治通鑑訓義》를 간행할 때는 50여 명의 집현전 학자들을 투입하고도 세종이 직접 교정까지 보면서 작업을 진행했다. 하기야, 경연청經筵廳 건물을 새로 짓고 학자들과 스스럼없이 학문적 토론을 나눌 정도의 실력이었으니, 세종은 교정이 아니라 시간이 허락된다면 직접 저술까지도 할 수 있었을 것이다. 그런 점에서 세종은 한반도 역사상 유일무이한 문화 군주였다.●

세종의 폭넓은 관심과 지식은 정치와 인문학의 분야에만 국한되지 않았다. 조선은 뭐니 뭐니 해도 농업 국가, 따라서 국왕이 농업에 지대한 관심을 보인 것은 당연한 일이다 (그 당연한 일을 전대의 왕들은 하지 못했지만). 세종의 명을 받아 1429년 정초鄭招(?~1434)가 《농사직설農事直說》을 저술했는데, 종합 농사 교과서에 해당하는 이 책은 지금까지 전하는 농서 가운데 가장 오래된 것이다. 그전까지 한반도에서는 내내 중국의 농서들에 의

● 세종은 젊고 유능한 학자들에게 다른 일은 하지 말고 오로지 공부만 하라는 뜻으로 휴가를 주기도 했는데, 그것은 사가독서(賜暇讀書)라는 제도로 자리 잡았다. 오늘날 대학에서 교수들에게 주어지는 '안식년'과 비슷하지만 다른 점도 있다. 우선 기간이 길어야 석 달 정도였다. 또한 처음에는 각자 자기 집에서 지내게 했지만 나중에는 지금 서울 은평구에 위치한 진관사에서 공부하게 했다. 게다가 더 후대에는 읽은 책들의 목록을 보고하고 시험도 치르게 했다. 사가독서라는 명칭에서 강조점은 '暇(휴가)'가 아니라 '독서'에 있었던 셈이다.

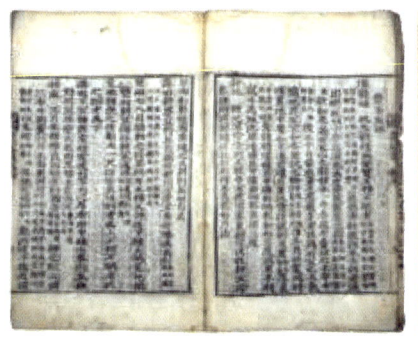 

출판 왕국 《농사직설》(왼쪽)과 《향약집성방》(오른쪽)의 일부다. 농학과 의학은 어느 학문보다도 '토착적'이어야 한다는 점에서 두 책의 간행은 세종 대의 획기적인 출판 사업이었다. 게다가 이 책들은 후대에도 계속 내용이 보강되면서 여러 차례 간행되었으므로 조선 시대의 통시대적 베스트셀러라고 할 수 있다.

● 《향약집성방》도 《농사직설》과 같은 취지로 간행되었다. 이 책은 중국의 약재에 의존해오던 관행에서 벗어나 한반도에서 생산되는 약재들을 총정리한 문헌이다. 단순히 약재만이 아니라 제약법, 각종 질병의 분류, 침술까지 두루 다루고 있으므로, 이를테면 의학 백과대사전쯤 된다. 정치 이념이나 철학이라면 모르겠지만 농사법과 의학, 약학은 어느 분야보다도 지역의 특성을 고려해야 하는 실용적 학문이라는 점에서 세종은 그 서적들의 출간이 시급하다고 보았던 것이다. 그런 실용서까지도 유학자들이 편찬한 데서 알 수 있듯이, 조선시대에서 말하는 유학이란 특정한 '학문 분과'가 아니었다. 유학은 학문의 특정한 과목이 아니라 학문 자체를 가리키는 용어였다. 서양에 비유하면 중세의 신학이 모든 학문의 근원이었던 것과 비슷하다.

존해오다가 이 책이 간행되면서 비로소 중국 농사법에서 탈피할 수 있게 되었으니 그 역사적 의의는 대단히 크다. 그 덕분에 이 책은 후대의 모든 농서에 영향을 주면서 일본에까지 수출되었으며, 같은 시기에 간행된 의학서인 《향약집성방鄕藥集成方》과 함께 통시대적인 베스트셀러가 되었다.●

이렇듯 서적 간행을 활발하게 전개할 수 있었던 데는 고려시대에 이미 인쇄술과 활자 제조술이 발달해 있었던 덕택이 크다. 고려는 유럽의 구텐베르크보다 200년이나 앞서 금속활자를 만들었을 정도로 인쇄술이 발달했으나, 정작 그 활자를 이용한 서적 보급에는 거의 무관심했다. 동양의 전통에 따르면 원래 서적이란 일반 백성이 보는 게 아니었다. 그래서 인쇄술이 개발되어도 '장서용' 역사서나 찍어서 서고에 보관하는 게 고작이었다.●● 그런 전통에 맞서 세종은, 비록 농서나 의약서 같은 실용서에 국한되었지만 서적을 민간에 널리 보급하는 게 중요하다는 것을 깨달은 혁신적인 군주였다.

문자의 창조

문화 군주 세종의 풍모를 가장 분명하게 보여주는 업적은 바로 한글을 창제한 것이다. 숱한 공로에도 불구하고 한글을 만들지 않았다면 그는 오늘날 1만 원권 지폐의 주인공이 되는 영예까지 누리지는 못했을 것이다. 1446년 9월에 세종은 훈민정음訓民正音을 발표하면서 유사 이래 처음으로 '우리 문자 시대'의 문을 열었다.

물론 한글이 없었을 때는 한자를 썼다. 또 한자로 표기할 수 없는 고유의 말은 한자의 음을 빌려 우리말을 표기하는 이두吏讀를 썼다(향가에서처럼 순수하게 한자의 음만 빌려 문장 전체를 표기한 것은 향찰鄕札이라고 부르는데, 이두와 같은 원리이므로 이두에 포함시키는 게 보통이다). 그러나 말은 전통적인 우리말을 쓰면서 글은 중국의 한자를 가져다 쓰는 것이니 문제가 없을 수 없다. 알다시피 언어학적으로도 우리말은 교착어이고 중국어는 굴절어다(쉽게 구분하면,

●● 이 점에서 서양의 경우는 사뭇 다르다. 세종의 시대, 그러니까 15세기 중반 유럽에서는 구텐베르크가 활판인쇄술을 발명한 지 50년도 못 되어 유럽 전역에 출판사, 인쇄소가 생기고 서적이 널리 보급되었다. 그 결과 일반 민중이 성서를 가질 수 있게 된 것이 종교개혁을 일으키는 데 결정적인 역할을 했다(종교개혁가들의 공통적인 모토는 바로 '성서로 돌아가자'는 것이었다). 동양에서는 문자의 특성상 목판인쇄가 유리했고 또 실제로 일찍부터 목판인쇄술이 발달했으나 활판인쇄술에서도 동양이 앞섰다는 것은 당시 세계 문명의 판도를 말해준다. 그러나 정치가 사회의 모든 것을 장악한 동양에서는 인쇄술이 지배층의 도구로만 이용되면서(예컨대 '보관용' 역사서를 인쇄한다든가) 사실상 사장되고 말았다. 인쇄술과 함께 이른바 동양의 4대 발명품으로 불리는 종이, 나침반, 화약 등도 마찬가지로 동양에서는 발명되는 데 그쳤으나 서양에서는 발명되거나 도입되자마자 순식간에 민간에 널리 퍼져 실생활에 이용되었다.

한자 표기용 한글? 흔히 훈민정음은 우리말을 표기하는 문자로 창제되었다고 알려졌는데, 한자의 '발음기호'도 창제 목적의 하나였을 것이다. 한자가 도입된 삼국시대 초기 이래 1000여 년이 지나면서 한자의 발음이 중국과 많이 달라진 것을 바로잡아야 했기 때문이다.

교착어는 어근에 접두사나 접미사 같은 게 자유롭게 붙어서 이루어지는 말이며, 굴절어는 각 낱말의 의미가 고정되고 분리된 성격이 강하다). 그러다 보니 문법에서도 차이가 있거니와 무엇보다 글을 통해 완벽한 의사 전달이 되지 않는다는 게 큰 문제였다.

그래서 세종은 정인지鄭麟趾(1396~1478)와 최항崔恒(1409~1474), 신숙주申叔舟(1417~1475), 성삼문成三問(1418~1456) 등의 집현전 학자들과 함께 우리말에 어울리는 문자 체계를 만들어내기로 결심한다. 바야흐로 세계사적으로 유례가 없는, 한 나라의 글을 '창조'한다는 엄청난 프로젝트가 시작된 것이다.

문자는 원래 그림에서 출발해 오랜 세월을 거치면서 추상화되어 기호가 되고 그 기호가 최종적으로 정리된 결과로서 탄생한다. 이집트의 상형문자, 중국의 한자, 알파벳의 원조가 된 페니키아 문자 등이 모두 그렇다. 즉 문자는 자연 발생적으로 형성되는 게 보통이다. 그런데 지배 집단이 일정한 기간 동안 연구해 문자 체계를 '인위적으로' 만들어내고 또 그 문자가 오늘날까지 쓰이는 경우는 역사상 처음이자 마지막일 것이다. 단기간에 만들어진 문자로는 한글 이외에 9세기에 생겨난 일본의 가나假名 문자도 있지만, 그것은 한글만큼 완벽한 문자 창조로 볼 수 없다. 이두의 수준에서 크게 벗어나지 못했고, 기본적으로 한자를 단순화시켜 문자 기호를 만든 데다 '지은이'가 명확하지 않다는 점에서 한글에는 미치지 못한다.

한글 창제 작업에서도 세종의 개인적 역량이 중요한 역할을 했다. 1443년에 그는 직접 28개의 문자 기호를 만들고 초성, 중성, 종성으로 이루어지는 한글의 기본 체계를 고안해 학자들에게 연구의 방침을 정해주었다(훈민정음이라는 용어도 이때 만들어졌다). 3년 뒤 학자들은 28개 기호의 음가를 확정하고 용례를 만들어 《훈민정음》이라는 책으로 발표했다. 이것이 한글의 공식적 탄생인데, 이렇듯 '생년월일'이 명확한 문자 체계도 대단히 드물다.●

하지만 만들어놓고 쓰지 않으면 아무런 소용이 없다. 갓 태어난 훈민정음의 시운전은 권제權踶(1387~1445)와 정인지, 안지安止(1377~1464)가 맡았다. 14세기에 출생한 노장파에 어울리게, 1445년에 그들이 지은 최초의 한글 작품인 《용비어천가龍飛御天歌》는 이성계의 조상에서부터 세종에 이르기까지 조선 왕실의 인물들을 칭송한 시가다. 이듬해 세종의 둘째 아들 수양대군首陽大君(1417~1468)은 어머니의 명복을 빌며 부처의 일생을 묘사한 《석보상절釋譜詳節》을 지었고, 여기에 세종은 부처의 공덕을 기리는 《월인천강지곡月印千江之曲》을 직접 지어 화답했다. 이렇게 왕실과 사대부의 강력한 지지에 힘입어 한글은 그해 말에 아전들을 뽑는 이과吏科의 시험 과목에 포함되기에 이른다.

만약 그런 분위기가 지속되었더라면 한글은 일찌감치 조선의

● 문자까지 인위적으로 창조하는 일이 가능했다는 것은 일찍부터 정치가 사회 전반의 중심에 있었다는 것을 말해준다. 아무리 훌륭한 문자를 발명한다 해도 정치권력으로 전 사회에 통용시킬 수 없다면 아무 소용이 없기 때문이다. 당시 동북아시아에는 한반도 이외의 모든 민족이 독자적인 문자를 가지고 있었는데, 이를테면 거란문자는 한글처럼 요(遼)의 건국자인 야율아보기가 920년에 제정해서 공표한 문자였다. 그러나 요가 멸망하면서 실전되는 바람에 한글과 같은 지위를 누리지는 못했다. 또 몽골 문자는 위구르 문자에서 차용해 만든 것인데, 한글이나 거란문자처럼 제정자가 확실하지는 않다. 이처럼 동북아시아 민족들이 자연적으로 형성된 문자가 아닌 '창조된 문자'를 사용했다는 것은 정치의 힘이 전 사회에 강력하게 작용한 동양 역사의 특성을 말해준다. 유럽의 문자들 중에는 어느 것도 특정한 시기에 특정한 개인(들)이 만든 게 없다.

● 그 덕분에 지금 쓰는 '한글'이라는 이름도 실제 한글이 생겨난 지 400여 년이나 지나서야 탄생하게 된다. 처음 태어났을 때 '훈민정음'이라는 책 이름으로 불리던 한글은 나중에 《세종실록(世宗實錄)》에 나오는 '諺文二十八字'라는 구절에서 비롯된 언문(諺文)이라는 한자 이름으로 불리게 된다. '언(諺)'은 '속된 말, 상스런 말'이라는 뜻이므로 한글은 처음부터 대단히 모욕적인 이름을 지니게 된 것이다. 16세기에 최세진(崔世珍, ?~1542)은 《훈몽자회(訓蒙字會)》에서 한글을 '반절(反切)'이라고 불렀는데, 이것도 한글의 철자가 한자의 일부분이라는 뜻이므로 언문 못지않게 수치스러운 이름이다(예를 들어 "東동 字자의 흡음을 달 때에 德紅切덕홍절"이라고 하는데, 東동의 초성인 'ㄷ' 자를 '德덕'으로, 나머지 '옹' 발음은 '紅홍'으로 표기해 '동' 자의 음을 나타낸다는 뜻이다). 1894년 갑오개혁 때 한글의 이름은 언문에서 국문으로 바뀌었다가 최초의 한글 전용주의자인 주시경(周時經, 1876~1914)에 의해 처음으로 '한글'이라는 이름으로 만들어 쓰이게 된다. 한글이 이 이름을 얻기까지는 500년의 세월이 걸린 셈이다.

'국어'로 자리 잡았을 테고, 머잖아 공문서를 작성하는 데까지도 사용되었을 것이다. 그러나 한글은 얼마 못 가 사장될 운명에 처한다. 나중에 보겠지만 그 주범은 조선 중기에 접어들면서 왕권을 누르고 정치권력의 중심에 복귀하는 사대부들이다. 한자 문화와 사대주의에 경도된 그들이 조선 사회의 주도권을 장악하면서 한글은 멸시되고 공식 문자로서의 발전 가능성이 닫히게 된다.● 그나마 규방의 부녀자들이 아니었다면 한글은 전승조차 되지 못했을 것이다. 비록 그 때문에 한글은 한때 '암글', 즉 여자들이나 쓰는 문자라는 굴욕적인 이름을 얻기는 했지만.

유교 왕국의 모범 답안

세종이 굳이 훈민정음을 만들려 한 의도는 무엇일까? 독자적인 문자가 없어 불편한 적이 한두 해도 아닌데 그 무렵에 한글을 만든 이유는 무엇일까? 물론 공식적인 이유는 "백성에게 바른 소리를 가르친다."라는 훈민정음의 뜻 그대로다. 《훈민정음》의 유명한 첫 구절에는 창제 취지가 밝혀져 있다. "우리나라의 말이 중국과 달라서 문자(한자)가 서로 통하지 않으므로, 어리석은 백성들이 말하고 싶은 것이 있어도 제 뜻을 잘 표현하지 못한다. 내가 이를 딱하게 여겨 새로 28자를 만들었으니, 사람들로 하여금 쉽게 익혀 날마다 편하게 쓰도록 하리라."

우선 분명한 사실은 세종이 백성들을 위해 한글을 만들었다는 것이다. 한글이 없을 때도 지식인들은 별로 불편하지 않았다. 동서고금을 통틀어 근대 이전까지는 인구의 90퍼센트 이상이 문맹이었다. '말이 중국과 달라서' 불편을 느끼는 것은 세종의 말마따나 '어리석은 백성'일 뿐, 실제로 문자를 사용해야 하는 학자나 지배층은 한자와 한문을 사용하는 데 별로 불편을 느끼지 않았다. 그렇다면 세종이 한글을 만든 것은 장차 문자 지식을 모든 백성이 공유하도록 하겠다는 의지의 표현으로 해석할 수 있다. 이 점에서 그는 문화 군주를 넘어 시대를 앞서가는 첨단 군주의 면모를 보여준다.

그러나 세종의 그런 충정을 인정한다 해도 한글 창제의 목적이 단순히 백성들을 위하는 데 있다고만 볼 수는 없다. 무엇보다 당시 백성들은 글을 모른다고 해서 특별히 불편할 게 없었다. 그럼 한글을 창제한 데는 또 어떤 의도가 있었을까?

한글 창제는 앞서 독자적인 농학서와 의학서를 개발한 것과 흐름을 같이하는 기획이었다. 우리말이 중국어와 다르다는 게 훈민정음의 직접적인 제작 동기였듯이, 세종은 중국과의 차이를 인정하고 주체적으로 극복하고자 했던 것이다.●● 중국에 대한 사대라는 기본 노선에서 벗어나려 하지는 않았지만(국왕과 세자의 책봉에서 명 황제의 승인을 얻는 절차

●● 정인지는 《훈민정음》 서문에서 이렇게 말한다. "천지자연의 소리가 있으면 반드시 천지자연의 글이 있게 마련이다. …… 그러나 사방의 풍토가 각기 다르므로 말도 다를 수밖에 없다. 우리 동방의 예악문물(禮樂文物)은 중국에 비해 뒤떨어지지 않으나 다만 방언과 속된 말만이 중국에 미치지 못하므로, 글을 배우는 사람은 그 뜻을 이해하기 어렵고 법을 집행하는 사람은 문서의 내용을 파악하기 어렵다." 조선의 건국 세력이었다면 조선의 문명 수준이 중국에 못지않다는 말을 감히 할 수 없었을 것이다. 같은 사대부라 해도 개국공신의 시대와는 이미 성격이 상당히 달라졌다는 것을 보여준다.

를 부정하지는 않았으니까), 적어도 세종은 조선이 중국의 한 지방에 머물 수는 없다는 점을 인식하고 있었던 것이다. 말하자면 나름대로 주체적인 사대주의라고 할 수 있는데, 이 점은 천문학을 장려한 데서 더 확실히 드러난다.

1432년 세종은 장영실蔣英實을 시켜 천문 관측기구인 간의簡儀와 혼천의渾天儀를 제작하게 했고, 2년 뒤에도 장영실에게 해시계인 앙부일구仰釜日晷와 물을 이용한 자동 시보 장치인 자격루自擊漏를 만들게 했다. 그보다 더 중요한 것은 1444년에 역서曆書《칠정산내편七政算內篇》과 《칠정산외편》을 편찬한 사실이다. 이 책들은 명의 역법인 대통력大統曆을 참조한 것이지만 방법론만 차용했을 뿐 그 내용은 조선의 실정에 맞게 대폭 수정했다(이를테면 일식과 월식, 일출과 일몰 시간의 기준을 한양으로 정하고 있다).

한반도 역사상 천체를 직접 관측하고 독자적인 역서를 발간한 것은 이것이 최초다. 천체의 운행을 살피고 역법을 계산하는 일은 중국의 황제, 즉 천자에게만 허용된 특권이었다. 그래서 천자는 매년 초 조공을 바치러 온 주변 속국의 사신에게 그해의 역서(일종의 달력)를 하사했다. 그것이 오랜 전통이자 사대 관계를 확인하는 절차였다. 이런 '신성한' 작업을 독자적으로 진행했다는 것은 세종이 의식적으로 탈중국화의 노선을 걷고자 했음을 말해준다.

한마디로 그것은 유교 제국(중국의 명)과 적절한 사대 관계를 유지하며 상대적인 자립을 누리는 유교 왕국의 모범 답안이었다. 외교권과 군사권을 중국에 위임하고 내치에 관한 권리는 독자적으로 보유하는 조선 특유의 사대주의는 바로 여기서 비롯된다(몽골에서 일본까지 이어지는 비중화 세계는 때로 중국에 사대했어도 조선처럼 정교한 사대주의를 발달시키지는 못했다).

해시계와 물시계 자격루(왼쪽)와 앙부일구(오른쪽)의 모습이다. 이렇게 세종 때 각종 시계가 제작된 이유는 그 무렵에 갑자기 시간을 재야겠다는 필요성이 생겨났기 때문이 아니라, 모든 문물과 제도를 중국에 의존하던 관행이 약해지고 주체적인 노선이 강화되었기 때문이다. 혹시 세종은 당시에 이미 환관 정치의 폐해를 보이던 명이 부실한 제국이라는 점을 알고 있었던 게 아닐까?

세종은 즉위 초부터 이런 관계를 염두에 두었던 듯하다. 그는 즉위하자마자 고려 말부터 큰 부담이 되어온 금과 은의 조공 문제를 해결하기 위해 여러 차례 명에 탄원한 끝에 금과 은 대신 특산물로 대체하는 데 성공했다. 또한 고려 말부터 각종 사회적 폐단을 빚어온 환관과 처녀의 진공進貢을 폐지하는 문제에서도 명과 합의를 보았다.● 사대의 큰 틀은 유지하되 아무리 상국이라 해도 요구할 것은 요구한다는 자세를 취한 것이다. 이런 중국에 대한 자주적 노선을 가장 명백하게

● 명의 환관 '수입'이 많은 이유는 중국 역사상 어느 왕조보다도 환관의 '수요'가 많았기 때문이다. 조선과 마찬가지로 사대부 세력이 황권에 도전할 만큼 커지자 명 황실은 환관을 황제 직할대로 양성해 사대부를 제어하는 정책을 구사했다. 환관이 득세하다 보니 중국에 간 조선 출신의 환관들도 사신의 자격으로 귀국해서는 조선 정부에 자기 친척을 관직에 임명해달라고 압력을 넣는 등 함부로 권세를 휘둘러 사회적 물의가 컸다. 처녀 진공 역시 폐단이 많았다. 처녀를 중국에 보낼 때는 전국에 금혼령을 내리고 후보들을 선발하게 되는데, 이 때문에 집집마다 딸을 서둘러 시집보내는 조혼(早婚)의 풍습이 생겼다.

보여주는 것이 북부 영토의 개척이다.

멀게는 신라의 삼국 통일 이래로, 가깝게는 고려 중기 여진의 금과 사대 관계를 맺은 이래로 한반도 북부는 사실상 한반도 왕조들의 관할 구역이 아니었다. 급기야 몽골 지배기에는 동녕부와 쌍성총관부가 설치되면서 공식적으로 원의 영토가 되기도 했으니 조선시대에 이르면 말할 것도 없다. 그런 탓에 몽골이 물러간 뒤에도 이 지역은 만주와 함께 여전히 여진의 텃밭이었다. 한 가지 다행스런 사실은 금이 무너진 이후 여진의 여러 부족 간에 정치적 통일이 이루어지지 못했다는 점이다. 앞에서 보았듯이 개국 초기 명이 철령위를 설치하겠다고 으름장을 놓은 일은 있었으나 사실상 명도 이 지역을 영토로 거느릴 입장은 못 되었고 그럴 의사도 없었다. 그래서 이곳은 정치적 공백지이자 무주공산이나 다름없었다.

이곳에 대한 초기 조선 정부의 정책은 그저 어르고 달래기였다. 1410년 태종이 두만강 하류 지역에 경원부라는 무역소를 설치한 것은 그런 전략의 일환이었다.• 그러나 여진은 허가된 교역에 만족하지 않고 오히려 경원부를 공략 목표로 삼았다.

그러자 1425년 세종은 '특단의 대책'을 마련하기로 했다. 대다수 군신들은 후퇴를 주장했는데, 이것은 고려 중기 윤관의 9성이 실패한 이래로 한반도 정부의 기본적

• 흔히 중국에 사대하고 일본, 여진과 교린하는 것을 이른바 사대교린(事大交隣)이라 부르며 조선의 고유한 외교정책인 것처럼 말하지만, 실상 조선은 사대의 의무만 다했을 뿐 교린의 대가는 얻지 못했다. 이 점은 무역의 측면에서 분명히 드러난다. 우선 중국과의 무역은 조선이 조공을 보내면 중국이 회사(回賜)하는 형식을 취했는데, 양으로나 질로나 무역 역조를 피할 수 없었다. 또한 교린 무역의 경우에도 조선이 이득을 얻고자 하기보다는 회유책의 일환으로 여겼으니 대차대조표는 보지 않아도 뻔했다. 특히 세종은 1426년 왜구의 노략질을 정식 무역으로 전환하기 위해 울산과 부산, 진해의 3포를 개항했지만, 이 역시 회유책에 불과할 뿐 경제적으로는 손해였다(더구나 조선이 교류한 일본은 일본 본토가 아니라 쓰시마일 뿐이었다. 이는 당시 일본이 통일되어 있지 않기 때문이기는 했으나 조선은 일본의 실력자인 바쿠후(幕府)와 직접 수교한 게 아니라 쓰시마 도주(島主)를 매개로 교류했다. 조선 초기 역사에 등장하는 일본은 거의 쓰시마를 일컫는다).

현재의 국경선　고구려가 멸망한 후로 한반도의 영토가 압록강과 두만강에 이른 것은 처음이었다. 백성을 이주시켜 살게 하는 사민정책을 펴는 한편, 그 지역 사람을 관리로 등용하는 토관제도를 실시해 이 지역을 확고히 영토화했다. 우리나라의 북쪽 국경선이 이때 확정되었다.

인 북방 정책이었다. 하지만 세종은 강경책을 주장한 김종서金宗瑞(1382~1453)의 의견을 좇아 북진 개척을 명했다. 과연 왕의 기대에 부응해 김종서는 1433년 두만강 하류에 6진을 구축하고 이후 10여 년 동안 인근 백성들을 이주시켜 두만강을 확실한 조선의 동북부 국경선으로 만들었다. 또한 같은 해 세종은 최윤덕崔潤德(1376~1445)을 보내 압록강 중류에 4군을 설치함으로써 서북부 국경선도 압록강으로 확정했다. 고구려가 멸망한 이래 한반도 왕조의 영토가 압록강과 두만강에 이른 것은 이번이 처음이었다.

세종이 뿌린 모순의 씨

역사와 법, 인문학과 과학 등 여러 분야의 학문을 발전시키고 독자적인 한글을 만들고 북변의 영토까지 개척한 세종의 활약은 그야말로 종횡무진이라는 말이 잘 어울린다. 세종은 조선의 대내적 하드웨어와 소프트웨어, 대외 관계에 이르기까지 두루 완비해 조선을 명실상부한 유교 왕국으로 만들었다.

물론 그 과정에서 세종의 개인적 능력과 집현전 학자들의 성실한 노력이 지대한 역할을 했다. 그러나 주체 역량 못지않게 당시의 환경도 무척 좋았다는 것을 무시하면 안 된다. 세종은 좋은 무대를 만났기에 좋은 공연을 할 수 있었다. 대내적으로는 개국공신 사대부들이 물러나고 국왕의 직속 사대부들이 성장하는 세대교체기였기에, 그는 처음부터 왕권에 대한 위협을 전혀 받지 않았다. 또한 대외적으로는 명이 때마침 조선의 태종 때와 같은 몸살을 앓고 있었기에 세종은 중국의 눈치를 보지 않고 독자적으로 중요한 사업들을 추진할 수 있었다. 그런데 개국 초까지도 조선의 내정에 사사건건 간섭하던 명이 왜 그렇게 태도를 바꾼 걸까? 여기에는 그럴 수밖에 없는 사정이 있다.

철권통치로 강력한 황권을 유지하던 명 태조 주원장이 1398년에 죽자 그의 손자인 혜제惠帝가 제위에 올랐다(주원장은 맏아들을 생전에 잃었다). 그러나 아직 신생국이던 명이

● 명 대부터 중국 황실에서는 시호(諡號)보다 연호(年號)로 황제를 칭하는 전통이 생겨났는데, 이에 따르면 주원장은 홍무제(洪武帝), 혜제는 건문제(建文帝)가 된다. 원래 중국 황제들은 죽은 뒤 신하들이 시호를 붙여주는 게 한 제국 시대부터 관례였다. 고조, 무제 등의 이름이 모두 시호다. 그러다가 당 제국 시대부터는 태종이나 현종처럼 묘호(廟號)를 쓰게 되는데, 그 이유는 시호가 점점 길어졌기 때문이다(예컨대 당 고조의 시호는 거창하게도 '神堯大聖大光孝皇帝'이다). 그래서 송 대와 원 대까지 묘호가 사용되다가 명 대에 새로 연호가 황제 명에 사용되기 시작한 것이다. 물론 시호나 묘호, 연호는 모두 황제가 죽은 뒤에 공식적으로 붙는 명칭이다.

정식 제국으로 존립하려면 같은 시기의 조선처럼 개국 초기 증후군을 통과해야 했다. 그 점을 우려하던 주원장은 미리 장남 이외의 아들들을 모두 변방의 번왕藩王으로 임명해 수도인 난징에서 먼 곳으로 보냈다.

그러나 명에도 조선의 이방원과 같은 역할을 맡은 아들이 있었다. 베이징에 연왕燕王으로 가 있던 넷째 아들 주체朱棣는 1402년에 조카 혜제(이성계가 처음에 세자로 책봉한 이방석에 해당한다)의 제위를 찬탈하고 수도를 자신의 근거지인 베이징으로 옮겼다. 명은 강남에서 일어난 유일한 통일 왕조였으나 이때부터 여느 왕조처럼 강북을 중심으로 삼았다.

당시 혜제는 황궁이 함락되면서 불에 타 죽었는데, 시신이 발견되지 않은 탓에 그가 살아 있다는 소문이 끊이지 않아 연왕을 내내 괴롭혔다(그래서 1405년부터 시작된 정화의 남해 원정은 혜제를 찾으려는 목적도 있었다고 전한다. 《종횡무진 동양사》, 303~304쪽 참조). 조카를 죽인 비정한 삼촌이 바로 명의 3대 황제인 영락제永樂帝(재위 1402~1424)다.

반인륜적이고 험난한 과정을 통해 제위에 오른 처지였으니, 영락제가 불과 2년 전에 자신과 비슷한 과정을 거쳐 조선의 왕위에 오른 태종을 쉽게 책봉해준 것은 충분히 이해할 수 있는 일이다(공교롭게도 영락제의 묘호도 태종이었으며, 조선의 태종보다 일곱 살 많았다). 이렇게 해서 주원장의 시대에 갈등과 알력을 빚었던 명-조선 관계는 언제 그랬느냐는 듯이 안정되었다. 조공 문제를 시정해 달라는 세종의 요구에도 선뜻 응한 것은 바로 그런 우호적 관계의 덕분이었다.

세종으로서는 두 태종(그의 아버지와 명의 영락제)이 서로 닮은꼴

행정가 황희 고려시대에 관직에 진출해 조선이 건국되면서 스스로 은거했으나 그의 뛰어난 행정 능력을 인정한 여러 관료의 천거로 일선에 복귀했다. 그는 양녕대군의 세자 폐위에 반대할 만큼 건실한 국가관을 가지고 있었다.

이라고 생각했을 것이다. 이제 왕권이 안정되고 나라가 기틀을 잡았으니 두 번 다시 명 황실과 조선 왕실을 얼룩지게 만든 '왕자의 난' 같은 사건은 없으리라고 믿었을 것이다. 아닌 게 아니라 영락제의 치세가 끝난 뒤 명은 그의 아들들이 순탄하게 제위를 이으면서 번영기를 맞았다. 세종은 조선도 그런 길을 걸으리라고 여겼을 것이다.

즉위 초까지만 해도 세종은 태종이 의정부의 권한을 축소하고 6조 직속 체제를 강화한 정책을 그대로 이어받아 강력한 왕권을 유지하면서 각종 프로젝트의 시동을 걸었지만, 대내외의 모든 일이 순조롭게 진행되면서 마음이 한결 느긋해졌을 것이다. 4군과 6진을 개척해 영토까지 크게 확장된 1436년에 다시 의정부를 중심으로 하는 정치 체제로 복귀한 것은 그런 여유였을지도 모른다.

그러나 조선이 처음부터 사대부 국가로 출발한 데는 그럴 만한 근거가 있었다. 앞서 보았듯이 유교 왕국이란 왕과 관료(사대부)라는 권력의 두 축이 적절한 조화를 이루어야만 온전하게 유지될 수 있다. 그 균형이 기울어지면 언제든 내재된 모순이 모습을 드러내게 마련이다. 그런데 저울이 균형을 유지하는 기간은 언제나 잠시뿐이다. 따라서 그 미묘한 균형이 마냥 지속되리라고 여겼다면 그것은 세종의 착각이다. 명도 사대부 세력을 황제가 성공적으로 제어하는 한에서만 안정을 누렸다고 보면, 명 황실과 달리 환관이라는 충실한 도구마저 없는 조선의 왕권이 얼마나 오래갈지는 미지수였다.

때론 장점이 단점이 되는 경우가 있다. 황희黃喜(1363~1452)를 비롯해 신개申槩(1374~1446), 최윤덕, 하연河演(1376~1453) 등 인품과 학덕이 모두 뛰어난 정승들을 거느린 세종은 어진 임금 밑에 어진 신하가 있는 법이라고 굳게 믿었다. 하지만 그가 죽은 뒤에도 의정부 정승들이 그를 받들듯이 다음 왕을 보필할 거라고 장담할 수는 없었다. 더욱이 그가 직접 심혈을 기울여 키운 집현전 학자들은 이제 단순한 '연구자'의 차원을 넘어서 있었다. 세종은 학자와 관료를 구분하기 위해 집현전 학자들을 수십 년씩이나 다른 직책으로 전직시키지 않고 집현전에만 묶어두었으나, 유학 이념의 속성상 그리고 유교 왕국의 생리상 '학문적 권력'이 '정치적 권력'으로 바뀌는 것은 쉬운 일이었다. 적절한 계기만 주어진다면.

그 계기는 세종의 아들 문종文宗(1414~1452, 재위 1450~1452)이 제공했다. 하지만 문종은 너그럽고 온유한 심성을 지닌 데다 아버지의 위업을 충실히 계승하는 것을 최우선의 목표로 삼았을 뿐이므로 그에게는 아무런 잘못이 없다. 문제는 병약한 그가 너무 일찍 죽는 바람에 열한 살짜리 어린 외아들인 단종端宗(1441~1457, 재위 1452~1455)이 왕위를 물려받으면서 시작된다. 어린 손자가 당할 비극을 미리 예상했더라면 세종은 결코 그렇게 사대부들의 기를 살려주지 않았겠지만, 실은 알았더라도 그가 손을 쓸 여지는 없었다. 그가 태종의 셋째 아들로서 즉위했다는 사실 자체가 조선의 왕권을 불안하게 만들고 있었기 때문이다. 유교 왕국의 근본 모순은 잠시의 팍스 코레아나로 완전히 제거된 게 아니라 발현이 지연되고 있었던 것이다.

8부

왕국의 시대

세조가 아무리 조카의 왕위를 찬탈했다 하더라도 왕실 내에서 이루어진 왕위 계승을 문제시할 정도라면 이미 조선의 사대부는 단순한 관료의 선을 넘어선 셈이다. '사육신 사건'으로 불리는 사대부들의 도전은 일단 실패로 끝나고, 조선은 다시 왕국화의 행정을 밟는다. 그러나 세조의 강력한 지배 전략으로 위축된 가운데서도 권력을 향한 사대부들의 야망은 결코 사그라지지 않았다. 오히려 그들은 먼저 자기들끼리의 세력 다툼을 통해 힘을 결집한 다음 사림파를 중심으로 본격적인 왕권 타도 작업에 들어간다.

22장

왕권의 승리

3차 왕자의 난

세종은 아버지 태종을 '조선의 영락제'라고 여겼겠지만, 영락제와 더 닮은 인물은 세종의 아들 수양대군이었다. 태종은 배다른 동생을 죽이고 친형제들 간에 권력 다툼을 벌인 데 비해, 수양대군은 바로 50년 전 명의 영락제가 그랬듯이 조카의 왕위를 빼앗고 살해한 비정한 삼촌이었다.

그의 그런 행위는 사육신死六臣 사건으로 후대에 더욱 오명을 떨쳤다. 박팽년朴彭年(1417~1456), 성삼문, 이개李塏(1417~1456), 하위지河緯地(1412~1456), 유성원柳誠源(?~1456), 유응부兪應孚(?~1456)의 여섯 충신이 죽음으로써 단종에 대한 충의를 지켰다는 데서 나온 사육신이라는 이름은 지금까지도 불의에 항거한 절개의 상징으로 간주되지만, 결론부터 말하면 그들의 행위를 단순한 정의나 고결한 충절로만 볼 수는 없다.

1450년 세종의 맏아들로 왕위를 이은 문종은 이미 세종의 만년에 병든 아버지를 대신해 국정을 이끈 경험이 있었으니 왕의 자질이 부족했다고는 할 수 없었다. 그러나 불행히도 문종은 몸이 약해 재위 3년을 채우지 못하고 죽었다. 이미 문종이 즉위하던 해에 그의 아들이 세자로 책봉되었으므로 후사를 잇는 것은 어려움이 없었지만 겨우 열한 살의 어린아이라는 게 불씨가 되었다.

새 왕조가 개창되고 나서 상당한 기간이 지나 자리를 잡은 뒤라면 나이 어린 왕이 즉위한다 해도 크게 문제가 될 것은 없다. 일찍이 고구려의 태조왕과 신라의 진흥왕은 일곱 살에 즉위해 나라를 크게 일구지 않았던가? 수백 년 전의 일이라 조선시대와 직접 비교하기는 어렵겠지만, 그때처럼 현명한 섭정과 충성스런 대신들이 어린 왕을 잘 보필한다면 오히려 약이 될 수도 있는 일이다. 또한 열세 살에 즉위한 고려의 인종도 비록 이자겸에게 휘둘리기는 했어도 24년간 재위했으니 왕으로서 실패작은 아니다.

그러나 고구려, 신라, 고려의 그 어린 왕들이 즉위할 무렵은 나라가 중기에 접어들어 적어도 왕계에 관해서는 안정된 시기였다. 그에 반해 단종이 즉위할 무렵은 아직 조선 왕조가 신생국의 딱지를 완전히 떼지 못한 시기라는 게 문제였다. 더구나 태종이 시작하고 세종이 마무리한 2차 건국(사실상의 건국) 작업이 끝난 지 얼마 지나지 않은 시점에 어린 왕이 즉위했다는 것은 여러 가지로 불길한 조짐이다.

그래도 조카의 왕위에 흑심을 품은 삼촌이 없었다면, 혹은 그 삼촌이 하나뿐이었다면 아무 일도 없었을지 모른다. 하지만 어린 왕에게는 삼촌이 무려 열일곱 명이나 있었을 뿐만 아니라(세종은 여섯 아내에게서 열여덟 명의 아들을 낳았다), 그중에서도 첫째와 둘째 삼촌, 그러니까 문종의 바로 아래 동생들인 수양대군과 안평대군安平大君(1418~1453)은 조카의 왕위 승계를 인정하는 대신 실권을 장악하려 했다. 공식적으로는 아니지만 사실상 단종의 섭정을 자처한 셈인데, 어린 왕이 즉위했을 때 삼촌이 섭정을 맡는 것은 오히려 미덕이니까 거기까지는 좋다.• 조카가 자랄 때까지 서로 사이좋게 권력과 국정을 나누어 맡았다면 아무런 이야깃감도 되지 않았겠으나, 불행히도 두 대군은 권력을 양보할 의사가 없었다. 이리하여 다 끝난 줄 알았던 왕자의 난이 다시 재발했다.

선수를 친 것은 동생 안평대군이다. 그는 이미 문종의 치세에 황표정사黃票政事••를 장악해 조정의 요직에 자신의 인물들을 박아넣고, 장차 병약한 형을 대신할 대권 후보임을 천명했다. 비록 맏형이 죽은 뒤에도 또 다른 형인 수양대군이 있지만, 안평대군에게 형제의 서열은 별로 중요하지 않았을 것이다. 그의 할아버지 태종은 다섯째 아들로 즉위했고, 아버지 세종은 셋째 아들로 왕위를 이은 전력이 있으니까. 더구나 안평대군이 노리는 것은 왕위가 아니라 실권일 뿐이었으니까 형의 눈치 따위는 신경 쓸 게 없었다.

하지만 기선을 제압당한 수양대군의 자세는

• 원래는 단종의 어머니인 현덕왕후가 정식 섭정을 맡아야 하겠지만 그녀는 단종을 낳고 사흘 만에 죽었다. 결과적으로 보면 왕의 어머니가 죽은 만큼 수양대군과 안평대군 둘 중 하나를 공식 섭정으로 임명하는 편이 나았다. 그랬다면 서열이 명확하므로 형제간에 권력 다툼의 여지가 적었을 것이며, 섭정은 엄연히 기한이 정해져 있으므로 왕위 계승에는 문제가 없었을 것이다.

•• 황표정사란 무슨 기구나 조직이 아니라 문종 대에 있었던 기형적인 인사 제도를 가리킨다. 말 그대로 '노란 표(황표)'로써 국정을 운영했다는 뜻이다. 여기에는 배경이 있다. 병약한 문종은 대가 센 동생들의 등쌀에 힘겨워했다. 그래서 그는 국정에 발언권을 행사하려는 동생들의 요구에 못 이겨 그들이 추천하는 인물을 관료로 임명했다. 하지만 천거하는 인물을 무조건 임용할 수는 없으므로 문종은 그 인명부에서 관리로 발탁할 인물의 이름에 노란 표시를 했는데, 이게 바로 황표다. 정규 임용 제도를 무시한 무원칙한 인사행정이었으나 문종의 아들인 단종 때도 황표정사가 그대로 유지되었다. 이렇게 다시 왕자들이 정치 일선에 나설 수 있었던 것은 앞서 태종과 세종이 맏아들 승계의 원칙을 무시하고 즉위한 전례가 있었기 때문이다. 아직 조선 왕실에는 장자 계승제가 확립되지 못했다.

달랐다. 그에게는, 호방한 성격에다 학문은 물론이고 시와 글씨, 그림에 능해 일찍이 삼절三絶이라 불리면서 문인들과 폭넓게 교류하는 '명사' 동생에 대한 열등감이 적지 않았을 터이다. 게다가 권력마저 동생에게 빼앗기니 수양대군은 참담한 심정이었을 것이다. 여러모로 그에게는 안평대군처럼 막후의 실력자를 택하기보다 왕위 자체를 노릴 만한 동기가 충분했다. 그래서 그는 동생이 미처 신경 쓰지 못한 분야, 그러나 조선의 대권 후보라면 가장 중시해야 할 분야에 관심을 집중했다. 그것은 바로 명과의 관계였다. 마침 명 황실에서 황태자를 새로 책봉하자 수양은 역전의 계기가 왔다고 판단했다.

중국의 황태자가 책봉되면 조선에서는 사은사謝恩使, 즉 '은혜에 감사하는 사절'을 보내야 했다.* 그게 조선에 무슨 은혜를 베푼 것인지는 모르겠으나 좌우간 명에 사대하는 조선으로서는 명 황실에 경사가 있으면 무조건 '은혜'로 규정할 의무가 있었다. 사은사는 중요 사절이므로 보통은 의정부 정승 중 한 명이 가는데, 영의정인 황보인皇甫仁(?~1453)은 얼마 전에 중국에 다녀온 적이 있으므로 누구나 생각하는 사은사 후보는 좌의정인 김종서였다. 그런데 문제는 황보인이나 김종서가 모두 안평대군의 인맥이라는 점이다.

이번마저 놓치면 수양대군에게는 두 번 다시 기회가 오지 않을 것이다. 그래서 놀랍게도 그는 자신이 직접 사은사로 가겠노라고

● 조선이 중국에 보내는 사절은 크게 정기 사절과 임시 사절이 있었다. 정기 사절은 중국 황제 부부의 생일을 축하하는 성절사(聖節使)와 황태자의 생일을 축하하는 천추사(天秋使), 그리고 새해를 맞아 보내는 정조사(正朝使)와 동지에 보내는 동지사(冬至使)를 말한다. 임시 사절로는 황제가 즉위했거나 황태자를 책봉했거나 외적을 물리쳤거나 할 때 보내는 사은사와 진하사(進賀使), 황족 중에 누가 죽었거나 황궁에 불이 났거나 할 때 보내는 진위사(陳慰使)와 진향사(進香使), 특별히 보고할 일이 있을 때 보내는 주청사(奏請使) 등이 있었다. 오늘의 관점에서 보면 실질적인 '업무'가 있다는 점에서 주청사가 중요하겠지만, 파견되는 사신의 지위로 보면 주청사에 비해 다른 사절들이 훨씬 높았다. 동양식 제국 질서의 허례허식을 보여주는 한 예다.

안평대군의 꿈 워낙 다재다능한 탓이었을까? 시·서·화에 두루 능한 안평대군은 늘 형에게 한 발 앞서 있다고 여기며 여유를 보였으나 결국 경주에서 진 토끼가 되고 말았다. 그림은 그가 화가 안견(安堅)에게 자신의 꿈을 그림으로 표현하게 한 〈몽유도원도(夢遊桃源圖)〉다. 꿈의 내용은 무릉도원이었으나 그의 운명은 그렇지 못했다.

나섰다. 김종서는 너무 늙었다는 게 그가 준비한 구실이었다(사실 김종서는 나이보다 6진을 개척할 때 북변의 여진과 원수진 일 때문에 만주를 지날 때 위험을 겪을지 몰라 사신으로 가기를 꺼렸다). 그러자 화들짝 놀란 안평대군은 서둘러 황보인을 찾아가 그럴 바에는 자신을 천거하라고 다그쳤다. 그러나 수양대군은 거기서도 준비해놓은 카드가 있었다. 안평대군을 보내자고 말하는 황보인에게 그는 이렇게 대답했다. "나는 국정에 참여하지도 않으니 두어 달 원행을 한들 어떻겠습니까?" 이것은 명백히 자신을 소외시킨 안평에 대한 불만의 토로이자 경고였다.

 굳이 명에 사신으로 가겠다는 형의 의도를 간파한 안평은 그것을 좌절시키기 위해 백방으로 노력했으나 결국 실패했다. 과연 사은사 자리는 두 왕자가 경쟁을 벌일 만한 가치가 충분했다. 1453

년 4월 베이징에서 돌아온 수양은 돌아오자마자 즉각 황표정사를 폐지해버렸다. 여기에 관해서는 구체적인 기록이 없으나, 모르긴 몰라도 그는 필경 명 황실의 이름을 적절히 활용했을 것이다.

이제 세 번째 왕자의 난은 필연적이다. 다만, 앞서 두 차례 있었던 왕자의 난과 다른 점은 이번의 정변에는 왕실만이 아니라 사대부들까지도 깊숙이 관련된다는 사실이다. 불행히도 앞으로 이것은 조선에서 일어나는 모든 정변의 기본 유형이 된다.

사육신의 허와 실

1452년 문종이 죽고 단종이 즉위하자 수양대군과 안평대군의 알력은 더욱 노골화되었다. 조정 대신들은 앞다투어 줄을 서기 시작했다. 어느 줄이 더 길까? 말할 것도 없이 안평의 줄이다. 황보인과 김종서 같은 원로들만이 아니라 집현전 출신의 젊은 학자-관료●들도 대부분 안평대군을 택했다. 그가 실세니 당연했다.

그러나 강한 자가 이기는 게 아니라 이기는 자가 강한 것이다. 수양은 비록 소수파지만 승리를 꿈꾸고 낙관했다. 다수파와 소수파의 대결에서는 늘 그렇듯이, 소수가 다수를 상대하려면 조직력이 반드시 필요하다. 수양은 한명회韓明澮(1415~1487)와 권람權擥(1416~1465), 홍윤성洪允成(1425~1475) 등 측

● 여기서 '학자-관료'라는 표현을 쓰는 이유는 조선의 경우 학자와 관료의 구분이 없거나 무의미하기 때문이다. 유학의 본성 자체가 국가 경영을 목적으로 하는 학문인 데다 조선은 처음부터 유교 왕국을 표방하고 나섰으므로 학자와 관료는 이념적으로나 신분적으로 거의 일치했다. 물론 관직에 전혀 관여하지 않는 순수한 학자들도 있었고, 또 거꾸로 학문적 소양이 깊지 못해 학자라고 불릴 자격이 없는 관료들도 있었지만, 이들은 소수였고 정치 엘리트가 되지 못했기에 큰 의미가 없다. 이후 조선왕조가 멸망할 때까지 조선 사회의 지배층은 줄곧 학자-관료 집단이 담당하게 되는데, 통상 사대부라고 지칭되는 세력이 그들이다.

근들을 심복으로 만들고 홍달손洪達孫(1415~1472)을 비롯한 무신들까지 적극 끌어들여 세를 불렸다. 이런 방식은 안평대군이 관료들을 파트너로 삼은 것과는 좋은 대조를 이룬다. 안평이 '사랑방 놀음'을 벌였다면 수양은 '조폭'들까지 끌어들인 격이니, 여기서 승패는 결정된 것이나 다름없다.

수양으로서는 베이징에 갈 때 서장관으로 거느렸던 신숙주를 회유한 게 천군만마를 얻은 기분이었을 것이다. 신숙주야말로 집현전 출신의 정통 학자-관료로서는 거의 유일하게 그의 진영으로 들어온 인물이었으니까(두 사람은 동갑내기였으니 몇 개월이나 걸리는 중국 여행에서 충분히 의기투합하지 않았을까?).

기질에서도 비교되듯이 두 대군의 차이는 명확했다. 수양은 대권을 노렸지만 안평은 어린 조카 단종을 대신해 사대부들과 함께 권력을 장악하는 게 목표였다.** 그렇기 때문에 황표정사가 폐지되었다는 것은 안평으로서는 가장 강력한 무기를 잃은 것이나 마찬가지였다. 수양은 일거에 사태를 역전시키고 동생을 구석으로 몰아넣은 뒤 드디어 최후의 일격을 가했다.

1453년 10월 10일, 수양은 심복들을 불러 모아 거사를 확정했다. 왕에게 먼저 아뢰어야 한다는 일부 무신들의 주장에 수양은 잠시 멈칫했으나, 모사꾼 한명회가 어차피 거사가 성공하면 무신들은 자연히 따를 것이라며 부추겼다. 그날 저녁 수양은 김종서의 집으로 쳐들어가 그를 죽이고 황보인과 그

●● 왕위에 오른 뒤, 수양대군은 자신이 거사하지 않았다면 김종서와 황보인이 먼저 안평대군을 움직여 선수를 쳤을 거라고 말했다. 하지만 그것은 자신이 왕위 찬탈자가 아니라는 논리를 이끌어내기 위한 궤변일 뿐이다. 수양 자신도 안평에게 대권 욕심이 없다는 것을 알고 있었다는 증거가 있다. 수양이 사은사로 가려 했을 때 권람은 그 시기를 틈타 안평대군이 쿠데타를 일으킬까 두려워 만류했는데, 당시 수양은 김종서와 황보인에게 그만한 호기가 없다면서 껄껄 웃었던 것이다. 거꾸로 말하면 그것은 곧 안평의 세력이 수양의 의도를 몰랐거나 얕보았다는 말도 된다.

의 일파를 마저 죽여 쿠데타를 성공시켰다. 뒤이어 김종서와 황보인을 따르던 조정 대신들을 모조리 처형하거나 유배를 보냈다. 이것이 계유정난癸酉靖難이라고 알려진 사건이다(정작 난리를 일으킨 것은 수양 측인데 '난리의 진압', 즉 '정난'이라는 명칭을 얻었으니 아이러니다).

사실 김종서와 황보인은 사대부들, 특히 소장파로부터 그다지 평판이 좋지 않았으며, 심지어 정인지 같은 일부 원로들에게서도 별로 점수를 따지 못했다. 김종서 일파가 지나치게 권력을 독점하고 있는 데 대한 반발심 때문이었다. 다른 한편으로 보면 그것은 조선의 사대부들이 국왕을 허수아비로 만들면서도 자신들의 권력을 일정 이상 늘리려 하지는 않았다는 뜻이기도 하다. 바꾸어 말해 그들은 비록 국왕이 어리다 해도, 세종의 치세를 통해 사대부의 본분이 국왕에 대한 충성임을 인식하고 있었던 것이다(그러나 사대부들은 점차 권력이 증대하고 파벌을 이루면서 자신들이 국왕마저도 교체할 권한을 가지고 있다는 인식으로 전환하게 된다).

실권을 손에 쥔 수양대군의 다음 조치는 침착하고도 비정했다. 김종서와 황보인은 현장에서 제거했으나 동생마저 그렇게 다루면 남 보기에 좋지 않았다. 그래서 그는 안평대군에게 각종 죄목을 붙여 일단 강화도로 유배를 보냈다. 당시의 유배 조치란 곧 분위기를 봐서 죽이겠다는 뜻이다. 과연 안평은 얼마 뒤 사약을 마시고 죽었다.

그러나 사약을 받았을 때 안평은 죽음보다 더한 치욕에 몸을 떨었을 것이다. 오래전부터 왕위를 노렸고 국정을 제 마음대로 주물렀다는 죄목까지는 이미 각오한 바였다. 하지만 그가 숙모를 비롯해 여염집 여자들과 간통 행각을 벌이고 다녔다는 혐의를 들었을

왕권에 도전한 학자들 경복궁에 있는 이 건물의 이름은 수정전(修政殿)이다. 대원군이 경복궁을 중건할 당시에 지은 것으로, 과거에 이 자리에는 집현전이 있었다. 세종 때 학자들은 이곳에서 책을 짓고 훈민정음을 만들었다. 그 과정에서 '머리가 큰' 학자들은 세조의 왕위 찬탈에 반대하고 왕권에 도전했는데, 그 지도부가 바로 집현전 학자들이다.

때는 아연실색했을 것이다(안평의 삼촌, 즉 세종의 동생인 성녕대군은 열네 살 때 홍역으로 죽었는데, 수양의 고발에 따르면 안평은 과부가 된 성녕의 아내와 놀아났다고 한다. 사실 여부는 확인할 수 없지만, 설령 헛소문이라 해도 궁정에서 그런 이야기가 꾸며졌다는 것은 아직 유교 도덕이 생활의 영역에까지 확고히 뿌리내리지 못했음을 시사한다).

곧이어 진행된 계유정난의 논공행상은 조정을 모조리 수양의 인맥으로 채우는 절차에 불과했다. 수양 자신을 포함해 모두 43명이 정난공신靖難功臣이 되었고(반란을 일으킨 세력이 반란 진압 공신이 된 격이다), 정인지와 한명회, 권람, 신숙주, 정창손鄭昌孫(1402~1487), 윤사로尹師路(1423~1463) 등이 정부의 핵심 요직에 포진했다. 수양과 안평의 차이가 노골적으로 드러나는 것은 이때부터다.

실권자의 지위에 만족한 동생과 달리 수양의 목표는 왕위에 있었다. 안평에게 왕위를 노렸다는 죄목을 덮어씌운 것과는 명백히 모순되는 의도였지만, 모순이라는 것도 힘 있는 자가 규정하기 나름이 아니던가? 일단 수양은 최고 정승인 영의정이 되었으나(왕실 종친이 정승을 맡은 경우는 조선 역사 전체를 통틀어 그가 유일무이하다) 그가 국왕을 보필하는 정승 본연의 역할에 만족하리라고는 그 자신을 포함해 누구도 믿지 않았다. 그는 결국 왕이 되고 말 터였다.

기다리던 수양에게 드디어 때가 왔다. 안평대군의 사후에 그의 역할을 대신하려 한 금성대군錦城大君이 수양 세력의 덫에 걸려 좌초한 것이 수양에게는 좋은 계기가 되었다.● 마지막까지 자신의 편이었던 삼촌 금성대군이 유배되자 어린 단종도 더 이상 왕위를 유지하기가 불가능하다고 판단했다. 결국 1455년 6월, 국왕이 영의정에게 왕위를 양보하는 초유의 사태가 일어나면서 수양은 꿈에도 그리던 왕위를 차지하고 조선의 7대 왕인 세조世祖(재위 1455~1468)가 되었다. 왕위를 내준 단종은 일단 상왕上王이 되었지만 사실상 폐위된 것이나 마찬가지였다.

그것으로 수양은 모든 게 끝났다고 믿었다. 비록 삼촌이 조카의 왕위를 물려받은 격

● 세종의 아들은 무려 열여덟 명이었으니 그중에 수양의 처사에 반대하는 형제들이 많은 것은 당연했다. 수양은 살아남은 형제들 중 맏이였으나 평소에도 안평을 따르는 동생들이 많았으므로 동생들의 지지를 별로 받지 못했다. 그래서 형제들 중 수양을 따르는 소수와 반대하는 다수 간에 알력이 빚어졌고 각종 음모가 전개되었다. 특히 금성대군과 세종의 넷째 아내인 혜빈 양씨가 반대파를 이끌었는데, 그들은 암암리에 군사력을 준비하다가 1455년 6월에 발각되어 유배형에 처해지고 말았다. 흥미로운 것은 초기 왕자의 난과 달리 이 시기에는 친형제와 이복형제의 구분이 없었다는 점이다. 금성대군은 수양과 친형제였지만 오히려 반대파였고, 당시 수양의 편에 선 계양군桂陽君)은 수양의 배다른 형제였다(정비의 소생인 왕자는 '대군'이고 후궁의 소생은 그냥 '군'이다). 아버지가 왕이면 어머니는 누구라도 상관없다는 것. 이는 이미 조선 왕실의 혈통이 국왕 중심으로 안정되어감을 말해준다. 중기에 들어 사대부 세력이 왕을 '발탁'할 수 있는 폭이 넓어지게 된 데는 이런 인식의 변화도 한몫했다.

이라서 모양새가 나빠졌지만, 개국 초부터 장자 승계로만 이루어지지 않았고, 더구나 얼마 전에 영락제의 선례도 있었으므로 그리 허물이 되지는 않을 터였다. 그러나 문제는 생각지도 않은 데서 터졌다. 집현전 학자 출신의 소장파 관료들이 반기를 든 것이다.

  2년 전 계유정난으로 수양이 실권을 차지했을 때만 해도 그들은 중립을 취했다. 왕의 삼촌이 영의정에 올라 국정을 좌지우지하고, 한명회 같은 출신도 불분명한 모리배가 권세를 휘두르는 꼴이 결코 보기 좋을 리는 없지만(한명회는 과거에 여러 차례 낙방하고 30대 후반에 겨우 문음門蔭, 즉 음서로 관직에 올랐다), 그래도 그들은 안평대군과 김종서 일당이 다른 세력으로 대체되었다는 정도로 여기고 꾹 참았다. 그러나 단종이 폐위되자 그들의 태도는 급변했다. 비록 어지럽고 혼돈스런 정국이지만 그래도 국왕을 모시고 있다는 게 그들에게는 중심을 유지하는 축이자 마음 한구석의 자부심이 아니었던가? 세조의 즉위는 그 축과 자부심을 송두리째 뒤집어놓은 것이다.

  특히 성삼문과 박팽년은 박탈감이 심했다. 그도 그럴 것이 성삼문은 예법을 관장하는 예조에 재직하다가 단종의 승지承旨(비서)로서 예법을 담당하고 있었으며, 박팽년은 충청도 관찰사였으나 사법을 관장하는 형조에 몸담은 경력이 있었던 것이다. 단종의 폐위에 흥분해 자결하려 한 박팽년은 성삼문의 설득으로 마음을 돌려 함께 단종의 복위를 도모하기로 결심했다. 이미 세조가 즉위했으니 형식적으로는 쿠데타를 꾀하는 셈이 되겠지만 세조 자체가 쿠데타로 왕위를 찬탈한 것이니 명분은 유리했다. 게다가 단종 복위라는 대의로써 불의를 응징하는 것이니 양심상 거리낄 게 없었다. 이들은 점차 이개, 유성원, 하위지 등 집현전 출신 관료들과

반역 또는 충절 세조의 즉위 과정에 문제가 있었다고는 하지만, 그것은 엄연히 왕실 내부의 일이다. 그럼에도 왕권에 도전한 학자들이 왜 후대에 반역자로 남지 않고 충절의 대명사가 된 걸까? 그 이유는 나중에 조선이 사대부 체제로 형질 변경되기 때문이다. 사진은 서울 노량진에 있는 사육신 묘 사당인데, 이들이 품은 사대부 국가의 꿈은 50년 뒤에 실현된다.

유응부 등 소장파 무신들을 끌어들여 비밀리에 공작을 폈다.•

하지만 명분과 정열에만 집착하고 호소할 뿐 현실적이고 조직적인 사고를 하지 못하는 그들이 꾀하는 쿠데타란 어설프기 짝이 없었다. 기회는 그런대로 좋았다. 마침 1456년 6월 1일 명의 사신을 맞는 연회 자리에 별운검別雲劍(어전 행사시에 경비 역할로 참석하는 무관)으로 임명된 무장 세 명이 유응부를 포함해 모두 그들 일파였던 것이다. 그들은 그 기회에 세조를 제거하고 단종을 복위시키기로 했다. 연회장에는 세조와 폐위된 단종이 동석하게 되므로 폐위와 복위를 동시에 진행하기에 유리했다. 그러나 하늘이 세조의 편이었는지 불행히도 세조는 공간이 좁다는 이유로 별운검을 들이지 말라고 명했다. 이렇게 해서 쿠데타는 불발되었는데, 더 큰 문제는 그다음이었다.

애초부터 조직력이 부족했던 쿠데타 세력은 좋은 기회가 무산되자 급속히 무너졌다. 게다가 성삼문은 조급했거나, 아니면 지휘자감이 못 되는 인물이었다. 결국 그의 경솔한 행동으로 그들 세력이 세조에게 노출되고 말았기 때문이다. 거사가 시도해보지도 못하고 실패로 끝난 것은 오히려 기회주의자들에게 노선을 정해준 셈이 되었다. 그중 하나가 정창손의 사위인 김질金礩(1422~1478)이다. 6월 2일, 김질은 장인과 함께 세조에게 달려가 전에 들은 성삼문의 음모를 털어놓았다. 원래 성삼문은 세조의 인맥인 정창손을 끌어들이기 위해 김질을 회유하는 과정에서 거사 계획을 밝힌 것이었다. 하지만 무릇 정치 세력의 우두머리라면 확실히 자기편이 되지 않은 인물에게 속내를 털어놓는 짓은 피했어야 하지 않을까?

세조의 혹독한 고문에 성삼문은 결국 다른 사람들을 불었고, 그들이 줄줄이 엮여 들어오면서 사태는 쉽게 종결되었다. 사실 세조로서는 비록 그들이 반역을 꾀했다고는 하나 용서할 여지가 충분히 있었다. 우선 그들의 쿠데타는 불발로 끝났다. 또한 그들은 대의명분을 가지고 있었고, 고문과 추궁을 받으면서도 의연한 기개를 보였다. 게다가 세조는 그들과 군신 관계에 앞서 젊은 시절부터 친하게 지낸 사이였다(세조는 성삼문, 박팽년, 이개, 신숙주 등 집현전의 소장파 학자들과 같은 연배였다). 그러나 그로서는 무엇보다 갓

● 이들을 사육신이라는 말로 지칭하게 된 것은 나중에 남효온(南孝溫, 1454~1492)이 쓴 《추강집(秋江集)》 때문이다. 이 책에 〈육신전(六臣傳)〉이라는 글이 실려 있어 마치 단종 복위를 꾀한 세력이 이들 여섯 명뿐인 것처럼 보이지만, 추후 세조가 직접 행한 국문(鞫問)에 의하면 적어도 13~17명이 사건에 관련되었다. 주동자가 성삼문과 박팽년이었다는 것만 확실하다. 사육신과 함께 피살된 김문기(金文起, 1399~1456)의 후손들은 1970년대까지도 자기들 조상을 포함시켜야 한다고 주장했는데, 사육신이든 '사칠신'이든 뭐가 그리 대단할까? 참고로 남효온은 김시습(金時習, 1435~1493), 원호(元昊, ?~?), 이맹전(李孟專, 1392~1480), 조려(趙旅, 1420~1489), 성담수(成聃壽, ?~1456) 등과 함께 새 정권에 소극적으로 저항했기 때문에 이른바 생육신(生六臣)이라고 불리지만, 이 사실도 전혀 중요하지 않다.

소년 왕의 마지막 안식처 단종은 삼촌에게 왕위를 빼앗긴 이후에도 몇 년 동안 궁궐 안에서 상왕의 신분으로 살았다. 말이 상왕이지 그런 가시방석도 없었을 것이다. 1457년 결국 그는 노산 군으로 강등되어 강원도 영월의 청령포(사진)로 유배를 떠나게 되었는데, 마음만은 편했을 것이다. 하지만 금성대군의 반란이 탄로 나자 단종은 서인으로 더 강등되었고 끝내 이곳에서 사약을 받았다.

잡은 왕권에 대한 도전을 한 치도 용납하고 싶지 않았을 것이다. 체포된 지 겨우 7일 만에 처형 명령을 내린 것은 그 때문이다(박팽년은 고문을 받아 옥중에서 죽었고, 유성원은 집에서 자결했다).•

하지만 세조는 후환의 뿌리를 근절하지 않으면 언제든 그런 일이 재발할 수 있다는 것을 알고 있었다. 그 뿌리란 말할 것도 없이 단종이다. 그래서 세조는 이듬해인 1457년 6월에 무늬만의 상왕이던 단종을 노산군魯山君으로 강등시키고 강원도 영월로 유배를 보냈다.

유배 생활 몇 개월이면 사약이 내려지는 게 관례였으므로(사약을 받았다는 기록이 없어도 유배된 해에 죽은 사람은 대부분 사약을 받은 것이다) 각오하고 있었을 단종의 명을 더욱 짧게 만든 것은 그가 의지했던 삼촌이다. 그가 영월로 출발한 지 불과 7일 만에, 그러니까 유배지로 가고 있을 무렵, 2년 전부터 경상도 순흥에 유배되어 있던 금성대군이 모반을 준비하다가 발각되는 사태가 일어났다. 결국 그해 10월에 세조는 동생에게 사약을 내리고 조카도 죽여 피비린내 나는 가족사의 한 장을 마감했다.

● 성삼문이 죽은 뒤 그의 집을 조사해보니 가재도구도 변변한 게 없고 방바닥에는 거적이 깔려 있었다고 한다. 그만큼 그는 청렴하고 기개 있는 선비였지만 정치적 역량이 뛰어난 지도자감은 되지 못했다. 김질에게 필요 이상으로 자신의 조직과 계획에 관해 상세하게 설명한 것이 그 점을 말해준다. 오히려 침착한 인물은 교활한 기회주의자인 김질이었다. 그는 성삼문이 평소에 과장된 말투를 자주 구사한다는 것을 알고 짐짓 "뜻을 같이하는 사람들이 있느냐?"고 물어 다른 사람들의 명단을 알아내는 데 성공했다. 성삼문이 세조의 추궁에 끝내 함구하지 못한 이유도 실은 김질에게 이미 다 말해버렸기 때문이다. 어쨌든 김질은 이후 장인과 함께 초고속 승진을 거듭하면서 영화를 누렸는데, 약삭빠른 자가 출세하는 것은 우리 역사에서 드물지 않은 일이다.

3차 건국

성삼문은 세조보다 왕의 측근들에게 더 큰 분노를 품었던 듯하다. 김질과 만났을 때도 그는 한명회 같은 무리를 처단해야 하며 신숙주는 오랜 친구지만 죽어야 마땅하다고 토로했다. 그가 그렇게 분노한 이유는 명백하다. 세조 앞에서도 당당히 밝혔듯이 불사이군不事二君, 즉 신하의 몸으로 두 임금을 섬길 수는 없기 때문이다. 그래서 두 임금을 기꺼이 섬기는 한명회나 신숙주가 오히려 세조보다 더 미웠을 것이다. 물론 그의 충정은 이해할 수 있지만 여기에는 의문점이 남는다. 어쨌거나 세조는 현직 왕이므로 성삼문의 거사는 반역이요 쿠데타다. 하지만 세조가 적법한 왕위 계승자가 아니라고 보면 성삼문의 행위는 반역이나 쿠데타가 아니다. 그렇다면 단종 복위라는 그의 대의명분은 과연 어디까지 정당화될 수 있는 걸까?

사실 조선 건국 이후 세조까지 일곱 임금 가운데 정상적으로, 즉 맏아들에게 순조로이 왕위 승계가 이루어진 경우는 문종과 단종밖에 없었다(그나마 단종은 외아들이다). 나머지는 모두 일종의 변칙적인 승계를 통해 즉위한 왕들이다. 그런데 새삼스럽게 사육신 세력이 세조의 왕위 승계를 부정하고 나선 이유는 무엇일까? 물론 멀쩡한 현직 왕을 폐위하고 즉위한 경우는 세조가 처음이지만, 다른 성씨의 인물이 반란을 일으킨 것이라면 또 몰라도 엄연히 왕실 내의 사건이므로 사대부가 관여할 일은 아니다(그랬기에 명의 영락제도 쉽게 권력을 안정시킬 수 있었다). 그렇다면 사육신 사건이 말해주는 것은 하나다. 즉 조선의 사대부가 이제 왕권에 간섭하는 문턱에까지 이르렀다는 것이다.

정도전을 비롯한 개국공신 세력이 왕권에 의해 붕괴되었음에도 불구하고 조선이 사대부 국가라는 사실은 변하지 않았다. 세종 때 왕권과 찰떡궁합을 이루면서 착실하게 성장한 결과 사대부 세력은 어느새 건국 당시의 힘을 되찾았다.● 일단 세조는 그들의 도전을 물리치는 데 성공했지만, 이후 조선의 왕들도 그러리라는 보장은 없었다. 특히 권위가 부족한 왕들은 사대부들의 눈치를 보게 될 가능성이 컸다.

유교 왕국의 모순은 이제 상당히 증폭되어 있었다. 그런 점에서 사육신 세력이 왕보다 왕의 측근들을 목표로 삼은 것은, 비록 그들이 의식하지는 않았더라도 역사적 혜안을 보여준다. 장차 사대부의 적은 왕이 아니라 견해를 달리하는 반대파 사대부가 될 테니까. 어쨌든 그것은 후대의 일이고 일단 타이틀 방어에 성공한 세조

● 이 점에서 안타까운 것은 세종의 역할이다. 세종은 모든 면에서 조선을 비약적으로 발달시켰고, 사대부 세력과도 완벽한 팀워크를 이루었다. 그러나 장차 사대부들이 권력을 넘보지 못하도록 하려면 세종은 그들의 역할을 확실하게 '관료'로만 국한했어야 한다. 만약 그랬더라면 조선은 '정상적인' 왕국으로 발전할 수 있었을 것이다.

는 사실상 나라를 새로 건국한 것이나 다름없었다(태조와 태종에 이어 벌써 세 번째 건국이다).《경제육전》과《속육전》을 확대·증보해 《경국대전經國大典》을 편찬하기 시작한 것은 그런 자신감을 보여준다. 제목부터 앞서의 두 문헌보다 훨씬 거창하게 '나라를 경영하는 책'이었으니, 비정상적인 과정을 거쳐 집권한 세조로서는 당연히 그 문헌의 편찬 사업에 애착을 보일 수밖에 없었다. 그는 최항崔恒(1409~1474)과 노사신盧思愼(1427~1498)에게 편찬을 맡기고서도 직접 교정까지 봐가면서 작업을 독려했으나 완간되기 2년 전에 죽었다. 1470년에 완성된《경국대전》은 이후 수백 년 동안 조선 왕조의 국가 운영 지침서로 기능하다가 18세기의《속대전續大典》, 19세기의《대전회통大典會通》에 바통을 물려주게 된다.

1466년에 시행된 직전법職田法도 세조의 3차 건국을 보여주는 또 하나의 예다. 앞서 보았듯이 태종과 세종 대에 이르러 이미 과전법은 붕괴의 조짐을 보이기 시작했다. 근본적인 문제는 과전으로 지급된 토지가 세습되는 데 있었다. 사실 집안에서 가장 노릇을 하던 관리가 죽어서 그 가족들이 곤궁한 처지에 놓인다면 참으로 딱한 일이다. 하지만 관리가 죽었는데 급료가 계속 나간다면 그것도 큰일이다.

쉽게 해결될 수 없는 모순이지만 조선은 왕조 사회이고 양반 체제이므로 일단은 신분제를 유지하는 방향에서 해결책을 찾을 수밖에 없었다. 어떻게든 명목을 만들어 관리의 가족들이 살아갈 수 있도록 해주는 게 급선무였다. 현직 관리가 죽을 경우 그에게 주어진 과전은 수신전守信田(관리의 과부에게 수절을 지키라고 주는 토지), 휼양전恤養田(관리의 어린 자식들을 구호하기 위한 토지) 등 각종 명목으로 유가족에게 자연스럽게 세습되었다. 게다가 관직이 없는 양반, 즉 산관散官에게도 과전이 지급되었다. 가뜩이나 부족한 토지는 더욱 부족해졌다. 그래서 세조는 현직 관리들에게만 과전을 지급한다는 원칙을 다시금 강조했는데, 그것이 바로 직전법이다. 실은 개국 초의 정신으로 되돌아가는 이야기니까 과전법과 전혀 다를 바 없다. 하지만 세조가 또 다른 '건국자'가 아니었다면 직전법을 시행하기란 어려웠을 것이다.

그런데 개국 초로 돌아가는 게 토지제도의 모순을 해결하는 데 반드시 유리한 것은 아니었다. 세조가 나라를 다시 건국했다면 공신들도 새로 생겨났을 것이다. 과연 계유정난과 사육신의 난을 겪으면서 공신들의 수도 자꾸만 늘어갔다. 원래 개국 초에도 공신에게 주어진 공신전은 세습이 합법적으로 허용된 데다 면세의 혜택까지 누리지 않았던가? 따라서 공신의 수가 크게 늘어난 것은 토지 부족 현상을 더욱 부추겼다. 세조가 직전법을 제정하면서까지 노력한 것에 비교하면 자가당착이 아닐 수 없다. 더 큰 문제는 세조 자신도 전혀 예상치 못했겠지만 그런 공신 인플레이션으로 인해 사대부들의 세력 판도에는 커다란 지각 변동이 일어나게 되며, 이는 이후 조선의 역사 전체에 영향을 미치게 된다는 점이다.

세조가 '건국'의 기분을 만끽한 분야는 국가의 이념일 것이다. 지배 이데올로기를 택하는 것은 원래 건국자의 고유 권한이다. 천륜과 인륜을 어기면서 조카의 왕위를 찬탈한 그였으니 유학 이념이 마음에 들 리 없다. 개국 초부터, 아니 멀리는 고려시대부터 차근차근 다져온 유교 왕국의 노선에서 완전히 이탈할 수는 없지만, 그래도 유학 이념의 색채를 다소나마 탈색시키고 싶은 게 그의 심정이었다. 집현전의 문을 닫고 경연經筵(학식을 갖춘 신하가 왕에게 유학의 경전을 가르치는 것)을 폐지한 게 그런 의도의 도입부라면,

탈유교 노선 사육신의 홍역을 치렀으니 세조는 유학과 사대부라면 지긋지긋했을 법하다. 그래서 그는 하늘에 제사를 지내는 원구단을 쌓았다. 중화를 숭배하는 유학 이념에서는 천자가 아니라면 누구도 천제를 지낼 수 없다. 사진의 원구단은 1897년 고종이 대한제국으로 국호를 고치면서 새로 지은 것인데(그는 여기서 황제 대관식을 치렀다). 일제에 의해 헐려 지금은 그 자리에 조선호텔이 들어섰고 팔각정만 남아 있다.

단군과 기자, 동명성왕 등 한반도 고대 건국자들의 신위를 격상시키고 1457년 정월을 맞아 원구단圜丘壇을 설치한 것, 그리고 도교의 제사 의식을 주관하는 소격서昭格署를 설립한 것은 본론에 해당한다.* 그 마무리는 불교 중흥이다. 일찍이 왕자 시절에 아버지의 명으로《석보상절》을 직접 편찬한 이력도 있을 만큼 개인적으로도 불교에 심취한 세조였으나, 1461년에 간경도감刊經都監을 설치해

● 원구단은 천제(天際)를 지내기 위한 제천단이다. 고려 성종 때 처음 설치된 바 있으나 조선은 스스로 중국의 제후국이라는 지위를 자각한 왕조였으므로 당연히 처음부터 인정되지 않았다(하늘에 제사를 지내는 것은 중국 천자만의 특권이다). 물론 세조가 원구단을 쌓고 원구제를 지낸 목적은 중국에 대해 자주성을 주장하려는 게 아니라 과거 정권과의 단절을 표방하려는 데 있었으므로 원구단은 몇 년 동안만 사용되다가 곧 폐기되었다.

불경을 한글로 번역하는 사업을 추진한 것은 유학 일변도인 국가 이념에 변화를 주기 위해서였음이 틀림없다.

그런 노력 덕분에 세조는 이후의 역사까지 통틀어 조선의 역대 왕들 가운데 유학 이념의 농도가 가장 옅은 왕이 된다. 그와 동시에 강력한 왕권을 지닌 왕이라는 뜻이기도 하다. 그 왕권의 행정적 표현은 중앙집권과 문치주의의 강화로 나타났다(송 태조 조광윤의 경우에서 보았듯이, 강력한 전제군주라면 누구나 그 두 가지를 정국 안정의 주 무기로 삼았다). 그 결과가 바로 지방 군정의 총책임자인 병마절도사兵馬節度使를 중앙의 문신으로 임명한 것이다.

병마절도사는 수신帥臣이나 주장主將이라는 별칭에서 알 수 있듯이 유사시에는 지역의 군사권을 장악해 작전에 임할 수 있는 직책이었다. 중앙에서 임명하는 것은 원칙에서 달라지지 않았으나, 세조가 무신 대신 문신을 기용한 것은 새로운 변화였다. 당연히 지방의 토호 세력은 강력히 반발했다. 특히 한반도 북부, 즉 북도北道는 여진과 대치하는 지역적 특수성 때문에 현지 출신을 병마절도사로 삼는 게 관례였으니, 박탈감이 더욱 심했다.

그 반발심과 박탈감은 조선 최초의 군사 반란으로 이어졌다. 1467년에 함길도에서 이시애李施愛가 중앙에서 병마절도사로 파견한 강효문康孝文을 죽이고 반란을 일으킨 것이다. 그러나 세조는 석 달 만에 반란을 진압하고, 그 사건을 계기로 물리력에서도 중앙집권을 감당할 수 있다는 자신감을 천명했다. 조선은 명실상부한 '왕국'으로 복귀한 듯했다. 그러나 불행히도 왕국의 시대는 얼마 가지 못했다. 조선은 겉으로는 늘 왕국이었으나 왕이 전제군주로 군림하는 왕국은 아니었다. 그러므로 조선이 왕국일 수 있는 것은 왕다운 왕이 재위할 때뿐이었다.

23장

진화하는 사대부

특이한 '반란'

세조가 아무리 3차 건국자로서 강력한 왕권을 누렸다고 해도, 단종의 폐위와 살해, 금성대군을 위시한 형제들 간의 분쟁, 소장파 사대부들의 거센 도전 등의 사건들은 그에게 커다란 정치적 부담이었다. 그가 소수의 측근들만 믿고 중용했던 것은 그 때문이다. 덕분에 한명회, 정인지, 권람, 신숙주, 정창손 등 수양대군 시절부터 세조를 따랐던 계유정난의 공신들은 막강한 정치적 권세와 막대한 경제적 부를 누렸다.[●] 세조가 더 오래 살았더라면 그들은 전제군주를 보좌하는 '왕당파' 신료로서 확실히 자리매김할 수 있었을 것이다. 그랬다면 조선의 '절대왕정기'는 실제(18세기)보다 수백 년 앞당겨졌을지도 모른다. 그러나 세조는 앞서의 건국자들(태조와 태종)이 그랬듯이 각고의 노력 끝에 집권했으면서도 재위 기

● 특히 한명회는 세조의 심복을 넘어 수족과도 같은 사랑을 받았다. 심지어 세조는 그를 '나의 장량'이라고 부르면서 끔찍이 아꼈다(정도전이 조선의 장량이라고 자칭한 것을 연상케 하는 대목이다). 이시애의 난에서도 한명회가 연루되었다는 설이 나돌았으나 세조는 간단한 심문을 한 뒤 무혐의 처리했다. 그런 세조의 지원 덕분에 한명회는 자신의 딸을 다음 두 임금의 비로 들여놓고 세조보다 오래도록 권세를 유지했다. 그가 세조의 사후 《세조실록》의 편찬을 지휘한 것은 한편으로 키워준 사람에 대한 보답이기도 했지만 다른 한편으로는 '역사 왜곡'의 의도도 있었을 것이다. 비정상적인 왕위 승계를 정당화하기 위해 온갖 윤색과 치장이 필요했을 테니(앞서 말한 안평대군에 대한 모함이 그런 예일 것이다).

간은 13년에 불과했다. 겨우 그 기간을 위해 그토록 모질게 처신한 걸까?

독재자가 사라지면 정국이 혼란스러워지는 것은 예나 지금이나 마찬가지다. 1468년 9월 세조가 병으로 죽고 둘째 아들 예종睿宗(1450~1469, 재위 1468~1469)이 즉위하자 문제는 즉각 터져 나왔다(예종의 형은 세자로 책봉되었다가 1457년에 열아홉 살의 나이로 죽어 훗날 덕종德宗으로 추존되었다). 그 방아쇠 역할을 한 인물은 이시애의 난을 진압한 공로로 세조의 총애를 얻어 스물일곱 살에 병조판서가 된 남이南怡(1441~1468)였다. 진압의 최고 책임자는 노장군 강순康純(1390~1468)이었고 남이는 어유소魚有沼(1434~1489)와 함께 부사령관이었으나 남이는 다른 두 사람과 달리 상당한 정치적 야망을 품었던 것으로 보인다. 그럴 만도 한 것이, 강순과 어유소는 무관으로만 뼈가 굵은 장군들이었지만 남이는 개국공신의 자손인 데다가 태종의 외손이었으므로 아무래도 단순한 무관의 신분은 아니었다. 이렇듯 가문 좋고 출세 빠른 젊은이에게 줄 대는 인물들이 많아지는 것은 당연하다.

그러나 튀어나온 못은 망치질을 받게 마련이다. 남이의 야심과 초고속 승진은 남의 질시 어린 시선을 끌기에 족했고, 그중에는 이시애의 반란을 평정하는 데 함께한 유자광柳子光(?~1512)이라는 자가 있었다. 같이 고생한 처지에 누구는 병조판서에 올랐으니 그는 불만일 수밖에 없었다. 게다가 그는 남이의 약점을 잘 알고 있었다. 그것은 바로 세조의 총애를 받았다는 사실인데, 당시 권신들의 공통적인 약점이기도 했다. 물론 세조의 치세에는 그게 강점이었겠지만 그가 죽자 그들은 강력한 후원자를 잃었다.

예종은 스물일곱 살의 나이에도 어머니 정희왕후貞熹王后(세조의 비)의 수렴청정을 받는 데다 아버지의 유언에 따라 한명회와 신숙주 등 세조의 참모들에게 국정을 위임한 상태였다. 그들에게는 조선의 주인이 죽으면서 질서의 중심도 사라졌다는 사실이 새삼스럽게 현실로 다가왔다. 하지만 기득권자가 아니라 권력을 노리는 측에게는 오히려 그런 상황이 좋은 기회였다.

유자광도 역시 뛰어난 무예와 비위를 잘 맞추는 재주로 세조의 사랑을 듬뿍 받은 처지였다. 하지만 그에게는 남이에게 없는 비장의 무기가 있었다. 잔머리와 눈치가 바로 그것이다. 1468년 10월, 그는 타고난 재능을 십분 발휘할 기회를 얻었다. 궁성에서 남이와 함께 당직을 서던 중에 들었던 남이의 속내를 예종에게 고한 것이다. 물론 남이의 입장에서는 세조가 죽고 난 뒤 흔들리는 시국을 논한 것이겠지만 듣는 사람에 따라서는 얼마든지 정치적 견해로 탈바꿈될 수 있었다. 유자광의 전략은 멋지게 성공했다. 남이는 곧 체포되었고 조직을 대라는 추궁과 고문 끝에 엉뚱하게도 강순마저 끌어들여 함께 처형되었다. 그 공로로 한명회, 신숙주, 노사신 등이 재차 공신으로 추대되었으며, 유자광은 공신의 지위와 더불어 보너스로 가족이 몰살된 남이의 집까지 얻었다(정변이 일어날수록 공신의 수는 자꾸 늘어만 간다).

단순히 유자광이라는 인물의 모함으로 남이라는 인물이 죽은 사건이라면 개인적으로는 억울한 사건일지라도 역사적으로는 중요하다고 할 수 없다. 남이의 사건이 중요한 이유는 그 속사정이

두 가지 반란 거의 같은 시기에 일어난 이시애와 남이의 반란은 서로 성격이 판이하게 다른 사건이었다. 이시애가 세조의 중앙집권책에 반대해서 반란을 일으켰다면, 남이의 사건은 순전히 모함으로만 진행된 말만의 역모였다. 보편적인 역사라면 전자의 경우가 많아야겠지만, 희한하게도 이후 조선의 역사에서는 후자의 경우가 압도적이다. 사진은 이시애의 난을 평정하고도 억울하게 죽은 남이 장군의 묘소다.

● 그래서 야사에는 남이가 유자광의 모함을 받은 경위에 관해 그럴듯한 이야기가 전해진다. 이시애의 난을 평정한 다음 남이는 칠언절구로 된 멋들어진 시를 읊었는데, 그 내용을 번역하면 이렇다. "백두산의 돌은 칼을 갈아 닳게 하고/두만강의 물은 말을 먹여 말리도다/사나이가 나이 스물에 나라를 평안하게 하지 못하면/후대에 누가 대장부라 불러주리." 이 호방한 시의 셋째 구절인 "男兒二十未平國"에서 유자광은 '平'을 '征'으로 살짝 바꾸었다고 한다. 그 뜻은 '사나이가 나이 스물에 나라를 정복하지 못하면'이 되었으니 정치적 야심이 확연한 의미로 바뀌었다. 믿거나 말거나의 이야기지만, 글자 하나, 말 한마디로 목숨이 왔다 갔다 할 만큼 예민했던 당시의 정국을 말해주는 일화다.

아니라 사건을 둘러싼 정황에 있다. 무엇보다 반란이며 역모로 규정되었음에도 지극히 '조용했다'는 점에서 대단히 특이한 사건이다. 앞서 사육신 사건의 경우에는 그래도 반역의 음모가 구체적으로 진행되었고 반란의 실체도 있었으나 이번 경우는 그런 실체가 없는 '말만의 역모'가 피바람을 부른 격이었다.●

그러나 특이한 사건도 자주 일어나면 평범한 사건이 되게 마련이다. 이 사건을 계기로 이후 조선에서는, 구체적인 계획이나 행동이 없었음에도 불구하고, 사대부들 간의 모함만으로 대형 '역모'가 꾸며지고 대규모 처형과 옥사가 뒤따르고 아울러 그때마다 공신의 인플레이션이 일어나는 웃지 못할 현상이 속출하게 된다. 이런 해프닝에도 그럴듯한 이름이 있는데, 머잖아 속출하는 이른바 사화士禍가 바로 그것이다.

세종의 닮은꼴

예종은 남이의 기묘한 반란을 진압한 것을 거의 유일한 치적으로 남기고 재위 1년을 겨우 넘긴 1469년 11월에 병으로 죽었다. 그토록 강력했던 아버지 시절의 왕권을 크게 약화시킨 게 또 다른 '치적'이라 할까?

어차피 예종이 살아 있을 때도 실제 국정은 어머니가 맡았으니 후계자를 정하는 문제도 그녀의 몫이다. 예종의 아들이 너무 어려 즉위할 수 없다고 본 정희왕후는 예종의 형인 덕종의 열세 살짜리 아들을 왕위에 올렸다. 누가 왕위에 오른다 해도 다 자신의 아들이고 손자이므로 그녀는 아무래도 상관이 없었을 것이다(열세 살도 어린 것은 마찬가지이므로 뭔가 사연이 있을지도 모르지만, 어쨌든 예종의 아들이 있는데도 그의 조카를 왕위에 올렸다는 것은 아직 조선 왕실에서 부자 승계의 원칙이 확고하지 않음을 보여준다). 이렇게 해서 조선의 9대 왕인 성종成宗(1457~1494, 재위 1469~1494)이 즉위했다.

스무 살이 될 때까지 7년간 할머니의 섭정이 지속되다가 1476년에 친정親政을 시작한 성종의 치세를 한마디로 말하면 세종 시대의 복사판이라 할 수 있다. 세종이 그랬듯이 성종도 왕권과 신권을 잘 조율하면서 자칫 혼란으로 치달을 수 있는 정국을 매끄럽게 이끌었다. 두 임금의 닮은꼴은 전 왕들(태종과 세조)이 제2, 제3의 건국자로서 강력한 왕권을 유지하며 국가의 성격을 크게 변화시켰기 때문일 터이다.

그러나 뿌리가 제거되지 않는 한 평화기에도 모순은 숙성한다. 성종도 세종처럼 자신의 치세까지는 그럭저럭 평화를 유지했으나, 오히려 그 시기에 더욱 익고 자란 모순은 결국 후임자의 치세에 사건으로 드러나게 된다. 물론 세종과 성종의 탓은 아니다.

일단 토지 문제가 어느 정도 가닥을 잡았으므로 정치 일선에 나서는 성종은 그런대로 홀가분한 기분이다. 그것은 친정에 나서기 전인 1470년에 시행된 관수관급제官收官給制, 이름 그대로 관에서 거두어 관에서 배급한다는 제도의 덕분이다. 앞서 보았듯이 세조의 직전법은 임시방편에 불과할 뿐 실효를 거두지 못했다. 아무리 현직 관리에게만 수조권을 허용한다고 목이 터지도록 외쳐봤자 한 번 제 손에 들어온 토지를 순진하게 반납하는 자는 없을뿐더러 공신이 늘면서 세습 토지도 자꾸 늘어나기만 했다. 사실 수조권 개념을 유지하는 한 유일한 대책은 왕조를 교체하거나 아니면 왕조 교체나 다름없는 쿠데타 정권이 계속 들어서는 것밖에 없다. 그래야만 새 정치 세력이 이전의 모든 토지 소유를 무효화하고 새로 밑그림을 그릴 수 있을 테니까.

그래서 관수관급제는 모든 문제의 근원인 수조권을 폐기한다는 획기적이면서도 불가피한 발상을 바탕으로 했다. 알다시피 과전법에서는 관리들이 자신에게 주어진 토지의 생산물을 수취하는 방식으로 봉급을 받았다. 그러나 새 제도는 모든 토지 생산물을 일단 관에서 수납한 다음 관리에게는 녹봉을 지급하는 방식을 채택했다(물론 그 녹봉은 아직 화폐가 아니라 현물이다). 언뜻 보면 그게 그거 아니냐고 하겠지만 알고 보면 사뭇 다르다. 우선 정해진 수조율 이상으로 과도하게 착취하던 관행을 없애 백성들의 원성을 줄인 게 당장의 효과다. 더 큰 성과는 직전법으로도 해결하지 못한 과전법의 문제점을 시정했다는 점이다. 현직에서 물러난 관리에게는 아예 녹봉을 지급하지 않으면 그만이니까 과거처럼 국가가 전직 관리의 수조권을 반환받아야 하는 문제로 골머리를 앓을 필요가 없다. 게다가 국가에서 모든 관리의 봉급을 직접 관장하게 된 덕분에 정부의 위신과 권위가 높아진 것은 보너스 효과다.

이래저래 성종은 할머니가 고마웠을 것이다. 생각지도 않았던 왕위를 준 데다 토지제도의 문제를 해결해주었고, 더욱이 할머니가 섭정을 맡은 기간 동안 그는 왕이 되기 위한 '속성 특별과외'를 통해 세종에 버금가는 문화 군주로서의 자질을 익힐 수 있었기 때문이다. 친정을 시작하면서 그의 자질은 유감없이 발휘되었다. 우선 세조 때 중지된 경연을 부활하고 학자들과의 토론을 즐기며 실력과 더불어 군주로서의 자질을 과시할 수 있었다. 나아가 성종은 도서관에 불과했던 홍문관弘文館에 집현전의 직제를 도입해 본격적인 정책 토론 기관으로 탈바꿈시키는 한편, 나아가 중앙의 성균관과 지방의 향교를 적극적으로 육성해서 유교 정치의 화려한 부활을 부르짖었다. 불안한 정국의 안정을 타개하기 위해서, 또 비정상적으로 즉위한 데 따르는 왕권을 위해서도 유교 이념은 만병통치약이었다.

성종과 증조부 세종이 가장 닮은 점은 제도적인 측면보다 문화적인 측면이었다. 성종의 치세에 간행된 서적들 중에는 세종 때부터 편찬이 시작된 것들이 유독 많다. 세종 때 맹사성孟思誠(1360~1438)이 시작한 인문지리서 《동국여지승람東國輿地勝覽》은 노사신이 완성했고, 최항이 시작한 역사서 《동국통감東國通鑑》은 서거정徐居正(1420~1488)이 완성했다.● 유학 이념의 꽃이라 할 예법 교과서 《국조오례의國朝五禮儀》도 세종과 세조의 시대를 거쳐 진행되어온 작업이 성종 때 강희맹姜希孟(1424~1483)과 신숙주의 손으로 마무리되었다. 어찌 보면 성종은 세종 때 시작된 모든 문화 사업을 종결지은 느낌이다. 성종 때 시

● 여기서 문헌의 '지은이'란 현대 문헌의 지은이와 다르다. 이를테면 《동국통감》의 지은이는 최항이기도 하고 서거정이기도 하다. 하지만 반대로 최항이나 서거정이 아니라고도 할 수 있다. 조선시대의 문헌들은 문인의 '문집' 같은 것을 빼면 거의 다 '집단 저작물'이다(지금까지 언급한 문헌들이나 앞으로 언급할 문헌들도 편의상 지은이를 소개했지만 실상은 여러 사람의 공동 저작이다). 물론 핵심 편찬자는 있지만 지은이라고 못 박을 만한 사람은 없다. 서양에서는 개인 저작의 역사가 무척 오래되었지만, 동양에서는 전통적으로 문헌을 특정한 개인이 저술하는 경우가 드물었다. 문헌이 대개 독자를 위해서가 아니라 국가적 목적에서 간행되었기 때문이다.

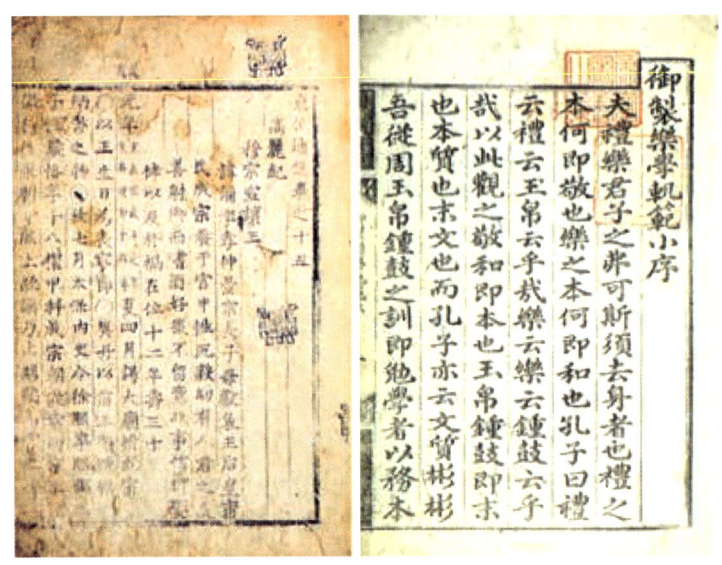

세종의 복사판 왕권과 신권이 조화를 이룬 안정기라는 점에서 성종의 치세는 여러모로 세종 때와 닮은꼴이다. 왕성한 출판 활동이 그 예다. 사진은 성종 때 간행된 대표적인 문헌들인 역사서 《동국통감》(왼쪽)과 예악서 《악학궤범》(오른쪽)이다.

작하고 완성한 문헌 작업은 1493년에 성현成俔(1439~1504)이 편찬한 《악학궤범》 정도였다(여기에는 유자광도 거들었다).

또한 북변을 침략하는 여진을 내몰기 위해 압록강과 두만강 너머까지 북진을 시도한 것도 세종과의 닮은꼴이다. 이때쯤이면 만주 지역의 판도도 여러 민족으로 분화되어 있어 여진이라는 하나의 이름으로 아우르기 어렵지만, 당시에는 만주의 부족들을 건주 여진建州女眞 또는 야인野人이라 불렀다('建州'란 중국 측에서 랴오둥과 만주를 가리키던 이름이다). 4군과 6진으로 압박 전술을 가한 세종과 달리 세조는 4군을 철폐하고 여진에 대해 회유책을 썼지만, 할아버지처럼 권력을 다지는 데 주력하지 않아도 되었던 성종은 세종처럼 한층 과감하게 나갔다. 이미 이시애의 난이 진압된 직후 명의 제안으로 만주에 대해 양국이 합동 토벌 작전을 전개한 바 있었다(어유소가 강순처럼 남이의 사건에 연루되지 않을 수 있었던 이유는 그 토벌전에 참전했기 때문이다). 성종은 거기에 만족하지 않고 1479년에 윤필상尹弼商(1427~1504)을 보내 건주여진의 본거지를 쳤고, 12년 뒤에는 허종許悰(1434~1494)을 보내 두만강 쪽 변경을 다지게 했다.

성종이 자신의 조상이자 우상을 추종하는 것까지는 좋았다. 그러나 우상의 단점마저 본받는다면 문제가 될 수 있다. 세종은 만년에 신병으로 고생하느라 국정을 돌보지 못했지만, 자신의 치적에 지나치게 만족한 성종은 집권 후기에 들어 유흥과 오락에 빠져들었다(여색을 탐하고 아내를 많이 둔 점에서도 성종은 세종과 닮았다. 그는 최소한 열두 아내에게서 최소한 스물일곱 명의 자녀를 낳았으니 세종과 함께 조선 국왕들 중 상위권에 속한다). 그에 따라 사회의 기강도 해이해지면서 퇴폐풍조가 만연하고 공직 사회가 부패하기 시작했다. 그러나 정작으로 큰 문제는 그런 왕실의 허점을 틈타 사대부 세력이 점차 정국의 운영권을 틀어쥐게 되었다는 점이다. 조선이 왕국을 넘어 사대부 국가가 되는 조짐은 성종 때부터 드러났다.

사대부의 분화

양적 변화가 질적 변화를 일으키는 것은 자연법칙만이 아니다. 사대부 세력도 점점 수가 늘면서 더 이상 동질성을 유지하기 어려워졌다. 더욱이 정권이 바뀔 때마다, 그리고 정변이 일어날 때마

● 예종의 비 장순왕후와 성종의 비 공혜왕후 둘 다 한명회의 딸이다. 그런데 예종과 성종은 삼촌 - 조카 사이니까 성종은 숙모의 동생을 아내로 맞아들인 셈이다. 더구나 두 여자는 모두 후궁이 아니라 국왕의 정비(正妃)였다. 유교적 예법을 고려한다면 항렬이 다르므로 도저히 성립할 수 없는 결혼 관계지만, 조선 초기에는 왕실에서도 그런 관계가 용인될 정도였다. 조선은 유교 왕국의 성격을 분명히 하고 출발한 왕조였으나 초기에는 유학 이념이 정치 분야에만 적용되었을 뿐 생활의 영역에까지 엄격하게 통용되지는 않았던 것이다. 유교적 예법이 생활화되는 것은 사대부들이 정권을 장악하는 16세기 초 중종 때부터의 일이다(136~137쪽 참조).

●● 역사에 나오는 용어들이 대개 그렇듯이 훈구파나 사림파도 당대에 쓰던 용어가 아니라 후대의 역사가들이 붙인 이름이다. 그래도 훈구파는 실체가 분명하지만 사림파는 훈구파에 반대하는 사대부 정치 세력을 편의상 일컫는 말일 뿐 훈구파만큼 동질적인 세력은 아니었다. 쉽게 말해 훈구파는 신분상으로 제도권의 관료층이고 정치적으로 왕당파 사대부들이었으며, 사림파는 재야 세력이었다. 그러나 훗날 사림파는 조선 특유의 학자 - 관료 관행에 따라 비공식적으로 중앙 정계에 지대한 영향력을 행사하게 된다.

다 공신들이 대거 늘어나는 탓에, 이제 번듯한 사대부라면 누구나 공신 한 명쯤은 조상으로 두고 있을 정도다(공신의 부와 지위는 세습이 허용되었다). 특히 예종에 이어 성종에게도 딸을 시집보내 2대 연속해서 임금의 장인이 된 한명회의 기세는 하늘을 찌를 듯했다.● 게다가 그는 계유정난으로 1등 공신이 된 이후 세조가 즉위했을 때, 남이의 사건이 진압되었을 때, 성종이 즉위했을 때도 공신에 올라 1등 공신만 네 차례나 차지한 베테랑 공신이었다. 또한 한명회만은 못해도 정창손, 홍윤성, 신숙주, 노사신 등 '공신 명예의 전당'에 득시글거리는 인물들은 모두 세조 때부터 공신의 지위와 권력을 누리는 자들이었다. 이들 '공신 1기생'들이 이른바 훈구파勳舊派를 이룬다.

사대부 중에 특권층이 생겨나자 자연히 그들에게 대립하는 층도 생겨났는데, 그들은 사림파士林派를 이루었다.●● 훈구대신들에게 도전한 인물이 바로 남이였고, 당시 남이가 대변하고 있던 세력이 곧 사림파였다. 성종이 즉위한 뒤 정희왕후가 섭정을 맡았던 기간 동안 실제로 국정에 관한 전권을 움켜쥐고 국왕의 임무를 대신 수행한 것은 섭정이 아니라 훈구대신들이었다. 따라서 성종이 토지 문제가 해결된 것에 대해 고마워해야 할 대상도 실은 할머니보다 그들이었다. 실제로 관수관급제의 내용을 봐도 기득권층인 훈구파에게 절대적으로 유리한 제도임을 금세 알 수 있다.

사실 세조가 죽기 직전에 훈구파는 다음 왕의 치세에도 자신들의 권력을 유지하기 위해 한 가지 장치를 해둔 바 있었다. 1467년에 그들은 훈구파의 원로대신들이 원상院相이라는 직책을 가지고 승정원 업무를 관장할 수 있도록 하는 제도를 만든 것이다. 승정원이라면 왕의 비서실이니까 이곳을 장악한다면 사실상 국정 전반을 총지휘할 수 있다. 당시 세조는 아들 예종이 부실하다고 여긴 탓에 그 조치를 허락했지만, 그 때문에 사대부 세상이 앞당겨질 줄은 전혀 예상치 못했을 것이다. 원상은 성종이 친정을 펼치면서 폐지되지만 이미 훈구파는 얻을 것을 다 얻었다.

'이대로 영원히!'라는 모토를 실현하기 위한 훈구파의 노력은 눈물겨울 정도였다. 우선 그들은 왕실과 혼맥을 맺어 제도 외적인 면에서도 안전장치를 만들어놓았다. 또한 중앙정부만 손에 넣는 데 만족하지 않고 지방에까지도 손을 뻗쳤다. 사실 중앙에서는 권력을 얻을 수 있을 뿐이고 정작 권력에서 나오는 '단물'은 지방을 장악해야만 빨아먹을 수 있다. 그래서 훈구파의 촉각은 중앙과 지방을 연결하는 경재소京在所와 유향소留鄕所에 집중되었다.●●●

그 결과 지방은 일부 지역 유지들과 중앙의 훈구대신들이 마음껏 수탈하는 사냥터가 되어버렸다. 지방의 세력가들은 모자라는 정

●●● 경재소란 지방 관청의 한양 연락소인데, 쉽게 말하면 한양에 파견된 각 지방의 유력자가 머물던 거처다. 또한 유향소란 지방 유지들이 모인 곳으로서, 중앙에서 파견된 지방 수령을 보좌하는 역할이다. 성격과 기능에서 예상할 수 있듯이 경재소와 유향소는 잘 쓰면 중앙과 지방이 소통할 수 있는 약이 되지만 잘못 쓰면 독이 된다. 즉 경재소는 지방과 한양의 유력자 간에 뇌물을 주고받는 장소로 전락할 여지가 충분하고, 유향소는 지방 유지들이 수령을 손에 넣고 주무르는 곳이 될 가능성이 큰 것이다. 약이 될지 독이 될지는 중앙 권력의 성격과 사회의 기강이 결정할 문제다.

치적 권력을 보충했고 중앙의 고관들은 경제적 이득을 취했으니 서로 적절한 분업을 이룬 셈이다.

이쯤 되면 생각나지 않을 수 없는 게 고려 말의 상황이다. 중기 이후 토지제도가 무너지고 무신정권과 몽골 지배기에 중앙 정치가 문란해진 틈을 타서 권문세족은 온갖 탈법과 불법으로 재산을 증식시키고 왕실과 혼맥을 구축해 권력을 유지하지 않았던가? 훈구파는 바로 고려 말 권문세족의 다른 이름에 불과했다. 그렇다면 고려 말에 권문세족에 대항해 신진 사대부가 등장했듯이 훈구파에 대항해서 사림파가 등장하는 것은 필연이었다. 과연 사림파는 고려 말의 신진 사대부처럼 성리학의 이념으로 돌아가자고 소리 높여 외쳤다. 하지만 도덕 정치를 구현하자는 겉으로 드러난 모토의 배후에는 권력에서 소외되었다는 불만이 도사리고 있었다.

훈구파가 모든 것을 장악한 상황에서도 사림파가 제 목소리를 낼 수 있었던 것은 성종이 친정에 나선 덕분이었다. 훈구파의 권력 독점을 심각하게 여긴, 아울러 왕권에 대한 그들의 간섭을 피곤하게 여긴 성종은 스무 살의 젊은이답지 않게 비제도권의 사림파를 훈구파의 대항 세력으로 키워 균형을 맞추는 노회한 전략을 구사했다. 마침 그의 치세에는 정변이라 할 만한 게 없어 공신 세력이 큰 힘을 쓰지 못했으므로 그 전략은 제대로 맞아떨어졌다.

공식적으로는 부정할 수 없는 이념을 무기로 내건 덕분일까? 훈구파의 상대적인 약세를 틈타 사림파는 별다른 정치적 공로도 없이 손쉽게 훈구파의 맞수로 떠올랐다. 훈구파가 지방 통제의 전진기지로 유향소를 활용하자 사림파는 그에 맞서 사마소司馬所를 장악하고 지방행정에서 발언권을 확보하고자 했다. 사마소란 사마시司馬試, 즉 생원진사시生員進士試에 합격한 지방의 젊은 유학

재야의 힘　'제도권'의 사대부들이 사대부의 본분을 버리고 공신이라는 미명 하에 왕당파로 '변질'되는 것에 재야의 사대부들은 분노했다. 그러나 그들은 곧바로 분노를 터뜨리지 않고 일단 지방에서 숨죽이며 후학들을 길러냈다. 사진은 성종 때 지어진 강릉향교인데, 이런 향교들이 각 지방에 튼튼하게 뿌리를 내리고 있었기에 조선 중기에는 사림이 등장할 수 있었고, 사대부들의 집권이 가능했다.

자들이 자체적으로 설립한 기구다. 생원과 진사라면 과거에는 합격했으나 자리가 없어 관직에 진출하지 못한 자들이니 현실에 대한 불만이 팽배했으리라는 것은 쉽게 추측할 수 있다. 그들은 이루지 못한 관리의 꿈을 지방 수령의 행정에 간섭하고 영향력을 행사하는 것으로 보상받으려 했다. 하기야 그들은 과거에 합격했다는 사실 하나만으로도 국역이 면제되고 향촌 사회에서 존경을 받았지만 관직에 진출하지 못한 탓에 딱히 할 일도 없었다.

　중앙에서는 성종의 간접 지원으로, 또 지방에서는 젊은 유림의 활약으로 사림파가 득세하면서 사림파에도 훈구파의 한명회에 못지않은 사람이 등장했다. 한명회가 지위와 권력과 혼맥으로 우두머리의 자리를 꿰찼다면 사림파의 우두머리는 재야 세력답게 학문과 실력으로 당당히 주변 인물들에게서 우두머리라는 인정을 받았다. 그는 바로 김종직金宗直(1431~1492)이라는 학자다. 원래 그의 가문은 고려 말 신진 사대부의 거두였던 정몽주와 길재吉再(1353~1419)를 본받았으므로 성리학 이념에 대해서는 당연히 순도 높은 '진골'이었다. 바야흐로 '사림의 봄'을 맞아 그는 훈구파에 대한 본격적인 비판에 앞장섰으며, 아울러 영향력 있는 제자들을 길러내 사림파를 훈구파에 대적할 수 있는 수준으로 키우는데 결정적으로 기여했다. 덕분에 후대에 그는 사림파의 사조師祖라는 영예를 얻었다.

이리하여 사대부는 크게 두 파로 분화되었다. 엄밀히 말해 훈구파가 사대부의 부분집합이라면 사림파는 그 여집합에 해당하므로 대립 세력이라고 부르기에는 적절치 않지만, 어쨌든 그전까지 동질적이었던 사대부 세력은 이제 두 줄기로 나뉘었다.

그들은 표면상 서로 대립하고 있지만 공동의 이해관계도 있다. 그것은 바로 왕권에 맞서고 있다는 점이다(비록 훈구파는 왕당파 사대부라고 할 수 있지만 왕을 단지 자파 권력의 원천으로만 이용했을 뿐이다). 따라서 사대부의 분화는 사대부 세력이 약화된 게 아니라 오히려 전반적으로 크게 강화되었음을 뜻한다. 언제라도 왕권이 약해지거나 왕권에 허점이 보이면 그들은 조선이라는 '왕국'을 '사대부 국가'로 바꾸려 할 것이다. 그 순간은 그들의 예상보다 더 이르게 다가온다.

24장

군주 길들이기

폭탄을 품은 왕

당연한 말이지만, 왕권이 강하려면 왕이 강해야 한다. 그런데 강한 왕은 새 왕조를 세우거나 정변으로 집권한 경우가 대부분이다. 건국자나 성공한 쿠데타의 우두머리는 강력한 권위를 공인받을 수 있으며, 자연히 강력한 왕권을 누릴 수 있다. 지금까지 본 조선 초기의 역사에서는 태종과 세조가 그런 임금이었다. 그 뒤를 이은 세종과 성종은 이전 왕들이 다져놓은 강력한 왕권 덕분에 왕권과 신권, 즉 국왕과 사대부가 조화와 균형을 이루며 안정과 번영의 치세를 보냈다. 이렇듯 왕권이 강하면 사대부는 자연히 국왕에게 협조하면서 관료 본연의 임무에 충실하게 된다.

그러나 아무리 강력한 왕권이라도 몇 대를 걸쳐 지속되기는 어렵다. 태종과 세종이 누린 왕권도 문종과 단종에게까지는 이어지지 못했다. 한동안 왕권에 눌려 지내다가도 왕권에 조금이라도 허점이 보이면 즉각 사대부들이 도전해오기 때문이다. 왕의 인물됨이 유약하거나 성격이나 자질에 결함이 보일 경우 사대부들은 왕을 가지고 놀거나 자신들의 이익을 위한 도구로 이용하게 된다. 예종이 사대부의 놀잇감이었다면, 성종의 맏아들로 1494년에 왕위를 이은 연산군燕山君(1476~1506, 재위 1494~1506)은 사대부의 도구로 활용된 경우다. 그는 사대부에게 저격당해 날개를 접은 최초의 군주가 된다.●

사실 연산군은 세자로 책봉될 때도 아버지를 상당히 고민하게 만들 만큼 성격상의 결함이 있었다. 비록 나중에 그를 폐위시킨 사대부들의 일방적인 견해이기는 하지만, 학문을 싫어하고 폭력을 즐긴 데다 잔인한 고문 수법 등을 보면 그가 전형적인 폭군이었다는 것은 분명한 듯하다. 굳이 그를 변명하자면 거기에는 가정적인 문제가 개입되어 있었다.

문제의 발단은 성종 때인 1476년 성종의 비인 공혜왕후가 죽으면서부터다(한명회에게 딸이 더 있었더라면 즉각 후임 왕비로 들였을지도 모른다). 그녀는 아들은커녕 딸도 남기지 못하고 열여덟의 어린 나이로 죽었다. 다른 때라면 몰라도 성종이 친정을 시작한 첫해였으니 후사도 후사지만 왕비 자리를 공석으로 둘 수는 없었다. 그래서 왕은 숙의淑儀(후궁의 하나)인 윤씨(원래 왕은 이름이 기록에 남지만 왕비는 대개 이름 대신 시호만 전해지는데, 윤씨

● 다른 군주들처럼 종(宗)이나 조(祖) 자가 들어간 시호를 받지 못하고 연산군이라는 이름으로 기록에 남은 사실 자체가 그 점을 말해준다(조선 왕계에서 보통 '宗'은 전 왕의 직계일 경우, '祖'는 방계일 경우에 쓴다). 한 왕의 치세가 끝나면 다음 왕의 치세 초기에 전 왕에 관한 실록을 편찬하는데, 그 담당자는 춘추관(春秋館: 역사 기록을 담당한 관청이자 서고)에 소속된 사관(史官)이므로 실록 내용에 사대부의 관점이 강하게 투영되는 것은 당연했다. 물론 현직 왕의 감수를 받지만 후임 왕이 전 왕을 타도하고 들어선 경우라면 사대부의 주장이 통하게 마련이다. 게다가 왕의 시호를 정하는 것도 사관의 고유 권한이었다. 연산군은 사대부의 배척을 받았기 때문에 군주였음에도 군주에 어울리는 시호를 받지 못했다. 그래서 그의 치세를 적은 기록은 다른 왕들처럼 '실록'이 아니라 '일기'―《연산군일기(燕山君日記)》―로 불린다.

8부 왕국의 시대

의 경우에는 나중에 폐위되기 때문에 시호도 받지 못했다)를 계비로 맞아들였다.

과연 그녀는 바로 그해에 아들(연산군)을 낳아 성종을 흡족게 한다. 그러나 앞에서도 말했듯이 성종은 여색을 몹시 밝혔는데, 윤비는 질투심이 강한 여자였으니 그냥 넘어갈 리 없었다. 아들을 낳은 위세를 등에 업고 그녀는 다른 후궁들에게 심한 투기를 보였으며, 급기야 성종의 얼굴에 손톱자국을 내는 사건까지 일으켜 시어머니인 인수대비仁粹大妃(1437~1504, 덕종의 비 소혜왕후)와도 갈등을 빚었다.

일반 가정 내의 다툼이라면 별것 아니겠지만 왕실의 부부 싸움이고 고부 갈등이기에 문제가 된다. 이런 왕실의 허점을 사대부들이 놓칠 리 없다. 그래도 다수는 왕실 내의 문제에 개입하지 않으려 했으나 좌의정 윤필상을 비롯해 한치형韓致亨(1434~1502), 성준成俊(1436~1504), 이극균李克均(1437~1504) 등 일부 대신들은 윤비의 행실을 공격하며 '자질론'을 거세게 주장했다. 이에 밀린 성종은 결국 1479년에 윤비를 폐위시키고 3년 뒤에는 사약까지 내린다. 이미 사대부는 왕실의 사건을 빌미 삼아 왕비마저 퇴출시킬 만큼 왕실에 대해 강력한 영향력을 지니고 있었던 것이다.

윤비가 죽은 이듬해인 1483년에 그녀의 아들 연산군이 세자로 책봉되었다. 아직 일곱 살밖에 되지 않은 그에게 '어른들의 부끄러운 이야기'를 상세히 전할 필요는 없을뿐더러 장차 왕위를 계승할 세자에게 자신의 생모가 겪은 비극을 알게 할 필요는 없다. 그래서 이 사건은 비밀에 부쳐졌으나 실은 궁정 내의 공공연한 비밀이었으므로 연산군이 진짜 몰랐을 리는 없다. 그가 이상 성격을 지니게 된 데는 생모의 그런 운명에서 받은 영향도 있을 것이다.

그래도 즉위 초에는 연산군도 개인사에 신경 쓰지 않고 국왕의 업무에 전념했다. 왜구와 건주여진이 해안과 변경을 침략하는 사건이 빈번한 탓에, 연산군은 비융사備戎司라는 특별 기관을 두어 철갑옷과 투구를 생산하게 했고, 북도에 백성들을 이주시켜 장기적인 국방의 안정을 꾀했다. 게다가 학문을 싫어했음에도 그전부터 진행된 문헌 편찬 사업을 독려해 완간시키기도 했다. 이는 성종 대의 평화로운 분위기가 자연스럽게 연장된 덕분이겠지만, 어쨌든 우려와는 달리 순조로운 출발이었다. 그런 분위기를 산산조각 내고 연산군의 내부에 숨어 있던 폭탄을 드러내게 만든 것은 사대부들이다.

성종 치세에 사림파가 훈구파에 맞설 만큼 성장하자 불안해진 것은 훈구대신들이었다. 특히 성종의 큰 존경을 받았던 김종직의 제자들인 김굉필金宏弼(1454~1504)과 정여창鄭汝昌(1450~1504), 김일손金馹孫(1464~1498) 등 이른바 영남학파 학자-관료들이 학문을 숭상하는 사회적 분위기와 스승의 명성에 편승해 사림파의 핵심으로 떠오르자 훈구파의 목표는 김종직 일파에게로 향했다. 남이의 사건에서 보듯이 원래 꼬투리만 잡으면 실체가 없는 사건도 훌륭하게 역모로 엮어내는 게 훈구파의 특기가 아니던가? 과연 남이의 사건에서 '말만의 역모'로 신흥 반대파를 쉽게 제거한 유자광은 여기서도 크게 한 건 올린다.

사실 유자광은 개인적으로도 사림파를 물고 늘어질 꼬투리가 절실하게 필요했다. 앞서 남이의 사건에서 김종직은 유자광이 모함을 일삼는 소인배라며 공개적으로 경멸했기 때문이다. 비록 큰 모욕이기는 하지만 사적인 원한만으로 반대파를 공격할 수는 없는 일이다. 그래서 그는 때를 기다리며 '건수'를 노렸다. 때마침

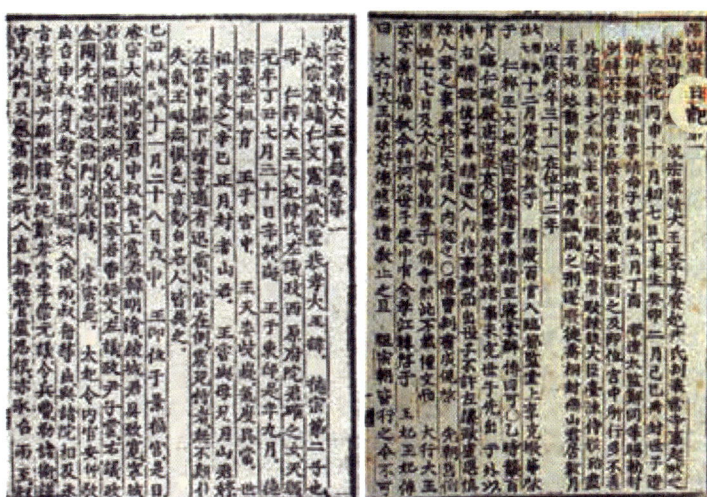

실록과 일기의 차이 왼쪽은 《성종실록》이고, 오른쪽은 《연산군일기》다. 연산군은 사대부들이 추존하는 국왕의 시호를 받지 못했기에 그의 치세를 서술한 기록도 아버지 성종의 기록처럼 실록이 되지 못하고 일기에 머물렀다(사진 오른쪽 윗부분에 '日記'라고 쓴 게 보인다). 그가 폭군이었다는 데는 의문의 여지가 없지만, 군주에게서 사후의 권리마저 빼앗은 것은 사대부 국가이기에 가능한 일이었다.

동병상련을 겪는 동지가 등장했다. 1483년 정희왕후가 죽었을 때 전라도 관찰사였던 이극돈李克墩(1435~1503)이 국상을 맞아 근신하지 않고 기생들과 술판을 벌인 일이 있었는데, 그 일이 사관의 귀에까지 들어가 사초史草에 기록된 것이다.● 그 사관이 바로 김종직의 제자인 김일손이다. 김일손은 제 임무를 다한 것이지만 부패한 훈구파에게는 그게 자신들에 대한 도전으로 보였다. 당사자인 이극돈 역시 훈구파의 한 우두머리였으므로

● 사초란 춘추관의 사관들이 매달 시정을 기록한 것인데(이것을 시정기時政記라 부른다), 나중에 왕이 죽고 난 뒤 실록을 편찬하는 데 중요한 자료가 된다. 따라서 실록의 '초고'인 셈이니, 이극돈은 그 기록을 그대로 놔두면 수치스런 개인사가 실록(그의 경우에는 《성종실록》)에까지 올라 대대손손 남게 된다는 게 두려웠을 것이다. 이런 문제가 있을 수 있기 때문에 원래 사관은 사초를 공개하지 못하도록 되어 있었지만, 그런 원칙이 매번 엄격히 지켜질 수는 없었다. 그래서 사초의 내용이 누설되면서 정치적 사건으로 비화되는 경우가 흔히 있었는데, 이번 경우가 그런 예다.

113

24장 군주 길들이기

자연히 유자광과 함께 사림파에 대한 한풀이를 도모하기에 이르렀다.

사림파가 끗발을 올린 성종의 치세에는 꾹 참고 지냈지만, 이제 연산군이 즉위하고 사림의 대부인 김종직도 죽었으니 그들은 때가 왔다고 판단했다. 1498년 《성종실록》의 편찬이 시작되고 공교롭게도 이극돈이 그 책임자가 된 것 ― 과연 우연이었을까? ― 은 절호의 기회였다.

특별한 사유가 없다면 아무리 상사라 해도 사관이 작성한 사초의 내용을 변경할 수는 없다. 그러므로 사초 자체를 문제로 제기해서는 안 된다. 하지만 실록이 편찬되기 전에 문제될 만한 내용을 공개해 사건을 만들어내는 것은 가능하다. 이극돈이 주목한 것은 일찍이 김종직이 작성한 이른바 '조의제문弔義帝文'이 사초에 수록되어 있다는 점이다. 이 글은 김종직이 성종 때 쓴 것으로, 초나라의 항우가 황제인 의제를 죽이고 제위를 찬탈한 사건을 운문체로 비판한 내용이다. 언뜻 중국의 옛 고사를 다룬 것처럼 보이지만 글이 쓰인 때가 때인지라 누가 보기에도 그것은 세조가 단종에게서 왕위를 빼앗은 사건을 비난하고 있는 게 분명했다(아무리 성종의 존경을 받는 김종직이라 해도 노골적으로 세조를 공격할 수는 없으니까 그런 간접 비판의 형식을 취했을 것이다). 게다가 그 글을 사초에 실은 김일손은 "김종직이 그 글을 통해 은연중 충정을 나타냈다."라는 평가까지 덧붙였다.

이극돈은 즉각 유자광에게 통보했고, 유자광은 즉각 작업에 들어갔다. 그는 훈구파의 양대 우두머리인 노사신과 윤필상을 움직여 연산군에게 그 사실을 보고했다(노사신은 자기 친척들을 멋대로 관직에 등용했다가 사림의 공격을 받아 영의정 자리에서 물러난 적이 있는

학사루와 사대부들 학사루에는 최치원과 김종직에 대한 이야기가 전한다. 신라시대 최치원이 함양(당시는 천영군) 태수로 부임에 이곳에 자주 올라서 학사루라 불렀다고 전한다. 한편 조선시대 사림파이자 영남학파의 거두 김종직은 군수로 부임하여 이곳에 걸린 훈구파 유자광의 현판을 보고 소인배의 현판이라며 철거했는데, 이런 두 사람의 감정의 골이 무오사화를 일으킨 한 요인이 되었다.

부패한 인물이었으므로 사림에 대한 사적인 원한이 컸다). 세조를 비난하는 것은 연산군의 조상을 비난하는 것이다. 하지만 아버지 성종도 묵과한 일에 그가 새삼 발끈한 데는 말할 것도 없이 평소에도 사림파에 대한 불만이 컸기 때문이다. 사사건건 성리학을 앞세우며 왕에게까지 수신修身을 요구하는 '건방진 사대부' 사림파를 싫어한 연산군은 기꺼이 훈구파의 책략에 넘어갔다. 이렇게 해서 1498년 사림파에 대한 대대적인 숙청이 일어났는데, 이것이 바로 조선 최초의 사화士禍로 알려진 무오사화戊午士禍다.

죽은 김종직이 부관참시剖棺斬屍(관을 뜯어내고 시신의 목을 자르는 형벌)된 것을 필두로 김일손, 권오복權五福, 권경유權景裕 등 사관들은 능지처참陵遲處斬(죄인을 죽인 다음 시신을 여섯 조각으로 쪼개 전시하는 형벌)을 당했고, 그 밖에 사림파 계열의 학자-관료 수십 명이 곤장을 맞고서 유배되고 파면되고 투옥되었다. 심지어 중앙 관직에 오른 적이 없는 정여창까지도 사림의 태두라는 '괘씸죄'로 유배형을 받았다.

물론 사건이 이렇게 비화된 데는 유자광이라는 모리배의 역할이 컸으나 이 사건을 단순히 개인들 간의 불화와 원한이 빚어낸 것으로 볼 수는 없다. 또한 역사가들이 흔히 말하는 것처럼 훈구파와 사림파의 힘겨루기로만 보는 것도 충분하지 않다. 이 사건에서 가장 중요한 것은 앞서 남이의 사건에서 보았듯이 다시 '말만의 역모'가 엄청난 피바람을 불렀다는 점이다. 바꾸어 말하면 궁중에서 더러운 모략과 조잡한 음모가 판치게 된 것이다. 정치가 이렇다면 나라의 미래는 암담하다. 그러나 이것은 시작에 불과하고, 향후 조선의 중앙 정치에서는 여러 차례 '말만의 역모'가 빈발하게 된다.

세계 어느 나라의 역사에서도 찾아볼 수 없는 그 독특한 현상은 유교 정치의 특성을 극명하게 보여준다. 유교 정치에서 무엇보다 중요한 것은 명분이다. 설사 실력(권력+물리력)에서 앞선다 해도 명분에서 뒤지면 권력 다툼에서 패배하게 된다. 성종의 치세에 사림파가 성장할 수 있었던 이유는 왕의 지원도 있었지만 온갖 수단으로 사리사욕을 채우는 데 급급한 훈구파에 비해 사림파가 유교적 명분에서 앞섰기 때문이다. 또한 힘에서 사림파를 압도함에도 불구하고 훈구파가 힘으로 적을 제압하려 하지 않고 사화 같은 사건을 만든 것도 유교적 명분을 위한 구실을 찾기 위해서다. 이렇듯 정치에서 명분이 가장 중요했기에 '말만의 역모'라 해도 막강한 힘을 발휘할 수 있는 것이다.

바다와 이어질 뻔한 경회루 역사에 폭군으로 기록된 인물들은 대개 후대에 볼 만한 유적을 남긴다. 진시황의 시황릉이나 수 양제의 대운하가 그런 예다. 연산군도 하마터면 그런 '걸작'을 후대에 남길 뻔했다. 그는 궁성의 지하에 수로를 뚫어 밀물 때 한강 하구를 통해 마포로 들어오는 바닷물이 경회루 앞의 연못까지 이어지도록 하는 대역사를 기획했으나 결국 미완성으로 끝났다.

무오사화를 계기로 드러난 또 다른 사실은 조선의 성격이다. 앞서 말했듯이 조선은 형식상으로 보면 왕국이지만 단순한 왕국이 아니라 사대부 왕국이다. 왕은 모든 권력의 중심이지만 실제적인 권한은 사대부 관료들에게 위임한 상징적인 존재이기도 하다. 따라서 왕권과 신권(사대부의 권력) 사이에는 늘 갈등이 일어날 소지가 내포되어 있다.

개국 초기에는 왕권이 상대적으로 강했으므로 사대부 관료 세력을 어렵지 않게 제압할 수 있었으나(정도전이 섣부르게 사대부 국가를 건설하려다 파멸한 것은 앞서 본 바 있다), 점차 사대부의 힘이 성장하면서 특별히 강력한 권위를 지니지 않은 왕은 언제든 사대부에 의해 퇴출될 수 있었다. 연산군이 무오사화를 일으킨 것은 언뜻 보면 왕권이 신권을 확실히 제압할 만큼 여전히 강하다는 것을 말해주는 듯하지만, 실은 발단과 진행 과정이 모두 훈구파의 조종을 받은 것이었으므로 전체적으로 보면 오히려 왕이 사대부의 손에 놀아난 결과였다. 개국 초에 사대부는 (정도전이 그랬던 것처럼) 킹메이커로서의 역할에만 그쳤으나 이제 사대부는 군주를 자신들의 입맛에 맞도록 길들이는 작업에 나선 것이다. 이 점은 곧이어 또 한차례의 사화를 겪으면서 더 분명해진다.

연속되는 사화

무오사화는 연산군의 가슴속에 품은 폭탄을 터뜨린 게 아니라 뇌관만 건드렸을 뿐이다. 그에게는 아직 풀지 못한 한이 있다. 그것은 바로 비명에 죽어간 그의 생모 윤비와 관련된 한이다. 포악하고 무도한 이상 성격에다 출생의 비밀이 어우러졌다. 전형적인 삼류 드라마의 주제다. 그 삼류 드라마가 연극 무대에서 상연되는 데 그치지 않고 현실이 된다면 조선은 삼류 국가로 전락할 것이다.

사대부들은 무오사화를 통해 중요한 신무기를 얻었다. 모함만으로도 반대파를 숙청할 수 있다면 그보다 더 좋은 일은 없다. 구체적인 역모의 증거 같은 것도 필요 없고 그저 세 치 혀만 잘 놀려 왕을 조종하면 그뿐이다. 그런 다음에는 성질 더럽고 어리석은 연산군이 다 알아서 처리해줄 것이다. 그 신무기를 처음 실전에 사용한 자는 성종 때 유자광과 죽이 맞아 비위에 거슬리는 관리들을 탄핵하다가 유배당한 경험이 있는 임사홍任士洪(?~1506)이다. 연산군이 즉위하면서 재기에 성공한 그는 아직 사화의 피비린내가 채 가시지 않은 1504년에 또다시 피바람을 불러일으킨다.

앞서 말했듯이 연산군이 자기 생모 윤비의 운명에 관해 전혀 모르지는 않았을 것이다. 그러나 짐작으로 아는 것과 정확한 정보는 다르다. 그렇잖아도 지난 무오사화로는 사대부에 대한 증오가 완전히 풀리지 않았던 연산군에게 임사홍은 윤비에 관한 정확한 정보를 전달한다. 거기서 통로 역할을 맡은 자는 연산군의 처남인 신수근愼守勤(1450~1506)이다.●

과연 연산군은 그들이 예상한 대로 움직여주었다. 생모가 폐위되고 사약까지 받았다는 사실을 확인하고 꼭지가 돈 연산군은 아직 살아 있던 아버지 성종의 후궁 두 명을 궁중의 뜰에서 쳐 죽인 다음 그들의 아들(그에게는 배다른 동생)들도 귀양을 보내고 사약을 내렸다. 더욱 심한 짓은 할머니인 인수대비를 몸소 폭력을 가해 살해한 행위다.

사실 연산군 개인을 위해서는 그쯤에서 끝냈어야 한다. 그랬다면 비록 패륜아로 취급될지언정 군주의 지위는 유지할 수 있었을 것이다. 그러나 고삐가 풀려버린 그는 20년도 더 지난 사건의 당시 주동자들을 색출해 잡아 죽이기로 결심한다. 정계에서 은퇴한 뒤 노년을 느긋하게 보내고 있던 윤필상을

● 신수근은 연산군의 배다른 동생인 이역(李懌, 1488~1544)의 장인이었다. 따라서 신수근은 같은 항렬의 형제에게 각각 여동생과 딸을 시집보낸 셈이 된다. 앞서 예종과 성종의 경우처럼 이 역시 유교적 격식에 어긋나는 일이다. 이런 관행은 중종 때 조선이 사대부 국가가 되면서 유교적 예법이 강화됨에 따라 사라지게 된다. 신수근에 관해서는 또 다른 흥미로운 점이 있다. 얼마 뒤 그의 사위인 이역이 반정(反正)을 통해 중종으로 즉위하게 되지만 신수근은 연산군에 붙였던 탓에 살해되고 만다. 또 임사홍도 그 자신은 훈구파였으나 아들은 김종직의 제자였기 때문에 무오사화에서 피해를 입었다. 이것은 훈구파와 사림파의 구분도 양파의 일부 골수분자들 외에는 그다지 뚜렷하지 않았음을 말해준다. 이처럼 당파의 이해 차이보다 공동의 이해관계가 더 컸기에 사대부는 조선을 사대부 국가로 만들 수 있었던 것이다.

비롯해 이극균, 성준, 김굉필 등이 윤비 폐위 사건에 연루되었다는 혐의로 처형되었다(김굉필은 무오사화로 유배되어 있던 중 처형되었으니 가장 운이 없는 경우다). 게다가 이미 죽은 한명회, 정창손, 정여창, 남효온 등은 부관참시를 당했으며, 그 밖에 수백 명의 조정 대신과 그 가족들이 처벌을 받았다. 이것이 갑자사화甲子士禍라 불리는 사건인데, 규모나 폭력성이 무오사화와는 비교할 수 없을 만큼 증폭되었다.

규모보다 더 중요한 사실은 훈구파와 사림파 가릴 것 없이 무차별적으로 숙청되었다는 점이다. 사림파의 정신적 지주인 정여창(그는 사화가 일어나기 불과 몇 개월 전에 죽었다)과 현실적 지주인 김굉필까지 화를 입은 데서 그 점을 알 수 있다.

그렇다면 연산군의 의도는 무엇일까? 두 차례나 대규모로 사대부를 숙청한 그의 난폭한 행위에서 이상 성격에 기인하는 부분을 빼면 뭐가 남을까? 일단 그는 생모가 죽은 사건이 아버지 성종의 의도와 무관하게 순전히 사대부들의 책동으로 빚어졌다고 판단한 듯하다. 물론 후궁들과 인수대비도 관여했지만, 그들의 배후에는 왕실 내의 알력을 이용해 왕실을 조종하려 한 사대부들의 입김이 있었다. 따라서 연산군은 사대부 전체를 적으로 돌리고 모조리 싹쓸이하려 했을 것이다. 게다가 그로서는 그럴 만한 다른 동기도 있었다.

학문을 싫어하는 군주가 대개 그렇듯이 연산군도 노는 데는 특별한 감수성을 가지고 있었다. 그런데 화끈하게 놀려면 많은 돈이 필요하다.• 사치와 향락으로 왕실 재정이 바닥나자 그는 세금의 양을 늘리고 공신전과 그 소속 노비들마저 몰수하려 했다. 그렇게 되면 왕실의 재정 문제가 국가의 재정 문제로 비화되는 것은 시간문제일 뿐 아니라 사대부들의 이해관계와도 정면으로 충돌하게 된다. 이래저래 연산군은 사대부 전체와 대립할 수밖에 없었던 것이다.

비록 두 차례의 사화가 벌어진 데는 연산군이라는 폭군이 등장했다는 우연적 요인이 크게 작용하나, 알고 보면 그것은 결코 단순한 우연이 아니다(그랬다면 폭군이 사라진 뒤 다시 원래의 체제로 돌아왔어야 하니까). 사대부는 훈구파든 사림파든 관계없이 왕권에 대해서만큼은 공동의 이해관계를 지니는 세력이다. 왕권이 강력하면 사대부의 처지는 다 같이 피곤해질 수밖에 없다. 따라서 왕권의 허점은 사대부에게 자신들의 권력을 증대할 수 있는 좋은 기회가 된다. 연산군은 폭군이었기 때문에 언뜻 보기에는 강력한 군주인 듯하지만 실상은 약점투성이의 허약한 군주였다(사실 모든 폭군이 알고 보면 그렇다). 그랬기에 자신은 마음껏 성질을 부렸으나 사대부들의 손에 놀아나는 조선 최초의 꼭두각시 군주일 수밖에 없었다.

● 당시 연산군의 놀이 상대는 장녹수(張綠水)였다. 원래 노비였던 그녀는 여러 차례 결혼해 아이까지 낳은 몸이었으나 영리하고 가무에 능해 궁궐에 들어갈 수 있었다. 게다가 나이가 서른이 넘었음에도 얼굴이 열여섯 살 소녀처럼 예쁜 덕분에 연산군의 총애를 받아 숙원(淑媛: 후궁의 한 계급)에까지 오른다. 폭군의 애첩이라면 권력과 부는 자연히 따르는 것이지만, 장녹수는 만족하지 않고 국정에도 간섭하면서 연산군의 머리 위에 군림하기에 이른다. 그녀는 연산군에게 교태와 아양을 떠는 것은 물론 때로는 그를 어린아이처럼 다루면서 욕설까지도 서슴지 않았다고 하는데, 연산군의 콤플렉스에 대한 효과적인 치료제였던 셈이다.

사대부의 최종 승리

일단 사화 자체는 사대부들의 위기였다. 국왕의 강력한 공격을 받은 사대부는 구석에 몰렸다. 그러나 사화 덕분에 훈구와 사림의 수뇌부가 몰락한 것은 오히려 사대부 세력이 전열을 새로 정비할 수 있는 좋은 기회이기도 했다.

한바탕 회오리가 몰아친 뒤 2년이 지난 1506년, 연산군에게 미움을 받아 이조참판과 경기도 관찰사에서 좌천된 성희안成希顔(1461~1513)과 박원종朴元宗(1467~1510)은 사대부의 기득권층이 물갈이된 틈을 타 새로운 우두머리로 부상했다. 마침 성희안은 문신이고 박원종은 무신이니 역할 분담도 좋았다. 이들은 화를 면한 조정의 대신들과 지방의 유배자들을 움직여 세를 불리고 무사들마저 끌어모았다. 그들의 목적은 놀랍게도 정권 타도였다(연산군은 유배자들이 반란을 일으킬지 모른다는 걱정에서 그들에게 고된 노동을 시키고 감시를 붙였으므로 어차피 그들은 살기 위해서라도 반란을 꾀하지 않으면 안 되었다).

디-데이D-Day로 정해진 1506년 9월 1일, 그들은 일사불란하게 움직여 임사홍과 신수근을 살해했다. 권력을 행사하는 데는 두려움이 없는 연산군이었으나 막상 자신이 권력 행사의 대상이 되자 졸지에 겁쟁이로 변했다. 하긴, 승지들조차 살려달라는 왕의 호소를 뿌리치고 도망치는 판에 그를 도울 사람은 아무도 없었다. 게다가 쿠데타 세력은 이미 거사의 성공을 예감하고 진성대군 이역을 다음 왕으로 정해둔 터였다(그는 성종의 둘째 아들이었으니 서열에도 맞았다). 이렇게 해서 이튿날 진성대군이 왕위에 올랐는데, 그의 묘호는 중종中宗(1488~1544, 재위 1506~1544)이었으므로 이 사건을 중종반정中宗反正이라고 부른다.•

이제 사대부는 국왕에게 최종 승리를 거두었다. 연산군까지의 조선 임금들 10명 가운데 왕족에 의해서 폐위된 왕은 있어도(단종의 경우) 사대부에 의해 실각한 왕은 없었다. 정도전 이래로 끊임없이 왕권을 제약하고 자신들의 권력을 증진시키기 위해, 바꾸어 말하면 유학 이념에 입각한 사대부 국가를 건설하기 위해 노력해온 조선의 사대부는 마침내 목적을 달성했다. 이제 조선은 사대부 국가가 된 것이다.

물론 연산군이 결함투성이의 폭군이었던 것은 사실이다. 또한 군주가 폭군일 경우 신민들이 반란을 일으키는 것도 세계 어느 나라의 역사에서든 흔히 볼 수 있는 일이다. 그러나 세계 어느 나라의 역사에서든 폭군이 타도되면 반란 세력의 우두머리가 새로운 왕으로 나서는 게 보통이다. 그래서 때로는 왕조 자체가 바뀌거나, 아니면 적어도 왕계의 혈통이 바뀌게 된다. 그런데 이 점에서 조선은 세계사에 유례가 없을 정도로 색다르다. 쿠데타를 주도한 조선의 사대부는 자기들 가운데서 왕을 선출하지 않고 기존의 이씨 왕실에서, 그것도 타도된 군주의 배다른 동생을 왕으로 삼은 것이다.

그 이유는 무엇일까? 사대부들이 가장 중요하게 여기는 게 명분이기 때문이다. 사대부들이 지향하는 것은 유학 이념이 지배하는 왕국이다. 유교 왕국은 사직을 정체성으로 삼으며, 왕은 하늘의 뜻(천리)을 받은 지배자다. 그러므로 왕은 혈통이 고정되어 있고 당연히 세습되는 존재다(단적으로, 왕은 사직을 모시는 종묘제례의 '제주'다). 아무리 사대부의 권력이 막강하다 해도 천리를 거스를 수는 없다. 기존의 왕조가 천리를 어겼다면 왕조 자체가 바뀌어야만 하는데, 고려-조선의 교체가 그랬듯이 왕실의 성씨를 바꾸는

● 이 사건에서는 흥미로운 행적을 보인 두 사람이 있다. 하나는 앞서 말한 신수근이다. 그는 연산군에게 협력하고 사화의 주범이기는 했지만 진성대군의 장인이었으므로 처신만 잘했다면 새 정권에 합류하거나 적어도 죽음은 면할 수 있었을 것이다. 사실 쿠데타 세력은 진성대군을 왕위 후보로 낙점하면서 먼저 신수근에게 합류를 권했으나 거부당했다. 결국 그로서는 막판까지도 눈이 어두웠던 대가를 혹독하게 치른 셈이다. 또한 반정 세력이 회유한 인물들 가운데는 유자광이 있었다. 성희안과 안면이 있고 지모가 뛰어나다는 이유 때문인데, 이미 유자광은 예종-성종-연산군 3대에 걸친 숱한 대형 사건에서 늘 승자의 편에 서는 행운을 누렸다. 그러나 그 과정에서 많은 적을 만든 그는 반정 이후 여러 차례 탄핵을 받아 결국 훈작을 모두 빼앗기고 유배되었다가 맹인이 되어 비참하게 죽었다.

부부의 소원 서울 도봉구 방학동에 있는 연산군 묘다. 그는 중종반정이 일어난 해(1506) 11월에 유배지인 강화도에서 아내인 폐비 신씨가 보고 싶다는 유언을 남기고 죽었다. 과연 그가 죽고 나서 소원은 이루어졌다. 신씨가 중종에게 건의해 연산군묘를 강화도에서 현재의 장소로 이장했다. 사진에 보이는 두 개의 봉분은 그들 부부의 것이다.

● 이 점이 서양식 왕국과의 가장 큰 차이다. 물론 서양식 왕국에서도 왕위의 세습은 있었다. 예컨대 영국의 플랜태저넷, 튜더, 프랑스의 카페, 발루아 등은 모두 세습 왕조다. 하지만 중국이나 한반도의 왕조들과 달리 서양의 경우에는 왕조의 교체가 별로 큰 의미를 가지지 못한다. 그저 왕조의 마지막 왕에게 직계 후사가 없으면 방계 혈통으로 왕실이 바뀌는 것뿐이다. 보통 수백 년씩 지속되는 동양의 왕조들에 비해 서양 왕조들의 수명이 짧은 것은 그런 이유에서다.

역성易姓은 대단히 큰 사건이다.● 그래서 사대부들은 연산군을 폭군으로 규정하고 타도했으나 조선왕조 자체는 유지해야 했다. 그것을 부정하면 자신들의 존재 근거도 성립할 수 없었기 때문이다. 그래서 그들의 쿠데타는, '반정反正'이라는 용어가 말해주듯이 '실종된 정의를 되찾는 것'이었다.

그러나 왕실 자체를 타도하지 않았다고 해서 왕권 자체를 인정한 것은 아니다. 사대부들이 오직 연산군만을 제거하기 위해 거사한 것이라면, 비록 지금은 성공을 거두었다 해도 향후 그와 같은 폭군이 또다시 등장하지 않으리라고 보장할 수는 없다. 만약 또 사화 같은 사태를 걱정해야 한다면 아무리 유학 이념에 충실한 사대부라 해도 왕조 교체를 결행할 수밖에 없었을 것이다. 따라서 반정 세력이 연산군의 배다른 동생을 왕으로 옹립한 것은 앞으로 왕권을 확실히 제압할 수 있다는 자신감의 발로였다. 우선 팔자에 없던 왕위에 오르게 된 중종부터가 그들의 꼭두각시였다.

그나마 중종은 40년 가까이 재위한 덕분에 만년에는 상당한 왕권을 누렸지만, 그래도 사화의 재발을 막지는 못했다. 이후의 사화는 연산군 시대처럼 왕과 사대부의 대결이 아니라 권력의 정점에 오른 사대부 세력 내부의 본격적인 다툼이었기 때문이다.

9부
사대부가 지배하는 왕국

중종반정으로 조선은 마침내 왕국에서 사대부 국가로 바뀐다. 이것으로 사대부들은 유교 왕국이 완성되었다고 믿는다. 그러나 엉뚱하게도 그들은 권좌에 오르자마자 자기들끼리 편을 갈라 새로운 권력 다툼을 시작한다. 당쟁이 시작된 것이다. 조선의 사대부들이 진흙탕 싸움에 몰두해 있는 동안, 비중화 세계는 거대한 도약을 한다. 남쪽의 일본에 이어 북쪽의 여진이 중화 세계에 도전하고, 마침내 중화의 본산인 명이 멸망한다. 그러나 조선의 사대부들은 중화의 중심이 조선으로 옮겨왔고 이제 조선만이 세상에서 유일한 문명국이라는 착각에 빠진다.

25장

개혁과 수구의 공방전

개혁의 조건

'반정'이라는 이름의 쿠데타로 즉위한 왕답게 중종의 치세는 대대적인 개혁의 바람으로 출발했다. 태종과 세조도 그랬듯이, 원래 정변으로 즉위한 왕은 개혁의 기치를 높이 치켜세우게 마련이다. 그러나 중종의 경우는 좀 달랐다. 국왕의 '임명권자'가 사대부인 만큼 왕은 개혁의 주체가 될 수 없었던 것이다. 따라서 중종의 옥새가 찍힌 각종 개혁 조치는 실상 집권 사대부들이 입안하고 시행한 것이었다. 게다가 중종은 형과는 달리 성품이 유약하고 학문을 좋아했으니 사대부의 입맛에 꼭 맞는 군주였다.

연산군의 폭정을 타도한 사대부가 꿈꾸는 조선은 국왕이 상징적 존재로 군림하면서 사대부가 국정의 모든 부문을 관장하는 나라다. 그럴듯한 용어로 포장하면 '사대부 중심의 관료 왕국'이라고 할 수 있다. 마침 그 꿈을 실현할 만한 현실적 조건도 좋았다. 무엇보다 오랫동안 국정을 문란케 하고 사대부 세력을 분열시켜온 훈구파가 사라졌다. 세조의 집권을 도왔다는 공로만 두고두고 우려먹으며 50년 동안 버텨온 그들이었지만 이제 그 약발은 완전히 떨어졌고, 연산군의 폐위와 함께 실체마저 거의 사라졌다.

사실 기득권을 장악한 것만 빼면 훈구파는 애초에 사림파의 상대가 아니었다. 학문으로 보나, 도덕으로 보나, 경륜으로 보나 나라를 운영할 실력은 사림파에 있었다. 사필귀정! 아무리 우회로를 돌지언정 결국 모든 일은 본래의 궤도로 돌아오게 마련이다. 정도전이 조선을 건국할 때 품었던 꿈이 드디어 현실로 이루어졌다고 할까?

사대부의 꼭두각시로서 중종이 맨 먼저 한 일은 반정의 마무리 작업이다. 중종은 연산군을 강화로 유배시키고 반정을 주동한 신료들에게 후한 포상을 내렸다.● 온화한 성격의 중종은 연산군의 폐비인 신씨와 자식들만큼은 어떻게든 구하려 애썼지만 '왕의 힘'으로는 불가능한 일이었다(중종에게 폐비 신씨는 형수이자 처고모이고, 연산군의 자식들은 조카이자 처남이 된다). 그는 폐비 신씨를 친정으로 돌려보낼 수 있었으나, '대의大義로써 결단해야 한다'는 중신들의 압박에 못 이겨 결국 어린 조카들에게는 사약을 내리고 말았다. 중종은 조강지처인 단경왕후端敬王后마저도 역적 신수근의 딸이라는 이유로 자신의 의사와 무관

● 이로써 또다시 공신이 생겨났는데, 이 추세라면 얼마 안 가 반정공신들이 종래의 훈구파 같은 역할을 하게 될 것은 뻔하다 (결국 기득권층이 사라짐으로써 개혁의 호조건이 형성된 시기는 아주 짧았다. 실제로 조광조의 개혁이 시도되는 것도 바로 이때다). 세조의 집권 과정에서도 그랬듯이, 비정통적인 왕위 계승이 있을 때는 이렇게 새로 공신 세력이 생겨나는 현상을 절대로 막을 수 없다. 따라서 새로운 비(非)기득권층 사대부 세력이 생겨나 대립하게 되는 것도 필연인데, 이것이 나중에 당쟁(黨爭)의 뿌리를 이룬다. 그렇다고 해서 이런 양상을 막기 위해 정상적인 왕위 계승만 이어진다면 왕권에 아무런 결함이 없으므로 사대부가 견딜 수 없게 된다. 그렇게 보면 당쟁과 사화는 조선 사회가 유교 왕국, 사대부 국가의 체제를 취하는 한 불가피한 숙명이었던 셈이다.

하게 궁에서 내쫓아야 했으니 조카들의 운명까지 거둘 능력은 없었다. 유배된 연산군은 얼마 뒤 병에 걸려 아내인 신씨를 보고 싶다는 유언을 남기고 죽었다. 이것으로 사실상 왕국의 시대는 끝나고 사대부 국가의 시대가 개막되었다.

일부 논공행상에 불만을 품은 자들이 역모를 꾀한 탓에 소규모 사화가 빚어지기도 했으나 새 정권은 그런대로 무난하게 자리를 잡았다. 그다음 수순은 당연히 유학 이념을 새로이 강조하는 절차였다. 비록 성종 때 잠시 유교 정치가 이루어지기는 했으나 세조 이래 50년 동안 조선은 왕국으로 진화하고 있었다. 그대로 놔두면 조선은 '절대왕정'의 국가가 되고 사대부는 국왕의 수족과 같은 관료로 전락하게 될지 모른다. 오랫동안 중단되었던 경연이 재개되고, 연산군 시대에 기능이 마비되었던 홍문관이 복구된 것은 그런 위기감의 표현이었다.

원래 유학 이념이 강해지면 가장 큰 피해를 보는 게 불교다. 숭유억불崇儒抑佛의 건국이념에 따라 개국 초부터 기를 펴지 못한 불교는 독실한 불교도였던 세조 덕분에 체면을 지킬 수 있었지만, 이제부터는 그나마도 기대할 수 없었다. 설사 국왕이 개인적으로 불교를 믿는다 해도 사대부들이 가장 싫어하는 게 바로 불교였기 때문이다. 더욱이 중종은 불교도도 아니었으니 불교를 탄압하는 게 양심에 거리낄 것도 없었다. 그래서 사찰의 재건이 전국적으로 금지되었고, 심지어 젊은 승려들은 전에 없이 군역을 부담해야 했다. 세조가 창건한 원각사圓覺寺가 헐리고 거기서 나온 목재로 선박을 건조한 것은 불교 탄압의 정점이다. 그 때문에 원각사가 있었던 자리인 지금 서울 도심의 탑골공원에는 사찰이 없어지고 10층 석탑과 비석만이 남게 되었으며, 이후 두 번 다시 사찰은 사대

반정의 효과   사대부들은 연산군을 제거함으로써 조선을 왕국에서 사대부 국가로 탈바꿈시켰으니, 폭군의 존재가 그들에게 오히려 결정적인 도움을 준 셈이다. 유학 체제가 성립함에 따라 그 전까지 왕실에서 믿은 불교는 탄압 대상이 되었다. 사진의 10층 석탑과 비석만 달랑 남기고 원각사가 해체된 것도 그 일환이다.

문 안에 들어오지 못했다(현재 서울 안국동에 있는 조계사는 일제강점기에 세워진 사찰이다).

이것으로 유교 정치의 토대는 어느 정도 갖추어졌다. 그러나 여기까지는 세종과 성종 치세와 같은 수준을 회복한 정도에 불과하다. 정작으로 중요한 과제는 그 토대 위에 어떤 건물을 쌓을 것이냐인데, 그 작업을 위해 중종은 1515년에 서른세 살의 정치 신인을 과감히 기용한다. 그가 바로 조광조趙光祖(1482~1519)다.

꿈과 현실 사이

연산군이 일으킨 무오사화는 훈구파의 사주를 받아 사림파를 박살낸 사건이었지만, 대형 사건이 으레 그렇듯이 예상하지 않은 결과도 낳았다. 그중 하나가 사림파의 새로운 우두머리를 길러낸 것이다. 열일곱 살 때 지방의 관리로 부임하는 아버지를 따라 평안도 희천으로 간 소년 조광조는 거기서 뜻하지 않은 기연을 맺게 된다. 때마침 희천에는 무오사화로 유배되어 있던 김굉필이라는 학자가 있었다. 김굉필은 그 이듬해에 순천으로 유배지를 옮겼으나 1년 동안 조광조가 그에게서 배운 것은 적지 않았다. 학문과 경륜만이 아니라 장차 미래의 조선을 이끌게 될 사림파의 학맥을 얻었으니까.

친구들에게서 '광인'이라 불릴 만큼 학문에 몰두한 조광조였으니 과거 합격은 따 놓은 당상이었다. 오히려 문제는 그다음이다. 예나 지금이나 국가고시에 붙었다 해도 출세하려면 줄을 잘 타야 한다. 다행히 조광조의 학문적 성취와 열정은 성균관에서도 주목을 받았다.● 1510년의 사마시에서 그는 당당히 장원으로 합격했으므로 처음부터 성균관에서 돋보이는 학생이었던 것이다. 수석 합격자가 주목받는 것은 당연하지만 어차피 수석은 매번 나오게 마련이다. 따라서 그가 성균관에서 두각을 나타낸 데는 죽은 김굉필이 남긴 제자라는 후광이 상당히 작용했을 것이다.

드디어 1515년 조광조는 성균관 유생들의

● 지금은 어느 사립 대학교의 이름으로 사용되지만 당시 성균관은 국립이었고 오늘날의 대학교나 대학원보다도 한 급 높은 교육기관이었다. 조선시대의 과거를 오늘날 사법고시에 비유한다면 성균관은 고시 합격생들을 교육하는 사법연수원에 해당한다. 성균관에 입학하려면 우선 사마시에 합격해야 했기 때문이다. 성균관 학생 자격은 최소 연령만 15세로 정해져 있고 연령 제한은 없었으므로 50세 이상의 학생도 있었다.

전폭적인 지지와 중종반정의 공신인 안당安瑭(1460~1521)의 적극 추천을 받아 중앙 관직에 오르게 되었다. 처음 배속된 부서는 종이를 만드는 관청인 조지서造紙署였으니 대단할 것은 없다. 그러나 그해 가을에 정식 과거인 문과文科에 합격하면서부터 그는 초고속 승진을 거듭한다.●

이윽고 그가 중종의 두터운 신임을 얻게 되는 계기가 생겨난다.

1515년 3월에 중종의 계비인 장경왕후章敬王后가 죽자 조정에서는 후임 왕비의 간택을 놓고 갑론을박이 벌어졌다. 다른 경우라면 논쟁의 대상이 아니겠으나 아직 정비인 단경왕후가 궁궐 밖에 생존해 있기 때문에 문제가 되었다. 일각에서는 그녀를 복위시켜야 한다고 주장했다. 그들의 논리는 부부가 먼저 있어야만 부자, 군신, 상하, 예의가 있으므로 부부가 모든 질서의 근본이라는 것이다.

그러나 반정 세력의 적이었던 신수근의 딸을 복위시키면 반정의 정당성이 허물어질 뿐 아니라 장차 어떤 피의 보복이 일어날지 모른다.

따라서 반정을 주도한 공신 세력은 당연히 단경왕후의 복위에 결사적으로 반대했다. 대사간大司諫(사간원의 책임자) 이행李荇(1478~1534)은 복위론을 주장한 박상朴祥(1474~1530)과 김정金淨(1486~1521)을 유배시켰다. 하지만 사태는 그것으로 끝나지 않았다. 그 조치에 대해 안당이 반대하고 나섰고, 또 안당에 대해 권민수權敏手(1466~1517)가 반론을 펴는 등 사건은 일파만파로 번졌다.

● 조정 대신들은 이미 그 이전부터 여러 차례 조광조를 중종에게 천거했다. 그러나 그때까지는 조광조도 관직에 나가기보다는 학업에 더 뜻을 두었고, 그를 '될성부른 싹'으로 여겼던 사람들은 초라한 관직에 임명하느니 더 공부하게 놔두자는 견해를 피력했다. 1511년 사간원의 이언호는 중종에게 이렇게 말한 적이 있다. "조광조는 재주가 뛰어나지만 아직 나이 서른이 못 되어 한창 학업에 몰두하고 있습니다. 지금 만일 그의 뜻을 갑자기 빼앗아 낮은 관직에 임용한다면 학업이 중단될 것이고 그 자신도 벼슬하는 것을 즐겨하지 않을 것이니, 국가에서 인재를 배양하는 원칙에 어긋나게 될 것입니다." 당시 조광조가 얼마나 주목받는 인재였는지 말해주는 이야기다.

학문=정치의 용도 물을 소가 마시면 젖이 되고 뱀이 마시면 독이 된다고 했던가? 학문과 정치가 일치한다는 것은 양면의 칼이다. 건강한 학문이라면 그 학문이 정치를 통해 현실에 접목될 수 있으므로 사회 발전을 가져오지만, 그 반대일 경우에는 오히려 치명적인 독소가 된다. 불행히도 조선의 학문은 사대부를 제외한 모든 계층에 유해한 유학이었으므로 '학문=정치'의 등식이 독으로 작용했다. 사진은 학문을 연구하는 동시에 정치 이데올로기를 생산하고 조광조라는 현실 정치가를 추천하기도 한 성균관의 명륜당이다.

이 골치 아픈 문제를 해결한 사람이 조광조다. 그는 논쟁의 초점인 단경왕후의 복위 문제에서 벗어나 훨씬 더 중요한 쟁점을 제기했다. 바로 대사간의 기능에 관한 지적이다. 무릇 대사간이라면 조정에서 논쟁이 벌어졌을 때 교통정리를 담당해야 하는데(사간원은 비록 관청이지만 민간의 언론이 없던 시절에 유일한 언론기관이었다), 이행이 마음대로 상소자들을 유배시킨 것은 언로를 막은 커다란 잘못이라는 게 그의 주장이었다. 현대의 언론관에도 전혀 뒤지지 않는 탁월하고 논리적인 그의 지적에는 이행 자신을 포함해 누구도 반박할 수 없었다. 그런 그의 입장이 공신들의 반발을 부른 것은 당연했다. 그러나 그것은 나중의 일이고 당장 중요한 것은 중종의 신임을 얻었다는 사실이다. 그것은 곧 조광조가 자신의 뜻을 마음껏 펼칠 마당을 얻었다는 뜻이다.●

조광조가 당당하게 자신의 주장을 전개할 수 있었던 이유는 무엇보다 학문에 자신감이 있었기 때문이다. 왕의 신뢰와 자신의 학문을 토대로 그는 본격적으로 개혁의 바람을 일으켰다. 궁극적 목표는 조선을 완전한 유교 왕국으로 만드는 데 있었다. 그런데 조선은 원래 유교 왕국이 아니었던가? 이제 와서 새삼스럽게 유학을 강조하는 것은 대체 무슨 의도일까?

물론 조선은 개국 초부터 성리학을 지배 이데올로기로 삼았으나, 그전까지는 유학 이념이 사회와 생활의 구석구석까지 침투하지는 못했다. 삼촌-조카 사이인 예종과 성종이 자매를 비로 얻은 것이나 형제간인 연산군과 중종이 각각 신수근의 누이와 딸을 비로 얻은 것에서 보듯이, 왕실에서조차 유교적 예법이 지켜지지 않았다. 지배층에서도 유학이라고 하면 사(詞)와 장(章), 즉 시와 문장만 숭상했을 뿐(과거의 과목도 그랬다) 철학으로서의 유학은 제대로 이해하지도, 실천하지도 못했던 것이다. 그러나 유학을 처음부터 통치 철학이자 사회 철학으로 받아들인 조광조는 국가의 운영에서만이 아니라 국왕과 사대부, 백성들의 생활

● 이 장면에서 유교 왕국의 독특한 현상인 왕과 사대부의 이중적 관계를 엿볼 수 있다. 앞서 보았듯이 중종은 단경왕후 신씨에 대해 애틋한 마음이 있었으므로 조광조의 주장을 더욱이 반기는 심정이었을 것이다. 그러나 중종은 조강지처를 궁에서 내쫓을 때도, 새 왕비를 간택할 때도 별로 결정권을 행사하지 못할 정도로 사대부 세력에 휘둘렸다. 여염집 아낙네의 지위를 놓고 설전을 벌인 것은 아니지만 어쨌든 남편이 자신의 아내를 스스로 선택하지 못한다는 것은 인륜에 어긋나는 일이다(그래서 박상과 김정은 《주역(周易)》을 인용해가면서 부부의 도리가 으뜸임을 역설한 것이다). 그러나 아무리 꼭두각시라 해도 엄연히 국왕이 존재하는 한 사대부도 국정에 대한 전권을 가지지는 못했다. 앞서 여러 정변의 경우에서 보았듯이 사대부들 간의 세력 다툼에서 가장 중요한 문제는 언제나 왕을 자기편으로 끌어들이는 것이었다. 조광조가 뜻을 펼치기 위해서 중종의 신임을 얻는 게 중요했던 이유는 그 때문이다.

전반에까지 유학 이념을 관철시켜야 한다는 신념을 가지고 있었다. 중종반정으로 사대부가 실권을 쥐자마자 곧이어 사회 전체를 유학으로 도배하겠다는 계획이 나왔으니 절묘한 때맞춤이 아닐 수 없다.

조광조는 1518년에 부제학副提學(홍문관의 책임자)을 거쳐 대사헌大司憲(사헌부의 책임자)이 되었지만, 그 이전부터 각종 개혁 조치의 시동을 걸어놓았다. 직책보다 더 중요한 것은 그가 조선 사회를 유교적으로 전면 개조하는 총지휘자라는 사실이다.

조광조의 눈에 우선 소격서가 혁파의 대상으로 떠올랐다. 그는 소격서에서 도교 제사를 지내고 있다는 점도 마뜩잖을 뿐 아니라 국가 재정의 일부가 소격서에 주어지는 것도 영 못마땅했을 것이다. 그가 보기에 성리학을 제외한 모든 학문과 종교는 쓸데없는 낭비에 불과했다(실제로 그는 도교를 미신으로 여겼다). 그래도 다수의 조정 대신들은 전통적 영향력 때문에 소격서를 폐지하는 데 반대했으나 조광조가 이끄는 개혁 세력은 끝내 뜻을 관철시켰다(소격서는 이후 명맥만 유지하다가 임진왜란을 계기로 완전히 사라지게 된다).

그러나 조광조의 개혁은 국가 이념을 바로잡는 데 국한되는 게 아니라 일상생활의 영역까지 대상으로 하고 있었다. 이때부터 조선 사회에 유교적 관념과 예식, 생활양식이 뿌리내리기 시작한다. 고려 말에 들어온 《주자가례朱子家禮》(1권, 486쪽 참조)의 예법이 일반 백성들의 가정에서까지 생활상의 원칙으로 지켜지게 되는 것도 이때부터다(이를테면 유교식 관혼상제라든가, 과부의 재가가 금지되는 것 등이 그런 예다). 한마디로 지금 우리가 가지고 있는 조선 사회에 관한 인상은 바로 그 무렵부터 형성되기 시작한 것이다.

조광조의 개혁이 정치와 행정만이 아니라 일반 사회까지 겨냥

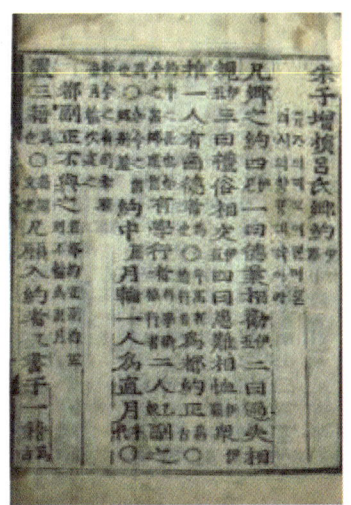

유학의 생활화 향약은 마치 농촌공동체의 자치적인 도덕인 것처럼 보이지만, 조광조가 '제도'로 도입하고 시행한 것에서 보듯이 실은 권장 사항이 아니라 강제적인 규율이었다(자치하라는 것도 명령으로 집행되면 이미 자치가 아니다). 이제 유교 이데올로기는 지배층의 이념으로만 머물지 않고 전 사회적으로 파급되기에 이르렀다. 사진은 여씨향약을 김안국이 언해하여 간행한 《주자증손여씨향약언해》인데, 말하자면 '16세기판 새마을운동 지침서'인 셈이다.

● 성리학을 생활의 영역까지 관철시키려 한 조광조의 발상은 1970년대 박정희 정권의 새마을운동을 연상케 한다. 무엇보다 관이 시민사회의 변화를 인위적으로 유도하는 게 그렇다. 더욱이 그 뿌리에는 시민사회를 관이 지배하기 쉬운 방식으로 재편하려는 불순한 의도도 있었다. 이렇게 현대사회에서 정부가 주도하는 캠페인도 근본을 따져보면 유학 이념에 따른 정치 공학에 바탕을 두고 있다.

했다는 것을 가장 잘 보여주는 사례는 향약鄕約의 보급이다. 1517년 조광조는 여씨향약呂氏鄕約을 조선 8도에 시행하게 함으로써 개혁의 바람을 전국적으로 확대시킨다. 중국 송 대에 여씨 형제가 처음 만든 향약을 300여 년이나 지난 시점에 새삼스럽게 조광조가 도입한 이유는 당시 주희가 그것을 토대로 사회 개혁 이론을 전개했기 때문이다.

향약은 처음부터 성리학 이념을 향촌 사회에까지 침투시키기 위한 주요 수단으로 만들어진 것이다. 좋은 일은 서로 권하고[德業相勸], 나쁜 일은 서로 바로잡아주며[過失相規], 이웃끼리 서로 예의로써 대하고[禮俗相交], 어려운 일을 당하면 서로 돕는다[患難相恤]. 이것이 향약의 4대 강령이다. 취지 자체는 좋지만 생활 속에서 자연스럽게 실천되어야 할 도덕을 관 주도의 인위적 캠페인으로 집행하려 한 것은 유학 국가만이 가능한 발상이었다.*
향약은 조광조가 품은 개혁의 꿈이 어느 정도였는지 여실히 보여주는 증거다.

여기까지만 보아도 조광조의 개혁이 다소 급진적이라는 느낌은 충분하다. 사실 급진성을 넘어 조급증까지 보인다. 그러나 국가 권력은 정변 하나로 쉽게 바뀔 수 있어도 문화나 생활의 영역은 그렇지 않은 법이다. 조선은 어차피 궁극적으로는 그가 꿈꾼 것처럼 완전한 유교 왕국으로 진화하겠지만, 그 과정에 걸리는 기간은 그가 생각하는 것처럼 짧지 않았고, 그에 따르는 진통도 그가 생각하는 것처럼 작지 않았다. 그럼에도 조광조는 꿈과 현실 사이에서 진지하게 고민하지 않고 자신의 대에 꿈이 현실로 이루어질 거라고 믿었다.

물론 조광조도 자신의 개혁이 다소 급진적이라는 점은 감지하고 있었다. 그러나 그는 단지 급진적이라서 실행하기 어려운 게 아니라 반대파가 있어서 급진적인 것처럼 보일 뿐이라고 생각했다. 따라서 개혁에 반발하는 세력을 제거하면 개혁은 순조롭게 성공할 것이다. 반대파의 핵심은 어느새 새로운 '훈구파'가 되어 있는 중종반정의 공신들이다. 그래서 조광조는 다음 개혁 대상으로 그들을 지목한다.

그렇잖아도 조광조의 거센 개혁에 밀려 과연 누구를 위해 반정을 도모했는지 회의하고 있던 공신들은 예상치도 않은 공격을 받는다. 가장 예리한 공격은 1519년에 조광조의 건의로 시행된 현량과賢良科다. 국가를 위해 일할 만한 자질과 능력을 갖춘 인물들을 천거해 관직에 등용시킨다는 현량과의 기본 취지는 나무랄 데 없다.•• 그러나 뼈가 지나치게 강하면 근육이 버텨내지 못하는 법이다. 아직 체력이 약한 개혁에 근육을 붙이려는 현량과는 결국 뼈를 부수어버리는 결과를 빚고 만다.

인물 추천제의 문제는 언제나 그렇듯이 자의적인 기준이 적용되기 쉽다는 점이다(적어

•• 사실 인재의 선발을 위해 과거제보다 천거제를 중시한 것은 사림파의 전통이었다. 그 문헌적 근거는 《대학(大學)》에 있다. 제가(齊家)와 치국(治國)보다 근본적인 요소로 강조되는 수신(修身)에 철저한 인재를 뽑으려면 시험을 치르는 것보다는 평소에 언행을 익히 알고 있는 사람들이 추천하는 게 더 올바른 방식이라는 것이다('지배 이념'으로서의 유학과 '생활 철학'으로서의 유학의 차이다). 특히 조광조는 주희의 철학을 정리한 《소학(小學)》의 정신으로 돌아가자고 주장하면서 관인이 되기 전에 치인(治人)이 되어야 한다고 역설했으니, 경전을 많이 읽고 글을 잘 짓는 인물을 관리로 선발하는 과거제가 그의 안중에 차지 않았던 것은 당연하다.

25장 개혁과 수구의 공방전

도 시험을 치러 성적순으로 인물을 선발하는 과거제보다는 객관성이 부족하다). 과연 조광조가 현량과를 도입한 의도는 곧 드러난다. 그는 단경왕후의 복위를 주장한 바 있던 박상과 김정은 물론 김식金湜(1482~1520), 안처겸安處謙(1486~1521) 삼 형제 등 소장파 성균관 유생들을 천거해 요직에 임명했다.

조광조의 관점에서는 물론 나라를 위해 일할 훌륭한 인재들이며 최소한 자신의 개혁을 뒷받침할 세력이겠지만, 훈구대신들에게는 조광조가 세 불리기에 나서는 것으로밖에는 보이지 않았다. 그래도 그들은 어차피 개혁의 대상이므로 무시해도 괜찮았지만, 정광필鄭光弼(1462~1538), 신용개申用漑(1463~1519) 등 중도의 입장에 서 있던 존경 받는 원로 정승들까지 반대파로 돌아선 것은 조광조를 위해서나 개혁을 위해서나 좋지 않았다. 결국 그런 불찰이 조광조의 개혁을 불발시키게 된다.

시대를 앞서간 대가

현량과를 관철시킨 것만 해도 괜찮았다. 비록 반발은 있었으나 기본 취지가 좋은 데다 전 사회가 개혁의 분위기에 휩싸여 있어 반대의 목소리는 그다지 크지 못했다. 문제는 그다음이다. 그간의 성과에 지나치게 어깨에 힘이 들어간 탓일까? 조광조는 내친 김에 궁지에 몰린 훈구파에 치명타를 가했는데, 결국 그 주먹이 자신에게 돌아오고 만다.

현량과를 통해 자파 인물을 많이 등용한 것에 자신감을 가진 조광조는 1519년 10월에 드디어 정국공신들에 대한 숙청 작업에 나섰다. 그 자신도 개혁의 롱런과 완성을 위해 마지막으로 넘어야 할 고비라 여겼겠지만, 최종 목표가 된 공신 세력의 입장은 그보다 훨씬 비장할 수밖에 없었다. 개혁 세력은 칼자루를 쥐었고 수구 세력은 칼날을 움켜쥐고 있었다. 이런 형세로만 본다면 결과는 뻔했다. 그러나 개혁 세력은 개혁이 목표지만 수구 세력은 생존이 목표다. 싸움에 임하는 자세가 다른 것이다. 이 작은 차이가 사태를 반전시키게 된다.

일단 조광조는 선제공격을 가해 상당한 전과를 올렸다. 반정공신들 가운데 자격 미달인 자가 많다는 상소를 올린 게 먹혀든 것이다. 우선 양적인 면에서 "태조 때의 개국공신들도 10여 명에 지나지 않았는데 지금은 공신들의 수가 너무 많다."라는 개혁파의 주장은 충분히 설득력이 있었다(체제의 성격으로 보면 조선의 건국은 고려왕조의 연장인 데 반해, 중종반정은 조선을 사대부 국가로 전환시킨 사건이니 그럴 수밖에 없었다). 심지어 개혁파는 이미 6년 전에 죽은 반정의 주동자 성희안마저도 공신으로서의 자격이 있는지 의문시했다. 이렇게 좁은 기준으로 평가한다면 살아남을 공신은 더더욱 줄어든다. 결국 조광조 일파의 주장이 채택되면서 76명의 공신들이 자격을 박탈당하고 그들에게 주어졌던 공신전과 노비 들이 몰수되었다.●

반정공신 총수의 무려 4분의 3에 해당하는 인원이 고스란히 직격탄을 맞았으니, 이제 공신 세력은 생존의 위기에 몰렸다. 막다른

● 중종은 자신이 반정을 통해 즉위한 만큼 공신의 자질론을 앞세운 개혁파의 주장에 반대하는 입장이었다. 조광조의 세력이 공신들의 위훈을 삭제하자고 주장하자 중종은 이렇게 만류했다. "공이 있는지 없는지는 모르겠으나, 작은 공이라도 이미 공을 정하고서 뒤에 개정하는 것은 대단히 옳지 않은 일이오. 사리사욕의 근원은 물론 막아야겠지만 설사 그 의도가 옳더라도 일의 진행은 천천히 하는 게 좋소. 갑작스런 조치로 어떻게 그 근원을 막을 수 있겠소?" 요컨대 개혁의 속도를 조절하는 게 어떠냐는 이야기다. 중종의 유약한 품성이 여지없이 드러난 발언이기는 하지만, 조광조가 왕의 말에 귀를 기울였더라면 그의 개혁은 성공했을지도 모른다.

25장 개혁과 수구의 공방전

골목에 몰린 쥐는 고양이에게 덤비게 마련이다. 고양이 목에 방울을 달겠다는 후보자가 나온 것은 그때다. 공신 자격을 빼앗기고 조광조에게 소인배라는 낙인까지 찍혀 지위와 명예를 모두 잃은 남곤南袞(1471~1527)과 심정沈貞(1471~1531), 홍경주洪景舟(?~1521) 등은 개혁파의 유일한 약점에 승부를 걸기로 했다. 그 약점이란 바로 국왕의 존재다. 아무리 조광조 일파가 위세를 떨친다고는 하나 유교 왕국의 외양을 취하고 있는 한 사대부는 국왕의 신하다. 개혁 세력의 모든 조치도 바로 국왕의 이름으로 행해지지 않던가?

그들의 교활한 안테나에는 중종의 태도가 변했다는 사실이 포착된다. 조광조는 아직 모르고 있지만, 사실 중종은 최근 들어 개혁파의 급진성에 신물이 나 있는 눈치다. 그도 그럴 것이 조광조는 중종에게까지 수기치인 修己治人(수신과 치인)의 도리를 강요하고 있었던 것이다(그는 왕보다 여섯 살이 위였으니 신하의 예절을 갖추었다 해도 짐짓 형처럼 굴었을 법하다). 왕도王道 정치를 내세우는 성리학적 이념에 따르면 군주도 역시 예외가 될 수 없다.●

조광조는 물론 플라톤을 알지 못했지만, 플라톤이 주장한 철인哲人 정치를 알았다면 성리학적 이상 세계를 지상에 구현하는 게 바로 그것이라고 믿지 않았을까?(조광조의 '철인정치'는 지치주의至治主義라고 부른다). 하지만 그런 비타협적인 태도 때문에 그는 그의 개

● 이렇게 조선의 개혁파 사대부들이 국왕에게까지 군주의 도리를 내세울 수 있었던 데는 중국 황제의 존재도 작용했다. 조선은 처음부터 명의 연호를 사용했고(《조선왕조실록》은 전체가 중국 황제의 연호에 따라 기록되어 있다) 모든 측면에서 스스로 알아서 명의 제국으로 처신했다(왕궁도 아흔아홉 칸을 넘지 못했고 건축 기술로는 충분히 가능한데도 2층 건물을 짓지 못한 것은 중국 황제를 섬기는 제후로 자처했기 때문이다). 조선의 국왕은 조선에서는 군주지만 황제의 책봉을 받으므로 황제에게는 신하(제후)의 신분이다. 황제를 받들어 모신다는 점에서는 국왕도 사대부와 같은 처지다(이것을 사대부들은 "천하동례天下同禮, 즉 천자 앞에서는 누구나 같다."라고 말했다). 성리학적 세계관에서 천하의 주인은 오직 천자 하나뿐이므로 사대부는 천자를 제외한 모두―조선 왕도 포함된다―를 탄핵할 수 있다. 조선 사대부들의 이런 군주관은 17세기에 중국 대륙을 '오랑캐'인 만주족이 정복할 때까지 지속된다.

혁을 처음부터 충실하게 지지해주었던 가장 중요한 후원자를 잃게 된다. 아무리 학문을 좋아하는 중종이라 해도, "학문이 고명해지면 다른 일은 자연히 노력하지 않아도 다스려지는 것"이라면서 학문의 지극한 경지에 오르도록 하라는 조광조의 말에 거부감을 품지 않을 수 없었을 것이다.

연꽃은 수렁에서 피어난다지만 그것도 수렁 나름이다. 혼탁한 조선의 정계에서 조광조의 고결한 개혁 정신은 더러운 배경에 잘 어울리는 삼류 드라마로 전락한다. 남곤을 위시한 보수반동 삼총사는 마침 홍경주의 딸이 궁궐의 희빈인 것을 활용해 저질 드라마를 궁중 무대에 올린다. 희빈 홍씨는 나라의 민심이 모두 조광조에게 가 있다며 중종의 마음을 어지럽히고, 심지어 궁중의 나뭇잎에 '走肖爲王(주초위왕)'이라는 글자를 꿀로 써놓아 벌레가 갉아먹게 만든다. '走肖'란 곧 조광조의 성씨인 '趙'를 파자한 것이므로 '走肖爲王'이라면 조씨가 왕이 된다는 뜻이다. 그 조씨가 조광조라는 것은 삼척동자라도 안다. 하지만 성리학적 이념에 철두철미한 그가 왕위를 꿈꾼다는 것은 애초에 논리적으로 불가능한 일이다.

그러나 조광조에게서 마음이 떠나면서 중종은 삼류 관객으로 전락해 있었다. 그는 드라마를 현실로 착각하기 시작한다. 관객의 감정이입을 확신한 드라마 제작자들은 이윽고 결정타를 준비한다. 1519년 11월, 수구 삼총사는 조광조가 붕당朋黨을 만들어 자기 구미에 맞는 인물들만을 요직에 기용했다면서 죄를 내리라고 상소했다. 물론 현량과의 폐단을 겨냥한 주장인데, 중종은 불과 몇 달 전에 그 자신이 현량과를 승인했으면서도 태연하게 상소를 받아들여 조광조 무리를 잡아들이라고 명했다. 조광조의 지지파

심곡서원 조광조가 묻힌 용인에서는 일찍부터 그를 기리는 서원을 세우려 했으나, 재원이 부족해 정몽주를 배향한 충렬서원에 입향했다가 이 서원이 설립되면서 위패를 모셔왔다. 흥선대원군의 서원 철폐령 때 훼손되지 않은 47개 서원 중 하나다.

인 안당과 중도파인 정광필이 만류하고 성균관 유생 1000여 명이 광화문에 모여 시위를 통해 조광조의 무죄를 주장했으나 이미 반동의 화살은 시위를 떠났다.

조광조와 김정 등 개혁 주도 세력은 유배되었다가 곧 사약을 받았다. 촉망받던 소장학자 김식은 유배지에서 군신천세의君臣千歲義(임금과 신하의 관계는 영원하다)라는 의미심장한 제목의 시를 짓고 자결했다. 물론 그 밖에도 수십 명이 옥사하고 파직당했다. 이해가 기묘년이기에 이 사건을 기묘사화己卯士禍라고 부르는데, 참 어이없고도 기묘한 사건이 아닐 수 없다.

뛰어난 학문과 진보적 정치 감각, 게다가 국정의 전권을 가졌으면서도 개혁에 실패하고 좌절한 조광조는 건국 초기의 정도전을 연상케 한다. 두 사람은 사실상 당대 조선의 지도자이자 총지휘자로서 각종 개혁 조치를 입안하고 실행했으며, 조선을 사대부 국가로 만들기 위해 노력했으나, 결국에는 왕권을 넘어서지 못했다(넘어서려 하지도 않았지만). 그렇다면 조선은 분명한 왕국이라고 봐야 할까? 그렇지 않다. 앞서 말했듯이 사대부 국가에서도 국왕은 사라지지 않고 상징으로서 존재한다(사대부에게는 왕의 그런 점이 반드시 필요하다). 정도전과 조광조가 무소불위의 권력을 지니고서도 왕이 될 꿈을 품지 못한 것은 그 때문이다.

그러나 정도전과 조광조는 100여 년의 시차가 있는 만큼 사정도 크게 다르다. 우선 정도전은 다른 왕권(태종)에 의해 제거되었지만 조광조는 왕이 아니라 반대파 사대부에 의해 타도되었다. 조선이 사대부 국가로 진일보했음을 보여주는 증거다. 또한 정도전의 꿈은 그 후로도 오랫동안 실현되지 못했지만 조광조의 꿈은 불과 한 세대만 지나면 실현된다. 이 점은 그를 제거한 수구 삼총사의 말로를 보면 분명해진다. 홍경주는 얼마 뒤에 죽어 별다른 보복을 받지 않았으나, 심정은 곧 다른 사대부들의 탄핵을 받아 귀양을 가다가 죽임을 당했고, 영의정에까지 오른 남곤은 스스로 죄책감에 시달렸을 뿐 아니라 죽은 뒤에 곧바로 관직이 삭탈되었다. 반면 조광조는 얼마 뒤에 누명이 벗겨지고 나중에는 영의정으로까지 추존된다. 이렇게 보면 조광조는 비록 시대를 앞서간 대가를 치렀지만 정도전에 비하면 시대를 앞서간 폭이 그다지 크지 않았다고 할 수 있다.

비중화 세계의 도약

조광조의 개혁은 시대적 당위성을 가지고 있었다. 비록 그가 꿈꾼 성리학 이념의 사대부 국가가 최선의 선택은 아니라 하더라도 어떤 방식으로든 조선은 근본적으로 개혁되어야 했다. 그 이유는 바로 '바깥'에 있었다. 이 세상에 조선이라는 나라 하나만 존재한다면 개혁의 범위와 속도가 중요하지 않겠지만, 한반도를 둘러싼 바깥세상이 크게 변화하는 상황에서 조선만이 구태에서 벗어나지 못하고 있다면 문제가 될 것이다. 혹시 조광조는 그러한 시대의 흐름을 인식했기에 개혁에 대한 조급증을 보인 게 아니었을까?

우선 유라시아 대륙의 서쪽 끝에서는 종교개혁의 바람이 유럽

왜구가 보내는 신호 왜구가 중국 해안에 침략하여 약탈하는 장면이다. 예로부터 동아시아의 해상을 돌아다니며 중국과 한반도의 해안 지대를 노략질하던 왜구는 15세기 중반부터 일본 열도가 내전의 소용돌이에 휘말리면서 더욱 기승을 부렸다. 이것은 통일을 이루고 나서 일본이 대외 진출에 나서리라는 신호였으나 조선의 집권 사대부들은 그런 변화를 눈치채지 못하고 왜구의 침략에 미봉책으로 일관했다.

● 에스파냐와 포르투갈이 대서양 항로를 개척하기 시작한 것과 명의 영락제가 정화로 하여금 남해 원정을 떠나게 한 것은 흥미로운 대조를 보인다. 시기적으로는 남해 원정이 30년쯤 빠르다. 그러나 남해 원정은 중국에 새 왕조가 들어섰다는 사실을 주변 세계에 알림으로써 신흥국의 안정을 꾀하는 게 목적이었던 반면, 에스파냐와 포르투갈은 향료 무역로를 찾기 위해 미지의 세계로 출발했다. 남해 원정이 관 주도의 전시적 행사였다면, 서유럽의 항로 개척은 민간 주도의 실속 있는 탐험이었다. 중국은 자신을 세상에 알리기 위해 원정을 보냈지만, 서유럽은 세상을 알기 위해 원정을 떠났다. 이러한 진취성의 차이는 이후 동서양이 어울리는 근대사에서 중요한 결과로 나타난다.

전역을 휩쓸고 있었다. 조선이 건국 준비에 여념이 없던 14세기 말부터 유럽 사회는 후대에 르네상스라고 알려지게 되는 인문주의의 새로운 문화적 기풍이 싹트고 있었으며, 15세기에는 포르투갈과 에스파냐가 오랜 이슬람 지배를 종식시키고 유럽 그리스도교권의 막내로 동참하면서 동방 항로 개척에 나섰다.● 그 바통을 이어받아 서유럽의 중심부에서는 종교개혁의 물결이 크게 일어나면서 유럽 세계는 오랜 중세를 끝내고 근대의 문턱에 접어들기 시작했다.

하지만 그런 변화보다도 당장 조선에 큰 영향을 미친 것은 유라시아 대륙의 동쪽 끝자락, 즉 동북아시아에서 일어나고 있는 변화였다. 우선 일본이 달라지고 있었다. 15세기 초반 중국과 한반도에서 신흥국 명과 조선이 체제 안정을 위해 애쓰고 있을 무렵, 일본도 심한 진통에 시달리고 있었다. 그러나 중화 세계와 달리 일본의 진통은 최초의 통일을 위한 몸살이라는 점에서 중요한 역사적 계기였다.

가마쿠라 바쿠후의 뒤를 이은 무로마치 바쿠후가 약화되면서 1467년에 일어난 오닌의 난을 계기로 일본 전역은 극심한 내전의 소용돌이에 휘말렸다.** 중앙 권력이 유명무실해지자 슈고 다이묘守護大名라고 불린 전국 각지의 봉건영주들이 각기 자신들의 사병 조직을 가지고 권력 다툼을 벌이기 시작한 것이다(일본은 9세기에 중국과의 정식 국교를 단절한 이래로 한반도와 달리 독자적인 노선을 취했다. 그래서 일본은 비록 중국에 비해 훨씬 좁지만 나름대로 독립적인 '천하'관에 입각한 역사를 전개하는데, 영주들의 내전은 그런 맥락에서 보아야 한다). 천황과 공가公家(중앙 귀족)의 전통적인 질서와 서열이 무너지고 칼 가진 자, 힘 있는 자가 득세하는 사무라이의 시대답게 일본 역사에서는 그것을 센고쿠戰國 시대라고 부른다.***

이렇게 정치가 완전히 실종된 상황에서 전성기를 맞은 것은 왜구다. 66쪽에서 보았듯이 조선에서는 1426년 세종의 치세에 3포를

●● 일본 역사에서는 12세기부터 19세기 중반까지 약 700년간 가마쿠라-무로마치-에도의 세 바쿠후가 차례로 정부를 구성했다. 바쿠후는 원래 무사정권으로 출발했지만 사실상 '왕조'로 보아도 된다. 바쿠후의 우두머리인 쇼군(將軍)은 전국의 지배자였고, 한 가문에서 직위가 세습되었으며, 중국 황제에게서 일본의 왕으로 책봉을 받았기 때문이다. 그렇다면 우리 역사에서 고려와 조선에 해당하는 시대에 일본에도 세 왕조가 차례로 들어섰다고 할 수 있다.

●●● 센고쿠 시대의 별칭은 하극상의 시대다. 하지만 질서가 무너진 그 시기에도 천황은 존속했다. 마치 사대부 국가 시대의 조선 국왕이 그랬듯이, 하극상의 시대에 일본 천황은 비록 실권은 가지지 못했으나 부정할 수 없는 상징적 존재로 군림했다. 또한 귀족과 호족, 슈고 다이묘 들은 조선의 사대부들처럼 허수아비와도 같은 천황을 자기편으로 끌어들이기 위해 애썼다(결국 조선에서 사화의 형태로 나온 게 일본에서는 내전의 형태를 취한 것이라 할 수 있다). 다만 일본 천황은 조선 국왕과 달리 중국 황제의 책봉을 받지 않았으므로 '일본 천하'의 상징적 절대자로 군림했다는 차이가 있다.

147

25장 개혁과 수구의 공방전

개항해 왜구를 회유한 바 있으나 센고쿠 시대로 접어들면서 왜구는 더욱 극성을 부렸다. 심지어 일본 열도의 서쪽 해안 지방에서는 실력자들만이 아니라 일반 백성들까지도 왜구로 나서서 중국과 한반도의 해안을 노략질할 정도였다. 이른바 삼포왜란三浦倭亂이 일어난 것은 그런 배경에서다.

1510년 4월, 쓰시마의 지배 세력이 5000 병력을 이끌고 3포를 침략해 관리들을 살해하는 사건이 발생했다. 이 사태는 어렵지 않게 진압되었으나 그것을 계기로 조선 정부는 잠시 일본과의 무역을 금지했다가 2년 뒤에 허가량을 대폭 줄여 무역을 재개했다. 하지만 왜구의 노략질은 사라지기는커녕 오히려 늘고 조직화되었다. 사실 그 무렵 조선 정부는 수십 년 뒤에 닥쳐올 왜구의 총공세(임진왜란)를 예감했어야 한다. 하지만 조광조의 개혁 바람과 그 후유증을 수습하는 데 여념이 없던 사대부들은 일본 본토의 변화를 전혀 눈치채지 못했다.

게다가 사대부들은 북방의 정세에도 어두웠다. 일본 열도가 통일을 위한 몸살을 겪고 있을 무렵, 만주에서도 통일의 바람이 거세게 불고 있었다. 원래 만주는 중국의 영향권 바깥에 해당하는 지역이다. 중국의 역대 통일 제국들 가운데 만주를 지배한 것은 몽골족의 원 제국밖에 없었다. 원이 멸망하면서 만주는 다시 중국의 직접 지배권에서 벗어났다. 명 제국에 만주는 '변방'에도 포함되지 않는 그 바깥이었고, 따라서 정복과 지배의 대상이 아니라 문제를 일으키지 않도록 제어하는 대상일 뿐이었다. 이런 명의 대외 정책은 그대로 조선으로 이어져, 조선은 만주의 여러 민족을 이른바 교린의 대상으로 삼았다.

당시 만주의 실력자는 옛 여진의 후예인 만주족이었으므로 명

중화 대 비중화 명 제국은 원 제국을 물리치고 오랜만에 복귀한 한족 제국이었다. 명 제국은 만주 지역을 변방에도 미치지 않는 먼 땅으로 치부했고, 그래서 교린 정책으로 일관했다. 명을 따르던 조선도 마찬가지였다. 그렇게 국제 정세에 눈이 어두운 사이 만주와 일본에서는 통일의 기운이 맴돌았다. 비중화 세계의 도약이 시작된 것이다.

과 조선은 이들에게 관작도 주고 무역도 허락하는 등 북변을 침범하지 않도록 무마하는 정책으로 일관했다. 문제는 그런 교린정책이 계속 효과를 보려면 두 나라의 국력이 충분히 강해야 한다는 점이다. 그럴 만한 힘을 갖추지 못한 명과 조선이 바깥에 신경을 쓰지 못하는 가운데, 만주에서는 점차 통일의 기운이 무르익고 있었다.

바야흐로 동북아시아 전역이 서서히 끓어오르는 시기였다. 명과 조선의 중화 세계는 약화되고 비중화 세계인 일본과 만주에서는 통일의 움직임이 역연했다. 하지만 그동안 왕권과 한바탕 대결하느라 힘을 소진한 조선의 사대부들은 바깥의 정세 변화를 파악할 안목도, 여유도 없었다. 그나마 취약한 물리력을 보완하려는 노력은 두 가지가 있었다.

하나는 삼포왜란에 놀라 비변사備邊司라는 군사 기구를 설치한 것이다. 이것은 조선 역사상 최초로 국방을 전담하는 정규군 조직이라는 역사적 의의는 있지만 한계가 명확했다. 명칭에서 보듯이 '변방[邊]'의 사태에 대비[備]하는 기구[司]'에 불과했으므로 국가적 전란을 맞았을 때 실효를 거둘지는 미지수였다.•

• 실제로 얼마 뒤 임진왜란이 발발했을 때 비변사는 아무런 기능도 하지 못했다. 일본군과 맞서 싸운 것은 이순신의 수군을 제외하면 거의 다 각지에서 일어난 의병이었다. 그래도 유일한 정규군 조직이었기에 임진왜란 이후 비변사는 조직과 기능이 강화되지만, 집권 사대부(18세기의 노론, 19세기의 세도정치 세력)의 물리력으로 전락했다.

둘째는 과거에서 무과를 강화하고 화약 무기를 개발하게 하는 등 부실한 국방력을 메워보려는 노력이다. 하지만 제도가 미비한 상태에서 군사력만 증강시키려는 것은 본말이 전도된 시도였다. 군제는 오히려 시대를 역행했다. 군역을 면하게 해주는 대신 베를 받던 관행(당시 베는 현금이었다)이 방군수포제放軍收布制라는 정식 제도로 자리 잡을 정도였다. 요즘으로 말하면 돈을 주고 국방의 의무를 면제하는 게 합법화된 격이다.

그랬으니 당시 조선의 국방력이 어땠을지는 짐작할 수 있다. 중화 세계와 비중화 세계의 오랜 서열 관계가 역전의 조짐을 보이는 격변의 시기였으나 중국과 한반도의 중화 세계는 여전히 우물 안 개구리 신세에서 벗어나지 못하고 있었다.

26장

병든 조선

양아치 세상

고려의 묘청과 신돈, 조선의 조광조. 이 세 사람의 공통점은 실패한 개혁가라는 사실이다. 세 사람 모두 처음에는 개혁의 필요성을 느낀 국왕에게 발탁되고 중용되었으나 지나치게 개혁을 서두르다 결국 국왕의 신임을 잃으면서 수구 반대파의 역공에 휘말려 죽음으로 '급행료'를 치러야 했다. 그러나 같은 실패라 해도 고려와 조선의 경우는 서로 다르다. 조광조는 묘청이나 신돈처럼 군사 행동을 일으키거나 실제로 역모를 꾀한 게 아니었음에도 죽임을 당했으니 말하자면 가장 억울한 경우다.

영리하고 유능한 음모가만 있으면 '말만의 역모'로 어렵지 않게 반대파의 수많은 인물을 떼죽음으로 몰아넣을 정도로 조선의 병은 깊었다.• 그런 사건을 사화라고 부르니 뭔가 그럴듯해 보이지

● 실제로 군사를 일으키지도 않았고 쿠데타를 계획하지도 않았는데 반란이라고 몰아붙여 처단하는 현상이 빈발한 나라는 세계적으로도 조선이 유일할 것이다. 더구나 그것은 사대부들끼리 국왕을 이용해 반대파를 제거하는 방식이었다(그렇게 보면 차라리 세조처럼 칼을 앞세워 정변으로 권력을 차지하는 편이 더 솔직하고 '건강'했다. 물론 그것도 조선이 왕국이던 조선 초기이기에 가능했지만). 연극처럼 허구적인 반역이라는 점에서 조선의 사화들을 일종의 '반역극'이라고 부르면 어떨까 싶다. 가히 모함의 전성시대였고, 또 그 모함이 통할 만큼 조선은 병든 나라였다.

만, 실은 용어를 만들어 붙이기도 낯부끄러울 만큼 한심한 상황이었다. 그러나 그런 황폐한 시대는 이제 시작에 불과했다.

중종 시대에 조선은 사대부 국가로 탈바꿈했으나 사대부의 관점에서 보면 아직 완전하지 않았다. 완성품이 되려면 왕권이 더 약해져야 했다. 중종은 비록 사대부들에 의해 즉위했지만 38년간이나 재위했고, 더욱이 반정공신들이 중간에 몰락하는 바람에 왕위 계승이 비정상적이었던 데 비하면 만년에는 비교적 강력한 왕권을 누렸다. 그러나 그 왕권이 다음 대에까지 지속될 가능성은 거의 없었다.

사대부들에게는 다행히도 중종은 자신보다 더 유약한 성품의 세자를 남기고 1544년에 병으로 죽었다. 덕분에 그의 맏아들은 무려 25년간이나 세자로 지내다가 왕위를 이었는데, 그가 조선의 12대 왕 인종仁宗(1515~1545, 재위 1544~1545)이다.

어려서부터 학문을 좋아한 데다 어질 '인仁'이라는 시호에 어울리게 효심이 깊고 인정이 많았던 인종은 좋은 세상을 만났더라면 역사에 남을 현군이 되었을지도 모른다. 그러나 당시는 난세였고, 게다가 그는 성품만이 아니라 몸도 약했다. 현량과를 복원시키고 조광조의 누명을 벗겨줌으로써 자애로운 군주임을 보여준 것만을 유일한 치적으로 남기고, 재위 8개월 만에 병으로 죽었다.

중종이 병으로 자리에 누웠을 때 아버지가 먹을 약을 반드시 먼저 맛볼 만큼 효자였고, 그를 죽음에 이르게 한 병도 어려서 죽은 누이(효혜공주)를 불쌍하게 여기다 얻은 병이었다. 그만큼 인종의 사람됨은 나무랄 데 없었다. 비슷한 시기 유럽에 득시글거렸던 마키아벨리적 군주라 해도 풀지 못할 조선의 정국이었으니 때 이른 휴머니스트 군주가 오래 살았다고 해서 크게 달라질 것은 없었겠지만, 그래도 또 다른 사화를 막으려면 인종이 좀 더 오래 재위했어야 했다.

인종이 후사를 남기지 못한 탓에 왕위는 그의 배다른 동생 명종明宗(1534~1567, 재위 1545~1567)이 이었는데, 문제는 겨우 열한 살짜리 소년이라는 점이었다. 단종과 더불어 그때까지 조선의 군주들 중 최연소인 데다 시대는 단종의 시절보다 더욱 엄혹했다. 한 가지 그에게 다행스런 점은 단종의 경우처럼 왕위를 노리는 숙부가 없다는 것이지만, 이제 사대부 국가가 된 만큼 왕권 자체도 단종의 시대만큼 매력적인 것은 못 되었다. 따라서 왕위보다는 왕을 둘러싼 사대부들의 권력 다툼이 치열해질 것은 뻔했다.

일단 국왕의 나이가 어리다는 단점은 어머니인 문정왕후文定王后(1501~1565)의 수렴청정으로 보완되었다. 하지만 중요한 시기에 수렴청정이 이루어진다는 것은 득보다 실이 클 수 있다. 비록 상징적 존재이기는 하나 그래도 국왕이 버티고 있으면 그 존재만으로도 사대부들의 무질서한 권력 다툼을 어느 정도 제어할 수 있기 때문이다. 아니나 다를까, 문정왕후는 진흙탕 싸움을 말리기는커녕 자신이 직접 진흙탕 한가운데로 뛰어들고자 했다. 그녀는 이미 전력이 있었다. 인종이 세자로 있던 시절에 권신인 김안로金安老(1481~1537), 세자의 외삼촌 윤임尹任(1487~1545)의 무리와 한바탕 힘겨루기를 벌인 바 있었던 것이다. 당시에는 현역 세자를 끼고 있던 그들에게 호되게 시달림을 당했지만, 이제는 당당한 국왕의 어머니이자 섭정이 되었으니 칼자루의 임자가 바뀐 셈이다.•

● 김안로는 인종이 아끼던 누이 효혜공주의 시아버지이고 윤임은 인종의 외삼촌이다. 인종이 오랫동안 세자 생활을 하는 기간에 이들은 세자의 외척으로서 권력을 누렸다. 특히 김안로는 자파 인물로 관직을 도배하는 등 권력형 비리를 많이 저질렀다. 그러나 1534년 중종의 계비인 문정왕후가 아들(명종)을 낳고 세자를 바꾸려 하자 김안로는 세자를 보위하기 위해 왕후를 폐위시키려다 실각하면서 유배되어 죽었다. 이후 김안로의 인맥을 윤임이 떠맡았는데, 불행히도 인종이 일찍 죽는 바람에 그는 권력 기반을 다지는 기간을 충분히 가지지 못한 상태였다. 그래서 조선의 중앙 정치는 중종의 첫째 계비(인종의 어머니) 세력과 둘째 계비(명종의 어머니) 세력이 석양의 결투를 벌이는 조잡한 서부극으로 전락했다.

권신의 시대는 가고 외척의 시대가 도래했다. 인종에게 윤임이라는 외삼촌이 있다면, 명종에게는 문정왕후의 남동생인 윤원형尹元衡(?~1565)이라는 외삼촌이 있다. 둘 다 윤씨이기에 나중에 《명종실록》을 엮은 사관들은 윤임을 대윤大尹, 윤원형을 소윤小尹이라 부르는 기지를 발휘했지만, '큰 윤'이나 '작은 윤'이나 조카를 국왕으로 혹은 누나를 대비로 둔 것을 믿고 권세를 휘두른 소인배에 불과했다. 굳이 비교하면 큰 윤보다는 작은 윤이 더 음험하고 흉악한 자였던 듯하다. 윤임은 무관 출신으로 왜구와 싸운 경력도 있는 데다 정적인 문정왕후의 신임을 얻고자 나름대로 노력했지만, 윤원형은 이미 그전부터 파벌을 이루어 권력 다툼이나 일삼는 '양아치'였기 때문이다. 그 과정에서 여러 차례 쓴맛을 본 그였으나 이제 드디어 제 세상을 만났다. 문제는 어떻게 윤임 일당을 제거할 구실을 만드느냐는 것인데, 과연 그가 짜낸 꾀는 치졸했다. 바로 자신의 첩인 정난정鄭蘭貞을 궁중에 들여보내 누이동생과 조카를 구워삶는 것이었다.

시나리오 집필자가 윤원형인지, 정난정인지는 확실치 않으나 아무튼 그 천박한 시나리오가 통할 만큼 조선의 병은 깊었다. 정난정은 문정왕후에게 윤임이 자기 조카인 봉성군鳳城君을 왕위에 올리려 한다고 모함했다. 게다가 인종이 죽을 무렵에는 명종이 왕위를 이을 것을 우려한 윤임이 자신의 또 다른 조카인 계림군桂林君을 왕으로 옹립하려 했다고 무고했다. 이래저래 윤임은 죽일 놈

왕실의 불교 어린 아들을 들러리로, 동생을 실권자로 내세우고 권좌에 오른 문정왕후는 조선 왕실이 으레 그랬듯이 유학을 멀리했다. 사진은 그녀가 총애한 승려 보우(普雨, 1515~1565)가 주지로 있었던 봉은사인데, 현재 서울 강남구에 있다. 이렇듯 왕실과 사대부 사이에 이념적 간극이 있었다는 것은 아직 조선이 완전한 사대부 국가가 되지 못했다는 뜻이다.

이 되었다. 어차피 동생이 어떤 시나리오를 만들든 덥석 받아들일 태세였던 문정왕후에게는 난정의 무고가 오히려 바라던 바였다. 그녀는 즉각 대윤의 일당을 잡아들이고 역모의 죄를 뒤집어씌웠다. 윤임을 비롯한 수십 명이 처형되고 유배된 이 사건은 을사사화乙巳士禍라고 불린다(졸지에 역적으로 몰린 계림군은 윤임이 처형되자 도망쳐 승려로 변장했으나 곧 잡혀 능지처참을 당했다).**

잔머리를 굴린 대가로 윤원형은 일약 공신의 지위에 올랐다. 권력을 장악한 윤원형은 현대의 조폭과 전혀 다를 바 없이 행동했다. 심복들을 거느리고, 평소에 원한을 맺은 자들을 숙청하고, 온갖 인사 청탁과 뇌물을 받아 배를 불리고, 남의 토지를 마음대로 빼앗고, 조정 대신들을 수족처럼 부렸다. 거기다 한술 더 떠

●● 조선 중기의 4대 사화로 불리는 무오년, 갑자년, 기묘년, 을사년의 사화에서 앞의 두 사화는 연산군이 일으킨 것이지만, 중종과 명종 때 일어난 기묘사화와 을사사화는 사대부들 간의 세력 다툼으로 발생한 사건이다. 다시 말해 전자는 왕권 대 신권이 충돌한 것인 데 반해(물론 여기에도 사대부 세력의 음모가 개재되었지만), 후자는 사대부들이 국왕을 조종해서 반대파를 숙청한 결과다. 따라서 앞의 두 사화와는 달리 뒤의 사화들은 음모와 술수가 횡행하는 전형적인 '말만의 역모'로 진행되었다. 조선의 사관들은 폭군 연산군을 마음껏 비난했지만, 차라리 연산군 시대의 사화가 사대부 시대의 사화보다는 더 인간적이라 할 수 있을 것이다. 조선은 사대부 국가가 됨으로써 왕국의 시대보다 더 타락했을 뿐 아니라 역사적으로도 존재 가치가 없는 왕조가 되고 말았다.

노비 출신이자 기생이던 정난정을 정경부인貞卿夫人으로 올렸다. 정경부인이라면 정·종 1품 관리의 정식 아내에게만 수여하던 여성 최고의 작위였고, 노비 출신은 물론 서얼 출신의 여성이라도 꿈꾸지 못할 지위였다. 이제 공신만이 아니라 정경부인도 인플레 시대를 맞은 걸까? 하기야, 윤원형에게는 정난정이 일등공신일 수밖에 없겠지만.

그래도 윤원형은 만족하지 않았다. 그 이유는 자신이 만든 시나리오에서 대권 후보였던 봉성군이 여전히 살아 있었기 때문이다. 다행히도 봉성군을 제거하는 데는 별도의 시나리오조차 필요 없었다. 1547년 때마침 경기도 과천의 양재역에 익명의 대자보가 붙었는데, 윤원형에게 그것은 훌륭한 시나리오 대용품이었다. 대자보의 내용은 "위에서는 여왕이, 아래에서는 이기李芑(1476~1552)가 권력을 휘두르니 나라가 망할 것은 뻔하다."라는 것, 여기서 여왕은 문정왕후를 일컫고, 이기라는 자는 윤원형의 심복이었다. 대자보는 조선의 병을 통렬하게 지적하고 있었지만, 윤원형은 오히려 그것을 을사사화가 불충분했다는 증거로 해석했다. 그래서 봉성군을 비롯해 수십 명의 반대파가 처형되거나 유배되는 작은 사화가 또다시 벌어졌다. 이 사건을 정미사화丁未士禍라고 부르는데, 이제는 사화마저 인플레될 지경이다.

윗물이 흐리면

양재역에 대자보를 붙인 인물이 예언한 대로 차라리 조선이 곧 망했다면 우리 역사 전체로 보아서는 더 좋았을 것이다. 어떤 왕조, 어떤 체제라 해도 그 무렵의 조선보다는 나았을 테니까. 사실 사대부 국가로 바뀐 조선에서 만약 반란이 일어나 당시 세계적 추세에 어울리는(그 무렵 서유럽 각국에서는 절대왕정이 탄생하고 있었다) 강력한 왕권의 왕국이 들어섰다면, 한반도는 사회 진화의 정상적 궤도로 복귀할 수 있었을지도 모른다. 그랬더라면 최소한 얼마 뒤에 벌어지게 될 임진왜란을 맞아 그토록 무기력하지는 않았을 것이다. 그러나 대자보의 필자가 전망한 것과 달리 조선은 중앙 정치가 곪아가는 가운데서도 망하지 않고 명맥을 유지했다. 어떻게 그게 가능했을까? 조선의 생명이 그렇게 질긴 데는 몇 가지 이유가 있다.

첫째 이유는 대체 세력이 사라져버렸다는 점이다. 여러 차례의 사화가 휩쓸고 지나간 결과 황폐해진 조선의 정치 무대에는 인재가 거의 없어졌고, 수권 능력을 갖춘 정치 집단은 아예 씨가 말라버렸다. 설령 반란이 필요한 상황이라 해도 반란을 주동할 만한 세력조차 없었다. 조선은 죽으려 해도 죽을 힘조차 없는 최악의 상태에 놓인 환자와 같았다. 사실 윤원형이 말도 안 되는 모함으로 쉽게 집권할 수 있었던 것도 그런 터무니없는 모략마저 제동을 걸 만한 집단이 없었던 탓이 크다. 그런 데다 얼마 남지 않은 인물들마저 윤원형이 싹쓸이해버렸으니, 이제 조선은 싸구려로 내놓아도 사갈 사람이 없는 물건과 같은 처지였다(을사사화 이후 5년 동안 윤원형에 의해 제거된 사람들만 해도 두 자릿수가 넘었다).

둘째 이유는 그전까지 그런대로 개혁의 성과가 빛을 보았기 때문이다. 인종이 조광조의 명예를 회복시켜준 데서 알 수 있듯이, 아무리 썩은 조정이라 해도 개혁의 필요성은 어느 정도 공감하고 있었다. 조광조가 제안한 인물 추천제인 현량과가 명종 때인 1552년 정초旌招라는 이름으로 부활한 게 그 증거다. 정초란 학덕 있는 유림에서 유능한 인재를 천거해 관직에 임용하는 제도이므로 기본 정신은 현량과와 다를 바 없었다.

또한 비록 양아치가 권신으로 군림하면서 윗물을 흐리고는 있지만 옛날처럼 훈구파가 권력을 완전히 독점하지 못하는 것도 예전과는 달라진 모습이었다. 사화를 일으켜 공신이 된 자들은 과거 훈구파만큼의 경륜과 실력을 갖추지 못했으므로 아무래도 대세는 사림파를 필요로 하는 방향으로 흐르고 있었다(현역 군부가 부패하면 사관학교가 상대적으로 청렴해 보이는 것과 같다고 할까?). 특히 사림의 뜻있는 유생들은 혼탁한 중앙 정치를 버리고 낙향해 전국 각지에서 서원書院을 세우고 제자들을 길러냈는데, 이들이 장차 조선을 이끌어갈 인재로 성장하게 된다(안타깝게도 그들의 목표는 언제나 성리학적 사대부 국가였지만). 사실 조선이 일찍 붕괴하는 비극을 모면할 수 있었던 이유는 전적으로 그들 덕분이다.●

1555년에 왜구가 다시 대규모로 남해안을 침략해왔을 때 그럭저럭 토벌할 수 있었던 것도 그런 개혁의 자취가 남아 있었기 때

● 조선 최초의 서원인 소수서원(紹修書院)이 세워진 것도 이 무렵이다. 1543년 풍기 군수였던 골수 성리학자 주세붕(周世鵬, 1495~1554)은 한반도에 처음으로 성리학을 도입한 고려의 학자 안향의 제사를 모시기 위해 백운동서원(白雲洞書院)을 건립하고(송의 주희가 세운 백록동서원白鹿洞書院에서 베낀 이름일 터이다) 이 지역의 유생들을 가르치는 교육기관으로 삼았다. 나중에 풍기 군수로 부임한 퇴계 이황이 이 서원에 국가에서 재정 지원을 해야 한다고 주장한 덕분에 1550년에 백운동서원은 명종이 직접 현판을 써준 소수서원이라는 이름으로 바뀌었다. 그것을 계기로 서원 건립이 전국적으로 번져갔는데, 원래는 사립이었으나 정부에서 적극적으로 재정 지원에 나서서 사실상 국립화된다(이런 서원을 사액서원賜額書院이라고 부른다).

국립이 된 사립　조광조가 꿈꾼 사대부 국가는 그의 사후 수십 년이 지난 명종 때 기틀을 갖추었다. 사진은 그 무렵에 설립된 소수서원인데, 고려 말에 유학을 도입한 안향을 모시는 곳이었다. 일개 유학자의 제사를 지내는 사립기관에 국가가 재정을 지원했다는 것은 유학 체제로 한 걸음 다가섰음을 말해준다. 국가의 지원을 받은 소수서원은 과거 급제자를 많이 배출해 '명문 학원'이 되었다.

문이다. 이 사건을 을묘왜변이라고 부르는데, 이것을 계기로 임시 기구인 비변사가 상설화되었다. '소 잃고 외양간 고치기'였지만, 그래도 조선은 최소한의 군사력이나마 보유하게 되었다. 물론 40년 뒤에 쳐들어오는 도요토미 히데요시의 '거대한 왜구'를 상대하는 데는 턱없이 부족했지만.

윤원형의 권력 기반은 누나인 문정왕후였다. 그렇다면 1553년 수렴청정이 끝나고 명종이 친정에 나서면서 양아치 세상도 자연히 끝났어야 한다. 아무리 임금을 조카로 두었다 하더라도 성년이 된 임금이 자신의 고유 업무와 권한을 되찾겠다고 나선다면 윤원형이 그것을 가로막을 명분은 없었다. 게다가 명종은 혼탁한 국정을 그대로 놔두어선 안 되겠다는 생각을 막연하게나마 가지고 있었으니, 그가 나선다면 비록 윤원형이 처벌되지는 않는다 해도 예전과 같이 무소불위의 권력을 계속 유지할 수는 없을 터였다. 그러나 역설적이게도 그의 권세를 연장해준 것은 바로 명종이었다.

외삼촌에게서 국왕 고유의 업무를 환수할 자신이 없었던 명종은 자신이 해야 할 일을 이량李樑(1519~1563)이라는 자에게 맡겼다. 좋게 말하면 대립 세력(왕당파)을 키워 윤원형을 제어하려는 계획이지만 나쁘게 말하면 명백한 직무 유기다. 따라서 잘 풀리면 겨우 양아치의 이름이나 바꾸게 될 테고 안 풀리면 양아치가 둘로 늘어나게 될 것이다. 예상할 수 있듯이 결과는 후자로 나타났다.

사실 이량은 명종의 왕비인 인순왕후仁順王后의 외삼촌이었으니 결과는 처음부터 보지 않아도 뻔했다(자신의 외삼촌을 제거하기 위해 처외삼촌을 기용한 격이다). 조선의 중앙 정치는 부패한 세력이나 그들을 제어하려는 세력이나 다 외척 정치에서 벗어나지 못한 것이다. 이량은 오히려 임금이 준 기회를 이용해 자기 아들을 비롯한 자파 인물들을 요직에 임명하고 반대파를 무자비하게 숙청하는 등 윤원형보다 한술 더 떴다. 하지만 그가 강력한 야당인 사림을 송두리째 제거하고자 한 것은 잠자는 호랑이의 코털을 건드린 셈이 되었다. 위기감을 느낀 사림파의 소장학자 심의겸沈義謙(1535~1587, 인순왕후의 동생)은 이량의 심복이던 기대항奇大恒(1519~1564)을 꼬드겨 이량의 사림파 말살 작전을 알아내고 임금에게 보고했다. 이것으로써 이량은 10년 권세가 끝나고 축출되었다.

이쯤 되면 고려 말 무신정권기가 생각나지 않을 수 없다. 조선의 경우에는 무신이 아니라 문신이지만 왕을 허수아비로 만들고 권세를 휘두르는 부질서와 하극상의 시대라는 점은 똑같다. 그렇

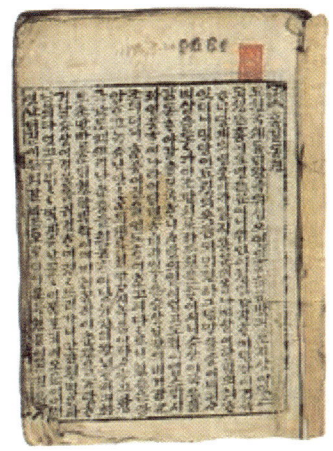

구름 속의 논쟁　이황과 기대승의 논쟁은 그 이전까지 성리학에 철학적 뿌리가 없었다는 사실을 반증한다. 그러나 뒤늦게 학자들이 성리학을 포장하기 위해 애쓰고 있을 무렵, 일반 사회에서는 이미 체제의 모순이 폭발하고 있었다. 실존 인물 임꺽정과 극중 인물 홍길동의 무대가 이 시기였다. 왼쪽은 17세기에 소설화된 《홍길동전》의 본문이고, 오른쪽은 20세기에 신문에 연재된 《임꺽정전》의 삽화다.

다면 무신정권기에 민란이 많았듯이 이 시기의 조선에서도 마찬가지일 것이다. 윗물이 흐리면 아랫물도 흐리다. 중앙 정치가 곪아가자 지방 정치도 문란해진다. 부패한 지방 수령들의 학정을 피해 유민들이 늘어나고, 그들 중에는 산으로 들어가 화적이 되는 사람도 많아졌다.●

한반도 역사를 통틀어 가장 유명한 화적 두목인 임꺽정林巨丁(?~1562)이 등장한 것도 그런 배경에서다. 경기도 양주에서 백정의 아들로 태어난 임꺽정은 평소에 익힌 무예를 밑천으로 도둑질과 강도질을 일삼았다. 홍명희洪命憙(1888~1968)의 과장된 소설에서처럼 임꺽정이 과연 실제로 신분 해방과 인간 평등의 사상을 품었는지는 의심스럽지만, 설령 그랬다 해도 사회과학적 인식의

● 만약 서원이 예전의 향교와 같은 역할을 했다면 부패한 지방관을 탄핵함으로써 중앙 정치의 타락이 지방까지 미치는 것을 어느 정도 제어했을 것이다. 그러나 이 무렵부터 서원은 성격이 바뀐다. 처음 생길 무렵만 해도 서원은 향교를 대신하는 지방 교육기관으로서의 역할에 충실했다. 그러나 낙향한 사림파의 유생들이 세운 것인 만큼 점차 서원은 순수한 교육기관이라기보다 성리학 정치 이데올로기의 교육장으로 바뀌기 시작했다. 이제 서원의 주요 목적은 지방 정치를 감시하고 개선하는 일보다 장차 중앙 정치를 사림 세력으로 바꿀 '성리학의 전사들'을 길러내는 것이었다. 게다가 서원의 동창생들이 연고를 맺으면서 지금도 우리 사회를 망치고 있는 '학연'이 생겨나기 시작했다. 그 결과 서원은 조선을 사대부 체제로 만드는 데 일등공신이 되지만 수가 늘고 타락하면서 당쟁의 온상이 되어버렸다(공교롭게도 중국의 송 대에도 서원은 당쟁의 진원지가 된 바 있다).

●● 흔히 말하는 '관군'은 오늘날로 치면 군대가 아니라 경찰력에 불과하다. 당시 조선에는 변방을 지키는 비변사 이외에 특별한 군 조직이 없었다. 그저 포도청을 지키는 포졸들이 관군의 주축이었고, 대형 사건이 터졌을 때는 여기에 일반 백성들을 보충해서 진압군을 꾸리는 식이었다. 굳이 조선의 정규군이라면 초기에 설치된 5위(五衛)가 있었으나 수도방위대의 기능으로만 국한되었고, 전국적인 군 조직이 되지는 못했다.

결과라기보다는 무질서와 하극상이 판치는 시대적 분위기에 휩쓸린 탓일 것이다. 세력이 커지자 그는 한양에 가까운 양주 지역을 버리고 황해도로 가서 구월산에 근거지를 마련했다. 어쨌든 그가 평범한 산적이 아니었다는 것은 분명한 듯하다. 황해도의 지주와 부호 들을 공격해 제 몫을 챙기는 것과 더불어 관청을 습격해 곳간을 열어 백성들이 가져가도록 했기 때문이다.

정부의 입장에서 임꺽정은 그렇잖아도 무질서한 사회를 더욱 무질서하게 만드는 도둑놈이었다. 그러나 두 양아치(윤원형과 이량)가 권세를 휘두르는 조정에서는 신출귀몰한 그의 행적을 도무지 따라잡지 못했다. 하기야, 외적에 대비하는 비변사 외에는 별다른 정규군마저 없었으니 그의 소재를 알아도 잡지 못했을 것이다.●● 1560년부터 임꺽정은 한양에까지 진출하지만 정부는 성문을 굳게 잠가 사후 약방문이나 할 뿐 여전히 속수무책이었다. 고려의 묘청처럼 차라리 조직적인 반란을 획책했다면 모르겠지만, 도둑질과 의적질만으로 세상을 바꿀 수는 없었다. 결국 그해에 아내와 참모가 체포되면서 임꺽정의 활동은 위축되기 시작했다.

그 뒤에도 임꺽정은 1년 이상을 더 버텼

다. 권신 이량은 밥값이라도 하고자 1561년 평안도 관찰사로 가서 임꺽정 일당을 잡았다고 큰소리쳤으나 알고 보니 가짜 임꺽정이었다(이량이 명종의 신임을 잃은 데는 이 사건도 한몫했을 것이다). 결국 왜구 토벌에 여러 차례 공을 세웠던 뛰어난 무장 남치근南致勤(?~1570)이 황해도에 투입되면서 이듬해 1월 임꺽정을 체포하는 데 성공했다.

임꺽정은 보름 뒤에 처형되었지만 정작 맑아져야 할 윗물은 여전히 흐렸다. 조선의 병은 아직 치료를 담당할 의사조차 없는 형편이었다. 그나마 더 악화되지나 않으면 다행이겠는데 그것도 쉽지 않았다. 한번 땅에 떨어진 왕권은 좀처럼 회복되지 못했다. 이제 조선의 사대부들에게 왕은 무시해도 상관없는 존재가 되었다. 그런 상황에서 다시 사대부가 옹립한 왕이 탄생한다.

동북아시아 질서의 기본 구조

영원히 지속될 줄 알았던 윤원형의 권세는 1565년 문정왕후가 죽으면서 끝났다. 조카 명종은 외삼촌이 섭섭하다고 여길 만큼 곧바로 그의 관직을 삭탈하고 유배령을 내렸으며, 정치적 생명을 끝낸 윤원형은 얼마 안 가 유배지에서 생물학적인 생명도 끝냈다. 그제야 명종은 인재를 모으고 어지러운 정국을 수습해보려 애썼으나 이미 때는 늦었다. 이제 와서 새삼 조선을 왕국으로 복원한다는 것도 불가능했지만, 그보다도 2년 뒤인 1567년에 서른셋의 한창 나이로 병에 걸려 파란만장한 삶을 마친 것이다. 권신들도 죽고 왕도 죽자 오랜만에 사림파는 다시 권력을 장악했다(인재가 말라버린 조선에서 수권 능력을 갖춘 것은 그들뿐이었다).

우선 그들이 할 일은 당연히 세자로 하여금 왕위를 잇게 하는 것이었지만, 명종의 아들 순회세자는 명종보다 먼저 1563년에 열두 살로 죽었다. 그 어린 나이에도 결혼은 했지만 열두 살짜리가 아이를 낳을 수는 없다. 이로써 명종의 대는 끊겼다. 사대부들은 저절로 입이 함지박처럼 커졌다. 왕을 누구로 할지는 전적으로 그들에게 달렸다. 예전 같으면 대비가 강력한 발언권을 행사하겠지만 명종의 비 인순왕후는 친정이 죄인 집안이니 힘을 쓸 수 없었다. 따라서 사대부들은 선왕인 중종이 남긴 많은 자손 가운데 입맛에 맞는 떡을 고르면 되었다. 그들이 선택한 후보는 중종의 손자인 이균李鈞인데, 그가 조선의 14대 왕인 선조宣祖(1552~1608, 재위 1567~1608)다.

선조를 발탁하는 과정에서 사대부들의 계산이 얼마나 세심하고 치밀했는지 엿볼 수 있다. 인종과 명종, 봉성군이 죽었어도 아직 중종의 아들은 최소한 일곱 명이 남아 있었고, 중종이 죽은 해가 1544년이므로 다들 최소한 스물은 넘긴 장성한 아들들이었다. 즉 킹메이커가 선택할 후보는 쌔고 쌨다. 예를 들어 금원군錦原君처럼 외가가 좋지 않은 후보는 제외한다 해도(그는 골수 훈구파인 홍경주의 외손자였다) 후보는 많이 남아 있었다. 그중에서 가장 말을 잘 들을 것 같은 후보를 사대부들이 선택하는 것은 지극히 당연한 일이다. 일단 그들은 그런 인물로 덕흥군 이초李岹(1530~1559)를 선택한다. 그러나 사대부들의 용의주도함은 거기서 끝나지 않는다.

여느 왕국, 예컨대 당시 유럽의 국가 같으면 당연히 이초가 왕위에 올랐을 것이다. 중국이나 일본에서 그런 상황이 벌어졌다 해도 이초를 옹립했을 것이다. 서른다섯 살 한창 나이였으니 강력한 군주가 되어 나라를 이끌어줄 것이라고 기대할 수 있다. 사대부들은 새 군주를 잘 보필하면 된다. 하지만 조선은 '여느 왕국'이 아니었다.

장성한 왕족을 국왕으로 옹립하는 것은 사대부들에게 불안의 요소였다. 강력한 군주는 나라를 위해 훌륭한 지도자일지 모르지만 자칫 사대부의 권력을 빼앗아갈 수 있었던 것이다. 그래서 그들은 이초 대신 그의 아들, 그것도 맏이가 아닌 셋째 아들인 열다섯 살의 이균을 차기 왕으로 옹립한다(물론 절차상으로는 병들어 누운 명종이 다음 왕위권자를 선택하는 식이었지만 사실상 사대부들이 낙점한 것이나 다름없었다).●

이제 사대부들로서는 가장 바람직스런 시대를 맞았다. 국왕을 자기들의 손으로 만들었으니 왕권이 강화될 우려는 없다. 그렇다고 중종처럼 반정을 통해 왕이 교체된 게 아니니까 골치 아픈 공신 세력도 없다. 그들이 꿈꿔온 성리학적 이념에 입각한 유교 정치를 화려하게 펼칠 수 있는 가장 좋은 기회다. 정치 이데올로기로서는 괜찮지만 철학적 수준에서는 보잘것없는 성리학이 다소 업그레이드된 것도 그런 배경 덕분이다. 바로 이 시기에 이황 李滉(1501~1570)과 이이 李珥 (1536~1584) 등 사림의 태두들이 등장했고, 《근사록 近思錄》과 《소학》, 《삼강행실 三綱行實》 등 후대에까지 성리학의 주요 교과서가 되는 서적들이 널리 권장되기 시작했다(조광조가 영의정으로 추존되

● 덕흥군 자신도 한창 젊은데 아들이 왕위에 오른 경우는 역사상 처음이다. 처음이니까 새 직함이 필요하다. 그래서 덕흥군은 나중에 죽은 뒤 덕흥대원군(德興大院君)으로 격상된다. 이것이 대원군이라는 직함의 시작이다. 즉 대원군은 원래 왕위 계승자가 아닌 상황에서 아들이 왕으로 옹립되었을 때 그 왕의 아버지를 가리키는 직함이다. 이후 조선 역사에서 대원군은 세 명이 더 나오게 되는데, 인조의 아버지 정원대원군, 철종의 아버지 전계대원군, 고종의 아버지 흥선대원군이 그들이다(그중 살아 있을 때 대원군으로 책봉된 사람은 흥선대원군뿐이고 나머지는 모두 죽은 뒤 추존되었다).

고, 남곤과 윤원형, 이기 등의 관직이 사후 박탈된 것도 이 시기다).

이렇게 해서 혼탁했던 '윗물'은 어느 정도 맑아졌다. 그럼 조선의 병은 드디어 유능한 의사를 만난 걸까? 안타깝게도 그렇지 않다. 일단 상처는 봉합되고 치료되었으나 문제는 바깥에 난 상처에 있지 않았기 때문이다.

권력을 잡은 사림파 사대부들은 그동안 조선 사회를 얼룩지게 만든 혼란의 근원이 무질서에 있다고 판단했다. 무질서를 극복하려면 말할 것도 없이 질서를 회복해야 한다. 그런데 그것은 대내적 질서만 뜻하는 게 아니다. 알다시피 조선은 중국의 명을 섬기는 입장, 따라서 근본적인 질서를 세우려면 명의 황제를 정점으로 하고, 그 아래에 제후들이 위치하며(여기에는 물론 조선의 국왕이 포함된다), 또 그 아래에 조선의 사대부들이 포진하는 일사불란한 수직적 서열 구조를 확립해야만 가능하다. 이런 성리학적 세계관을 가진 자들이 국정을 맡게 되었으니, 조선의 병은 치료되기는커녕 이제부터 새로운 증상을 나타내게 된다.

그 점을 가장 상징적으로 보여주는 게 이른바 종계변무宗系辨誣라고 불리는 사건이다. 1588년 3월, 선조는 두근거리는 가슴을 부여잡고 모화관慕華館(중국 사신을 영접하는 곳)●으로 나갔다. 중국에서 오는 사신이나 중국에 다녀온 사신을 맞이하는 일은 보통 세자가 담당하지만, 이번 경우는 국왕이 직접 맡아야 할 특별한 사연이 있었다. 명에 파견되었던 사신 유홍兪泓(1524~1594)이 개찬된《대명회전大明會典》을 가져왔기 때문이다. 《대명회

● 모화관이라는 이름부터가 중국[華]을 사모[慕]한다는 뜻이니 철저하게 사대주의적이다. 게다가 모화관 앞에 있는 영은문(迎恩門)은 중국 황제의 은총을 환영하는 문이라는 뜻이니까 모화관과 아주 잘 어울리는 짝이 아닐 수 없다. 조선의 지배층은 그저 중국의 사신만 와도 엄청난 은총으로 받아들여야 했던 것이다. 나중에 보겠지만 19세기 말에 모화관은 폐지되고 영은문이 있던 곳에는 그것을 허물고 독립문을 세우는데, 그 자리를 택한 데는 상징적 이유가 있었다.

독립문과 모화관 중종에 이어 선조는 두 번째로 사대부들의 '낙점'을 받아 즉위한 왕이었으므로 자신의 대에 왕실의 숙제였던 종계변무 문제가 해결된 것에 더욱 기뻐했을 것이다. 하지만 그렇다 해도 국왕이 책 한 권 받기 위해 모화관으로 뛰어나간 꼴은 보기에 어땠을까? 사진의 한가운데 있는 건물이 모화관인데, 그 뒤에는 정반대의 의미를 지니는 독립문이 서 있으니 묘한 불일치다.

전》이라면 명의 법전인데, 그것을 받는 일에 그렇게 호들갑을 떤 이유는 무엇일까?

때는 조선이 건국될 무렵으로 거슬러 올라간다. 이성계의 역성 쿠데타에 반대한 윤이와 이초(1권, 510쪽 참조)는 명 황실에 이성계가 고려 말의 권신 이인임의 아들이라고 보고했다. 정치적으로 신진 사대부의 대표인 이성계가 권문세족인 이인임의 아들일 리도 없거니와 이인임은 성주 이씨고 이성계는 전주 이씨니까 말도 안 되는 보고였지만, 중국의 황실에서는 한낱 제후국에 불과한 조선 왕실의 가계까지 일일이 확인할 방법도, 의사도 없었다(설령 거짓인 줄 알았다 해도 당시 명은 조선과의 관계가 좋지 않았으므로 의도적으로 사실을 무시하려 했을 것이다). 그래서 명의 사관은 주원장의 치세를 기록한《태조실록》에 이성계를 이인임의 아들로 올려버렸다.

　가뜩이나 신생국의 정통성을 확립하는 문제로 부심하고 있었던 이성계는 치밀어 오르는 화를 꾹 눌러 참으며 때마침 조선에 온 명 사신에게 사실을 수정해달라고 부탁했다. 그러나 후속 조치가 전혀 없었다. 이때부터 조선의 역대 왕들은 이 '역사 교과서 왜곡 사건'을 해결하기 위해 여러 차례 주청사를 보냈다. 하지만 명은 태조의 유훈이 실린《대명회전》에 그렇게 기록되어 있으므로 어쩔 수 없다고 둘러대면서 약을 올렸다. 심지어《대명회전》에 이성계가 고려의 왕 네 명을 죽였다고 기록된 사실까지 알게 되자 조선 정부는 더욱 애가 탔지만 줄기차게 주청사를 보내는 것 이외에 별다른 방책이 없었다.

　그런데 그 문제가 무려 200년 만인 선조 대에 해결되었다. 1584년《대명회전》의 개찬 작업이 이루어지면서 마침내 이성계의 가계가 바로잡힌 것이다. 책이 완성되자 선조는 즉각 유홍을 보내《대명회전》을 가져오라고 명했고, 드디어 그가 돌아오는 날 참지 못하고 모화관으로 달려 나간 것이다. 두 달 뒤인 1588년 5월에 선조는 종묘에 나가 뿌듯한 마음으로 조상들에게 수정된 책을 바치며 제사를 올렸다. 그러나 하필이면 선조의 치세에 200년 묵은 숙제가 풀렸다는 사실이 말해주는 것은 무엇일까? 성리학의 이데올로기가 가장 화려하게 꽃피운 선조의 시대였기에, 그리고 그런 조선의 변화를 중국에서 긍정적으로 받아들였기에 가능한 일이 아니었을까?•

　사실 선조가 종계변무에 특히 신경을 쓴 데는 정상적인 세습을 통해 왕위를 물려받지 못한 탓이 컸다. 사대부들이 임의로 선택한 임금이었기에 선조는 즉위하고 나서도 한동안 중국 황제의 책봉이 떨어지지 않아 조선 국왕이 아닌 권지국사라는 명함을 가지고 있어야 했던 것이다(그 점은 반정을 통해 즉위한 중종도 마찬가지였다). 그런 설움을 겪었으니 그가 《대명회전》을 받고 그토록 감격한 것도 이해할 만하다.

그러나 종계변무에 사활을 건 것은 국왕만이 아니라 사대부들도 마찬가지였다. 조선의 실질적 집권자인 사대부들은 동북아시아 전체가 중국의 천자를 정점으로 하는 동심원적이고 수직적인 질서를 갖추어야만 성리학적 이념에 입각한 완전한 질서가 확립될 수 있다고 믿었다. 그래서 그들은 무엇보다 명과 올바른 사대 관계를 맺는 것을 중시했다. 그 과정에서 자연스럽게 해묵은 종계변무 문제를 해결하는 '성과'를 거둔 것이다.

● 당시 선조는 벅찬 감격에 못 이겨 이렇게 말했다. "수백 년 마음 아팠던 응어리가 깨끗이 씻겨, 조상으로 하여금 아버지가 없다가 아버지가 있게 되었고, 임금이 없다가 임금이 있게 함으로써, 우리나라 수천 리가 비로소 사람 사는 세상이 되었고 인륜을 되찾았다." 명에서 태조 이성계의 혈통을 바로잡아줌으로써 비로소 나라다운 나라, 임금다운 임금이 되었다는 이야기니까 사대주의의 극치를 보여주는 발언이다. 원래 인연에 없던 왕위를 차지한 선조로서는 마치 중국에서 자신에게 정통성을 부여해준 듯한 기분이었을 것이다. 그는 같은 시대 명 황제인 신종(神宗, 재위 1572~1620)의 이름자를 피하기 위해 균(鈞)이라는 이름을 연(昖)으로 바꿀 정도로(신종의 이름은 익균翊鈞이었다) 사대주의에 충실한 국왕이었다. 그러나 정작 명의 신종은 역대 황제들 가운데 모든 면에서 최하의 군주였다.

그러나 그들이 꿈꾼 동북아시아의 성리학적 질서는 완전히 시대착오적인 것이었다. 무엇보다 중화 세계, 즉 명과 조선을 제외한 동북아시아 나머지 지역에서는 그런 질서를 전혀 인정하지 않았을 뿐 아니라 중화 세계 내에서도 사대부들은 안정된 질서를 구축하지 못했다. 앞의 문제는 동북아시아 전체를 휩쓰는 전란의 회오리로 이어지게 되고, 뒤의 문제는 명과 조선에서 당쟁이라는 백해무익한 내분을 낳게 된다. 더욱이 이 두 가지 분쟁이 겹치면서 조선 사회는 최악의 상태로 빠져든다.

사대부들의 집안싸움

국왕을 선택할 만큼 권력을 확고히 장악했고, 숙적인 훈구파와 외척도 사라졌다. 이념에서도 전 사회가 성리학으로 완전히 통일되었다. 그렇다면 사대부들 간의 권력 다툼은 더 이상 없어야 할 것이다. 그들은 이제부터 사이좋게 권력과 역할을 분담하고 조선을 발전시키는 데 일로매진해야 할 것이다. 그런데 희한하게도 실제의 역사는 전혀 그렇지 않다. 다툴 이유가 모두 사라졌는데도 사대부들은 오히려 전보다 더욱 큰 규모로, 더욱 심하게 다투기 시작한다. 권력의 정점에 올랐는데도 그들은 자기들끼리 파당을 만들어 싸운다. 이것을 좀 거친 용어로 표현하면 당쟁이고, 세련되게 포장하면 붕당정치朋黨政治다.

차라리 권력을 독점하기 위해 무장 조직을 동원하고 내전을 벌이는 것이라면 이해할 수 없는 일이 아니다. 차라리 왕권을 빼앗기 위해 반란을 일으키는 것이라면 충분히 있을 수 있는 일이다. 하지만 그런 게 아니다. 사대부들은 주먹다짐 같은 것도 없이 입만 가지고 싸우며, 왕이 되려는 게 아니라 왕을 허수아비로 만들어놓고 막후 실력자가 되기 위해 싸운다. 전 시대와 같은 양아치 정치가 아닌 것은 분명하지만 어떤 면에서는 그보다도 더 치졸하고 시시하다. 세계 어느 나라의 역사를 봐도 내전과 반란은 흔하지만 조선의 사대부들처럼 시시콜콜하게 말꼬리나 잡으며 박 터지게 싸운 경우는 없다.

사대부들은 일찍이 예종 때 남이의 사건을 시작으로, 여러 차례의 사화를 거치며 말만으로 반대파를 제거하는 화려한 말솜씨를 갈고 닦아왔다. 이 탁월한 재능을 유감없이 선보인 무대가 바로

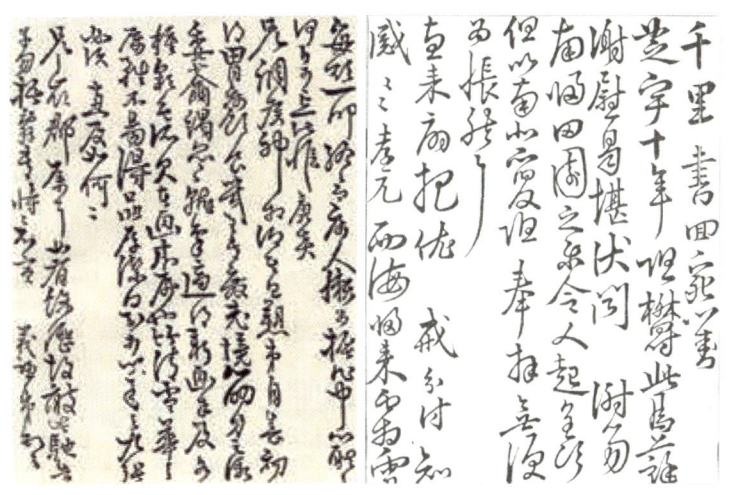

동과 서의 글씨 왼쪽은 서인의 원조인 심의겸의 글씨고, 오른쪽은 동인의 원조인 김효원의 글씨다. 서로 바뀌었다고 해도 알아보지 못할 만큼 비슷한 글씨체인데, 실제로 당시 사대부들은 글씨만이 아니라 학문과 사상, 정치 이념에서도 거의 차이가 없었다. 따라서 그들이 당쟁을 시작한 것은 결코 철학이나 세계관의 차이 때문이 아니다.

당쟁이었다. 그렇다면 처음에 당쟁이 시작되는 과정에서부터 치졸한 말싸움을 감상할 수 있을 것이다.

권신 이량을 축출하는 데 공이 컸던 심의겸은 인순왕후의 동생이라는 신분상의 '한계'(사림의 세상에서는 왕실 외척이라는 게 오히려 단점이었다)에도 불구하고 대체로 공정하게 일을 처리했으므로 사대부들 간에 명망이 높았고 선후배 관계도 좋았다. 승지와 대사간, 이조참의 등 순탄하게 관직 생활을 하면서 그는 촉망받는 소장 관료이자 미래의 정승감으로 꼽혔다. 그런데 그의 심기를 뒤틀어놓는 일이 일어났다. 1572년에 느닷없이 김효원金孝元(1542~1590)이라는 자가 이조전랑吏曹銓郎으로 추천을 받은 것이다.

이조는 문관 최고의 부서이고 전랑은 인사권을 담당하는 관직이니까 출세가 보장된 직책이다. 소장 관료라면 누구나 탐내는 자리다. 일찍이 심의겸은 윤원형이 권세를 휘두르던 시절에 그의 집에 갔다가 김효원의 침구가 있는 것을 보고 "공부깨나 한 자가 권력에 아부한다."라며 대놓고 멸시한 적이 있었으니 김효원에 대해 감정이 좋을 리 만무했다. 하지만 그의 강력한 반대에도 불구하고 결국 김효원은 전랑 자리를 꿰찼다. 이로써 피차간에 원한을 품을 만한 사연이 발생했다.

3년 뒤인 1575년에 이번에는 심의겸의 동생 심충겸沈忠謙(1545~1594)이 이조전랑에 추천되자 김효원이 딴지를 걸고 나섰다. "척족戚族(외척)에게 어떻게 전랑 자리를 맡길 수 있느냐?"는 게 그 근거다. 김효원의 책동으로 동생이 이조전랑을 따내지 못하자 심의겸은 입이 잔뜩 부었다. 이제 두 사람은 단순한 라이벌이 아니라 원수지간이다.

이쯤 되자 분쟁은 두 사람만의 대립에 그치지 않았다. 일찍이 심의겸의 도움을 받아 관직에 오른 자들은 서대문 부근의 정동에 있는 그의 집으로 모였고, 그에게 반대하는 세력은 도성 동쪽의 낙산(지금의 종로구, 동대문구, 성북구에 걸쳐 있는 산)에 있는 김효원의 집을 자주 드나들었다. 그들을 각각 서인西人과 동인東人으로 부르게 되면서 당쟁이 본격적으로 시작되었다.●

● 당쟁 대신 붕당정치라는 용어를 사용하는 사람들은 사대부들 간의 파별 싸움이 학문적 견해의 차이에서 비롯되었다고 말하기도 한다. 그러나 그것은 치졸한 권력 다툼을 그럴듯하게 포장하려는 의도에 불과하다. 당쟁이 시작되는 과정 어디서도 철학적인 입장 차이 같은 것은 볼 수 없다. 굳이 말하자면 학맥이라 할 만한 것은 있다. 당쟁을 주도한 사대부들은 대개 이황과 조식(曺植, 1501~1572)의 제자였기 때문이다(심의겸과 김효원은 둘 다 이황의 제자다). 관직 생활을 한 이황과 달리 조식은 벼슬길에 나서지 않고 오로지 제자들만 길러냈다는 점이 특이하지만, 사림이 형성된 이후 얼마든지 그럴 수 있는 물적 기반이 갖추어져 있었으므로(과전의 불법적인 상속이 누적된 결과다) 이상할 게 없다. 이황과 조식은 모두 당대에 큰 존경을 받은 인물이었지만, 결과적으로 제자들이 당쟁을 일삼았으니 자신들의 의사와는 무관하게 당쟁의 배후 조종자였던 셈이다.

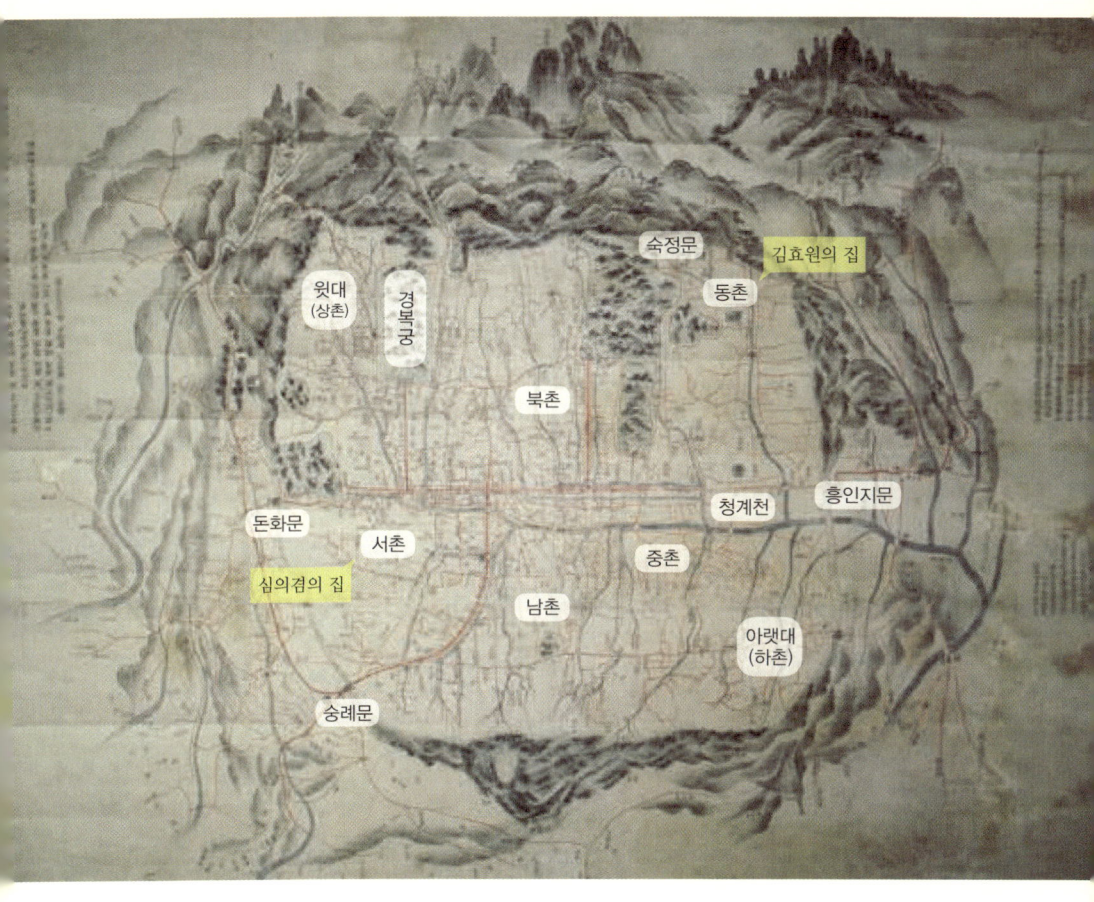

당쟁의 시작 이조전랑직을 맡으면 큰 과실이 없는 한 재상까지 순조롭게 출세할 수 있었기 때문에 그것은 누구나 탐을 내는 요직이었다. 이를 두고 김효원과 심의겸이 갈등을 빚었고 이들을 지지하는 세력이 생겨났다. 김효원이 한양 동쪽에 살았다고 해서 김효원 지지 세력을 동인, 심의겸이 서쪽에 살았다고 해서 심의겸 지지 세력은 서인이라고 불렀다.

양측의 대립이 격화되자 자연히 중재에 나서 화해와 사태 수습을 도맡은 인물들도 생겨났다. 이이와 노수신盧守愼(1515~1590) 같은 사람들이 그들이다. 이이는 서인의 계열이기는 하지만 아홉 차례나 과거에 장원을 한 당대의 천재였으므로 영향력이 컸다. 또 노수신은 을사사화와 양재역 대자보 사건으로 사화의 피해를 당한 경험이 있었으므로 서인과 동인의 정치적 반목이 누구에게도 도움이 되지 않는다고 판단했다. 그들의 노력으로 심의겸이 한동안 한양을 떠나 지방관으로 근무하면서 당쟁은 냉각기를 갖게 된다. 아울러 말썽 많은 이조전랑 자리의 추천제가 폐지된 것도 당쟁의 불씨를 억누르는 데 기여했다.

그러나 끄지 않으면 되살아나는 게 불씨다. 한양으로 돌아온 심의겸이 1584년에 이이가 죽자 동인의 조직적인 반격을 받아 파직되었고, 한동안 잦아들던 당쟁의 열기는 순식간에 후끈 달아올랐다. 탐색전은 끝냈으니 이제부터는 본격적인 격투다. 서인과 동인은 이미 무리의 주도자들과 무관하게 독자적인 당파를 이루었고, 당쟁 역시 독자적인 생명력을 가지고 있었다.

당쟁의 사상적 뿌리

심의겸과 김효원의 인물됨을 비난할 필요는 없다. 치졸한 당쟁을 시작했다고 해서 그들이 치졸한 인물이었던 것은 아니다. 오히려 심의겸은 내내 검소하게 생활하며 특별히 권세를 부리지도 않고 공명정대하게 모든 일을 처리한 사람이었다. 김효원도 역시 나중에는 당쟁의 발생이 자신의 책임이라는 것을 느끼고 스스로 자중해 지방관으로 일하다 죽었다. 따라서 당쟁의 책임을 그들 개인에게만 돌릴 수는 없다.

그렇다면 당쟁은 왜 일어났을까? 그것은 조선이 사대부 국가로 접어든 데 따르는 불가피한 현상이었다(같은 시기 명에서도 역시 사대부가 권력을 장악하면서 당쟁이 격화되었다는 사실에서 그 점을 확인할 수 있다). 중종 대에 이르러 국왕은 실권이 없는 상징적인 존재로 전락했고, 명종과 선조 대를 거치면서 그 상징성마저도 더욱 격하되었다. 권력의 중추가 사라졌으니 조선은 사실상 왕국이 아니었다. 그렇다고 해서 조선이 공화국인 것은 더더욱 아니었으며, 실권 사대부들은 왕국이라는 정체政體를 결코 부인하지 않았다. 그렇다면 지배 집단 간에 권력 독점을 위한 경쟁이 일어날 것은 필연적이다. 왕국이라면 중앙 권력이 수직적으로 구성될 수밖에 없고, 왕이라는 단일한 지배자에게 권력이 없다면 그 권력을 과점한 무리의 내부에서는 권력 다툼이 일어날 수밖에 없기 때문이다. 하지만 그것이 당쟁이라는 치졸한 형태를 취한 이유는 성리학이라는 황폐한 지배 이념을 바탕에 깔고 있었기 때문이다.

조선이 왕국인 이상 국왕은 형식상으로 절대 권력자이며, 따라서 사대부들이 입안하고 집행하는 모든 명령은 왕명의 형식을 취해야 한다(속된 말로 모든 일에 왕의 이름을 팔아야 한다). 그러나 실제적으로 모든 국정을 사대부들이 처리한다는 점에서 보면 국왕은 사대부들의 꼭두각시에 불과하다. 이렇듯 국왕이 상징적 절대자이자 꼭두각시라는 이중적 지위를 가지고 있기 때문에 사대부들은 자기들끼리의 권력 다툼에서 무엇보다 '명분'(더 고상한 표현을 쓴다면 '상징 조작'이라고 할까?)을 최우선으로 삼을 수밖에 없게 된다. 여기에 생리적으로 명분을 중시하는 성리학적 정치 이념이 더해지면서 조선의 사대부 정치는 권력 다툼을 내포한 명분 다툼으로 전개된다. 말만의 역모와 허울만의 반역자가 양산되고 각종 사화와 옥사가 빚어지는 조선 특유의 정치 문화는 바로 그런 권력 구조의 메커니즘과 성리학의 이념이 결합되어 생겨난 결과다. 그런데 명분의 정당성이란 원래 논리적으로 도출될 수 있는 게 아니므로 사대부들은 자신의 명분이 다수 의견으로 채택되도록 하기 위해 자파의 세력을 늘리는 데 부심하게 된다. 그 결과가 바로 당쟁이다. 결국 당쟁은 조선의 정치 역학에서 필연적으로 발생할 수밖에 없는 것이다.

사실 선조 때 정치적인 당쟁이 일어나기 직전에 이미 명종 때부터 '사상적인 당쟁'이 전개되기 시작했다. 이것은 제법 철학적인 양상으로 진행되었는데, 대표적인 것이 이황과 기대승奇大升(1527~1572)이 벌인 사단칠정四端七情에 관한 논쟁이다. 사단이란 인仁·의義·예禮·지智로 대표되는 유학적 인간 본성의 네 가지 단서, 즉 측은惻隱·수오羞惡·사양辭讓·시비是非를 뜻하며, 칠정이란 인간 본성이 사물을 접할 때 나타나는 일곱 가지 감정, 즉 희喜·노怒·애哀·구懼·애愛·오惡·욕慾을 뜻한다. 쉽게 말하면 사단은 주로 이성적 측면이고 칠정은 감정적 측면인데, 중요한 논점은 양자가 어떤 관계를 가지느냐 하는 문제다.

이에 관해 이황은 처음에 사단은 이理의 발현이고 칠정은 기氣의 발현이라고 도식화한다.* 그러나 후배인 기대승은 사단과 칠정을 그렇듯 확연히 분리하는 게 옳으냐고 공박한다(인간에게서 이성과 감정이 명확히 구분되지 않는 것을 연상하면 알기 쉽다). 그러자 이황은 사단과 칠정, 이와 기를

● 이와 기의 관계도 독자적인 쟁점이 되지만, 쉽게 봐서 이는 형이상학적인 '본질'이고 기는 형이하학적인 '현상'이라고 이해할 수 있다. 이가 원리이고 존재라면 기는 그 원리의 양태이며 그 존재의 생성이다. 이가

공부의 대가 두 사람 모두 조선시대를 대표하는 지식인이며 성리학의 대가였지만, 삶의 방향은 달랐다. 이황은 조광조의 개혁 실패에 영향을 받아 현실 정치보다는 학문 연구와 후학 양성에 전념했고, 사림파의 집권에 힘입은 이이는 학문에 정진하면서도 정치에 적극적일 수 있었다. 공부로 세상을 살고 공부로 세상을 바꾸고자 했던 두 사람의 모습은 이렇게 달랐다.

온통 뒤섞어놓으면서 모호한 입장을 취한다. 하지만 기대승은 그런 결론에 만족하지 않고 계속 이황에게 명확한 개념 정립을 요구하면서, 사단과 칠정은 둘 다 기에서 발현된다는 자신의 입장을 피력한다. 그가 죽자 이번에는 이이가 대타로 나선다. 이황의 중심이 실은 기보다 이에 있음을 간파한 이이는 이가 아니라 기를 중심으로 삼아야 한다는 주기론을 본격적으로 전개하면서 사단을 칠정에 포함시킨다. 이에 대해 다시 이황의 제자인 성

없으면 당연히 기가 발현될 수 없지만 이는 또한 기의 발현을 통해서만 모습을 드러내게 되므로 양자는 상호 의존적이며, 어찌 보면 불가분한 관계에 있다. 인간과 만물을 구성하는 요소를 둘로 보면 둘 중 어느 쪽을 강조하느냐에 따라 의견이 대립하게 마련이다. 이를 강조하는 게 주리론(主理論)이고 기를 강조하면 주기론(主氣論)이 된다 (흔히 동양 철학은 일원론이라고 보기 쉬운데, 실은 이원론적 경향이 강하다). 서양 철학에 거칠게 비유하면, 전자는 플라톤 철학에 가깝고 후자는 아리스토텔레스의 철학에 가깝다고 할 수 있다.

혼成渾(1535~1598)이 나서서 주리론적 입장에서 사단을 이에, 칠정을 기에 귀속시키며 이이와 2차 논쟁을 전개한다.

언뜻 복잡해 보이지만 간단히 말하면 인간의 이성과 감정이 어디에서 비롯되며, 이와 기의 배분을 어느 정도로 할 것이냐를 둘러싸고 벌어진 논쟁이다. 양측의 논쟁은 비록 치열했으나 그래도 철학 논쟁답게 서신을 매개체로 할 만큼 점잖았으며, 상대방을 헐뜯는 식으로 전개되지는 않았다. 사실 이와 기라는 추상적인 개념을 내세웠지만 철학 논쟁치고 쟁점이 지나치게 소박하고 조악하다. 그 이유는 성리학이 심성론과 연관된 철학으로서 출발한 게 아니라 유학 이념을 바탕으로 사회·정치 질서를 구축하려는 정치 이데올로기로서 출발한 탓에 처음부터 철학적 성격이 약했기 때문이다. 그래서 추후에라도 철학의 옷을 입혀 체계화하는 과정이 필요했던 것이다(주희가 성리학을 창시한 본래 목적은 북중국이 여진족 오랑캐의 수중에 들어간 중국의 상황을 이데올로기적으로 극복하기 위한 것이었다). 사단칠정에 관한 논쟁은 이후 18세기까지도 무릇 학자라면 누구나 한마디씩 거드는 주제가 되었는데, 이 과정을 거치며 성리학은 어느 정도 철학적 체계화를 이루지만 정치 이데올로기의 본바탕은 사라지지 않았다.

그래도 논쟁이 철학과 사상의 영역에만 머물렀다면 현실적인 피해는 없었을 테고, 당쟁으로 비화되지도 않았을 것이다. 사상적 당쟁이 정치적 당쟁으로 이어지는 접점에 해당하는 인물은 이이와 성혼이다. 비록 학문적 견해는 달랐어도 두 사람은 이황으로 대표되는 영남학파(지방색을 떼어내려면 이황의 호를 딴 퇴계학파退溪學派라고 불러도 된다)에 맞서 기호학파畿湖學派, 즉 경기와 호서(충청도) 출신 인물들을 중심으로 하는 학파를 구성했다. 어디까지나

'학파'인 만큼 정치적 당파는 아니었으나 이렇게 학문의 영역에서 조차 무리를 이루어 대립하는 양태는 머잖아 정치적 당쟁의 시대가 올 것임을 예고하고 있었다.*

사상적 당쟁과 정치적 당쟁이 함께 어우러지면 뭔가 사건이 터져 나올 것은 충분히 예상할 수 있다. 아니나 다를까, 1589년 드디어 서인과 동인은 한 차례 크게 맞부딪쳐 이른바 기축옥사己丑獄事라는 대형 사건을 일으킨다.

학문적으로는 라이벌이지만 학파로는 동지였던 이이와 성혼은 정파로도 서인에 속하는 동지였다. 그런데 그들 두 사람의 주목과 관심 속에서 성장하던 정여립鄭汝立 (1546~1589)이라는 제자가 묘한 행적을 보였다. 스승인 이이를 배반하고 동인 편으로 붙는가 싶더니 이이가 죽자 서인의 단독 거두가 된 성혼을 거세게 비판한 것이다(이이를 배반한 직접적인 이유는 그가 이조전랑의 물망에 올랐을 때 이이가 반대한 탓이었으니, 이래저래 이조전랑은 골치 아픈 자리였다). 그러나 당시는 서인이 득세하고 있었으므로 정여립은 곧 서인들에게 밀려 중앙 관직을 얻지 못하고 고향인 전주로 낙향했다. 물론 서인의 촉망받는 신인이었다가 편을 바꾸었으니 동인들에겐 혜성같이 나타난 슈퍼스타다. 스타가 된 덕분에 고향에서 관직도 없이 지내는 그에게 동인에 속한 지방관들이 줄줄이 꼬여들었다.

낙향할 때 자신의 신세를 처량히 여겼던 정여립은 고향에서의 영향력을 반전의 기회로 삼았다. 그는 측근들로 대동계大同契라는

● 원래 학문이 발전하는 데는 학자 개인의 노력이 크게 작용한다. 물론 기존의 학문적 배경으로부터 영향을 받기는 하지만 주목할 만한 학문적 성과는 학자 개인의 관심과 연구를 통해 나오게 마련이다. 그런데 조선의 경우 집단적인 학파가 쉽게 형성되었는데, 그 이유는 유학의 근저에 놓인 정치 이데올로기적 속성 때문이다(그래서 사대부를 '학자-관료'라고 부른 바 있다). 앞서 말했듯이 조선의 학술 문헌 대부분이 '집단 창작물'인 것도 개인의 연구 작업이 중시되지 않은 데서 나온 전통이다.

일종의 비밀결사를 조직하고 매달 한 차례씩 활쏘기 대회를 여는 등 지역의 유지라는 신분을 넘어 정치 활동을 활발히 전개했다. 게다가 그는 거기서 멈추지 않고 정치 공작으로 나아갔다. 승려들과 규합해 전주에서 장차 왕이 탄생할 것이라는 둥, 목자木子가 망하고 전읍奠邑이 흥할 것이라는 둥 터무니없는 소문들을 민간에 퍼뜨린 것이다('木子'는 '李'이고 '奠邑'은 '鄭'이므로—邑은 阝과 같다—그 소문은 이씨가 망하고 정씨인 자신이 왕위에 오르리라는 뜻이다).● 심지어 그들 세력이 기축년(1589) 말에 한양으로 진격할 것이며, 각자의 구체적인 책임 부서까지 정해놓았다는 소문도 나돌았다.

소문을 들은 서인이 가만있을 리 없고, '이씨' 성을 가진 국왕 선조가 그것을 그냥 놔둘 리 없다. 서인 세력과 선조는 즉각 동인과 정여립 일당에 대해 일망타진에 나섰다. 한양에서 선전관宣傳官(왕명을 집행하는 무관)과 의금부義禁府(양반의 범죄를 담당한 수사기관) 도

● 이와 관련해 조선 초기부터 《정감록(鄭鑑錄)》이 나돌았다. 정도전이 지었다는 설이 있는 이 책은 도참설과 풍수지리 등 민간신앙을 바탕으로 깔고 은유와 파자(破字)를 많이 쓰면서 장차 정씨 성을 지닌 진인(眞人)이 나타나 이씨 조선을 멸망시키고 세상을 구하리라는 내용을 전하고 있다(정도전이 실제 지은이라면 그 정씨는 물론 자신이나 자신의 후손을 가리킬 것이다). 그 때문에 정여립의 사건을 비롯해 이후에 일어난 민란 중 상당수가 《정감록》과 정신적인 연관을 가지게 된다.

사가 오고 있다는 소식을 듣고 정여립은 그간의 기세에 어울리지 않게 금세 꼬리를 내리고 자살했으나, 파장은 거기서 그치지 않는다. 동인이 여당이던 시절에 동인의 탄핵을 받아 죽어지낼 동안 《관동별곡關東別曲》과 《사미인곡思美人曲》 같은 노래를 지으며 신세를 한탄한 정철鄭澈(1536~1593)은 이 사건을 특별히 담당하는 우의정으로 임명되어, 동인의 우두머리인 이발李潑(1544~1589)을 비롯해 수십 명의 동인 측 사대부들과 그 가족들을 처형하고 유배시키며 오랜만에 마음껏 분풀이를 했다.

정여립이 실제로 역모를 꾀했는지는 지금까지도 논란거리지만, 역모가 사건으로 표면화되지 않은 상태에서 그런 대규모 옥사가 빚어졌으니, 역시 '말만의 역모'에 불과하다. 그런 점에서 정여립 모반 사건은 앞서의 사화들과 궤를 같이한다. 다만 사화의 경우와 다른 점은 이제는 개혁파와 수구파의 대립이 아니라 사대부들 간에 사적인 친분 관계(당파)조차 쉽게 대형 사건으로 이어지게 되었다는 사실이다. 왕실 외척들끼리 세력 다툼을 벌인 을사사화를 제외하면, 그동안 '말만의 역모'는 국왕 대 사대부의 대결(무오사화, 갑자사화), 개혁파와 수구파의 대결(기묘사화)을 거쳐 당파 간의 무한 대결로까지 '발전'했다. 이제 사대부 정치는 올 데까지 왔고 타락할 데까지 타락했다. 그다음은 무엇일까?

27장

비중화 세계의 도전 : 남풍

정세 인식의 차이

정철은 한직을 떠돌던 시기에 소일거리 삼아 노래들을 지었지만, 차라리 그것을 업으로 삼는 게 더 좋았을 것이다. 실제로 오늘날 그의 이름을 유명하게 만든 것은 바로 그런 노래들이니까. 정여립의 사건을 계기로 화려하게 중앙 관직에 복귀했어도 정철은 평안한 만년을 즐길 팔자가 아니었다. 그 공로로 그는 우의정에서 좌의정으로 한 계급 특진했으나 얼마 안 가서 동인의 역공을 받아 실각하고 말았다. 세자 책봉이 연관되어 있기에 건저建儲('儲'란 세자를 뜻한다) 문제라고 불리는 사건인데, 이 역시 전형적인 말만의 음모였다.

　선조는 아들이 많았으나 불행히도 '꼭 필요한 아들'이 없었다. 후궁이 낳은 아들은 많았지만 정비인 의인왕후懿仁王后와의 사이에서는 아들은커녕 딸도 없었다. 왕후는 이미 마흔에 가까운 나이니까 앞으로도 후사를 기대하기는 어려웠다. 따라서 세자 책봉이 주요 관심사였는데, 이미 국왕도 옹립한 바 있는 사대부가 세자 책봉에도 관여하는 것은 당연했다. 어차피 후궁의 소생을 세자로 삼아야 한다면 가급적 이를수록 좋다. 이렇게 판단한 정철은 다른 중신들과 논의한 끝에 선조에게 이 문제를 제기하기로 결정했다. 다만 워낙 민감한 사안인지라 자칫하면 총대를 멘 자가 다칠 수도 있다. 그러나 정철은 그 점을 간과했고, 더욱이 동인의 동태도 간과했다.

동인의 우두머리인 영의정 이산해李山海(1539~1609)는 그 기회를 이용해 정철을 제거하려는 모략을 꾸몄다. 정철은 내심 광해군光海君(1575~1641, 재위 1608~1623)을 세자 후보로 낙점했으나 선조는 자신이 총애하는 인빈仁嬪 김씨의 소생인 신성군信成君을 염두에 두고 있었다.● 이건 이야기가 된다. 이산해는 인빈 김씨의 오빠인 김공량金公諒이라는 자에게 접근해서, 장차 정철이 세자 책봉을 매듭지은 뒤 인빈과 신성군을 죽이려는 음모를 꾸미고 있다는 소문을 흘렸다. 예상대로 이 말은 선조의 귀에 들어갔고, 선조는 사실 확인조차 하지 않고 정철에게 괘씸죄를 적용했다.

자신이 찍혔다는 사실을 전혀 모르는 정철은 1591년 중신들과 함께 경연의 자리를 빌려 선조에게 세자 책봉을 건의했다. 영의정 이산해는 속으로 웃음을 지었고, 우의정 유

● 조선은 '사대부 왕국'이라는 기묘한 이중적 체제이기에 세자를 책봉하는 문제도 사대부의 영향력과 국왕의 결정권이 조합되어 이루어진다(물론 공식적으로는 국왕의 권리다). 따라서 사대부와 국왕 간에, 또는 사대부들끼리 견해가 다를 경우에는 언제든 불화가 빚어질 수 있다. 한 가지 흥미로운 점은 당시 세자 후보인 광해군과 신성군이 모두 맏이가 아니라 둘째 아들이라는 점이다(광해군은 공빈 김씨의 둘째이고, 신성군은 인빈 김씨의 둘째다). 어차피 정비의 소생이 아니므로 굳이 맏이를 염두에 둘 필요는 없었겠지만, 그렇다 해도 국왕이나 사대부나 쉽게 형제 서열을 무시했다는 것은 왕권이 미약했다는 증거다.

성룡柳成龍(1542~1607)은 눈치껏 침묵을 지켰다. 정철은 완벽하게 올가미에 걸려들었다. 하지만 그것은 선조도 마찬가지다. 격노한 선조는 정철을 삭탈관직한 것은 물론 다른 서인들마저 강등시켰는데, 동인의 손아귀에서 완벽하게 놀아난 꼭두각시다.

이것으로 동인은 서인에게 진 기축옥사의 빚을 말끔히 갚았다. 당사자들은 최종 승리라고 여겼을지 모르지만, 사대부의 생리상 그런 일은 없다. 파이가 커지면 먹을 입도 늘어나는 게 부패한 권력의 속성이 아닌가? 승리한 동인들은 서인들에 대한 숙청의 정도를 놓고 두 파로 갈린다. 온건파인 유성룡은 남인南人, 강경파인 이산해는 북인北人이 된다.

다시 조선의 병이 발병했으나 어차피 그런 일이 다반사니까 아무래도 좋다. 동서남북의 네 방위를 모조리 파벌 이름으로 써먹는 작태까지도 이제는 익숙해져 참을 만하다. 정작 중요한 문제는 조선의 사대부들이 그렇게 진흙탕의 개들처럼 자기들끼리 치고받는 동안 조선의 바깥에서는 엄청난 일이 준비되고 있었다는 사실이다. 건저(왕의 후계를 정하는) 문제의 회오리가 채 가시기도 전인 1592년 4월, 일본의 16만 대군(20만 명이라는 설도 있다)이 부산에 상륙했다. 바야흐로 임진왜란壬辰倭亂의 시작이다.●

사실 전란의 조짐은 이미 수십 년 전부터 드러나고 있었다. 15세기 중반에 시작된 일본의 센고쿠戰國 시대는 100년 이상 지속되다가 16세기 후반에 들면서 점차 하극상의 분위기가 가라앉고 다이묘들 간의 서열

● 임진왜란은 중국, 일본, 조선이 모두 얽힌 전란이기에 세 나라가 각기 다른 이름을 붙였다. 조선의 경우 간지로 따져서 1592년은 임진년이기에 임진왜란이라고 불렀지만, 독자적인 연호를 사용하는 명과 일본은 각자 자국의 연호를 붙여서 이름을 지었다. 당시 명 황제 신종의 연호는 만력(萬曆)이었으므로 중국 역사에서는 '만력의 역(役, 전쟁)'으로 기록되었고, 일본 천황 고요제이(後陽成)의 연호는 분로쿠(文祿)와 게이초(慶長)였으므로 일본 역사에서는 '분로쿠·게이초의 역'으로 불린다(게이초는 1596년부터 사용한 연호이므로 정유재란을 합친 이름이다).

이 정해졌다. 그중에서 대권 후보로 떠오른 오다 노부나가織田信長 (1534~1582)는 라이벌들을 차례로 제압하고 1568년 드디어 교토에 입성했다. 조선으로 치면 선조가 막 즉위한 시기였으니, 이 무렵에 중앙 권력을 장악한 조선의 사대부들은 당연히 일본의 변화에 주목했어야 한다. 그러나 곧이어 오다가 무로마치 바쿠후를 무너뜨렸을 때도, 또 그다음에 최대의 라이벌인 다케타 세력을 쳐부수고 1580년에 드디어 사원 세력마저 정복해 일본 열도의 통일을 눈앞에 두었을 때도 조선의 사대부들은 전혀 긴장하지 않았다. 그나마 균형 감각을 지니고 있었던 이이가 죽기 전에 10만 명의 병력을 양성해 일본의 침략에 대비해야 한다고 부르짖었으나 아무도 그의 말에 귀를 기울이지 않았다.

1582년 오다가 부하의 배신으로 뜻하지 않게 죽은 것은 조선에게 주어진 마지막 기회였다(그런 일이 없었더라면 조선 침략은 실제보다 몇 년 앞당겨졌을지도 모른다). 그러나 조선은 그 귀중한 마지막 몇 년을 동인과 서인의 당쟁으로, 쓸데없는 종계변무 문제로 탕진해버렸다. 오다의 뒤를 이은 간웅奸雄 도요토미 히데요시豊臣秀吉 (1536~1598)는 본토만이 아니라 시코쿠와 규슈, 홋카이도까지 차례로 정복하고 1590년에 드디어 일본 역사상 최초로 전 일본 열도의 통일을 이루었다.

그에게는 여러 가지로 대외 침략에 나설 필요성이 있었다. 오랜 내전의 시대에 팽창할 대로 팽창한 군사력, 내전이 끝나면서 실업자가 된 센고쿠 다이묘들의 불만, 게다가 최초의 통일을 이루었다는 자부심, 나아가 중국마저 정벌해서 동북아시아를 통째로 경영하겠다는 망상. 이런 복합적 요인이 작용해 그는 조선과 동맹을 맺고 명을 공격하겠다는 발상을 실현하고자 했다(무사 집단이 시도하는 대외 진출, '국제화'는 곧 전쟁일 수밖에 없다. 일본 군국주의의 뿌리는 이처럼 깊다).

그러나 오랜만에 일본 정부의 서신을 받아본 조선 정부는 화들짝 놀랄 수밖에 없었다. 놀랍게도 서신에는 명을 정벌해야겠으니 길을 내달라는 엄청난 내용이 씌어 있었던 것이다. 중국과 한반도는 전통적으로 하나의 중화 세계를 이루어왔는데, 왜놈들 따위가 중국을 침략하다니 말도 안 되는 소리다. 서울을 공격하기 위해 부산 항구를 열어달라는 격이니 조선 조정은 분노하지 않을 수 없었다. 물론 도요토미는 조선의 반응을 충분히 예견하고 있었다. 그래서 그는 준비한 카드를 슬며시 꺼낸다. 안 되면 조선부터 침략하겠다는 위협을 넌지시 가해온 것이다.

그제야 조선 정부는 처음으로 긴장했다. 1590년 실로 오랜만에 통신사通信使●를 일본에 보낸 것은 도요토미의 요구도 있었지만 과연 일본의 힘이 어느 정도기에 감히 중국을 침략하려 하는지 궁금했기 때문이기도 하다. 그러나 가관인 것은 통신사의 보고 내용이다. 조정이 두 파로 나뉘어 있으니 국정의 모든 사안마다 양측을 배려해야 한다. 그래서 통신사의 정사正使인 황윤길黃允吉(1536~?)은 서인이고, 부사副使인 김성일金誠一(1538~1593)은 동인이다. 비록 나라 안에서는 코를 깨물고 싸우더라도 나라 밖에서는 국익을 도모하는 데 의견이 일치해야 정치인의 도리가 아닐까? 하지만 그들은 그 기

● 이 통신사는 1510년 삼포왜란으로 단절된 이후 80년 만에 재개된 것이다. 원래 조선 초기부터 조선과 일본의 바쿠후 정권은 정규 사절단을 주고받았는데, 조선 측에서 보낸 것을 통신사라고 불렀다. 여기서 흥미로운 것은 양국의 자세다. 조선은 함께 중국 황제의 책봉을 받는 지위이므로 일본도 중국의 제후국으로 여겼지만(그래서 '교린'의 대상이었다), 일본의 생각은 달랐다. 중국 황제가 책봉하는 것은 바쿠후의 쇼군일 뿐 일본 천황은 아니었기 때문이다. 비록 실권 없는 천황이지만 상징적 절대자로 군림하고 있으니 조선과 달리 일본은 형식적으로 중국의 제후국이 아니다. 조선 정부는 일본 측의 사절단을 일본국왕사(日本國王使)라고 불렀는데, 이는 쇼군을 일본의 국왕으로 간주했다는 의미다(《조선왕조실록》에 나오는 '일본 국왕'도 천황이 아니라 쇼군을 가리킨다).

엉뚱한 통신 당쟁으로 제 코가 석 자인 조선의 사대부들은 바깥 사정을 살필 여유가 없었다. 80년 만에 일본에 간 조선통신사의 엇갈린 일본발 통신도 그 때문에 빚어진 웃음거리다. 그림은 일본 측에서 그린 조선통신사 행차 장면인데, 이처럼 거창한 행렬이었어도 제 몫은 전혀 하지 못했다.

대를 무참히 깨버린다. 황윤길은 일본이 많은 함대를 준비하는 것을 보고 조선을 침략할 게 틀림없다고 보고한 반면, 김성일은 그럴 기미가 보이지 않는다고 보고한 것이다.

아무리 같은 사실을 두고도 입장에 따라 달리 보게 마련이라지만 이런 정세 인식의 차이는 좀 심하다. 그러나 더 웃기는 것은 조정의 태도다. 정사와 부사가 정반대의 견해를 내놓는데도 조정에서는 사실 확인을 채근하지 않고 부사인 김성일의 주장을 받아들인다. 그 이유는 그 와중에 벌어진 정철의 건저 문제로 동인이 우세해진 탓이었으니, 당시 조선 정부가 얼마나 판단 능력이 부재했는지를 말해준다.•• 조정의 그런 결정에 따

●● 1591년 건저 문제를 앞두고 정철과 유성룡은 이런 대화를 나누었다. "지금 대옥(大獄: 정여립의 사건)이 끝났으니 앞으로 국사 가운데 무엇이 가장 중요합니까?" "세자를 세우는 일입니다." 또 일본군이 부산에 상륙했을 때 도성을 버리고 달아난 선조는 중신들에게 이렇게 묻는다. "도요토미가 중국을 정복할 힘이 있는가?" "그것은 아직 알 수 없지만 국운은 금년이 좋지 않습니다. 역적 정여립이 늘 점치기를 경인년은 보통으로 길하고 임진년은 크게 길하다고 했는데, 그렇다면 금년 국운은 불길할 것입니다." "나의 잘못은 다른 죄가 아니라 명에 충절을 다하느라고 미친 왜적에게 노여움을 산 것이다." 일본 침략을 코앞에 두고서도 세자 책립이 가장 중요한 일이라고 본 사대부들, 그리고 일본군이 침략해온 상황에서 사대의 의무를 앞세우는 국왕. 이 모양이었으니 나라가 망하지 않는 게 오히려 이상할 지경이다.

라 황윤길이 일본에서 돌아오는 길에 쓰시마에 들러 얻어온 조총 두 자루는 아무런 관심도 끌지 못하고 사장되었으며, 침략에 대비해 쌓고 있던 성들도 공사가 중단되고 말았다.

영웅의 등장

임진왜란은 흔히 도요토미 히데요시가 명을 칠 테니 문을 열라는 구실을 내세워 조선을 침략한 사건으로 알려져 있다. 그러나 중국 정복이 단지 조선을 침략하기 위한 구실이었던 것은 아니다. 실제로 도요토미는 한반도를 넘어 중국 대륙을 공격하려 했으며, 나아가서는 멀리 인도까지 침략할 구상을 품고 있었다(물론 그는 실패했지만 그의 구상은 20세기에 현실화된다. 이렇게 보면 일본의 대륙 침략은 이미 일본 열도가 통일되는 시기부터 예고되어 있었던 셈이다).

우물 안 개구리처럼 폐쇄적이었던 중화 세계와는 달리 일본은 이미 일찍부터 동남아시아 여러 나라와 교역을 했고(중화 세계의 중국과 조선은 조공을 통하지 않은 사무역을 공식적으로 금지하고 있었다), 16세기 중반에는 포르투갈 상인들과 무역을 하면서 조총이라는 신무기도 수입했다. 따라서 비록 실현 불가능한 꿈이기는 하나 도요토미가 중국 침략을 염두에 두었을 가능성은 충분하다.

비변사 이외에는 별다른 정규군 조직도 없었던 조선이 일본군을 막아내지 못할 것은 불을 보듯 뻔한 일이었다. 다만 아쉬운 것은 너무나도 일찍 무너졌다는 점이다. 도요토미의 양대 심복이었던 고니시 유키나가小西行長와 가토 기요마사加藤淸正가 이끄는 일본군은 부산에 상륙한 뒤 파죽지세로 북상을 시작했다. 일찍이 왜

호된 신고식 첫 상륙지인 부산에서 일본군이 부산진을 공격하는 장면이다. 화력과 병력에서 앞선 일본군은 조선이 제정신을 차렸더라도 당해내지 못할 강적이었다. 게다가 조선에는 변변한 정부군마저 없었으니 백성들과 승려들이 나라를 지키기 위해 의병을 일으키는 것 외에는 달리 항전의 수단이 없었다. 더 불행한 일은 350년 뒤에도 이런 현상이 되풀이된다는 점이다. 그림은 숙종 35년(1709)에 처음 그려진 것을 변박이 영조 36년(1760)에 다시 그린 것이다.

구의 침략을 수도 없이 겪었으나 이처럼 대규모의 '왜구'는 처음 맞는 조선 정부는 크게 당황했다. 그래도 왜구쯤은 당해내지 못할까? 조정에서는 당대의 명장인 신립申砬(1546~1592)만을 믿었다. 이기지는 못하더라도 최소한 어느 정도 저지는 해주리라. 그러나 신립이 충주 부근의 탄금대에서 병력의 절대 열세를 당해내지 못하고 패전한 뒤 강물에 뛰어들어 자살했다는 소식이 전해지자 조정 대신들은 경악했다.

비보를 들은 선조는 서둘러 가족들과 일부 중신들만 데리고 한밤중에 도성을 빠져나와 멀리 압록강변의 의주까지 한달음으로 도망쳤다.* 도망치는 와중에 그가 한 일이 있다면, 북도에서 아들 임해군臨海君과 순화군順和君을 보내 급한 대로 병력을 모집하라

● 믿었던 신립의 패전 소식은 조정만이 아니라 민심에도 큰 동요를 가져왔다. 당시 백성들은 선조가 도망치려는 것을 알고 국왕의 앞길을 가로막았을 정도다. 그러나 이처럼 지배자가 국민을 헌신짝처럼 버리고 도망치는 경우는 350년 뒤 우리 역사에서 그대로 재현된다. 1950년 한국전쟁이 발발하자 대통령 이승만은 수도 서울을 사수하겠노라고 큰소리치다가 개전 사흘 만에 남쪽으로 도망치면서 한강 인도교를 끊어버린다. 그 때문에 한강을 건너던 무수한 국민이 죽었다. 나중에 보겠지만 이 밖에도 임진왜란과 한국전쟁은 닮은 점이 많다.

는 명을 내린 것과 명에 급히 도움을 요청한 것뿐이다. 그러나 두 왕자는 곧 일본군에게 체포되었다. 적군은 개전 후 불과 두 달 만에 평양까지 북상해 사실상 한반도 전역을 손에 넣었다.

그러나 일본에는 아킬레스건이 있었다. 육지만 호령할 뿐 바다를 장악하지 못한 것이다. 이 약점을 틈타 조선에서는 불세출의 구세주가 등장한다. 유성룡의 추천으로 전라도 수군절도사에 올라 군사를 조련하고 장비를 갖추어오던 이순신李舜臣(1545~1598)이 바로 그다(이이, 유성룡, 이순신 같은 국난을 예감한 인물들이 없었다면 한반도는 현실의 역사보다 300년 일찍 일본의 식민지 시대를 겪었을지도 모른다). 이순신이 등장하면서 그동안 육지에서 일본이 올린 화려한 연전연승 기록은 바다에서의 연전연패로 상쇄되기 시작한다. 신립이 무너짐으로써 믿는 도끼가 사라졌구나 싶을 때 이순신은 5월 4일의 첫 출동에서 이틀에 걸쳐 일본의 함선 42척을 부수면서 아군의 피해는 경상 1명에 그치는 믿지 못할 전과를 올린다. 그러나 이 옥포해전은 예고편에 불과했다. 7월에 전개된 한산대첩에서는 유명한 학익진鶴翼陣을 펼치며 일본 군함 60여 척을 바다에 수장시킨다. 그가 원균元均(1540~1597)과 파트너를 이루어 남해상을 장악하자 일본은 해전 자체를 기피하게 될 정도였다.

사실 일본이 준비한 함대는 병력 수송선이지 해전을 벌이기 위한 전선戰船이 아니었다.●● 일본군의 해상 전술이라고는 고작해야 배를 서로 붙여놓고 적의 배에 뛰어올라 자신들의 장기인 검술로

구국의 영웅 조선의 육로를 통과해서 중국을 치겠다는 게 도요토미가 공개한 침략 의도였으나, 정작 그것을 막아낸 것은 조선의 육군도 명나라 군도 아닌 이순신이었다. 그는 임진왜란 때 참전한 모든 해전을 승리로 이끌었다. 특히 그와 그의 수군은 세계 최초의 돌격용 군선인 거북선을 건조해 승리에 크게 일조했다. 하지만 자신이 죽은 뒤 그토록 굴욕적인 휴전 협상이 진행될 줄 알았더라면 전투에 임하는 이순신의 어깨도 늘어졌으리라.

싸우는 것이었는데, 조선의 수군은 기동력이 뛰어난 판옥선이었으므로 해전에 훨씬 유리했다. 이순신이 만든 거북선은 그런 상대적 이점을 최대한 이용한 걸작 발명품이었다. 거북선은 적선과 충돌해 배를 부술 수 있을 뿐 아니라 갑판이 없으므로 적이 아군의 배에 뛰어들어 갑판 위에서 개인 전술로 싸울 여지를 원천 봉쇄했다. 해전으로만 진행된다면 일본군은 상대가 되지 못했다. 이순신이 처음부터 빛나는 전공을 올릴 수 있었던 것

●● 흔히 일본은 섬나라니까 일찍부터 조선과 항해술이 발달했을 거라고 여기지만 실은 그렇지 않다. 앞서 말했듯이 일본은 독자적인 '소천하(小天下)'의 역사를 전개했으므로 대외 진출보다 일본 자체의 통일에 주력해왔다(고대부터 해상에 진출한 왜구는 주로 쓰시마 등 해안 일대에 국한된다). 따라서 일본의 해군력은 영 신통치 않았다. 일본이 중국을 치기 위해서는 한반도를 거쳐야 한다는 이른바 '정명가도(征明假道)'를 주장한 것도 보잘것없는 해군력으로 중국에까지 병력을 실어 나를 수 없었기 때문이다.

은 적에게 그런 약점이 있었기 때문이지만, 그 점을 파고들었다는 것은 그의 전술적 안목이 뛰어났음을 뜻한다.

이순신이 해상을 장악하면서 적의 보급선을 차단한 것은 육지에서도 역전의 계기가 되었다. 하지만 군대가 없는데 어떻게 싸웠을까? 유명무실한 관군의 몫을 대신한 것은 각지에서 일어난 민병대, 즉 의병이다. 김천일金千鎰(1537~1593), 고경명高敬命(1533~1592), 곽재우郭再祐(1552~1617), 조헌趙憲(1544~1592), 그리고 승려인 휴정休靜(1520~1604, 서산대사)과 유정惟政(1544~1610, 사명당) 등이 이끄는 조선의 의병들은 절대 열세의 전력에도 불구하고 곳곳에서 적의 정예병들을 물리쳐 일본군의 북상을 효과적으로 저지했다.● 관군 장수들 중에서 제 몫을 다한 인물은 진주를 지켜낸 김시민金時敏(1554~1592)과 행주산성 싸움의 주역인 권율權慄(1537~1599) 정도다.

일본이 궁극적인 목표로 삼았다는 점에서 처음부터 전쟁의 한 당사자가 되어야 마땅한 중국이 참전하는 것은 이렇게 전황을 어느 정도 복구해놓은 다음이다. 선조의 요청에 따라 명에서는 파병 문제를 논의했다. 그러나 마침 명의 조정에서도 조선처럼 당쟁이 만연해 있었다(당시 중화 세계의 지배층에게 가장 중요한 일은 오로지 당쟁뿐이었다). 의견 통일을 이루지 못하자 1592년 7월에 임시변통으로 겨우 5000명의 지원군을 편성해서 파견했으나 그 정도로는 달걀로 바위 치기였다.

● 제자들 때문에 본의 아니게 당쟁의 근원을 만들었던 조식과 이황은 지하에서 만족했을 것이다. 당시 의병장들 중에는 그들의 제자가 많았기 때문이다. 모두 합치면 무려 60여 명이라고 하는데, 곽재우, 정인홍(鄭仁弘, 1535~1623), 김면(金沔, 1541~1593)은 3대 의병장으로 꼽힌다. 하지만 이 세 사람의 정치적 행적은 매우 대조적이었다. 김면은 의병 활동 중 병에 걸려 죽으면서 이순신보다 앞서 "나의 죽음을 적에게 알리지 말라."는 유언을 남길 만큼 기개가 높았으며, 곽재우는 종전 후 혼탁한 정계에 발을 들여놓지 않고 은둔 생활을 할 만큼 절개가 있었으나, 조식의 수제자였던 정인홍은 전쟁이 끝나고 북인의 우두머리가 되어 당쟁에 뛰어들었다.

예상대로 지원군이 일본군에게 대패하자 잔뜩 겁을 집어먹은 명 황실에서는 항전이냐, 휴전이냐를 두고 5개월이나 질질 끌다가 결국 둘 다 진행하기로 결정했다. 그해 12월에 랴오둥 수비대장인 이여송李如松에게 4만 명의 병력을 주어 압록강을 건너게 하는 한편 심유경沈惟敬이라는 자를 보내 일본 측과 화의를 꾀하는 전략이었다(사실 화의는 이미 유성룡과 성혼 같은 사람들이 주장했으나 조선에서 일어난 전쟁임에도 명에 결정권이 있었던 탓에 묵살되었다. 오히려 두 사람은 그 일 때문에 종전 후에 탄핵을 받게 된다).

일단 이여송의 군대는 평양을 수복하는 데 성공했다. 그러나 계속해서 한양을 수복하려다가 벽제에서 다시 브레이크가 걸렸다. 개성으로 물러난 명군과 한양을 점령한 일본군, 애초에 일본을 쉽게 본 명과 애초에 조선쯤은 쉽게 먹을 줄 안 일본, 양측의 전선이 교착되면서 분위기는 자연스럽게 종전 협상으로 향했다.

협상과 참상

두 나라가 서로 영토 다툼을 벌인 것도 아니고, 한쪽은 엄연히 침략자요 다른 쪽은 분명한 피해자다. 그런데도 '협상'이라니 현대의 국제 관계라면 말도 안 되는 이야기지만, 일단 조선은 약자로서 굴욕을 감내할 수밖에 없었다. 그러나 묘한 것은 협상 테이블의 좌석 배치다.

정작 전란의 피해를 입었으면서도 협상 테이블에 조선 대표의 자리는 없었다. 전통적으로 외교권과 군사권을 중국에 일임했던 탓이다. 그래서 협상의 양 주체는 일본의 도요토미와 명의 심유경으로 정해졌는데, 여기서 또다시 묘한 일이 벌어졌다. 도요토미가 제시한 강화의 조건이 워낙 터무니없었다. 모두 7개 조항 중에서 감합勘合 무역(오늘날의 무역 쿼터제에 해당한다)을 재개하라는 요구는 충분히 수용할 수 있었다. 그러나 명의 황녀를 일본의 천황비로 달라든가, 조선 8도 중 4도를 일본에 할양하라든가, 조선 왕족 열두 명을 인질로 달라는 요구는 도무지 휴전을 하자는 것인지, 계속 싸우자는 것인지 의심스러울 정도였다.●

그런데 여기서 도요토미의 요구보다 더 터무니없는 상황이 벌어졌다. 일본의 제안을 명 황실에서 도저히 받아들이지 않으리라고 판단한 심유경이 엉뚱하게도 도요토미가 자신을 일본 왕으로 책봉해주고 명에 조공을 바칠 테니 허락해달라는 조건을 내세웠다고 본국에 보고한 것이다. 통역의 잘못이라고 보기에는 너무나 엄청난 허위 보고였지만, 중화 이념에 물들고 당쟁에 찌든 명 조정은 사리를 분간할 능력이 없었다. 그 정도 조건이라면 왜 군이 침략 전쟁을 시작했을까 하는 의문만 품어봐도 진실을 알 수 있었겠지만, 아무도 심유경의 허위 보고를 의심하지 않았다.

정작으로 놀란 것은 도요토미다. 군대를 철수하고 회신을 기다리던 그에게 1596년 명 사신이 와서 그를 일본 왕으로 책봉한다는 칙서와 금인을 전하자 그는 격노했다. 사

● 임진왜란은 여러모로 20세기의 한국전쟁과 닮은 데가 많다. 우선 전쟁의 책임자가 아니면서도 한반도가 전장이 되는 바람에 큰 피해를 입었다는 점에서도 그렇고, 개전 직후 공격 측의 일방적인 공세, 반격과 소강상태, 제3국(중국)의 참전 등 전쟁의 전개 과정도 그렇다. 게다가 종전 협상 과정은 더더욱 닮았다. 한국전쟁에서 국제연합과 북한이 휴전 협상의 주체였듯이, 임진왜란에서도 조선은 협상에 끼지 못하고 명의 일개 사신과 도요토미가 협상 주체였다. 일본의 요구 중에 조선의 국토와 왕족까지 포함되어 있는데도 조선은 발언권이 없었다(더구나 명의 강화 요구는 일본군이 조선에서 물러나고 도요토미가 사과하는 정도였을 뿐 조선이 입은 막대한 피해는 전혀 배려되지 않았다). 결국 조선은 일본과 명이 서로의 힘을 가늠해본 전쟁터만 제공해주고 만 셈이다. 마치 한국전쟁을 통해 서방 세계와 사회주의 세계가 서로의 힘을 시험했듯이.

실 그의 요구도 터무니없었지만, 그 요구를 수락하겠다는 칙서는 요구 내용과 전혀 무관할뿐더러 그 자신이 신국神國이라고 믿는 일본을 조선처럼 중국의 속국으로 간주하고 있었으니 더욱 터무니없는 것이었다(1권 473쪽에서 보았듯이, 13세기 몽골의 일본 정벌이 태풍으로 무산된 이후 일본인들은 자신들의 나라를 '신이 지켜주는 나라'라고 믿기 시작했다). 결국 이듬해인 1597년 1월 도요토미는 재차 원정군을 보냈는데, 이것이 정유재란丁酉再亂이다. 명의 사신에 불과한 심유경의 어처구니없는 농간 때문에 조선은 다시 한 번 난리를 겪게 되었다.

하지만 정유재란은 처음부터 임진왜란과는 딴판으로 전개되었다. 우선 일본군의 사기가 전만 못했으며, 개전 초부터 명군이 출동했다. 또 1차전에서 무력하기만 했던 조선의 관군도 전열을 가다듬고 적극 대처하여 충청도에서 일본군의 북상을 차단하는 데 성공했다. 그리고 무엇보다도 일본군이 가장 두려워하는 이순신이 해상에서 버티고 있었다. 결국 1598년에 도요토미가 병사하자 일본군이 철수하는 것으로써 7년간에 걸친 일본의 조선 침략 전쟁은 끝났다.

유혈의 파티가 끝난 뒤 일본과 중국은 그냥 손을 툭툭 털고 가버리면 되었지만 파티장을 제공한 조선은 사정이 크게 달랐다. 우선 오랜 전란으로 한반도 전역이 거의 폐허처럼 변했고, 수많은 백성이 죽거나 삶의 터전을 잃었다. 임진왜란의 '종군기'에 해당하는 유성룡의 《징비록懲毖錄》은 그 상황을 이렇게 기록하고 있다. "중앙과 지방 할 것 없이 굶주림이 심하고, 군량을 운반하는 데 지쳐 늙은이와 어린이 들은 도랑과 골짜기에 쓰러졌고, 장정들은 도둑이 되었으며, 게다가 전염병으로 죽어 넘어지고, 심지어는 아버지와 아들, 남편과 아내가 서로 잡아먹는 지경에까지 이르고, 죽은 사람의 뼈가 잡초처럼 드러나 있었다."

더욱이 전쟁 전에 전국적으로 170만 결에 이르던 경지가 종전 후에는 불과 3분의 1로 줄어들었다. 그래서 전쟁으로 빚어진 엄청난 재앙을 복구할 재정도 턱없이 부족했다. 이런 현실적 피해뿐 아니라 문화적 피해도 막심했다. 경복궁과 창덕궁, 창경궁 등 궁궐들을 비롯해서 수많은 건축물이 잿더미로 변했고, 사서들을 보관한 춘추관이 불타 없어졌다. 아울러 수많은 백성이 일본으로 잡혀가 노예가 되기도 했다. 그 가운데 도공이나 인쇄공 들이 일본 문화의 창달에 기여한 것은 의도하지 않은 문화 전파였던 셈이다.

● 주목할 것은 강제로 잡혀간 사람들도 있지만 스스로 철수하는 일본군을 따라간 사람들도 적지 않았다는 사실이다. 전쟁에서는 으레 그렇듯이 당시 조선 측에 투항한 일본 병사들도 많았고, 조선의 지방 관리나 백성 중에 자발적으로 일본 측에 협력한 부일배(附日輩)는 더 많았다(주권국가의 개념과 민족의식이 더 분명했던 20세기 초에도 자발적 친일파가 많았으니, 400년 전에야 말할 것도 없다). 종전 후인 1604년에 사명당은 일본으로 가서 전후 일본의 실력자로 떠오른 도쿠가와 이에야스(德川家康)와 포로 송환 문제를 협상했는데, 자기 발로 일본에 건너간 사람들은 당연히 돌아오지 않으려 했으므로 불과 3500명의 조선군 포로와 백성 들을 송환해오는 데 그쳤다.

낯부끄러운 공신들

현대사회라면 난리를 겪고도 정권이 바뀌지 않기란 불가능한 일이다. 실제로 사태에 대한 책임이 있든 없든 임진왜란 정도의 재앙이 있었다면 권력자만이 아니라 권력의 구조도 바뀌어야 하는 게 정상이다. 왕조시대라 해도 충분히 그럴 수 있고, 또 그래야 한다. 성리학적 세계관에서도 민심은 곧 천심이라고 말했으니 그 말이 헛소리가 아니라면 온 백성을 도탄의 구렁텅이로 몰아넣은 조선의 지배층은 깨끗이 반성하고 말끔히 물러나야 했다. 물론 일본의 침략으로 비롯된 전쟁인 만큼 원죄는 일본에 있지만, 전쟁이 진행되는 과정에서 조선 정부는 철저히 무능과 무책임으로 일관했다.

하지만 조선의 지배층에게는 변명할 근거가 있었다. 조선의 권력 구조가 이중적이었기 때문이다. 국내에서 책임을 묻는다면 당연히 임금과 사대부들이 져야 한다. 그러나 임금인 선조는 전쟁이 터지고 한 달도 못 되어 버선발로 도망쳤으면서도 책임을 면했다. 왜 그랬을까? 군주는 군림하는 존재였을 뿐 국정은 사대부들이 담당했기 때문이다. 또한 사대부들은 전쟁 직전에까지 자기들끼리 당쟁이나 일삼았고 전쟁 중에는 임금을 수행하느니, 명에 원군을 청하느니, 심지어 이순신을 모함하느니 하면서 임무를 방기했지만 책임을 면했다. 왜 그랬을까? 조선은 엄연히 왕이 다스리는 왕국이었기 때문이다.●● 어쩌면 현대 우리 사회에서 아무리 대형 사고가 나도 국정을 운영하는 자들이 책임지는 경우가 드문 이유는 왕조시대의 나쁜 전통이 있기 때문일지도 모른다. 그런 면에서 보면, 세계적으로 우리 민족만큼 지배자들을 편하게 해주는 백성들도 없다.

그러므로 임진왜란 이후에도 조선의 지배체제가 전혀 변하지 않은 것은 당연했다. 오히려 사대부들에게는 큰 '성과'가 있었다. 삐걱거리면서도 그런대로 명맥을 유지하던 과전법이라는 토지제도가 완전히 무의미해진 것이다. 토지가 황폐해졌고 토지대장도 사라

●● 그래서 전란 중에도 정부의 책임을 묻는 반란이 몇 차례 있었지만 모두 실패했다. 1593년 송유진(宋儒眞)이라는 의병장은 충청도 일대에서 2000명의 병력을 모아 싸우다가 한양을 침공할 계획을 세웠다. 그러나 거사 날짜로 정해진 이듬해 정월 보름을 며칠 앞두고 체포되어 형장의 이슬로 사라졌다. 또 1596년 관군 장교인 이몽학(李夢鶴)은 양민과 노비로 된 병력 수백 명을 거느리고 충청도 홍산 관청을 점령했으나 부하의 배신으로 실패했다. 이몽학의 반란은 수십 명이 처형되고 수백 명이 연좌에 걸린 대형 사건이었으나 전란 중이라 크게 부각되지 못했다. 이로 인해 김덕령(金德齡)이나 곽재우 같은 의병장들도 무고를 당하는 일이 있었다.

27장 비중화 세계의 도전: 남풍

저버렸으니 이제 공전이고 사전이고 가릴 것 없이 말뚝만 꽂으면 모두 내 땅이었다. 그 말뚝은 물론 권력자만이 꽂을 수 있다. 대부분이 지주들인 사대부들은 마치 그때를 노리고 있었다는 듯이 일제히 토지 겸병에 나섰다. 몽골 지배기가 끝난 고려의 경우와 너무나도 흡사한 상황이다.

어쨌든 우선 임금이 사는 집(왕궁)부터 불타 없어졌으므로 나름대로 전후 복구는 필요했다. 선조는 급한 대로 정릉의 행궁行宮에 거처를 마련했으나 평소에 별장으로 쓰던 곳이었으니 생활하기에는 불편하기 그지없었다. 그래도 뒤늦게나마 임금의 직무가 떠오른 걸까? 그는 궁궐의 신축을 권하는 명 장수의 의견을 거부하고 일본에 복수하기 전까지는 궁궐을 짓지 않겠다는 다부진 각오를 내보였다(그래서 경복궁이 중건되는 것은 300년 뒤의 일이다).

그 와중에도 논공행상은 행해졌다. 전란이라는 대사건을 치렀으니까 논공행상도 필요하겠지만, 이순신과 원균, 권율 등 진짜 알짜배기 공신들과 수많은 의병장은 대부분 죽은 뒤였으니 대체 누구를 공신으로 삼아야 할까?

과연 1604년 7월에 발표된 공신 명단을 보면 조선의 사대부들이 그 난리를 겪고서도 정말 정신을 차렸는지 의심스러울 정도다. 최고 수훈갑에 해당하는 호성공신扈聖功臣은 터무니없게도 적군에 맞서 싸운 사람들이 아니라 선조를 의주까지 안전하게 도망치도록 하는 데 노력한 자들이다. 이항복李恒福(1556~1618), 정곤수鄭崑壽(1538~1602), 윤두수尹斗壽(1533~1601) 등 조정의 문신들과 내시들을 포함해 무기 한 번 잡아보지 못한 86명이 이 상을 받았다(그나마 유성룡은 종군기라도 썼으니 공신 자격이 있는 편이다). 그다음에야 비로소 직접 참전한 사람들과 명에 군사를 요청한 사람들이 선무공신宣武功臣으로 선정되었다. 이순신, 김시민 등 주로 전사한 무신들과 의병장들이 임명되었는데, 수는 겨우 18명이었다. 마지막으로 청난공신淸亂功臣은 이몽학의 난을 진압한 자들 가운데 5명이 책봉되었다. 북으로 도망치는 선조의 시중을 들고 발을 닦아준 내시는 호성공신이 되었고 장렬하게 전사한 많은 의병장은 공신 명단에도 오르지 못했으니, 세계 어느 나라의 역사에서도 이런 불공정은 찾아볼 수 없을 것이다.●

당시 호성공신들 중에 낯부끄러워한 인물이 있었는지는 확실치 않으나, 그 명단의 작성 과정에서도 사대부들의 당파가 배려되었음은 확실하다. 당쟁으로 전쟁 전의 기본적인 사태 파악조차도 날려버린 그들이지만, 전쟁이 끝나자 언제 전쟁이 있었느냐는 듯싶게 다시 본업인 당쟁으로 돌아갔기 때문이다.

사실 논공행상이 있기도 전에 당쟁이 재개되었다. 물러간 일본군 막사의 모닥불이 채 꺼지기도 전인 1598년에 명 장수가 본국에 올린 허무맹랑한 보고에 놀아난 게 그것이다. 그는 조선이 일본과 동맹을 맺고 명을 공격하려 했다는 망언을 했는데, 이것은 심유경의 보고에 못지않은 터무니없는 허위 보고였다. 더구나 그 시나리오는 전쟁 전에 일본이 정략적 의도를 담고 제의한 것에 불과했으니 대응할 가치조차 없었다. 그러나 정신을 못 차린 사대부들에게는 그것도 좋은 당쟁의 빌미가 되었다. 어떻게든 집권 세력인 남인의 꼬투리를 잡으려는 북인은 영의정

● 하기야 당시 조정에서 다음과 같은 발언이 나왔을 정도라면 그런 공신 명단도 지극히 당연하다. "적을 물리치고 나라를 회복한 공로는 모두 성상께서 지성으로 사대하시어 중국 조정에서 곡진하게 구제해준 결과일 뿐입니다. 우리나라의 여러 신하에게 조금 수고한 공로가 있다 하더라도 이는 또한 직분 내의 일이니 특별히 기록할 만한 공로가 뭐 있겠습니까?" 결국 왜란을 진압하는 데 가장 큰 공을 세운 것은, 정작 전쟁에서는 체면치레만 해놓고 엉터리 협상을 진행한 명 조정이고, 그다음 유공자는 백성들을 버리고 야반도주한 선조라는 이야기다. 이 정도라면 조선은 나라라고 부르기에도 창피할 지경이다.

27장 비중화 세계의 도전: 남풍

선조의 안식처 모화관에 버선발로 뛰어간 국왕이자 전란을 맞아 가장 먼저 내뺀 국왕이었다. 그나마 선조가 전후 처리라도 제대로 했더라면 '정상참작'은 가능할 터이다. 그러나 그는 엉뚱한 자들에게 공신 직함을 남발해 다시 실망을 안겨주었다. 사진은 그의 무덤인데, 전란으로 제 집인 궁궐을 잃었으니 이곳이 사실상 그의 집이다.

유성룡이 명에 변명하러 가지 않는다며 탄핵했다. 결국 유성룡은 정계에서 은퇴해버렸고, 2년 뒤 복직이 허용되었을 때도 관직에 나가지 않았다. 그러니까 그는 재야에 있는 상태에서 공신 책봉을 받은 셈이다.

더욱 터무니없는 일은 그렇게 해서 남인을 몰아낸 공로를 놓고 다시 북인이 둘로 분열된 것이다. 유성룡의 탄핵을 주도한 남이공 南以恭(1565~1640)은 오히려 홍여순 洪汝諄(1547~1609)이 대사헌으로 승진하자 발끈했다. 임명은 국왕이 했지만 그것은 물론 홍여순을 지지하는 세력의 주장에 따른 것이다. 그렇다면 굳이 북인이라는 같은 집에 살 이유가 없다. 그래서 남이공은 따로 살림을 차려 나갔는데, 그의 새 집은 소북 小北이 되었고 홍여순의 옛 집은 대북 大北이 되었다.

당쟁에 신물이 난 선조는 홍여순을 유배 보내 사태를 무마하려 했으나, 당쟁은 가라앉기는커녕 다시 시작일 뿐이었다. 곧이어 조선의 사대부들에겐 제법 비중 있는 다툼거리가 생긴다. 그것은 바로 왕위 계승을 둘러싼 문제다.

28장

비중화 세계의 도전: 북풍

사대부에 도전한 국왕

정철이 이루지 못한 '건저의 꿈'은 임진왜란이 일어나자마자 실현되었다. 북쪽으로 도망치던 선조가 평양에 이르렀을 때 황급히 광해군을 세자로 책봉한 것이다. 자칫 잘못하다가 왕실 사직이 끊어지면 종계변무를 해결했어도 죽어 조상들을 뵐 수 없으리라는 판단이었을 게다. 광해군에게는 친형 임해군이 있었지만 그는 성질이 포악하다는 이유로 세자 책봉을 받지 못했다(물론 사대부들의 구미에 맞는 후보가 아니라는 뜻이다). 그러나 난리 덕분에 세자가 된 광해군은 공교롭게도 그 난리가 끝나면서 세자의 자리를 빼앗길 위기에 처한다.

1600년에 선조의 정비인 의인왕후가 죽은 게 광해군에게는 큰 불운이었다. 어차피 마흔이 넘은 그녀가 아이를 낳을 가능성은 없었으므로 그는 세자 자리에 걱정을 하지 않았다. 그러나 그녀가 죽었으니 혹시 선조가 계비라도 들인다면 알 수 없는 상황이 벌어질 수 있다. 과연 그 혹시는 역시가 된다. 난리가 가라앉은 1602년에 선조는 쉰 살의 나이로 열여덟 살의 계비를 맞아들인 것이다(아들 광해군보다도 아홉 살이나 어린 계비다). 후궁이라면 언제든 둘 수 있지만 선조가 그 나이에 굳이 계비를 둔 이유는 무엇일까? 그 어린 계비 인목왕후仁穆王后(1584~1632)가 4년 뒤에 아들 영창대군永昌大君(1606~1614)을 낳자 광해군은 긴장할 수밖에 없었다. 나이는 훨씬 어리더라도 엄연히 왕실 적자 출신이니 서자인 자신과는 신분이 다른 것이다.●

전란의 시기에 광해군이 세자의 책무를 다하기 위해 얼마나 노력했던가? 의주에 붙박인 채 여차하면 중국으로 넘어갈 채비를 갖추고 있는 아버지를 대신해 북도와 남도를 오가며 군대를 모집하고 군량미를 조달했는가 하면, 명의 요청으로 국내의 군무를 주관하는 등 쉴 새 없이 활동하지 않았던가? 이제 와서 겨우 갓난아이 하나 때문에 세자 자리를 위협받다니 그로서는 기가 막힐 노릇이었다.

광해군의 안타까운 심정과는 달리, 이런 좋은 기회를 사대부들이 놓칠 리 만무하다. 대북과 소북은 각자 자기 구미에 맞는 북을 골라 두드리기 시작했다. 큰 북은 광해군이고, 작은 북은 영창대군이다. 결과는 1608년에 광해군이 선조의 양위를 받아 즉위하면

● 조선의 국왕은 많은 후궁을 거느릴 수는 있었지만 정비는 하나뿐이었다. 정비가 죽었을 때는 계비를 맞을 수 있었는데, 후궁들 가운데서 고르거나 궁 밖에서 데려왔다. 왕실에서 서얼의 차이는 있었으므로 정비나 계비가 낳은 아들은 대군(大君)이고 후궁의 아들은 그냥 군(君)이며, 딸은 각각 공주와 옹주(翁主)가 된다(그래서 광해군도 광해대군이 되지 못했다). 그런데 많은 아내를 거느렸던 세종도 소헌왕후가 그보다 먼저 죽었을 때 계비를 들이지는 않았으니, 선조가 계비를 들인 것은 확실히 특이한 데가 있다. 나이도 나이인 데다 후궁들이 있으므로 성생활의 문제는 아니다. 그렇다면 기록에는 없으나 여기에도 광해군에 반대하는 사대부들의 입김이 작용했을 개연성은 충분하다.

서 큰 북의 승리로 끝났다. 그와 함께 광해군의 잠 못 이루는 밤도 끝났다.

사대부의 도움으로 세자 자리를 끝까지 보전하고 왕위에까지 올랐으니 광해군의 첫 작업은 당연히 그에 대한 보답이다. 홍여순에 뒤이어 큰 북의 우두머리가 된 이이첨李爾瞻(1560~1623)의 제안에 따라 그는 우선 형이자 잠재적 라이벌인 임해군을 유배시키고 작은 북 중 가장 소리가 컸던 유영경柳永慶(1550~1608)에게 사약을 내린다(임해군은 이듬해에 역모의 죄를 뒤집어쓰고 사약을 받았다).

온갖 풍상을 헤치며 우여곡절 끝에 서른이 넘은 나이로 왕위에 오른 탓일까? 광해군은 중종 이래 사대부들에게 마냥 휘둘려온 쭉정이 조상들과는 인물됨이 달랐다. 그는 나라와 백성을 황폐하게 만든 난리에서 크게 깨달은 점이 있었을 것이다. 적어도 당쟁을 그대로 놔둔다면 장차 더 큰 난리를 겪게 되리라는 점은 분명히 확신하고 있었던 듯하다. 따라서 그는 100년이 넘도록 사대부 국가를 유지해온 조선을 다시금 왕국으로 만들고자 결심했다. 말하자면 국왕이 사대부에게 도전장을 던진 격이다. 물론 여기에는 세자 때부터 경험한 자신의 지위에 대한 불안감도 한몫했을 것이다.

왕국을 만들기 위해 국왕도 당파가 필요하다는 것은 아이러니다. 일찍이 세조가 그랬듯이 왕국으로 복귀하려면 왕당파라는 측근이 필요하기 때문이다. 더구나 세조 때와 달리 사대부 체제가 굳어져 있는 지금은 더욱 측근의 힘이 튼튼해야 한다. 그래서 광해군은 자신의 즉위를 도운 세력에서 왕당파의 우두머리를 발탁하고자 했다. 이이첨은 책략이 있으나 임진왜란에서 별로 한 게 없다. 그렇다면 최적임자는 바로 정인홍이다. 연배도 높고 의병장으로 활약한 경력이 있을 뿐 아니라 이황과 더불어 성리학의 최고 권위자였던 조식의 수제자가 아닌가? 게다가 그는 앞서 유영경이 선조의 양위 사실을 숨기려 한 일을 적발한 공로도 있었다.

과연 정인홍은 광해군의 구미에 딱 맞는 사건을 엮어주었다. 1611년에 그는 성균관 유생들이 이황과 이언적李彦迪(1491~1553)●의 문묘종사를 지내려 할 때 거세게 반대하고 나섰다(1권 397쪽에서 보았듯이, 문묘종사란 국가에서 유학의 거두에게 사당을 지어주는 것이었는데, 오늘날의 무형문화재 이상 가는 영예다). 왜 자신의 스승은 거기서 제외하느냐는 볼멘소리를 한 것이다. 조식의 수제자로서 당연히 할 만한 주장이었지만, 그렇다고 남의 제사에 감 놔라 대추 놔라 하는 건 자긍심 강한 성균관 유생들의 비위를 건드리는 결과였다. 격분한 유생들은 정인홍을 유적儒籍에서 삭제해버렸다. 졸업장 명부에서 제적을 당한 격이니 정인홍은 가만있을 리 없었다. 그는 즉각 광해군에게 탄원했고, 왕은 성균관 유생의 전원 제적이라는 극단의 조치를 내렸다.

야당의 입장이던 소북은 그 사건으로 다시 한 번 대북에게 두들겨 맞았다. 물론 이것도 당쟁이기는 하다. 그러나 광해군은 이미 대

재야의 구심점 조식은 평생 관직에 진출하지 않았으면서도 정계에 막강한 영향력을 과시한 인물이다. 조선 사회 특유의 학자=관료, 학문=정치의 등식을 알면 그 메커니즘을 이해하기 어렵지 않다. 그의 제자들은 임진왜란 때 의병장으로 활약했고, 당쟁에도 열심이었다. 유학에 도가 사상을 가미해 남명학파(南冥學派: 남명은 조식의 호다)를 이룬 스승의 학풍과는 어울리지 않는다고 할까?

● 이언적은 명종 때 양재역 대자보 사건에 휘말려 유배된 문신이지만, 그보다는 성리학의 지치주의적 정치철학을 발전시킨 학자로 이름이 높았다. 정치 이데올로기에 국한되어 있던 유학에 철학적 성격을 가미했으니 말하자면 주희의 한반도판에 해당하는 인물이다. 비록 그는 경기 출신이지만 이황과 기대승에게 영향을 주어 영남학파의 태동에 간접적으로 기여했다. 성균관 유생들에게 존경을 받은 것은 그 때문이다.

북을 왕당파로 만들었으므로 과거의 당쟁과는 다르다. 엄밀히 말하면 국왕과 사대부의 대결이다.

서전을 승리로 장식한 뒤 국왕에게는 좋은 건수로 활용할 만한 사건이 계속 터졌다. 이듬해인 1612년에는 황해도에서 허위 역모 사건이 꾸며졌다. 내용 자체는 터무니없었다. 김경립金景立이라는 자가 군역을 피하기 위해 사기를 치다가 걸리자 봉산 군수 신율申慄은 그를 고문해서 김백함金白緘이라는 자가 역모를 꾀하고 있다는 허위 자백을 받아냈다. 김백함을 체포하니 그의 아버지 김직재金直哉가 일찍이 임진왜란 당시 아버지의 상중에 술과 고기를 먹었다가 파직된 사연이 드러났다. 역모를 조작할 수 있는 좋은 건수다. 고문에 못 이긴 김백함은 엉뚱하게도 인목왕후의 아버지이자 영창대군의 외조부인 김제남金悌男(1562~1613)을 불렀고, 때마침 충청도에서 강도질을 하다 잡힌 박응서朴應犀(?~1623)라는 자가 영창대군을 왕으로 옹립하기 위한 자금을 마련하려 했다는 사건까지 겹치면서 사태는 일파만파로 번졌다.●

전혀 아귀도 들어맞지 않는 황당한 이야기였으나 광해군에게는 최대의 맞수인 영창대군과 소북 세력을 한꺼번에 제거할 수 있는 좋은 기회였다. 광해군은 김제남에게 사약을 내리고 그 이듬해에 영창대군을 유배시켰다가 죽였으며, 그 밖에 100명이 넘는 소북 세력을 숙청했다. 열네 살의 영창대군은 이이첨의 끈질긴 사주로 강화부사에게 비참하게도 뜨거운 증기로 쪄서 죽이는 증살蒸殺을 당

● 박응서는 선조 초기에 영의정이었던 박순(朴淳)의 서자로, 학문과 재주가 뛰어났으나 서얼 출신이라는 이유로 좌절한 인물이다. 그는 같은 처지의 명문 출신 서자들과 함께 '강변 7우'라는 동아리를 만들어 신세를 한탄하다가 광해군 즉위 초에 서얼 출신에 대한 차별을 없애달라고 탄원했으나 거절당했다. 공교롭게도 광해군은 그 자신도 왕실의 서자로 설움을 겪었으면서도 그 문제에 관심을 두지 않았다. 서자를 주인공으로 삼은 최초의 한글 소설《홍길동전(洪吉童傳)》을 쓴 허균(許筠, 1569~1618)은 친구인 박응서가 체포된 뒤 신분 해방의 꿈을 접었으나 1618년 반역을 꾀했다가 처형당했다.

했다. 이로써 반대파는 완전히 제거되었고 광해군은 왕당파를 심복으로 삼아 왕권을 단단히 다지는 기반을 마련했다.

남풍 뒤의 북풍

국왕의 승리일까? 그럼 조선은 왕국으로 되돌아간 걸까? 아직 확실치 않은데도 광해군은 그렇다고 믿었다. 벌써 100년을 지배해온 사대부 세력이 그렇듯 쉽게 권력을 내놓을 리 없었지만, 사태를 낙관한 그는 이제야 비로소 국왕 본연의 임무를 할 수 있겠다고 판단했다. 사실 그는 왕권을 튼튼히 다지는 과정에서도 전란으로 얼룩진 나라를 다시 일으키는 작업을 게을리하지 않았다. 창덕궁과 창경궁의 건축을 서두른 게 상징적인 재건이라면, 즉위하자마자 곧바로 시행한 대동법大同法은 실질적인 국가 재건 사업에 해당한다.

전란으로 국토가 초토화되었으니 가장 시급한 게 토지와 조세 제도다. 남아 있는 토지라도 추슬러놓아야 농업 생산이 이루어질 수 있고 무엇보다 전후 복구를 위해서는 막대한 재정이 필요한데 그 재정은 토지에서 나올 수밖에 없기 때문이다. 게다가 과전법이 유명무실해진 탓에 관리들의 녹봉 체계도 재정비해야만 국가의 기틀이 설 수 있다.

왕국으로 되돌림으로써 일종의 재건국을 시도할 수 있게 되었으므로 새로운 제도를 시행할 만한 조건은 좋았다. 그런 배경에서 1608년 광해군은 경기도를 대상으로 대동법을 시범 운용했다. 대동법은 처음에 선혜법宣惠法이라는 명칭이었고 이 제도를 집행하는 기관으로 선혜청宣惠廳이 설립되었다. '선혜'라면 은혜를 베푼다는 뜻이지만, 실은 백성들을 위하려는 게 아니라 국가 재정의 확충을 위해 필요했다.

대동법의 기본 정신은 '모든 것을 하나로 통일한다'는 그 이름처럼 간단하다. 생산자들이 국가에 납부하는 모든 조세를 한 가지 품목, 즉 쌀로 통일하는 것이다(이 쌀을 대동미大同米라고 불렀다).* 이전까지 농민이 국가에 내는 것은 편의상 조세로 통칭했지만 실은 기본적인 전세田稅를 비롯해 공물, 진상進上(특산물), 잡세 등등 다양했다. 생활양식이 다양하니 그랬겠지만 세금을 그렇게 여러 가지로 거두어들인다면 재정 운영이 효율적으로 이루어지기 어렵고, 무엇보다 부패한 관리가 임의로 착복하기에 유리하다(그래서 근대 국가로 진화할수록 조세의 납부 방식은 단일해진다).

사실 그런 문제점은 이미 16세기에도 커다란 공감을 얻고 있었다. 그러나 당시에는 세제 개혁의 필요성만 팽배할 뿐 만연한 당쟁 때문에 뒤로 밀렸고, 세기 말에 벌어진 전란 때문에 또 미루어졌다. 게다가 공물과 진상은 국왕에 대한 예우라는 또 다른 의미가 있었으므로 쉽게 단일화될 수 없는 항목이었다. 하지만 전란으로 모든 게 망가진 마당에 이제는 예우 따위를 따질 여유가 없었다. 또한 유통망이 발달한 덕분에 지방의 특산물 정도는 왕실에서 어렵지 않게 구할 수 있는 상황이었다. 여러모로 세제를 통일할 조건이 숙성된 것이다.

● 사실 대동법은 순수한 발명품이 아니라 '원조'가 있다. 국내판 원조는 일찍이 이이가 주장한 대공수미법代貢收米法이다. 이것은 특산물 공납제의 폐단을 시정하기 위해 공납을 쌀로 통일하자는 구상인데, 임진왜란이 끝나고 유성룡이 재차 주장해 잠시 시행된 바 있었다. 해외판 원조는 명에서 16세기 초반부터 시행된 일조편법(一條鞭法)이다(대공수미법도 그 제도에서 영향을 받았을 것이다). 일조편법은 곡물세[田賦]와 요역의 잡다한 항목들을 단일화하고 마을 단위로 부과하던 세금의 양을 다시 옛날처럼 토지와 사람을 기준으로 부과한다는 내용이다. 조선과 달리 당시 중국에는 화폐경제가 어느 정도 발달해 있었으므로 은납제(銀納制)가 허용되었다는 점을 빼면 취지와 내용에서 대동법과 큰 차이가 없다.

호랑이 담배 피우던 시절 당시에는 대동법이 더 큰 사건이었겠지만, 광해군의 치세에 있었던 일 가운데 오늘날까지 중요한 영향을 남긴 것으로 담배가 있다. 담배는 1618년에 일본을 통해 조선에 전래되었다. 그림은 18세기 후반 신윤복의 작품으로, 기생의 멋스런 자태에 담배가 한몫하고 있다. 우리 사회에 널리 퍼진 담배에 관한 예절도 그 전통이 오래된 듯하지만 실상은 그렇지 않다.

 과연 대동법이 실시되자 과세의 표준이 확립되었고, 지방관들의 농간도 줄어들었다. 또한 탈세의 여지도 적어졌을 뿐 아니라 면세지 자체가 줄어 국가 재정이 강화되는 당장의 효과를 보았다. 아울러 조세 품목이 쌀로 단일화됨으로써 장차 화폐경제의 도입을 가능케 하는 장기적인 효과도 기대하게 되었다.

 그러나 대동법이 전국적으로 시행되려면 무엇보다 토지 측량, 즉 양전量田이 선행되어야 한다. 개국 초기에 실시된 양전 사업의 성과는 세월이 흐르면서 이미 오래전에 유명무실해진 데다 그마저도 임진왜란으로 경지의 지도 자체가 송두리째 바뀌었으니 아무 소용이 없다. 그래서 광해군 시대에는 중부 지방부터 양전이 이루어지면서 그에 따라 대동법도 점차 확대 실시되었다. 이리하여 속도는 느리지만 대동법은 전국적으로 확대되어 19세기 말까지 조선의 기본적인 세제로 기능하게 된다.●

왕당파를 가동해 권력을 얻었고, 대동법을 만들어 민심을 얻었다. 이렇게 해서 혼란스러웠던 국내 상황은 어느 정도 다잡을 수 있었다. 하지만 광해군이 정작으로 신경을 집중한 분야는 국내 정치가 아니라 나라 바깥의 동태였다. 세자 시절에 전란으로 고생한 경험은 그를 예전의 어느 왕들보다도 국제적 감각에 밝은 군주로 만들어주었다. 조선의 사대부와 백성 들이 거의 모두 일본에 대한 원한에 사무쳐 있는 분위기 속에서도 즉위 이듬해인 1609년에 쓰시마 도주와 수교를 복원한 것은 국제적 감각을 갖춘 그이기에 가능했을 터이다(이해가 기유년이었기에 그것을 기유약조己酉約條라고 부른다). 게다가 그는 동북아의 풍향이 바뀌고 있다는 것을 느끼고 있었다.

● 여기서 한 가지 의문을 해결하고 넘어가자. 서양에서는 중세부터 지대(rent)의 개념이 발달한 반면, 동양에서는 왜 지대가 없었을까? 지대의 개념을 적용하면 세금 제도는 아주 쉽게 해결된다. 땅의 이용자(농민)는 땅의 소유자(지주)에게 세금을 내고, 지주는 또 그것으로 국가에 세금을 내면 되기 때문이다(현물이든 화폐든 상관없다). 동양 사회에 그런 방식이 적용될 수 없었던 이유는 '지주'라는 개념이 없었기 때문이다. 동양식 왕국에서 모든 땅은 왕(국가)의 것이다. 지주라는 용어는 있으나 서양과 달리 동양의 지주는 단지 '수조권자'일 뿐이다. 현실적으로는 실제 소유자처럼 처신하지만 원칙적으로는 왕토 사상이 적용되므로 지주는 땅의 진정한 소유자가 아니었다(이런 모순 때문에 명 후기에는 일전양주一田兩主라는 토지 소유의 새로운 개념이 나오는데, 이에 관해서는 《종횡무진 동양사》, 327~328쪽을 참조하라).

때는 바야흐로 세계사적 격변의 시기였다. 멀리 서유럽에서는 전통의 신분제 질서가 무너지고 신흥 시민 세력이 국가의 주인으로 떠올라 국민국가를 수립하는 변혁이 진행되고 있었으며, 동북아시아에서는 수천 년 동안 질서의 중심축이던 중화 세계가 쇠퇴

하고 비중화 세계가 도약하고 있었다. 중국과 한반도로 이루어진 중화 세계에 대해, 만주에서 일본에 이르는 비중화 세계는 역사상 처음으로 힘의 우위를 보이기 시작했다. 일본에서 불어닥친 게 남풍이라면 장차 불어올 바람은 북풍일 것이다.

일본이 온몸으로 증명했듯이, 비중화 세계는 과거처럼 중화 세계가 마음대로 '교린'할 수 있는 대상이 아니었다. 중화 세계가 현실에 안주하며 제자리걸음만 하고 있는 동안, 비중화 세계는 그동안 결정적인 단점이던 분열을 극복하고 지역적 통일을 향해 내닫고 있었다. 비중화 세계의 양대 축 가운데 먼저 통일을 이룬 일본이 중화 세계에 도전장을 내밀었다면, 그다음에는 만주가 뒤를 이을 터였다.

과연 일본과 중화 세계의 전쟁이 한창이던 16세기 말부터 만주 지역에도 통일의 바람이 거세게 몰아쳤다. 통일의 움직임이 있다면 구심점도 있을 것이다. 1593년에 중국과 조선에서 건주라고 부르던 힘의 공백 지역을 통일한 여진의 추장 누르하치努爾哈赤(1559~1626)가 바로 그 구심점이었다(원래 여진이라는 이름은 중국인들이 만주 지역의 여러 민족을 통칭하던 명칭이었으나 이 시기부터의 여진은 보통 만주족이라는 이름으로 부른다. 오늘날 중국 한족이 흔히 만족滿族이라 줄여 말하는 게 그들이다).

누르하치는 원래 명에 사대하고 관작까지 받았지만, 다른 시대였다면 몰라도 중화 세계의 위상이 전과 같지 않은 시기에 끝까지 충성할 생각은 애초에 없었다. 게다가 명 조정은 사대부들이 황제를 허수아비로 만들고 자기들끼리 동림당과 비동림당으로 나뉘어 당쟁을 일삼느라 변방의 사정이 어떻게 달라지는지 따위는 안중에도 없었다.** 이를 틈타 누르하치는 여진의 모든 부족을

●● 조선에 조광조가 있었다면, 명에는 장거정(張居正, 1525~1582)이라는 개혁가가 있었다. 1572년 신종이 열 살의 어린 나이로 즉위하자 어린 황제를 대신해 전권을 위임받은 그는 부패하고 무능한 관료들을 축출해 관료제의 기강을 확립하고, 전국적인 토지 조사를 실시해 세수에서 누락된 대지주들의 토지를 적발하고 전국 토지의 실제 면적을 정확히 조사했다. 그러나 개혁 정치 10년 만에 장거정이 사망하자 그의 개혁에 반대하던 사대부들은 동림당을 이루었고 그 반대파는 비동림당을 이루어 당쟁을 시작했다. 조선에서 조광조의 개혁이 실패한 이후 당쟁이 가열화된 것과 비슷한 양상이다. 그 와중에 임진왜란을 맞았으니 명의 지원이 부실한 것도 당연했다.

차례로 통합했고, 드디어 1616년에는 북방 유목민족의 전통적 황제인 칸汗에 올랐다. 후금後金이라는 국호와 천명天命이라는 연호를 정한 것은 예전의 유목 왕조와는 다르다는 것을 처음부터 드러내고 있었다. 후금이라면 400년 전 송(북송)을 멸망시킨 금의 후예라는 뜻이며, 천명이라면 하늘의 명령이라는 뜻이 아닌가? 더욱이 독자적인 연호를 제정했다는 것은 이제 더 이상 중국 한족 왕조에 사대하지 않겠다는 정치적 표현이었다.

그러나 누르하치의 정치적 야망은 단순히 중국에 사대하지 않는 독자적인 제국을 꾸리겠다는 데 있지 않았다. 동북아시아 세계의 주인은 늘 하나였다. 옛 남북조시대(4~6세기)와 몽골 제국의 시대(12~14세기)의 역사적 경험이 말해주듯이, 중원 북방 민족이 장기적으로 존속하려면 반드시 중국 대륙을 정복해야만 했다. 여진문자를 만들고 전통적인 사냥 방식을 활용해 독특한 팔기군八旗軍을 육성한 것은 장차 중화 세계의 심장부를 침략하겠다는 의도를 담고 있었다. 광해군이 바깥의 정세에 주목한 이유는 바로 이런 북방의 변화를 읽고 있었기 때문이다.

곡예의 끝

만주 쪽에서 보기에는 중원보다 더 가까운 게 한반도이고, 중국보다 더 약한 게 조선이다. 누르하치는 조선을 목표로 삼지는 않지만 중국을 침략하는 과정에서 조선이 걸림돌이라고 판단되면 언제든 공격해올 것이다. 광해군은 대포를 새로 만들게 하고 북도의 군 지휘관들을 교체해 만일의 사태에 대비했다. 하지만 새 지휘관들이 새 대포를 사용하게 되는 일은 일어나지 않았으면 하는 게 그의 간절한 바람이었을 것이다. 그래서 그는 한편으로 국방을 강화하면서도 다른 한편으로는 동북아시아의 새로운 정세를 맞아 외교에 주력했다. 그에게는 일찍이 조선의 어느 임금도 해본 적이 없고 할 필요도 없었던 '국제 외교'라는 새로운 과제가 주어졌다.

예나 지금이나 열강 사이에서 약소국이 벌이는 외교란 줄타기처럼 섬세하고 위험한 곡예일 수밖에 없다. 어느 측으로 기울어져도 안 되고, 물론 줄에서 뛰어내려도 안 된다. 명은 서산에 지는 해이고, 후금은 동쪽 바다 위로 뜨는 해다. 하지만 명은 아직 후금이 두려워하고 있는 강대국이며, 전통적으로 조선의 상국이다. 그래서 광해군의 줄타기는 결코 쉽지 않다. 하나 다행스런 전망은 줄 위에 머물러야 하는 기간이 그리 오래지 않으리라는 것이다. 조만간 늙은 공룡 명 제국이 쓰러질 것은 뻔해 보였으니까 그때까지만 견디면 된다.

1618년 후금이 중원 진출의 관문에 해당하는 랴오둥을 공략하자 광해군의 줄타기는 위기를 맞았다. 명은 황실이 문란해지면서 변방의 주둔군도 무기력해졌다. 임진왜란에서도 중국 군대의 실력은 만천하에 드러난 바 있었다. 자신이 없어서였을까? 명의 조정에서는 묘한 해법을 들고 나왔다. 조선의 군대를 징발해 후금을 막으려 한 것이다. 조선에게는 노선을 정하라는 압력이나 다름없었다. 이제 광해군의 줄타기는 끝난 걸까? 둘 중에서 택일해야 할

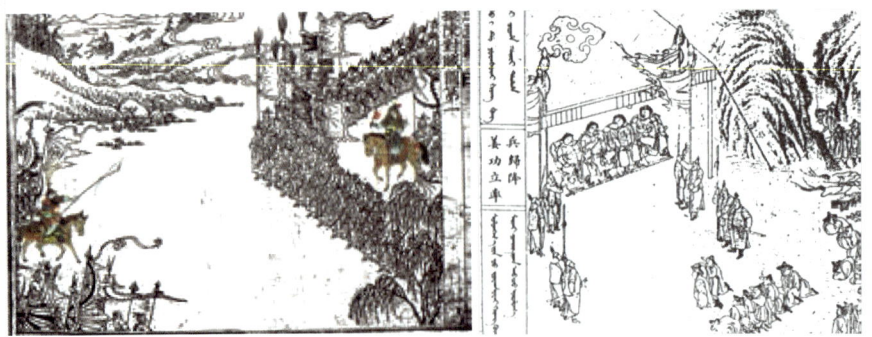

줄타기 외교 광해군은 전통의 강국과 신흥 강국 사이에서 줄타기를 시작했다. 아슬아슬하지만 어차피 두 강국 중 하나는 멸망할 테니 잠시만 버티면 된다. 왼쪽은 1619년 압록강을 건넌 강홍립 휘하 원정군이 후금군과 대치하는 장면이다. 오른쪽은 강홍립이 청 태조 누르하치에게 항복하는 장면이다. 강홍립은 자기가 거느린 군사와 함께 누르하치의 융숭한 대접을 받았다.

때가 온 걸까?

　여기서 광해군은 절묘한 타개책을 찾아낸다. 지원군을 보내되 싸우지는 않는다는 전략이다. 일단 그는 강홍립姜弘立(1560~1627)을 원수로 삼아 1만 3000명의 병력을 파견했다. 이로써 명의 지시는 이행했다. 하지만 광해군은 측근들도 모르게 강홍립에게 후금군과 가급적 싸우지 말라는 비밀 지령을 내렸다. 알아서 눈치껏 처신하라는 명령인데, 과연 강홍립은 명의 제독 유정劉綎의 군대와 랴오둥에서 합류한 뒤 싸우는 척하다가 전군을 이끌고 후금에 투항해버렸다. 그러고는 후금 진영에서 명의 명령으로 어쩔 수 없이 파병했다는 본심을 털어놓았다. 말하자면 명의 용병에 불과하다는 논리였다. 국가와 왕을 위한 행동이었지만 개인적으로 강홍립이 치른 대가는 컸다. 왕의 본의를 알지 못한 조선 조정에서는 강홍립의 관직을 박탈하고 그의 가족들을 잡아들였으며, 후금 측은 이듬해 병사들을 모두 풀어주면서도 그를 비롯한 지휘관들은 계속 인질로 잡아두었다.

어쨌든 광해군의 줄타기 외교는 멋지게 성공했다. 이제 그는 명이 명패를 완전히 내릴 때까지만 줄 위에서 버티면 된다. 그때가 되면 비록 조선은 중국의 새 주인인 후금을 어떻게 대할 것이냐는 과제를 안게 되겠지만 지금까지의 사대 관계와는 사뭇 달라질 것이다. 무엇보다 후금은 중화 세계의 일원이 아니었고, 이제 조선도 (광해군의 노력으로) 사대부 국가가 아닌 어엿한 왕국으로 변모하는 중이었으니까.

그러나 광해군은 예기치 않은 공격을 받아 줄에서 떨어지게 된다. 바깥 문제로 안을 추스르지 못한 게 원인이었다. 대북 세력을 왕당파로 육성한 것은 다른 사대부 세력을 견제하는 데 도움이 되었지만, 왕당파란 잘 쓰면 약이 되고 잘못 쓰면 독이 되는 존재다. 그런 점에서, 1617년 인목왕후를 폐위시켜야 한다는 대북인들의 주장을 광해군이 쉽게 허락한 것은 명백한 실책이었다.● 게다가 칠순의 존경받는 원로 정객인 이항복을 비롯한 여러 대신이 부당하다고 주장하자 광해군은 그들을 유배하는 조치로 맞섰다. 아무리 대외 정세에 몰두해 있더라도 그것은 형평성을 잃은 처사일뿐더러 가뜩이나 구석에 몰린 반대파 사대부들을 사지로 몰아넣는 결과였다.

그런 상황에서 1622년 이이첨이 폐위된 인목왕후를 살해하려다가 실패한 사건은 반대파의 공분을 자아내기에 족했다. 특히 정철이 실각한 이래 오랫동안 권력의 맛을 보지 못한 서인들은 이런 분위기를 틈타 뭔가 일을 엮어내야 한다

● 실은 대북 세력만이 아니라 광해군도 인목왕후에 대해서는 늘 꺼림칙하게 여겼다. 나이는 그보다 아홉 살이나 아래지만 어쨌든 자신의 계모일 뿐 아니라 광해군은 그녀의 아들인 영창대군을 살해한 도덕적 책임을 지고 있었기 때문이다. 더구나 왕실의 서자 출신으로서 왕위에 오른 경우는 그때까지의 조선 역사상 광해군이 처음이었으니 그로서는 여러 가지로 대비의 존재가 부담스러웠을 것이다.

수구의 칼을 씻다 인조반정의 주역들이 쿠데타를 위해 칼을 씻었다는 세검정이다. 쿠데타가 성공함으로써 광해군의 중립 노선도 끝장나고 말았다. 당시 반정 세력은 광해군의 가장 큰 죄목을 '사대의 예'를 다하지 않은 데서 찾았으니 이런 시대착오도 없다. 결국 그 대가는 '전란에의 초대'였다.

고 판단했다. 실제로 사대부의 상당수가 왕당파로 변신해 있었으니 그대로 간다면 조선을 사대부 국가로 되돌릴 가능성은 점점 더 희박해질 것이다.

그래도 늙은 관료들이라면 노골적으로 나서지는 못했을 것이다(게다가 그들의 주 무기는 말만의 역모인데, 지금은 그게 통할 상황이 아니다). 광해군 정권에 항거하다가 관직을 박탈당한 김류金瑬(1571~1648), 최명길崔鳴吉(1586~1647), 김자점金自點(1588~1651), 그리고 성균관 '제적생'으로 역시 현 정권에 원한이 깊은 심기원沈器遠(?~1644) 등 소장파 서인들은 원로들이라면 꿈꾸지도 못할 과감한 음모를 꾸몄다. 연산군을 타도한 중종반정 이래 처음으로 '말만이 아닌 역모'가 계획되었다(그들이 거사를 계획하고 칼을 갈아 씻은 곳이 오늘날 서울의 세검정洗劍亭이다).

반란에 필요한 '준비물'은 우선 왕으로 내세울 후보이고, 그다음은 물리력이다. 그들은 어렵지 않게 능양군綾陽君이라는 후보를 낙점했다. 신성군의 조카인 그는 1615년 친동생인 능창군綾昌君이

광해군에게 살해된 원한에 사무쳐 있었다. 양측은 쉽게 계약을 체결했다. 다음 물리력은 어떻게 확보할까? 원래 정규군이라 할 만한 것은 없었지만, 그나마 조선의 군사력은 북방의 정세 변화에 대응하기 위해 북도에 집결해 있었다. 그래서 거사에 필요한 물리력은 황해도 평산 군수인 이귀李貴(1557~1633)와 함경도 병마절도사인 이괄李适(1587~1624)이 담당했다(말하자면 전방 사단을 동원해 권력을 잡으려는 격인데, 이런 사례는 1979년의 어두운 현대사에서도 있었다). 이것으로 쿠데타 계획이 완성되었다.

1623년 3월, 그들은 약 700명의 병력을 거느리고 남행길에 올랐다. 때맞추어 경기방어사인 이서李曙(1580~1637)가 고양에서 700명의 병력으로 합류하면서 반란군의 규모는 두 배로 늘어났다.● 그러나 그들이 한양에 들어올 때까지도 광해군은 반란군이 오고 있다는 사실을 꿈에도 모르는 채 궁중에서 연회를 벌이고 있었다. 보안 유지에서도 반란군은 한 수 위였던 셈이다. 손쉽게 궁궐을 장악한 반란군은 서궁에 유폐되어 있던 인목왕후에게 옥새를 건넨 다음 그녀의 손으로 광해군을 폐위시키고 능양군을 왕위에 올렸다. 그가 조선의 16대 왕인 인조仁祖(1595~1649, 재위 1623~1649)이므로 이 사건을 인조반정仁祖反正이라고 부른다. 엄연히 기존의 합법적인 왕권에 도전한 것이므로 실은 쿠데타였지만, 성공한 쿠데타이기에 잘못된 것을 '바로잡는[反正]' 행위로 역사에 기록될 수 있었다. 더구나 그 역사

● 다 합쳐 1500명도 못 되는 병력으로 반란을 성공시켰다는 사실이 당시 조선의 형편을 말해준다. 물론 궁궐을 점령할 때는 각본에 따라 궁 안의 동조 세력이 내응하기는 했으나, 겨우 그 정도 규모의 반란군이 북도에서 한양까지 (그것도 공개적으로) 내려올 수 있었다면 조선에는 치안 자체가 없었다는 이야기다. 원래 도성을 지키는 중앙군으로는 경군(京軍)이라 불리는 조직이 있었고 또 별도의 왕실 근위대가 편제되어 있었지만, 임진왜란으로 군제가 사실상 마비되어 있어 기능을 하지 못했다. 게다가 그 얼마 안 되는 군 조직마저 반란군에 제대로 저항하지 못했다는 것은 광해군 치세에도 사대부들이 국정 전반을 상당 부분 장악하고 있었음을 말해준다. 광해군의 낙관과 달리 조선은 정상적인 왕국으로 되돌아오지 못했던 것이다.

기록은 사대부들의 업무였으니 말할 것도 없다.

이렇게 해서 조선 역사상 두 번째로 반정이 성공했고, 광해군은 연산군에 이어 두 번째로 왕의 시호를 받지 못한 군주가 되고 말았다. 그러나 그보다 더 큰 문제는 두 가지가 더 있다. 하나는 조선이 사대부 국가로 복귀했다는 사실이다. 광해군이 꾀한 왕국의 꿈이 실패하면서 조선은 시대적 조류에 역행하는 수구적 체제로 돌아갔다. 또 다른 하나는 광해군이 줄에서 떨어짐으로써 조선에 다시 전운이 감돌기 시작했다는 사실이다.

수구의 대가

역사의 시계추를 되돌리고 왕국을 사대부 국가로 복원시켰다는 점에서, 인조반정은 100여 년 전의 중종반정과 동급이 될 소지가 충분하다. 그렇다면 이번에도 수많은 공신이 책봉되는 것은 당연할 터이다. 왕당파를 주도한 대북파의 우두머리들인 이이첨과 정인홍 등은 처형되었고, 반정을 주도한 소장파 서인들을 비롯해 50여 명이 정사공신靖社功臣으로 책봉되었다. 그러나 새 정권은 논공행상에서부터 삐걱거렸다.

특히 반란의 물리력을 담당했으면서도 2등 공신으로 책봉된 데다 중앙 관직이 아닌 평안도로 배속된 이괄은 불만이 가득했다. 군이 말하자면 새 정권이 이괄을 북쪽 전선으로 돌려보낸 의도는 북방의 정세가 워낙 화급한지라 국경 수비를 강화하기 위해서였다고 할 수 있겠지만, 이괄의 입장에서는 오랜만에 정권을 잡은 서인들이 일개 변방의 무신에게까지 좋은 보직을 줄 여유가 없기 때문이라고 판단할 가능성도 충분했다.

그렇잖아도 건드리면 터질 듯한 이괄의 심기는 조정에서 자기 아들에게 역모의 혐의를 두자 폭발하고 말았다. 결국 그는 반정 이듬해인 1624년에 조정에서 파견한 수사관을 잡아 죽이고 반란을 일으켰다. 하기야 한 번 해봤으니 또 못할 이유도 없다(사실 조정에서는 역모의 혐의가 무고라는 것을 알았으나 서인 정권은 그것을 핑계로 일단 이괄을 잡아들이려 했다).

반정 때보다도 훨씬 대규모인 1만 명의 병력을 거느리고 이괄이 평안도에서 내려오자 더럭 겁이 난 인조와 사대부들은 잽싸게 충청도 공주로 피난했다.● 쉽게 한양에 입성한 이괄은 옛 경복궁 터에서 선조의 서자인 흥안군興安君을 왕으로 옹립했다. 조선 역사상 반란군이 별도의 왕을 추대한 것도, 지방에서 일어난 반란군이 한양을 장악한 것도 모두 이번이 처음이었다. 그러나 그의 시대는 채 하루를 넘기지 못했다. 이괄의 난에 동참하지 않은 북방의 수비 병력이 대거 남하하자 이괄은 무악재에서 한바탕 교전을 벌였으나 대패하고 말았다. 흥안군은 인조와 함께 공주로 가던 중에 도망쳐 이괄의 무리에 합류했는데, 원래 호방한 성격이었다고 진해지지만 광해군에서 인조로 쉽게 정권이 바뀌는 것을 보고 용기를 냈을 것이다. 하지만 반란이 실패하자 처형당했으니 결과적으로 판단 실수였다.

● 외적의 침략도 아닌 국내의 반란으로 국왕이 도성을 버리고 도망친 것은 역사상 최초의 사건이었으므로 당시 관리들과 백성들은 큰 충격을 받았다. 수십 년 전 일본의 침략을 받아 선조가 버선발로 도망친 일이 있었지만 그래도 그것은 국가 비상사태였으니 이해할 수 없는 일은 아니다. 그러나 내란으로 국왕이 꽁무니를 뺀 이번 사건은 도저히 이해할 수도, 용납할 수도 없는 일이었다. 광해군이 주도한 왕국화의 노선이 붕괴하면서 국왕의 체통도 완전히 무너진 셈이다. 하지만 조선 백성들은 그로부터 불과 10여 년 뒤 그때 도망친 국왕이 외적 오랑캐 앞에서 무릎을 꿇는 광경까지 목격하게 된다.

한양으로 돌아온 인조는 진무공신振武功臣 30여 명을 책봉했다.

정규군의 필요성 인조반정 직후에 설립된 총융청(摠戎廳)인데, 사실상 조선 최초의 정규군이라 할 수 있다. 수구적인 반정 세력이 각성한 것일까? 그보다는 전통적으로 군사권을 맡겨왔던 중국의 한족 왕조가 사라졌기 때문일 터이다. 하지만 뒤늦게 군 조직을 꾸렸다고 해서 막을 수 있는 전란은 아니었다.

치세가 시작된 지 1년 만에 벌써 공신 인플레 현상은 심각할 지경이다. 이후 별다른 일이 없었더라면 조선의 사대부들은 또다시 공신 세력이 훈구파를 이루고 나머지 세력이 반대파를 이루어 마음 놓고 당쟁을 펼쳤을 것이다. 그런 끔찍한 일이 일어나지 않은 이유는 북방에서 더 끔찍한 사태가 터졌기 때문이다(이미 충분히 예고되어 있었지만).

이괄의 난이 진압될 무렵 일부 반란자들은 후금으로 넘어가 조선의 사정을 알렸다. 지금으로 치면 매국노이자 앞잡이의 노릇을 한 것이지만, 사실 그들은 전란의 초대자가 아니다. 또한 1626년 누르하치의 아들로 후금의 2대 황제로 즉위한 홍타이지皇太極(1592~1643)는 조선에 대한 강경 노선을 취했다. 하지만 그도 역시 전란의 근본 원인은 아니다. 조선 전역을 다시 전란의 회오리로 몰아넣은 원인 제공자는 바로 당시 조선의 집권자인 사대부들, 즉 서인 세력이다.

광해군을 줄에서 떨어뜨린 그들은 아예 외교 자체를 포기해버렸다. 그도 그럴 것이, 광해군의 줄타기는 그들의 성리학적 세계관에 정면으로 배치되는 것이었다. 세상에 중화와 오랑캐를 두고 저울질을 하다니, 그런 망국적인 사고방식이 또 어디 있단 말인가? 문명 세계와 야만 세계를 비교한다는 발상 자체가 그들에게는 없었다. 그래서 그들은 전통적인 사대의 자세로 회귀했다. 그들의 구호는 친명배금親明排金, 즉 명에 사대하고 금을 배격한다는 것이었으나 그들의 시대착오적이고 수구적인 태도는 그런 이름조차 붙이기 사치스러웠다. 그들은 그저 좋았던 어린 시절, 중화 세계가 동북아시아 질서의 축이었던 옛날로 돌아가자고 보채는 아이와 같았다. 그러나 시대를 역행하면 대가를 치르게 마련이다.

중화 세계의 막내

홍타이지는 조선이 적대 관계로 돌아서지 않는 한 조선을 침략할 의도가 없었다. 원래 역사적으로도 북방의 비중화 세계는 중화 세계의 본진인 중원을 정복 대상으로 삼았을 뿐 한반도를 목표로 여기지는 않았다. 후금의 조상인 금 시절에도 그들은 고려가 사금事金(금나라에 사대함)의 자세로 돌아서자 곧바로 말머리를 돌려 중원으로 쳐들어가지 않았던가?

역사적으로 보아도 한반도를 공격한 것은 중화 세계지 비중화 세계가 아니었다. 고대에 한족 왕조인 수와 당이 고구려를 침략해 멸망시킨 게 그것이다. 고려시대에 거란과 몽골의 공격을 받은 이유는 고려가 이상할 만큼 중화 세계에 대한 강한 소속감을 보이면서 그들을 적대시했기 때문이다(왕건의 훈요십조가 그런 예다). 그때 고려가 최소한 중립적인 입장이라도 취했다면 전란의 화는 충분히 면할 수 있었다.

그런 사정은 수백 년이 지난 17세기에도 전혀 다르지 않았다. 조선이 중화 세계의 막내라는 허울을 아예 벗어버리거나, 아니면 적어도 광해군처럼 중립 외교를 펼쳤더라면 홍타이지는 군이 중원 공략에 투입할 병력을 소모해가면서까지 조선을 침략할 의지가 없었다. 그러나 반정을 주도한 서인 정권이 수구로 돌아서면서 모든 사정이 변해버렸다.

1627년 1월, 홍타이지는 아민阿敏이라는 부하에게 3만 명의 병력을 주고 공격 명령을 내렸다. 이른바 정묘호란丁卯胡亂의 시작이다. 예상한 사태였으나 막상 뚜껑이 열리자 집권 사대부들은 도대체 무엇을 믿고 친명 노선으로 회귀했는지 이해할 수 없을 만큼 허둥댔다. 3년 전에 설치한 어영청御營廳(수도경비대)●은 무용지물이었고, 광해군이 애써 육성한 북변 수비대 역시 곳곳에서 후금군의 남하를 막으려 애썼으나 전투에서 한 차례도 승리하지 못했다.●● 한 달도 채 못 되어 후금군은 파죽지세로 황해도까지 밀고 내려왔다 (그때 적군의 길잡이를 맡은 자는 바로 강홍립이었

● 어영청은 인조가 북방의 정세에 나름대로 대비하기 위해 왕위에 오르자마자 직접 편성케 한 군대였다. 그러나 정작 그 군대가 처음 실전에 투입된 전투는 이괄의 난이었다. 그때도 전투를 했다기보다는 공주로 도망치는 인조를 호위하는 역할이었다.

다. 그를 미화할 수는 없겠지만 만약 광해군이 재위하고 있었더라면 그가 침략군의 앞잡이 노릇을 하는 일은 없었을 것이다).

적이 코앞에까지 다가왔으니 인조와 조정의 사대부들은 어떻게 했을까? 물론 도망쳤다. 다만 이번의 피난처는 장소가 바뀌어 남쪽이 아니라 인천 앞바다의 강화도였다. 강화도라면 몽골 침략 때 고려 왕실이 송두리째 옮겨갔던 '유서 깊은' 피난처가 아닌가? 이제 남풍이 불면 의주로 달아나고 북풍이 불면 강화도로 도망치는 게 아예 공식으로 자리 잡았다. 한 가지 다행스런 점은 남풍이 불던 때처럼 이번에도 역시 관군이 하지 못한 몫을 의병이 해주었다는 사실이다.

●● 당시 상황은 임진왜란 때보다 더 불리했다. 일본군은 남쪽에서 치고 올라왔으므로 조선이 명에 지원군을 요청할 수 있었지만, 적이 북쪽에서 내려오는 이번 전쟁에서는 두 나라가 분리될 수밖에 없었기 때문이다. 물론 명과 조선이 강했다면 양측에서 협공함으로써 전황을 유리하게 전개할 수도 있었겠으나 그렇지도 못했다. 후금군은 주력군을 조선에 파견하고도 일부 병력을 빼내 랴오둥 방면의 명군을 막아낼 수 있을 만큼 여유가 있었던 것이다. 모문룡(毛文龍)이 지휘하는 명군은 조선을 돕기는커녕 후금군의 공격을 받아 신미도로 도망쳐야 했다.

하지만 한양까지 치고 내려올 줄 알았던 후금군이 황해도 평산에서 갑자기 발길을 멈춘 것은 의병들의 저항 때문만은 아니었다. 물론 후금의 입장에서는 내친 김에 한양을 점령해버리면 좋겠지만 그러자면 그들의 피해도 적지 않을 것이다. 어차피 조선은 최종 목표가 아니니까 무모하게 힘을 쏟을 필요는 없었다.

그래서 후금은 황해도에 주둔한 채 강화도의 피난 정부에 화의를 제안했다. 그들의 요구 조건은 간단했다. 명의 연호를 사용하지 말고 조선 왕실의 왕자를 인질로 보내라는 것인데, 그들이 침략해온 이유가 뭔지를 명백히 말해주는 요구다. 즉 후금은 장차 명을 칠 때 후방의 안전을 도모하려는 것이었다. 승전국의 입장에서 요구하는 게 그 정도라면, 조선의 입장에서는 오히려 다행이었다. 그러나 강화도 정부는 그것을 수락하는 데도 난항을 겪었다. 명과의 전통적인 사대 관계라는 대의명분이 걸림돌로 작용했기 때문이다.

결국 반정공신 1등인 최명길이 나서서 매듭을 풀었다. 일부 주전론자가 있었지만 실력자가 주화론으로 기울자 노선이 결정되었다. 후금군이 철수하는 조건으로 후금과 조선은 형제 관계가 되었고, 왕자는 아직 나이가 어리므로 대신 왕족 가운데 한 명을 인질로 보내기로 했다. 그런데 가장 미묘한 사안인 명과의 관계 문제는 애매하게 합의되었다. 기존의 사대 관계는 단절하되 명에 적대하지는 않겠다는 게 조선의 입장이었다. 그 뜻은 장차 후금이 명을 공격할 때 군대까지 동원해가면서 그 침략을 지원할 수는 없다는 것이다. 후금으로서는 후방 다지기만 성공하면 되니까 그 정도에 만족할 수 있었다.

여기까지만 봐도 600년 전 거란이 고려를 침입해왔을 때와 너무도 흡사하다. 당시에도 거란은 중국의 송을 치기 위한 후방 다지기의 일환으로 고려를 침략했고, 고려에 송의 연호를 쓰지 말라면서 송과의 관계 단절을 요구했으며, 고려 정부가 그것을 수락하자 철군했다. 그런데 문제는 그다음의 사태 전개도 과거와 다르지 않다는 점이다. 거란이 물러간 뒤 고려 정부가 다시 거란에 적대적인 자세로 돌아갔듯이, 조선도 본심에서 형제 관계를 맺은 게 아니기 때문에 후금을 '형의 나라'로 받들 생각이 전혀 없었다. 그렇다면 수백 년 전에 그랬듯이 이번에도 전란이 그것으로 끝나지 않을 게 분명하다.

사실 서인 정권은 쿠데타로 집권한 지 얼마 되지 않아 불안정한 데다 워낙 후금의 힘이 막강한 것을 보고 잔뜩 겁을 집어먹은 상태였다. 그래서 성리학적 세계관에 골수까지 젖어 있었음에도 그것에 정면으로 배치되는 후금의 강화 조건에 크게 반발하지 못한 것이다. 하지만 눈앞에서 적이 물러가자 그들은 얼마 전에 닥쳤던

위기를 어느새 잊고 본연의 자세로 돌아갔다(조선의 사대부들은 기억력도 형편없다).

그런데 후금도 마치 전쟁을 유도하기라도 하듯이 조선의 그런 태도를 더욱 부추겼다. 형제 관계를 군신 관계로 착각한 후금은 걸핏하면 조선에 군량을 보내라고 요구하는가 하면, 조선의 북변을 제집 드나들듯이 마음대로 오가며 백성들을 약탈했다. 낌새가 영 수상하다 싶더니, 아니나 다를까? 이윽고 후금은 조선에 형제 관계를 군신 관계로 업그레이드하자고 요구했다. 조선의 사대부들은 여기서 꼭지가 돌았다.

부모를 버리는 아픔으로 중국에 대한 사대도 끊었다. 또 중국 침략에 사용될 것을 뻔히 알면서도 후금이 요구하는 조공도 바쳤다. 그런데 후금은 조선의 처지를 전혀 고려하지 않고 행패를 부렸다. 심지어 상갓집에서도 그 행패가 벌어졌다. 1636년 2월, 인열왕후仁烈王后(인조의 비)의 문상차 조선에 온 후금의 사신들이 거들먹거리면서 조선 측 인사들에게 군신의 예를 갖추라고 강요한 것이다. 조선 정부에서는 그동안 참고 참았던 울분이 터져 나왔다. 사대부들은 일제히 일전 불사를 외쳤고, 겁쟁이 인조마저도 마음을 굳게 다잡았다.

비굴하게 살 수 없다는 기개였을까? 아니면 성리학 이념과 중화사상이 억압을 뚫고 다시 분출한 결과였을까? 자존심의 발로인 것은 분명했지만, 그 자존심의 근저에는 중화 세계에 대한 비굴한 존경심과 비중화 세계에 대한 오만한 경멸감이 있었다. 어쨌든 국왕과 사대부가 일치단결해 항전을 부르짖은 것은 적어도 그들이 존재하는 근간인 조선 백성들을 전혀 고려하지 않은 결정이었다. 하긴, 그것을 뭐라 할 수도 없다. 조선은 국민국가가 아니라 사직을 중시하는 왕국이었으므로 나라의 주인도 국민이 아니라 지배자였으니까.

조선의 태도를 확인한 홍타이지는 조선을 응징하기 전에 먼저 1636년 4월에 국호를 중국식 이름인 청淸으로 바꾸어 중원 정복의 의지를 분명히 했다(그래서 나중에 그의 시호도 중국식의 태종太宗이 되니까 이때부터는 그를 청 태종이라 불러도 되겠다). 일정이 확실히 잡힌 만큼 후방을 다지는 일은 9년 전보다 더욱 중요한 문제가 되었다. 하지만 일단 그가 취한 조치는 전쟁이 아니라 '외교'였다. 그는 조선의 왕자를 인질로 보내고 아울러 청에 대해 호전적인 태도를 가진 주전론자들을 압송하라고 주문했다. 예상했겠지만 조선의 사대부들이 그 요구를 받아줄 리 없었다. 결국 그것은 전쟁을 위한 명분에 불과했다. 드디어 그해 12월에 청 태종은 직접 12만 명의 대군을 거느리고 조선 침략에 나섰다. 이것이 병자호란丙子胡亂이다.

전쟁의 양상은 9년 전의 정묘호란과 거의 다를 바 없었다. 불과 보름 만에 청군은 평양을 거쳐 개성 부근까지 내려왔고, 조선의 사대부들은 또다시 도대체 무엇을 믿고 호전적인 태도를 보였는지 이해할 수 없을 만큼 혼란의 도가니에 빠졌다. 한 가지 전과 달라진 것은 이제 정부의 무능함을 익히 알고 있는 백성들이 서둘러 피난 보따리를 쌌다는 점이다. 왕실과 조정 대신들은 백성들보다 더 잽싸게 짐을 꾸리는 한편, 지방의 동원할 수 있는 모든 군대를 수도로 황급히 불러들였다. 강화도로 피난하는 동안 시간을 끌자는 전략이었다. 그러나 왕실의 부녀자들을 먼저 강화도로 보내고 인조가 소현세자昭顯世子(1612~1645)와 함께 그 뒤를 따르려는 순간 한밤중에 급보가 전해졌다. 청군이 이미 홍제원弘濟院까지

들어왔으며, 일부는 서쪽으로 이동해서 강화로 가는 길목을 차단했다는 것이다.●

결국 인조와 조정 대신들은 '이산가족'이 되는 것을 감수하고 한강을 건너 남한산성으로 들어갔다. 그러자 지방에서 오는 군대도 자연히 왕이 있는 남한산성으로 집결하면서 이곳은 조선의 임시 수도가 되었다. 이곳이 나라의 수도가 된 것은 일찍이 옛 백제의 근초고왕이 이곳을 도성으로 삼은 이래(1권, 148쪽 참조) 무려 1300년 만의 일이었다. 하지만 예상치 못한 피난처였기에 예상치 못한 문제가 생겼다. 1만 명이 넘게 불어난 성의 수비대를 감안하면 비축된 식량으로는 두 달을 버티지 못하는 것이다. 그런 사실을 잘 아는 청 태종은 굳이 성을 공략하려 하지 않았다. 이제 20만 명으로 늘어난 군대로 성을 튼튼히 포위한 채 지방에서 올라오는 조선 병력을 경기도 일대에서 차단하면서 기다릴 뿐이었다.

● 홍제원은 말하자면 국립 호텔 격인데, 현재 서울 서대문구의 홍제동에 있었다. 여기서 무악재만 넘으면 바로 영은문과 모화관이다. 위치에서 짐작할 수 있듯이 홍제원은 주로 중국 사신들이 한양에 올 때 들러 휴식을 취하고 예복을 갈아입는 곳이었다. 참고로, 서대문에서 홍제동으로 이어지는 도로를 지금도 의주로(義州路)라고 부르는데, 그 이유는 이 도로가 멀리 평양을 거쳐 압록강변의 의주에까지 이어지기 때문이다. 그래서 조선시대에 이 도로는 정치·군사적으로 상당히 중요했다. 임진왜란 때 선조가 의주로 도망칠 때도, 병자호란 때 청군이 남침할 때도 이 도로를 이용했다.

그동안 산성 내의 '임시정부'에서는 뻔한 결론을 두고 격론이 벌어졌다. 항복하는 것 이외에 달리 도리가 없는데도 항복과 항전을 놓고 논쟁이 벌어진 것은 도무지 이해할 수 없는 일이지만, 애초에 승산이 없는데도 호전적인 태도를 취한 것을 생각한다면 이해할 수 없는 일도 아니다. 현실주의자인 최명길을 비롯해 다수는 주화론의 입장이었고, 이른바 청서파淸西派(인조반정에 가담하지 않은 서인들)의 우두머리인 김상헌金尙憲(1570~1652) 등 노장 세력은 주전론자였다. 주화론을 취할 바에야 애초에 왜 전란의 빌미를 만

28장 비중화 세계의 도전: 북풍

남한산성 행궁 행궁은 왕이 서울의 궁궐을 떠나 도성 밖으로 행차할 때 임시로 거처하는 곳이다. 인조 14년(1636)에 병자호란이 발생하자 인조는 보따리를 싸서 남한산성으로 피난하여 47일간 머물렀다. 일제강점기에 행궁만 아니라 남한산성에 있던 사찰도 모두 파괴되었는데, 그로부터 100여 년이 지나서야 겨우 옛 모습을 되찾게 되었다.

● 그들은 400년 전 몽골 지배기에도 고려 정부가 강화도에서 30년이나 버텼다는 사실에 안도감을 느꼈을 것이다. 하지만 그것은 오산이었다. 침략군의 의지가 그때와는 달랐기 때문이다. 당시 몽골군은 이미 중국 대륙을 정복한 마당에 굳이 고려 정부를 끝까지 핍박할 필요와 의지가 없었다(몽골군이 뱃길에 약해 강화도를 공격하지 못했다는 주장은 사실로 믿기 어렵다. 일본 정벌에서도 보듯이 그들은 현해탄도 건넜을 뿐 아니라 중국 대륙을 공략하면서 바다처럼 넓은 큰 강들을 건넌 경험이 있었기 때문이다). 그에 비해 청군은 한시바삐 조선의 항복을 받아내야만 중국 정복에 나설 수 있기에 그보다는 다급한 입장이었다. 또한 적군에게 대포가 있다는 것도 몽골 침략기와 다른 점이었다.

들었을까? 또 주전론을 주장할 바에야 왜 도성을 버리고 남한산성까지 기어들어갔을까? 무엇보다도, 그런 문제라면 전란이 있기 전에 진작 합의할 일이지 왜 이제 와서 그런 논쟁을 벌일까?

어이없고 무의미한 그 논쟁을 종식시킨 것은 강화도에서 들려온 소식이었다. 일단 강화도에 들어가는 데 성공한 왕족과 관료들은 여기가 남한산성보다 훨씬 안전할 것으로 믿었다.● 하지만 그것도 잠시, 건너편 해변에서 쏘는 청군의 대포알이 바다 건너 강화도 해변까지 날아오자 그들은 잔뜩 긴장했다. 그 덕분에 해변에 아무도 나가지 못하게 되니 청군이 상륙하는 것은 시간문제였다. 남한산성에서 논쟁이 주화론으로 정리되어갈 무렵인 1637년 1월 하순, 드디어 청군은 배로 인천 앞바다를 건넜다. 이 소식을 들은 인조의 빈궁들이 서둘러 원손을 내시들에게 맡겨 배편으로 충청도 당진으로 떠나게 하자 곧 청군이 들이닥쳤다.

강화도가 함락되었다는 비보는 남한산성 임시정부의 행보를 더욱 빠르게 만들었다. 주전론을 굽히지 않았던 김상헌과 정온鄭蘊(1569~1641)은 자살하려다 실패했고(청 태종이 주전론자들을 보내라고 했으므로 그들은 어차피 적에게 끌려갈 운명이었다), 나라보다 가족들 걱정이 먼저인 인조는 적의 요구를 무조건 수락하고 항복을 결정했다. 1637년 1월 30일, 인조가 세자와 함께 삼전도三田渡(지금의 서울 송파구 삼전동)에 나가 청 태종에게 항복의 예를 올림으로써 두 달 동안의 전란은 끝났다.

항복의 조건은 정묘호란 때와 크게 다르지 않았다. 명과의 관계를 단절하고 앞으로는 청에 사대하라는 것이라든가, 왕족과 조정 대신들의 자제를 인질로 보내고 조공을 바치라는 것은 전과 똑같은 요구였다. 달라진 게 있다면 청과 조선의 형제 관계를 군신 관계로 바꾸고, 청이 명을 공격할 때 지원군을 파견하라는 조항이 정식으로 포함된 것인데, 이것은 정묘호란 이후 청 측이 줄곧 주장하던 내용이었다. 결국 조선은 애초부터 청의 모든 요구를 들어줄 수밖에 없는 처지였는데도 쓸데없이 난리만 불러들인 셈이다.

청 태종은 궁극적 목표였던 중국 정복을 이루지는 못했지만 모든 준비는 그의 치세에 갖추어졌다. 그가 죽고 1년 뒤인 1644년에 청은 드디어 장성을 넘어 베이징에 입성했다. 이로써 중국의 한족 왕조인 명은 276년의 사직을 끝으로 멸망했다. 그보다 중요한 것

국치의 기념물 무모한 항전은 결국 보람 없이 끝났다. 사진은 인조가 청 태종 앞에 무릎을 꿇은 것을 기념하는 치욕의 유물이다. 높이 4미터에 달하는 이 비석은 청 태종 공덕비인데, 흔히 삼전도비라고 부른다. 사실 예전에도 그런 식의 공덕비는 많았는데(관구검, 소정방, 유인원 등), 유독 삼전도비를 치욕으로 여기는 이유는 오랑캐에게 당한 것을 더 수치스럽게 여기는 중화사상 때문이다.

은 그와 더불어 중화 세계의 중심이 완전히 사라졌다는 사실이다. 실로 오랫동안 동북아시아 질서의 구심점이었던 중화 세계가 해체되고, 이제 동북아시아에는 '앙시앵 레짐'을 대체하는 새로운 질서가 자리 잡을 터였다.

그러나 바로 그 순간 한반도에서는 전혀 이해할 수 없는 사태가 일어난다. 동북아시아 전역이 새롭고 역동적인 움직임으로 가득한 그때 조선에서는 그 반대로 수구와 복고의 물결이 거세게 일어나기 시작한다. 조선의 사대부들은 중화 세계가 멸망했다고 믿지 않고, 오히려 중화 세계가 조선으로 옮겨왔다고 믿는다. 이제 조선은 중화 세계의 막내가 아니라 맏이가 된 것이다.

29장

복고의 열풍

시대착오의 정신병

불과 두 달 동안의 전쟁이었지만 병자호란은 7년 동안 벌어진 임진왜란에 비해 결코 피해가 적지 않았다. 전란으로 인한 파괴라는 측면에서 보면 그다지 큰 피해는 없었다. 청군은 온갖 약탈과 방화, 강간을 저질렀지만 기간이 길지 않았던 탓에 임진왜란 때 일본군이 저지른 것에 비하면 아무것도 아니었다. 게다가 임진왜란으로 이미 주요 궁궐들이 소실되어 있었으니까 불타 없어질 건물도 많지 않았다. 이번 전란의 피해는 물질적인 것보다 사회적인 데 있었다.

우선 청군에 의해 붙잡혀간 사람이 무려 50만 명에 달한다는 게 커다란 사회문제였다. 전쟁 포로가 그렇게나 많았을까? 물론 그것은 아니다. 청은 조선을 마음대로 유린하면서 돈이 있거나 신분이 높은 집안의 사람들, 특히 부녀자들을 마구잡이로 납치했다. 그 이유는 나중에 그들을 돌려보낼 때 몸값을 받아내기 위해서였다. 명을 침략하는 데 필요한 전쟁 비용을 충당하기 위해 정책적으로 그런 수단을 구사했겠지만, 어쨌든 명분을 내세우지 못하는 처지의 패전국으로서는 당장 그들의 송환이 큰 문제였다. 그런데 민간인을 잡아간 청의 수단도 비열하기 짝이 없었지만, 그 문제에 대처하는 조선 사대부들의 자세는 비열함을 넘어 황당할 정도였다.

제 나라 백성들과 제집 여자들이 적에게 잡혀갔는데도 그 '가장'들은 책임을 느끼기는커녕 안쓰럽게 여기지도 않았다. 몸값이 아까워서일까? 더러는 그렇기도 했을 것이다. 보통 한 사람당 30냥 정도였지만 비쌀 경우 1500냥까지도 했으니까. 그러나 그 때문만은 아니다. 어이없게도 그들은 가족이 오랑캐에게 몸을 더럽혀진 것을 맨 먼저 떠올렸다. 심지어 왜 스스로 목숨을 끊지 않고 더러운 몸으로 돌아올 마음을 먹었느냐고 분노했다. 못난 정부와 못난 가장을 둔 탓에 적국에 끌려가 온갖 수모를 겪은 조선의 여성들은 오히려 한양에 들어오기 전에 '더럽혀진 몸'을 씻어야 했고, 이후에도 환향녀還鄕女라는 손가락질을 받으며 굴욕적인 삶을 살아야 했다.●

집권 사대부들의 사태 인식이 이 정도라면 전란을 겪은 뒤 조선 사회가 어떤 방향으로 가게 될지 짐작하기 어렵지 않다. 그들에게는 전란의 피해보다도 유사 이래 처음으로 국왕이 오랑캐 앞에 무릎을 꿇었다는 게 가장 큰 치욕이었다. 고대 삼국시대에도, 고려

● '고향에 돌아온 여자'라는 뜻의 환향녀라는 말에서 '화냥년'이라는 비어가 나왔다. 이것이 '여성용 욕'이라면 이것과 짝을 이루는 남자에게 하는 '후레자식'이라는 욕도 호란이 남긴 자취다. 오랑캐[胡]에게 잡혀갔다[虜] 돌아온 여자가 낳은 아이를 '호로(胡虜)자식'이라 부른 데서 비롯된 욕설이다. 그 밖에 중국인을 비하해서 부르는 '되놈'이라는 말도 전란에서 생겨난 말이다.

시대에도, 또 얼마 전까지도 한반도 왕조들은 무수한 외침을 겪었지만 그런 노골적인 수모는 처음이었다.

사실 냉철하게 바라보면 그런 결과는 필연이었다. 이미 동북아시아의 패자는 중화 세계에서 비중화 세계로 바뀌고 있었던 것이다. 전통적으로 역사를 서술하는 일을 무엇보다 중요시한 조선의 사대부들이라면 당연히 그런 역사적 흐름을 깨달았어야 한다. 50년 동안 두 차례나 비중화 세계의 '오랑캐'들이 일으킨 대형 전란에 시달렸다면 그들은 거기서 역사의 뼈아픈 교훈을 얻었어야 한다. 역대 한반도 왕조들이 겪은 침략의 역사를 살펴보고, 당면의 정세와 앞으로의 사태 변화를 파악했어야 한다. 그들이 하지 못했으니, 여기서 그들을 대신해 역사에 등장하는 한반도 침탈의 흐름을 간단히 정리해보자.

삼국시대에 겪은 침략(고구려 초기 한 제국과 랴오둥 정권의 침략, 후기의 삼국 통일 전쟁)은 중국의 한족 왕조가 한반도를 공략해 중화 세계로 끌어들이는 과정이었다. 이것이 성공하면서 한반도는 중화 세계로 편입되었는데, 불행히도 이후 중화 세계는 동북아시아의 중심에서 서서히 물러나고 북방의 비중화 세계가 강성해졌다. 고려 초기에 거란의 침략을 당하고, 중기에 여진의 금에 사대하고, 후기에 몽골의 속국이 되는 것은 그 과정이다. 그럼에도 불구하고 고려는 내내 중화 세계의 일원이 되고자 노력했다. 고려를 이은 조선은 처음부터 유교 왕국을 지향했으므로 때마침 중국에서 부활한 한족 왕조인 명과 죽이 맞았다. 그러나 시대적 조류는 중화 세계가 질서의 중심축이 되기 어려운 방향으로 흐르고 있었으며(또 다른 비중화 세계인 일본의 도전이 그것을 보여준다), 결국 그 와중에 명 제국이 무너졌다.

● 조선의 사대부들은 미처 몰랐겠지만 당시는 세계적으로도 격변의 시대였다. 멀리 유라시아 대륙의 서쪽 끝인 영국에서는 시민혁명이 한창이었고, 유럽 대륙에서는 30년 전쟁(1618~1648)의 소용돌이 속에서 근대사회의 문턱을 넘고 있었다. 이 진통이 끝나면 유럽 세계는 200년 전의 대항해시대에 이어 다시 세계 진출에 박차를 가하게 되는데, 이것이 동양사에서 말하는 이른바 서세동점(西勢東漸: 서양 세력의 동양 진출)의 시작이다. 물론 극동 세계에서 유럽의 그런 변화까지 충분히 예측할 수는 없었다. 그러나 종교개혁 이후 동양으로 온 많은 가톨릭 선교사를 통해 유럽의 사정을 어느 정도 인식하고 있었을 것이므로 조금만 촉각을 곤두세웠다면 적어도 세계사적인 전환기라는 사실을 감지하는 것도 가능했을 것이다.

이와 같은 역사적 추이로 보나, 만주족 왕조가 대륙을 정복한 현재의 상황으로 보나 조선이 나아가야 할 길은 명백했다. 비록 씻을 수 없는 국치를 당한 것은 가슴 아픈 일이지만, 역사적·현실적 필연성을 솔직히 인정하고 새 시대에 어울리는 역동적인 체제 개혁의 길로 나서야 했다. 마침 기존의 질서가 송두리째 파괴된 상황을 맞았으므로 모든 것을 새롭게 시작할 조건은 갖추어진 셈이었다.●

그러나 조선의 사대부들이 택한 노선은 그런 시대적 요구와는 정반대였다. 그들은 그저 오랫동안 유지되어온 중화 질서가 오랑캐에 의해 깨졌다는 사실에 분개할 따름이었다(환향녀들에게 보인 태도는 그 분풀이다). 그래서 전후 그들이 맨 먼저 착수한 역사 서술은 역사적 흐름을 읽어내고 거기서 당면의 과제를 추출하기보다 그들의 견해에 부합하지 않는 과거 역사를 바로잡는 작업이었다. 광해군 시절에 기록된 《선조실록》을 수정해 《선조수정실록宣祖修正實錄》의 편찬을 시작한 게 바로 그것이다. 이유인즉슨 대북파가 득세하던 시절이라 이이, 성혼, 정철, 유성룡 등 서인의 주요 우두머리들에 대해서 왜곡된 기록이 많다는 것이다. 사실 이 작업은 인조반정 직후부터 기획된 것이었으니 전란으로 미루어진 일을 처리한다는 의미가 있었지만, 전후의 혼란스런 정국에서 하필 그 작업이 우선시된 이유는 어떻게 봐야 할까?

그것은 그들이 수구적인 자세를 굳히기로 작정했음을 뜻한다.

그들은 동북아시아를 휩쓸고 있는 거센 변화의 흐름을 거슬러 '좋았던 옛날'로 역사의 시곗바늘을 거꾸로 돌려놓기로 결심한 것이다. 따라서 이제부터 그들이 해야 할 임무는 두 가지다. 우선 대외적으로는 조선이 지구상에 남은 유일한 중화 세계임을 분명히 하는 일이다(이것이 이른바 소중화小中華 이념으로 나타난다). 그다음 대내적으로는 조선을 완벽한 사대부 국가로 만드는 작업에 박차를 가해야 한다(여기에는 당쟁의 지속과 업그레이드가 포함된다).

두 개의 실록 선조는 그저 오래만 재위했을 뿐 한 일이 없었으나 그가 죽은 뒤 《선조실록》(왼쪽)과 《선조수정실록》(오른쪽)의 두 가지 실록이 편찬되었다. 두 차례의 대형 전란을 치르고서도 여전히 정신을 차리지 못한 사대부들이 집권 당파에 따라 실록을 달리 만들었기 때문이다. 이 '새로운' 전통은 당쟁이 극성을 부리는 숙종 때까지 계속된다.

결국 엄청난 전란의 발톱이 할퀴고 지나갔음에도 불구하고 조선은 아무것도 달라지지 않았다. 집권 사대부들은 아무것도 반성하지 않았다. 오히려 그들은 전보다 더 강력한 수구적 자세와 더 강렬한 복고적 태도와 더 강경한 반동적 분위기를 조성하면서 시대착오적인 정신병으로 빠져들어 갔다. 나중에 보겠지만 그런 배경에서 우리 역사상 가장 민족적이고 자주적인 학문적 경향(실학)과 예술적 조류(진경산수화와 판소리)가 탄생했다는 것은 역사의 슬픈 장난이다.

허망한 북벌론

집권 사대부들이 온통 오랑캐에 대해 절치부심하고 있을 무렵, 그들과는 생각이 다른 사람이 있었다. 그는 오히려 오랑캐 나라의 심장부에 머물면서 오랑캐의 사고방식과 문화를 이해하는 것은 물론 오랑캐를 통해 멀리 서양의 문물까지 열심히 익히려 했다. 그는 사대부 신분이 아니었기에 고리타분한 성리학적 세계관으로부터 비교적 자유로울 수 있었다. 이쯤이면 그가 누군지 명확해진다. 바로 병자호란이 끝난 뒤 청의 선양瀋陽●에 인질로 잡혀간 소현세자다.

아버지와 함께 삼전도에 나가 청 태종 앞에서 항복의 예를 올릴 때만 해도 소현세자는 조선의 어느 사대부에 못지않게 치욕에 온몸을 떨던 젊은이였다. 그러나 동생인 봉림대군鳳林大君(뒤의 효종)과 함께 8년여를 청에서 지내면서 그는 그동안 자신을 포함해 조선의 지배층이 얼마나 편협한 세계관을 가지고 있었는지를 실감하게 되었다.

1644년 청군이 베이징에 입성할 때는 그도 직접 따라가 두 달 동안 그곳에 머물기도 했다. 거기서 그는 독일 선교사인 아담 샬Adam Schall를 만나 서양의 각종 과학 서적과 함께 지구의, 망원경 등의 문물, 그리스도교의 경전과 그리스도상을 처음으로 보았다. 그중에서 그에게 가장 큰 인상을 준 것은 지구의가 아니었을까? 공처럼 둥근 지구의 모습과 드넓은 유라시아 대륙, 게다가 거대한 바다와 광활한 신대륙을 보면서, 그는 중화 세계만이 문명 세계라는 편협하고 시대착오적인 성리학적 세계관이 여지없이 부서지는 소리를 들었을 것이다.

그러나 적진의 한복판에서 소현세자가 보인 행동이 본국의 사대부들에게는 어떻게 비쳤을까? 그들이 볼 때 세자의 처신은 좋

● 라오둥 한복판에 자리 잡은 선양은 누르하치의 시대에 청의 수도였다. 청이 대륙을 정복하면서 수도가 베이징으로 옮겨졌으나 그 뒤에도 선양은 동북 지역의 주도로 기능했으며, 현재도 라오닝성의 성도(省都)다. 선양을 우리식으로 읽으면 심양이 되는데, 심양이라고 하면 생각나는 게 있다. 바로 몽골 지배기 고려의 심양왕이다. 1권 478쪽에서 보았듯이, 심양왕은 어떤 의미에서 한반도 왕조에 만주의 관할권이 귀속된 기회이기도 했으나 고려 정부는 그 기회를 스스로 팽개쳤다. 이곳에서 10년 가까이 생활한 소현세자는 한 번쯤 그때의 아쉬운 역사를 회상하지 않았을까?

게 말하면 방종이고 나쁘게 말하면 추태였다. 그들은 인조에게 부지런히 상소를 올려 세자를 단속하라는 압력을 가했다. 더 나아가 그들은 세자가 적의 편에서 활동하고 있다고 주장하는가 하면, 심지어 적국에서 지나치게 많은 경비를 쓰고 있다는 조잡한 비난까지 퍼부었다. 하지만 소현세자는 열심히 새로운 문물을 배웠을 뿐이다. 게다가 그는 청의 황족이나 장군 들과 두루 사귀면서 두 나라의 외교를 담당했으며, 청이 무리한 요구를 하려 할 때면 현지에서 무마시키고 차단하는 성과도 올렸다. 그러므로 사대부들의 비난은 전혀 사실무근이었다.

당연한 일이지만 인조는 사대부들의 편이었다. 그 자신이 국가적 치욕의 당사자이기도 한 데다 처음부터 반정을 통해 즉위한 왕이었으므로 설령 세계관이 다르다 해도 그들의 편에 설 수밖에 없었다. 더욱이 벌써 몇 차례나 궁궐과 백성들을 버리고 사대부들과 함께 전란을 피해 도망쳐본 경험이 있는지라 사대부들과는 끈끈한 '공범의식'과 유대감도 있었다. 그런 그에게는, 청에서 소현세자를 사실상의 왕으로 간주한다는 소문조차 아들의 능력에 대한 칭찬이 아니라 자신의 왕위에 대한 위협으로 들렸다. 여러모로 못난 왕이다. 게다가 그는 청에 아들의 행동을 감시하는 밀정까지 보냈으니 못난 아버지이기도 하다.

그런 상황에서 소현세자가 1645년 2월 마침내 오랜 인질 생활을 청산하고 귀국했을 때 국내의 반응이 어땠을지는 뻔하다. 사대부들에게 완전히 동화된 인조는 아들을 만나려고도 하지 않았고, 아들이 가져온 서양 문물에 대해 강렬한 혐오를 보였다. 거기서 그쳤으면 좋았을 것을! 각오는 했지만 너무나도 차디찬 아버지의 냉대에 견디지 못하고 소현세자가 귀국 후 2개월 만에 병석에 눕

청동지구의 소현세자가 청나라에서 가져온 여지구(輿地球)라는 것이 우리나라에 처음 들어온 지구의지만 현재 전하지 않는다. 사진의 청동지구의는 조선 후기 최한기가 제작한 것으로 추정된다. 사발 모양의 받침대에 남북축을 수평이 되게 걸쳐 놓고 있으며, 남극대륙을 제외한 세계지도가 거의 그려져 있다.

게 되자 사대부들은 엄청난 음모를 꾸몄다. 바로 세자를 살해하는 것이다. 물론 공식적으로 세자는 학질에 걸려 죽은 것으로 되어 있다. 그러나 앓아누운 지 나흘 만에, 그것도 처참하게 피부가 썩은 상태로 죽었다면 그가 과연 진정으로 병사했다고 믿을 수 있을까?

그들의 잔인함은 거기서 그치지 않고 과부가 된 세자빈 강씨에게까지 뻗쳤다. 인조가 그것까지 내버려둔 이유는 혹시 소현세자의 아들에게 왕위가 넘어가는 것을 꺼린 탓이 아니었을까? 게다가 여기에는 그가 총애하는 후궁인 조소용趙昭容이 며느리 강빈과 사이가 좋지 않은 것도 단단히 한몫했다. 평소에도 세자 부부에 대해 여러 가지로 모함한 그녀는 인조가 먹을 음식에 강빈이 독을 넣었다는 이야기를 꾸며냈다. 결국 이듬해 강빈은 사약을 받았고 비운의 부부가 남긴 어린 세 아들은 제주도로 유배되었다가 첫째와 둘째는 풍토병으로 일찍 부모의 뒤를 따랐다 (막내는 후에 귀향에서 풀려 복원되었으나 스물한 살에 죽었다).•

● 한 가족사로서는 슬픈 이야기지만 다른 면으로 보면 당시 조선의 냉엄한 현실을 보여주는 이야기이기도 하다. 소현세자의 '독살'을 주도한 것은 사대부들이었겠지만 인조 역시 알면서도 묵인했을지 모른다. 이렇게 왕위 계승자가 음모로 살해될 정도라면 조선은 분명히 왕국이 아니라 사대부 국가다. 소현세자의 정치적 잘못이라면 그런 조선의 정체를 충분히 파악하지 못한 것이라고 해야 할 듯하다. 그는 선양에 머물 때 장차 귀국해 조선에 선진 문물을 적극 도입할 꿈을 꾸었을 테지만, 조선은 국왕이 마음대로 할 수 있는 '왕국'이 아니었고, 더구나 그의 아버지는 사대부들의 도움이 아니었다면 왕위와 전혀 인연이 없을 인물이었다.

소현세자의 일가가 몰살됨으로써 세자 자리는 자연히 그의 동생인 봉림대군에게로 넘어갔다. 형과 함께 선양에서 8년 동안 생활하면서 국내와의 마찰이 있을 때마다 형을 거들던 그였지만 인물됨은 형과 달랐던 듯하다. 하기야, 설사 그가 형처럼 진보적인 성향을 가졌다 하더라도 그 살벌한 조정의 분위기에서는 마음을 바꾸어먹을 수밖에 없었으리라. 그래서 그는 처음부터 아예 형과는 정반대로 행동했다.

1649년에 인조가 죽자 봉림대군은 효종孝宗(1619~1659, 재위 1649~1659)으로 즉위했다. 서인 정권으로서는 2대째 연이어 왕위 계승권자가 아닌 인물을 국왕으로 옹립한 셈이다. 인조도 반정으로 즉위했다는 약점 때문에 사대부들의 꼭두각시가 될 수밖에 없었는데, 그의 둘째 아들로 왕위를 계승한 효종은 더 말할 것도 없었다. 더구나 그는 형이 죽음으로써 왕위에 올랐을 뿐 아니라 형의 죽음을 방관했다는 죄의식도 있었으니 여러 가지로 왕권을 내세울 수 없는 처지였다. 사대부들은 그런 효종을 마음대로 조종하면서 소현세자를 살해한 음모보다 더 크고 더 황당한 음모를 꾸미기 시작했다. 그것은 바로 북벌北伐이다.

북벌의 북이란 청 제국을 가리킨다. 그렇다면 북벌은 청을 정벌한다는 계획이 아닌가? 병자호란 이후 청에 복속된 조선으로서 감히 생각할 수 있는 구상일까? 물론 공식적으로는 불가능하다. 청의 눈을 피해 비밀스럽게 진행해야 한다. 따라서 이를 위해서는 먼저 국내의 반대 세력, 즉 친청파親淸派를 제거해야 했다.

반정 이후 서인 정권이 오래 지속되면서 서인들도 두 파로 갈렸다(파를 갈라 다투는 것은 조선 사대부들의 전매특허다). 인조의 치세에는 반정에 직접 가담한 이른바 공서파功西派가 주류였고, 반정에 참여하지 않은 청서파가 비주류였다. 두 차례의 전란에서 주화론자가 다수였던 탓에 자연히 공서파는 친청파가 되고 청서파는 반청파로 편제되었다. 1647년에 최명길이 죽으면서 공서파이자 친

● 김자점은 바로 소현세자의 아내인 강빈과 세 아들을 제거하는 음모의 총지휘자였다. 그런 그가 친청파를 이끌었다는 사실에서 당시 조선 사대부들의 '수준'을 읽을 수 있다. 소현세자야말로 청을 우호적으로 대하면서 청으로부터 선진 문물을 배워 조선을 발전시키려 한, 굳이 말하면 '골수 친청파'가 아닌가? 하지만 불행히도 김자점의 친청파는 크게 달랐다. 그들은 오로지 청과 결탁해 자신들의 권력을 유지하려는 게 목적이었으니, 정치 철학이나 이념 같은 게 애초부터 없었던 것이다. 비록 편협한 성리학적 세계관이나마 나름대로 학문적인 자세에서 논구하려 한 당쟁 초기, 100년 전의 사대부들에 비해 크게 퇴보한 모습이다.

청파의 단독 우두머리가 된 자는 김자점金自點이었다.●

김자점은 병조판서로 병권을 장악한 데다 손자를 인조 소생인 효명옹주孝明翁主와 결혼시킴으로써 왕실의 외척으로 한동안 권세를 떨쳤다. 그러나 그는 인조가 죽은 뒤 곧바로 청서파의 송준길宋浚吉(1606~1672)로부터 탄핵을 받아 실각했다. 사실 공서파는 반정으로 집권한 이상 인조의 사후에는 권력을 보장받을 수 없는 운명이었지만, 그래도 김자점은 권좌에서 물러난 게 억울할 수밖에 없었다.

이제 김자점이 매달릴 것은 오로지 중국뿐이다. 그는 청서파가 북벌을 획책하고 있다는 사실을 청에 알려 권토중래를 꿈꾸었다. 예상한 대로 청은 군대와 사신을 보내면서 신속한 반응을 보였지만 청서파의 대응은 더 신속했다. 효종이 나서서 사태를 수습하자 김자점은 곧바로 반역자가 되었다. 그가 처형당함으로써 조정은 청서파와 반청파의 독무대가 되었다(불행히도 전란으로 한동안 중단된 말만의 역모가 또다시 발생했다).

단독 콘서트의 주역으로 떠오른 인물은 바로 송시열宋時烈(1607~1689)이다(송준길은 그의 친척인데, 둘은 훗날 양송兩宋으로 불리게 된다). 그는 청서파에게서 명망이 높았을 뿐 아니라 봉림대군이 왕위와 무관하던 시절인 1635년에 그의 스승을 지내기도 했다. 그러므로 그는 효종이 즉위하자마자 자연스럽게 중용되었다.●●

이제 송시열이 이끄는 조선의 사대부들은 적어도 국내에서는 아무 눈치도 볼 필요 없이 북벌을 추진할 수 있게 되었다. 따라서 북벌은 '공공연한 비밀'이 되었다. 그러나 그렇듯 거창하게 시동을 건 북벌의 구체적인 진행 과정을 보면 정말 어처구니없었다. 주요 사업이라 할 만한 것은 남한산성의 방어를 강화하고, 어영청의 군사를 세 배로 늘리고, 중앙군의 대부분을 기병화한 정도였다. 북벌론자들은 수도를 가급적 오래 방어하고 정부가 남한산성에 피난했을 때 가급적 오래 버티는 것을 북벌로 착각한 모양이다. 그나마 북벌에 어울리는 사업이라면 북도에 성들을 새로 쌓고 농민들에게 군사훈련을 실시한 것인데, 이것은 오히려 백성과 지방 수령 들에게 반발을 사서 역효과를 빚었다(게다가 그것 역시 적의 침략을 방어하기 위한 목적이었으니 엄밀히 말해 북벌 준비라 할 만한 것은 못 된다).

●● 인조 때는 과거를 통하지 않고 재야에서 직접 인물을 추천받아 관직에 등용하는 경우가 많았는데, 이들을 흔히 산림(山林)이라고 부른다. 송시열과 그의 스승인 김장생(金長生, 1548~1631), 김집(金集, 1574~1656) 부자가 그런 경우다. 이들이 청서파의 주력으로 등장했음은 물론이다. 산림이 등용되었다는 것은 곧 그만큼 반정공신 세력이 약했다는 뜻인데, 이 점이 중종반정과 인조반정의 차이이기도 하다. 사대부들의 공분을 자아냈던 연산군에 비해 광해군은 그와 같은 부류의 폭군이 아니었음을 반증하는 사실이다.

결국 효종이 재위 10년 만인 1659년에 죽으면서 북벌은 흐지부지되고 말았다. 그 이념부터 소아병적인 성리학적 세계관에 뿌리를 둔 것이었으니 출발부터 예고된 결과였지만, 허망하기 짝이 없는 일이다. 대체 이미 사라진 중화 세계를 되살리려 한다는 게 올바른 일일까? 적어도 가능하기는 한 일일까? 하지만 북벌을 추진하면서 조선의 사대부들은 한 가지 중요한 성과를 얻었다. 역시 잃어버린 중화 세계를 되살리는 일은 불가능하다. 그러나 새 중화 세계를 건설할 수는 있다. 그래서 그들은 허망한 북벌 계획을 포기하고 그 대신 조선을 중화 세계로 만드는 작업으로 선회하게 된다. 성리학의 소아병은 이제 집단적 정신병으로 발전했다. 조선의 병은 마침내 정점에 이르렀다.

소중화의 시작

효종이 죽은 것은 전혀 예상치 못한 또 다른 문제를 낳았다. 물론 북벌은 어차피 실행에 옮기지도 못할 허망한 꿈이었으니 북벌이 중단된 것은 문제가 되지 않았다. 또 그의 아들 현종顯宗(1641~1674, 재위 1659~1674)이 순조롭게 왕위를 이었으니 왕위 계승도 문제가 되지 않았다. 새로 등장한 논란거리는 바로 장례 예절에 관한 문제였다.

왕이 죽었으니 모두들 상복을 입어야 한다는 데는 이의가 없었다. 하지만 얼마나 입을 것인가, 즉 복상服喪 기간을 얼마로 정할 것인가는 문제가 되었다. 왜 그럴까? 효종은 형인 소현세자가 죽음으로써 왕위에 올랐다. 집안의 혈통으로 보면 둘째지만 나라의 혈통으로 보면 국왕이니까 만이에 해당한다고 볼 수 있다. 그게 왜 중요할까? 우선 그의 계모인 자의대비慈懿大妃●가 상복을 얼마나 입어야 하는지가 그에 따라 결정되기 때문이다. 효종이 둘째 아들이라는 사실에 초점을 맞추면 그녀는 여느 사대부 집안의 경우와 같이 1년간 상복을 입어야 하지만, 효종이 국왕이라는 사실을 더 중시한다면 그녀는 여느 국상國喪의 경우처럼 3년간 상복을 입어야 하는 것이다.

● 인조의 계비인 조대비를 가리키는데, 정식 명칭은 장렬왕후(莊烈王后)다. 효종 때 자의(慈懿)라는 존칭을 받았으므로 보통 자의대비라고 부른다. 그녀는 인조의 정비인 인열왕후가 죽은 뒤 1638년에 계비로 들어왔다가 인조가 죽자 아직 스물다섯 살의 젊은 나이인데도 대비가 되었다. '아들'인 효종보다 다섯 살이나 어린 것도 기구하지만 효종마저 죽으면서 그녀의 복상 문제가 정치적 관심사로 떠올랐으니 더욱 기구한 팔자다. 그러나 그녀는 이후 '며느리'인 인선왕후가 죽은 뒤에도 똑같은 문제에 시달리게 된다. 다 젊은 나이에 과부가 된 탓이랄까?

여기까지는 좋다. 나라 안팎이 어수선한 마당에 쓸데없이 격식을 따진다는 느낌은 있지만, 성리학을 근본이념으로 하는 국가인 만큼 이해할 수 없는 일은 아니다(앞서 예종과 성종, 연산군과 중종의 경우에서 보았듯이, 왕실에서도 촌수와 무관한 혼인이 성립한 조선 초기에 비하면 훨씬 예절과 격식이 엄격해진 것을 알 수 있다. 이것이 바로 사대부 국가의 '성과'다). 문제는 바로 그것을 사대부들이 좋은 당쟁거리로 삼았다는 점이다. 이렇게 해서 이른바 예송논쟁禮訟論爭이라는 사건이 시작된다.

오랫동안 서인 정권에 밀려 권력에서 소외되어 지낸 남인들은 바야흐로 권좌에 복귀할 기회가 왔다고 판단했다(그동안 남인이 완전히 밀려난 것은 아니고 서인과 일종의 연립정권을 이루었으나 우세한 측은 서인이었다). 송시열이 주장한 1년 복상을 맞받아쳐서 그들은 3년상을 주장하고 나섰다. 그러나 아직 남인의 세상이 오기에는 시기상조였다. 결국 1년 복상이 통과되면서 남인은 재수생의 길을 걷게 된다.●●

언뜻 보면 예절에 관한 논쟁이니까 어딘가 점잖고 품위 있는 것으로 여겨진다. 하지만 실은 권력을 배후에 깔고 있는 다툼이었으니, 말하자면 '인간의 얼굴을 한 야만'인 셈이다. 이 점은 15년 뒤에 벌어진 예송논쟁의 2라운드에서 더욱 극명하게 드러난다.

1674년 2월에 효종의 아내이자 현종의 어머니인 인선왕후仁宣王后가 죽자, 이제는 대왕대비가 된 자의대비의 복상 문제가 또다시 초점이 되었다. 다만 이번에는 며느리의 상인지라(며느리도 역시 그녀보다 나이가 위였

●● 이 과정에서 유배된 인물 중에는 남인인 윤선도(尹善道, 1587~1671)도 있었는데, 정철의 경우처럼 그 역시 오랜 은거와 유배 생활을 하면서 많은 문학작품을 남겼다. 윤선도는 모두 합쳐 40년 동안이나 유배를 당하거나 은거하면서 〈어부사시사(漁父四時詞)〉와 〈오우가(五友歌)〉를 쓰는 등 문학에 몰두했다. 나머지 기간에는 남인의 일원으로서 당쟁에 몰두했다. 학자와 관료의 구별이 없었듯이 시인과 정치가의 구별도 없었던 셈이다.

중화의 변종들 중화 세계가 사라지고 없는데 그 수하들은 여전히 남아서 부지런히 입을 놀렸을 뿐 아니라 당파의 우두머리가 되었다. 왼쪽은 중화의 수하이자 소중화의 우두머리인 서인 대표 송시열이고, 오른쪽은 남인 대표 허목이다. 이 수구적인 중화의 화신들 때문에 조선은 중대한 시기에 좌초하고 말았다.

다) 1년 복상과 9개월 복상으로 내용은 바뀌었다. 물론 서인이 9개월이고 남인이 1년이다. 여기서 허목許穆(1595~1682)과 윤휴尹鑴(1617~1680)가 1년 복상설을 관철해 보기 좋게 역전승을 거두면서 드디어 남인이 권력을 쟁취했다.

같은 사안임에도 시차를 두고 정반대의 결론이 나왔다는 것은 무슨 뜻일까? 말할 것도 없이, 그렇듯 복잡하고 근엄해 보이는 논쟁이 실은 아무것도 아니라는 뜻이다. 양측은 온갖 폼을 잡고 마치 엄청난 철학 논쟁이라도 벌이듯이 옛 문헌들을 뒤져가며 엄격하고 치밀하게 예법을 따졌지만, 실제로 승부를 결정한 것은 어느 측의 정치적 세력이 더 컸느냐 하는 것이다. 그랬기에 예법 논쟁에서 승리한 측이 곧바로 권력을 잡을 수 있었던 것이다.

물론 서인과 남인이 마음속의 권력욕을 노골적으로 드러낸 것은 아니다. 논쟁에 참여한 사대부들 가운데는 권력과 무관하게 진심으로 예법에 관한 의견을 피력한 사람들도 적지 않았을 것이다. 게다가 양측은 나름대로 학문적 근거를 가지고 논쟁을 벌였다. 서인은 조선의 법전에 해당하는 《경국대전》을, 남인은 《주례》, 《예기》와 함께 3례의 하나인 《의례》를 문헌적 근거로 삼았다. 논쟁을 학문적으로 해석한다면, 서인은 성리학적 편향이 강한 데 비해 남인은 성리학 이전의 유학, 즉 육경학六經學의 입장에 서 있었다고 할 수 있다. 그렇다면 양측이 왜 자의대비의 복상 기간을 그렇게 정했는지도 분명해진다. 골수 성리학자인 서인들은 효종이 둘째 아들인 만큼 사대부에 대한 예우에 준해서 처리하고자 한 것이며, 그에 반해 성리학적 성향이 그보다 약한 남인들은 왕에 대한 예우는 사대부와 다르다는 논리를 편 것이다(그래서 굳이 비교하면 남인들의 주장이 왕권 강화에 다소나마 도움이 되는 것은 사실이지만, 이미 조선은 사대부 국가이므로 별 차이는 없다).

● 육경이란 《주역》, 《서경》, 《시경》, 《예기》, 《춘추》의 전통적인 5경에 《효경(孝經)》을 더한 것이다. 모두 공자의 시대나 그 이전의 문헌들이므로 육경을 중시하는 것은 원시 유학의 학풍에 속한다. 그에 비해 성리학은 주희가 편집한 사서, 즉 《논어》, 《맹자》, 《중용》, 《대학》을 기본 교과서로 삼고 있으므로 육경학보다는 복고적 성향이 약하다고 할 수 있다. 그런 점에서, 남인의 집권은 수구와 복고를 지향하는 조선 사회를 좀 더 보수적으로 만들었다고 할까?

하지만 여기서 중요한 것은 양측의 입장 차이가 아니다. 당시에는 어느 측의 논리가 옳고 어느 측이 집권하느냐가 중요한 문제였겠지만, 역사적으로 볼 때 그것보다 훨씬 더 중요한 것은 왜 하필 그 무렵에 예송논쟁이 벌어졌는가 하는 것이다. 조선 건국 이래 둘째 아들로서 왕위에 오른 경우는 효종이 처음은 아니다. 또한 국상을 치러본 경험도 그동안 숱하게 많았다. 그런데 왜 유독 효종 부부의 장례 절차만이 문제가 된 걸까?

조선 내부만 놓고 본다면 그 사건은 조선이 성리학적 이념에 어울리는 이상적인 유교 국가 체제에 한층 접근했다는 것을 의미한다. 이제 조선은 사대부들이 왕족의 장례 절차마저도 논쟁을 통해 결정할 만큼(정작 상주喪主인 현종조차 그 논쟁에 개입하지 못할 정도였으니까) 완벽한 사대부 국가가 되었다. 앞서 전란이라는 비상 시기에도 사대부들은 조선이 취해야 할 노선을 놓고 주화론과 주전론으로 나뉘어 치열한 논쟁을 벌였지만, 이번 예송논쟁은 관혼상제라는 일상적인 관습마저도 그들이 정한 유교 예법에 따라야 한다는 것을 분명히 보여주었다. 따라서 이제는 지배 권력만이 아니라 조선 사회 전체가 완전히 유교화된 것이다. 유교적 예법의 하나인 동성 간의 통혼 금지가 전면적으로 실시된 게 바로 현종 때인 것도 결코 우연이 아니다.

그러나 왜 당시 조선의 사대부들이 예송논쟁을 벌였는지 알 수 있게 해주는 것은 조선 내부가 아니라 그 바깥, 즉 동북아시아의 정세 변화다. 1644년에 유교적 국제 질서의 중심인 명이 멸망했고, 유교 문명의 고향인 중원은 오랑캐의 청이 정복했다. 즉 중화 세계가 사라진 것이다. 한동안 잃어버린 중화 세계에 대한 향수를 허망한 북벌 계획으로 달래던 조선의 사대부들은 이제 조선을 또 하나의 중화, 작은 중화(소중화)로 만든다는 거창한 프로젝트를 시작했다. 그러자니 이제부터는 모든 유교적 예법을 자신들이 직접 만들고 가다듬을 수밖에 없다. 따라서 예송논쟁은 그 소중화 프로젝트의 신호탄이다.

그렇다면 이제 비로소 조선은 사대주의를 완전히 극복한 걸까? 조선의 사대부들은 이제부터 중국이 아니라 조선이 (문명) 세계의 중심이라고 생각하기 시작했으니, 마침내 1000년이 넘게 간직해

온 사대 의식을 버리고 자주적이고 주체적인 입장을 찾은 걸까? 불행히도 정반대다. 그것은 사대의 극복이 아니라 사대의 변종이다. 사대의 대상이 사라졌는데도 주체로 돌아오지 못하고 오히려 사대의 대상을 허구적 우상으로 만들어 주체 속으로 가져온 것이기 때문이다(단적으로 말해, 중국의 청이 한족 제국이었다면 조선에서 소중화 운동이 벌어지지 않았을 것이다).

이 무렵부터 조선 사회에서는 실학實學이라는 새로운 학문적 조류가 나타나고 진경산수화眞景山水畵라는 새로운 미술 운동이 벌어지게 된다. 실학은 조선을 대상으로 하는 현실적인 학문 운동이고, 진경산수화는 중국의 산수가 아닌 조선의 산수를 소재로 그린 산수화다. 겉으로만 보면 주체적인 변화인 듯하다. 하지만 그렇지 않다. 물론 그런 변화를 싸잡아 평가절하할 수는 없겠지만, 그 배경에는 중화의 본산이 사라지고 없다는 위기감이 자리 잡고 있었으니 결코 주체적인 전환이라고는 할 수 없다. 진짜 중화가 붕괴한 뒤 조선이 중화 이념이라는 허구적인 옷으로 갈아입고서야 비로소 겉으로나마 주체성을 찾기 시작했다는 것은 역사의 커다란 아이러니가 아닐 수 없다.●

● 실제로 이 무렵은 마치 중국 대륙에서 망한 중화 세계가 조선 속으로 옮겨온 듯한 분위기였다. 예를 들어 서인 계열의 학자 유계(柳棨)가 쓰고 송시열이 서문을 붙인 1667년의 역사서 《여사제강(麗史提綱)》에서는 한반도의 기년을 중국 기년보다 우위에 두었으며, 남인 계열의 홍여하(洪汝河)도 《휘찬여사(彙纂麗史)》에서 중국의 역사를 한반도의 역사 속에 넣어 서술했다. 아무리 역사학도 시대의 분위기를 따른다지만 불과 수십 년 만에 '학풍'이 180도 달라진 현상은 어떻게 봐야 할까? 당시의 소설가였던 김만중(金萬重)은 정철의 시가를 과대 포장하면서 이렇게 말했다. "지금 우리나라 시문은 그 말을 버리고 타국의 말을 배운 격이다. 설령 십분 비슷하다 해도 단지 앵무새가 하는 사람의 말일 뿐이다." 언뜻 주체적인 자세를 부르짖는 것처럼 보이지만 실상 그의 말은 중국이 중화로 있을 때를 그리워하고 있다(그때 조선은 '앵무새'에 불과했다!). 그가 〈사미인곡〉을 중국 전국시대의 굴원(屈原)이 지은 〈이소(離騷)〉에 견주며 높이 평가한 게 그의 속내를 말해준다.

30장

조선판 중화 세계

세계화 시대의 중화란

조선의 사대부들이 이제 조선만이 지구상에 홀로 남은 문명국이라는 허구적 위기감과 허황한 자부심을 키우며 안으로 웅크리고 있을 무렵, 공교롭게도 지구상의 수많은 지역은 오히려 속속들이 개방되고 있었다. 바야흐로 유럽 문명이 세계 각지로 진출하기 시작한 것이다. 앞서 말했듯이 후대의 동양 역사가들은 이 과정을 서세동점이라 부르는데, 그것은 동북아시아의 입장에서 하는 말이고, 인류 문명사 전체로 보면 그 과정은 서로 독립적으로 발생하고 발전해온 지구상의 모든 문명이 하나로 통합되는 거대한 '세계화'의 출발점이었다(그 세계화의 완성은 20세기에 이루어진다).

세계 진출에 나선 유럽인들의 전략은 크게 세 가지다. 첫째, 토착 문명권의 힘이 약한 곳에서는 무력을 동원해 가차 없이 현지 문명을 짓밟고 유럽 문명을 이식한다. 16세기 초 에스파냐인들에 의해 정복된 멕시코의 아스테카 문명과 페루의 잉카 문명이 그런 예다(《종횡무진 서양사》 2권, 32~36쪽 참조). 둘째, 기존 문명권의 힘이 어느 정도 강한 곳은 먼저 경제적 진출을 통해 자본주의적 원료 공급지이자 시장으로 만들고 나서 정치·군사적 침략을 시도한다. 인도와 인도네시아, 인도차이나 등이 그런 경우에 해당하는데, 이 지역들은 16~17세기까지는 유럽인들과 경제적인 통상을 하다가 18세기부터 식민지로 전락했다. 마지막으로, 문명과 역사의 전통이 강한 곳에서는 경제적 진출에 만족한다. 동북아시아 세계가 바로 그 경우에 해당한다.•

16세기부터 동북아시아에 온 유럽인들은 이곳이 만만찮은 문명권임을 알았다. 정치적 지배가 가능한 곳이 아니므로 정복이나 점령은 언감생심이고 문호를 개방하는 정도에 만족해야 하는데, 그러려면 정성 어린 선행 작업이 필요했다. 군대를 동원해 우지끈뚝딱 해결할 수 있는 지역이 아닌 것이다. 그래서 동북아시아 개방의 길잡이로 상인과 선교사들이 나섰다. 그런데 여기에는 흥미로운 점이 하나 있다. 유럽의 상인과 선교사 들은 중국과 일본에 뻔질나게 드나들면서도 유독 조선에만은 오지 않은 것이다.

일본의 경우 포르투갈 상인은 1543년부터 왔으며, 도요토미 히데요시가 집권한 16세기

• 그 밖에 당시 유럽인들이 진출이나 침략의 의도를 전혀 품지 못한 지역은 두 군데가 있다. 하나는 사하라 이남의 아프리카인데, 이곳은 토착 문명의 힘이 약했으나 워낙 오지였으므로 19세기에 와서야 비로소 유럽 세계의 침략 대상이 되었다(하지만 일단 침략이 시작되자 불과 수십 년 만에 아프리카는 유럽 국가들에 의해 완전히 분할되었다). 또 한 지역은 서아시아와 북아프리카다(북아프리카는 지리상 아프리카에 속하지만 문명적으로 보면 고대에는 유럽 문명권에, 중세 이후에는 이슬람 문명권에 속한다). 이곳은 유럽 문명의 고향이자 막강한 이슬람 문명권(오스만튀르크 제국)의 텃밭이었으므로 유럽인들도 감히 넘볼 수 없었다. 그래서 오늘날까지도 서아시아는 유럽 문명의 진출에 가장 강력하게 맞서는 지역으로 남아 있다.

말에 이르면 일본의 여러 항구에서 서양 무역선들이 모습을 보였

다. 이 상인들의 입을 통해 일본은 유럽 세계에 '지팡구'라는 이름으로 제법 알려지게 되었다(지팡구에서 오늘날의 재팬이라는 이름이 나왔다). 반면 중국의 경우에는 상인들보다 선교사들이 문화적 교류를 주도했다. 그 이유는 중화사상에 물든 명 조정이 다른 모든 나라와의 교역을 조공으로만 인식했으므로 정상적인 무역 관계가 어려웠기 때문이다. 그러나 대륙의 임자가 청으로 바뀌면서 점차 서양 상인들도 중국과 경제적 거래를 트게 된다.

유럽인들이 동북아시아 3국 중 유독 조선에만 오지 않은 이유는 무엇일까? 조선의 영토가 작기 때문일까? 그렇지는 않다. 한반도는 비록 중국이나 일본보다 작지만 동북아시아에 자주 왔던 서양의 무역선들이 존재 자체를 모를 만큼 작지는 않다. 더구나 남중국에서 일본으로 항해하면 한반도 해역을 거칠 수밖에 없었다. 그런데 왜 유럽인들은 중국과 일본을 오가다가 조선에 들르지 않았을까?

조선에 서양인이 온 사례가 없지는 않았다. 한반도에 처음 온 서양인은 벨테브레이J. J. Weltevree라는 네덜란드 선원이었다. 그는 인조의 치세인 1628년에 왔지만, 원래부터 조선에 오려 한 게 아니라 일본으로 가던 중 풍랑을 만나 제주도에 상륙한 것이었다. 동료 두 명과 함께 관원에게 잡힌 그는 서울로 압송되어 박연朴燕이라는 조선식 이름까지 받고 훈련도감訓練都監●에서 총포를 제작하는 일에 종사하다가 조선 여자와 결혼해 아이까지 낳았다(다른 두 명은 병자호란 때 전사했다).

● 훈련도감은 임진왜란 때 임시로 설치되었다가 전란 후에 상설화된 5군영(五軍營) 가운데 하나다. 소 잃고 외양간 고친 격이지만 어쨌든 이제야 비로소 조선에는 상비군다운 군대가 생겨났다. 그러나 기존의 5위를 대체하기 위해 만든 5군영이지만, 실은 이것 역시 전국적인 군 조직은 못 되었고 수도 방위대에 불과했다. 그나마도 청의 침략을 맞아서는 제 기능도 하지 못했지만. 참고로, 5군영은 수도를 맡은 훈련도감과 어영청, 금위영(禁衛營), 수도 외곽을 맡은 총융청과 수어청(守禦廳)으로 이루어졌는데, 모두 갖추어진 것은 숙종 때다.

그 뒤 얼마 지나 또다시 조선에 서양인이 왔는데, 이번에도 벨테브레이의 경우와 똑같았다. 1653년 네덜란드의 무역선 한 척이 대만에서 일본의 나가사키로 가던 중 폭풍우를 만나 선원 64명 중 28명이 죽고 36명이 제주도에 도착해 관원들에게 체포되는 사건이 일어났다. 선원들은 이후 14년간이나 조선 정부에 억류되어 있다가 8명이 탈출해 1668년에 고국으로 돌아가게 되었다. 그중 한 명인 하멜Hendrik Hamel(?~1692)은 억류 생활의 기록을 바탕으로 《하멜 표류기》를 썼는데, 이 책은 한반도를 서양에 소개한 최초의 문헌이다.

조선인들은 그 서양인들을 어떻게 보았을까? 당시 제주 목사 이원진은 하멜 일행이 표류하다 제주도에 온 사건을 이렇게 보고하고 있다. "배 안에는 약재와 짐승 가죽 따위의 물건을 많이 싣고 있었습니다. 파란 눈에 코가 높고 노란 머리에 수염이 짧았는데, 혹 구레나룻은 깎고 콧수염을 남긴 자도 있었습니다. 그 옷은 길어서 넓적다리까지 내려오고 옷자락이 넷으로 갈라졌으며 옷깃 옆과 소매 밑에 다 이어 묶는 끈이 있었으며 바지는 주름이 잡혀 치마 같았습니다. 왜어倭語를 아는 자를 시켜 묻기를 '너희는 서양의 크리스천인가?' 하니, 다들 '야야' 했고, 우리나라를 가리켜 물으니 고려라 했습니다."

여기서 주목할 것은 제주 관헌이 일본어를 하는 자를 시켜 서양인과 대화를 시도했다는 대목이다. 이것은 하멜 일행이 일본어를 할 줄 알았으며, 당시 조선에서도 일본과 서양이 교역한다는 것을 잘 알고 있었음을 말해준다. 그렇다면 서양인이 조선에 오지 않으려 한 것처럼 조선 역시 서양인과 교류할 의도가 없었다는 이야기다(게다가 조선 관헌도 상대가 '크리스천'임을 알고 있었고, 네덜란드 선원도 이곳이 '고려'임을 알고 있었다).

벨테브레이와 하멜은 둘 다 일본으로 가는 도중에 제주도 근처에서 난파했고, 하멜은 확실히 '고려'의 존재를 알고 있었다. 그 무렵 동북아시아에 온 상당수 서양인들도 그랬으리라고 추측할 수 있다. 그런데도 그들이 조선을 찾지 않은 이유는 무엇일까? 답은 간단하다. 당시 서양인들은 조선을 중국의 일부로 여겼으므로 굳이 올 필요가 없었다. 중국과 일본은 다른 나라라는 것을 알았지만 조선은 중국과 다른 나라로 여기지 않았던 것이다(오늘날 한국과 수교를 맺으러 오는 외교 사절이 서울에도 오고 부산에도 올 필요가 없는 것과 마찬가지다). 또한 조선도 중국의 정치적 지배를 인정하고 있었으므로 굳이 별도로 서양인과 접촉할 통로를 열 필요가 없었다. 따라서 조선은 서양 문물을 접하는 것도 중국을 통해서 할 수밖에 없었다.

오늘날의 용어로 말한다면, 조선은 외교권과 군사권을 중국에 맡기고 내정의 자치권만 가진 나라였다. 따라서 조선은 새로운 세계와 독자적으로 접할 권한도 없었거니와 그럴 필요도 없었다. 그 덕분에 조선은 일본과 중국이 서양 선교사들 때문에 골머리를 앓던 시기에도 그런 고통을 겪지 않을 수 있었다. 또한 조선은 외교 문제에 관해 청에만 의지하면 될 뿐 별도로 신경 쓸 필요가 없었다. 스스로 우물 안 개구리를 선택한 대가로 얻은 '혜택'이었다. 하지만 그런 혜택과 안정에만 만족한 탓에 조선은 장차 서세동점이 제국주의로 업그레이드되는 18~19세기에도 숨 가쁘게 돌아가는 동북아시아의 국제 정세에 전혀 대비하지 못하고 속절없이 당하는 호된 대가를 치르게 된다.

어쨌든 북벌을 완전히 포기하고 청이라는 새 주인을 맞아들임

제주도의 푸른 눈　1668년 네덜란드에서는 《하멜 표류기》라는 흥미로운 책이 출간되었다(원래는 다른 제목의 두 권으로 간행되었다). 그림은 거기에 실린 목판화다. 제주도에 난파된 하멜 일행이 이후에 겪은 일들을 소개하고 있는데, 다섯 번째 그림에서 조선 국왕(효종)이 마치 유럽의 국왕처럼 그려져 있는 것이 흥미롭다.

으로써 조선의 사대부들은 새로 생겨난 '중화의 나라'를 안정시킬 수 있는 좋은 기회를 잡았다(말하자면 현실을 인정함으로써 이념을 확보한 격이다). 비록 세계화가 출범한 시대에 중화 세계라는 생뚱맞은 울타리를 두른 격이지만, 당장은 중화의 자부심을 마음껏 누릴 수 있는 마당이 펼쳐졌다. 그 마당에서 사대부들이 맨 먼저 하고 싶었던 일은 무엇일까? 공교롭게도 그것은 당쟁이다.

당쟁의 정점

비록 용두사미였으나 그래도 북벌 준비로 바빴던 효종에 비해 현종은 그저 15년 동안 왕으로 무위도식하면서 지내다가 죽었다. 조선의 왕명록에 18대 왕으로 이름을 등재한 게 그의 가장 큰 업적이랄까? 그래도 그의 치세에 관해 사대부들은 할 말이 많았던 모양이다. 치세 말기에 예송논쟁으로 남인이 집권했기에 《현종실록》은 남인의 관점을 반영했으나, 이후 서인이 재집권하면서 《현종개수실록顯宗改修實錄》으로 개찬되는 등 곡절이 있었다. 선조에 이어 두 번째로 실록이 수정된 경우다. 그러나 이 전통은 다음 왕들에게도 이어져 《숙종실록》 다음에는 《숙종보궐실록肅宗補闕實錄》이, 《경종실록》 다음에는 《경종수정실록景宗修正實錄》이 새로 편찬된다. 당쟁에 따라 역사 서술이 바뀌었기 때문인데, 이 시기에 당쟁이 얼마나 치열했는지 말해준다(실록의 의미도 왕의 치적이 아니라 왕의 치세에 있었던 '사대부들의 치적'을 서술하는 것으로 바뀌어버린 듯하다).

　어머니 인선왕후가 죽은 뒤 6개월 만에 현종도 병으로 죽었으나, '다행히도' 그는 맏이였기 때문에 이번에는 그 말썽 많던 예송논쟁을 피할 수 있었다. 다음 왕인 숙종肅宗(1661~1720, 재위 1674~1720)도 현종의 외아들이니까 앞으로 당분간 예송논쟁 같은 것은 걱정하지 않아도 되었다. 그러나 현종의 말기에 가까스로 집권한 남인은 아직 승리를 확신할 수 없으므로 논쟁거리가 더 필요했다. 새 술은 새 부대에 담으라고 했던가? 새로 숙종의 치세가 시작된 참에 그들은 권력을 확실히 다지고 싶었다.

그들이 목표로 삼은 사람은 서인의 총수인 송시열이었다. 그를 무너뜨린다면 다시는 서인에게 눌려 지내는 일이 없으리라. 그래서 송시열은 남인으로부터 집중 포화를 당했는데, 심지어 그를 극형에 처해야 한다는 주장까지 여러 차례 제기되었으니 하마터면 제 명에 죽지 못할 뻔했다.*

위기에 빠진 그를 구해준 것은 남인의 분열이다. 예송논쟁의 승리를 주도한 허목은 그 참에 그를 제거하려 했으나 남인 중에도 송시열의 위명을 두려워한 자들은 유배를 보내는 정도로 그치자는 온건론을 폈다. 결국 온건파의 주장이 채택되어 송시열은 다 늙은 나이에 생애 처음으로 유배를 떠났다. 그러나 의도적이든 아니든 적진을 분열시킨 것은 장차 그가 화려하게 복귀할 수 있는 계기가 된다. 그의 처벌을 놓고 강경파는 청남淸南이 되었고, 허적許積(1610~1680)이 이끄는 온건파는 탁남濁南으로 갈렸던 것이다(온건파를

● 송시열은 묘한 이력을 지닌 사람이다. 사실 그는 유명세에 걸맞지 않게 만년에 불과 몇 년 동안 정승직을 지낸 것 이외에는 별다른 관직 생활을 하지 않았다(젊은 시절부터 그는 숱하게 벼슬을 주겠다는 제의를 받았으나 모두 거절했다). 그러나 예송논쟁에서 보았듯이 늘 재야에 있으면서도 그의 정치적 영향력은 언제나 막강했다(학자-관료 체제의 특징이다!). 효종의 스승을 지낸 경력이 있었지만 1년뿐이고, 학문을 게을리하지 않았지만 학문적 성취도 대단치 않았다. 게다가 골수 성리학자들이 대개 그렇듯이 인품도 고집스러워 정적이 많았으며, 편협하고 보수적인 정치적 성향을 가지고 있었다. 그런 그에게 조정 대신들이 너나없이 문제만 생기면 자문하고, 그를 자기편으로 끌어들이려 했으니 희한한 일이다. 그가 과도한 상품 가치를 지닐 수 있었던 것은 당쟁의 열풍 때문이라고 할 수 있다. 명분 싸움에서는 편협하고 고집스러운 게 분명한 입장처럼 보이게 마련이니까.

'탁하다'고 비난한 것을 보면 그 명명은 허목 측의 작품인 듯하다).

분열된 상태에서도 몇 년 동안 남인은 권력의 단맛을 흠뻑 즐겼다. 특히 영의정이 된 허적은 1678년 사실상 최초의 화폐인 상평통보常平通寶를 만드는 등 경제 관료의 자질도 선보였다(기록으로 조선 최초의 화폐는 세종 때의 조선통보朝鮮通寶가 있었으나 이것은 거의 유통되지 못했으므로 상평통보가 사실상 최초의 법화法貨다). 그러나 그는 결국 그 권력의 단맛 때문에 어처구니없는 계기로 실각하게 된다.

1680년 봄에 허적은 집안의 경사를 맞았다. 그의 할아버지 허잠許潛의 시호가 내려진 것이다(허잠은 생몰 연도가 전하지 않으나 당시 일흔 살인 허적의 나이로 보면 이미 오래전에 죽었을 것이다. 따라서 그렇게 늦게 시호를 받은 것은 허적이 힘을 쓴 덕분이라고 추측할 수 있다). 사대부라고 해서 누구나 그런 영광을 누리는 게 아니므로 당연히 잔치가 없을 수 없다. 그런데 하필이면 그날따라 폭우가 쏟아졌다. 그러자 숙종은 늙은 영의정을 배려해 유악油幄(기름 천막)을 그의 집으로 보내주라고 지시했는데, 문제는 거기서 터졌다. 비가 오는 것을 보고 허적은 왕의 허락을 받기도 전에 무단으로 유악을 가져다 사용한 것이다.

자기 마음대로 궁중 비품을 가져다 쓴 허적의 방자함에 숙종은 분노했다. 그러나 이제 나이 열아홉인 젊은 군주가 무슨 사건을 엮을 수 있을까? 별것 아닌 일을 하나의 사건으로 키운 것은 서인들의 부추김이었을 것이다. 일단 숙종은 남인 계열의 훈련대장을 경질하고 2차 예송논쟁으로 유배되어 있던 서인의 우두머리인 김수항金壽恒(1629~1689)을 불러들여 남인에 대한 경고를 보냈다. 하지만 그 정도에 그칠 거라면 서인들은 애초에 일을 벌이지도

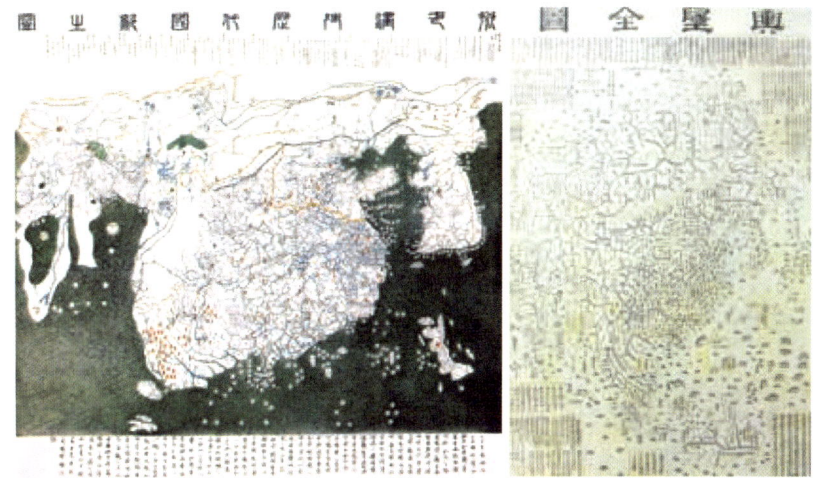

중화의 세계지도 둘 다 조선에서 그린 세계지도인데, 왼쪽은 15세기 초반의 것이고, 오른쪽은 19세기 초반의 것이다. 400년이라는 시차가 있음에도 불구하고 여전히 세계의 중심은 중국이고 조선은 두 번째로 큰 나라다(15세기에는 없던 유럽이 19세기의 지도에는 아주 작게 그려져 있다). 중화의 세계관은 이렇듯 시대착오적일 뿐 아니라 정신병적이었다.

않았다. 며칠 뒤 허적은 자신의 아들 허견許堅이 역모에 연루되었다는 소식을 듣고 고개를 떨구었다. 결국 그들 부자와 윤휴 등 남인의 주요 우두머리들은 모조리 사약을 받았고, 서인은 재집권에 성공했다. 경신년에 국면이 뒤바뀌었다고 해서 이 사건을 경신환국庚申換局이라고 부른다.

 사건의 실체가 없는데도 모함만으로 반대파를 제거하는 '말만의 역모'는 이제 다시 본 궤도에 올랐다. 사대부 국가의 '전통'이 부활했다고 할까? 그렇다면 그런 식으로 집권한 서인의 권력도 오래가지 못할 것이다. 과연 서인이 몰락하는 과정도 남인과 닮은 꼴이었다. 예송에서 승리한 뒤 송시열의 처벌 문제를 놓고 남인이 두 파로 갈렸듯이, 재집권에 성공한 서인도 남인의 처벌 문제를 놓고 강경파와 온건파로 나뉘었다. 하마터면 남인에 의해 죽을 뻔한 송시열은 당연히 강경파였고, 그의 제자이면서도 사적인 원한으로 사이가 벌어진 윤증尹拯(1629~1714)—그는 아버지가 죽었을 때 송시열에게 묘비명을 부탁했다가 성의 없는 대우를 받자 사제지간을 끊었다—과 한태동韓泰東(1646~1687) 등은 온건파였다. 양측의 우두머리들 간에 연배 차이가 한 세대쯤 나기에 노장파는 노론老論, 소장파는 소론少論이라고 불리게 된다.●

아직 소론은 '유의미한 소수'에 불과할 뿐 정권을 담당할 힘은 없었다. 그래서 일단 노론이 주도하는 분위기에서 서인은 한동안 잘 나갔다. 그러나 송시열은 편안하고 느긋한 여생을 보낼 팔자는 못 되었다. 비록 만년에 유배 생활을 하기는 했으나 평생토록 승자의 길만을 걸으면서 과분한 명예와 권력을 누렸던 송시열은 팔순이 넘은 나이에 뜻하지 않은 복병을 만나게 된다. 그것도 평소에 전혀 적수로 여기지도 않았던 국왕에게 제동이 걸린 것이다.

숙종은 1680년에 첫 아내가 딸 둘만 남기고 죽자 계비인 인현왕후仁顯王后(1667~1701)를 들였으나 후사를 얻지 못했다. 하지만 그가 바람을 피운 것은 반드시 후사를 낳겠다는 마음보다 아직 20대의 젊은 혈기에서 나온 자연스러운 본능이었을 것이다(게다가 왕에게는 얼마든지 '외도'의 권리가 있었다). 외도 대상이 후궁도 아니고 역관譯官 집안

● 대립의 음영이 깊으면 그 그늘을 활동 무대로 삼는 회색분자가 출현하게 마련이다. 조정이 온통 서인과 남인으로 갈려 아귀다툼을 벌이고 있는 가운데 박쥐처럼 처신한 김석주(金錫胄, 1634~1684)가 바로 그런 인물이다. 그는 2차 예송 때 허적과 결탁해 서인을 숙청하는 데 앞장섰으나, 유악 사건으로 허적이 실각하자 발빠르게 서인으로 변신해서 허견의 역모를 꾸며내 공신으로 책봉되었다. 서인이 노론과 소론으로 분열한 계기도 실은 그에게 있었다. 그가 남인을 모조리 제거해야 한다고 설치는 바람에 서인의 소장파가 반발했던 것이다. 그러나 그가 그렇게 처신할 수 있었던 데는 숙종의 배후 지원이 있었으므로 그를 일종의 왕당파라 볼 수도 있다. 아닌 게 아니라 그가 죽고 나서부터는 숙종이 정치 무대에 직접 나서서 왕권 강화를 도모한다.

출신의 미천한 궁중 나인이었기 때문이다. 왕과 연애한 덕분에 그녀는 숙원을 거쳐 소의昭儀로 수직 상승했다. 이윽고 1688년에 아들까지 낳아 숙종의 총애를 한 몸에 받으면서 희빈嬉嬪의 지위에까지 올랐다(궁에 들어온 지 2년 만에 종4품의 숙원에서 정1품의 희빈이 되었으니 기록에 남을 만한 초고속 승진이다). 후대에 장희빈張嬉嬪으로 유명세를 떨친 여인이 바로 그녀다.

그녀의 아들이 왕자인 것은 사실이다. 그러나 왕비는 물론 정식 후궁의 소생도 아니므로 그 왕자를 세자로 책봉할 수 있느냐는 것은 당연히 논란거리다. 송시열을 비롯한 집권 서인들은 왕비에게서 소생이 나올지 모르니 세자 책봉을 미루자고 주장했다. 실제로 인현왕후의 나이는 아직 20대 초반이니까 충분히 일리 있는 주장이다. 그러나 숙종은 장희빈과의 애정도 있거니와 국왕의 고유 권한(사생활)에까지 사대부들이 일일이 간섭하자 넌더리가 났다. 이런 왕의 심기 변화를 야당인 남인들이 그냥 흘려보낼 리 없다. 남치훈南致熏(1645~1716)과 이익수李益壽(1653~1708) 등 소장파 남인들은 그런 숙종의 마음을 집요하게 파고들었다. 결심을 굳힌 숙종은 노론을 대거 숙청하고 송시열과 김수항에게 사약을 내렸다. 이것이 1689년의 기사환국己巳換局이다.

국왕의 의지였을까, 남인의 책동이었을까? 전과 달리 국왕의 의지가 상당히 개입된 것은 사실이지만, 남인의 부추김이 크게 작용했을 것이다. 5년 뒤에 숙종은 마음을 바꾸었기 때문이다. 그 이유를 장희빈에 대한 애정이 식은 탓이라고 본다면, 단지 국왕의 애정 관계만으로 일국의 중앙 정치가 휘둘릴 만큼 토대가 취약했다고 할 수 있는데, 17세기에 조선의 진화 단계가 그 정도였을 리는 없다. 그렇다면 진정한 이유는 국왕의 변덕보다 집권 세력의 역할

두 왕비를 배출한 감고당 감고당은 조선왕조에서 두 왕비를 배출한 역사적 가치가 높은 건물이다. 숙종의 계비인 인현왕후가 장희빈과의 갈등 속에서 왕비에서 물러난 뒤 이후 복위될 때까지 5년여 동안 이곳에 거처했고, 명성황후가 여덟 살 때 여주에서 한양으로 올라간 후 왕비로 간택, 책봉되기 전까지 이곳에서 머물렀다.

관계가 달라진 데서 찾아야 하지 않을까? 어쨌거나 역사의 기록은 사대부의 몫이므로 명확한 진실은 알 길이 없다.

내친 김에 숙종은 인현왕후를 폐위하고 장희빈을 정비로 삼았다. 미천한 출신에다 교활한 성품의 새 왕비에 대해 남인들조차 적잖이 반발했을지 모른다. 아들만 낳았다고 해서 왕비가 되는 것은 아니었다. 아무리 신분이 달라져도 출신 성분은 속일 수 없다는 마음이었을까? 숙종은 갈수록 간교함이 심해지는 장희빈에게 점차 싫증을 느꼈다. 그럴수록 애틋해지는 게 조강지처다.

이번에도 역시 집게의 마음을 읽고 공생하려는 말미잘이 있었다. 야당이 되면서 노론과 소론의 구별이 희미해진 서인들이 힘을 합쳐 인현왕후의 복위를 도모했다. 1694년 이 사건이 발각되어 남인들이 들고일어났지만 철퇴를 맞은 것은 오히려 그들이었다. 숙종은 5년 전과 정확히 반대되는 조치를 내렸다. 남인들이 일제히 숙청되었고, 서인들이 재집권했으며, 장희빈이 폐위되고 인현왕후가 복위되었다. 이것이 갑술환국甲戌換局인데, 벌써 몇 번째 환국인지 세기도 골치 아플 정도다. 다만 전과 다른 점은 환국이 거듭될수록 국왕의 개입 정도가 커지고 있다는 사실이다. 그렇다면 조선은 다시 왕국으로 부활할 수 있을까?

왕국의 조짐

숙종의 치세는 당쟁의 정점이라 할 만큼 사대부들의 극심한 정쟁으로 조정이 얼룩졌지만, 다른 한편으로는 임진왜란과 병자호란이 남긴 후유증이 완전히 극복된 시기이기도 했다. 광해군 때부터 시작된 양전 사업이 완성을 본 것도, 대동법이 전국적으로 실시된 것도, 5군영이 최종적으로 완비된 것도 모두 이 시기의 일이다. 상평통보가 유통될 수 있었던 것도 그런 사회경제적 배경이 숙성되었기 때문이다. 또한 이 시기에는 압록강변의 무창과 자성에 2진을 설치하고 청과 국경을 명확히 설정했다. 일본에도 오랜만에 통신사를 보내 교역을 재개했고, 어부 안용복安龍福의 노력으로 울릉도 문제도 해결했다(안용복은 일본의 바쿠후 정권으로부터 울릉도가 조선의 영토라는 다짐을 받아냈으며, 1696년에는 울릉도 해역에서 조업 중인 일본 어선을 붙잡아 문책하기도 했으니, 무능한 정부가 못한 일을 민간인이 대신한 셈이다).•

이 모든 변화의 근저에 관류하는 흐름은 왕국으로의 발돋움이

● 이로써 울릉도는 완전히 조선의 소유가 되었다. 이와 대비되는 게 독도다. 울릉도와 달리 독도는 원래 무인도였던 탓에 오늘날까지도 분쟁거리로 남아 있다. 영토 국가의 개념이 확치 않았던 시대에 무인도의 임자는 사실상 없었다고 봐야 한다(지리적으로 독도는 한반도에 가깝지만 고려와 조선이 왜구의 침략 때문에 전통적으로 해안지대와 섬을 비우는 공도空島 정책을 썼기 때문에 소유권이 더욱 애매해졌다). 따라서 지금 한국이든 일본이든 독도의 '역사적인 소유권'을 주장하는 것은 무리다. 독도는 1952년 이승만 대통령이 미국의 애치슨 라인을 모방한 이른바 '이승만 라인'으로 영토화함으로써 실효적 지배가 이루어져 한국의 소유가 되었다고 봐야 한다(그렇다면 독도를 우리 땅으로 만든 것은 이승만의 유일한 업적이다).

다. 대동법으로 국가 재정과 백성들의 삶이 안정된 것, 군제 개편이 완료되고 국경이 확정되고 외교가 재개된 것은 사실상 재건국이나 다름없는 커다란 변화였다. 이제 조선은 평화를 되찾고 오랜만에 번영기를 맞았다(바로 전의 번영기라면 세종의 치세인데, 무려 350년 만의 일이다). 그토록 극심한 당쟁이 잦아든 것은 그런 대내외적 안정이 정치에도 영향을 준 탓이라고 봐야 할 것이다. 갑술환국으로 집권한 노론 세력이 비교적 장수할 수 있었던 것도 그 덕분이다.

그 무렵은 동북아시아 전체가 함께 번영을 맞은 시기였다. 우선 동북아시아 질서의 중심인 중국에서 청 제국이 확고하게 자리를 잡았다. 1662년에 즉위한 강희제康熙帝(재위 1662~1722)는 만주족의 지배에 반발하는 모든 반대 세력을 차례차례 정복한 다음, 이를 바탕으로 적극적인 한화漢化 정책을 구사하면서 국내 통합을 이루는 데 성공했다. 이렇게 정치가 안정되면서 청은 향후 100년이 넘게 지속될, 이른바 강희-건륭 시대라 불리는 오랜 번영기의 문턱에 접어들었다. 1711년 강희제는 즉위 50주년을 기념해 이듬해부터 출생하는 백성들을 성세자생인정盛世滋生人丁(번영의 시대에 증가한 인구)이라고 부르면서 인두세를 부과하지 않는 정책까지 구사할 정도였다(《종횡무진 동양사》, 338쪽 참조).

한편 또 다른 비중화 세계인 일본도 17세기 초부터 에도 바쿠후의 집권 아래 착실하게 경제성장을 이루고 있었다. 우선 실질적 지배자인 쇼군이 도쿠가와 가문으로 순조로이 세습되면서 중앙 권력이 안정된 것이 번영의 토대가 되었다(1000년이 넘도록 전개되어온 내전이 완전히 종식된 것은 바로 이 시기다). 정치가 안정되자 상인들은 대외무역에 손길을 돌려 동남아시아의 여러 섬과 인도차이나 방면으로 활발하게 진출하면서 막대한 무역 이득을 취했다.●● 18세기 초반 에도江戶(지금의 도쿄)의 인구는 무려 50만 명이 넘었으며, 세계 최대의 도시인 영국의 런던과 맞먹을 정도였다. 미쓰이나 스미토모 등 오늘날까지 일본 경제의 중핵을 담당하고 있는 재벌들은 바로 이 무렵의 번영기에 기원을 두고 있다.

한동안 동북아시아를 뒤흔들었던 전란의 조짐이 종식된 것은 청과 일본의 비중화 세계가 동북아시아의 패권을 완전히 장악했기 때문이다. 그들은 이제 중화 세계가 사라졌다고 믿었다. 그들이 보기에는 아무리 조선이 중화 세계의 유일한 보루로 나섰다 해도 과거의 진짜 중화 세계처럼 위협적인 존재가 아니므로 전혀 신경 쓸 필요가 없었다. 역설적이지만 조선이 왕국으로의 길을 순조롭게 걸을 수 있게 된 것은 바로 그 덕분이다. 청은 분명 조선의 상국이지만 국제적 서열상으로만 그러할 뿐 과거처럼 조선이 존경과 복종과 충성을 보여야 할 사대의 대상은 아니다. 또한 청의 입장에서 볼 때 조선은 비록 중화 세계를 부르짖고는 있지만 그렇다고 해서 옛날처럼 중화 세계가 부활하는 것은 아니므로 그냥 내버려둬도 된다. 이런

●● 당시 일본의 해상 진출은 눈부셨다. 1613년 태평양을 건너 멕시코의 아카풀코 해안까지 일본 선박이 갔다는 기록이 전한다. 특히 동남아시아로의 진출이 대단히 활발했는데, 무역만이 아니라 일본인도 수만 명씩 대거 이주했다. 어쩌면 이런 역사가 훗날 일본 제국주의의 이른바 대동아공영(大東亞共榮)이라는 구호의 바탕이 되었는지도 모른다. 흥미로운 것은, 일본의 무역선은 조선에도 정기적으로 드나들었으나 조선의 상선은 한 번도 일본에 가지 않았다는 점이다. 일본과 달리 조선에는 여전히 대외무역이라는 개념 자체가 없었다. 이런 사실은 이후 19세기에 두 나라의 힘이 현저한 차이를 보이는 하나의 원인이 된다.

사정 때문에 두 나라는 비로소 과거보다 한층 대등한 입장에서 처음으로 정상적인 '국제 관계'를 유지할 수 있게 된 것이다.

숙종이 명을 드러내놓고 추앙할 수 있었던 것도 바로 그런 분위기에서였다. 1704년에 그는 송시열의 수제자 권상하權尙夏(1641~1721)에게 궁성 안에 대보단大報壇이라는 커다란 제단을 쌓게 했다. 대보단이라면 큰 은덕에 보은한다는 뜻인데, 누구의 은덕일까? 바로 임진왜란 때 명의 황제였던 신종의 은덕이다. 임진왜란이 끝난 지 100년이 넘은 시점에 숙종이 새삼스럽게 그런 정치적 태도를 취한 이유는 명백하다. 옛날의 중화 제국인 명을 기림으로써 현재의 비중화 제국인 청을 진심으로 받들지는 않겠다는 뜻을 분명히 한 것이다. 어쨌든 정작 임진왜란을 맞았을 때 조선에 별로 은혜를 베푼 게 없었던 신종은 숙종의 지극한 정성 덕분에 중국도 아닌 한반도에서 1894년까지 200년 가까이 해마다 2월이면 제삿밥을 얻어먹게 되었다.●

● 대보단과 더불어 권상하는 신종을 섬기는 만동묘(萬東廟)라는 사당을 충청도 괴산에 세웠다. 숙종은 이 사당에 면세전과 노비를 주었는데, 말하자면 조선 백성들의 피와 땀으로 죽은 명 황제를 지극정성으로 섬긴 셈이다. 그래도 숙종은 대보단과 만동묘를 지어놓고 마냥 뿌듯했던 모양이다. 《숙종실록》에는 이런 기록이 있다. "명에 대한 의리를 유독 우리 동방이 대대로 100년을 지켰으니, 뒷날 중국이 다시 맑아지면 길이 천하 후세에 말할 수 있는 것이 여기에 있지 않겠는가?" 그러나 기대와는 반대로 중국은 다시 '맑아지지' 않았으므로 결국 조선이 명에 의리를 지킨 보람은 전혀 없었다.

그 밖에도 숙종은 사육신의 명예를 회복해주고 전국적으로 서원 건립을 장려하는 등 유교 왕국의 이념을 정비하는 각종 사업을 추진했다. 안으로는 당쟁이 어느 정도 가라앉았고 밖으로는 비중화 세계와의 갈등이 진정되었으니, 이제 조선을 명실상부한, 그리고 세계적으로 유일한 유교 왕국으로 만들어야 한다는 게 그의 목표였다. 그런 노력 덕분에 조선에서는 왕국의 조짐이 뚜렷해졌으나 불행히도 그것은 가장 수구적이고 가장 퇴행적인 왕국으로 향하는 길이었다.

황제를 위하여   100년 전의 명 황제인 신종은 오로지 임진왜란 때 재위했다는 이유 하나만으로 조선 정부로부터 '신'으로 받들어졌다. 그림은 19세기 초반에 제작된 〈동궐도(東闕圖)〉의 일부인데, 맨 위쪽의 정사각형 건물이 신종에게 제사를 올리기 위해 쌓은 대보단이다. 중국에서 사라진 중화는 조선에서 완벽하게 부활했다.

10부

왕정복고의 빛과 그림자

사대부들의 바람과는 반대로 중국이 중화로 복귀할 가능성은 거의 없다. 그제야 일부 사대부들은 소중화의 정신병에서 벗어나 당시 중국의 청에서 대안으로 떠오르고 있던 실학의 학풍을 받아들이기 시작한다. 더 중요한 변화는 조선의 국왕이 비로소 왕정의 의미와 필요성을 깨달았다는 사실이다. 영조와 정조에 의해 조선은 실로 오랜만에 왕정복고의 조짐을 보인다. 그러나 탕평책으로 당쟁을 잡았다 싶은 순간 영조는 개혁의 고삐를 늦추고, 왕당파와 친위대를 육성함으로써 왕권을 다잡았다 싶은 순간 정조는 복고로 돌아선다.

31장

조선의 새로운 기운

되살아난 당쟁의 불씨

장희빈은 1701년 인현왕후가 죽은 뒤 곧바로 사약을 받았으나 그래도 그녀가 남긴 아들은 왕위에 오를 수 있었다. 복위된 인현왕후가 끝내 후사를 낳지 못했고 곧이어 맞아들인 세 번째 계비 인원왕후仁元王后도 아이를 낳지 못한 탓에, 장희빈의 소생인 세자를 교체할 수 없었던 것이다.

그러나 이렇게 태생에 하자가 있는 세자의 왕위 계승이 순조로울 리 없었다. 마침 숙종에게는 적자는 없어도 서자는 또 있었다. 갑술환국이 있었던 1694년에 또 다른 후궁인 숙빈 최씨가 아들 연잉군延礽君(뒤의 영조)을 낳은 것이다. 최씨 역시 원래 궁녀의 시중을 드는 무수리의 신분이었으므로 연잉군도 신분상의 하자가 있는 것은 마찬가지였다. 따라서 세자와 연잉군은 둘 다 서자에다

하자까지 같았으므로 일단 세자가 즉위하는 데는 무리가 없었다. 그러나 아직 당쟁의 불씨가 살아 있는 상황에서 부실한 왕이 즉위하는 것은 아무래도 낌새가 좋지 않다.

건강했다 하더라도 왕좌가 바늘방석 같았겠지만, 경종景宗(1688~1724, 재위 1720~1724)은 몸과 마음이 모두 편치 않았다. 그는 세자 시절에도 병약해 아버지의 속을 무던히 태웠다. 하지만 그의 병은 어머니가 비명에 죽은 탓에 얻은 것이었으니, 장희빈에게 사약을 내린 숙종으로서는 사실 자승자박인 셈이었다. 세자가 서른 살이 넘어도 후사가 없는 것을 보고 여러 가지로 걱정이 많을 수밖에 없었던 숙종은 비밀리에 노론의 이이명李頤命(1658~1722)에게 연잉군을 다음 후계자로 옹립하라는 명령을 내렸다. 숙종의 사후 그 명령이 공개되면서 연잉군은 왕세제王世弟로 책봉되었는데, 왕의 동생으로서 왕위 계승자로 내정된 드문 경우다(개국 초기 태종이 형 정종의 왕세제였던 경험이 있으나 그 경우와는 크게 다르다). 이렇게 복잡한 정황에다 묘한 사정으로 인해 사대부들의 분위기도 몹시 뒤숭숭했다.

지금까지 여러 차례 본 바 있듯이 어려울 때는 단합하다가도 살림이 피면 분열하는 게 사대부들의 생리다. 서인 역시 집권당이 되자 야당 시절에는 봉합되어 있던 노론과 소론의 내부 갈등이 격화되기 시작했다. 이미 숙종이 살아 있을 때부터 소론은 경종을 지지했고 노론은 연잉군을 끼고 돌았다. 그래서 갑술환국 직후 숙종은 남구만南九萬(1629~1711)을 영의정으로 기용하면서 소론을 위주로 조정의 판을 짠 바 있었다(경종을 밀면서도 이이명에게 연잉군을 부탁했으니 결국 양측의 갈등을 부추긴 사람은 당쟁을 종식시키려 애썼던 숙종이다). 그는 일단 세자에게 왕위를 물려주어야 한다는 필요성에서 그렇게 했을 것이다. 하지만 그렇다면 경종의 치세에는 소론이 독주했어야 할 텐데, 오히려 양측 간의 대립이 더 격화되었다. 경종이 병으로 정무를 제대로 수행할 수 없다는 사실이 그 대립을 더욱 부채질했다.

경종의 즉위에 합의해준 대가로 노론은 정승직을 비롯해 조정의 요직에 포진했다. 그러나 실권은 아무래도 현직 왕을 끼고 도는 소론에게 있었으므로 노론은 적잖이 당할 수밖에 없었다. 1721년 노론은 경종이 국왕의 본분을 다하지 못하는 실정을 감안해 왕세제의 대리청정을 주장했다가 소론의 역공을 받았다. 이로 인해 이이명과 김창집金昌集(1648~1722), 이건명李健命(1663~1722), 조태채趙泰采(1660~1722) 등 이른바 '노론 4대신'이 역모 혐의를 받고 쫓겨나게 된다. 거기서 그쳤으면 좋았을 것을, 이듬해에는 일개 지관地官(풍수지리 전문가)에 불과한 목호룡睦虎龍이라는 자가 노론에 반역의 기운이 있다며 무고하자, 소론은 그것을 빌미로 60여 명의 노론 일당을 처형해버렸다(노론 4대신은 유배지에서 사약을 받았다).●

조정의 색깔이 소론 일색으로 바뀌자 누구보다 생명의 위협을 느낀 사람은 다름 아닌 연잉군이었다. 수많은 사람이 간단한 음모 하나로 숙청되는 분위기라면 왕세제라고 해서 안전할 수는 없다. 다른 왕위 계승 후보가 없다는 것은 그에게 다행이지만, 두 차례나 반정의 역사가 있었던 사대부 정치에서는

● 이것이 이른바 신임사화(辛壬士禍)라고 불리는 사건인데(신임이란 신축년과 임인년, 즉 1721년과 1722년을 가리킨다). 연좌로 처벌된 인원이 무려 170명이 넘었다. 원래 목호룡은 노론의 인물이었으나 소론의 김일경(金一鏡, 1662~1724)에게 매수되어 '자백'의 형식으로 노론의 역모를 고발했다. 그에 따르면 노론 측은 이른바 삼급수(三急手), 즉 칼과 약과 모해라는 세 가지 수단으로 경종을 살해하려 했다는 것이다. 실제로 그랬을 가능성도 배제할 수는 없겠지만, 그런 자백만으로 정치적 대형 사태가 빚어졌다는 것은 조선의 정치 구조가 얼마나 취약했는지 말해준다. '말만의 역모'인 것은 다 마찬가지지만, 그래도 그전까지의 사화나 환국은 정치 세력 간의 모함으로 빚어진 데 비해 이제는 한낱 점쟁이의 무고가 대규모 옥사를 일으키는 지경에 이르렀다.

오랜만의 왕 무수리의 아들로 왕위에 오른 만큼 영조는 신분 콤플렉스가 있었으나, 그래서 오히려 사대부 체제와 당쟁에 대해 비판적인 시각을 가질 수 있었다. 또한 중국의 청 제국이 전성기에 있을 때 성장했기 때문에 아버지 숙종과 달리 중화사상으로부터도 비교적 자유로울 수 있었다. 그가 왕정복고를 시도할 수 있었던 데는 그런 배경이 크다.

단독 후보라도 안심하기 어려웠다. 그래서 그는 실각한 노론을 대신해 자신을 비호해줄 후원자를 찾아 일곱 살 연상의 계모인 인원왕후의 품으로 뛰어들었는데, 결과적으로 그것은 현명한 선택이었다(원래 그는 배다른 형인 경종에게 의탁하고자 했으나 소론은 그가 경종을 병문안하는 것조차 가로막았다). 대비는 소론 세력에게 간절히 호소해 연잉군을 최대한 보호해주었다. 그것도 오래 끌었다면 그의 안위는 장담할 수 없었으리라. 그러나 그에게는 다행스럽게도 1724년에 경종이 죽었다.

소론은 경종이 살아 있을 때 연잉군을 없애지 못한 것을 뼈저리게 후회했을 것이다. 연잉군은 조선의 21대 왕인 영조英祖(1694~1776, 재위 1724~1776)로 즉위하자마자 곧바로 김일경과 목호룡 등 신임사화의 주범들을 처단했기 때문이다. 또다시 당쟁이 벌어지는 걸까? 그러나 이번에는 다르다. 그간 사대부들끼리 치고받은 싸움은 많았어도 국왕이 직접 나서서 자신의 의지에 따라 하나의 세력을 숙청한 것은 인조 이래 처음 있는 일이다. 영조는 왕세제 시절의 경험을 통해 한 가지 중대한 사실을 깨달았다. 그것은 바로 더 이상 당쟁을 놔두었다가는 필경 나라가 망하리라는 위기의식이었다. 이 점은 이후의 행보를 보면 더욱 분명해진다.

국왕이라 해도 자신의 뜻을 펴려면 왕당파가 필요한 상황이었다. 그래서 영조는 즉위 이듬해인 1725년에 노론을 다시 불러들였다. 하지만 그렇다고 해서 당쟁을 재연시킬 생각은 전혀 없었다. 정계에 복귀한 노론이 소론에 대한 대대적인 복수극을 준비하는 것을 알고, 영조는 노론 내의 강경파를 쫓아내버렸다. 당쟁의 불길을 잡겠다는 굳은 각오를 공개적으로 보여준 것이다. 아울러 그는 소론을 완전히 제거하지 않고 그 가운데 온건파를 등용해 노론과 어느 정도 균형을 맞추었다. 당쟁을 제어하기 위한 나름의 묘책을 개발한 것이다. 그것이 영조의 대표적인 업적 가운데 하나로 평가되는 탕평책蕩平策이다.

왕국으로 가는 길

사대부 정치를 더 보편적인 개념으로 표현한다면 과두정치라고 할 수 있다. 과두정치의 장점은 어느 누구도 권력을 독점하지 못한다는 것이다. 역사적으로 대표적인 사례는 고대 로마의 원로원 정치다(흔히 이 시기 로마의 정치 체제를 공화정이라고 부르지만 근대적 의미의 공화정보다는 과두정치에 훨씬 더 가깝다).● 그러나 과두정치는 결정적인 단점이 있다. 한 시대를 이끌 만한 뛰어난 지도자가 등장하기 어렵다는 점이다. 과두 체제에서는 탁월한 역량과 자질을 갖춘 정치가가 나오기 어려울 뿐 아니라 설사 출현한다 해도 체제의 견제를 받아 희생될 공산이 크다. 기원전 1세

● 원로원이 생겨나기 이전에 로마는 에트루리아 왕의 전제적 지배를 받고 있었다. 기원전 6세기 말에 로마인들은 폭정을 일삼던 독재자 타르퀴니우스를 내쫓고 원로원을 설치해 최초의 고대 공화정을 이루었다. 여기에는 비슷한 시기에 그리스 아테네에서 발달한 고대 민주주의 정치의 영향이 컸다(당시 이탈리아 남부는 마그나그라이키아라고 불리는 그리스 식민지였는데, 이곳이 그리스 문화를 이탈리아에 도입하는 통로 역할을 했다). 전제정치의 혹독한 경험 때문에 이후 로마인들은 원로원만이 아니라 평민들까지도 왕정을 혐오하는 전통을 지니게 된다(《종횡무진 서양사》 1권, 178~179쪽 참조).

기에 황제가 되고자 한 카이사르가 원로원에 의해 암살된 게 그런 예다.

과두정치에서는 개인의 권력 장악이 금지되어 있기 때문에 권력자들이 파벌을 이루어 정권 다툼을 벌이게 마련이다. 그 점은 로마의 과두정치도 마찬가지였지만 권력 다툼이 그다지 극렬하지 않았던 이유는 원로원 이외에도 평민들의 회의 기구인 민회가 강력한 제동장치로 기능했기 때문이다. 만약 그런 제동장치가 없다면 어떻게 될까? 그 답을 분명하게 보여주는 게 바로 16세기 초 중종반정 이후 200여 년 동안 사대부 정치가 판을 친 조선이다.

여기서는 파벌 싸움이 극에 달하고 뛰어난 인재를 싹부터 밟아 버리는 과두정치의 근본적 결함이 생생하게 드러난다. 당쟁이 망국에 이를 만큼 활발했는가 하면, 그동안 조광조, 유성룡, 정여립 등 개혁적 성향의 사대부들에서부터 광해군, 소현세자 등 왕족에 이르기까지, 건강한 정치 무대였다면 얼마든지 자신의 역량을 꽃피울 수 있었을 인재들이 조잡한 모략과 책동으로 스러져갔다. 이런 과두정치의 결함에다 시대착오적인 성리학 이념이 국가와 사회 전반을 지배하면서 조선은 국제 사회에서도 우물 안 개구리로 전락했다.

영조가 그런 역사적 흐름을 얼마나 명확하게 인식하고 있었는지는 확인할 수 없지만, 적어도 그는 왕세제 시절에 자신이 겪은 경험과 아울러 중종 이래 200여 년간의 역사를 바탕으로 사대부 정치의 폐해를 익히 알고 있었다. 그런 황폐하고 소모적인 정치 문화에서 탈피하려면 조선은 이제라도 실질적인 왕국으로 가야 한다. 그래서 영조는 조선을 왕국화하는 프로젝트를 시작한다. 조선은 원래 왕국으로 출발했으니까 정확히 말하자면 '왕정복고' 프로젝트라고 해야 할까?

왕국으로 가는 방법은 두 가지다. 하나는 왕당파를 육성하는 길이다. 일찍이 세조가 그랬듯이, 그리고 100년 전의 광해군이 그랬듯이, 측근 세력을 키우면 국왕은 강력한 왕권을 행사할 수 있게 된다. 하지만 세조와 광해군이 결국 실패한 데서 보듯이, 그것은 왕의 측근들이 훈구파를 형성해 권세를 휘두르는 또 다른 폐해를 가져왔다(게다가 그 훈구파가 당쟁을 유발한 기폭제로 작용했다). 그나마 세조는 임기 내내 권위를 유지했지만 광해군은 재위 중에 사대부들의 역공을 받아 실각하지 않았던가?

그렇다면 다른 방법은 무엇일까? 측근을 키우지 않으면서 당쟁을 막는 제3의 길은 무엇일까? 그것은 사대부들의 당파를 현실적으로 인정해주되 각 당파 간의 세력 균형을 유도하는 방법이다. 영조의 탕평책은 바로 이런 배경에서 나왔다. 그런 점에서 탕평책은 오늘날 대통령 중심제에서의 양당 제도와 닮은 점이 있다. 단, 왕조 체제인 탓에 국왕이 양당을 육성했다는 점이 다르지만.*

영조의 치세에 서로 대립하는 두 당파는 노론과 소론이다. 이들 간의 세력 균형을 도모하려면 어떻게 해야 할까? 간단하다. 인사를 고르게 하면 된다. 예컨대 노론의 인물을 영의정으로 삼으면, 좌의정은 소론의 인물로 임명하는 방식이다. 배분이 엇비슷하니까 양측은 불만이 없을 테고, 만약 한 측이 앞서가는 분위기라면 다른 측이 제어할 수 있으므

● 탕평책의 기본 이념은 일찍이 선조 때 이이가 역설한 바 있다. 조정이 동인과 서인으로 갈리는 현상을 보고 이이는 양측을 치우치지 않게 대우하고 인사의 공평성을 기해야 한다고 주장했던 것이다(당쟁의 초기에 이미 폐단을 예측하고 그런 방책을 구상했다는 데서 이이의 탁월한 안목을 알 수 있다). 또한 숙종 때 영의정을 지낸 박세채(朴世采, 1631~1695)와 최석정(崔錫鼎, 1646~1715)도 탕평책을 정식 정책으로 채택하자고 여러 차례 건의했다(탕평이라는 말은 《서경》에서 나왔으니 유학과 무관한 개념이 아니다). 숙종 역시 그 건의를 받아들일 의지가 있었지만, 끝내 실천하지는 못했다. 흥미로운 것은 박세채와 최석정이 모두 소론의 우두머리였으나 정작 탕평책을 시행한 것은 노론이 옹립한 영조라는 점이다.

로 자연히 힘의 균형이 유지된다. 이것이 탕평책의 첫 번째 수단인 쌍거호대雙擧互對(둘을 등용해서 서로 견제하게 한다)의 전략이다. 마치 선생님이 초등학생 아이들을 어르고 달래는 것 같은 소박한 방법이지만, 영조는 아주 중요한 집권 초기에 그 전략의 효과를 톡톡히 보았다. 그 덕분에 반란을 쉽게 진압할 수 있었기 때문이다.

영조의 즉위에 가장 반대한 세력은 소론이었다. 특히 소론 중에서도 강경파는 박탈감이 더욱 심했다. 그들은 심지어 경종이 병사한 게 아니라 노론 측에 의해 암살되었다고 믿었으며, 영조가 숙종의 친아들이 아니라고 의심했다. 그런 판에 영조가 김일경 일당을 축출하고 노론을 조정에 복귀시키자 그들의 의심은 확신으로 바뀌었다.

그렇다면 이제는 단순히 권력을 장악하느냐 마느냐 하는 문제가 아니라 생사가 걸린 문제다. 사태를 위기로 판단한 소론의 이인좌李麟佐(?~1728)는 비밀리에 자신과 뜻을 같이하는 무리를 끌어모았다. 여기에는 정희량鄭希亮(?~1728)과 박필현朴弼顯(1680~1728) 등 소론의 매파 인물들만이 아니라 예전에 노론에 배척당한 남인들도 대거 참여했다. 자신감을 얻은 이인좌는 중앙만이 아니라 전국 각 지방에서 현 정권에 반대하는 인물들을 점차 규합했다.

이들은 일단 전국 각지에 경종이 의문사했다는 소문을 퍼뜨리고 대자보를 붙이며 선전전으로 분위기를 잡기 시작했다. 그다음 단계는 물론 역모다. 여기까지만 해도 과거와 같은 말만의 역모를 벗어난 수준이지만, 그들은 한 걸음 더 나아가 '진짜 역모'를 꾸몄다. 양민과 노비는 물론 산적 떼까지 동원해 군사력을 준비한 것이다. 두 차례의 반정을 제외하면, 조선이 사대부 국가가 된 이래로 사대부 세력이 물리력까지 갖추고 진짜 반란을 획책한 경우는 처음 있는 일이었다(정여립의 사건이 있었으나 그것은 사실 여부가 확실치 않다).

자칫하면 아무것도 모르는 상황에서 치명타를 얻어맞을 뻔한 영조가 위기를 모면할 수 있었던 것은 바로 탕평책의 덕분이었다. 1727년 쌍거호대의 전략에서 소론을 등용한 정책이 절묘하게 맞아떨어진 것이다. 이로 인해 유화 국면이 조성되면서 갑자기 쿠데타의 동조자들이 적어지자, 그동안 그늘 속에서 급속히 뻗어가던 반란 세력의 기세는 일순간 크게 휘청거렸다. 급기야 그들은 그늘 속에 있다는 장점마저도 잃어버리게 된다. 소론의 한 우두머리였던 최규서崔奎瑞(1650~1735)라는 자가 마음을 돌려먹고 조정에 역모의 정보를 알린 것이다.

분열 극복의 상징물 이인좌의 난을 진압하고 탕평책이 효과를 거두자 영조는 두 번 다시이 땅에 당쟁이 발붙이지 못하도록 하기 위해 1742년에 탕평비를 세웠다. 비문은 영조가 직접 썼는데, 탕평비를 세운 곳이 성균관이라는 것은 그곳이 바로 당쟁의 온상임을 상징한다.

이제 이인좌 일당은 호랑이 등에 탄 형국이었다. 이래저래 역적으로 찍혔으니 그동안 준비한 무력으로 부딪혀보는 수밖에 없었다. 1728년 3월, 이인좌는 스스로 대원수가 되어 청주성을 공격하는 것으로 반란의 신호탄을 올렸다. 그간의 선전전이 효과를 본 걸까? 청주를 장악한 그들이 경종의 위패를 모시고 밀풍군密豊君 이탄李坦을 왕으로 추대하자 영남과 호남에서도 그에 호응해 반군이 들고일어났다.● 만약 그들의 세력이 한데 합쳐졌다면 영조

● 이탄은 바로 소현세자의 증손자. 앞서 보았듯이 소현세자의 세 아들은 부모가 비극적인 죽음을 당한 뒤 제주도로 유배되었다가 첫째와 둘째는 병으로 일찍 죽었다. 막내인 이회(李檜)만 목숨을 건졌는데, 그 덕분에 소현세자의 혈통이 이어질 수 있었던 것이다. 그러나 이탄은 영조의 치세에도 사은사로 명에 다녀오는 등 영조의 정권에 반발하지 않았고 반군과도 관계가 없음에도 불구하고, 반군에 의해 왕으로 추대된 탓에 반란이 진압된 뒤 처형을 당하고 만다. 증조부의 억울한 죽음이 집안의 내력이 되어버린 걸까?

의 정권은 무사하지 못했을지도 모른다. 그러나 거사 직전에 정보를 얻은 덕분에 관군은 반군의 연결을 차단하는 데 성공했고, 반군을 하나씩 차례로 토벌해 열흘 만에 진압했다. 영조가 탕평책을 조금만 더 늦게 시행했다면 이인좌의 반란은 세 번째의 성공한 쿠데타, 즉 반정이 되지 않았을까?

그 사건은 무사히 진압되었기에 오히려 영조의 권력을 강화하는 데 큰 도움이 되었다. 우선은 그것을 계기로 소론 강경파가 몰락하면서 혼란스럽던 정국이 안정되었다. 소론이 연관되어 있었으므로 소론 온건파는 '면피'를 위해 반란의 진압에 특히 앞장섰으나, 어쨌든 이 사태 이후 얼굴을 들지 못하게 된 것은 사실이다. 게다가 영조로서는 탕평책이 과연 효과 만점이라는 사실이 여실히 입증되었다는 데 즐거움이 있었다. 이리하여 노론이 우위를 차지하는 선에서 자연스럽게 세력 균형이 유지되었다.

그러나 영조는 쌍거호대만으로 만족하지 못했다. 관직을 두 세력 간에 고르게 배분함으로써 균형을 꾀하는 방법은 워낙 당쟁이 극심하기에 취한 임시방편일 뿐 근본적인 대책이 될 수는 없었다. 원래 인사의 요체란 적재적소에 인재를 기용하는 것이지 세력 안배에 따른 나누어 먹기가 아니기 때문이다(오늘날의 정치에서 흔히 비공식적으로 고려되는 '지역 안배'도 마찬가지다).

정국 운영에서 자신감을 얻은 영조는 탕평책을 한 단계 업그레이드하기로 마음먹었다. 그래서 채택된 게 재능에 따라 인재를 등용하는 유재시용惟才是用의 전략이다. 이것으로 탕평책은 당쟁의 치유책이라는 출발의 한계에서 벗어나 적극적인 인재 등용 제도로 자리 잡게 되었다. 이제야 비로소 영조의 눈에는 왕국으로 향하는 길이 보이기 시작한다. 왕국으로서 가능한 각종 개혁 조치가 추진되는 것은 그때부터다.

건국의 분위기

왕국의 기본적인 구성 요소는 왕과 신민이다.●● 왕은 왕국 내에서 절대적 권력자의 지위를 누리지만 그 권력과 지위는 바로 신민들에게서 나온다. 그렇기 때문에 아무리 왕에게 신적인 권위가 주어진 고대적 전제 체제라 해도 왕은 자신이 다스리는 신민들을 결코 함부로 대하지 못했다. 그런데 조선이라는 왕국은 특수한 데가 있었다.

조선의 왕에게 신민이라면 곧 사대부[臣]와 백성[民]이다. 조선이 명실상부한 왕국이었던 초기에는 왕이 신민을 다스리는 정상적인 왕국의 정치와 행정이 이루어졌다. 여기까지는 일반적인 왕국의 모습이다. 그러나 중종 때 조선이 사대부 국가로 변모한 뒤부터는 왕이 신민을 다스리는 게 아니라 '신'이 왕의 이름을 빌려 '민'을 다스리는 기형적인 왕정이 행해졌다. 이후 중앙 정치가 무너지고 전란을 겪고 백성들의 삶이 피폐해진 것은 다 거기에 원

●● 서양식 왕국이라면 왕국의 또 한 가지 중요한 요소로 영토를 꼽아야겠지만, 일찍부터 영토 국가의 개념이 발달한 동양식 왕국에서 영토란 나라가 존재하기 위한 가장 기본적인 바탕이므로 굳이 왕국의 구성 요소에 포함시킬 필요가 없다. 문명의 발생기부터 동양에서는 지리적 중심이 튼튼했던 탓에 왕조시대가 개막되는 것과 거의 동시에 영토 국가가 발생했다. 그에 비해 서양에서는 왕과 신민의 역사는 오래지만 영토 국가의 면모를 갖춘 왕국이 등장하는 것은 16세기 절대주의 시대의 일이다. 중세 유럽의 왕국들은 '선 개념'의 국가가 아니라 장원을 중심으로 하는 '점 개념'의 국가, 어떤 의미에서 도시국가의 수준이었다(서양사와 동양사를 비교해보면 확연히 알 수 있듯이 지리적 차이는 서양 문명과 동양 문명의 성격에 큰 영향을 미쳤다).

인이 있었다. 이제 다시 왕국을 꿈꾸는 영조는 군주가 신민을 다스리는 정상적인 역사의 도상으로 되돌아가고자 했다.

그 점을 가장 잘 보여주는 사례가 신문고다. 15세기 초 태종 때 왕과 백성을 직접 연결하는 고리를 만든다는 취지에서 설치된 신문고는 그 후 수백 년 동안 사라졌다가 18세기 초 영조에 의해 다시 부활되었다. 비록 태종 때와 마찬가지로 본래의 기능을 하지는 못했지만, 그래도 신문고는 당시 왕정복고의 의지와 분위기를 보여주는 좋은 상징이다. 즉 이제야 왕은 신민을 위한 정치를 펼 수 있게 되었다는 의미다.

과연 영조가 가장 먼저 개혁의 칼을 댄 곳도 백성들의 삶과 직접 관련된 분야였다. 영조는 먼저 지나치게 잔혹한 형벌인 압슬형壓膝刑(무릎을 으깨는 형벌)을 없애고, 사형수에 관해서는 세 번 다시 판단하도록 하는 삼복법三復法을 제도화했다. 나아가 그동안 여러 가지 사회 문제가 되었던 서얼에 대한 차별을 완화해 서자 출신도 관직에 진출할 수 있는 길을 열어주었다. 영조 자신이 무수리 출신의 어머니 때문에 느꼈던 '신분 콤플렉스'가 작용했을지도 모른다. 어쨌든 서얼에 관대한 그의 정책 덕분에 그의 손자(정조)는 서얼을 적극적으로 중용할 수 있었다.

이와 같은 새로운 건국의 분위기 속에서 1746년에는 《속대전》이 간행된다. 무엇의 후속편이기에 이름이 《속대전》일까? 말할 것도 없이 《경국대전》의 후속편이다. 《속대전》은 《경국대전》이 편찬된 이후에 공포된 각종 법령을 총정리한 새 법전이다. 그런데 《경국대전》이라면 15세기 중반 세조 때, 바꾸어 말하면 조선이 왕국이었을 때 만들어진 법전이 아닌가? 그 뒤 무려 300년 동안 법전의 개정판이 없다가 영조 때에야 비로소 개수된 것이다(숙종 때인

1688년에 법전을 편찬하자는 의견이 있었으나 당시에는 소폭의 개정만 이루어졌다). 이것은 두 가지 명백한 사실을 말해준다. 하나는 지난 3세기 동안 사대부 정치가 판을 치면서 새 법전조차 마련하지 못할 만큼 혼란스러웠다는 사실이고, 다른 하나는 영조가 조선 초기의 왕국 이념을 계승하겠다는 각오를 분명히 다지고 있었다는 사실이다(영조는 자신이 직접 나서서 《속대전》의 편찬을 지휘했는데, 형벌제도를 손볼 때부터 새 법전의 편찬을 염두에 두고 있었을 것이다).

그러나 뭐니 뭐니 해도 영조가 이룬 가장 큰 개혁의 성과는 1750년에 균역법均役法을 제정한 것이다. 균역법이란 명칭의 뜻 그대로 백성들의 요역에 대한 부담을 균등하고 공평하게 하자는 취지를 가진 제도다. 요역 중에서도 으뜸은 군역이었으니까 균역법은 군제軍制나 다름없다.

오늘날에도 병역 비리의 문제가 끊이지 않지만, 온 백성을 '인적 자원'으로 관리하는 수단이 지금보다 크게 뒤떨어진 조선 사회에서는 병역으로 인한 문제와 폐단이 훨씬 더 심했다. 더욱이 지금은 국민개병제가 실시되고 있으므로 병역의 의무에서 빠져나가는 일이 쉽지 않지만 조선시대에는 그렇지 않았다. 물론 병역이 의무였던 것은 마찬가지다. 그러나 그 의무는 양반과 천인 신분이 제외된 양인良人만의 몫이었다. 원래 군역은 역대 한반도 왕조들의 기본적인 조세제도인 조용조租庸調 가운데 용庸의 개념 속에 포함되어 있었다(1권 305~306쪽에서 보았듯이, 조용조란 각각 토지세, 요역, 특산물을 뜻한다). 따라서 국가는 필요에 따라 언제든지 백성들을 동원해 부릴 권리가 있었다.

그러나 오늘날처럼 징집된 병사들을 상시적으로 훈련시키는 기관이나 제도가 없었고, 또 그럴 필요도 없었으므로 군역은 사실상

신분제 사회의 모순 생산자가 마땅한 대우를 받지 못하는 사회는 미래가 없다. 그림에서 보듯이 조선은 농민들이 땀 흘려 일하고 지배층인 양반 사대부들은 책을 읽는 사회였다. 더군다나 농민들의 어깨를 더욱 짓누른 것은 무거운 세금과 무서운 군역이었다. 농민들은 유일한 생산자이면서도 양반들을 대신하여 국역까지 짊어져야 했다.

'돈'의 문제가 되어버렸다. 거의가 다 농민인 백성들이 농사를 팽개치고 국가에서 명령하는 시기와 장소에 맞추어 군역에 종사하기란 불가능했기 때문이다. 그래서 조선 초기부터 사람을 사서 자신의 군역을 대신하게 하는 방식이 성행했는데, 지금 같으면 병역기피에 해당하지만 현실적인 필요성을 반영하고 있으므로 차츰 관습으로 자리 잡았다. 결국 중종 때부터는 그 관습을 아예 제도로 만들어 국가가 백성들에게서 돈을 받고 그 일을 대행해주기에 이르렀다. 화폐경제가 없었던 당시의 돈이란 바로 베, 즉 포布를 가리킨다. 그래서 군역을 면하기 위해 바치는 베를 군포軍布라고 부르게 되었다.

그런데 몸으로 때워야 할 일을 돈으로 대신하는 격이니 아무래도 비리가 없을 수 없다. 특히 임진왜란 이후 상비군에 해당하는 5군영이 설치되기 시작하면서 군사 재정의 확충이 현안으로 떠오르자, 그 제도는 가뜩이나 어려운 백성들의 삶을 더욱 곤궁하게 만드는 심각한 사회문제가 되었다.

우선 국가에서 군포의 양을 대폭 늘린 게 문제의 발단이었다. 차라리 예전처럼 사적으로 사람을 살 수 있다면 값싸게 군역을 해결하겠는데, 국가에서 군포 수납을 대행하니 그럴 수도 없었다. 힘 있고 돈 많은 부자에게는 국가의 의무에서 벗어날 허점이 많았다. 그나마 체면치레로 군포를 내던 양반층은 온갖 수단과 방법을 동원해 약삭빠르게 의무를 회피했고, 백성들 중에서 돈푼깨나

번 자들 역시 요리조리 빠져나갔다. 그러다 보니 그 부담은 당연히 모두 가난한 농민들에게 돌아갔다.

그래도 애오라지 백성들에게서 필요한 재정을 쥐어짜낼 수밖에 없는 국가는 온갖 기상천외한 방법을 발명했다. 한 사람에게 여러 사람의 몫을 지우는 일신첩역一身疊役, 한 가족 모두에게 군역을 부과하는 일가개역一家皆役은 그나마 봐줄 만한 사례다. 죽은 자에게서까지 군포를 거두는 백골징포白骨徵布, 갓난아기에게 부과하는 황구첨정黃口簽丁, 친척과 이웃에게 부담을 돌리는 족징族徵과 인징隣徵 등의 다양한 수탈 방법이 동원되었다. 과연 국가가 무엇을 위해 군포를 거두는 것인지 모호할 정도였다. 이렇듯 국가가 앞장서서 병역 비리를 주도하는 형국이 오랫동안 지속되자 백성들에게는 군포가 다른 어떤 조세보다도 무서운 게 되어버렸다(조선의 왕국 실험이 실패로 돌아간 뒤 19세기부터는 군정을 포함한 이른바 삼정의 문란이 극에 달하는데, 이에 관해서는 나중에 살펴보겠다).

그런 사정이었으므로 균역법의 첫 단추는 우선 군포의 양을 줄이는 것이었다. 16개월에 베 두 필씩 바치던 것이 한 필로 대폭 삭감되었다.● 이로 인한 군사 재정의 손실분은 구조 조정으로 메웠다. 즉 불필요한 군대를 축소하고, 중복된 군사 기지를 통합하고, 과다한 지출을 절약하는 방식이다. 그래도 메우지 못한 부분은 다른 재정에서 일부 충당하고, 각 지방 관청에도 손실분을 분담하도록 했다. 이런 조치들이 추진되면서 균역법의 취지(역의 부담을 고르게 한다는 것)가 어느

● 영조가 균역법을 시행한 것은 그런 군정(軍政)의 문란을 바로잡기 위해서였다. 때마침 개혁을 위한 배경도 형성되어 있었다. 숙종 때 대동법이 전국적으로 실시되고 양전 사업이 완성된 게 그것이다. 대동법에 따라 모든 조세가 대동미라는 단일한 형태로 통일된 덕분에 국가에서 조세의 총량을 계산하고 예산을 집행하는 작업이 쉬워졌으며, 양전이 완료된 덕분에 매년 국가의 세수입을 어느 정도 정확하게 예측할 수 있게 되었다. 이렇게 보면 사실 조선은 18세기 초에 이르러서야 비로소 왕국으로 발돋움할 수 있는 사회경제적 조건을 갖추게 되었는지도 모른다.

정도 구현되었다.

  물론 균역법이 모든 문제를 완벽하게 해결한 것은 아니다. 사실 균역법이 시행되었어도 백성들의 부담은 크게 완화되지 않았고, 흐트러진 군정도 좀처럼 안정되지 못했다. 오랜 사대부 체제를 거치면서 관리들, 특히 지방관들의 부패가 관행화되어 있었기 때문이다. 한 예로 군포의 징수는 촌락 단위로 이루어졌는데, 이런 제도에서는 어지간히 청렴한 지방관이라 해도 자기 촌락에 할당된 군포의 총량을 맞추기 위해 어느 정도 부정을 저지를 수밖에 없었다.

  기대만큼 효과가 따라주지는 못했으나, 균역법은 조선이 왕국으로 발전했음을 보여주는 뚜렷한 증거다. 대동법과 균역법으로 일단 제도적으로나마 세제가 합리적으로 정비됨으로써 정상적인 왕정의 행정을 회복할 수 있는 사회적 토대가 마련되었기 때문이다.

32장

한반도 르네상스

새로운 학풍

정치 행정이 정상화되고 제도가 정비되었다고 해서 저절로 왕국이 되는 것은 아니다. 건물의 골조가 튼튼하고 외관이 다듬어졌다면 실내도 그에 어울리도록 꾸며야 할 것이다. 당당한 왕국의 면모를 갖춘 새 조선에 어울리는 실내 작업이란 바로 학문과 지식, 예술 등의 문화 부문을 강화하는 일이다.

  사실상의 재건국이 이루어지는 중요한 시기의 왕이라면 무엇보다 권위와 다재다능함이 필요할 것이다. 이 두 가지 자질에서 영조는 시대 요구에 부응하는 군주였다. 그는 권력과 권위에서도 사대부들을 확실히 제압했을 뿐 아니라 학문에서도 결코 여느 사대부에 뒤지지 않았다. 조선의 역대 어느 왕보다도 경연을 많이 실시했다는 게 그 점을 말해준다.* 더구나 원래 경연이란 신하가 왕

● 경연의 기록은 후대의 왕들까지도 포함해 영조가 최다 횟수를 자랑한다. 이것은 단지 그의 재위 기간(52년)이 역대 최장이었기 때문은 아니다. 그는 모두 3400여 회의 경연을 개최했는데, 연평균 횟수로도 단연 으뜸이다. 또 한 가지 그가 세운 기록은 역대 왕들 중 타의 추종을 불허할 만큼 가장 긴 존호를 가졌다는 점이다. 무려 50자에 달하는데, 다 쓰면 이렇다. 영종지행순덕영모의열장의홍륜광인돈희체천건극성공신화대성광운개태기영요명순철건건곤녕익문선무희경현효(英宗至行純德英謨毅烈章義弘倫光仁敦禧體天建極聖功神化大成廣運開泰基永堯明舜哲乾健坤寧翼文宣武熙敬顯孝). 뜻이 좋은 글자들은 다 들어 있다고 보면 된다. 물론 이런 거창한 존호를 그 자신이 지은 것은 아니지만, 사실상 신하들에게 압력을 가해서 짓게 했으니 자신이 만들어 붙인 것이나 다름없다.

에게 강의하는 것을 뜻하지만, 영조는 오히려 경연을 이용해 조정 대신들에게 자신의 학식을 과시하는가 하면, 심지어 그들에게 직접 학문을 강의하기도 했다.

국왕부터 그랬을 정도라면 사회 전반에 학문적 분위기가 팽배했으리라는 점은 충분히 짐작할 수 있을 것이다. 16세기 후반의 사단칠정 논쟁에 이어 성리학에서 두 번째 철학 논쟁이 벌어진 것도 이런 배경에서다(17세기 후반의 예송논쟁은 철학 논쟁의 외피를 두른 권력 다툼이니까 논외다). 하지만 분위기만으로 논쟁이 촉발될 수는 없는 법이다. 여기에는 성리학 내부의 동기도 크게 작용했다.

앞서 보았듯이 사단칠정 논쟁은 정치 이데올로기로 출발한 성리학의 태생적 결함을 극복하기 위해 성리학에 철학적 옷을 입히는 과정이었다. 따라서 논쟁의 결론보다는 성리학자들 간에 그런 철학적 논쟁이 처음으로 전개되었다는 사실 자체가 중요했다. 그러나 그로부터 150년이 지나는 동안 성리학의 현실적 토대인 중화 세계가 크게 변했다. 대륙의 주인이 바뀌었고, 조선이 세계적으로 유일하게 남은 중화 세계가 된 것이다. 이런 엄청난 변화를 수용하지 못한다면 성리학은 더 이상 발전하기는커녕 존립 자체가 불확실해질 수도 있다. 그래서 이번 논쟁은 사단칠정 논쟁과 같은 철학적 면모를 유지하면서도, 그것처럼 현실과 동떨어진 공허한 측면에 치우치지 않고 훨씬 '현실적인 문제'를 쟁점으로 채택하게 된다. 이것이 이른바 인물성동론人物性同論과 인물성이론人物性異論 간의 논쟁이다.**

원래 이 논쟁은 송시열의 수제자인 권상하의 제자들이 시작했다. 그중 한원진韓元震(1682~1751)은 호서湖西, 즉 충청도 출신이었고, 이간李柬(1677~1727)은 낙하洛下, 즉 서울 출신이었기에 출신지의 머리글자를 따서 호락논쟁湖洛論爭이라고도 부른다. 물론 그 내용은 이름처럼 호락호락하지 않다. 인물성동론은 인과 물, 즉 사람과 사물의 본성이 서로 같다는 것이고, 인물성이론은 그 반대다. 호론湖論은 인물성이론의 입장이고, 낙론洛論은 인물성동론을 취한다.

그런데 사람과 사물의 본성이 왜 그 시기에 새삼스럽게 문제가 된 걸까? 그 논쟁에서 말하는 '사물'이 단지 일반적인 사물만을 가리키는 게 아니라는 점을 알면 그 논쟁의 의미를 쉽게 이해할 수 있다. 그 '사물'에는 물론 동물도 포함되지만 그보다 더 중요한 것은 바로 '오랑캐'도 포함된다는 점이다.

성리학에서 말하는 '사람'이란 예절을 알고 도덕을 실천하는 사람, 즉 중화 세계에 사는 사람을 가리킨다. 중화 세계의 바깥에 사는 무식하고 야만적인 종족들은 모두 '인人'이 아닌 '물物'에 속한다. 따라서 인물성동론과 인물성이론의 쟁점은 당시 중국을 지배하고 있는 만주족 오랑캐를 어떻게 볼 것이냐는 데 있었다. 그들을 똑같은 사람으로 대우한다면 인물성동론의 입장이고, '한 번 오랑캐면 영원한 오랑캐'라고 본다면 인물성이론의 입장이다. 그

●● 중화 세계의 변화로부터 비롯되었다는 점에서 이 논쟁은 예송논쟁과 맥락을 같이한다. 그런데 18세기 초반 영조의 치세에 다시 철학 논쟁이 벌어진 데는 다른 이유도 있다. 영조의 탕평책으로 해묵은 당쟁이 어느 정도 마무리된 탓에 이제 그들에게는 다툴 거리가 없어진 것이다. 조선의 사대부에게 본업인 당쟁 이외에 달리 할 일이 있었던가? 물론 심심해서 철학 논쟁을 벌였다고 말한다면 좀 심한 이야기겠지만. 어쨌든 권력으로부터 멀어진 사대부들이 뭔가 당쟁을 대신할 쟁점을 찾았던 것은 분명하다. 그래서 이번 논쟁은 당파 간이 아니라 노론 세력 내부에서 벌어진다.

렇다면 어느 쪽이 더 보수적인지, 즉 성리학적 전통에 충실한 입장인지 쉽게 알 수 있다. 바로 인물성이론이다. 이것은 중화 세계와 비중화 세계를 사람으로 구분하는 입장이므로 현대적 관점에서 보면 명백한 인종차별이다. 오늘날에도 인종차별이 보수 세력에 많은 것과 같은 이치다.

호론은 600여 년 전 주희가 정립한 화이론華夷論에 입각해 세상 만물이 중화中華와 이적夷狄으로 구분되며, 중화만이 인간이고 나머지는 모두 이적이라는 논지를 취했다. 따라서 이 입장에서는 오랑캐와 짐승이 서로 다를 바 없다. 반면에 낙론은 사람이나 사물이나 똑같이 오상五常(인·의·예·지·신의 유교 도덕)을 지니고 있으므로 오랑캐라고 해서 본성이 다르다고 구분할 수는 없다고 주장했다. 양측 모두 맹자와 주희 등 옛 유학자들의 고전에서 나름대로 근거를 인용하고 있으나, 낙론의 근저에는 이제 세상이 달라졌다는 것을 현실적으로 인정해야 한다는 믿음이 깔려 있었을 것이다.

중화가 아니라면 사람도 아니다? 이런 호론의 주장은 그게 과연 18세기의 사상인지조차 의심스러울 정도로 원시적이고 야만적인 사상이지만(그 시기에 서유럽에서는 인간 이성을 예찬한 계몽사상이 발달했다), 정작 그것을 주창한 성리학자들은 오히려 오랑캐를 원시적이고 야만적으로 보았다. 물론 그 배경에는 앞서의 예송논쟁과 마찬가지로 소중화 이념이 있었다. 비록 현실적인 힘에서는 오랑캐가 앞서는 세상이 되었지만, 문화적인 측면에서는 중화 세계의 적통인 조선이 우위에 있다는 (나아가 세계 최고라는) 터무니없는 생각이다. 이런 변형된 중화 이념은 곧이어 자민족 중심주의로 발전하면서 예술에도 영향을 미쳐 진경산수화라는 미술 장르

진짜 경치? 소중화사상이 뿌리를 내리면서 조선 사회에는 기묘한 철학 논쟁과 화풍이 등장했다. 오랑캐도 인간이라고 할 수 있느냐가 쟁점으로 부각되고, 우리 산천의 경치만이 진짜 경치라고 여기게 된 풍조는 언뜻 보면 대단히 주체적인 세계관인 것 같지만 실은 성리학의 가장 근본적인 경지, 즉 병적인 자기중심주의의 소산이다. 물론 그렇다 해도 정선이 인왕산의 어느 여름날을 화폭에 담은 〈인왕제색도〉(위 그림)의 가치를 폄하할 수는 없다.

를 낳게 된다.

  진경眞景이라면 '진짜 경치', 즉 조선의 경치를 뜻한다. 조선의 화가가 조선의 경치를 그리겠다는 게 왜 중화 이념일까? 조선의 사대부들처럼 조선의 화가들도 이제 조선이 유일한 중화 세계, 즉 진정한 인간 세계라고 믿는 데서 생겨났기 때문이다. 진경산수화는 금강산의 모습을 그린 〈금강전도金剛全圖〉와 인왕산의 경치를 화폭에 담은 〈인왕제색도仁王霽色圖〉의 화가인 정선鄭敾(1676~1759)으로부터 시작되었고, 이후 김홍도金弘道(1745~?)와 신윤복申潤福(1758~?) 등으로 이어졌다. 이 새로운 화풍은 우리 역사상 가장 주체적인 예술 사조였으나 그 바탕에는 병적인 소중화

32장 한반도 르네상스

이념이 흐르고 있었다.

아닌 게 아니라 그전 시대의 조선 화가들은 모두 종처럼 높이 솟은 중국의 산과 계곡 사이를 굽이쳐 흐르는 중국의 강을 그렸다. 게다가 그림에 등장하는 누각이나 인물도 중국의 양식과 복식이었고, 심지어 중국식 상투의 모습까지 등장했다(그림의 주제를 주로 중국의 고사에서 따왔기 때문이다). 그런 점에서 보면 진경산수화는 예술의 중심을 조선으로 가져온 주체적이고 혁명적인 전환이었다. 그러나 지나침은 모자람만 못한 법이다. 우리의 산천만이 '진짜 경치'라면 다른 나라의 자연은 모조리 '가짜 경치'가 되는 걸까? 그렇게 생각한다면 이미 주체성의 범위를 넘어선 소아병적 태도다. 실제로 소중화 이념은 이후 민족 주체성을 확립하는 데 기여한다기보다는 편협한 국수주의적 관점을 사회 전반에 퍼뜨리는 데 기여하게 된다.*

그래도 진경산수화는 예술의 영역이니까 그럴 수 있다손 치더라도, 인물성이론은 철학이라는 외피를 걸쳤기에 더욱 황당하고 터무니없는 것이었다. 누가 보기에도 논쟁은 인물성동론의 승리로 끝났어야 마땅하겠지만, 놀랍게도 명확한 승패는 나지 않았다. 여기에는 철학 논쟁 이외에 권력 다툼의 요소도 작용했을 것이다. 예송논쟁이 보여주었듯이 원래 사대부들의 논쟁이란 한쪽이 권력을 장악하면서 승리를 선언해야 할 텐데, 조선이 왕국으로 복귀한 이상 그게 불가능했기 때문에 무승부로 귀결되었을 것이다(이론적

* 이런 관점은 사실 오늘날에도 드물지 않다. 흔히 말하는 '우리 것이 좋은 것'이라는 생각도 지나치면 위험해진다. 문화 중화주의는 쉽게 문화적 파시즘으로 변질된다. 예를 들어 금강산 입구에 있는 '천하제일명산'이라는 구호는 세상의 모든 산을 낮추어보는 자기중심주의의 극대화를 나타낸다. 적어도 세상의 모든 산을 둘러보지 않았다면 그런 말을 할 수 없다. 게다가 산의 아름다움은 단지 기암괴석과 폭포에만 있지 않다. 비록 우리의 자연에는 없지만, 이 세상에는 물이 없으면서도 경치가 좋은 산도 많고, 심지어 불모의 사막조차 얼마든지 좋은 경치가 될 수 있으니까. 또한 '천하제일'이라는 수식어로 모든 것을 서열화하는 잘못된 사고방식도 중화사상의 영향이다.

으로 승패를 따지자면 대세가 대세인 만큼 인물성동론의 우승이라 할 수 있다). 그러나 기존의 성리학에서 상당히 벗어난 인물성동론의 입장은 곧이어 대단히 중요한 새로운 학풍을 낳는 데 결정적으로 기여한다. 그것은 바로 후대에 실학이라 불리게 되는 학풍이다.

한계를 넘지 못한 실학

실학이라는 용어는 18세기에 새로 등장한 학풍을 가리키지만, 원래는 19세기 말과 20세기 초 일제의 조선 침략이 노골화되던 무렵에 민족 주체성을 고취하기 위해 학자들이 만들어낸 말이다(그러므로 당대에는 실학이라고 부르지 않았다). 물론 실학이라는 용어는 예로부터 있었고, 한반도만이 아니라 중국과 일본에서도 두루 쓰던 말이었다. 그러나 그 의미는 시대에 따라 달랐다. 이를테면 고려시대에는 불교에 대해 유학을 가리켜 실학이라 했고, 조선 초에는 성리학을 원시 유학, 즉 육경학이나 사장학詞章學에 대비해 실학이라고 불렀다. 이렇게 의미는 달라도 여러 용례에서 공통점을 찾을 수 있다. 즉 실학이라는 말은 기존의 학풍에 대해 새롭고 진보적인 학풍을 가리키는 용어였다.

호락논쟁에서 상대적으로 인물성동론이 진보적이었다면, 이 입장이 실학과 관련되는 것은 당연하다. 실제로 홍대용洪大容(1731~1783)과 박지원朴趾源(1737~1805) 같은 북학파北學派가 바로 인물성동론을 계승한 실학자들이다. 하지만 이들이 실학의 선구자였던 것은 아니다. 18세기 실학의 기원은 100년 전으로 거슬러 올라간다.

실학이라고 하면 보통 공허한 논쟁을 일삼던 유학과 질적으로 다른 학문인 것처럼 여기지만, 실학의 뿌리는 원래 성리학에 있다. 이 점을 이해하기 위해서는 먼저 중화 세계에서 유학의 위상을 다시금 확인해야 한다. 흔히 유교라고도 불리듯이 유학은 단순한 학문이 아니라 종교와 비슷한 지위였다. 그런 점에서 유학은 서양의 그리스도교와 비교할 수 있다. 그리스도교가 지배한 세계는 중세 유럽이다. 당시의 그리스도교란 오늘날처럼 하나의 종교에 불과한 게 아니라 유럽 사회의 모든 부분을 관장하는 하나의 '세계관'이었다. 모든 학문의 바탕에는 신학이 있었고, 학자들은 어느 누구도 이 신학의 색안경을 벗을 수 없었다. 근대에 와서 모든 학문의 뿌리를 이루는 철학조차 당시에는 '신학의 시녀'였다는 사실이 중세 그리스도교의 위력을 말해준다.

중세 유럽에서 그리스도교가 누렸던 지위는 바로 동북아시아의 중화 세계에서 유학이 차지하는 위치와 똑같다. 오늘날 유학은 대학의 학문 분과 혹은 '한 과목'에 불과하지만(이를테면 '동양철학과의 유학 전공'), 유학이 세상을 지배했을 때 그것은 하나의 학문 분야가 아니라 학문 전체였고, 총체적인 세계관이었다. 지금의 학문 구분으로 말한다면 철학이나 역사학은 물론이고 법학, 경제학, 나아가 물리학, 공학 같은 자연과학도 모두 유학의 테두리 안에서 연구되고 논의되는 '유학의 분과들'이었다. 따라서 사회를 성립시키고 발전시킨 것도, 또 그 사회에 정체와 침체를 가져온 것도 유학이었다. 심지어 그 유학을 비판하고 대안을 제시한 것도 유학일 수밖에 없는데, 그게 바로 실학이다.*

그렇다면 실학은 성리학이 위기에 처했을 때 생겨났을 것이다. 과연 최초의 실학이라고 할 만한 연구가 나온 시기는 바로 비중화 세계가 중화의 본산인 중국을 정복했을 때와 일치한다. 1634년 이수광李睟光(1563~1628)의 두 아들은 아버지가 20년 전에 쓴 원고를 정리해 《지봉유설芝峰類說》이라는 일종의 작은 백과사전을 펴냈는데, 이것이 최초의 실학서라고 간주된다. 광해군과 인조의 두 시대에 걸쳐 정부 요직을 맡았다면 대단히 영악한 인물일 것이라고 짐작되겠지만, 실상 이수광은 눈치 빠른 모리배와는 거리가 먼 강직하고 신실한 사람이었다. 그랬기에 그는 험난한 시대에도 참된 선비로서의 자세를 잃지 않았다. 또한 '참된 선비였기에' 그는 편협한 중화적 세계관에 물들지 않고 중국에 가서 《천주실의天主實義》(이탈리아의 선교사인 마테오 리치가 한문으로 쓴 그리스도교 개설서)를 비롯한 여러 가지 서양 문물을 가져와 조선에 최초로 소개했다(그런 점에서 이수광은 소현세자의 선배 격이다).

● 이 점에서 유학과 그리스도교는 차이를 보인다. 유학이 그랬듯이 중세 유럽을 건설하고 지배한 그리스도교도 중세 후기에 접어들면서부터는 도덕적 타락과 사회적 정체의 근본 원인이 되었다. 여기서 실학의 역할을 한 것은 수도원 운동이다. 수도원은 그리스도교를 전면적으로 부정하지 않으면서 내부 개혁을 통해 교회가 본래의 기능을 회복할 수 있도록 지원했다(《종횡무진 서양사》 1권, 379~381쪽 참조). 그러나 그것만으로는 이미 시대에 뒤처진 교회를 되살릴 수 없었기에 결국 종교개혁이라는 대대적인 수술이 이루어졌으며, 그 결과 유럽 세계는 사회의 기틀이 송두리째 뒤바뀌고 인간 이성이 신의 손아귀에서 풀려나는 르네상스를 맞이했다. 그러나 유학의 경우 그리스도교보다도 더 근본적인 수술이 필요한 상황에서 실학이라는 미적지근한 처방으로 인해 많은 아쉬움을 남겼다.

17세기 후반에는 재야학자 유형원柳馨遠(1622~1673)이 토지와 법, 관직 임용 등 제반의 제도를 분석하고 대안을 제시한 연구를 남겼다. 유형원은 평생 관직 생활을 하지 않은 탓에 자신의 제안들이 실제 정책에 반영되는 것을 보지는 못했지만, 죽은 뒤에는 공식적으로 실학의 선구자라는 영예를 누리게 된다. 1769년에 영조가 그의 연구 성과를 정리해 책으로 간행하라고 명한 것이다. 죽은 지 100년이나 지났으나 국왕에 의해 인정된 덕분에 그의 책 《반계수록磻溪隧錄》은 최초의 '정부 공인' 실학서가 될 수 있었다.●●

●● 《지봉유설》의 지봉과 《반계수록》의 반계는 모두 지은이의 호다. 앞서 말했듯이 조선시대에 편찬된 문헌들은 《동의보감(東醫寶鑑)》처럼 특수한 것을 제외하면 거의가 다 특정한 지은이가 없고 대표 편찬자가 지은이처럼 간주된다(이를테면 정초의 《농사직설》이나 성현의 《악학궤범》). 일부 선비들의 개인 문집 같은 책들만 그 선비의 사후에 간행되면서 지은이의 호가 제목에 붙는 식이었다(이를테면 조광조의 《정암문집(靜庵文集)》이나 이이의 《율곡전서(栗谷全書)》). 그런데 실학서도 그런 문집과 같은 제목을 취한 이유는 우선 정부에서 공식적으로 편찬한 책이 아니고(조선시대에 서적이란 일반인을 독자로 겨냥한 게 아니었다), 내용이 백과사전식으로 잡다하기 때문이다(유학만이 학문이었던 탓에 여타의 학문은 체계적으로 분류되지 않았다).

하지만 누가 최초의 실학자이고 무엇이 최초의 실학서냐 하는 것은 문헌학자의 관심사일 뿐이다. 중요한 것은 이수광과 유형원에게서 향후 실학이 나아갈 두 가지 방향을 읽을 수 있다는 점이다. 성리학에 토대를 두고 조선의 현실을 개혁한다는 취지에서는 모든 실학자가 마찬가지지만 개혁의 방향은 그 두 사람이 각기 제시한 두 갈래 길이다.

우선 이수광이 보여준 길은 서양 문물을 수용함으로써 조선이 취할 대안을 모색하는 방향이다. 그런데 조선은 서양과 독자적으로 교류할 통로도, 권한도 없으니까 이 노선을 채택할 경우에는 청을 통해 서양 문물을 도입할 수밖에 없다. 당시 청에서는 서양 문물을 서학(西學)이라고 불렀는데, 청은 조선의 북방에서 출범한 왕조였던 탓에 조선에서는 청을 통해 수입하는 서학을 북학(北學)이라고 불렀다. 북학파라는 명칭은 여기서 나왔다. 이 입장에서는 무엇보다 대외 교류가 중요했으므로 북학파는 상업을 중시하고, 그 상업을 뒷받침할 공업을 진흥하고, 화폐경제 제도를 도입하자는 정책 대안을 제시했다.

그에 비해 유형원이 안내한 길은 내부 개혁 노선에 해당한다. 전통적으로 조선의 산업이라면 단연 농업이므로 개혁의 기본 방향은 농업을 육성하는 데 있다. 이를 위해서는 먼저 토지제도가 바뀌어야만 한다. 그래서 이 입장을 취한 실학자들은 다양한 방식으로 전제 개혁을 부르짖었다. 그 모델은 중국의 옛 주나라 때 시행되었다고 전해지는 정전법井田法이다(정전법이란 토지를 '井' 자 모양의 아홉 구획으로 나누어 한가운데 토지의 생산물을 조세로 내고 나머지를 경작자들이 가진다는 이상적인 제도다). 토지를 경작자들에게 균등하게 분배하자는 유형원의 균전론均田論이나 토지 보유 상한선을 정해 대지주들을 제한하자는 이익李瀷 (1681~1763)의 한전론限田論은 모두 정전법에 뿌리를 두고 있다.

북학파가 중상학파라면 내부 개혁론자들은 중농학파라고 부를 수 있다. 또한 당시에 중국에서 유행한 용어를 빌려 말하면 이용후생利用厚生과 실사구시實事求是를 중시하는 학자들을 중상학파로, 경세치용經世致用을 주창하는 학자들을 중농학파로 분류할 수도 있다(강조점은 약간씩 다르지만 이용후생, 실사구시, 경세치용은 모두 현실적이고 실천적인 고민을 하자는 뜻이다). 하지만 중요한 것은 명칭이나 이론이 아니다. 중상이든 중농이든 다 좋다. 이용후생이든 경세치용이든 다 잘 해보자는 이야기다. 문제는 실학자들이 내놓은 대안들이 현실의 정책으로 채택되지 못했다는 점이다. 그 이유는 무엇일까?

우선 그들의 제안이 대부분 탁상공론에 머물고 있다는 게 이유의 하나일 것이다. 실학자들은 머릿수만큼 다종다양한 개혁안을 내놓았으나 현실적으로 실현 가능한 것은 별로 없었다. 냉정하게 평가하면 그들이 이룬 가장 중요한 업적은 단지 저마다 책을 저

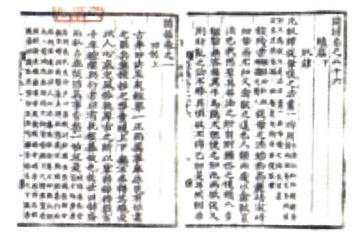

안팎의 길 실학이라니까 뭔가 참신한 느낌을 주지만, 실은 위기에 처한 체제를 개혁하자는 유학의 자기반성에 불과하다. 개혁의 길은 두 가지, 즉 안과 바깥이다. 위쪽은 바깥의 길을 상징하는 서학의 교과서 《천주실의》이고, 아래쪽은 내부 개혁의 길을 제시한 유형원의 《반계수록》이다. 그러나 이 두 가지 방책은 집권 기득권층의 강력한 방어에 가로막혀 이론으로만 그치고 만다.

술해 실학 관련 문헌들만 늘어놓은 것에 불과하다. 그렇게 된 이유는 그들이 새로운 학풍을 주장하면서도 성리학의 기본 테두리에서 결코 벗어나려 하지 않았기 때문이다. 학문의 초보적인 분과조차 이루어지지 않은 성리학의 울타리 안에 머물러 있었기 때문에 실학자들은 각자 나름대로 방법론을 정립하고, 마치 백화점에 물건들을 늘어놓는 것처럼 이것저것 가리지 않고 자신의 의견을 개진할 수밖에 없었다. 따라서 정책화될 만큼 체계적이고 전문적인 대안이 나오기 어려웠다.

하지만 실학이 현실화되지 못한 데는 그보다 더 중요한 이유가 있다. 이것은 실학자들의 역량을 벗어나는 문제이므로 그들의 책임이 아니라 체제 자체의 책임이다. 실학자들은 중앙 정치 무대에 깊숙이 침투하지 못했다. 이론을 정책으로 만들려면 이론도 좋아야 하지만 무엇보다 학문과 정치의 현실적인 연결 고리가 필요하다. 앞에서 학자–관료라는 표현을 썼듯이 유학의 유일한 장점이라면 학문적 성과가 곧바로 정책으로 이어질 수 있다는 것인데, 실학자들은 대부분 현실 정치로부터 소외되어 있었기에 그들의 이론도 대부분 처음부터 정책화되지 못할 운명이었다(이런 현실이 그들의 구상을 더욱 탁상공론으로 몰아갔을 터이다). 유형원도 재야인사이고 중농학파의 태두인 이익도 관직에 오르지 못했다는 사실은 실학의 그런 운명을 말해준다(그러나 이익은 그 자신도 학문의 대가였을 뿐 아니라 아들, 조카, 손자에 이르기까지 가문에서 많은 실학자를 길러 내 실학에 크게 기여했다).*

실학자들이 자신의 이론을 현실적 정책으로 입안하고 실천할 수 있는 관학자官學者로 성장하지 못했다는 것은 어쩔 수 없는 현실이었으나, 성리학의 테두리에서 벗어나지 못했다는 학문적 한계는 여러 가지로 아쉬움을 남긴다. 알다시피 참된 개혁을 이루려면 과거와 단절하는 아픔을 각오해야 한다. 그러나 마약을 끊는 고통을 고통이라 부르지는 않으며, 밖으로 나오기 위해 알껍데기를 깨는 아픔을 아픔이라고 말하지는 않는다. 그런 점에서 실학자들은 현실 안주적인 성향이 강했고, 개혁을 주창해도 현실을 완전히 부정하지는 않았다. 체제 변혁과 혁명을 추구한 실학자가 없는 것은 그 때문이다. 새로운 학풍의 담당자라는 역할에 어울리지 않게 그들 역시 기존의 당파적 노선에 따르고 있었다는 사실에서도 그런 한계를 볼 수 있다.

● 이런 점에서 대비가 되는 것은 일본의 자세다. 일본은 17세기 에도 시대부터 19세기 중반 미국에 개항될 때까지 공식적으로 쇄국 상태였다. 하지만 이 시기에 바쿠후 정권은 유럽의 네덜란드에만은 문호를 열고 나가사키를 통해 정식으로 교역했다. 네덜란드를 통해 서양 문물을 연구하는 것을 난학(蘭學), 즉 란가쿠라고 불렀는데—네덜란드의 한자어가 화란이었으므로 여기서 취한 명칭이다—이것은 조선의 실학과 북학에 해당한다. 조선과 가장 큰 차이는 바쿠후 정부가 란가쿠를 지원했다는 점이다. 조선이 공식적으로는 쇄국이 아니었는데도 바깥에 철저히 눈을 감은 반면, 일본은 공식적으로 쇄국이었음에도 네덜란드라는 창문을 열어놓았다. 이 차이가 이후 두 나라의 근대사를 결정했다고 해도 과언이 아니다.

영조의 치세에 여당은 노론이고 야당은 남인이었다. 북학파는 노론 내에서 호락논쟁이 벌어진 결과로 탄생한 집단이므로 인맥상으로는 노론의 계열에 속했다. 반면 야당 혹은 재야에 있던 남인들은 그 위치에 걸맞게 민생 문제에 주목했는데, 그들이 중농학파의 입장을 취하게 된 것도 그 때문이다. 그렇다면 그들이 정전법이라는 고대의 이상적인 토지제도를 모델로 삼은 이유도 명백하다. 예송논쟁에서도 드러났듯이 그들의 학문적 기반은 바로 성리학 이전의 원시 유학에 있었던 것이다.

탕평책이 효과를 보았음에도 불구하고 이렇게 실학자들마저 당파성을 버리지 못했을 정도라면 아직 조선 사대부들의 힘이 충분히 거세되지 않았다는 것을 알 수 있다(게다가 탕평책을 지지한 사대부들을 '탕평당'이라 부를 정도였다면 당쟁의 불씨도 여전했음을 알 수 있다). 이들은 어떻게든 당쟁의 부활만을 막으려는 영조의 소극적인 자세를 역이용해 나중에는 왕권에 재도전할 만큼 세력을 만회하게 된다. 불행한 일이지만 영조의 왕정복고 실험은 이미 그의 치세에 실패로 돌아갈 조짐이 나타나기 시작한 것이다.

사대부의 거부권

비록 현실 정치에 반영되지는 못했어도 조선에서 실학이라는 새로운 학풍이 만개할 무렵, 때마침 중국에서도 주목할 만한 학문적 발전이 있었다. 그것을 집약적으로 보여주는 사례가 백과사전이다. 강희제 시대에 시작된 백과사전 프로젝트가 오랜 작업 끝에 옹정제 雍正帝(1678~1735) 대에 이르러 완성된 것이다. 1725년에 간행된 이 백과사전은 《고금도서집성古今圖書集成》이라는 거창한 제목에 걸맞게 현재까지 나온 모든 문헌을 총망라해 무려 1만 권의 책으로 엮은 엄청난 규모였다. 게다가 '오랑캐 나라'답게 청은 옛 중화 세계의 지배 이념이었던 성리학과 양명학陽明學을 버리고 새로이 고증학考證學을 채택해 경험적이고 실증적인 학문 연구의 풍토를 정착시켰다. 가히 동북아시아의 르네상스라 부를 만한 커다란 변화인데, 여기서 간단히 그 과정을 짚고 넘어가자.

● 비슷한 시기에 서양에서도 방대한 백과사전이 편찬된 것을 보면 그 시대는 가히 세계적으로 백과사전의 시대였던 모양이다. 1751년 프랑스에서는 계몽사상가들이 모여 인류의 모든 학문을 백과사전으로 담겠다는 원대한 꿈을 품었다. 디드로와 달랑베르가 주도하고 볼테르와 몽테스키외 등 노장파까지 가세한 이 백과사전은 여러 가지 점에서 중국의 백과사전과 달랐다. 우선 제목도 《고금도서집성》처럼 거창하지 않고 그냥 《백과사전(Encyclopdie)》이듯이, 정부에서 편찬한 게 아니라 민간에서 용도와 상업성을 앞세워 편찬했다. 또한 무엇보다 중국의 필자는 전부 학자들이었으나, 프랑스는 루소와 올바크 등 일부 학자들과 더불어 양말이나 시계를 만드는 기능인들이 더 많이 참여했다. 그만큼 백과사전의 실용성에 충실했던 것이다. 동서양 두 문명의 질적 차이를 보여주는 사례다.

양명학은 원래 명의 왕수인王守仁(1472~1528)이 주장한 새로운 유학이지만, 이후에 워낙 여러 갈래로 분파되었으므로 단일한 정의가 불가능하다. 그러나 쉽게 말해 기본적으로 성리학의 '대중판'이라고 이해하면 되겠다. 성리학이 주로 국가 운영의 철학이자 지배층의 이데올로기로서 기능한 데 비해, 양명학은 유학만이 아니라 선불교나 도교의 요소까지 가미해 일종의 생활 철학으로 성립했다(그랬으니 성리학이 지배하는 조선에 양명학이 뚫고 들어가지 못한 것은 당연하지만, 실용적인 사고를 가진 학자들 중에는 양명학을 받아들인 사람도 더러 있었다. 병자호란 때 현실적 대세 감각을 보였던 최명길이 대표적인 예다). 양명학만 해도 성리학에 비해서는 진일보했다고 할 수 있지만, 명을 타도한 청은 그보다 더 나아간 새로운 학풍을 장려했다. 그게 바로 고증학이다.

고증학은 그 이름에서 보듯이 이전의 어느 유학보다도 과학적이고 체계적인 학풍이었다. 실제로 고증학의 모토는 바로 실사구시였으니까 고증학 자체가 하나의 커다란 '실학'인 셈이다. 성리학이 사변적이고 양명학이 관념적이라면 고증학은 늘 유학의 근저에 놓여 있던 그 사변성과 관념성을 제거하고 과학으로서의 유학을 지향했다. 그래서 고증학은 유학에서 나왔으되 가장 유학답지 않은 학풍이었다.

그렇게 보면 고증학에 이르러서야 비로소 유학에서 학문의 초보적인 분류와 체계화가 이루어졌다고도 볼 수 있다. 비록 여전히 경학經學과 사학史學 등 인문학 분야에 치중한다는 문제는 남았으나, 적어도 방법론에 관한 한 고증학은 훈고학적 관점에 바탕을 두고 모든 학문적 대상을 엄밀히 증명하려는 과학적 자세를 견지했다. 그렇다면 고증학적 연구에서 무엇보다 전거가 중시되는 것은 당연하다. 그 전거를 모으는 작업이 바로 《고금도서집성》의 편찬으로 이어진 것이다.

이처럼 중국과 조선은 같은 시기에 새로운 시대의 흐름을 맞았으나 그 변화에 대처하는 자세는 서로 달랐다. 단적으로 말해 고증학은 다소 성공을 거두었으나 실학은 완전히 실패했다. 그 이유는 바로 체제와 이념이 달랐기 때문이다. 청이 중화 세계의 우물 안 개구리에서 어느 정도 벗어나 새로운 시야를 개척할 수 있었던 것은, 조선의 입장에서 보면 '오랑캐 세상'이기에 가능한 일이었다. 서양의 선교사들을 스스럼없이 대하고 서양 문물을 거부감 없이 받아들이는 것도 그들이 동양의 오랑캐이기에 서양 오랑캐[洋夷]를 익숙하게 여긴 탓이다. 하지만 중화 세계인 조선이 근본 없는 오랑캐처럼 속되게 처신할 수야 없지 않은가? 이런 인식의 차이 때문에 청에서는 실학(고증학)이 곧 관학으로 자리 잡을 수 있었지만, 조선에서는 재야의 학문에 머물 수밖에 없었던 것이다(양명학조차 받아들이지 못한 조선의 지배층이 실학을 수용할 가능성은 없었다).

사회적 분위기와 학문적 흐름은 새 시대를 지향하고 있는데도 조선의 정치 현실은 여전히 수구적이었다. 중국에서는 이미 명 대부터 정치 지상주의가 한물갔는데도 조선에서는 여전히 모든 사회 부문을 정치의 고삐가 틀어쥐고 있었다. 원래 경제는 연속적으로 성장하지만 정치는 단속적으로 발전하게 마련이다. 경제가 성장기의 신체라면 정치는 옷이므로 적절한 시기에 바꾸어주어야 한다. 달리 말하면 정치에는 반드시 혁명이 필요하다. 실제로 조선이 처해 있는 시대적 모순은 두 차례의 혁명적 변화로 표출되었다. 하나는 사대부들의 반동이었고, 다른 하나는 급진적인 왕정

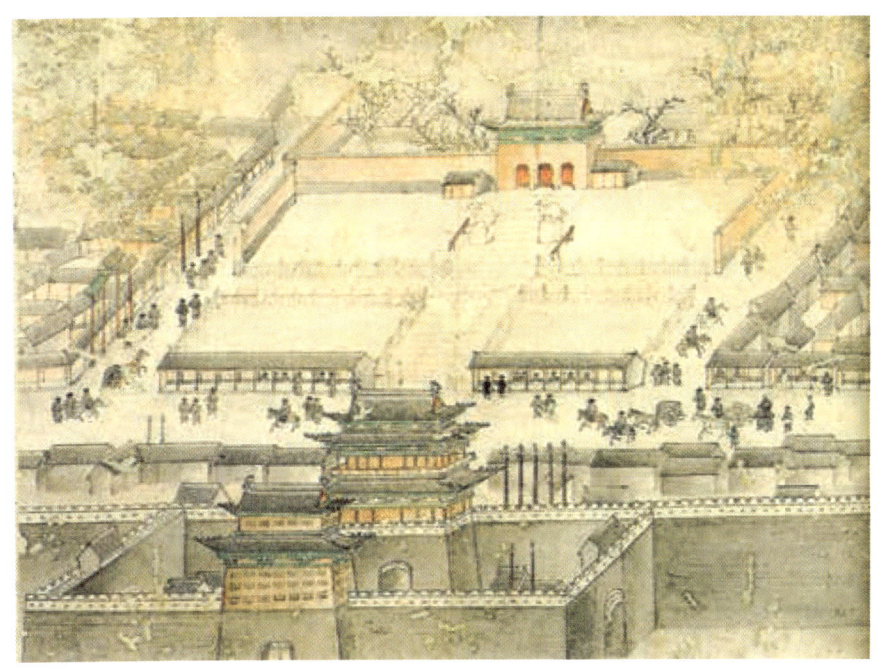

바깥을 향한 유일한 창구 청이 대륙의 주인이 되면서 중국에 가는 조선의 사절도 간소해졌다. 따라서 예전의 복잡한 명칭도 간단히 연행사(燕行使), 즉 연경에 가는 사절로 바뀌었다. 그림은 연경에 간 연행사의 행렬을 그린 〈연행도〉다. 당시 청은 조선이 바깥을 바라보는 유일한 창구였다.

복고였다. 그러나 두 사건의 뿌리는 하나였다.

탕평책으로 당쟁의 열기를 잡았다 싶은 순간 영조는 마음이 약해졌다. 그동안 사대부 정치의 가장 큰 폐단이던 당쟁이 진정되는 기미를 보이자 그는 왕국으로의 꿈을 조금씩 접기 시작했다. 그래서 여당 격인 노론에 대해서는 나름대로 배려해주기도 하고 약간의 특권적 지위를 인정해주기도 했다. 그에게 무엇보다 중요한 것은 과거처럼 당쟁이 격화되는 일만큼은 두 번 다시 없어야 한다는 것이다. 그래서 호론과 낙론 간에 제법 열띤 논쟁이 벌어졌어도 영조는 거기에 개입하지 않았다. 그것은 노론 내부의 논쟁이었기에 예전의 예송논쟁처럼 당쟁화되지는 않을 터였다.

그러나 영조는 노론에 대해 크게 착각하고 있었다. 그 자신은 노론을 왕당파로 간주했으나 영조의 비호 아래 입지를 확고히 굳힌 노론은 자신들이 왕당파가 아니라 오랫동안 조선을 호령하던 본래의 사대부로 복귀했다고 믿었다. 이러한 인식의 차이는 조선 왕실의 역사상 최악의 비극을 낳게 된다.

영조는 1728년에 맏아들인 효장세자孝章世子가 열 살의 어린 나이로 죽은 탓에 그 뒤 마흔이 넘어 얻은 아들 장헌세자莊獻世子(1735~1762)를 끔찍이 아꼈다. 그래서 세자가 겨우 열네 살이던 1749년부터 '국왕 실습'을 시켰는데, 세자에게는 좋지 않은 결과를 가져다준 커다란 실수였다. 어릴 때부터 총명한 데다 열 살 때 이미 신임옥사에서 노론이 저지른 잘못을 지적할 만큼 정치적 안목이 뛰어났던 세자를 노론 세력은 결코 환영하지 않았던 것이다. 영조에게는 다른 아들이 없었으므로 어차피 그들의 입맛에 맞는 왕위 계승자를 달리 물색할 수는 없었는데도 노론은 장헌세자를 무척 싫어했다. 더욱이 여기에 영조의 계비인 정순왕후貞純王后(1745~1805)와 후궁까지 가세하면서 세자의 입지는 좁아졌다.

마침내 노론의 책동이 먹혀들었다. 영조는 여당의 비위를 맞추지 못하는 세자가 장차 나라를 이끌 지도자감으로 부족하다고 여겼는지도 모른다(영조의 나이는 육순에 접어들었고 세자가 사실상의 국왕으로서 국정을 전담하고 있었다). 성질이 불같았던 영조는 간간이 올라오는 노론의 상소만 믿고 세자를 몹시 꾸짖었는데, 그것은 그의 두 번째 실수였다. 총명함에 비해 성품이 유약한 세자는 믿었던 아버지마저 등을 돌리자 그만 정신병에 걸리고 만 것이다. 실제로 '의학적인' 정신병이었는지는 알 수 없지만, 심약한 세자는 엄한 아버지를 무척 두려워했고 주눅이 들어 있었다.

이후 세자는 궁녀와 내시를 때려 죽인다든가, 여승을 궁에 불러들여 밀회를 즐긴다든가, 마음대로 궁에서 나가 놀러다니는 등 세자의 신분으로서는 상상하기 어려운 엽기적인 행각을 벌였다. 회심의 미소를 머금은 노론은 치명타를 준비했다. 1762년 5월, 정순왕후의 아버지인 김한구金漢耉와 홍계희洪啓禧, 윤급尹汲 등은 나경언羅景彦이라는 자를 시켜 영조에게 세자의 비행을 일러바치게 했다.●

그것은 가뜩이나 세자의 처신에 분노하고 있던 영조로 하여금 세 번째이자 마지막 실수를 저지르게 하기에 족했다. 나경언의 고발이 있었던 날부터 세자는 석고대죄를 시작했으나 영조는 20일이나 거들떠보지도 않다가 마침내 결단을 내렸다(당시 세자는 나경언과의 대질을 요청했으나 영조는 그것을 거부하고 꾸지람만 했다). 나라의 앞날을 위한다는 명분으로 세자에게 자결하라고 명한 것이다. 한번 아들에게 등을 돌린 아버지는 냉혹하고 가혹했다. 신하들이 세자의 자결을 극구 만류하자 영조는 세자를 서자로 강등했다. 사실 세자는 계비의 소생이 아니므로 원래 서자였으나 세자의 신분이기 때문에 적자에 준하는 대우를 받고 있었다. 따라서 서자로 강등한 조치는 곧 세자를 폐위하겠다는 뜻이다.

● 윤급은 탕평책조차 반대하던 소인배였고 나경언은 바로 그의 집 청지기였으니 그들의 책동이 치졸할 것은 예상되는 바다. 당시 나경언은 가산을 탕진한 처지였으므로 윤급 일당이 매수하기에 적절한 대상이었다(그들이 영조 앞에 직접 나서서 세자를 탄핵하지 못하고 하수인을 쓴 이유는 영조가 어떻게 나올지 겁났기 때문일 것이다). 보잘것없는 신분의 나경언이 감히 국왕을 만날 수는 없는 노릇이다. 그래서 그는 우선 역모가 있다고 고발하면서 영조의 관심을 끌었다. 영조는 음모에 걸려들어 친히 나경언을 심문하겠다고 나섰다(영조와 나경언이 만난 데는 노론의 공작이 있었을 것이다). 그 자리에서 나경언은 세자의 비행을 10조목으로 나누어 상세히 설명했다. 상당한 부풀림이 있었겠지만, 영조는 음모를 눈치채지 못했다. 하지만 음모에 걸린 것은 나경언도 마찬가지였다. 영조는 나경언을 비호하려 했으나 군신의 반대로 나경언은 세자를 모함한 죄로 처형당했다. 결국 노론 모리배들은 손대지 않고 코를 푸는 데 성공했다.

거기서 그쳤으면 영조 본인을 위해서나 국가를 위해서나 좋았을 것이다. 그러나 영조는 세자를 이미 정치적으로 죽였으면서도 생물학적으로까지 죽이려 했다. 결국 세자는 아버지의 명으로 뒤주에 갇혀 여드레 만에 비극적인 죽음을 맞았다. 이 사건은 나중에 그의 아내 경의왕후敬懿王后(1735~1815, 속칭 혜경궁 홍씨로 더 잘 알려져 있다)에 의해 《한중록閑中錄》이라는 책으로 기록되었는데, 여기서는 사대부들의 기록인 《조선왕조실록》과 달리 장헌세자의 억울함이 소상히 나와 있다(아울러 이 책에는, 남편이 고양이 앞의 쥐처럼 아버지를 심하게 두려워하는 모습을 애처롭게 바라보는 아내의 심정이 생생하게 드러나 있다. 하지만 영조는 아들에게 정을 주지 않았으면서도 며느리에게는 무척 자애롭게 대했다). 그녀는 책 제목을 '恨中錄'이라 하고 싶지 않았을까?

개인적으로도 불행한 일이지만, 이 사건은 정치적 함의도 무척 크다. 영조는 정상적 왕국을 코앞에 두고 갑자기 물러서버렸다. 왜 그랬을까? 세자가 죽은 직후 영조는 아들에 대한 미안함을 묘한 방식으로 달랬다. 서자로 퇴출시킨 아들에게 사도思悼라는 시호를 내려 넋을 위로하고, 장례식을 직접 집전한 것이다(그 때문에 장헌세자는 사도세자思悼世子라는 이름으로 후대에 알려졌다). 그것으로 미루어보면 그는 분명히 아들을 죽인 일이 나라를 위해 어쩔 수 없었다고 자위했던 듯하다. 게다가 공석이 된 세자 자리를 세자의 아들인 이산李祘(뒤의 정조)에게 잇게 한 것은 세자가 희생양이었다는 사실을 영조 스스로 인정한 것이나 다름없다.

그렇다면 영조의 의도는 확실해진다. 세자에게 가해진 고발이 사실이든 아니든 그것은 중요하지 않다. 또한 노론이 세자를 축출하는 데 음모를 동원했든 안 했든 그것도 중요하지 않다. 중요한 것은 오로지 왕위 계승자를 여당(노론)이 반대한다는 사실이다. 결국 영조는 노론이 배척하는 세자에게 왕권을 상속할 자신이 없었던 것이다. 그런 점에서 영조의 처지가 곤란했다는 것은 어느 정도 공감할 수 있다. 하지만 그것은 다른 한편으로 조선의 왕국화가 아직 정상 궤도에 오르지 못했다는 사실을 반증한다(탕평책으로 왕권 강화에 성공하면서 자신감을 얻은 영조도 아들을 죽이는 대목에서는 아직 부족하다는 것을 절감했을 터이다).

그러므로 새 세자(정확히 말하면 세손世孫이라 해야겠지만)에게 주어진 역사적 사명은 할아버지가 중단한 왕국화를 다시 추진하는 것이다. 하지만 한 번 절호의 기회를 놓친 만큼 그 작업은 더욱 까다로워졌다. 따라서 이제는 둘 중 하나를 택할 수밖에 없다. 더 신중을 기해 장기적인 호흡으로 추진하든가, 아니면 반대로 더 신속하고도 급진적으로 추진하든가. 1777년 영조가 죽은 뒤 조선의 22대 왕으로 즉위한 정조正祖(1752~1800, 재위 1776~1800)는 그중에서 후자의 노선을 택한다.

33장

마지막 실험과 마지막 실패

도서관이 담당한 혁신

영조가 왕권을 강화할 수 있었던 것은 단지 탕평책이 효과를 거두었기 때문만이 아니다. 또한 그가 뛰어난 정치 감각과 출중한 학문, 강력한 권위 등 군주의 자질을 두루 지녔고 오래 재위했기 때문만도 아니다. 그 모든 요소가 왕권 강화와 조선의 왕국화에 기여한 것은 사실이지만, 이보다 훨씬 중요한 요소가 한 가지 있었다. 그것은 바로 그 무렵 동북아시아 질서가 송두리째 변했다는 사실이다.

청이 대륙의 주인이 되었다는 것은 곧 황제가 사라졌다는 뜻이다. 물론 청도 제국인 만큼 황제는 있다. 그것도 건륭제乾隆帝(1711~1799)라는 유능한 황제다. 그러나 아무리 걸출하다 해도 그는 조선을 포함해 역대 한반도 왕조들이 충심으로 사대했던 한족 황제는 아니다. 진정한 중화의 황제, 즉 천자는 명의 멸망과 함께 영원히 역사의 뒤안길로 사라졌다. 이런 변화는 조선의 국왕에게도 갑자기 고아가 된 것이나 다름없는 충격을 주었지만, 그동안 중국에 상위 군주가 존재한다는 것을 왕권 견제의 수단으로 잘 써먹던 조선의 사대부들에게도 큰 타격이 아닐 수 없었다. 따라서 사대부들은 싫든 좋든 이제부터는 조선의 국왕을 중화 세계의 유일한 절대 권력자로 간주할 수밖에 없게 되었다. 영조가 강력한 왕권을 누릴 수 있었던 데는 이런 사실이 크게 작용한 것이다.●

그러나 영조는 그 유리한 변화를 충분히 활용하지 못했다. 탕평책을 관철하는 데까지는 성공했으나 왕국의 문턱을 넘었다 싶은 순간 그는 그만 발을 빼버렸다. 과속을 겁낸 탓일까? 아니면 개혁 피로감일까? 아니면 나이 탓일까? 그는 심지어 석연찮은 이유로 아들을 죽이면서까지 개혁의 완성을 포기해버렸다. 그래서 그가 미룬 숙제는 그의 손자인 정조가 떠맡게 되었는데, 어차피 그렇게 될 거라면 손자에게 출발점이나마 제대로 마련해주었어야 하지 않을까? 열 살의 어린 나이에 아버지가 사대부들의 책동에 휘말려 비명에 죽는 것을 목격한 경험은 정조에게 처음부터 커다란 부담이 될 수밖에 없었기 때문이다.

● 참고로, 영조의 치세에 해당하는 18세기 유럽 세계는 절대주의가 절정에 달해 있었다. 이 시기 유럽 국가들의 정치 체제를 흔히 절대왕정이라 부르는데, 여기서 '절대'라는 수식어에 현혹될 필요는 없다. 동양식 전제 왕국과 비교한다면 절대왕정조차 별로 절대적이지 못하기 때문이다. 원래 유럽의 왕국들은 중세 봉건시대에 처음 등장하지만, 중세가 끝날 때까지는 영토 국가도 아니었고 왕권도 그다지 강하지 못했다. 종교개혁 이후 영토 국가의 개념이 생겨나면서 각국의 군주들이 강력한 왕권을 가지게 되었기에 전과는 다른 체제라는 의미에서 절대왕정이라고 부른 것일 뿐이다. 그에 비해 동양식 왕국들은 고대부터 중국의 천자는 물론이고 주변국의 왕들도 근대 유럽의 절대왕권을 능가하는 강력한 왕권을 지니고 있었다.

조선 역사상 유일하게 세자의 아들로서 세자로 책봉되고 즉위한 희한한 기록을 보유하게 된 정조는 마음속의 앙금을 결코 씻어버릴 수 없었다. 그러나 동시에 그는 할아버지가 남긴 숙제를 완수해야 한다는 역사적 사명감도 분명히 인식하고 있다. 이렇게 아버지의 원통함을 풀어야 한다는 사적 과제와 왕국을 이루어야 한다는 공적 임무가 결합되어, 그는 조선 역사상 가장 근본적이고도 급진적인 개혁을 추진하게 된다.

이번이 조선 역사상 마지막 체제 실험이 되리라는 것을 그 자신도 예감하지 않았을까? 이 실험이 성공한다면 조선은 완전한 왕국이 되어 격변하는 동북아시아 정세에 주체적으로 대응할 수 있게 될 테고, 실패한다면 조선은 동아시아로 밀려오는 서구 열강의 제물이 되고 말 터이다.

정조가 맨 먼저 한 일은 아버지의 시호를 사도에서 장헌莊獻으로 바꾸는 것이었다. 사도는 아들의 죽음을 애도하는 뜻으로 영조가 내린 시호였으니 정조의 마음에 들 리 없었다(장헌세자는 나중에 대한제국이 성립되면서 정조가 선황제宣皇帝로 추존되는 것과 더불어 장조莊祖로 격상된다). 일단 이렇게 아버지의 원한을 어느 정도 달래고 나서 정조는 곧바로 왕당파를 만드는 작업에 착수했다.

물론 왕당파를 육성한다는 발상 자체는 그다지 새로울 게 없다. 세조도 그랬고, 광해군도 그랬고, 영조도 그랬다. 무릇 사대부들의 꼭두각시에 머물기를 거부한 조선의 왕다운 왕들은 누구나 예외 없이 왕당파를 튼튼히 구축해 왕권을 강화하고자 했다. 그러나 발상에서는 같았어도 정조가 구사한 수단은 확실히 특이한 데가 있었다. 세조, 광해군, 영조는 모두 기존의 사대부 세력 가운데 일부를 끌어들여 왕당파로 삼았다. 세조는 계유정난의 공신들을 측근으로 부렸고, 광해군과 영조는 각각 대북과 노론의 당파를 여당으로 성립시켰다. 하지만 정조는 그들이 실패한 이유를 바로 그

문화정치의 산실 정조는 문화정치의 기치를 내세워 왕도정치를 실현하고자 했다. 그런 꿈이 집약된 곳이 바로 규장각이다. 규장각은 도서관이고 주합루는 일종의 열람실인데, 가운데 2층 건물 중 1층이 규장각이고 2층이 주합루다. 뒤로 창덕궁의 뒷산인 응봉이 보인다. 그림은 김홍도가 그린 〈규장각도〉이다.

점에서 찾았다. 기존의 세력을 왕당파로 만들면 자신의 치세에만 유지될 뿐이고 오히려 반정을 부르게 된다. 세조와 영조가 전자의 경우라면 반정으로 실각한 광해군은 후자에 해당한다.

그래서 정조가 택한 방법은 새롭고 참신한 세력을 키우는 것이었다. 즉위하기도 전인 1776년에 그가 규장각奎章閣이라는 기구를 설치한 목적은 바로 거기에 있었다(그는 1775년부터 영조의 명으로 국정을 맡았다). 규장이란 임금이 쓴 글을 뜻하니까 규장각도 새삼스러운 기구는 아니다. 규장각은 일찍이 세조 때 설치되었다가 폐지되었으며, 숙종 때도 환장각煥章閣이라는 이름으로 잠시 부활한 적이 있었다. 하지만 정조의 규장각은 달랐다. 임금의 글씨나 그림을 보관하는 기본 기능은 그대로 가져가되 실제 기능은 그보

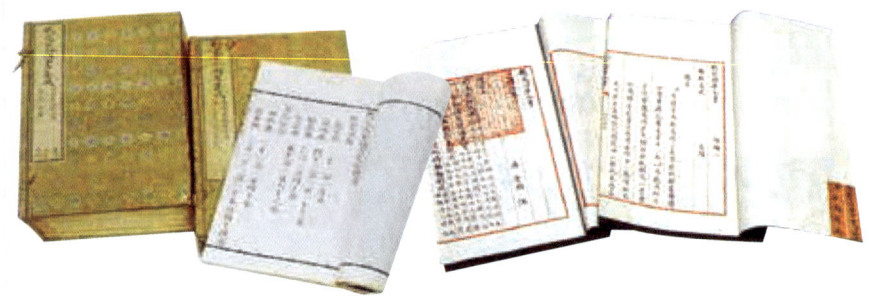

백과사전의 시대 유럽의 경우 르네상스를 벗어나 근대의 문턱에 접어들자 가장 먼저 착수한 학문적 작업이 '신의 눈'이 아니라 '인간의 눈'으로 세상 만물을 정리하는 것이었고, 그 결과로 탄생한 게 바로 백과사전이었다. 사진은 유럽과 동시대에 간행된 중국의 백과사전 《고금도서집성》(왼쪽)과 《사고전서》(오른쪽)다.

● 《사고전서》란 건륭제 때 이루어진 도서 집대성이다. 강희제의 《고금도서집성》 편찬에 뒤이은 문헌 출판의 성과인데, 《고금도서집성》처럼 항목별로 분류한 백과사전이 아니라 당대의 수많은 서적을 모아 새로 교정하고 정서하고 지은이 소개까지 붙여서 총정리한 책이다. 무려 8만 권 가까이 되는 방대한 분량이었지만, 청 조정에 반대하는 입장의 서적들은 내용을 자의적으로 첨삭하기도 하고 금서로 분류하기도 했으니 정치적 잣대가 상당히 반영된 총서다. 제목에서 사고(四庫)란 네 군데 서고를 가리키는데, 이 서고에 보관하기 위해 모두 네 질을 인쇄했기 때문에 이런 제목이 붙었다. 동양에서 서적이란 대중에게 지식을 보급하기 위해서가 아니라 국가가 지식을 보관하기 위한 용도였다. 동양에서 지식의 대중화가 불가능했던 이유다.

다 훨씬 방대하고 야심 찬 것이었다. 말하자면 규장각은 문화의 탈을 쓴 정치기구였다.

우선 정조는 규장각 본연의 임무를 확대해 도서관과 출판의 기능을 부여했다. 세자 시절부터 수입하고 싶었던 청의 《사고전서四庫全書》를 비롯해 각종 도서 수만 권을 보관하게 하는 한편, 활자의 주조에서부터 서적의 편찬과 간행에 이르기까지 출판의 총 행정을 담당하게 한 것이다(나중의 일이지만 정조가 쓴 《홍재전서弘齋全書》도 규장각에서 간행된다). 이 기능도 물론 중요하지만, 정조가 머릿속에 그리는 규장각의 참된 임무는 아니었다. 규장각이 어느 정도 자리를 잡게 되자 그는 드디어 상정해온 과제를 규장각에 부여하는데, 그것은 바로 국왕의 비서실이라는 기능이었다. 즉 정조는 규장각을 도서관이자 비서실로 활용하려 한 것이다.

정부 도서관이라면 홍문관이 있고, 왕의 비서실이라면 승정원이 있다. 그러나 그 기관들은 오랜 사대부 체제를 거치면서 왕의 직속 기구라는 본래의 형질을 잃었고, 타성에 빠져 제 기능조차 하지 못하고 있었다. 정조가 직접 밝힌 규장각의 설립 취지는 이렇다. "승정원과 홍문관은 종래의 타성을 조속히 바로잡을 수 없으니, 내가 바라는 혁신 정치의 중추 기관으로서 규장각을 설립했다." 그는 규장각에 홍문관과 승정원의 기능을 대신하는 것은 물론 앞으로 국왕 직속 정치기구로서의 역할까지 맡기겠다는 의지를 분명히 드러낸 것이다. 게다가 이렇게 규장각을 운영할 경우 정조가 즉위 초부터 구상한 문화정치의 기치도 내세울 수 있으므로 일거양득이었다.**

민주주의를 표방하는 정당이 당내 민주주의를 실천하지 않는다면 개가 웃을 일이듯이, 혁신을 꾀하는 규장각이 그 내부 운영에서부터 혁신적이지 못하다면 말도 안 될 것이다. 과연 정조는 우선 인사 행정부터 파격적이었다. 도서관의 기능을 하는 이상 규장각에서는 검서관檢書官이 중요한 실무 인력이다(상위 서열로는 제학과 직제학 등이 있었으나 이들은 원로로서 형식적으로 임명되었을 뿐 규장각의 실제 운영은 검서관들이 도맡았다). 정조는 이 검서관직에 과감히 서얼 출신을 기용했다. 초대 검서관 네 명 중 이덕무李德懋(1741~1793)와 박제가朴齊家(1750~1805)가 바로 서자의 신분이라는 것은 정조가 의식적으로 신분 차별을 철폐하고 실력 위주의

●● 정조가 정한 규장각의 이념은 우문지치(右文之治)와 작성지화(作成之化)의 두 가지다. 우문지치란 말뜻 그대로 학문을 숭상하는 정치('右'란 숭상한다는 뜻이다)이고, 작성지화란 인재를 키우겠다는 의미다. 따라서 겉으로 문화정치를 표방하고 안으로 왕당파를 육성해 참다운 왕도정치를 펼치겠다는 정조의 꿈이 집약되어 있는 이념이다. 이보다 더 왕국화 작업의 취지를 잘 드러낼 수는 없을 것이다(거꾸로 말하면 그 이념은 그간의 사대부 정치가 문화정치마저도 되지 못했음을 뜻하기도 한다).

인사를 집행하려 했다는 것을 분명히 말해준다.

물론 단순히 서얼 출신을 기용했다고 해서 그 자체로 혁신적이라고 할 수는 없다. 그러나 그 검서관들의 성향은 정조의 혁신 정치가 무엇을 지향하고 있는지 보여준다. 이덕무는 청에 서장관으로 가서 그곳 학자들과 교류하며 서학을 익혔고, 일반 학문만이 아니라 건축학·식생학·동물학·곤충학까지 두루 관심을 가지게 된 대표적인 실학자였다. 또 박제가는 청의 선진 제도와 문물을 집중적으로 연구해 《북학의北學議》라는 책을 펴낸 북학파의 젊은 대가였다. 또한 서자 출신은 아니지만 또 다른 초대 검서관인 유득공柳得恭(1749~1807)도 학자로서 발해를 우리 역사에 최초로 포함시켜 《발해고渤海考》를 쓴 북학파의 학자였다.

이렇듯 북학파가 규장각의 실권을 쥐고 혁신의 주체로 나섰다면 정치 분야에서도 그런 분위기가 팽배했을 터이다. 하지만 조정은 영조의 시대부터 노론이 장악하고 있었다. 북학파 학자들 가운데도 홍대용이나 박지원 같은 노론 측의 인물들이 있었으나, 그들은 노론 중에서도 진보적인 소장파에 속했다. 노론의 중심 세력은 여전히 중화적 세계관에 물든 골수 성리학자이며 호시탐탐 당쟁의 기회를 노리는 낡은 사대부 체제의 유물이었다. 그렇다면 노론과 정조의 관계가 어땠을지는 충분히 짐작된다. 정조의 개혁에서 목표는 당연히 노론이다. 이제 정조의 실험은 막바지 고비에 이르렀다. 250년 동안 조선을 지배한 사대부 세력과 시대적 조류에 발맞추어 한시바삐 왕국을 복원하려는 정조의 대결은 그 실험의 성패를 가려줄 것이다.

반정의 예방 조치

정조의 즉위가 순탄했던 것은 아니다. 그의 아버지를 죽음으로 몰아간 노론은 정조가 세자로 책봉되자 그마저도 살해하려 했으며, 실제로 '작업'에 들어가기도 했다(그들은 그가 즉위한 다음에 있을 정치 보복이 두려웠을 것이다). 그때 정조를 구하는 데 공을 세운 인물은 홍국영洪國榮(1748~1781)이라는 자였다.

이미 여러 차례 보았듯이 중요 사건이 있을 때마다 입장에 따라 분열하는 것은 조선 사대부들의 생리다. 장헌세자의 죽음을 두고도 노론은 두 세력으로 나뉘었다. 세자의 죽음을 당연한 것이라고 여기는 매파는 벽파僻派를 이루었고 그 사건을 안타까이 여기는 비둘기파는 시파時派로 분류되었다. 시파에는 옛 소론과 남인의 세력까지 가세했으므로 어찌 보면 '반反노론연합'의 성격이 있었다.

소수이기에 '치우친 파', 즉 벽파라고 불리게 된 노론 강경파였지만 아직 영조의 치하에서는 엄연한 여당이었다. 하지만 1775년 정조가 영조의 명으로 대리청정을 하게 되자 그들은 위기감을 느끼고 대책을 강구하지 않을 수 없었다.● 그들은 한 번 효과를 본 전략을 또다시 채택했다. 즉 사도세자를 죽음으로 몰고 갈 때와 똑같이 정조의 비행을 조작하는 유언비어를 유포한 것이다.

그러나 아버지를 죽인 똑같은 전략에 자신마저 당할 바보 아들은 없다. 더욱이 팔순

● 당시 정조의 대리청정을 극력 반대하고 나선 인물은 홍인한(洪麟漢, 1722~1776)이었는데, 공교롭게도 그는 장헌세자의 장인(경의왕후의 친정아버지)인 홍봉한(洪鳳漢, 1713~1778)의 동생이니까 정조에게는 외종조부가 되는 자였다(실은 홍봉한도 사위의 죽음을 모른 체했다가 영조가 아들을 추존하는 것을 보고 그 분위기를 편승해 잽싸게 사위의 반대파를 탄핵하고 나섰다. 장헌세자는 처가 복도 어지간히 없었던 셈이다). 그는 정조가 즉위할 경우 권신으로서 누렸던 자신의 권력이 위축될까 두려웠던 것이다. 외손자가 왕으로 즉위하는 것조차 반대할 만큼 당시 사대부들의 권력욕은 병적이었다.

마지막 실험자 아버지의 원한을 푸는 숙제와 사대부 체제에 대한 적대감은 왕정복고를 꾀하는 정조에게 큰 동력인 동시에 걸림돌이었다. 처음에 강력한 왕권을 구축하고 성리학적 세계관으로 감당하기 어려운 과감한 개방과 개혁을 시도했다가, 나중에는 복고로 돌아서 오랜만의 왕정복고를 결국 실패로 만든 것은 그 때문이 아니었을까? 그림은 정조의 어진으로서 수원부의 행궁 옆에 있는 화령전 운한각에 모셔져 있다.

에 접어든 영조는 자식에 이어 손자까지 죽일 마음이 없는 데다 달리 후사도 없으니, 벽파의 판단은 여러모로 어리석은 것이었다. 홍인한을 우두머리로 하는 홍상간洪相簡(1745~1777), 정후겸鄭厚謙(1749~1776) 등 모리배들의 책동이 노골화되자 정조는 측근을 만들어 대처했는데, 그가 바로 홍국영이었다. 어차피 영조가 죽으면 정조의 치세가 되리라는 것을 안 그는 그 이듬해인 1776년에 벽파의 음모를 알아차리고 선제공격에 나서서 그들을 탄핵하는 데 성공했다. 결국 그해에 영조가 죽었으니 그의 선택은 탁월했던 셈이다.

전자 제품은 순간의 선택이 10년을 좌우한다지만 홍국영의 선택은 그의 삶을 4년만 좌우했다. 정조가 즉위한 뒤 비서실장에다 경호실장까지 도맡아 권세를 누리던 그는 누이동생을 정조의 후궁으로 들여 후사를 만들려다가 실패했고(그의 누이는 곧 죽었다), 계속해서 정조의 조카를 누이의 양자로 삼으려다가 또 실패했다. 그것은 결국 자신의 무덤을 파는 결과가 되었다. 누이를 죽인 범인이 정순왕후라고 판단한 그는 왕후를 독살하려다가 발각되는 바람에 실각했다.

홍국영의 집권은 장차 정조의 사후에 등장하게 될 조선 사대부 정치의 최후이자 최악의 산물인 세도정치勢道政治의 전조였다. 하지만 그것은 나중의 일이고 일단 홍국영을 제거함으로써 정조는 완벽한 친정 체제를 구축할 수 있었다. 더욱이 홍국영이 자신의 권력을 위해 대신해준 노론 강경파에 대한 숙청은 정조가 혁신 정치를 펼치기 위한 좋은 무대를 갖추어준 셈이 되었다.

그러나 노론 벽파는 죽지도, 사라지지도 않았다. 다만 야당이 되었을 뿐이다. 세상이 달라지고 시대가 바뀌었는데도 그들은 성리학적 세계관을 전가의 보도처럼 간직하고 사대부가 지배하던 그때 그 시절의 영화를 꿈꾸며 가만히 때를 기다리고 있었다. 그들이 보기에 서얼 출신을 중앙 관직에 끌어들이는 정조는 기본적인 법도조차 모르는 무식한 왕이었고, 청에서 선진 문물을 줄기차게 도입하는 북학파 실학자들은 금수나 다름없는 자들이었으며(인물성이론), 거기에 부화뇌동하는 소장파 노론은 일부 철없는 젊은이들이었다. 그들은 700년 전 송의 주희처럼, 오랑캐 세상은 본질적으로 '기氣'에 바탕을 두고 있으므로 잠시 판치다가 결국에는 '이理'에 입각한 중화 세상으로 돌아오는 게 순리이자 천리라고 굳게 믿고 있었다.

사대부들이 왕권에 도전할 때 가장 우려할 사태는 단 하나, 반정反正뿐이다. 왕이 허수아비일 때 사대부들은 자기들끼리 권력 다툼을 치열하게 벌이는데, 그 경우 그들이 구사하는 수단은 언제나 말만의 역모다. 수많은 당쟁에서 보았듯이 한 편이 다른 편을 역모로 엮어 왕의 이름으로 처벌하는 식이다. 그러나 왕이 왕권을 제대로 행사하고 있을 때는 말만의 역모가 아무런 소용이 없으므로 사대부들도 실력 행사에 나서게 된다. 그게 실패하면 반란이 되고 성공하면 반정이 되는 것이다. 그때까지의 조선 역사상 사대부들이 왕권에 정면으로 도전한 경우는 모두 세 차례가 있었다. 그중 이인좌의 난은 실패한 반란으로 끝났고, 나머지 두 차례는 각각 중종반정과 인조반정으로 사대부가 승리했다. 따라서 정조가 대비할 것은 반정의 예방인데, 그러기 위해서는 물리력이 필요했다.

1785년 정조는 국왕을 특별히 수호하는 친위대를 만들고 이것을 장용위壯勇衛라고 불렀다. 규장각과 마찬가지로 장용위도 일찍이 세조가 처음 설치한 군대였으므로, 여기서도 정조가 세조를 왕다운 왕으로 여기고 자신의 모델로 삼았음을 알 수 있다.● 1793년 그는 장용위를 확대 개편해 장용영壯勇營으로 이름을 바꾸었다. 그런데 그가 이 시점에 갑자기 군대를 신설한 이유는 무엇일까? 그것도 하필 친위대를.

비중화 세계의 도전이 거셌던 16세기 이전이라면 몰라도, 또 허망한 환상이나마 청에 대한 '북벌'을 획책하던 무렵이라면 몰라도, 이제 조선에서는 군대의 필요성이 사실상 없어졌다. 동북아시아의 중심이 비중화 세계로 바뀌면서 해안을 주름잡던 왜구도, 북방을 괴롭히던 여진족도 모두 사라졌기 때문이다(중화 세계가 중심이었을 때 왜구와 여진은 선진 문물을 받아들이려 애썼으나 이제는 문명의 수준이 역전되었으므로 그럴 필요가 없었다). 설령 군대가 필요하다 해도 국방용이 아닌 친위대를 굳이 신설할 이유는 없었다. 그렇다면 정조가 장용영을 설치한 의도는 다른 데 있을 것이다. 무엇일까? 그것은 바로 사대부들의 반란, 좁게 말하면 노론 벽파의 준동에 대비하기 위해서다. 말하자면 조선 역사상 세

● 세조가 처음 설치할 때의 명칭은 장용대(壯勇隊)였다. 이 장용대의 병사들은 무술에 능한 천인들로만 뽑았다. 그 이유는 명백하다. 국왕에 대한 위협이 있을 경우 목숨을 걸고 왕을 수호하는 역할을 맡았기 때문이다. 말하자면 이름도 신분도 없는 결사특공대인 셈인데, 쿠데타로 집권한 세조였기에 반대파의 책동을 근절하기 위해서는 그렇듯 강력한 친위대가 필요했을 터이다. 성종 때 이름이 장용위로 바뀌면서 양인들도 포함시키게 되는데, 곧이어 조선이 사대부 체제로 바뀌면서 이 군대는 존재의 의미를 잃고 유명무실해졌다.

또 하나의 도성 정조가 축성한 수원성의 모습이다. 한양의 도성에도 없는 누대와 포대까지 설치된 것으로 미루어 정조는 자신의 개혁에 대한 반발로 내란이 벌어질 경우 대피처이자 임시 수도로 삼으려는 의도가 있었을 것이다. 장용영의 외영을 그곳에 주둔시킨 것도 마찬가지 목적이다. 이 성의 설계는 정약용이 주도했다.

번째의 '반정'을 예방하기 위한 조처다.

그러나 장용영의 기능은 그것만이 아니다. 장용영은 내영과 외영의 두 부분으로 나뉘었는데, 내영은 설립 취지에 걸맞게 도성을 수비하는 군대니까 이상할 게 없다. 그러나 외영의 임무는 아주 색다르다. 이 군대는 엉뚱하게도 수원을 지키는 역할을 맡았다. 왜 느닷없이 수원일까? 일단 장헌세자의 묘가 수원에 있다는 사실을 알면 조금은 이해가 간다. 정조는 아버지의 묘가 있는 현륭원顯隆園(지금의 융릉隆陵)의 방비를 외영에게 맡긴 것이다. 하지만 아무리 그가 효자라고 해도 친위대의 절반을 할당하면서까지 아버지의 무덤을 지키게 한다는 게 과연 이치에 맞는 발상일까?

아닌 게 아니라 당시 정조가 수원에 보인 애착은 이상하다 싶을 만큼 강했다. 우선 그는 그전까지 수원부水原府로 불리던 이곳을 유수留守로 승격시키고 화성華城으로 개칭했다(유수는 정부에서 중요하다고 판단하는 지역을 정해 특수 행정지로 만든 곳인데, 오늘날로 치면 광역시와 비슷하다). 게다가 정조는 수원성을 새로 축조하고 네 개의 대문을 만드는가 하면 각종 누대와 포대까지 설치해 완벽한 요새 도시로 탈바꿈시켰다. 1794년부터 2년이 넘게 걸린 이 대형 토목공사에는 무려 1만 명이 넘는 기술자가 동원되었고, 100만 냥에 가까운 돈과 1500석의 양곡이 소요되었다. 10년 치의 국방 예산을 앞당겨 쓰면서까지 그가 수원성의 축조를 서두른 이유는 무엇일까? 수원의 4대문에 서울의 4대문에도 없는 삼엄한 방어 시설까지 갖춘 이유는 무엇일까?

일단 추측할 수 있는 답은 혹시 정조가 수원으로 천도할 것을 계획한 게 아니냐는 것이다. 하지만 그럴 가능성은 별로 없어 보인다. 역사적으로 보면 고려와 조선을 통틀어 도읍을 옮긴 경우는 한 차례도 없을뿐더러, 천도의 계획조차 반란 세력이라면 몰라도 국왕이 구상한 적은 없었다. 특별한 사건이 없는데도 정조가 종묘사직을 버리고 수원 천도를 결행할 이유는 없었다.

그렇다면 정조가 수원에 정성을 들인 이유는 한 가지로 추측할 수밖에 없다. 바로 대피처의 기능이다. 쿠데타를 걱정한 그는 만약 노론 벽파가 실력 행사에 나설 경우, 그리고 그들의 거사가 성공해 한양을 빼앗을 경우 수원성으로 대피할 것을 염두에 두었을 것이다. 친위대인 장용영의 일부를 수원성의 수비 병력에 할당한 것은 그 때문일 것이다. 아버지의 묘를 지킨다는 것은 명분이었으리라.

정조의 딜레마

규장각을 정치 개혁의 실무자로 삼고, 실학자들에게는 전반적인 사회 개혁에 필요한 이론과 이데올로기를 만들게 한다. 만약에 있을지 모르는 보수파의 반동에 대비해 장용영을 물리력으로 구축하고, 수원성을 미연의 사태에 대비하는 대피처로 삼는다. 정조의 이런 시나리오는 완벽했다. 그러나 시나리오가 좋다고 해서 영화가 흥행에 성공하는 것은 아니다. 대박이 터지려면 좋은 시나리오에 감독의 능력과 의지가 보태져야만 한다. 개혁 드라마의 모든 일을 도맡은 정조는 기획, 제작, 시나리오 작업까지 완벽하게 진행했으나 마지막 감독의 단계에서 무너진다. 조선의 마지막 실험이 실패의 조짐을 보이는 것은 이때부터다. 공교롭게도 그 단초는 그리스도교가 제공했다.

이수광과 소현세자가 서양의 이 새로운 종교를 조선에 처음 소개한 이래 그리스도교는 학문적으로만 연구되었을 뿐 신앙으로서 믿어지지는 않았다. 그러나 영조 시대와는 달리 북학이 정부의 지원에 힘입어 적극적으로 장려되는 정조의 치세에는 점차 그리스도교를 종교로서 대하는 움직임이 싹트게 되었다. 이런 분위기에서 드디어 한반도 최초의 정식 그리스도교도가 탄생했는데, 바로 이승훈李承薰(1756~1801)이 그 사람이다.

이승훈은 1783년에 서장관으로 아버지를 따라 베이징에 가서 프랑스 신부에게서 세례를 받고 성서와 십자가, 묵주 등을 가지고 귀국했다. 강력한 포교 종교를 믿게 되었으니 그의 가장 중요한 임무는 단연 포교다. 그에게서 감화를 입고 권철신權哲身(1736~1801), 이벽李檗(1754~1786), 그리고 정씨 삼형제—

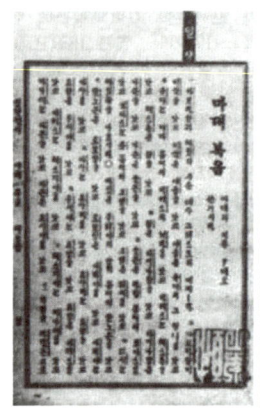

최초의 성서 1900년에 간행된 한반도 최초의 신약성서다. 그리스도교는 정조 시대에 처음 들어왔고 정약종 등에 의해 성서의 일부가 번역되었으나 당시까지는 4대 복음서밖에 전해지지 않았을 것으로 추측된다. 그렇다면 《천주실의》와 복음서 네 권만으로 그리스도교가 뿌리를 내린 것인데, 세계적으로도 드문 경우다. 오랜 고통에 시달린 조선 민중에게 구원을 바라는 기복 신앙이 만연하지 않았다면 신흥 종교가 그렇게 빨리 안착되기란 불가능했을 것이다.

정약전丁若銓(1758~1816), 정약종丁若鍾(1760~1801), 정약용丁若鏞(1762~1836)—등이 속속 그리스도교도로 개종했다(정약전 삼 형제는 이승훈의 처남들이었다). 물론 조선 정부에서는 아무리 북학을 배우는 것을 장려한다 해도 그리스도교마저 허용할 의지는 전혀 없었다. 따라서 교도가 늘어날수록 충돌은 불가피해진다.

마침내 충돌의 계기가 생겨났다. 1791년 전라도 진산珍山에 사는 윤지충尹持忠이라는 선비가 모친상을 당했는데 그리스도교식으로 장례를 치른 것이다. 이 사실이 조정에까지 알려지자 대신들은 공서파功西派와 신서파信西派로 나뉘어 격론을 벌였다. '공서'란 서학을 공격하자는 것이니 당연히 그리스도교를 반대하는 세력이고, 신서파는 신앙을 받아들이거나 묵인하자는 세력이다. 누가 이길까? 아무리 북학의 바람이 거세다지만 1000년이 넘도록 한반도의 지배 이데올로기였던 유학을 정면으로 거부하는 그리스도교가 인정될 수는 없다. 따라서 당연히 공서파의 승리여야겠지만 놀랍게도 결과는 무승부였다. 다시 당쟁이 재연될 것을 우려한 정조가 상대적으로 열세인 신서파의 손을 들어주면서 무승부를 유도한 것이다. 그러나 조정 안에서의 승부는 그랬어도 밖에서는 그럴 수 없었다. 조상에 대한 제사를 모독한 윤지충은 처형을 당함으로써 최초의 순교자가 되었고, 이승훈은 관직이 박탈된 뒤 신앙을 버리겠다는 서약을 하고서야 풀려날 수 있었다.* 이것이 조선 역사상 최초의 그리스도교 박해 사건인 신해박해辛亥迫害인데, 진산에서 비롯되었기에 진산 사건이라고도 부른다.

● 물론 이승훈이 진정으로 배교(背敎)한 것은 아니다. 그의 세례명은 베드로였는데, 공교롭게도 그는 그리스도를 세 번 부인한 실제의 베드로처럼 세 번이나 신앙을 포기하겠다고 선언했다. 첫 번째는 1785년 신도들과 함께 미사를 드리다가 관헌에 적발되었을 때고, 두 번째는 1790년에 베이징 주교가 조상 제사를 지내지 말라고 명했을 때 그에 대한 반발로 배교했으며, 세 번째는 이번 진산 사건이 일어났을 때다. 이후 그는 다시 종교 활동을 하다가 정조의 사후 1801년에 순교했다.

대형 사고를 면하고 사태가 그럭저럭 마무리되었으나, 이 사건을 대하는 정조의 심정은 착잡할 수밖에 없었다. 개혁은 지속되어야 하지만 그렇다고 나라의 기틀을 뒤흔드는 그리스도교마저 용인해서는 안 된다(사실 그리스도교야말로 서학 중의 서학이었으므로, 어찌 보면 '짝퉁' 서학인 북학에 상당 부분 의지하는 그의 개혁론은 처음부터 모순이었던 셈이다). 그가 만들고자 하는 것은 어디까지나 유학 이념에 기초한 왕국이지 당시 유럽에 즐비한 '서학 왕국'이 아니었다.

그럼 어떻게 해야 할까? 개혁의 기조를 유지하면서도 그리스도교처럼 이질적인 요소를 배제하는 방법은 없을까? 궁하면 통한다고 했던가? 고심하던 그에게 한 가지 방법이 떠올랐다. 그것은 바로 그동안 개혁의 대세였던 북학을 위축시키고 유학에 뿌리를 둔 육경학을 권장하는 방법이다.

성리학은 왕권보다 신권을 강조하고, 서학은 국가의 정체를 바꿀 것을 요구한다. 따라서 개혁의 목표인 올바른 유교 왕국을 건

33장 마지막 실험과 마지막 실패

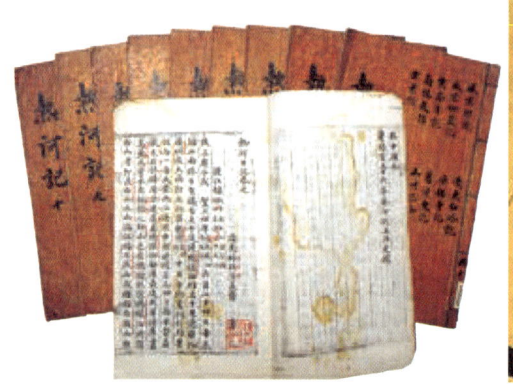

당대의 베스트셀러 《열하일기》는 소설처럼 씌어졌을 뿐더러 해학과 풍자가 넘치기에 더욱 재미가 있다. 박지원은 여행 도중에 목격한 우스운 사건들을 놓치지 않고 기록할 뿐 아니라, 자신의 익살스러운 언동에 대해서도 거리낌 없이 그려냈다. 그의 해학과 풍자는 당시 사람들의 고루한 사상을 깨뜨리는 데 효과를 발휘했고, 그러한 이유로 문체반정의 목표가 되었다.

설하려면 성리학과 서학을 모두 배척할 수밖에 없다. 마침 성리학은 야당으로 물러앉았으니 이제 서학만 다스리면 된다. 1794년에 정조가 문체반정文體反正이라는 얄궂은 문제를 들고 나온 것은 그런 의도에서다.

문체반정이라면 문체를 바로잡자는 뜻일 텐데, 갑자기 무슨 학술 운동이라도 벌이려는 걸까? 물론 그것은 아니다. 북학의 분위기에서 당시 베스트셀러로서 널리 읽힌 책 중에《열하일기熱河日記》가 있었다. 이 책은 청에 사신으로 다녀온 박지원이 베이징에서 보고 접한 새로운 문물과 제도를 기행문식으로 기록한 것으로, 생동감 있는 이야기체로 되어 있어 재미있을 뿐 아니라 내용으로도 북학의 교과서와 같은 역할을 했다. 문체반정의 주요 목표가 된 것은 바로 이 책이다. 단지 북학을 소개한다는 내용을 문제 삼기는 어려우므로 정조는 《열하일기》의 문체가 저속하다는 비판을 전면에 내세운 것이다.

압력에 견디지 못한 박지원은 반성문을 제출해야 했고, 규장각의 실세이자 개혁의 주체인 이덕무와 박제가도 문체의 문제점이 적발되어 자기비판을 해야 했다. 그러나 사태는 그것으로 끝나지 않았다. 정조는 앞으로 저속한 문체를 쓰는 자는 과거에 응시하지 못하도록 할 것이며, 조정의 대신들 중에도 그런 자가 있으면 승진을 시키지 않겠노라고 을러댔다. 나아가 그는 당시 청에서 유행하는 패관稗官류의 잡서들에 대해 수입 금지령을 내렸다.● 물론 진정한 의도는 더 이상 청의 북학 관련 문헌들을 수입하지 않겠다는 데 있었다.

사실 그동안 북학이 용인되어왔던 이유는 정조의 학문적 성향이 노론의 이데올로기인 성리학과 거리가 먼 탓도 있었다. 하기는, 왕권을 강화해 새 왕국을 건설하려는 왕이 조선의 국왕도 중국의 천자를 모시는 제후의 지위라고 주장하는 성리학을 좋아할 리 만무하다. 그러나 성리학을 멀리한다고 해서 유학 자체를 배척하는 것은 아니다. 더구나 정조가 좋아할 만한 유학의 갈래도 있다. 그것은 바로 성리학 이전의 유학, 즉 육경학인데, 이것은 왕권을 신권보다 우위에 두는 사상일 뿐 아니라 당파적으로는 남인의 이데올로기였다. 결국 정조가 문체반정을 통해 꾀한 것

● 패관이란 정식 관리(학자)가 아닌 자를 뜻하는데, 이 말은 중국 고대 한 제국의 역사가인 반고(班固, 32~92)가 처음 쓴 용어다. 그는 정식 학자가 아닌 사람이 멋대로 글을 짓거나 역사를 기록하는 행위를 경멸했다. 그는 "소설류에 속하는 것들은 모두 패관이 지은 것"이라고 말했는데, 이런 전통 때문에 중국과 한반도에서는 20세기 초까지 시만 문학으로 인정되고 소설은 '잡글'로 취급되었다(시와 소설에 관한 인식은 동서양이 반대다). 패관문학이라는 명칭이 처음으로 등장한 것은 1930년대 국문학자 김태준(金台俊, 1905~1949)이 쓴 《조선소설사》에서다. 그는 특히 고려시대의 문집들, 이를테면 이규보(李奎報)의 《백운소설(白雲小說)》이나 이인로(李仁老)의 《파한집(破閑集)》 등을 패관문학으로 꼽았다. 그렇게 보수적인 문학관을 지니고 있었으면서도 김태준이 공산주의 그룹의 일원이었다는 점은 의외다.

33장 마지막 실험과 마지막 실패

은 육경학의 학풍으로 되돌아가고, 남인을 끌어들여 노론을 견제하려는 것이었다(이는 노론의 준동을 예방한다는 장용영의 취지와도 부합된다).

과연 북학파의 '저속한' 문체를 바로잡게 한 뒤 정조는 순정고문醇正古文, 즉 옛날의 순수한 한문체를 널리 확산시키라는 명을 규장각에 내린다. 물론 단순한 문체의 보수화가 아니다. 학문적으로는 실학을 포기하는 순간이며, 정치적으로는 개혁의 총 기획자가 복고로 선회하는 순간이다. 영조부터 시작된 왕정복고는 빛을 보려는 순간 다른 '복고'의 그림자 속으로 빠져들었다.

미완성 교향곡

정치적 감각이 뛰어나고 개혁 의지에 충만했던 정조는 조선 역사상 보기 드문 출중한 군주였다. 비록 어린 시절 겪은 아버지의 억울한 죽음이 그에게 내내 심적·정치적 부담으로 작용한 탓에 다소 불안정한 행마를 보이기는 했으나, 기본적으로 그가 설정한 왕국 건설의 목표는 역사적으로 옳았고, 그것을 위해 그가 추진한 여러 가지 개혁도 대체로 올바른 것이었다. 그러나 꿈이 실현되려는 순간에 느닷없이 수구적인 자세로 돌아버렸다는 점에서, 그는 할아버지인 영조와 닮은꼴이었다. 조선에 신선한 바람을 불어넣은 북학을 갑자기 거부하고, 문체반정이라는 기묘한 조치를 들고 나와 복고주의로 역행한 이유는 무엇일까? 영조처럼 과속을 겁낸 탓일까? 개혁 피로감일까? 아니면 그리스도교가 퍼지는 게 그토록 두려웠을까?

그런 이유들도 나름대로 일부의 진실을 포함하고 있겠지만, 그보다는 바깥에서 원인을 찾아야 할 듯싶다. 순전히 내부 요인만으로 정조가 입장을 선회했다면 그 시점이 하필 1790년대 초반이라는 이유를 설명할 길이 없기 때문이다. 바로 전까지 한창 앞으로 잘나가다가 느닷없이 뒤로 돌아선 데는 바깥, 즉 동북아시아의 정세 변화 때문이 아니었을까?

청은 건륭제 치세에서 최대의 번영을 누렸다. 강희제 시대부터 이어져온 동북아 르네상스가 정점에 달한 것도 그 시대였으며, 서쪽의 신장新疆과 시짱西藏까지 정복해 오늘날 중국 영토를 조성한 것도 그 시대였다. 그러나 고인 물은 썩는 법, 오랜 세월 번영을 구가하던 청은 점차 부패하기 시작했다. 그것이 분명하게 드러나는 시기가 바로 건륭제 치세의 후반기(즉 정조의 치세)다. 우선 인구가 지나치게 늘었고(1700년에 2000만 명이던 인구가 100년 뒤에는 무려 3억 명으로 늘었는데, 이는 강희제의 성세자생인정 조치와 대외 정복의 성과 덕분이었다), 개국 초기 소수 만주족이 다수 한족을 지배하는 데 효과적이던 각종 제도가 무력해졌다(그 예가 만주족 고유의 군제인 팔기제의 붕괴). 그에 따라 탐관오리가 늘어나고 온갖 부패가 사회를 얼룩지게 만들면서 청 제국은 서서히 썩어갔다. 그래서 건륭제의 치세 말기에는 전국적으로 크고 작은 반란이 다반사로 일어났다.●

그렇다 해도 외부적인 요인이 없었다면 청 제국은 그런대로 존속했을 것이다. 만약 더 이상 제국이 견디지 못할 정도에 이른다면

● 이런 공직자 부패 현상은 동양식 왕조의 생리이기도 한데, 그 점을 잘 보여주는 제도가 청의 옹정제 때 시행된 양렴은제(養廉銀制)다. 지방 관리들이 조세를 징수하는 과정에서 농민들로부터 삥땅을 치는 행위가 만연하자 옹정제는 아예 미리 삥땅분을 관리들에게 수당으로 지급하는 정책을 실시했다. 그 수당이 바로 양렴은이다. '청렴을 배양하는 돈'이라는 뜻이므로 언뜻 보면 좋은 취지인 듯하지만 실은 관리들의 불법·탈법적인 수탈 행위를 도저히 근절할 수 없기에 현실적으로 인정한 제도였으니 오죽하면 그랬을까 싶다(《종횡무진 동양사》, 340~341쪽 참조).

필경 다른 제국으로 대체되었을 것이다. 그게 중국식 제국의 일반적인 진화 과정이었고, 동양의 역사 전체를 통틀어 보편적인 양상이었다. 그런데 당시는 동양의 역사에서 한 번도 없었던 새로운 변수가 등장한 시기였다. 유럽 열강이 일제히 중국으로 진출하기 시작한 것이다. 특히 인도를 정복한 영국은 모직물 수출이 여의치 않자 인도산 아편을 중국으로 수출해 막대한 무역 흑자를 내기 시작했다. 이때부터 청은 내외의 우환에 시달리면서 늙은 공룡이 되어갔다. 이것이 바로 18세기 말 건륭제 치세 말기, 즉 정조의 치세에 중국이 처한 상황이었다.

정조가 본받을 모델로 삼았던 인물은 둘이다. 하나는 역사적 인물로 300년 전 조선의 왕인 세조이고, 다른 하나는 당대의 인물인 청의 건륭제다. 그럴 정도로 청을 추종하고 있었으니 청이 급전직하로 몰락의 기운을 보이자 정조는 내심 크게 당황했을 것이다. 더욱이 청에 파견된 그리스도교 선교사들이 서양의 침략을 안내하는 앞잡이 역할을 한다는 것(이것은 사실이었다)에 생각이 미치자 그리스도교에 대한 그의 인식도 달라졌을 것이다. 정조가 개혁을 중단한 데는 그러한 동북아시아의 정세 변화와 청의 약화가 중요한 역할을 했을 것이다. 그렇다면 정조의 실험이 실패하리라는 것은 애초부터 예고된 결과였을까?

사실 정조는 조선의 여느 임금들과는 달리 상당히 자주적인 면모를 보인 군주였다. 그는 비록 청을 선진국으로 여기고 그 문물을 받아들이려 노력했으나, 그것은 이적에게서도 배울 게 있다는 논리의 연장이지 과거처럼 중국에 사대주의로 일관한 태도는 아니었다. 진경산수화로 대표되는 국화풍國畵風과 동국진체東國眞體로 대표되는 국서풍國書風을 널리 확산시킨 것이나, 1782년에 새로운 역법인 천세력千歲曆(나중에 만세력이 된다)을 제정한 것에서 그런 자주성을 읽을 수 있다(물론 그 바탕에 소중화 이념이 있었던 것은 사실이지만). 게다가 정조는 문화 군주로서의 자질도 뛰어났다. 문체반정을 직접 주도할 만큼 해박한 문장 지식도 그렇거니와 그 자신이 그림을 즐겨 조선시대 역대 임금의 작품들 중 가장 훌륭한 수묵화를 남기기도 했다.

하지만 그는 결국 마지막 실험에 실패함으로써 조선에 주어진 마지막 기회를 무산시키고 말았다. 역사에 가정은 의미가 없다지만 그의 개혁 의지가 끝까지 지속되고 관철되었다면, 그의 왕국 실험이 성공했다면, 곧이어 다가올 황폐한 세도정치의 시대는 없었을 것이다. 1800년 6월에 그가 병에 걸려 죽으면서 조선의 실험은 완전한 실패로 끝났다. 그런 점에서 그는 사실상 조선의 마지막 왕이나 다름없다. 자신의 사후에 벌어지는 사태를 그가 미리 알았더라면 마흔여덟의 한창 나이에 죽는 것을 아쉬워했을지도 모르나, 사실 1794년 복고로 도는 순간부터 그의 정치적 생명은 끝난 셈이었다.

11부
불모의 세기

사대부 체제의 완결판은 결국 황폐한 세도정치였다. 정조의 실험이 실패로 돌아가면서 19세기를 맞은 조선은 아무것도 자랄 수 없는 불모의 땅으로 변했다. 국왕은 허수아비가 되었고, 사대부들은 사리사욕을 위해 수단과 방법을 가리지 않았다. 아들을 왕으로 앉힌 아버지가 시대착오적인 쇄국을 내세우는가 하면, 며느리는 그런 시아버지를 내쫓고 중앙 관직을 친정 집안으로 도배하면서 외세를 마구잡이로 끌어들였다. 지배층의 이런 무책임과 무능은 급기야 서양과 동양의 '오랑캐'에게 나라를 내주는 결과를 빚고 만다.

34장

사대부 체제의 최종 결론

과거로의 회귀

정조는 뚜렷한 병명이 없이 등과 머리에 종기가 돋는 일종의 열병을 앓다가 죽었다. 그런 탓에 한참 뒤까지도 그가 독살되었다는 소문이 끊이지 않았다. 물론 명확한 증거는 없지만, 대수롭지 않은 병인 데다 발병한 지 20일도 채 못 되어 죽은 과정이 어딘가 미심쩍기는 하다. 그러나 정황상으로 보면 독살의 가능성은 별로 없다. 만약 그가 독살되었다면 범인은 노론 벽파밖에 없는데, 만년의 정조는 이미 개혁을 포기했으므로 그들과 갈등을 빚을 만한 일이 없었기 때문이다.

그래도 독살설이 완전히 잦아들지 않은 이유는 그의 사후 곧바로 모든 체제가 급속히 예전 상태로 돌아갔기 때문일 터이다. 정조가 죽자 규장각은 본래의 기능인 도서관으로 권한이 축소되었고, 그가 그토록 공을 들인 장용영도 허무하게 해체되었다. 그보다 더 명백한 과거로의 회귀는 노론 벽파가 권력의 일선에 등장한 것이다. 까마귀 날자 배 떨어지는 격이랄까? 정조의 치세 내내 야당의 위치에 있던 벽파가 순식간에 여당으로 탈바꿈했으니, 정조의 사인을 놓고 뒷말이 많을 수밖에 없었다.

사실 벽파가 권좌에 복귀한 데는 한 인물의 공이 컸다. 바로 영조의 계비인 정순왕후다. 일찍이 사도세자를 죽음으로 몰아가는 데 결정적인 역할을 한 그녀는 정조의 치세에도 줄곧 노론 벽파를 두둔했다. 그런 상황에서 겨우 열 살짜리인 정조의 둘째 아들 순조純祖(1790~1834, 재위 1800~1834)가 왕위를 계승했으니(맏아들은 어려서 죽었다) 정권이 바뀌지 않는 게 더 이상할 것이다.● 대왕대비의 자격으로 증손자의 수렴청정을 맡게 된 정순왕후는 즉각 벽파의 우두머리인 심환지沈煥之(1730~1802)를 영의정에 임명하고 시파의 인물들을 숙청해서 노론의 새 세상, 아니 '낡은 세상'을 만들었다(당시까지 정조의 어머니인 경의왕후와 부인 효의왕후가 살아 있었고 게다가 경의왕후는 정순왕후보다 나이도 열 살이나 위였지만, 감히 정순왕후에게 도전할 수 없었다. 서열에서 뒤지기 때문이기도 하지만, 그보다는 정순왕후처럼 정치적인 야심이 없었던 데다 노론의 지지를 받지 못했기 때문이다).

● 공교롭게도 정조가 왕권을 강화해놓은 것은 오히려 노론이 복귀하는 데 큰 도움이 되었다. 여당이었던 시파는 정조의 치세에 왕을 보좌하는 역할로만 스스로를 국한시켰기에 정조가 죽음으로써 자연히 여당의 지위마저도 유지할 수 없게 된 것이다. 이런 상황은 300년 전 강력한 왕이던 세조가 죽자 그동안 숨죽여 지내던 사림이 일어날 수 있었던 것과 닮은 데가 있다. 당시에도 세조 시절에 왕당파를 이룬 훈구파는 사림에 비해 유리한 지위에 있었으나 막상 왕이 죽자 권력을 독점하지 못하고 사림의 진출을 용인할 수밖에 없었다. 그 결과는 조선이 사대부 국가로 변질된 것인데, 이번에는 어떻게 될까?

세상이 바뀌었음을 증명하기라도 하듯이 정순왕후는 1801년 자신의 최대 치적을 남기는데, 그것은 바로 그리스도교를 대대적으로 탄압하는 것이었다. 그러나 여기에는 단순히 종교적인 쟁점만 있지 않았다.

10년 전의 신해박해로 조선의 그리스도교는 일단 크게 제동이 걸렸으나, 앞에서 보았듯이 정조가 비교적 관대한 입장에서 중재에 나선 덕분에 존폐의 위기는 넘길 수 있었다. 이후에도 그리스도교에 우호적인 분위기가 조성된 것은 아니지만, 그렇게 한바탕 홍역을 치르고 난 덕분에 그리스도교는 포교 종교 특유의 전파력을 바탕으로 다시 꾸준히 교세를 확장할 수 있었다. 그 결과 1794년에는 최초의 외국인 신부인 주문모周文謨(1752~1801)가 청에서 들어와 포교 활동을 벌이게 되었다. 그의 비밀 입국으로 인해 이듬해에 다시 박해 사건이 있었지만, 규모가 크지 않았으므로 그런대로 그리스도교는 조선에 서서히 뿌리를 내려가는 듯 보였다.

정순왕후와 노론 벽파가 거기에 찬물을 끼얹은 것은 반드시 그리스도교를 뿌리 뽑겠다는 의도에서가 아니다. 물론 그것도 중요하지만 그들에게 더 시급한 과제는 오랜만에 되찾은 권력을 공고히 다지는 일이다. 그러기 위해서는 무엇보다 아직 조정에 남아 있는 시파와 신해박해 당시 노론 내에서 신서파를 이루었던 세력을 일망타진해야 한다. 그 도구로 그리스도교만큼 좋은 게 또 있을까? 그래서 왕후와 노론 벽파는 전국의 그리스도교도를 색출해 잡아들이라는 명을 내린다. 이것이 신유박해辛酉迫害인데, 앞서의 종교 탄압과 다른 점은 꼬투리를 잡을 만한 별다른 사건이 없었음에도 정부에서 공식적으로 그리스도교 탄압령을 내렸다는 것이다.

이 사건으로 최초의 신부 주문모는 서울 용산 부근 한강변에 있는 새남터 모래사장에서 참수되었고, 몇 차례나 배교 선언을 하

새남터 성당 예전부터 억새와 나무가 무성하여 새나무터, 새남터라 불렸다. 조선 초기 새남터는 군사 훈련장이자 대역 죄인들을 처형하던 곳이었는데, 사육신도 이곳에서 최후를 맞았다. 최초의 신부인 김대건과 여러 외국인 신부, 천주교인 들이 이곳에서 스러졌고, 지금은 기념 성당이 들어서 있다.

● 그러나 살아남은 교도들이 산간 지방으로 숨어들면서 오히려 이후 그리스도교는 전국 각지로 확산되고 기층 민중 속으로 깊이 파고들었다. 그리스도교의 초기 역사에서 보듯이 무릇 종교란 정치적 탄압이 심할수록 더욱 널리 퍼지는 법이다. 이렇게 탄압 속에서 교도가 꾸준히 늘어간 탓에 그 뒤에도 19세기 내내 거의 정기적으로 대규모 종교 박해가 일어나게 된다. 오늘날 한국의 그리스도교가 주로 기복(祈福) 신앙의 형태로 자리 잡게 된 이유는, 초기에는 사대부층에 퍼졌으나 그러한 각종 탄압으로 인해 결국 기층 민중 속에서만 뿌리를 내린 탓도 있을 것이다.

면서 용케 살아남은 이승훈도 이번만은 살아남지 못했다. 정씨 삼 형제도 한 명(정약종)이 처형되고 나머지 둘은 유배형을 받았다. 그 밖에 전국적으로 300여 명의 그리스도교도가 처형당함으로써 이 사건은 한국 그리스도교사에 최초의 대대적인 박해로 기록되었다.● 하지만 노론 벽파에 그런 사교 무리의 대량 살육은 부수적인 성과일 뿐이었다. 그들에게는 조정의 반대파를 제거함으로써 마침내 안정적인 권력을 구축하려는 게 무엇보다 중요한 목적이었기 때문이다.

그 목적이 드디어 이루어졌다. 단일한 계파가 정권을 장악함으로써 조선의 집권 사대부들은 사상 처음으로 당쟁에서 벗어나 단일한 색깔을 가지게 되었다. 난알들을 체로 거르고 나면 최후에 남는 것은 가장 큰 알갱이들이다. 그토록 오랫동안 자기들끼리의 권력 다툼을 거쳤고, 영조와 정조 두 대에 걸쳐 왕권과의 경쟁도 헤치고 나온 결과, 최후에 남은 사대부 세력은 결국 가장 성리학적 이념의 농도가 짙은 노론 일색이었다. 이것은 자연법칙이라고 해야 할까? 아니면 역사적 필연이라고 해야 할까? 어쨌든 조선과 한반도에 내려진 저주인 것은 분명하다.

이제 역사의 시계추는 완전히 과거로 회귀

했다. 왕이 권력을 독점하던 '야만'의 시대도 끝났고, 오랑캐에게서 배우려던 '무지'의 시대도 끝났으며, 사대부들이 편을 갈라 당쟁을 일삼던 '혼란'의 시대도 끝났다. 최후로 살아남은 노론은 마침내 노론이라는 이름마저 버릴 수 있게 되었다. 이제 그들이 할 일은 사대부 체제를 어느 때보다도 완벽하게 구축하는 것이다. 이상적인 사대부 체제란 무엇일까? 그것은 바로 국왕이 상징이자 허수아비로 존재하고 사대부들이 실권의 담당자로 역할하면서 국정을 전담하는 체제다. 중종반정 이후 300년 동안 사대부 체제가 지속되면서 내내 그 결론은 변함없었다. 다만 그 체제가 계속 삐걱거린 이유는 그동안 사대부들 간에 이념과 견해가 일치하지 않았기 때문이다. 그러나 오랜 당쟁을 거치면서 결국 그 쟁점마저 정리됨으로써 이제야 비로소 완벽한 사대부 체제를 실현할 수 있는 조건을 갖춘 것이다.

그런 점에서 순조는 그 체제에 어울리는, 사대부들에게 '완벽한' 왕이다. 우선 정비가 아니라 후궁을 어머니로 두었다는 결격 사유가 있다(정조의 정비인 효의왕후는 아이를 낳지 못했다). 게다가 나이도 어리고 성격도 유약하다. 이만하면 훌륭한 허수아비가 될 자질을 갖춘 셈이다. 다만 왕실 세력인 정순왕후가 아직 실세로 버티고 있다는 게 좀 걸리는데, 이 문제는 1804년에 수렴청정이 폐지되고 그 이듬해에 그녀가 죽으면서 저절로 해결된다. 그렇다면 남은 문제는 무엇일까? 그것은 바로 사대부들의 수장을 정하는 문제다. 당쟁이 사라졌으니까 이제는 사대부들에게도 수장이 필요하다. 물론 공식적인 지위는 아니지만, 왕이 상징적인 권력자라면 사대부의 수장은 현실적인 권력자이므로 대단히 중요한 자리다. 이런 배경에서 초대 우두머리로 떠오른 자는 김조순金祖淳

(1765~1832)이었다.

여러모로 김조순은 그 영광스러운 자리에 걸맞은 최적임자였다. 영조 초기에 이른바 노론 4대신의 하나였던 김창집의 후손이니 노론의 '성골'인 셈이고, 1802년 그의 딸이 순조의 아내가 되었으니 당당한 왕실 외척의 신분이다. 게다가 그는 정조의 신임을 받았고 장차 순조를 도와 국정을 살펴달라는 정조의 유언까지 받았으므로 권좌에 오르는 것도 자연스럽다. 그가 사실상의 집권자로 공인되면서 조선의 새로운 체제는 완전히 마무리되었다. 오랜 사대부 체제의 전통이 낳은 최종적인 결론, 성리학적 세계관이 빚어낸 최후의 산물, 역사상 가장 완벽한 사대부 체제, 아울러 한반도 역사 전체를 통틀어 가장 야만적인 체제, 그것은 바로 세도정치다.

혼돈의 시작

개인적으로 보면 김조순은 품성이 너그럽고 권력욕이 없는 인물이었다. 게다가 탕평책을 지지한 덕분에 정조의 신임을 받았다. 그런 그가 세도정치의 초대 우두머리가 되었다는 사실은 세도정치가 어느 개인이나 집단의 발명품이 아니라 수백 년간 진화해온 사대부 체제의 피할 수 없는 결론이라는 점을 말해준다. 따라서 세도정치의 책임을 김조순에게 묻거나 그의 가문이자 나중에 세도정치의 대명사처럼 불리는 안동 김씨 집안에 전가할 수는 없다(무사안일주의적 성향 때문에 기생 출신의 첩실이 국정을 주무르는 것을 용인했으니, 김조순의 잘못이 없다고는 할 수 없겠지만).•

1804년부터 순조는 친정에 나섰다. 그러나 어른이라 해도 할 수 없는 판에 열네 살짜리 소년 왕이 무슨 일을 할 수 있을까. 게다가 아버지와는 영 딴판으로 국왕 본연의 임무를 수행하려는 의지조차 없었다. 따라서 말이 친정일 뿐 사실상의 국정 운영은 모두 김조순의 가문인 안동 김씨들이 도맡게 되었다. 그런데 그들에게는 국정 수행에 못지않게 중요한 일이 있었다. 그것은 바로 정부 요직을 그들의 일가붙이들이 독차지하는 것이었다. 나랏일보다 그 일을 더 열심히 한 탓에 김조순의 바로 위 항렬인 김이익金履翼과 김이도金履度, 그리고 같은 항렬인 김희순金羲淳과 김달순金達淳 등 안동 김씨 가문의 남자들은 대사헌, 홍문관 제학, 한성부판윤漢城府判尹(지금의 서울시장 격), 6조의 판서 자리를 자기들끼리 사이좋게 주고받으며 각자 모두 화려한 경력을 쌓았다. 한마디로 입법부-사법부-행정부를 한 가문이 장악한 격이니 이런 이력서는 동서고금을 통틀어 드물다.

그러나 중앙 정치는 그렇게 말아먹을 수 있다 해도 지방행정까지 그런 식으로 주무를 수는 없다. 아무리 번식력이 왕성하더라도 한 가문에 속한 남자의 '개체 수'에는 엄연히 생물학적인 한계가 있기 때문이다. 그래서 안동 김씨들은 한 가지 방법을 고안했는데, 그것은 바로 뇌물을 받고 관직을 팔아먹는 것이다. 그들은 매관매직을 통해 재산을 증식하고, 자파의 인물들을 지방관에 임명하고, 나라의 행정조직을 일사불란하게 움직일 수 있게 되었다.

세도정치가 자리를 잡으면서 그나마 지배 이데올로기이자 도덕

● 역사학자들은 흔히 세도정치의 기원을 정조 초기에 집권한 홍국영이라고 말하는데, 마찬가지 맥락에서 그것도 역시 옳지 않은 주장이다. 세도정치의 사전적인 정의는 국왕의 총신이나 왕실 외척이 국정을 장악하고 독재를 일삼았다는 것이지만, 지금까지 보았듯이 중종반정 이후 사대부 체제는 사실상 그런 정치를 지향해왔으므로 세도정치는 결코 19세기 초반에 느닷없이 출현한 체제라고 볼 수는 없다. 물론 특정한 개인 또는 가문이 권력을 독점하게 된 것은 세도정치 시대만의 특징이라 해도, 그것은 사실 사대부 지배 체제의 연장이며 최종적인 결과라고 봐야 한다.

적 규준으로서 체면치레를 해왔던 성리학적 이념의 탈은 이제 아무런 쓸모도 없어졌다. 또한 그나마 객관적이고 공평한 관리 임용 제도였던 과거제는 그야말로 '과거'의 유물이 되어버렸다. 가장 완벽한 사대부 체제가 완성되는 순간(바꾸어 말해 목표를 달성하는 순간), 조선의 사대부들은 모든 것을 개판으로 만들어버린 것이다. 그러나 어차피 그런 길이 예정되어 있었다고 해도 어쩌면 그렇게 순식간에 송두리째 무너질 수 있을까?

안동 김씨의 세도정치가 시작된 지 불과 5~6년 만에 조선 사회는 혼돈의 구렁텅이로 빠져들었다. 과전법이 무너진 이후 대토지 겸병이 유행처럼 번져 자영농 대부분이 소작농으로 전락한 것은 이미 오래전의 일이었다. 그래도 백성들의 삶이 그럭저럭 모양새를 유지할 수 있었던 것은 대동법과 균역법 같은 개혁적인 제도가 임시방편으로 기능했기 때문이다.

하지만 중앙과 지방의 정치가 극도로 문란해지면서 대동법과 균역법의 기능도 마비되는 지경에 이르렀다. 그나마 대동법은 중앙으로 오는 대동미가 지나치게 많아진 탓에 지방에서 다시 요역을 부과하는 제도로 역행하면서 자체 붕괴하는 식으로 효력을 다했지만, 균역법은 애초부터 권력이 청렴하지 않으면 유지될 수 없는 제도이기에 세도정치하에서는 제 기능을 할 수 없었다. 이처럼 조세제도가 붕괴하자 마치 기다렸다는 듯이 지방관들의 탐학이 절정에 달했다. 전정田政, 군정軍政, 환정還政의 이른바 삼정이 무너지면서 가뜩이나 어려운 백성들의 삶은 더욱 피폐해졌다.* 그러나 세도가가 장악한 조정에서는 국가 재정의 손실이 빚어졌다는 게 가장 큰 걱정이었을 것이다.

1808년 함경도에서 소규모의 민란이 일어났다. 이듬해에는 평

백성들의 삶 사대부 체제의 결정판인 세도정치 시대에 접어들자 조선 사회의 모든 모순은 마치 때를 기다렸다는 듯이 봇물처럼 터져나왔다. 그 최대의 피해자는 단연 일반 백성이다. 그림은 18세기에 김홍도가 그린 풍속화인데, 토속적인 멋보다는 당시 조선 백성들의 피폐한 삶이 더 절실하게 다가온다.

안도와 황해도에서 홍수가 발생했고, 또 그 이듬해에는 북도 지방에서 겨울에는 지진, 여름에는 홍수가 일어났다. 1811년 2월에는 황해도 곡산에서 백성들이 관청을 습격하고 감옥을 부수는 사건이 터졌다. 북부의 흉흉한 사정을 보여주는 이 일련의 사건들은 그 다음에 일어날 대형 사건을 예고하는 조짐이었다. 1811년 12월에 일어난 홍경래洪景來(1771~1812)의 난이 바로 그것이다.

사실 홍경래는 이미 10여 년 전부터 거사를 준비하고 있었다. 과거에 낙방한 뒤 관직의 꿈을 접고 지관이 되어 전국을 떠돌며 살아가던 그는 평안도 가산嘉山의 부호인 이희저李禧著의 집에서 우군칙禹君則(1776~1812)이라는 동업자를 만났다. 시국을 논하면서 자연스럽게 의기투합한 두 사람은 세상을 논

● 전정은 토지에서 나오는 조세를 수취하는 것이고, 군정은 군역을 가리킨다. 대체로 대동법은 전정, 균역법은 군정과 관련이 있다고 보면 될 것이다. 환정이란 춘궁기에 농민들에게 곡식을 빌려주었다가(이 곡식을 환곡還穀이라고 불렀다) 추수기에 갚도록 하는 조치를 말한다. 따라서 원래는 구빈(救貧) 행정이었지만, 다른 제도들도 그렇듯이 국가 체제가 엉망이 되면서 환정도 본래의 취지는 사라지고 오히려 빈민의 처지를 악용해 국가 재정을 늘리는 수단으로 전락하고 말았다. 말하자면 정부가 환곡에 이자를 붙이기 시작한 것인데, 16세기에는 10분의 1이던 이자율이 점차 높아져 19세기에는 50퍼센트에 달했다. 더욱이 지방관들의 농간으로 강제 대여를 하기도 했으니, 국가가 앞장서서 고리대금업을 한 셈이다.

34장 사대부 체제의 최종 결론

하기만 할 게 아니라 아예 바꾸면 어떻겠느냐는 생각을 품게 되었다. 마침 그들에게는 새 세상을 건설하는 데 필요한 이념도 있었다. 그것은 바로 지관들의 성서나 다름없는 《정감록》의 사상이다. 비록 《정감록》에서 새 세상의 군주라고 예언한 정진인鄭眞人(정씨 진인)은 아직 찾지 못했지만 '홍진인洪眞人'인들 어떠랴? 사대부 세상인 이씨 조선을 끝장내고 새 세상을 이룬다면 《정감록》의 예언은 이루어지리라.

그러나 이념만 가지고 될 일이 아니다. 거사가 성공하려면 그에 필요한 인력과 경제력과 물리력이 있어야 한다. 그래서 그들은 잔반殘班(몰락한 양반)들을 비롯해 체제에 불만을 품은 인물들을 그러모으고, 중앙의 대상인들과 갈등 관계에 있는 현지 상인들과 중소 부호들을 규합하고, 광산 노동자와 빈농, 유랑민 들을 군대로 조련했다. 김사용金士用과 김창시金昌始 등이 중간 우두머리로 가담했고, 우군칙과 이희저의 재력은 거사를 위한 자금이 되었으며, 홍총각洪總角과 이제초李濟初를 비롯한 뛰어난 무사들은 반란군의 무력을 담당했다.• 이렇듯 10여 년에 걸쳐 조직적인 준비가 진행되는 동안 중앙정부가 아무런 눈치도 채지 못할 정도였다면, 반란 주체의 능력도 능력이겠지만 그보다는 정부의 무능을 탓해야 할 것이다.

조선 역사상 이런 반군은 없었다. 일찍이 이처럼 철저한 준비 과정을 거치고, 조선의 지배 이데올로기인 성리학 이념과 사대부 체제에 조직적으로 맞선 적은 없었다. 심지어

• 홍경래는 잔반, 우군칙은 서얼, 이희저는 노비, 홍총각은 양인 출신이었으니 반란 세력은 그야말로 각계각층을 망라했다고 볼 수 있다. 비록 반군은 《정감록》에 사상적 기반을 두었다고는 하나, 그토록 신분이 다양했다는 사실은 성리학적 이념의 귀결이라 할 세도정치 시대에 오히려 신분 해체가 가속화되었다는 아이러니를 말해준다. 이희저는 원래 역노驛奴였다가 당시 성행하던 청과의 무역을 통해 부를 축적한 인물이고, 홍총각은 물고기와 소금을 말에 싣고 다니며 파는 상인이었는데, 힘과 무용을 갖춘 장정들을 물색하던 홍경래의 눈에 띄어 반군 지도자로 발탁되었다.

노동자와 빈농 들로 이루어진 병사들을 급료까지 주면서 정식으로 고용한 반군도 없었다. 출발부터 남달랐던 이들은 봉기하고 나서 열흘 만에 청천강 이북을 완전히 장악하는 데 성공했고, 가는 곳마다 백성들은 물론 하층 관리들에게서까지 적극적인 호응을 받았다.

그러나 역사상 첫 시도는 아무래도 위험이 따르게 마련이다. 성분이 다양한 만큼 반군 세력은 이념이나 행동에서 일치를 이루기가 쉽지 않았다. 양반과 부농으로 이루어진 지도부, 소농과 빈농 출신인 병사들은 이해관계가 상당히 다를 수밖에 없었다. 더욱이 세도정치로 썩어가는 중앙정부와 전통적인 북도 차별 정책을 비판한 것까지는 좋았지만, 적극적인 대안을 내놓지 못한 것은 반란이 장기화될 경우 충분히 문제가 될 수 있었다(반군이 예언한 것처럼 '정진인'이 곧 등장하지 않은 것도 당시로서는 큰 문제였을 것이다. 새로운 지도자가 나타나야 이씨 조선을 대체할 새 왕조를 표방할 수 있을 테니까). 이런 문제점들이 잠재되어 있었기에 정신을 차린 관군이 반격을 가하자 반군은 곧 수세에 몰려 정주성으로 퇴각하게 되었다.

내분의 요소가 있는 한 장기적인 농성籠城은 불가능하다. 그럼에도 불구하고 반군은 이후 4개월이나 정주성에서 버텼다. 그럴 수 있었던 이유는 저항의 주체가 급료를 받는 반군의 '정식' 병사들이 아니라 인근의 소농민들이었기 때문이다. 관군은 오로지 반란을 진압하겠다는 일념으로 대대적인 초토화 전술을 폈는데, 이 과정에서 농민들은 농토를 잃었을 뿐 아니라 관군의 태도에 적개심을 품은 것이다. 반군을 따라 성안으로 들어온 그들은 오히려 반군 주력군보다 더 적극적으로 항전했다.

하지만 반군이 정주성으로 퇴각하는 순간 이미 대세는 결정

정주성의 대치 조선 백성들만큼 지배층을 편하게 해주는 민족이 또 있을까 싶다. 당쟁만 일삼으며 모든 면에서 철저히 무능했던 집권 사대부들을 내내 용서해주었으니 말이다. 그러나 무능을 넘어 부패까지 이르자 드디어 민중이 들고일어났다. 그림은 정주성으로 들어간 홍경래의 반군을 진압하기 위해 중앙에서 파견된 군대의 모습이다.

되어 있었다. 한동안 공성하는 측과 농성하는 측은 대등하게 맞서는 듯하다가 결국 관군이 화약으로 성벽을 무너뜨리면서 전세가 확연히 기울었다. 거병한 지 5개월 만인 1812년 4월에 정주성이 함락되면서 반란이 끝났다.

역사에 홍경래의 난으로 기록된 이 반란은 새 왕조를 건설하지도, 세도정치를 끝장내지도 못했지만 사건의 후유증은 컸다. 무려 2000명에 가까운 반군 일당을 처형했어도 정부는 흉흉해진 민심을 다잡을 수 없었다. 심지어 홍경래는 관군이 성을 공략할 때 총에 맞아 전사했는데도 그가 어디론가 도피해서 살아 있다는 소문이 끊이지 않고 나돌 정도였다.

그 뒤에도 순조의 치세에는 제주와 경기도에서 민란이 일어났고, 정부의 실정을 비판하는 대자보 사건이 여러 차례 있었으며, 전국 각지에서 도적과 거지 들이 들끓었다. 게다가 인심에 이어 천심마저 잃었는지, 순조의 치세 34년 동안 무려 19번의 여름이 대홍수로 얼룩졌는가 하면 전염병도 크게 번졌다.

이씨 조선은 엄청나게 운이 좋거나, 아니면 억세게도 명이 질긴 왕조였다. 망국적인 당쟁으로 늘 지배층이 분열되어 있었고, 대규모의 외침을 수차례나 받은 데다, 이제는 기층 민중이 조직적으로 들고일어났는데도 이씨 조선의 명맥은 좀처럼 끊어지지 않았

민란의 시대   1811년 홍경래의 난 이후 전국적으로 일어난 소규모의 민란 중 가장 두드러진 농민 봉기는 진주민란이다. 관군에 의해 이내 제압되었지만 다른 지역에 크게 영향을 미쳐 삼남 일대엔 임술민란의 큰 홍수가 휩쓸고 지나갔다. 1862년 한 해 동안 전국 70여 곳에서 농민 봉기가 일어난 것은 사상 유례가 없는 일이며, 당시의 혼란스러움을 잘 보여준다.

다. 그러나 다른 관점에서 보면 이 무렵에 조선은 사실상 멸망했다고 해야 할지도 모른다. 왕실의 명맥만 유지될 뿐 국가의 기능은 전혀 하지 못했기 때문이다. 우선 조세제도가 마비되면서 국가 재정이 거덜 났다. 또 백성들은 자영농에서 소작농으로, 소작농에서 화전민으로, 화전민에서 유랑민으로 바뀌면서 점차 국가의 관할에서 벗어났다. 아무리 왕조시대라고 하지만 이처럼 주권과 국민이 사라진 국가를 국가라고 부를 수 있을까?

아무것도 자랄 수 없는 불모의 땅이 되어버린 조선에 마지막 꽃을 피우려는 시도가 있었던 것은 그 무렵이다. 거의 시들어가는 실학의 끝자락을 움켜쥐고, 비록 실천되지 못할 이론이지만 문헌상으로나마 개혁의 모든 사상과 총론을 집대성하려 한 정약용의 꿈이 바로 그것이다. 그가 제기한 대안들이 일부라도 실행에 옮겨졌다면 조선의 19세기는 그토록 황폐한 시대가 되지 않았으리라.

불모의 땅에 핀 꽃

난세를 살았던 만큼 정약용의 사상은 혼란스러울 정도로 복잡다단하다. 우선 그는 무척 폭넓은 오지랖을 자랑한다. 지금의 학문 분류로 치면 그는 철학·문학·역사·언어학 등 인문학은 물론이고 정치학·행정학·법학·경제학 등 사회과학, 나아가 과학기술과 종교 분야까지 아우르는 백과사전적 지식인에 속한다.

물론 처음부터 정약용이 박학다식과 팔방미인을 자랑했던 것은 아니다. 조선의 학자-관료라면 거의 다 그렇듯이 그도 역시 관리로 재직하던 젊은 시기까지는 학문이라 해봤자 '과거 응시용' 유학이 고작이었다. 그러나 조선의 사대부라면 거의 다 그렇듯이 그도 역시 정쟁에 휘말려 유배 생활을 겪어야 했는데, 그 기간을 잘 활용한 덕분에 학문의 너비와 사색의 깊이를 얻을 수 있었다. 그렇게 본다면 1801년의 신유박해는 비록 그 자체로는 조잡한 음모와 책략이었어도 역사적으로는 의도하지 않은 큰 성과를 낳았다고 해야 할까? 그 사건으로 1818년까지 유배 생활을 하는 동안 정약용은 대부분의 주요 저술을 남길 수 있었으니까.

과거의 위대한 사상가들이 남긴 학문적 업적은 크게 둘로 나눌 수 있다. 하나는 당대의 현안에 관련된 이론이고, 다른 하나는 역사적 가치를 지니는 이론이다. 물론 사상가는 당대의 관심과 문제의식을 가지고 자신의 사상과 이론을 구성하지만, 후대의 사람들은 거기서 통시대적인 의미를 가지는 내용을 추출할 권리와 자유가 있다. 그 결과물을 보통 고전이라 부른다.

당대의 현안에 관련된 정약용의 사상은 주로 경제학의 영역에 속한다. 가장 뜨거운 쟁점은 단연 토지와 조세에 관한 문제였으므로 우선 이 분야에 관한 견해가 없을 수 없다. 그동안 실학자 진영에서 제출한 대표적인 토지제도 개혁론은 유형원의 균전론과 이익의 한전론이었다(그 밖에도 여러 가지 이름이 붙은 이론이 등장하지만 모두 거기서 갈라진 변주에 불과하다). 이 두 가지 주장은 비록 초점에서는 약간 차이가 있으나, 기본적으로는 토지를 균등하게 배분하고 토지의 관리를 경작자의 재량에 맡기자는 내용이었다. 요컨대 지주들의 대토지 겸병이나 소작농의 증가 등 그간 토지제도의 모든 문제는 경작자와 소유자가 분리된 현상에서 그 원인을 찾을 수 있으므로 경자유전耕者有田, 즉 경작자가 토지를 소유한다는 원칙에 충실하자는 것이다.

정약용도 경자유전의 이념에서는 의견을 같이했다. 그러나 그는 이념을 확인하는 데만 그치지 않고 그것을 실현하기 위한 구체적인 절차를 제시했다는 점에서 차이가 있다. 균전론이나 한전론은 토지의 면적만을 과세의 표준으로 삼는 결부법結付法에 바탕을 두고 있지만, 정약용이 주장한 여전론閭田論은 단순한 면적이 아니라 토지의 지세나 자연 조건을 감안한 여閭라는 복합적인 단위를 기준으로 설정한다. 각 여마다 여장을 한 명씩 두어 토지를 관리하게 하고, 여민들에게 조세와 생산물을 할당하고 배분하게 하는 것이다. 이렇듯 여는 공동체적인 성격을 지니고 있으므로 유사시에는 군대 조직으로 전환될 수도 있다.•

그러나 여기서 정약용은 그전까지 다양한 전제 개혁론을 주장한 다른 실학자들과 같은 착각을 범하고 있다. 토지의 실제 경작자와 명목상 소유자가 다르다는 게 토지제도의 근본적인 문제점이라는 지적은 옳다. 그러나 그 문제를 개선하려면 조선의 체제 자체가 송두리째 바뀌어야만 한다는 것을 그들은 알지 못했던 것이다(아니면 그것을 인정하려 하지 않았거나).

조선만이 아니라 한반도의 역대 왕조들, 나아가 중국의 역대 왕조들까지 중화 세계에 존재한 모든 왕조는 예외 없이 모든 토지가 왕 또는 국가의 소유라는 왕토王土의 이념을 토대로 하고 있었다.•• 비록 그것은 형식적인 규정이고 언제나 토지의 실제 소유자는

• 사실 이런 이론은 종전의 전제 개혁론에 비해 진일보한 것이기는 하나 그다지 독창적인 것은 아니다. 우선 정약용 자신도 크게 의지한 옛 주나라의 이상적인 토지제도인 정전법의 냄새가 강하다. 토지를 농민들에게 고르게 나눈 다음 조세를 공제하고 산출물을 고르게 배분한다는 공동체적 정신이 바로 정전법이 아니던가? 이렇게 보면 여전론은 정전법에 손발을 붙인 것에 불과하다고 볼 수 있다. 또한 여전론에서는 중국과 한반도의 역대 왕조들이 전통적으로 사용한 병농 일치의 개념이 재차 강조되고 있다. 정약용은 명과 청에서 시행한 이갑제里甲制를 크게 참고한 듯하다. 이갑제란 한 지역의 농가들을 100호의 갑수호(甲首戶, 일반 농가)와 10호의 이장호(里長戶)로 묶고 이장호들이 돌아가며 조세와 치안을 맡는다는 제도인데(《종횡무진 동양사》, 298~299쪽 참조), 행정의 측면이 더 중시되기는 하지만 여전론의 정신과 크게 다르지 않다.

최후의 백과전서파 후원자인 정조의 뜻하지 않은 죽음으로 정약용은 현실 정치에서 꽃을 피우지 못했지만, 오히려 그랬기에 활발한 저술 활동으로 후대에 더 큰 이름을 남길 수 있었다. 철학과 역사에서부터 종교와 과학에 이르기까지 그는 서유럽의 계몽사상가들처럼 박학다식했다. 왼쪽의 다산초당은 유배되어 살던 곳으로 그의 중요한 저술인 《목민심서》, 《경세유표》 등이 집필된 곳이다. 원래는 초가였지만 복원할 때 지붕에 기와를 얹었다.

있지만, 그렇다 해도 모든 토지가 왕의 소유라는 원리는 토지제도를 근본적으로 개선하는 데 결정적인 걸림돌이 된다. 그 때문에 전시과나 과전법에서도 관리에게 녹봉을 지급하기 위해서는 토지를 내준다기보다 수조권을 부여하는 애매한 방식을 택할 수밖에 없었다.

따라서 조선의 국체와 정체를 인정하는 한, 농민들은 결코 토지의 진정한 소유자가 될 수 없었다. 제한적이나마 경자유전의 원칙이 현실에 적용되려면 최소한 토지의 사적

●● 중화 왕국에서는 토지만이 아니라 나라 안의 모든 게 왕의 소유였으므로 사유재산이라는 개념 자체가 존재하지 않았다. 이 점에서 유럽과 일본은 다르다. 같은 왕국이라 해도 유럽과 일본에서는 토지의 사유화가 인정되었고, 왕은 최고의 땅 부자일지언정 왕국 내 모든 토지의 소유자는 아니었다. 예를 들어 왕은 가신들에게 조선의 과전법처럼 수조권을 주는 게 아니라 토지 소유권 자체를 주었다. 그래서 유럽에서는 일찍부터 사유지(estate)와 지대(rent)의 개념이 발달했다. 중국과 한반도 역사에서 부재한 봉건제의 단계가 유럽과 일본에 존재한 이유는 그런 체제상의 차이에 있다.

소유를 공식적으로 인정해야만 했다. 결국 실학자들과 정약용이 토지 개혁론의 골간으로 삼은 경자유전이란 단지 '개혁'이나 '정책'으로 실현 가능한 게 아니라 오로지 체제 자체를 바꾸는 '혁명'을 통해서만 구현할 수 있는 이념이었던 것이다.

이런 한계는 토지 개혁론에 비해 더 고전적인 가치를 지니는 분야, 즉 정약용의 정치사상에서도 드러난다. 앞서 실학도 유학의 한 갈래라는 것을 보았듯이, 그의 모든 학문 역시 유학의 범위에서 벗어나지는 않았다. 그래서 그가 군주의 자질과 덕목으로서 가장 중시한 것은 역대 사대부들이 늘 국왕에게 요구한 수기치인의 자세다. 군주도 먼저 스스로를 바르게 닦고 나서 남을 다스려야 한다는 이념, 일찍이 조광조가 강조한 바로 그 이념이 조선의 국왕으로 하여금 강력한 왕권을 주장하지 못하도록 만든 이념적 족쇄가 아니던가?

그러나 시대가 다른 만큼 정약용이 수기치인을 말하는 근거는 조광조와 다르다. 정약용은 놀랍게도 백성이 군주를 위해 존재하는 게 아니라 거꾸로 군주가 백성을 위해 존재한다고 말했다. 그래서 그는 군주가 참되게 백성들을 다스리려면 먼저 수기치인을 해야 한다는 참신한 왕도론王道論을 전개했다. 그렇다면 이것은 같은 시대에 서유럽에서 성장하고 있던 시민사회의 사상과 같은 맥락이 아닌가? 정약용은 과연 근대적 국민주권의 개념을 주장한 걸까? 그렇지는 않다.

사실 그전까지 조선의 사대부들이 군주에게 수기치인의 덕목을 요구할 수 있었던 이유는 암묵적인 전제가 있었기 때문이다. 그것은 조선의 국왕 역시 중국 천자와의 관계에서는 하나의 제후, 즉 사대부와 같은 지위라는 점이다. 따라서 천하의 주인인 중국의 황제 이외에는 그 누구도 수기치인으로부터 자유로울 수 없었다. 그런데 지금은 그 천자가 없다! 그렇기 때문에 정약용은 국왕에게 수기치인을 요구할 수 있는 근거를 백성으로 새롭게 설정했을 뿐이다.●

그래도 전제 개혁론과 왕도론에서 짐작할 수 있듯이 정약용은 조선의 지배 이데올로기인 성리학으로부터 크게 벗어나 있었다(그는 당대의 집권자이자 세도정치의 문을 연 노론 세력과는 의식적으로라도 입장을 달리하고 싶었을 것이다). 옛 주나라의 정전법에서 영향을 받아 여전론을 전개한 것이라든가, 맹자를 원조로 하는 왕도정치의 이념을 주창한 것은, 비록 유학적 세계관에서 벗어나지는 못했다 해도 최소한 성리학보다는 더 이전의 유학과 맥을 같이한다. 더 이전의 유학이라면 육경학이다. 정조의 치세에서 시파 세력의 이념이었던 육경학은 바로 정약용의 사상을 낳은 뿌리였다(정약용이 정조와 개인적 친분을 쌓을 수 있었던 것도 그런 학문적 동질감 덕분이다).

하지만 정약용은 정조와 시파보다도 한 걸음 더 앞서갔다. 이를테면 150년 전에 한 시대를 풍미한 인물성동론과 인물성이론 간의 철학 논쟁에 대해서도 그는 쉽게 문제를 해결하고 넘어갔다. 인간에게는 지성적 측면과 신체적 측면(이것을 그는 '영지靈知의 기호'와 '형구形軀의 기호'라고 표현한다)이 공존한다는 양성론兩性論이 그것이다. 인간의 이성과 감정을 동시에 인

● 그 결과 정약용의 왕도론은 국민주권의 개념과 얼추 비슷해졌지만, 실은 크게 다르다. 우선 그의 사상은 순수한 이념적 산물이지만, 서유럽의 자유주의는 시민계급이라는 물적 토대를 바탕으로 역사적으로 성장했다는 차이가 있다. 동양식 왕국과 비슷한 왕국이 성립되었던 서유럽의 절대주의 시대에는 절대군주와 관료 세력만이 아니라 신흥 부르주아 계급이 상업과 산업을 통해 경제력을 키우면서 장차 미래 사회를 주도할 세력으로 떠올랐다(루이 14세나 헨리 8세 같은 절대군주가 동양의 유학을 알았더라면 몹시 부러워했을 것이다. 유학만큼 군주의 절대적인 지위와 권력을 보장해주는 이념은 없으니까). 이 시민계급이 주창하고 나선 게 바로 자유주의 사상이며, 정치적으로는 참정권과 국민주권의 개념이다. 동양의 역사에서도 군주가 백성들을 존중해야 한다는 위민 사상이 일찍부터 있었으나, 그것은 군주가 만백성의 '주인'으로서 시혜를 베풀어야 한다는 뜻이므로 국민주권의 개념으로 발달할 수는 없었다.

정한다는 이론이니까 지금 보면 별것 아니지만, 그 간단한 해법을 받아들이지 않은 탓에 터무니없는 논쟁이 얼마나 열띠게 진행되었던가? 정약용이 그리스도교를 비롯한 서학과 서양 문물을 거부감 없이 받아들인 것도 쓸데없는 문제를 고민하지 않았기 때문이다.

그런 점에서 정약용은 학문적으로만 '종합 지식인'일 뿐 아니라 사상적으로도 크로스오버와 퓨전의 정수를 보여주었다. 그는 당대의 이데올로기인 성리학은 물론이고 그에 선행하는 원시 유학, 즉 육경학의 세계관을 가졌으며, 서학에 대해서도 폭넓은 관심과 해박한 지식을 갖추었다. 따라서 그의 지적 한계는 그 자신의 탓이 아니라 바로 그 시대의 한계였다. 또한 그가 내놓은 무수한 이론들 중 어느 것도 실제로 적용되지 못했다는 사실도 시대의 한계였다. 어떤 의미에서는 그가 백과사전적 학자로서 온갖 학문 분야에 손을 댔다는 사실 자체가 그 시대의 한계인지도 모른다. 학문 체계가 제대로 자리 잡고 있었다면, 그가 그렇듯 모든 영역에서 전문가적인 자세로 대안을 제시하지는 못했을 테니까.

35장

허수아비 왕들

무의미한 왕위 계승

아무 할 일도 없는 자리지만 순조는 그것조차 귀찮았던 모양이다. 1827년에 그는 아직 서른일곱 살의 젊은 나이였음에도 몸이 좋지 않다는 핑계로 열여덟 살의 세자에게 대리청정을 맡기고 일선에서 물러났다. 이후 순조의 세자가 몇 년 동안 대리청정을 했는데, 물론 그에게도 역시 특별히 업무라 할 만한 일은 없었다. 세자는 스물두 살의 젊은 나이에 죽었으나 그래도 두 가지 업적은 남겼다. 하나는 대리청정 기간 동안 사실상의 국왕이었으므로 죽은 뒤에 익종翼宗(1809~1830)이라는 왕의 시호를 받은 일이고, 다른 하나는 안동 김씨 대신 풍양 조씨 가문에서 아내를 취함으로써 이후 세도정치의 주인이 풍양 조씨로 바뀌게 만든 일이다.

어쨌든 당장 난처해진 것은 순조다. 일찌감치 은퇴해서 아름다운 인생을 즐겨보고자 했던 그는 아들이 뜻하지 않게 일찍 죽음으로써 다시 성가신 국왕 자리를 떠맡게 되었다. 서둘러 익종의 아들, 즉 손자를 세손으로 책봉했지만 이제 겨우 걸음마를 뗀 세 살짜리 아이에게 왕위를 맡길 수는 없는 노릇이었다. 그래서 할 수 없이 아들의 왕위를 물려받게 되었는데, 이쯤 되면 고려 말 '충' 자 항렬의 왕들이 왕위를 장난처럼 주고받았던 장면이 연상되지 않을 수 없다(1권, 475~480쪽 참조). 그에게 오로지 믿을 사람은 정신적 지주이자 장인인 김조순뿐이었으나 장인마저 1832년에 죽자 순조는 난감한 심정이었다. 2년 뒤에 장인의 뒤를 따른 게 그에게는 다행이 아니었을까?

결국 순조의 세손은 일곱 살의 어린 나이로 왕위를 이어 헌종憲宗(1827~1849, 재위 1834~1849)이 되었다. 아버지가 죽었을 때 세 살로 왕위에 올랐더라면 한반도 역사상 최연소 왕이라는 신기록을 세웠겠지만, 4년이 지나 즉위한 탓에 옛날 고구려의 태조왕에 이어 사상 두 번째다(태조왕 시대의 왕계를 믿지 않는다면 사실상 헌종이 최연소다).

신화의 시대라면 몰라도 역사시대, 그것도 밝은 문명의 시대에 어린 왕이 즉위했다면 적지 않은 문제가 될 것이다. 물론 순조의 비인 순원왕후純元王后(1789~1857)가 왕대비로 있으니 어린아이에게 국정을 직접 맡기는 일은 없겠지만, 그때까지의 조선 역사를 봐도 이렇게 어린 왕이 들어설 때면 거의 예외 없이 왕권을 둘러싼 갈등이 일어나곤 했다(열한 살짜리 왕이었던 단종과 명종이 모두 그랬다).

하지만 헌종은 조선 역사상 가장 어린 임금인데도 이번에는 그런 문제가 전혀 없다. 왜 그럴까? 이제 조선은 왕권과 신권이 조화를 이루는 안정적인 왕국을 이루었기 때문일까? 물론 그럴 리는 만무하다. 왕위 계승에 아무런 문제가 없는 이유는 바로 왕위 계승이 아무런 의미도 없기 때문이다. 세도정치의 시대에 접어들면서 조선은 달리 내걸 간판이 없어 왕국이라는 간판을 그냥 유지할 뿐 사실상 왕국이 아니었다. 그나마 사대부들이 경쟁하던 체제(당쟁의 시대)에서는 사대부가 실권을 장악하고 왕이 상징으로 군림하는 비정상적인 왕국의 면모라도 유지했으나, 집권 사대부가 한 가문으로 고착된 세도정치에서는 그럴 필요조차 없어졌다. 이제 왕은 상징마저도 아닌 그저 장식물일 뿐이다. 따라서 왕위 계승 자체가 무의미해진 판에 어린 왕이든 무능한 왕이든 아무런 차이도 있을 수 없다. 왕위 계승보다 더 중요한 것은 '세도가문의 계승'이다.

1841년 순원왕후가 형식적인 수렴청정을 마치고 헌종이 친정을 시작하자 세도가문은 안동 김씨에서 풍양 조씨로 바뀌었다. 헌종의 외가가 풍양 조씨였기 때문이다. 하기는, 왕조의 성씨는 바꿀 수 없어도 세도가문의 성씨는 바뀌어야 정상 아닌가? 한 가문이 대대로 왕실 외척이 된다면 근친상간이며 유교 예법에도 어긋날 테니까. 그래도 왕실 외척이 바뀌면서 세도가문이 교체되었다고는 하지만, 왕보다 더 비중이 큰 권력 주체가 바뀌었으니 여기에도 뭔가 사연이 없을 수 없다. 계기가 된 것은 당쟁의 시대가 끝난 이후 첨단의 쟁점으로 등장한 그리스도교였다.

원래 포교 종교란 박해가 심할수록 더욱 확산되게 마련이지만, 그 점에서 그리스도교는 타의 추종을 불허한다. 출발할 때부터 로마 제국의 극심한 탄압 속에서 꾸준히 세를 키워 마침내 제국의 국교로 공인되지 않았던가? 그런 점에서, 조선의 사대부 정권이 신유박해로 그리스도교의 싹을 잘랐다고 안심했다면 그것은 그리스도교를 얕보았거나 무지에서 비롯된 오산이었다. 오히려 그 소식을 전해들은 베이징 주교는 즉각 로마 교황청에 연락해 선교사들을 조선에 더 파견해달라고 요구했다. 게다가 조선 내의 토착 그리스도교도들도 온갖 박해를 견디면서 오히려 수가 늘어났다. 그 덕분에 1831년 조선 교구는 베이징 교구로부터 독립해 독자적인 교구를 이루게 되었으며, 최초의 서양인 선교사를 맞아들이게 되었다. 1835년 조선에 온 파란 눈의 선교사는 프랑스 신부인 모방Maubant이었고, 그 뒤에도 계속해서 샤스탕Chastan과 앵베르Imbert가 파견되었다.●

조선 정부의 엄중한 탄압 속에서 몇 년 동안 활동하면서 프랑스 선교사들이 중점을 둔 사업은 포교도 포교지만 그보다도 조선인 사제를 양성하는 일이었다. 외국인, 그것도 파란 눈의 서양인으로서 포교하는 데는 아무래도 한계가 있었기 때문이다. 그래서 모방은 1836년에 조선의 젊은이 세 명에게 세례를 주고 마카오로 보내 사제 수업을 쌓게 했는데, 그중에는 나중에 한반도 최초의 신부가 되는 김대건金大建(1822~1846)도 있었다.

그런데 그들을 호시탐탐 노려보는 눈이 있었다. 어차피 수렴청정이 끝나고 헌종이 친정에 나서면 정권을 장악하게 될 풍양 조씨 가문은 미리 분위기도 띄울 겸 집권 실습도 하고자 적절한 '건수'를 찾고 있었다. 없으면 만든다. 풍양 조씨의

● 이렇게 조선에 처음으로 온 서양인 선교사들이 모두 프랑스인인 이유는 무엇일까? 우선은 로마 교황 그레고리오 16세가 조선의 선교 사업을 프랑스 교구에 전담시켰기 때문이지만, 여기에는 유럽 내의 사정도 연관되어 있다. 17세기부터 동아시아에 오기 시작한 서양의 선교사들이 대부분 에스파냐와 이탈리아의 예수회 소속 사제들이었던 이유는 유럽 대륙을 휩쓴 종교개혁의 여파로 신교에 위축된 구교가 동방 포교를 탈출구로 삼았기 때문이다. 그러나 18세기에 유럽의 패권은 영국과 프랑스가 장악하게 되었고, 두 나라는 이후 한 세기 내내 유럽에서만이 아니라 전 세계 식민지에서 서로 치열한 다툼을 벌였다. 따라서 동방 포교의 사업은 두 나라가 계승해야 했는데, 영국은 독자적인 영국교회를 이루고 있었으므로 자연히 로마 교황은 프랑스에 도움을 요청할 수밖에 없었던 것이다.

네 명의 사제 왼쪽 두 사람은 조선에 처음으로 온 서양인 신부인 모방과 그의 전도로 최초의 조선인 신부가 된 김대건이고, 오른쪽 두 사람은 앵베르 주교와 샤스탕 신부다. 서양인 사제 세 사람이 모두 프랑스인이었으므로 이들이 한꺼번에 처형당한 사건은 외교 문제가 될 게 뻔했지만, 국제 관계의 경험이 전무한 조선 정부는 그런 점을 전혀 고려하지 않고 만행을 저질렀다.

우두머리이자 헌종의 외할아버지인 조만영趙萬永(1776~1846)은 안동 김씨를 확실히 제압하고 가문의 명예를 드높일 계기를 만들기 위해 그리스도교를 탄압하기로 결정했다. 이것이 1839년의 기해박해己亥迫害인데, 신유박해에 이어 또다시 별다른 이유가 없는데도 정치적인 이유로 탄압령을 내린 경우다. 이 사건으로 프랑스의 세 신부는 주문모에 이어 새남터에서 처형되었으며, 풍양 조씨는 새로운 세도가로 튼튼히 뿌리를 내렸다.

그러나 청의 신부가 죽은 신유박해의 경우와 달리 이번에는 서양인 선교사들이 피를 본 만큼 사건의 후유증은 만만치 않았다. 먼저 선교사를 보내 종교를 전파한 뒤 경제적 진출을 도모하는 것은 16세기 이래 유럽 열강의 전매특허였지만(일부 선교사들은 스스로 본국의 앞잡이 노릇을 하기도 했다), 19세기 제국주의의 시대에 접어들면서부터는 본말이 전도되어 포교 과정에서 발생한 문제가 침략의 구실이 되는 경우가 많았다. 과연 최초로 서양인 순교자를 낸 기해박해는 최초로 서양의 군함이 한반도에 상륙하는 구실이 되었다.

1846년 6월, 프랑스의 해군 소장 세실이 이끄는 군함 세 척이 조선에 와서 기해박해에 항의하는 공식 서한을 전달하고 간 것은 이제부터 조선이 새로운 사태를 맞게 되리라는 조짐을 예고하는 사건이었다. 그러나 집권 세도가인 풍양 조씨는 여전히 나라 밖 사정에 관심이 없는 우물 안 개구리이고만 싶었다. 그다음 달에 김대건이 체포되어 새남터에서 처형된 것은 그들의 안일주의를 보여주는 사건이었다.

원범 총각, 한양에 가다

피로 얼룩진 헌종의 치세는 물로도 얼룩졌다. 15년에 이르는 그의 재위 기간 중에서 9년이나 홍수 피해를 입었으니 그 점에서는 할아버지 순조의 치세에 못지않다. 하나 더 닮은꼴이 있다면 사실상의 통치자(세도가의 우두머리)가 수를 다하고 죽자 얼마 뒤에 왕도 젊은 나이에 죽었다는 사실이다. 김조순이 죽고 사위 순조가 뒤를 따랐듯이, 1846년에 조만영이 죽자 사위 헌종도 3년 뒤에 스물두 살의 나이로 죽었다.

순조 부부의 운명은 기구하기도 하다. 일찍이 순조는 아들 익종에게 왕위를 물려주었다가 아들이 일찍 죽는 바람에 다시 재위하는 '고초'를 치렀지만, 순조의 아내 순원왕후는 손자인 헌종에게 친정을 맡기면서 수렴청정을 거두었다가 헌종이 일찍 죽는 바람에 다시 수렴을 치고 국정에 임해야 했다. 하지만 그것은 부차적인 문제였고 당장은 어떻게든 왕통을 이어가야 한다는 게 순원왕후의 고민이었다. 헌종은 그 젊은 나이에 계비까지 들였지만 후사를 남기지 못했기 때문이다.

　순조-익종-헌종의 삼대는 워낙 손이 귀했을 뿐만 아니라 왕들이 연속해서 요절한 탓에 나중에는 아예 왕위 계승자의 씨가 말라버렸다. 어쨌든 순조의 직계 혈통은 헌종으로 끝났으므로 계승자를 찾으려면 왕실의 혈통을 더 거슬러가야 했다.● 왕실 족보를 샅샅이 뒤진 결과 다행히도 순원왕후는 장헌세자의 후손들이 아직 남아 있다는 것을 확인했다. 혜경궁 홍씨로부터 비롯된 후손은 맥이 끊겼지만 숙빈 임씨가 낳은 장헌세자의 서자 은언군恩彦君의 후손이 있었던 것이다. 순원왕후로서는 금맥을 발견한 기분이었겠지만, 한 나라 왕실의 방계 혈통이 이렇듯 어렵사리 '발굴'되어야 하는 이유는 무엇일까?

● 여기서 당시 조선 왕실의 혈통을 정리해보자. 우선 정조는 두 아들을 두었지만 맏이가 어릴 때 죽었으므로 순조가 외아들인 셈이다. 또 순조도 딸만 여럿 두었고 아들은 익종 하나밖에 낳지 못했다. 익종은 워낙 젊어서 죽었으니 헌종 하나라도 낳은 게 다행이다. 그러나 헌종은 아들은커녕 딸도 낳지 못했다. 따라서 헌종이 죽음으로써 순조의 혈통만이 아니라 정조의 혈통마저 모두 끊겨버렸다.

　은언군의 아들 이광李㼅(?~1844)은 출생 연도조차 전해지지 않을 만큼 철저히 잊힌 존재였다. 물론 그럴 만한 사연은 있었다. 아버지 은언군은 영조 시대에 상인들에게 빚을 지고 유배된 적이 있었고, 형은 모반죄에 연루되어 죽었다. 또 어머니와 형수는 그리스도교도로서 신유박해에서 처형되었다. 그 때문에 이광은 어린 시절부터 강화도의 유배지에서 살다가 끝내 거기서 농사꾼으로 죽었다. 아무리 서자 출신이라지만 엄연한 왕실의 혈통임에도 그런 형편이었다는 것은 당시 조선 왕실의 위상이 어땠는지 짐작하게 한다. 한미한 사대부 집안의 족보에도 자손들의 출생 기록 정도는 보관되어 있게 마련인데, 이광의 가문은 그런 족보조차 없었다(또한 왕족의 집안에서도 그리스도교도가 나왔다는 사실은 당시 그리스도교가 얼마나 널리 퍼져 있었는지 말해준다).

다행히 이광은 박복한 삶을 살았어도 자식복은 있었다. 그가 죽고 나서 얼마 뒤에 아들인 이원범李元範이 왕위에 오른 덕분에 그는 사후에라도 전계대원군全溪大院君으로 추존되는 영광을 얻었다(선조와 인조의 아버지에 이어 역사상 세 번째 대원군이다). 열여덟 살의 강화도 총각 이원범은 영문도 모르는 채 한양으로 가서 생면부지였던 할머니 순원왕후를 만나 헌종의 대를 이었다. 그가 바로 조선의 25대 왕인 철종哲宗(1831~1863, 재위 1849~1863)이다.

순조부터 비롯된 새로운 전통에 따르면 국왕 철종은 그냥 궁궐에서 놀면 될 뿐 아무 할 일도 없다. 따라서 세 번째 수렴청정에 나선 순원왕후의 주요 임무는 촌놈으로 자란 손자를 왕실 법도에 맞게 처신하도록 다듬는 것뿐이다. 말하자면 조선판 '말괄량이 길들이기'다. 그녀로서는 육순의 나이에 새삼스럽게 '육아'를 떠맡은 게 귀찮았을 것이다.

강화도 총각이 궁궐에 들어온 지 2년 뒤, 이제 좀 다듬어졌다 싶은 마음에 순원왕후는 손자에게 아내를 얻어주었다. 다시는 후사 때문에 골머리를 앓는 일이 없도록 하기 위해서였지만 그에 못지않게 중요한 변화는 그것으로 세도가문이 바뀌었다는 점이다. 철종의 아내로 궁에 들어온 손자며느리는 순원왕후의 친정인 안동 김씨 집안이었던 것이다. 이로써 한동안 풍양 조씨에게 눌려 지냈던 안동 김씨가 화려하게 복귀했다. 권력이 안정되자 그 이듬해인 1852년 왕후는 이윽고 수렴을 접었고, 철종의 장인인 김문근金汶根(1801~1863)이 영은부원군永恩府院君으로서 국정을 도맡았다.•

자신이 빈농 출신이었던 탓일까? 철종은 다른 것은 다 몰라도 빈민 구호에는 꽤 열심이었다. 마침 선혜청이라는 좋은 이름의 관청이 있다는 것을 알게 된 그는 선혜청의 국고를 재해를 입은 가난한 백성들에게 나누어주게 했다. 그러나 국왕의 이런 시혜를 지방관들은 다르게 해석했다. 빈민 구호 때문만은 아니지만 가뜩이나 어려운 국가 재정이 더욱 부실해지자, 그들은 알아서 제 몫을 챙기라는 명령으로 받아들인 것이다. 더구나 그들에게는 삼정이라는 좋은 수탈의 도구가 있었다. 세도정치 시대 초기부터 가속화된 삼정의 문란이 극도에 달한 것은 이 무렵이다. 그와 더불어 지방관들의 탐학에 견디다 못한 백성들의 저항이 본격화된 것도 이 무렵이다.

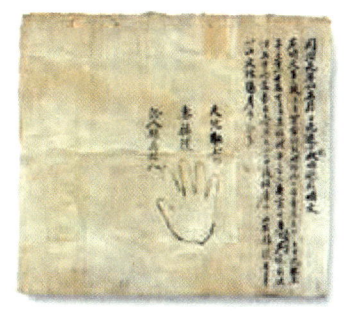

조선의 프롤레타리아 궁지에 몰린 사람이 팔 것은 제 몸밖에 없다. 사진은 1862년 어느 빈민이 자신과 아내는 물론 앞으로 태어날 아이까지 팔겠다고 약속하는 문서다. 이것을 자매문기(自賣文記), 즉 '자신을 파는 문서'라고 부른다.

● 원래 부원군이라는 직함은 조선 초부터 있었다. 세조 때 측근 공신들에게 내준 것인데, 곧 왕의 장인에게도 부여하는 직함이 되었다. 그러나 조선 후기에 접어든 이 무렵에 부원군의 직함이 마치 새로운 것처럼 등장하는 데는 이유가 있다. 조선이 왕국이었던 시대와 사대부 국가였던 시대, 즉 18세기까지 부원군은 단지 명예직에 불과했지만, 세도정치 시대부터는 세도가문의 우두머리로서 막강한 권력을 쥐게 되었기 때문이다. 세도정치의 초대 우두머리인 김조순의 명함은 영안부원군(永安府院君)이었다.

총체적 난국

밖에서는 서양 열강의 군함과 상선 들이 돌아다녔고, 안에서는 백성들의 조짐이 심상치 않았다. 조선은 점점 총체적인 난국으로 빠져들었다. 어찌 보면 정부가 무능하고 부패한 탓만도 아니었다. 환곡의 폐단을 없앨 방법을 모색하고, 뇌물을 받는 지방관에게 가중처벌법을 적용하고, 방납防納을 금지하는 등 조정에서는 나름대로 개혁을 위해 안간힘을 썼다(하지만 사정은 수십 년 전과 또 달라

●● 방납은 조선 초부터 성행한 관행으로, 중앙 관청의 서리들이 지방에서 올라오는 공물을 가지고 농간을 부려 이익을 사취하는 행위다. 그 절차를 보면, 지방에서 올라오는 공물을 갖가지 구실로 퇴짜를 놓은 다음 공물 납부를 대행해주겠다면서 그 과정에서 떡고물을 받아먹는 식이었다. 물론 불법이지만 정부에서는 서리들에게 따로 급료를 주지 않았으므로 알고서도 묵인해주었으니 관례나 다름없었다(말하자면 '공인된 불법'인 셈인데, 이것도 조선 사회의 고질적인 체제 모순의 하나다). 광해군 때 대동법이 시행된 이후 이런 폐단은 크게 줄어들었으나 세도정치로 중앙 권력이 약해지면서 다시 고개를 들었다.

져, 이제는 더 나은 사회를 위한 개혁이 아니라 생존이 달린 개혁이었다). 하지만 조선의 병은 갑자기 생겨난 게 아니라 수백 년째 내려온 체제 모순이 집적된 결과였으니, 슈퍼맨이 나타난다고 해도 해결할 수 없는 문제였다.

1862년 2월, 드디어 가장 우려한 사태가 터졌다. 사회적 피라미드의 맨 아래층에 있는 백성들이 반란을 일으킨 것이다. 50년 전 홍경래의 꿈이 부활한 걸까? 하지만 사태는 그때보다 더 심각했다. 그때는 조선시대 내내 지역 차별을 당한 서북인들이 봉기한 것이지만, 이번에는 조선 사회의 중추에 해당하는 남도인들이 들고일어났기 때문이다. 더욱이 그때는 봉기를 구상하고 준비한 거사 주체가 있었지만, 이번에는 그런 것조차 없이 민중이 자발적으로 일어났다.

문제는 고질화된 지방관의 학정에 있었다. 경상도 우병사右兵使인 백낙신白樂莘이라는 자가 미리 뻥땅을 쳐 모자란 국고를 메우기 위해 진주 농민들에게 호별로 배당한 게 사건의 계기가 되었다(이런 방식을 도결都結이라고 불렀는데, 앞에서 말한 방납과 마찬가지로 원래는 서리들이 주로 쓰는 편법이었으나 이제 정식 지방관까지 가세할 만큼 사회가 부패해 있었다). 이에 격분한 유계춘柳繼春이라는 농민은 동네 장정들을 모아 거사를 급조했다. 이것이 진주민란晉州民亂이라고 알려진 사건이다. 조선 역사상 변방의 장수나 사대부, 혹은 산적 두목이 반란을 일으킨 적은 있었어도 이렇게 기층 민중이 학정에 못 이겨 들고일어난 경우는 처음이었다.

불과 며칠간의 모의로 거사한 것 치고는 상당히 면밀하고 조직적인 봉기였다. 시위대는 우선 사람들이 많이 모이는 인근의 장터로 달려가 장을 해산시키고 참여 인원을 모집했다. 초군樵軍(나무꾼 부대)이라는 이름으로 자칭한 것에 걸맞게 그들은 이마에 흰 수건을 두르고 농기구를 무기로 움켜쥐었다. 오늘날 역사 기록화에 흔히 등장하는 전형적인 농민군의 모습이다. 게다가 그들은 봉기에 불참하는 농민들에게서 벌금을 받고 반대하는 농민들에게는 보복을 가하는 등 급조된 시위대답지 않은 철통같은 규율을 과시했다. 이렇게 해서 수가 크게 늘어난 농민군은 곧바로 진주성을 점령하는 데 성공했다. 그러나 최종 목표가 그것일 수밖에 없다는 게 애초부터의 한계였다.

농민군은 백낙신에게서 도결을 철폐한다는 결정을 받아내고, 탐학을 일삼던 그의 부하와 하급 관리 들을 처단하고, 관청과 결탁해 농민들을 착취하던 부호들에게서 재물을 빼앗았다. 이렇게 기대 이상의 성과를 올리자 농민군은 그것에 만족하고 자진 해산했다. 중앙정부에서 사태 수습에 나선 것은 그다음이다. 안핵사按覈使(지방의 사태를 진정시키고 실상을 조사하기 위해 중앙에서 파견한 임시 관직)인 박규수朴珪壽(1807~1877)는 겨우 나흘 동안에 벌어진 사태를 석 달이나 걸려 수습했다. 하지만 그 결과는 지나치게 편파적이었다. 농민들은 유계춘 등 주도자 10명이 참수된 것을 포함해 약 100명이 처벌을 받은 데 비해, 관리들 중 처벌된 자는 20명도 되지 않았다.●

그러나 한 번 치솟은 민란의 불길은 거기서 그치지 않았다. 그해 9월에는 바다 건너 제주에서 바통을 이어받았다. 봉기의 계기도 진주의 경우에 비해 한층 진일보한 것이었다. 이번에는 지방

● 박규수는 박지원의 손자로서 할아버지의 실학사상을 충실히 계승한 인물이었으므로 우리가 보기에는 실망스런 판결이지만, 당시의 체제로서는 불가피한 결과였다. 그는 조정에 올린 보고문에서 이렇게 말했다. "금번 진주의 난민들이 소동을 일으킨 것은 오로지 전 우병사 백낙신이 탐욕을 부려 침학(侵虐)한 까닭으로 연유한 것입니다. …… 난민들의 무도한 행동은 통분스럽습니다만, 진실로 그 이유를 따져보면 실은 스스로 빚은 일입니다." 원래 안핵사란 난을 수습하기 위해 임명한 임시 직책이었던 탓에 책임지기를 꺼려 누구도 맡으려 하지 않았다. 박규수로서는 성의를 다한 셈이다.

관의 탐학이 아니라 과중한 세금에 항의하고 나섰으니, 국가의 기틀 자체를 뒤흔드는 사건이었다. 산간을 일구어 만든 화전에까지 제주 목사 임헌대任憲大가 과도한 조세를 부과하자 농민 몇 명이 조세 수납을 담당한 서리의 집을 찾아가 때려 부수고 그동안 받아먹은 뇌물들을 불사른 게 제주민란의 신호탄이 되었다. 순식간에 1000명으로 늘어난 시위대는 폐단을 시정하겠다는 목사의 약속을 받아내고 일단 해산했으나 이제 문제는 단순히 조세에 있지 않았다.

이 소식이 제주 인근으로 퍼져나가면서 시위대는 수만 명으로 늘어났다. 이제 뇌물을 착복한 관리와 부호 들의 집을 때려 부수는 것은 기본 과정이었고, 더 나아가 농민들은 목사에게 부패의 주범인 서리 다섯 명을 처단하라고 요구했다. 농민들의 서슬에 겁먹은 목사가 관청을 버리고 도망치자 농민들은 목사 대신 행정까지 맡아 처리했다. 결국 이듬해 봄에 중앙에서 안핵사가 파견된 뒤에야 사태를 간신히 수습할 수 있었다. 이번에는 처형된 지방관의 수와 농민 지도부의 수가 스무 명 내외로 엇비슷해졌는데, 진주민란에 비해 진일보한 결과라고 해야 할까?

애초에 자신의 의지와 무관하게 왕위에 올랐던 철종은 재위 중에도 자신의 의지와 달리 민란으로 얼룩진 14년의 치세를 보내고 1863년에 죽었다. 그는 익종, 헌종과 달리 서른을 넘겨 살았으나 딸 하나만 두었을 뿐 후사를 남기지 못한 것은 마찬가지였다. 하지만 이미 철종의 경우에 곤욕을 치른 경험이 있었으므로 이제는

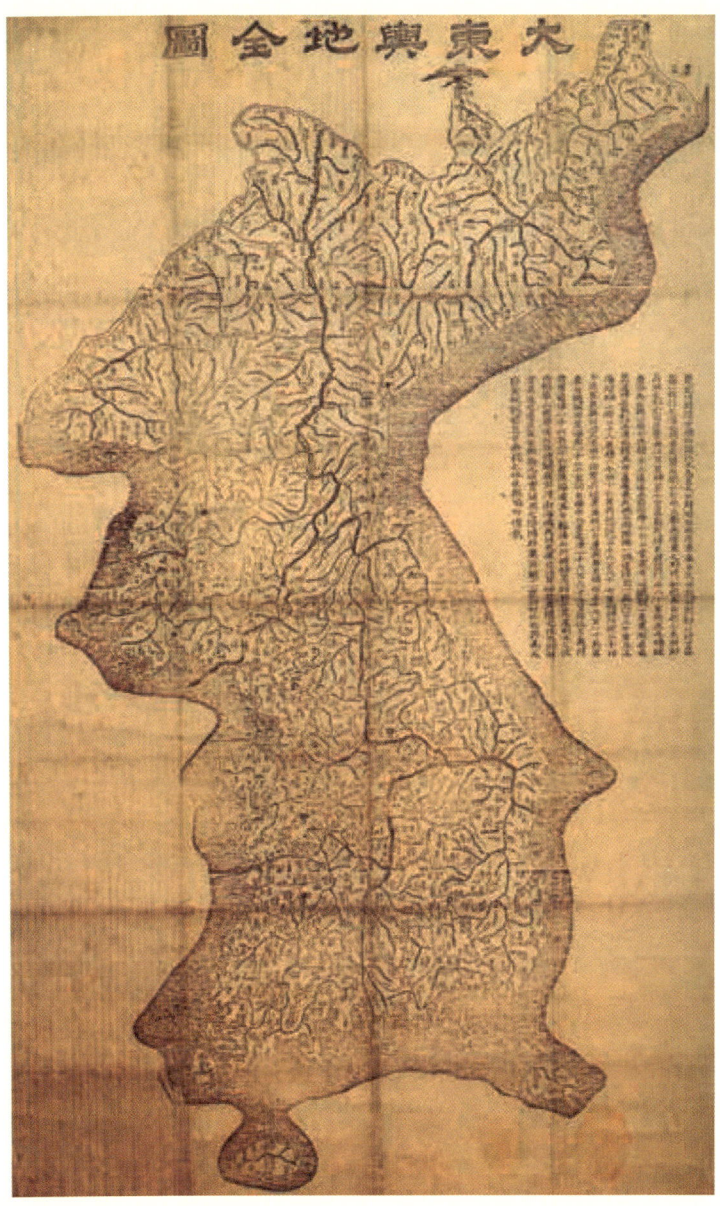

난세의 지도 남도에서 민란의 조짐이 커지고 있을 무렵인 1861년에 김정호(金正浩)는 오랜 기간 발로 뛴 결실을 얻었다. 최초의 상세한 한반도 지도 〈대동여지도(大東輿地圖)〉가 탄생한 것이다. 사진에서 보듯이 오늘날의 지도와 별반 차이가 없다.

조정에서도 전혀 당황하지 않았다. 공식이 확립되어 있었기 때문이다. 우선 왕실의 또 다른 후손을 찾아낸 다음 '국왕 과외'를 교습시키고, 그동안 대비가 수렴청정을 하다가 왕을 장가보내 외척을 붙여주고 친정을 하도록 독립시키는 게 그 공식이다.

각본은 마련되었으니 캐스팅만 하면 된다. 대비의 역할은 익종의 과부인 신정왕후神貞王后(1808~1890)다. 그녀는 오랫동안 시어머니 순원왕후의 그늘에 가려 별로 역할을 하지 못했지만, 어느새 왕실에서 가장 지체가 높은 어른이 되어 있었다. 따라서 그다음으로 중요한 왕을 캐스팅하는 권한은 신정왕후의 몫이었다. 풍양 조씨의 우두머리인 조만영의 딸이었으므로 후대에 '조대비'로 더 잘 알려진 신정왕후는 안동 김씨인 시어머니에 의해 밀려난 자신의 가문을 부활하려는 의도를 가지고 있었다. 그래서 왕의 캐스팅에 더욱 열심히 노력한 결과 적임자를 찾아낸다.

순원왕후가 은언군의 후손에서 철종을 발굴했다면, 조대비는 은언군의 동생인 은신군恩信君을 금맥으로 삼았다. 은신군의 손자인 이하응李昰應(1820~1898)이 살아 있었던 것이다. 하지만 그는 이미 마흔이 넘었으니 왕실의 대를 잇기에는 너무 늦은 나이다. 16세기 선조의 경우에 보았듯이, 왕통이 끊겼을 때 성인이 된 후보는 왕위 계승자로서 적격이 아니었다. 그렇다면 달리 후보를 찾아야 할까? 그렇지는 않다. 그에게는 명복名福이라는 열한 살짜리 둘째 아들이 있었기 때문이다(이하응의 맏아들은 열여덟 살이었으므로 왕이 되기에는 너무 '고령'이다). 조정에 아직 버티고 있는 안동 김씨의 세력을 축출하려는 조대비와 아들을 왕위에 올릴 절호의 기회를 맞은 이하응, 이 두 사람이 의기투합한 결과 명복 소년이 조선의 26대 왕인 고종高宗(1852~1919, 재위 1863~1907)으로 즉위하게 되었다(정조 이후 조선의 여섯 왕은 모두 장헌세자의 직계 후손이었기에 나중에 고종은 장헌세자를 장조로 추존했다).●

서학에는 동학으로

순조 때부터 세도정치 시대의 전통이 되어버린 '국왕=허수아비'의 등식이 있으니, 고종은 열한 살이 아니라 스물한 살이라 해도 전혀 실권을 가질 수 없다. 그럼 또다시 풍양 조씨가 권좌에 복귀한 걸까? 그런데 여기서부터 사정이 달라진다.

● 이하응은 10대 시절에 부모를 모두 여읜 뒤 안동 김씨의 탄압으로 숱한 고초를 겪었으므로 안동 김씨에 대한 원한이 결코 조대비에 뒤지지 않았다. 특히 안동 김씨가 권좌에 복귀한 철종의 치세에 그는 자신의 안전을 위해 일부러 시정잡배들과 어울려 방탕하게 살았다. 심지어 안동 김씨 일가들을 찾아다니며 밥을 빌어먹다시피 한 탓에 온갖 멸시를 받기도 했다. 그러나 그러는 가운데서도 야심을 버리지 않았던 그는 조대비의 조카에게 접근해서 대비를 소개받았고, 마침내 아들을 왕위에 올리겠다는 약속을 받아냈다. 왕족으로서 밑바닥 생활까지 해본 처지였기에, 장차 권력을 손에 쥐면 세상을 한번 자기 뜻대로 만들어보겠다는 야망을 품었을 것이다.

일단 자신의 뜻을 이룬 조대비가 수렴청정을 하는 것으로 고종의 치세는 시작되었다. 그러나 한 번 가세가 몰락한 풍양 조씨는 대비의 소망과 달리 세력을 회복하지 못했다(아무리 무도한 세도가문이라 해도 세도를 휘두를 만한 '인재'가 필요한 법인데, 당시 풍양 조씨에는 그런 인재가 없었다). 그래서 권력은 자연히 그녀의 파트너인 이하응에게로 옮겨왔다. 아들이 왕위에 오른 덕분에 이하응은 흥선대원군興宣大院君이 되어 있었다. 이제 조대비의 후원 아래 그는 조선의 마지막 대원군이자 그전까지의 대원군들과는 달리 유일하게 실권을 쥐게 되었다(게다가 그는 살아 있을 때 아들이 왕위에 오른 유일한 대원군이었다). 따라서 그를 그냥 대원군이라 불러도 되겠다.

일단 권력이 세도가문에서 왕실로 옮겨왔으므로 60여 년 동안 조선의 정치와 사회를 황폐하게 만들었던 세도정치 시대는 공식적으로 종말을 고했다. 하지만 시절이 시절인 만큼 대원군은 권좌에 오르자마자, 권력을 행사하기에 앞서 지난 시대가 남긴 상처에서 연원한 호된 신고식부터 치러야 했다. 때마침 조선 역사상 가장 새롭고 주체적인 종교 이념이 출현했기 때문이다.

우선 이름부터가 동학東學이니까 심상치 않다. 서양의 사상과 문물은 서학이라고 불렸으므로 동학이라면 당연히 서학에 반대하는 입장일 것이다. 물론 그렇기는 했다. 그러나 동학이 더 주요한 목표로 삼은 것은 서학보다 유학이었다.●

종교라면 창시자가 있게 마련이다. 동학도 창시자가 있다. 잔반 가문에서 태어난 최제우崔濟愚(1824~1864)는 일찌감치 전국 각지를 떠돌면서 장사도 하고, 의술과 점술 같은 잡기도 배웠다(아무리 몰락한 가문이라지만 양반 신분에 그럴 정도였다면 신분 해체가 전 사회적 현상이었다는 이야기다). 30대에 들어 더 이상 이렇게 살아서는 안 되겠다고 자각한 그는 여러 산을 돌아다니며 기도와 수련과 명상을 거듭하던 중 1860년 봄에 신의 부르심을 받는 신비한 종교 체험을 하게 되었다. 이후 1년 동안 이념과 교리를 만든 뒤 1861년부터 그는 자신이 창시한 새 종교의 마케팅에 적극적으로 나섰다.

신흥 종교답지 않게 포교는 대성공이었다. 불과 몇 개월 만에 교도의 수가 크게 늘었고, 그다음부터는 기존의 교도들이 새 교도들을 포섭하면서 동학의 교세가 기하급수적으로 팽창했다. 도대

● 동학이라는 이름은 서학을 대표하는 그리스도교가 천주교(天主教)라는 이름으로 불렸기 때문에 생겨났다('예수'를 음차해서 '야소교耶蘇教'라고 부르기도 했는데, 현재 사용하는 기독교基督教의 기독이란 '그리스도'의 음차이다). 동학에서 모시는 신도 바로 천주였다. 동학은 시천주(侍天主), 즉 천주를 모시는 신앙으로 출발했다. 신의 이름이 같으니 민중이 혼란을 겪은 것은 당연했다. 따라서 동학은 이름에서 서학과의 차별화를 꾀한 것이다. 하지만 천주의 방향을 달리 설정했을 뿐 개념은 그대로 유지했다는 점에서, 동학이 탄생하는 데는 100년 전부터 조선에 보급된 서학의 영향이 있었다.

체 마케팅 포인트가 무엇이기에 그런 놀라운 성과를 거두었을까? 아주 간단했다. 최제우는 바로 모든 사람이 평등하다고 가르친 것이다. 사회적 신분도 다르고 경제적 계급도 다른데 어떻게 평등할까? 누구나 자기 안에 천주, 즉 한울님(하느님)을 모시고 있기 때문이다. 신분과 계급이라는 인간 세상의 기준으로 어찌 하늘이 내린 평등을 막을 수 있겠는가?

세상을 구하는 교주 동학을 창시한 최제우의 초상이다. 어릴 때부터 학문에 밝았고 하늘의 부름을 받았다지만 한낱 종교의 교주에 불과한 사람이 '구세주'로 나설 만큼 조선의 병은 깊었다.

인권과 평등의 이념이 당연시되는 오늘날 같으면 특별할 게 없는 사상이지만, 당시 그런 주장은 엄청난 충격이고 대단한 파격이었다. 성리학적 질서, 중화적 질서에 따르면 이 세상에서는 신분의 구분이 당연한 것이다. 중국의 천자가 북극성이라면 사대부와 제후 들은 그 주변을 날마다 한 바퀴씩 도는 별자리들이며, 백성들은 우주 곳곳에 흩어진 뭇별에 해당한다. 이것은 하늘이 정해준 질서, 즉 천명이자 순리이므로 아무도 거역할 수 없다. 중국의 역대 황제들이나 한반도의 역대 왕들, 그리고 그들의 대변인인 사대부들이 늘 입에 올리는 말이 바로 천명이 아니던가? 그런데 동학에서는 모든 사람이 평등하다는 게 오히려 하늘의 질서라고 주장했으니, 그야말로 천지 개벽할 사상이 아닐 수 없다(실제로 이후 동학에서는 '개벽開闢'을 모토로 삼게 된다).

처음에 이 새로운 종교를 바라보는 정부의 관점은 모호했다. 서학과는 분명 다르다. 예수를 신으로 모시지 않을뿐더러 신부나 교

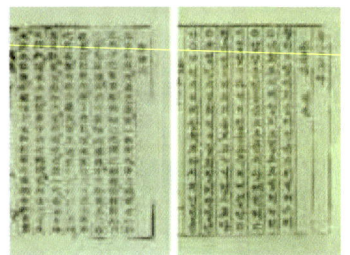

동학의 성서와 성가집 왼쪽은 동학의 기본 경전인 《동경대전》이고, 오른쪽은 한글로 된 포교 가사집인 《용담유사》다. 경전과 노래집이라면 아무래도 그리스도교의 성서와 찬송가집이 연상된다. 게다가 서학에 맞선다는 이름에서나 인본주의를 주장한 교리로 볼 때 동학이 그리스도교에서 힌트를 얻었을 개연성은 충분하다.

● 최제우의 죄목은 사도난정(邪道亂正), 즉 사악한 가르침으로 정의를 어지럽혔다는 것이다. 실제로 그의 사상은 수천 년 동안 동아시아를 지배해온 중화 세계의 유교 질서를 부정하는 것이었으니, 유일한 중화로 남은 조선 지배층의 입장에서는 대단히 적절한 죄목이었다. 최제우가 갑자기 처형되는 바람에 동학교도들은 그가 평소에 쓴 글을 모아 《동경대전(東經大全)》이라는 책으로 엮었고, 그가 지은 노래를 모아 《용담유사(龍潭遺詞)》라는 노래집을 펴냈다(용담은 최제우가 수련한 경주의 연못이다). 노래집까지 펴낸 것은 좀 특이한데, 최제우와 동학교도들은 서학(그리스도교)의 성서와 성가집을 염두에 두었을 것이다. 이 점에서도 동학이 그리스도교를 모방했음을 추측할 수 있다.

회도 없으니까. 그러나 서학처럼 동학에서도 천주를 주장한다. 천주가 하늘에 있지 않고 사람 안에 있다는 점에서 뜻은 정반대지만 어쨌든 동학도 일종의 천주교라고 볼 수 있다. 정부는 서서히 탄압으로 돌아섰다. 동학을 서학의 변종으로 간주한 것은 탄압의 좋은 구실이었다. 물론 탄압의 진정한 이유는 동학이 서학의 속성을 가지고 있기 때문이라기보다는, 종교의 내용이 성리학적 질서를 정면으로 거부하는 불순한 것이었기 때문이다.

최제우는 정부의 추적을 피해 몸을 숨겨야 하는 처지가 되었다. 그러나 거기서 교세 확장을 중단하려 했다면 애초에 시작하지도 않았다. 1863년에 그는 전국 각지에 접接이라는 조직을 두고 접주를 임명하는 한편, 자신의 뒤를 이을 2대 교주로 최시형崔時亨(1827~1898)을 발탁하고 유사시에 대비했다. 과연 종교의 창시자답게 그것은 자신의 운명을 예감한 듯한 조치였다. 그해 말 그는 수련하던 시절에 기거한 경주에서 제자 스무 명과 함께 체포된 것이다. 이듬해 1월, 그는 효수되었는데, 말하자면 그게 흥선대원군 이하응의 첫 작품인 셈이다.● 이처럼 집권 초기부터 어려움을 겪은 대원군은 이후 권좌에 있는 내내 온갖 시련에 맞닥뜨리게 된다.

36장

위기와 해법

다시 온 왕국의 꿈

대원군이 처음부터 국정을 맡은 것은 아니다. 물론 그는 어린 아들을 위해 기꺼이 그렇게 하고 싶었겠지만, 남의 이목이 많았고 오늘의 그를 있게 해준 조대비가 시퍼렇게 살아 있었다. 게다가 공식적으로는 엄연히 대비의 수렴청정이 진행되고 있는 시기가 아닌가? 비록 대비는 대원군에게 모든 사안에 대해 일일이 자문을 구했지만, 젊은 시절 눈칫밥이라면 원 없이 먹은 그는 아직 자신이 나설 때가 아니라는 것을 잘 알고 있었다. 그런 대원군이 조대비는 고맙고 미더울 수밖에 없었다. 그래서 그녀는 그를 국태공國太公으로 임명하고 창덕궁 출입 전용문까지 만들어주면서 각별히 배려했으며, 국가의 최대 행사인 경복궁 중건 사업도 그에게 일임했다.●

● 1865년 봄부터 시작된 경복궁 중건 사업은 대원군의 구상이었을 것이다. 임진왜란으로 불타 없어진 지 무려 300년 가까이 지난 시점에서 경복궁을 중건한다는 구상은 좀 뜬금없었지만, 별다른 권력 기반이 없던 대원군으로서는 오랫동안 실추되어왔던 왕실의 권위를 높이기 위해서라면 무엇이든 해야 할 처지였다. 그러나 이 사업은 예상외로 돈이 많이 들어 가뜩이나 좋지 않은 국가 재정을 더욱 어렵게 만들었다. 그 원인은 원래 경복궁의 스무 배에 가까운 7000칸으로 지을 만큼 과욕을 부렸기 때문이다. 그래서 이듬해에는 상평통보보다 명목 가치가 훨씬 큰 당백전(當百錢: 원래 상평통보와 1대 100의 비율로 교환하기 위해 이런 이름이 붙었으나 실제로는 1대 2의 비율이었다)을 새로 발행하면서 부족한 재정을 충당했는데, 그 후유증은 격심한 인플레였다. 어쨌거나 그 사업이 없었더라면 오늘날 서울을 대표하는 고궁은 없었을 것이다.

가급적 매사에 말을 아끼던 대원군이 처음으로 제 목소리를 낸 것은 1866년 봄 아들에게 아내를 얻어줄 때였다. 조대비는 당연히 자기 가문에서 왕비가 나오기를 기대하고 예상했다. 이제 다시 풍양 조씨의 세상이 되면 죽어 조상들 뵐 낯이 있으리라. 하지만 며느리를 보는 것은 조대비가 아니라 대원군이니 반드시 대비의 가문이라는 보장은 없었다. 아니나 다를까, 그가 선택한 며느리는 놀랍게도 명망대가와는 전혀 무관한 여흥 민씨 집안의 열다섯 살짜리 계집아이였다. 민씨라면 바로 대원군의 처가가 아닌가? 그럼 아내의 권유일까? 물론 그 점도 있었다. 하지만 며느리인 동시에 한 나라의 왕비를 아무렇게나 선택할 수는 없는 일, 따라서 그것은 결코 무심하게 내린 결정이 아니었다. 조대비의 기대와는 정반대로 대원군은 며느리의 조건으로 보잘것없는 가문 출신이어야 한다는 것을 최우선으로 내세웠던 것이다. 사실 그의 진의를 생각해보면 그 이유를 알기 어렵지 않다.

대원군은 자신이 집권하기로 결심한 이상 어떠한 권력 가문도 도움이 되지 않으리라고 판단했다. 그가 꿈꾸는 조선은 사대부나 세도가문이 권력을 장악하는 체제가 아니라 강력한 왕권이 지배하는 명실상부한 왕국이다. 그랬으니 새 며느리가 친정이 변변치 않은 데다 여덟 살 때 부모를 여의고 혼자 자랐다는 사실은 흠이 아니라 오히려 미덕이다(그는 자신의 옛 처지와 같다는 데서 동병상

런도 느꼈음직하다). 그간 세도가문이 조선을 송두리째 말아먹을 수 있었던 이유는 바로 왕실의 외척이기 때문 아니었던가? 60여 년의 황폐한 세도정치, 이제 다시는 그런 일이 없어야 한다. 자신의 권력 기반도 미약한 처지에 큰 도움이 될 수 있는 권문세가 사돈을 마다하고 굳이 어려운 길을 택한 그의 결단력은 놀라운 것이었다.

이렇게 해서 민씨 집안의 고아 소녀는 시아버지의 '독특한 취향' 덕분에 팔자에 없던 왕비로 궁궐에 입성하게 되었다. 게다가 30년 뒤에는 남편 고종이 대한제국大韓帝國을 수립하고 황제를 선언한 덕분에 그녀는 명성황후明成皇后(1851~1895)라는 멋들어진 시호로 역사에 남게 된다. 대한제국은 알맹이가 없는 제국이고 그녀의 행적은 황후라는 직위에 결코 걸맞지 않았지만, 그래도 이제부터 그녀를 명성황후라고 부르기로 하자.

결과적으로 보면 세도가를 뿌리 뽑겠다는 이유로 명성황후를 며느리로 선택한 대원군의 판단은 잘못이었다. 쇠붙이라면 모조리 끌어당기는 자석 같은 권력의 속성상, 가문에서 왕비가 나왔다는 소식은 민씨 일가붙이들을 총집결시키기에 충분한 사건이었던 것이다. 더욱이 당대의 실권자인 대원군의 아내도 같은 가문이니 그들에게는 이보다 더 좋을 수 없는 상황이었다. 결국 세도가와 왕실 외척을 배제하겠다는 대원군의 희망은 물거품이 되고 그 자신마저도 그들에게 배척당하는 신세가 된다. 하지만 그것은 나중의 일이고 당장 대원군이 해결해야 할 문제는 따로 있었다.

세도정치가 공식적으로 막을 내림으로써 모처럼 조선은 다시 왕국으로 선회하기 시작했다. 대원군은 정조의 꿈과 실험이 아직 완전히 포기된 게 아니라고 믿었을지도 모른다. 그러나 꿈이라면

쓸쓸한 경복궁 18세기에 정선이 그린 〈경복궁도〉다. 경복궁이 중건되지 않았다면 지금 우리에게는 이 모습의 경복궁이 전해졌을 것이다. 임진왜란 이후 내내 이렇게 돌담을 두른 채 소나무 숲이 무성했으니 대원군이 경복궁을 중건하겠다는 마음을 먹은 것도 당연하다. 설사 창덕궁을 궁성으로 사용하는 데 큰 불편이 없었다 해도 어쨌거나 경복궁은 조선을 창건할 당시의 궁궐이 아니었던가?

너무 비현실적이고 실험이라면 너무 늦다. 조선은 이미 개혁은커녕 생존조차 확실히 장담하기 어려운 형편이 되었기 때문이다. 더구나 생존을 위협하는 요소는 이제 안에만이 아니라 바깥에도 있었다. 그래서 대원군은 왕국화 프로젝트를 본격적으로 출범시키기 전에 우선 바깥의 문제에 대처해야 했다.

철종의 치세 후반부터 유럽의 상선이나 군함이 조선에 와서 통상을 요구하는 경우가 부쩍 잦아졌다.● 세계사적으로 보면 그 현상은 성숙한 자본주의 단계로 들어간 유럽 열강이 제국주의적 대외 진출을 시작한 것이었으나, 이제 막 왕국으로 옷을 갈아입으려는 대원군의 눈에 그게 어떻게 비쳤을지는 뻔하다. 정조의 실험도 서학 때문에 실패했다고 여긴 그는 서양 세력의 통상 요구를 수락한다면 조선이 존립할 수 없다고 판단했다.

그렇다면 무엇보다 시급한 과제는 조선 땅에서 서학을 완전히 축출하는 일이었다. 그가 서양의 통상 요구를 거부한 근본적인 이유도 경제적인 득실 때문이 아니라 무역을 빌미 삼아 서양 문물이 수입될 것을 걱정했기 때문이다. 따라서 이 땅에 서양 세력이 발붙이지 못하게 하려면 우선 그리스도교를 몰아냄으로써 서양 문물이 도입되는 통로를 봉쇄해야만 했다(앞서 말했듯이 선교사들은 흔히 자국의 제국주의적 침략의 앞잡이 노릇을 했으므로 그의 판단은 정확했다).

이것이 대원군의 트레이드마크가 된 척화론斥和論이다. 하지만 그가 처음부터 서양 열강에 대해 강경한 것은 아니었다. 젊은 시절 그의 편력과 사대부 체제에 대한 혐오에서 보듯이, 그는 원래 개인적 성향에서는 서학에 대해 큰 거부감이 없었다(집권 초기까지 대원군의 목표는 오로지 세도정치를 종식시키고 조선을 왕국으로 만들겠다는 것뿐이었다). 그러나 아직도 조정은 시대가 바뀐 것에 아랑곳하지 않고 여전히 성리학적 이념만을 초지일관 고수하는 자들이 대다수였다. 따라서 대원군이 척화로 나간 데는 가급적 중신들의 심기를 거스르지 않으면서 갓 잡은 권력을 안정시키려는 의도가 크게 작용했다고 봐야 할 것이다.

● 상선은 이해할 수 있지만 군함까지 와서 통상을 요구한 이유는 무엇일까? 16세기 포르투갈과 에스파냐가 세계 진출에 나설 무렵만 해도 동양에 온 것은 상선들뿐이었다(물론 그 상선에는 대포가 장착되어 있었지만). 그러나 유럽 열강이 제국주의 노선으로 전환한 19세기부터는 군함이 전면에 나섰다. 그 변화를 단적으로 보여준 게 영국이다. 19세기의 세계 최강국인 영국은 예상외로 무역수지는 적자이나 전체 경상수지는 엄청난 흑자였는데, 그것은 바로 해운업 덕분이었다. '해가 지지 않는 나라'라는 별명답게 수많은 선박과 전 세계에 항구를 가지고 있던 영국은 그것을 이용해 막대한 수입을 올렸던 것이다. 그런데 그 항구를 개척한 것도, 또 해운업이 힘을 쓸 수 있었던 것도 막강한 해군력 덕분이었다. 제국주의 시대에 해군력은 곧 경제력이었다.

한 가지 해법 : 문 닫기

왕국의 꿈을 실현하기 위해 균형 감각을 유지하면서 여러 가지 방책을 저울질하던 대원군을 한 방향으로 몰고 간 사건은 어찌 보면 우연한 '사고'에서 비롯되었다. 1865년 말 두만강 쪽에서 러시아가 통상을 요구해온 게 그 계기다. 물론 조정의 분위기는 결사반대인데, 그때 대원군의 측근 인물로 그리스도교도인 남종삼南鍾三(1817~1866)이 대원군에게 묘한 제안을 했다. 영국, 프랑스와 결탁해서 러시아의 진출을 막자는 것이다(그는 선교사들을 통해 영국과 프랑스가 유럽과 아시아 곳곳에서 부동항을 확보하려는 러시아의 남진 정책을 저지하고 있다는 소식을 들었을 것이다). 이이제이以夷制夷라면 원래 중화 제국의 전통적인 방책이 아닌가? 솔깃해진 대원군은 남종삼의 의견에 따라 이미 조선에 와 있던 프랑스 선교사 베르뇌Berneux(1814~1866)를 만나기로 약속했다(베르뇌는 조선교구장으로 10년 전부터 밀입국해 활동하고 있었다).

이때까지만 해도 대원군은 그다지 강경한 척화론자는 아니었다. 그러나 현기증이 날 정도로 급박하게 돌아가는 당시의 정세는 베르뇌가 대원군을 만나러 한양으로 올라오는 짧은 기간마저도 기다려주지 않았다. 공교롭게도 영국군이 중국인들을 무자비하게 학살했다는 베이징발 소식이 전해진 것은 바로 그 시점이다. 실은 소식이라기보다 소문에 불과했고, 그것도 사실이 아닌 오보였으나 당시 조선 정부는 뜬소문만으로도 정책이 뒤바뀔 만큼 극도로 불안정한 상태에 놓여 있었다. 그렇잖아도 대원군이 사교의 신부를 만난다는 것을 삐딱하게 바라보고 있던 조정 대신들이 거세게 들고일어나는 바람에 대원군은 노선을 급선회해 서양 세력과의 타협 없는 투쟁을 선언했다. 그 결과가 바로 1866년 2월의 병인박해丙寅迫害다.

그리스도교에 대한 박해는 전에도 여러 차례 있었지만 이번처럼 정부에서 단단히 작정하고 교도들을 대대적으로 잡아들인 적은 없었다. 전통적 처형장인 새남터에서 한양 마포 부근의 산봉우리로 처형장을 옮긴 데서도 정부의 그런 각오를 읽을 수 있다. 서양 오랑캐로 더럽혀진 한강물을 서학교도의 피로 씻어야 한다는 논리였는데, 그래서 오늘날 그 산은 절두산切頭山이라는 섬뜩한 이름으로 불리게 된다. 이곳에서 '절두'된 교도의 수는 남종삼을 비롯해 1만 명에 가까웠으니 가히 사상 최대 규모였다.• 그러나 그 수천 명의 목숨보다 대외적으로 더 큰 비중을 가지는 것은 베르뇌를 위시해 프랑스 신부 아홉 명이 함께 처형되었다는 사실이다. 간신히 탈출한 신부 한 명이 베이징으로 가서 프랑스 함대에 긴급 지원을 요청하면서 이 사건은 새로운 사태로 이어지게 된다(제국주의 시대에 선교사와 군대의 긴밀한 공조 체제를 잘 보여주는 예다).

하지만 프랑스 함대보다 먼저 들이닥친 것은 미국의 상선이다. 한강의 피비린내가 채 가시지 않은 그해 7월, 미국 국적의 제너럴셔먼호가 대동강 하구에 와서 통상을 요구했다. 당시 평안도 관찰사였던 박규수는 그 요구를 단호하게 거부했으나 대포까지 장착한 상선답지 않은 상선은 물러가기는커녕 오히

• 절두산은 예로부터 절경으로 유명했고, 원래 가을두, 용두봉, 잠두봉 등의 이름을 가지고 있었다. 당시 대원군은 뭐가 그리 급했는지 이 아름다운 봉우리에서 그리스도교들을 선참후계(先斬後啓), 즉 묻고 따지기 전에 참수하라는 명을 내렸다. 전하는 바에 따르면 잘린 목들이 한강에 던져졌고, 머리들이 산을 이루고 강물이 핏빛으로 변했다고 한다. 아무리 전근대의 상황이라고 해도, 또 어떤 대의명분을 들이댄다고 해도 그 수많은 사람을 자의적으로 처형한 것은 그 자체로 엄청난 야만적 행위이며 역사에 길이 남을 중대한 범죄다. 그러고도 대원군이 권좌에 머물 수 있었다면 당시 조선 자체가 범죄에 너그러웠거나 둔감했다고 볼 수밖에 없다. 지금 절두산에는 병인박해 100주년을 맞아 1966년에 건립된 순교자 기념관이 있지만, 이것으로도 그 광기의 시대를 다 설명하지 못한다.

야만의 중화 프랑스 신부들이 처형당하는 장면(왼쪽)과 그것을 재현한 모형(오른쪽)이다. 포교가 불법이라면 마땅히 그들을 국외로 추방했어야 한다. 아무리 전근대적 사회라 해도 이렇게 남의 나라 국민을 재판도 없이 마구잡이로 살해한 것은 전형적인 야만국의 관습이다. 조선이 유일한 중화 세계이자 최고의 문명국가라 자임했던 게 실상 아무 근거가 없음을 말해준다.

려 대동강을 거슬러오더니 급기야는 선원들이 평양에 무단으로 상륙해서 관민들에게 행패를 부렸다. 급기야 조선 군인이 대포에 맞아 사망하는 사건이 터지자 분노한 박규수는 적의 배를 불태우라는 명령을 내렸다. 아무리 증기선에 대포까지 있다 해도 스물네 명의 선원이 수천 명의 관민들을 당해낼 수는 없다. 결국 군함 같은 상선과 깡패 같은 선원들은 이역만리까지 와서 제 무덤을 팠다.

병인박해는 조선이 일으켰고 제너럴셔먼호 사건은 조선이 당한 경우지만, 둘 다 제국주의 열강의 심기를 건드렸다는 점에서는 마찬가지다. 그래서 조선은 곧이어 두 사건의 후유증에 시달려야 할 운명에 처했다.

제너럴셔먼호가 화염에 휩싸인 지 한 달 뒤에 프랑스 동양 함대 사령관인 로즈가 군함 세 척을 거느리고 인천 앞바다로 왔다. 물론 목적은 병인박해에 대한 보복이었으나 세계를 지배하는 제국주의 함대답게 그들은 결코 서두르지 않았다. 오히려 그들은 침략의 의도를 깨닫지 못한 조선 관헌들로부터 음식물까지 제공받으면서 한 달 동안 인근 섬들의 방어 태세와 한양까지의 수로를 탐사하고 돌아갔다. 그리고 두 달 뒤인 10월 초 프랑스의 군함 일곱 척과 병력 1000명이 본격적인 원정에 나섰다. 이것이 병인양요丙寅洋擾인데, 침략자들은 "프랑스 신부 아홉 명을 죽인 대가로 조선인 9000명을 죽이겠다."라고 선언했으니, 대원군의 병인박해에 못지않은 광기이며 야만이 아닐 수 없다.

미리 원정지를 답사해둔 덕분에 프랑스군은 곧바로 강화도에 상륙해서 순식간에 섬 전체를 점령했다. 곧이어 그들은 강화 해협을 건너 김포의 문수산성을 손에 넣고 육지 진출의 교두보까지 확보했다. 전광석화와 같은 적의 기습 공격에 조선 정부는 크게 당황했다. 그러나 뒤이은 조선 정부의 조치는 거꾸로 프랑스군을 당황하게 만든다. 정부의 특명을 받은 양헌수梁憲洙(1816~1888)가 특공대를 이끌고 한밤중에 강화도로 건너가 정족산성을 점령한 것이다. 느닷없는 후방 공격에 크게 놀란 프랑스는 급히 군대를 돌려 정족산성을 공략했으나 조선 특공대가 워낙 결사적으로 방어한 탓에 성을 재탈환하지 못했다. 결국 예상치 못한 조선의 변칙 전술과 악착같은 방어에 질린 프랑스군은 11월 초 함대를 철수하기로 결정했다.●

비록 규모는 크지 않은 전투였지만, 중국

● 정족산성을 공략한 전술은 과연 적의 후방을 교란한다는 의도였을까? 그것은 아니다. 그런 의도였다면 오히려 조선군은 산성을 점령하지도, 방어에 성공하지도 못했을 것이다. 조선이 정족산성의 탈환에 그토록 집착을 보인 이유는 바로 그곳에 역대 왕조실록들을 보관한 사고(史庫)가 있었기 때문이다(원래는 마니산에 있다가 병자호란 때 청의 공격으로 불타 무너지자 정족산으로 옮겼다). 중화 세계에서 역사서라면 국가 최고의 보물이자 비밀인데 그것을 오랑캐에게 빼앗겼으니 조선 정부는 애가 탈 수밖에 없었다. 강화도에 국가 보물을 보관한 이유도 역사적으로 외침을 당할 때마다 정부가 강화도로 도망친 경우가 많았기 때문이다.

과 일본이 모두 실패한 제국주의 열강과의 교전에서 조선은 일단 승리를 거두었다. 하지만 과연 진짜 승리였을까? 사실 프랑스군은 마음만 먹는다면 야포를 동원해서 산성을 재점령하는 것도 충분히 가능한 상황이었다. 그러나 애초에 조선을 정복할 목적으로 온 게 아닌 이상(그랬다면 겨우 1000명의 병력을 보내지는 않았을 것이다) 그들은 그렇게까지 할 필요가 없다고 판단한 것이다(실제로 베이징에 돌아간 로즈는 다소 억지스럽지만 성공적인 전투였다고 자평했다). 더욱이 조선은 승자였으면서도 잃은 게 훨씬 많았다. 전쟁의 사상자보다도 더 큰 손실은 프랑스군이 철수하면서 300여 권의 도서들을 가져갔다는 사실이다. 150년이 지난 21세기에 들어서야 반환되기 시작한 '외규장각 도서 문제'는 그렇게 시작되었다.

그래도 병인박해가 부른 병인양요는 그럭저럭 극복했으나 그다음에 대원군이 치러야 할 시험은 쉽지 않았다. 이번의 시험문제는 제너럴셔먼호를 수장시킨 대가를 어떻게 치를 것이냐다. 1871년 봄, 로저스가 이끄는 미국의 군함 다섯 척과 1200명의 병력이 또다시 인천 앞바다에 나타났다. 5년 전 상황과 다른 점은 처음부터 응징과 보복을 부르짖었던 프랑스와 달리 미국은 이미 침몰한 배는 어쩔 수 없으니 그 대신 통상을 하자고 나섰다는 점이다. 물론 군함을 보낸 것을 보아 단순히 거래를 트자는 의도는 아니었으니 조선은 긴장할 수밖에 없었다.

상대방이 침략적 의도를 드러내지 않았으므로 일단 조선 측에서도 교섭 대표를 미국 함선에 보냈다. 그러나 트집을 잡아서 힘으로 굴복시킨 다음 유리한 조건에서 통상 협상을 벌이는 게 제국주의적 침략의 기본 공식이 아닌가? 게다가 조선 정부도 실은 서양 오랑캐와 통상할 의도 따위는 전혀 없었다. 이렇게 양측의

야만의 제국주의 신미양요 때 광성진 공방전에서 전사한 아군 병사들의 참혹한 모습이다. 통상이라는 명분으로 자행된 제국주의 만행은 오히려 조선의 문을 닫아걸게 만들어 쇄국정책이라는 강력한 빗장수비를 초래했다.

속셈이 다른 상태에서 교섭 협상이란 구실일 따름이다(실제로 미국 함대는 일본 해역에서 보름 동안 기동훈련을 실시한 뒤에 조선으로 왔다). 과연 로저스는 협상 대표의 지위가 낮다는 이유로 함대를 강화도로 진격시켰다. 5년 전 프랑스 침략의 악몽을 떠올린 조선군은 먼저 대포를 쏘았다.

이렇게 해서 시작된 신미양요辛未洋擾는 결과를 따지기가 애매하다. 우선 전쟁 자체로 보면 화력에서 앞선 미국이 압도적인 승리를 거두었고 강화도에 성조기도 꽂았다. 그러나 미국은 결국 소기의 목적을 이루지 못했고, 얼마 안 가서 철군하고 말았다. 왜 그랬을까? 제국주의 열강이 그렇듯이 미국은 조선 본토는커녕 강화도조차 영토적으로 차지할 생각이 없었기 때문이다. 미국의 의도

강화도의 북군? 제너럴셔먼호는 미국의 미끼였고, 조선은 그 미끼를 덥석 물었다. 사진은 강화도에 상륙해 침략해오는 미군의 모습이다. 마치 남북전쟁의 한 장면 같은데, 실제로 남북전쟁이 끝난 지 불과 6년밖에 안 된 시점이었다. 미군은 강화도를 손에 넣는 데까지는 성공했으나 오래 점령하지는 못했다.

● 마침 그 무렵에는 대원군도 서양인들에 대해 개인적인 원한을 품을 만한 사건이 있었다. 제국주의의 앞잡이답게 통상의 의도를 관철하지 못한 것에 책임을 느낀 프랑스 신부 페롱은 조선의 교도들에게서 대원군이 가장 소중하게 여기는 게 바로 아버지의 묘라는 사실을 알아냈다. 이 이야기를 들은 독일의 상인 오페르트는 1868년 대원군의 아버지인 남연군(南延君)의 묘를 파내서 유골과 부장품을 가지고 통상 협상을 벌이려는 계획을 꾸미고 각국 국적으로 이루어진 140명의 도굴단을 조직했다. 묘가 워낙 견고해서 성공하지는 못했지만, 이 사건은 천륜을 무시한 행위였으므로 대원군만이 아니라 조선 국민 전체를 경악하게 만들기에 충분했다. 심지어 동양처럼 조상신의 천륜을 모르는 서양인들조차 이 사건을 마뜩찮게 여겨 이후 프랑스와 미국 정부는 거기에 가담한 신부와 자국인 들을 소환해 처벌했다.

는 일차적으로 조선의 개항이었고, 이차적으로는 미국에 유리한 조건에서의 개항이었다. 그러나 조선은 그와 정반대로 강화도는커녕 조선 본토까지 적에게 정복된다 해도 개항을 할 생각은 눈곱만큼도 없었다. 그랬으니 전쟁에서 승리한 미국도 두 손 들고 물러갈 수밖에 없었던 것이다.

두 차례의 양요를 겪으면서 조선 정부의 노선은 더욱 분명해졌다. 서양 오랑캐와의 싸움에서 이기든 지든 그런 것은 상관없다. 중요한 것은 통상이든 뭐든 그들과 일체의 대화나 교섭도 하지 않는다는 것이다. 대원군 정권의 트레이드마크인 쇄국정책鎖國政策은 이렇게 결정되었다.● 한 나라가 아니라 개인이라 해도, 무릇 정책이라면 주변 정황이나 객관적인 정세를 고려하는 게 기본이다. 그렇게 보면 바깥에 대해서 아예 눈을 꽉 감아버린 쇄국정책을 과연 '정책'이라고 할 수 있을까 의문이지만, 어쨌든 이제는 조정 대신들만이 아니라 대원군 자신도 쇄국만이 조선이 살 길이라고 확신하게 되었다. 물론 그가 생각한 조선이 '조선인들의 나라'가 아니라 '국왕과 사대부들의 나라'였기에 가능한 발상이다.

격변기의 비중화 세계

대원군은 병인양요가 끝나고부터 쇄국의 결심을 굳혔다. 그렇다면 조정의 분위기는 더 말할 것도 없었다. 이항로李恒老(1792~1868)와 기정진奇正鎭(1798~1879) 등 원로대신들은 물론이고 최익현崔益鉉(1833~1906)과 유인석柳麟錫(1842~1915) 등 소장파와 유생들까지 일제히 존화양이尊華洋夷(중화를 숭상하고 서양 오랑캐를 배척한다는 정신)를 목청껏 외쳤다. 공교롭게도 그들은 모두 실학의 체취조차 전혀 없는 골수 성리학자들이었으니, 말하자면 오랜만에 '수구 대통합'이 이루어진 셈이다(더욱이 그들은 대원군의 경복궁 중건 사업에 반대하는 입장이었지만 이제는 그런 갈등도 사라졌다).

중화 세계라는 자신들의 '지구'를 지키기 위해 분연히 나선 이 '독수리 형제들'의 구호는 거창하게도 위정척사衛正斥邪, 즉 정의를 수호하고 불의를 배척한다는 것이었다. 이런 결속의 분위기를 축하라도 하듯이, 대원군은 신미양요가 끝난 직후 한양과 강화를 위시해 전국에 척화비斥和碑를 세웠다. 거기에 새겨진 문구는 '양

화친은 매국이다 두 차례의 양요를 겪고 난 뒤 대원군이 전국 각지에 세우게 한 척화비다. 사람 키만 한 높이의 비석에 '洋夷侵犯 非戰則和 主和賣國'라는 글귀가 새겨져 있다. 그 옆에는 이 교훈을 만 년 동안 대대로 명심하고 지켜나가라고 쓰여 있으나 척화비는 불과 6년 뒤 대원군이 실각하자 곧 철거되었다.

이 침범 비전즉화 주화매국 洋夷侵犯 非戰則和 主和賣國'이었다. '서양 오랑캐의 침략에 맞서 싸우지 않으면 화친하는 것이요, 화친을 주장하는 것은 나라를 팔아먹는 짓'이라는 뜻인데, 당시는 그렇게 단순한 흑백논리와 소박한 이분법이 판치는 세상이었다.

언뜻 생각하면 그런 입장은 난세를 맞아 조선이 취할 수 있는 유일한 방도일 수도 있고 민족 주체성의 발로라고 보이기도 한다 (실제로 그렇게 주장하는 역사학자도 많이 있다). 하지만 나라 바깥을 모조리 한 가지 색깔로 칠해놓고 오로지 타도해야 할 적으로만 취급하는 정신병적인 태도를 최선의 방책이라거나 주체적인 자세라고 본다면, 조선 역사상 모든 정신 나간 위정자들도 다 민족주의자라고 칭송해야 할 것이다. 길게 보면 조선의 지배자들(왕과 사대부)은 건국 이후 내내 바깥에 대해 문을 닫는 쇄국으로 일관했기 때문이다. 하지만 그것은 주체성이나 민족주의와 거리가 멀다. 그들의 '주체'란 중화 세계일 뿐이고 그들의 '민족'이란 중화 세계에 사는 사람만을 뜻하므로, 그들의 생각은 일종의 정신병적 현상이며, 그것도 워낙 오래된 만큼 불치병에 가깝다.

더 큰 불행은 불치병 환자가 된 조선을 보살펴줄 보호자가 주변에 없었다는 것이다. 영원한 사대와 흠모의 대상이었던 중국도, 언제까지나 교린의 어깨동무라고 여겼던 일본도 이미 조선과는 다른 길을 걷기 시작했다. 물론 그들이 일부러 조선을 따돌린 것은 아니지만, 조선은 어느덧 동아시아에서도 외톨이가 되어 있었다. 그러나 같은 비중화 세계 출신이라 해도 19세기에 중국과 일본이 걸어온 과정은 사뭇 달랐으며, 따라서 이후 조선에 미치는 두 나라의 영향도 사뭇 달라진다.

우선 청 제국은 앞서 잠시 보았듯이 18세기 말 건륭제의 치세 말기부터 날개 없는 추락을 거듭했다. 주요 수출품을 모직물에서 아편으로 바꾸면서 영국은 그 신상품의 '약발' 덕분에 그간의 중국차 수입으로 초래된 적자를 완전히 해소하고 막대한 무역 흑자를 올리기 시작했다. 견디다 못한 중국이 1839년 인도산 아편 2만 상자를 압수해 불태워버린 사건은 오히려 영국이 본격적인 침략 노선으로 전환할 수 있도록 하는 계기를 제공했다. 이를 빌미로 영국은 아편전쟁을 일으켜 중국을 굴복시키고 최초의 불평등조약인 난징조약으로 개항시키는 데 성공한 것이다.●

마치 영국이 중국의 문을 열어주기를 기다리기라도 했다는 듯이 난징조약 이후 서양의 열강은 앞다투어 중국으로 달려와서 각종 불평등조약을 연달아 맺었다. 나라꼴이 이 모양이니 가뜩이나 소수의 만주족 지배에 입이 부어 지내던 한족들이 가만있을 리 없었다(중국식 제국의 '진화론'에 따르면, 열강의 침략이 없었어도 어차피 건륭제의 치세가 끝난 뒤에는 청이 멸망하고 한족 왕조가 들어서야 할 시점이었다). 조선에서 최제우가 동학이라는 새로운 종교를 포교하던 무렵에 중국에서는 홍수전洪秀全(1814~1864)이라는 자가 등장해 그리스도

● 이 조약으로 영국은 홍콩을 할양받고 중국의 다섯 항구를 개항했는데, 이때부터 홍콩은 영국령이 되어 150년 뒤인 1997년 7월 1일에야 중국에 반환된다. 그 밖에 영국은 막대한 전쟁배상금을 받아내고 아편 문제는 제기하지도 못하게 했으니 그런 적반하장도 없을 것이다. 그러나 무엇보다 치명적인 것은 관세 결정권을 영국이 갖기로 한 점이었다. 전쟁에서 진 탓도 있지만 중화 세계의 질서에만 익숙한 청 정부가 근대적인 관세 개념을 전혀 몰랐던 탓이다. 더구나 그런 불평등조약에도 불구하고 청 정부는 오로지 서양 오랑캐와 국제조약을 맺었다는 사실만을 굴욕으로 여겼으니, 중화 이데올로기의 독소가 얼마나 뿌리 깊은 것인지를 보여준다.

교와 중국의 전통 사상을 적당히 버무려 상제교上帝敎('상제'는 옥황상제를 뜻한다)라는 새로운 종교를 만들고 반反 만주족 지배와 반외세를 구호로 내걸었다. 이것이 중국판 동학운동이라고 할 태평천국운동이다(홍수전이 최제우보다 10년쯤 먼저 시작한 것으로 미루어보면 혹시 최제우는 그를 모델로 삼았을지도 모른다).

태평천국군은 전 국민적 지지를 받으며 급속히 세력을 키워 강남 전역을 손에 넣고 난징을 수도로 삼아 화북까지 노렸다. 하지만 중국의 실제 주인은 서양 열강이었다. 일단 중국 내부의 정치적 문제인지라 그들은 직접 전면에 나서지 않고 정부군에게 서양식 무기를 제공하고 서양식 편제와 훈련을 실시했다. 그런 정도로도 효과 만점일 만큼 이미 동서양의 무력 차이는 확연했다. 10년 동안이나 반란군에 쩔쩔 매던 정부군은 이후 연전연승을 거두면서 파죽지세로 반란군을 몰아붙여 1864년 마침내 난징을 탈환하고 중국 역사상 최장기의 반란을 종식시켰다.

중국의 지배층이 크게 각성한 것은 바로 그 무렵이다. 진압군의 지휘관으로 참전한 증국번曾國藩(1811~1872)과 이홍장李鴻章(1823~1901)은 자기 눈으로 똑똑히 목격한 서양의 힘에 감탄하면서 어서 빨리 중국도 그 '마법'을 배워야 한다고 느꼈다. 그래서 이때부터 19세기 말까지 약 30년 동안 중국에서는 서양의 우수한 과학기술을 적극 도입해 나라를 부강하게 만들자는 양무운동洋務運動이 활발히 전개되었다. 그 일환으로 광산업과 조선업 등 군수산업을 중심으로 한 근대적 중공업이 발달하기 시작했으며, 서양식 무기와 군사 제도를 본받는 데서 더 나아가 유능한 인재를 서양에 보내 군사학과 군사 훈련을 이수하게 하는 등 다양한 자강책이 실시되었다.

대원군이 쇄국을 공식 정책으로 선언했을 때 중국에서는 이처럼 서양을 본받자는 양무운동이 한창이었으니, 조선에서 골수 성리학자들이 다시 득세한 것도 당연했다. 17세기 중반 청 제국이 중국 대륙의 주인이 되면서 조선은 중국에 대한 진심 어린 사대를 끊었지만 그래도 늘 중국을 선진국으로 여기고 여러 가지를 배우려 한 게 사실이었다. 그런데 이제 중국은 서양 오랑캐 앞에 무릎을 꿇었으므로 더 이상 배울 것도 없어진 것이다.

한편 비중화 세계라는 점에서는 청보다 더 원조 격인 일본에서는 중국이 거친 단계와 과정이 한층 더 압축적으로 진행되었다. 사실 신미양요에서 미국이 조선을 거의 제압했으면서도 조선의 개항을 포기하고 물러간 데는 일본에서의 경험이 크게 작용했다. 20여 년 전인 1854년에 미국의 페리 제독은 군함 네 척만으로 피 한 방울 흘리지 않고 간단히 일본을 개항시키는 데 성공한 것이다.● 하지만 조선에서는 상당한 규모의 전투를 치렀음에도 조선이 전혀 개항할 의지를 보이지 않았으니 미국이 고개를 절레절레 흔든 것도 당연했다.

일본이 그렇듯 쉽게 문호를 연 이유는 중국과 마찬가지로 에도 바쿠후 정권이 오랜 집권으로 인해 부패할 만큼 부패해 있었기 때문이다. 하지만 부패와 무능이라면 조선의 집권 세력도 그에 결코 뒤지지 않았는데 왜 조선은 일본과 다른 길을 걸었을까? 그 이유는 역시 성리학적 중화 이념에서 찾을 수 있

● 조선은 대원군 집권기의 10년 동안만 쇄국기였지만 일본은 에도 바쿠후가 성립된 17세기 초 이후 개항될 때까지 무려 250년간이나 공식적인 쇄국을 유지했다. 조선의 경우와 마찬가지로 일본의 쇄국을 가져온 것도 서양의 그리스도교였다. 처음에 에도 바쿠후의 창건자인 도쿠가와 이에야스는 그리스도교에 대해 관용적인 태도를 취했으나 측근들까지도 서양의 종교를 믿는 것에 놀라 탄압으로 돌아섰다. 그러나 일본은 이후 쇄국을 유지하면서도 다른 한편으로는 서양 문물을 수입하는 통로를 완전히 봉쇄하지는 않았다. 특히 네덜란드에는 계속 무역 특혜를 주었는데, 조선에 처음 온 서양인(벨테브레이와 하멜)이 모두 네덜란드 상인이었던 것은 그 때문이다. 그래서 오늘날에도 일본에는 네덜란드풍의 근대 유적이 많이 남아 있다.

다. 유교 국가가 아닌 일본은 지배 권력이 부패하면 얼마든지 반란이나 쿠데타가 일어나 새 정권으로 교체될 수 있었던 데 비해, 조선은 원래부터 골수 성리학 국가인 데다 17세기부터는 유일한 중화 세계로 남았기에 정권 교체가 원리적으로 불가능했다(조선에서는 반역과 개혁이 한 번도 성공한 적이 없었다).

게다가 일본은 천황이라는 상징적 중심이 있었으므로 설령 쿠데타 세력이 바쿠후 정권을 거부한다고 해도 천황에 대한 반역이 되는 것은 아니었다. 그런 정치적 메커니즘이 있었기 때문에 개항 이후 일본에서는 시시志士라고 불리는 젊은 개혁 세력이 등장해서 미국의 군함 몇 척에 무력하게 굴복한 바쿠후 정권을 타도하는 데 앞장서게 된다. 존왕양이尊王洋夷(여기서 '왕'이란 천황을 가리키는데, 천황의 존재가 현실 정치에 잘 이용된 셈이다)를 구호로 내건 반바쿠후 세력은 1868년에 드디어 바쿠후 정권을 무너뜨리고 무려 1000년 만에 왕정복고를 이루었다. 당시 천황이 바로 열여섯 살의 메이지 천황이다.

후대에 메이지의 이름이 유명해진 것은 그의 이름을 딴 메이지 유신明治維新 때문이다. 1868년부터 시작된 이 개혁 운동은 물론 소년 천황이 직접 주도한 게 아니라 메이지 정부의 젊은 관료들이 입안하고 집행한 것이지만, 일본이 오랜 바쿠후 체제(어떤 의미에서 이것은 조선의 사대부 체제와 같은 위상이다)에서 벗어나 명실상부한 중앙집권 국가로 복귀했기에 가능한 개혁이었다. 유신의 바람은 새로 태어난 일본 전역으로 확산되었다. 한마디로 말해 유신의 이념은 부국강병이었고, 이를 위한 수단은 서구화를 통한 근대화였다. 그러나 그것은 철저히 일본적인 기반에 뿌리를 둔 서구화이자 근대화였다. 그런 점에서 중국의 양무운동과는 근본적으로

달랐다.•

나이가 많아봤자 40대이고 주류가 30대인 유신 정부의 관료들은 젊은 나이에 어울리게 청렴하고 의욕적이었다. 그들은 48명의 사절단을 1년 반 동안이나 미국과 유럽에 파견해 서양의 모든 제도와 문물을 적극적으로 도입했으며, 그 결과 교육·군사·철도·체신·사법 등 사회의 거의 모든 분야에서 단기간에 전면적인 근대화를 이루었다. 서양에서 수백 년씩 걸린 일을 불과 십수 년 만에 해치우는 초고속적인 압축 행정을 보여준 것이다.

그러나 그 엄청난 속도의 이면에는 메이지 유신의 군사적 성격이 동력으로 작용하고 있었다. 유신 정부가 모델로 삼은 서양 열강을 빠른 속도로 따라잡으려면 모든 근대화 과정을 군대식 편제와 절차에 따라 추진해야만 했다. 게다가 실제로 개혁의 내용에서도 언제나 군사 부문이 최우선의 고려 사항이었다. 이처럼 서양을 모델로 삼되 군대식으로 근대화를 추진하는 게 유신의 기본 노선이라면 어떤 결과물이 나올지 뻔하다. 일단 서양식 근대화니까 일차 결론은 제국주의였다. 그러나 여기에 일본 특유의 군대식 형식과 내용이 가미되면 이차 결론이자 최종 결론이 나온다. 그것은 다름 아닌 '일본식 제국주의', 즉 군국주의였다.

알다시피 제국주의라면 식민지가 필요하다. 일본이 목표로 삼을 식민지 후보라면 한반도의 조선 이외에 또 있을까? 과연 유신의 성과로 어느 정도 자신감을 얻게 되자 유신 정부에서는 즉각

• 당시 일본인들은 그 정신을 화혼양재(和魂洋才), 즉 일본의 혼에 바탕을 두고 서양의 재주를 도입한다는 말로 표현했다('和'란 전통적으로 일본을 가리키는 글자다. 일본 고대 왕조를 '大和'라고 부른 데서 나온 말인데, 지금도 일본식 음식을 흔히 화식和食이라고 부른다). 그런데 우리에게 유신이라면 1970년대 박정희 독재정권이 더 익숙하다. 유신이라는 말은 원래 《논어》에 나오니까 족보에 있는 용어지만, 박정희는 바로 일본의 메이지 유신에서 자신의 유신을 따왔다. 그렇다면 화혼양재는 박정희가 주창한 토착 자본주의에 해당한다. 그러나 박정희의 토착 자본주의는 자본주의보다 '토착'에 더 중점을 둔 나머지 천민자본주의의 길로 빠져들어 정상적이고 균형적인 발전의 길을 가로막았다는 점에서, 100년 전 일본의 화혼양재보다 못한 '짝퉁'에 불과했다.

우리도 할 수 있다! "제국주의로 입은 손해를 제국주의로 벌충하자." 이 정한론을 결의하는 일본 정부의 모습이다. '짝퉁' 제국주의답게 서양의 시사만화풍으로 그려져 있다.

정한론征韓論이 제기되었다. 말할 것도 없이 한반도를 정복하자는 주장인데, 당시 유신 세력이 정신적 지도자로 여긴 요시다 쇼인吉田松陰(1830~1859)이라는 자의 말에 따르면 이런 논리다. "러시아, 미국과 화의를 맺으면 우리로서는 비록 오랑캐와의 약속일지라도 신의를 지켜야 한다. 우리는 그사이에 국력을 배양하여 손쉬운 상대인 조선, 만주, 중국을 취함으로써 교역에서 러시아와 미국에서 잃은 것을 보충해야 한다." 제국주의 열강에서 입은 손해를 식민지에 전가하라, 이 탁월한 아류제국주의적 가르침은 곧바로 유신 정권이 주도하는 침략적 대외 진출로 이어졌다.

조선이 신미양요의 혼란에 빠져 있던 1871년에 일본은 중국과 수호통상조약을 맺었다. 그 내용은 그리 중요한 게 아니었으나 이 조약은 유사 이래 최초로 일본과 중국이 대등한 입장에서 맺은 외교 관계라는 점에서, 작지만 커다란 한 걸음이었다. 이제 일본은 조선의 종주국인 중국과 같은 위상이 되었고 조선에 대한 권리를 주장하고 행사할 수 있게 된 것이다. 이런 일본의 구상은 5

년 뒤에 현실로 드러난다.

잘못 뀐 첫 단추

대원군과 위정척사파의 밀월 관계는 그리 오래가지 못했다. 서양 열강의 침략으로 국란을 맞았을 때는 이해관계가 같으니까 서로 의기투합할 수 있었다. 그러나 중앙집권적 왕국을 꿈꾸는 대원군과 사대부 체제의 좋았던 옛날에 향수를 품고 있는 조정 대신들이 언제까지나 찰떡궁합이기를 기대할 수는 없었다. 과연 위기가 그런대로 가라앉고 나서 갈등은 즉각 표면화되기 시작했다. 먼저 시비를 건 쪽은 대원군이다. 신미양요가 끝나자마자 전국의 서원을 철폐하라는 명을 내린 것이다.

대원군으로서는 골수 성리학자들의 고리타분한 입장도 마음에 들지 않았겠지만 그보다도 전후 복구와 경복궁 재건축 등으로 돈들 데가 많은 마당에 여전히 많은 토지를 소유하고 면세의 혜택까지 누리고 있는 서원들이 못마땅했을 것이다. 그러나 10년 독재에 자신감이 붙은 탓일까? 그는 반대 세력의 힘을 과소평가하고 있었다. 더구나 서원 철폐는 조정 대신들만이 아니라 성균관 유림 세력의 반발까지 부를 만큼 과격한 조치였으니 분란이 빚어지지 않을 수 없다.

고양이 목에 방울을 단 사람은 최익현이었다. 이미 경복궁 중건 사업에도 반대한 바 있었던 그는 1873년 대원군이 명 신종의 사당인 만동묘(264쪽 주 참조)마저 철폐하자 격렬한 비판을 담은 상소를 올렸다. 대원군이 예전처럼 아들을 꽉 잡고 있었다면 그의 상소는 별로 보람이 없었을 것이다. 그러나 이제는 고종의 나이도 스물이 넘은 데다 그에게는 야심에 찬 아내가 있었다. 일단 과격한 상소를 올린 최익현은 유배형을 받았지만, 집중 탄핵을 받은 대원군도 결국 그해 11월에 실각하고 말았다.●

● 이후 대원군은 한양 인근의 양주로 낙향해서 은거하다가 한참 뒤에야 자기 집인 운현궁(雲峴宮: 지금의 서울 운니동에 있었는데, 일제 강점기에 파괴되었다)으로 돌아오게 된다. 그런데 여기서 흥미로운 것은 대원군을 퇴출시키는 절차다. 집권 기간 중에도 대원군은 특별한 관직을 맡지 않았으므로 고종으로서는 아버지를 퇴출시킬 방법이 없었다(앞서 보았듯이 일찍이 세조는 수양대군 시절에 영의정을 잠시 지낸 바 있었으나 초기에나 가능한 일이고 사대부 체제로 들어선 이후 조선에서는 왕실 종친에게 정식 관직을 제수한 경우가 없었다). 그래서 고종은 조대비가 대원군에게 만들어준 창덕궁 전용문을 잠가버림으로써 해임 통보를 대신한다. 조선의 모호한 권력 구조를 잘 보여주는 예다.

사실 고종은 정조 이후의 역대 왕들이 그렇듯이 그냥 하는 일 없이 왕위에 눌러앉아 있기만 하면 되는 팔자 좋은 왕인 데다 실제로 그런 팔자에 어울리는 인물이기도 했다. 따라서 고종이 아버지를 퇴출시키는 과감한 조치를 내린 데는 그 자신의 의사보다 남편이 친정에 나설 것을 강력히 권유한 명성황후의 책동이 크게 작용했다. 그렇잖아도 그녀는 대원군의 정적이 된 조대비 세력은 물론이고 조정의 원로대신과 안동 김씨, 성균관 유생 들과 결탁하고 있었다. 말하자면 '반反대원군 연합전선'을 구축한 셈이다(그것으로 미루어보면 혹시 최익현의 상소도 미리 예정된 과정이 아니었을까?).

게다가 당시 명성황후는 임신 중이었으므로 남편과 왕실에 대한 발언권이 더욱 컸다. 만약 그녀가 아들을 낳는다면 누대에 걸쳐 후사가 없던 왕실에서 일약 스타로 떠오를 것은 분명했다. 왕비가 된 것도 신데렐라 같은 이야기지만 그녀에게는 아직 신데렐라의 마법이 발효 중이었다. 1874년 2월, 명성황후는 거뜬히 아들을 낳았다. 1827년 헌종이 태어난 이래 50년 만에 왕실에서 처음으로 후사가 탄생하는 경사의 주인공이 된 것이다. 대원군이 실각

자금 조달 경복궁 중건 비용을 마련하기 위해 대원군은 만동묘(위쪽)를 철폐하고 당백전(아래쪽)을 발행했다. 왕권 강화를 위한 조치였으나 그 결과는 유림의 반발과 인플레였다.

되자마자 기다렸다는 듯이 조정으로 몰려든 민씨 일가붙이들은 원자의 탄생으로 권력을 쥔 손에 더욱 탄력을 받았다.

대원군의 쇄국정책이 종식된 것 자체는 일단 다행이었다. 하지만 그렇잖아도 바깥 정세가 급박하면서도 어수선하게 돌아가고 있는 상황에서 권력의 핵심이 교체되었다는 것, 그것도 1인 독재에서 다수 독재로 바뀌었다는 것은 조짐이 좋지 않았다. 아니나 다를까, 졸지에 세상이 바뀐 덕분에 정권을 쥔 민씨 세력은 풋내기처럼 처음부터 대내외 정책에서 질척거렸다. 대원군이 물러난 뒤에도 유생들의 상소가 잇따르자 상소 금지라는 엉뚱한 조치를 내리는가 하면, 일본에서 정한론이 논의되고 있다는 소식이 전해졌을 때는 일본과의 관계를 어떻게 푸느냐를 놓고 갈팡질팡만 할 뿐 좀처럼 일관된 방침을 정하지 못했다.

일본이 노린 것은 그와 같은 조선의 내부 혼란이었다. 정한론을 실행할 조건이 바로 그것이었기 때문이다. 아직 정한론이 시기상조라고 주장한 일부 반대파의 목소리도, 조선에서 대원군이라는 강력한 구심점이 사라진 뒤에는 입을 닫을 수밖에 없었다. 이제 노선은 정해졌고 다만 방법이 문제인데, 마침 일본에는 좋은 벤치마킹의 대상이 있었다. 20년 전 미국의 페리에게 당한 서양 제국주의의 단골 수법이 그것이었다. 두 차례의 양요를 통해 조선도 이미 겪은 경험이지만 이번에는 상대가 낯선 서양 열강에서 낯익은 일본으로 바뀐 데다 독불장군 대원군이 실각했으므로 충분히 먹힐 가능성이 있었다. 그런 의도에서 1875년 가을 메이지 유신의 자랑스러운 산물인 일본의 근대식 증기군함 운요호雲揚號가 강화도 해상으로 왔다.

10여 년 전의 프랑스와 미국은 침략의 구실이라도 있었으나 일본은 그것조차 없었다. 그러나 만들면 되는 게 구실이 아닌가? 어차피 바깥에서 오는 것이라면 무조건 신경이 예민해지는 조선은 어떤 미끼를 던져도 덥석 물 테니까 구실을 만드는 일은 전혀 어렵지 않았다. 식수를 구한다는 이유로 함선에서 보트를 내려 선원 수십 명을 강화도에 상륙시킨 게 그 미끼다. 명백한 무단 침범이므로 조선의 수비대가 사격을 가한 것은 당연하지만, 그것으로 조선은 일본의 덫에 걸려들었다.

각본대로 운요호는 함포 사격으로 응수하는 한편, 수십 명의 전투 병력까지 풀어 정식 교전을 유도했다. 이 전투에서 조선군은 36명이 전사한 데 비해, 일본 측은 경상자가 두 명뿐이었다. 그것만도 조선 측의 큰 손실이었지만, 정작 조선이 입게 될 손실과 일

이상하게 생긴 배 왼쪽은 미국의 제너럴셔먼호, 오른쪽은 일본의 운요호다. 둘 다 대포를 장착한 증기선인데, 조선인들은 19세기 초부터 이런 배를 '이상한 모습의 배', 즉 이양선(異樣船)이라고 불렀다. 서양인들만 가진 줄 알았던 이 이양선을 일본인들이 몰고 왔으니 조선 정부가 겁을 집어먹은 것도 당연했다.

본이 노린 이득은 그 뒤에 가시화된다. 이 사건을 빌미로 일본은 조선에 대사를 파견하면서 책임을 전가한 것이다. 이렇게 전쟁을 먼저 벌인 뒤 외교를 통해 유리한 협상 고지를 차지하는 솜씨는 과연 일본이 후발 제국주의 국가라는 게 사실인지 의심스러울 정도로 노련하고 교활했다.●

일본의 의도대로 이듬해인 1876년 1월에 강화도에서 양측의 협상이 시작되었다. 표면상으로는 지난해에 있었던 '불미스런 사건'의 뒤처리를 하자는 것이었지만, 조선이나 일본이나 협상의 진정한 목적이 통상 여부의 결정이라는 것은 잘 알고 있었다. 물론 협상 반대의 목소리도 컸다. 아직 정부에 남아 있는 대원군 세력과 성균관 유림은 모처럼 만에 다시 한목소리를 냈고, 유배형을 마친 지 얼마 되지 않은 최익현도 오랑캐와의 협상 자체가 잘못된 것이라고 상소를 올렸

● 이런 전형적인 제국주의적 수법의 원조는 당시 프로이센의 재상이었던 비스마르크다. 1860년대에 그는 전쟁에 반대하는 프로이센 의회의 출석을 미룬 채 오스트리아와 동맹을 맺고 덴마크를 공격했다. 그리고는 주변국들의 중립 약속을 받아내고 오스트리아마저 제압한 다음 의회에 나가 사후 승인을 얻어냄으로써 전쟁과 외교의 절묘한 조합을 선보였다. 곧이어 그는 프랑스에 똑같은 수법을 구사해 프랑스-프로이센 전쟁을 유도한 뒤 전쟁에서 승리하고 독일제국을 이룩했다. 일본이 비스마르크의 전매특허에서 한 수 배웠을 가능성은 충분하다. 유신 정부는 나중에 독일의 흠정헌법을 모방해 제국헌법을 만들 정도로, 후발 제국주의 독일을 열렬히 추종했기 때문이다.

마지막 수구 중화 이념의 화신과 같았던 최익현이다. 그는 대원군의 쇄국도, 개화파의 개항도, 동학 농민군도 모조리 반대하고 오로지 옛 중화 세계만을 이상향으로 고집했다.

다. 하지만 대세는 이미 정해져 있었다. 재야의 대원군이 영향력을 발휘하는 데는 한계가 있었고, 최익현은 또다시 유배를 떠나야 했다. 그 반면 베이징에 가서 양무운동의 효과를 목격한 적이 있는 박규수와 오경석吳慶錫(1831~1879) 등은 협상만이 아니라 개항까지 찬성하는 입장이었다. 그들의 의견보다 중요한 것은 청이 개항을 권유할 뿐 아니라 민씨 정권이 대원군 정권과의 차별을 보이려면 어차피 개항의 노선을 취할 수밖에 없다는 사정이었다.

결국 얼마간의 협상을 거친 뒤 1876년 2월 2일에 한반도 역사상 최초의 국제조약인 강화도조약이 체결되었다(정식 명칭은 조일수호조규朝日修好條規인데, 그해가 병자년이었기에 병자수호조약이라고도 부른다). 언뜻 보면 조약의 내용은 그다지 불평등하지 않은 듯하다. 이를테면 영국이 패전국 중국에 강요한 난징 조약에서처럼 전쟁배상금 같은 것은 없으며, 조선의 항구를 할양하거나 조차한다는 조항도 없다(일본은 조선을 통째로 삼킬 생각이었으니 항구 할양 같은 조항은 필요가 없었다). 우선 조선에 일본 영사를 두겠다는 조항은 모든 수교의 기본이니까 당연하다. 또 부산을 포함해 세 개의 항구를 개방한다는 조항은 전통적으로 3포를 통해 일본과 교역해왔으니 전혀 어렵지 않다. 게다가 조약의 제1조는 반갑기 그지없는 조항이다. 조선은 자주 국가로서 일본과 동등한 권리를 보유한다는 내용이기 때문이다. 그렇다면 강화도조약을 통해 일본은 조선에 선의를 베푼 걸까? 정말 조선의 앞날을 위해 개항시킨 걸까?

그러나 예나 지금이나 문안보다 맥락이, 텍스트보다 콘텍스트가 더 중요한 게 바로 외교 분야다. 조선이 자주 국가라는 점을 명시했다는 것은 바로 그전까지 조선이 자주 국가가 아니었음을 뜻한다. 말할 것도 없이 조선은 전통적으로 중국의 속국이었다는 이야기다. 그렇다면 이제부터 조선은 중국의 속국이 아니며, 따라서 중국은 조선에 대해 종주권이나 영향력을 행사할 수 없게 된다. 물론 문안상으로는 좋은 말이다. 그러나 그 문안의 맥락을 해석하면 앞으로 일본이 조선을 어떻게 한다 해도 독립국이 독립국을 대하는 것이니까 중국을 포함해 어느 나라도 전혀 간섭할 수 없다는 뜻이 된다. 일본은 교묘하게 정한론의 근거를 만들어낸 것이다.

그런 일본의 의도를 더 잘 보여주는 게 바로 조약의 제7조다. 이것은 조선의 연해와 섬들을 자유로이 측량할 수 있다는 조항이다. 사실 엄밀하게 말한다면 강화도조약의 불평등성을 명시적으로 드러내주는 것은 이 조항 하나뿐이다. 동등한 관계라면서 남의 나라를 일방적으로 측량할 수는 없기 때문이다. 실제로 조약이 발효되면서 일본은 곧바로 한반도에 대한 면밀한 측량 사업을 시작했다.● 그리고 나중에 보겠지만 일본이 한반도 전체를 강점한 뒤 이 측량은 토지조사사업으로 이어져 한반도를 장차 중국 침략을 위한 전진기

● 고구려 광개토왕릉비가 발견된 것도 이 측량 작업에서다. 조약에서는 한반도의 연해와 섬 들만 측량하도록 되어 있었으나, 일본 정부는 군인을 민간인으로 위장시켜 조선 전역의 지리와 문물을 조사하게 했다. 1882년에 그런 밀정으로 활동하던 사카와 가게노부 중위는 만주를 돌아다니다가 압록강 중류 부근에서 높이 6미터의 거대한 비석을 발견했는데, 그게 바로 광개토왕릉비다. 1권 ??쪽에서 보았듯이 무려 1500년 동안이나 그 비석은 그곳에 있었으나 그전까지는 그게 광개토왕릉비인 줄을 아무도 알지 못했다. 그러나 사카와는 중요한 발견을 한 데 그치지 않고 그 비석에 중요한 조작도 한다. 일본이 바다를 건너와서 백제와 신라를 속국으로 삼았다는 그의 조작은 훗날 일본의 한반도 역사 조작을 가능케 하는 근거가 된다.

지로 재편하는 데 결정적인 역할을 하게 된다(강화도조약에서 일본은 조선 대표가 한성이라 부르던 한양을 굳이 경성京城이라는 용어로 불렀는데, 나중에 한반도가 일본의 식민지로 전락하면서 이 용어가 뿌리를 내리게 된다).

또 하나의 해법 : 문 열기

똑같이 강제로 개항을 당한 처지였지만 일본과 조선의 차이는 불과 20년의 시차라고는 믿을 수 없을 만큼 컸다. 일본은 서양 열강의 압력으로 문호를 개항했으나 그 뒤 메이지 유신을 이루면서 아시아 최초의 제국주의 국가로 도약했고, 조선은 그 일본에 의해 개항되면서 신흥 제국주의의 성장을 위한 발판으로 전락했다.

두 나라가 그렇듯 큰 차이를 보이게 된 이유는 무엇일까? 단지 개항을 강요한 상대방이 달랐기 때문일까? 이를테면 일본은 선진 제국주의에 의해 개항된 탓에 도약을 이루었고, 조선은 후발 제국주의에 의해 개항된 탓에 비참한 운명으로 전락한 걸까? 그렇지는 않다. 흔히 알고 있는 것처럼 일본은 19세기 중반에 개항과 메이지 유신을 통해 단기간에 비약적인 성장을 이룬 게 아니다. 그 배경에는 17세기 초부터 시작된 에도 바쿠후 시대의 오랜 번영기가 있었다. 이 기간 동안 일본은 비록 대외적으로 쇄국을 유지했고 대내적으로도 숱한 진통과 혼란을 겪었으나 전반적으로 보면 비중화 세계 특유의 역동성을 바탕으로 착실히 국력을 키웠다.

그렇다면 조선이 일본에 뒤처진 이유는 단지 개항에서 늦었기 때문이 아니다. 17세기에 중국마저 비중화 세계로 편입된 이후 홀로 남은 조선은 중화 세계의 근본 모순을 떨쳐버리지 못하고 오히려 낡은 세계의 수호자가 되는 복고와 보수의 길을 선택했다.* 18세기에 들어서야 비로소 중화 세계의 한계를 느끼고 정치에서는 왕국의 실험을, 학문과 사회에서는 실학의 실험을 통해 변화를 꾀했으나(그 최종적 실험자가 정조였다), 조선의 지배자인 사대부들은 성리학 이념이 가져다주는 체제 안정의 유혹으로부터 끝내 벗어나려 하지 않았다. 따라서 조선을 정체시키고 발전을 가로막은 원인과 주범은 분명해진다. 원인은 개국 초기부터 조선의 발목을 잡은 성리학 이념이며, 주범은 성리학 이념을 이용해 자신들의 지배 체제와 기득권을 유지하려 한 조선의 사대부들이다.

● 더구나 그렇게 조선이 우물 안에서 벗어나지 못할 무렵 우물 바깥에서는 인류 문명사적으로 커다란 전환점을 맞고 있었다. 특히 서유럽에서는 정치적으로 절대왕정 체제를 거치며 시민계급이 착실히 성장함으로써 18세기부터는 시민들이 사회를 주도하는 의회민주주의와 국민국가 체제를 이루었으며, 경제적으로는 자본주의라는 새로운 제도를 통해 생산력과 국민경제가 성장하고 있었다. 이렇듯 유럽 문명이 장차 세계를 주도할 메이저 문명으로 발돋움하는 동안 동아시아 사회는 여전히 수구와 보수의 구태 속에 머물고 있었다. 그나마 중국과 일본은 비중화 세계로 체제를 전환하면서 변화를 모색했으나 조선만은 고집스럽게 중화를 고수했으니 이때 이미 조선의 미래는 결정되어 있었다고 해야 할 것이다.

　물론 침략 국가가 없다면 침략을 당하는 국가도 있을 수 없다는 논리에서 보면, 일본의 침략 의도가 조선에 남아 있던 자체적 변화의 길을 결정적으로 저해한 장애물이었다는 것은 분명하다. 하지만 아무리 국력에서 현저한 차이가 있다 하더라도, 일본의 침략적 의도가 노골화되는 상황에서까지 조선 정부가 철저하게 무능했다는 사실은 이후에 전개되는 조선의 몰락 과정을 결코 남의 탓으로만 돌릴 수는 없게 한다. 게다가 개항을 결정한 민씨 정권은 그 개항마저도 일관되게 추진하지 못했다.

　비록 타의에 의해 문을 열게 되었다 하더라도 이왕 개항하기로 했다면 확실히 해야 할 것이다. 그러나 강화도조약 이후 조선 정부는 일단 개화開化를 총론으로 확정해놓고도 개화에 필요한 구체적인 각론은 전혀 준비하지 못했다. 그도 그럴 것이, 그 개화란 오로지 일본만을 대상으로 할 뿐 다른 열강에 대해서는 여전히 배타적인 태도를 취하는 기형적인 형태였던 것이다(개항 뒤에도 조선은 프랑스와 영국의 통상 요구를 계속 거절하다가 1882년 미국을 필두로 서양 열강에도 문호를 개방하기 시작했다). 앞서 두 차례의 양요에서 서양인이라면 치를 떠는 분위기가 조성된 것은 이해할 수 있지만, 조선 정부의 그 편협한 자세를 보면 과연 개화의 의지가 있는 건지, 개화의 의미를 알고는 있는 건지 의심할 수밖에 없다. 혹시 조선 정부는 그래도 가까운 일본이 서양 오랑캐보다는 낫다고 여긴 것은 아닐까? 만약 그렇다면 그것은 '낯익은' 제국주의라는 이점을 십분 활용하려 한 일본의 잔꾀에 보기 좋게 속아 넘어간 결과다. 실은 서양의 선발 제국주의보다 일본의 후발 제국주의가 조선에 훨씬 위험했기 때문이다.

어쨌거나 세도정치가 끝나면서 곧바로 국가적 위기에 빠져들었던 조선은 이제 두 번째 해법을 마련했다. 대원군의 빗장 수비가 효과를 보지 못했다면 그 반대의 전술인 토털 사커는 통할지도 모른다. 비록 개화의 첫 단추는 잘못 꿰었다 하더라도 앞으로 자세를 가다듬고 적극적이고 공세적인 개화 전술을 구사하면 멋진 역전승을 거둘 수도 있을 것이다. 형세가 어렵기는 하지만 실제로 쇄국은 어차피 실패할 전술이었고, 개화는 운영 여부에 따라서는 어느 정도 효과를 볼 수도 있는 전술이었다.

그러나 불행하게도 두 번째 해법은 첫 번째 해법과 단지 형태상으로만 정반대인 게 아니었다. 순식간에 모든 게 거꾸로 돌려지면서 첫 번째 해법으로 해결되었던 문제점이 다시 드러났다. 그것은

무지가 빚은 무능 강화도조약이 체결된 강화도의 연무당이라는 관청이다. 한반도 역사상 최초로 외국과 대등한 관계에서 맺은 국제조약이었으나, 불행히도 그 결과는 외세의 침략을 국제법적으로 허용하는 계기가 되었다. 힘의 열세도 열세지만, 무엇보다도 주권이나 무역 등 국제법상의 개념에 대해 전혀 몰랐기에 조선 정부는 그저 일본이 하자는 대로 끌려갈 수밖에 없었다.

바로 세도정치다. 안동 김씨와 풍양 조씨를 제압하는 데 혼신의 힘을 다한 대원군이 허무하게 물러나자 그 빈자리를 명성황후의 친정인 여흥 민씨 가문이 꿰찼다. 그전까지 조금씩 조정으로 들어오던 민씨 세력은 개화를 계기로 아예 중앙 권력을 완전히 수중에 넣었다. 수십 년 동안 나라를 망쳐놓았던 세도가문이 아주 중요한 시기에 다시 권력을 잡았으니 해법이고 전술이고 제대로 운영될 리가 없었다. 그래서 두 번째 해법, 개화 전술은 오히려 조선의 위기를 더욱 구체화는 결과를 빚게 된다.

37장

친청, 친일, 친러의 사이에서

개혁 없는 개화의 결론

● 여기서 흥미로운 인물은 민영익(閔泳翊, 1860~1914)이다. 그는 명성황후의 조카로 일찍부터 가문의 촉망 받는 젊은이였는데, 아버지 민태호(閔台鎬, 1834~1884)가 골수 위정척사파인 것과는 반대로 개화파적인 성향을 지니고 있었다. 지위가 지위인 만큼 스물도 되기 전부터 그의 집 사랑방에는 홍영식(洪英植, 1855~1884), 서광범(徐光範, 1859~1897), 박영효(朴泳孝, 1861~1939) 등 개화파의 젊은이들이 자주 드나들었다. 그러나 급진적인 개화에는 반대한 그는 나중에 개화파가 정권을 장악하려 하자 오히려 개화파를 탄압하는 방향으로 선회하게 된다.

타의에 의한 개화였지만 개화를 주장한 것은 민씨 정권이었으므로 개항 이후 민씨 가문 사람들이 조정에 비약적으로 진출했다. 대원군의 축출을 주도한 명성황후의 오빠 민승호閔升鎬(1830~1874)를 비롯해 민규호閔奎鎬(1836~1878), 민겸호閔謙鎬(1838~1882) 등 가문의 중핵들은 거의 대부분 개화에 적극적으로 찬성했다.● 그런데 이렇게 민씨 일가가 개화파의 주력을 이루었으나 정작 개화파의 중심인물로 떠오른 사람은 정통 관료 출신인 김홍집金弘集(1842~1896)이었다. 그럴 만도

한 것이, 민씨 세력은 오로지 대원군을 반대하기 위해 개화를 주장한 것이지만, 김홍집은 사상과 이론으로 무장한 소신 있는 개화파였기 때문이다.

그렇기에 1880년 김홍집이 수신사修信使(개항 이후 통신사가 수신사로 개칭되었다)로 일본에 파견된 것은 적절한 인사행정이었다. 개항한 해인 1876년에도 수신사가 파견된 적이 있었지만 그것은 두 나라의 수교를 기념하는 의전적인 것이었던 데 비해, 이번의 수신사는 추가 개항과 관세 문제라는 까다로운 현안이 있었으므로 아무래도 실력을 갖춘 인물이 가야 했던 것이다. 그러나 일본에 간 김홍집은 정작 업무에서는 성공하지 못하고 그 대신 조선의 향후 노선에 관한 '참고서'를 한 권 가지고 왔다. 청의 일본 공사관에 근무하던 황준헌黃遵憲을 만나 그가 지은 《조선책략朝鮮策略》이라는 책을 받아온 것이다(청의 일개 외교관이 조선의 미래에 관한 책을 썼다고 해서 기분 나빠할 이유는 없다. 원제명은 '내가 본 조선책략'이니까).

마지막 영의정이자 최초의 총리대신 김홍집은 일찍이 일본의 신식 문물을 받아들이자고 주장한 개화파 정치인이었다. 그가 가져온 《조선책략》으로 유명세도 악재도 동시에 누려야 했다. 을미사변 후 일본의 압력에 의한 을미개혁을 실시하다가 의병들의 규탄을 받고, 결국 성난 민심의 손에 비참하게 살해되었다.

당시 청은 30년에 걸친 양무운동으로 서양 문물을 수용한 상황이었으므로 가장 우려하는 적은 북방의 러시아였다. 그래서 《조선책략》도 러시아의 남하에 대비하는 것을 가장 주요한 과제로 삼았는데, 그러기 위해서는 친중親中·결일結日·연미聯美, 즉 중국·일본·미국과 동맹해야 한다는 게 핵심이었다. 실제로 이 방안에 따라 이후 조선의 개화파는 세 나라를 우호의 상대로 삼았는데,

그보다 더 중요한 것은 김홍집이 그 책을 개화의 참고서 정도가 아니라 교과서처럼 삼고 전국의 유생들에게 배포했다는 점이다. 이것이 낳은 결과는 두 가지다. 하나는 드디어 조선에도 개혁 이론이 생겼다는 것, 다른 하나는 아직 조선 사회를 휘어잡고 있는 수구 세력을 결집시키게 만들었다는 것이다.

《조선책략》의 방침이 전적으로 수용된 것은 아니지만 어쨌든 그것을 계기로 청의 양무운동이 조선에도 개화의 모델로 채택되었고, 김홍집의 견해가 가장 권위 있는 개화론으로 인정되었다. 이제 개화의 과제는 민씨 가문에서 김홍집의 손으로 넘어왔다.

김홍집이 일본에서 돌아온 뒤부터 개화 정책의 구체적인 면모가 드러나기 시작한다. 우선 청의 제도를 본받아 종합 행정기관인 통리기무아문統理機務衙門이 신설됨으로써 향후의 개화를 주도할 제도적 중심이 생겨났다. 이 길고 괴상한 이름의 기관이 맨 처음 착수한 업무는 일본과 청의 개화 과정이 어떻게 진행되고 있는지 상세히 알아보는 일이었다. 그래서 김홍집은 1881년 1월에 박정양朴定陽(1841~1904)과 홍영식, 어윤중魚允中(1848~1896) 등 소장파 개화론자들 열두 명으로 신사유람단紳士遊覽團을 구성해 일본에 파견했다.●

그 성격에서 보듯이 신사유람단은 일본의 메이지 유신 정부가 유럽과 미국으로 보낸 서양 시찰단의 축소판에 해당한다. 그렇다면 조선의 개화 정부가 취하는 노선도 메이지 정부와 닮은꼴일 것이라고 추측할 수 있다.

● 이름 때문에 오해할 수도 있겠지만 신사유람단은 '신사들이 유람하는 단체'와는 전혀 무관하다. 오늘날로 말하면 산업 시찰단쯤 되는데, 이름이 그렇게 모호했던 이유는 당시 전국 유생들을 중심으로 개화에 반발하는 움직임이 컸기 때문이다. 그런 탓에 열두 명의 '신사'들은 자신에게 주어진 임무조차 모르는 상태로 출발지인 부산까지 가야 했는데, 공식 직책도 그에 어울리게 '동래부 암행어사'였다(이들이 한양을 떠난 뒤에야 김홍집은 일본 공사와 함께 '유람단'의 일정을 짜기 시작했다). 인사를 트는 게 주요 목적인 종전의 수신사와 달리 유람단원들은 각자 전문 분야를 맡고 있었고 일본에서도 실무자들과 접촉했으므로 유람과는 거리가 멀었다.

과연 개화 정부는 일본이 그랬던 것처럼 군사적인 부문의 개혁을 가장 시급한 과제로 삼았다(부국강병의 대원칙이 있는 이상, 청의 양무운동도 그 점에서는 마찬가지였다). 예기치 못한 걸림돌이 등장한 것은 바로 그 시점이다.

김홍집이 일본에서 돌아온 뒤 개화의 절차와 단계가 구체적인 모습을 갖추게 되면서 동시에 조선에서는 기존의 유림 세력을 중심으로 개화에 대한 본격적인 비판도 개시되었다. 대원군이 실각하고, 개화파가 조정을 장악하고, 개항이 진행되는 등 정신없이 돌아가는 사태 속에서 한동안 망연자실하던 수구 세력은 개화가 대세로 자리 잡아가는 시점에 이르자 비로소 정신을 차리고 위기감을 느꼈다. 이황의 후손으로 유림의 원로인 이만손李晩孫(1811~1891)이《조선책략》을 정면으로 비난하고 나선 것은 그 신호탄이었다. 신사유람단이 일본으로 출발하자마자 그는 영남 지역의 유생들을 모아 개화를 비판하고 김홍집을 탄핵하는 상소를 올렸는데, 이것이 영남 만인소萬人疏다.** 도화선은 영남 지역이었고 기존의 지배 이데올로기인 성리학적 배경을 가진 수구적 운동이었지만, 그동안 외세의 집요한 공략으로 득보다 실이 많았다고 판단한 일반 백성들도 전국적으로 큰 호응을 보였다.

이런 사회적 분위기에서 개화 정부가 서양식 군제(실은 그것을 모방한 일본과 청식 군제)로의 개편을 서두르자 결국 문제가 터지고 말았다. 1881년 4월, 정부에서는 별기군別技軍을 창설하고 일본인 교관에게 훈련을 맡겼다

●● 만인소란 말 그대로 만 명이 상소장에 연명했다는 뜻이다. 1792년에 사도세자의 명예 회복을 탄원한 게 최초의 만인소인데, 그때도 만 명이 넘었으니 이번 만인소는 그보다 더 많으면 많았지 적지 않았을 것이다. 공교롭게도 두 차례의 만인소는 모두 영남 유생들의 집단 창작이었다. 이황 이래 조선의 성리학계는 영남 유생들이 지배했으므로 중기 이후 조선의 역사에서도 영남 출신의 발언권이 압도적이었던 것이다. 바꾸어 말하면 이는 영남 지역이 그만큼 기득권을 가지고 있었으며, 따라서 개화에 가장 앞장서서 반대할 수밖에 없었다는 이야기가 된다.

19세기의 사관학교 1881년에 창설된 신식 군대인 별기군의 모습이다. 처음에 소집된 인원은 양반 자제 80여 명이었는데, 당장 투입할 군대라기보다는 장교 육성을 위한 일종의 사관학교였을 것이다.

(그래서 왜별기倭別技라고도 불렀다). 이에 가장 불만이 큰 세력은 이해 당사자인 구식 군대였으나 그들은 일단 참았다. 그러나 정부는 무심하게도 그해 말에 5군영을 폐지하고 무위영武衛營과 장어영壯禦營의 2영으로 축소 개편했다. 구조 조정으로 동료들이 실업자가 되는 것을 보면서도 구식 군대는 또 참았다. 하지만 정부가 별기군에게는 대우를 잘해주면서도 구식 군대에게는 급료마저 체불하자 더 이상 참을 수 없는 상황이 되었다. 급기야 1882년 6월, 오랜만에 선혜청에서 급료로 나누어준 양곡에 모래가 섞인 것을 보는 순간, 그동안 쌓이고 쌓였던 불만이 폭발했다. 이것이 임오군란壬午軍亂이다.

분노한 군인들은 선혜청 담당관인 민겸호를 살해한 것으로는 성에 차지도 않았고, 오히려 이 사건은 정식 반란으로 커지는 계기가 되었다. 내친걸음에 그들은 민씨 일파와 개화파 인물들을 잡아 죽이기로 결정하고, 대원군에게 차기 정권을 맡아달라고 부탁했다. 대원군은 짐짓 자제하라고 권했으나 속으로는 반갑기 그지없었을 것이다. 그 눈치를 알아차린 군인들은 대원군의 집권에 최

달아나는 일장기 국제 무대에 갓 등장한 조선은 모든 면에서 미숙했다. 그러나 구식 군대가 차별 대우에 분노해 반란을 일으킨 것까지는 괜찮았지만, 남의 나라 공사관을 때려 부순 것은 외교에 관한 무지의 소치였다. 사진은 일본 공사 일행이 일장기를 들고 황급히 인천 방면으로 빠져나가는 장면인데, 이게 빌미가 되어 조선은 또 다른 불평등조약을 맺어야 했다.

대 걸림돌인 일본 공사관과 창덕궁을 기습했다. 두 기관의 책임자인 일본 공사 하나부사花房義質와 명성황후가 취할 길은 단 하나, 줄행랑뿐이었다. 하나부사는 서둘러 인천으로 도망쳤고, 명성황후는 황급히 궁성을 빠져나와 장호원에 있는 민응식閔應植(1844~?)이라는 친척의 집으로 대피했다.● 이렇게 재집권의 기반이 닦인 뒤에야 대원군은 입궁했다.

10년간의 공백 끝에 권좌에 복귀한 대원군은 당연히 모든 것을 10년 전으로 되돌려 놓으려 했다. 통리기무아문을 폐지하고, 맏아들인 이재면李載冕(1845~1912, 고종의 형)에

● 이 과정에는 웃지 못할 해프닝이 있었다. 분노한 군인들의 목표물이 민씨 정권이라는 것을 알게 되자 명성황후는 자신이 도망쳐도 군인들이 추격해올까봐 걱정했다. 그래서 그녀는 교활한 꾀를 생각해낸다. 궁성을 떠나면서 남편 고종에게 자기가 죽었다고 발표해달라고 부탁한 것이다. 이미 죽은 사람을 더 이상 뒤쫓지는 않을 테니 단수 높은 잔머리였으나 '일국의 국모'에게 그런 코미디는 어울리지 않는다. 실제로 그녀가 장호원에 숨어 있는 동안 대원군은 아들 부부의 터무니없는 사기극을 그대로 믿고 며느리의 장례식을 거행하는 해프닝을 벌이기도 했다. 명성황후를 숨겨준 민응식이 그 뒤 스타로 떠올랐음은 물론이다.

게 병권과 재정권을 안긴 것은 어떻게든 옛 권력을 부활하려는 대원군의 안간힘이었다. 그러나 일세를 풍미한 그도 역사의 시곗바늘을 되돌릴 수는 없었다. 무엇보다 조선은 그가 권력을 장악한 때와 달리 독립국이 아니었다. 대원군은 오랜 정적인 며느리를 물리쳐 후련했겠지만, 그 대신 조선에는 청과 일본이라는 시어머니가 둘씩이나 달라붙어 있었다. 임오군란을 조선 내정에 간섭할 수 있는 기회로 이해한 청의 실권자 이홍장은 때마침 미국과 조미수호조약을 체결하기 위해 베이징에 가 있던 김윤식金允植(1835~1922)과 어윤중이 파병을 요청하자 부관인 위안스카이袁世凱(1859~1916)에게 3000명의 병력을 주어 조선으로 보냈다. 또 다른 시어머니인 일본은 공사관이 습격을 당하고 별기군 교관들이 살해당했으니 당연히 사태에 간섭할 권리가 있었다.

결국 대원군이 재집권한 지 불과 한 달 만에 청군이 그를 납치함으로써 임오군란은 실패로 끝났다(이후 대원군은 3년 동안 톈진에서 유배 생활을 했다). 그러나 정치적으로 쓸모없는 대원군을 납치하느라 애쓴 청에 비해 정작으로 실익을 거둔 것은 일본이었다. 인천에 정박한 일본 군함 위에서 하나부사는 김홍집과 제물포조약을 맺었는데, 조선 측의 잘못이 명백한 만큼 이번에는 강화도조약과 달리 명백한 불평등조약을 성립시킬 수 있었던 것이다. 배상금을 받기로 한 것은 오히려 푼돈에 속하고, 진짜 큰 이득은 공사관 수비 병력을 증강하기로 한 조항이었다. 조선에 상당한 규모의 병력을 주둔시킬 수 있게 된 것도 소득인 데다 병력 유지비를 조선에서 부담하기로 했으니 일본으로서는 임오군란이 오히려 고마울 따름이었다.

사태가 진정되자 명성황후는 '부활'해 국모로 복귀했으며, 대원

미국에 간 양반들 급변하는 정세에 조선 정부는 바빴다. 신사유람단을 일본에 파견한 지 2년 뒤인 1883년 7월에는 여덟 명의 미국 시찰단이 출발했다. 앞줄 가운데가 단장인 민영익이고 홍영식과 서광범이 좌우에 앉아 있다.

군의 수구적 조치도 모두 철폐되고 기존의 체제로 돌아갔다. 그럼 임오군란은 그저 해프닝으로 끝난 걸까? 그렇지는 않다. 우선 그동안 서로 암암리에 견제하느라 조선의 살림에 관해 별로 간섭하지 않았던 두 시어머니가 대놓고 말을 함부로 하기 시작했다. 또한 그에 따라 조선의 꼬맹이들은 어느 할머니를 더 따르느냐에 따라 두 파로 나뉘었다. 김홍집과 김윤식, 어윤중 등은 당연히 청 할머니가 더 좋다고 했고, 박영효과 홍영식, 서광범 등은 일본 할머니가 더 낫다고 우겼다. 의견이 엇갈리면 서로 대화해야 하는 게 당연하지만, 불행히도 조선이라는 집안의 가훈에는 원래 대화라는 게 없었다. 분쟁이 일어나면 서로 당파를 형성해 드잡이질을 벌이는 게 전통이었으니까. 일본의 똘마니들은 친청파를 사대당事大黨이라며 놀려댔고, 청의 똘마니들은 친일파에게 개화당開化黨

37장 친청, 친일, 친러의 사이에서

이라 별명을 붙여주었다(하지만 친일파는 독립당이라는 이름으로 자칭했으니 이것도 웃지 못할 이야기다).

개항 이후 조선 정부는 개화를 적극적으로 추진했으나, 개화의 의미와 방향에 대해서는 거의 백지 상태라 할 만큼 무지했다. 나라의 문을 처음 열었고 더구나 그 개방을 자의로 한 게 아니었다면, 비록 개화가 바깥에서 주어졌다 해도 개화를 제대로 하고자 했다면 위기감과 긴장감을 느끼고 대대적인 개혁을 단행했어야 한다. 물론 그 개혁에는 큰 아픔이 따르겠지만 그것은 생략할 수 없는 탄생의 진통이다. 그러나 조선의 개화 정부는 체제와 제도만 그럴듯하게 갖추려 했을 뿐 실질적인 개혁에 대해서는 무지했고 관심도 없었다. 개혁을 동반하지 않은 개화, 아픔 없이 가지려는 욕심은 결국 개화의 최종적인 실패로 이어진다.

사흘간의 백일몽

조선이 왕국이었던 초기 100년을 제외하면 조선의 사대부들은 늘 두 파로 나뉘어 서로 싸워왔다. 때로는 각기 다른 왕위 계승권자를 끼고서 다투었는가 하면, 철학적 이념 논쟁으로 갈라서기도 했고, 대외의 변화를 어떻게 볼 것이냐를 두고 싸우기도 했다. 단일한 권력자(국왕)가 아닌 집단적 권력체가 지배하는 체제의 생리상 권력 다툼은 불가피한 것이었다. 국난에 처한 19세기 말에도 그 점은 변하지 않았다. 다만 개화와 위정척사로 맞서던 형국이 이제 개화당과 사대당의 대립으로 바뀌었을 뿐이다.

애초에 개화를 주장하고 집권한 민씨 정권이 노선을 선회한 것은 이 시점에서다. 상황이 달라지자 민씨 일파는 느닷없이 대원군을 물리쳐준 청으로 붙어 사대당의 주력이 된 것이다. 그렇다면 결국 처음에 민씨 정권이 개화를 주장한 이유는 오로지 권력을 장악하기 위해서였을 뿐이라는 이야기가 된다. 말하자면 대원군이 쇄국 이데올로기로 버텼으니까 그를 타도하고 들어선 민씨 정권은 반대를 위한 반대로서 개항과 개화를 내세워야 했던 것이다. 이렇듯 민씨 정권은 집권자의 기본적 자질이자 덕목인 정책의 일관성마저도 유지하지 못했다.

대원군이 역사를 거스르려 한 것은 물론 잘못이었지만, 민씨 세력이 내부의 반란을 진압하기 위해 청을 끌어들인 것은 더 큰 잘못이었다. 이를테면 집안의 개가 말을 듣지 않는다고 바깥의 늑대를 불러들여 개를 잡아먹게 한 꼴이었다. 과연 대원군을 납치하고 반란을 진압한 청군은 임무가 종결되었는데도 물러가기는커녕 아예 주둔군으로 탈바꿈했다. 게다가 위안스카이는 조선의 병권을 틀어쥐고, 이홍장이 보낸 독일인 묄렌도르프Mollendorf(1848~1901)는 조선의 외교권을 장악했다(청의 독일 영사관에 근무하던 일개 직원으로서는 대단한 출세다).●

남의 나라에서 웬 유세냐 싶겠지만 청은 조선을 '남의 나라'라고 생각하지 않았다. 그만큼 피를 나눈 혈맹으로 여긴다는 뜻일까? 물론 그것은 아니다. 임오군란을 진압하고 청은 조선에 사무역을 공식적으로 허가하는 통상조약을 강요했는데, 그 조약문에는 조선이 청의 속방屬邦(속국)이라고 정식으로 명문

● 오늘날 한국 사회에서 외국인의 큰 몫을 차지하고 있는 화교(華僑)는 이때 처음 들어왔다. 임오군란을 진압하기 위해 조선으로 파견된 청군을 따라 청의 상인 40여 명이 입국한 게 조선 최초의 화교다. 이후 양국 간에 통상조약이 체결되면서 조선으로 오는 중국인의 수는 크게 늘었다. 세계 곳곳에 차이나타운을 건설하고 자기 국적을 버리지 않으면서 집단 거주하는 습성에 따라 화교들은 주로 항구 도시, 특히 인천에 자리를 잡았다. 이후 1899년 중국 산둥에서 의화단 사건이 일어나면서 또다시 대규모 화교가 유입되었다. 그래서 한국 화교 중에는 산둥 출신의 비율이 압도적이다.

화되어 있었다. 그렇다면 중국의 의도가 뭔지는 알기 어렵지 않다. 청은 조선에 대한 일본의 욕심이 점점 노골화되는 것을 차단하기 위해 새삼 조선에 대한 종주권을 주장하고 나선 것이다.

그런데 더욱 가관인 것은 수구로 돌아선 민씨 정권이 청의 그런 태도를 적극 환영했다는 사실이다. 개화당은 당연히 분개하지 않을 수 없었다. 사대당은 오로지 자파의 집권과 사리사욕에만 눈이 어두워 나라 전체를 중국에 넘기려 하고 있었다. 나라와 당파가 모두 위기에 처한 상황에서, 그동안 숨어 있던 개화당의 실질적인 우두머리가 이윽고 모습을 드러냈다. 그는 개화의 이념과 이론에서 홍영식, 박영효, 서광범 등 소장파 개화론자들의 지도자이며 나이로도 그들의 형님뻘인 김옥균金玉均(1851~1894)이었다.

쇄국의 서슬이 시퍼렇던 1870년경부터 오경석과 박규수에게서 개화사상을 습득한 김옥균은 조선이 추구해야 할 개화의 모델은 청이 아니라 일본이라는 점을 일찌감치 깨닫고 있었다. 그러나 일본은 군사적 성격이 강한 발전 전략을 택했다는 데 문제가 있었다. 그는 일본이 동양의 영국이라면 조선은 장차 동양의 프랑스처럼 일면으로 치우치지 않고 사회 전반적인 균형을 갖춘 강국으로 성장해야 한다고 믿었다. 그러기 위해서는 무엇보다 신분이나 문벌을 따지지 않고 인재를 고루 등용해야 하며, 각종 제도와 산업을 근대화하는 데 총력을 기울여야 한다(그는 안동 김씨의 기득권을 포기하고 중인인 오경석을 스승으로 삼을 정도였으니 신분제 철폐의 주장은 결코 괜한 소리가 아니었다).

이렇듯 권력만 주어지면 언제든 정책화할 수 있는 탄탄한 이론을 갖추었기에, 김옥균은 일찍부터 개화파의 우두머리로 인정받고 있었다. 더구나 일본을 세 차례나 다녀오면서 메이지 유신의 성과를 시찰한 것은 물론 일본의 정객들과 두루 교류를 맺어둔 터였다. 말하자면 공부를 다 마치고 자신감에 차서 시험을 기다리는 학생과 같았다.

그러나 김옥균이 바라는 '시험'은 청이 조선의 내정에 간섭하기 시작하면서 무산될 위기에 처했다. 청운의 꿈을 품고 고시에만 일로매진해왔는데 갑자기 고시가 없어진다면 어떻게 해야 할까? 그런 정책을 펴는 정권을 뒤집어엎어야 할 것이다. 물론 김옥균이 자신의 권력욕 때문에 쿠데타를 구상한 것은 아니지만, 청이 간섭하지 않고 민씨 정권이 개화 노선을 정상적으로 유지했다면 그는 극단적인 수단까지 강구하지는 않았을 것이다.

1883년부터 김옥균은 소장파 개화론자들과 함께 비밀리에 거사를 위한 준비에 착수했다(그들은 모두 20대와 30대 초반의 젊은 나이였다). 쿠데타의 지도부는 쉽게 구성되었다. 그리고 무엇보다 반드시 필요한 물리력은 박영효가 양성한 신식 군대와 김옥균이 사관학교의 설립을 위해 일본에 유학을 보낸 생도들이 담당했다(이 생도들 중에는 나중에 〈독립신문獨立新聞〉을 창간하는 서재필이 포함되어 있었다). 또한 김옥균은 개화당에 호의를 보이는 일본 측의 동의를 얻어 유사시에는 일본 공사관 수비대를 동원할 수 있도록 조처했다. 이것으로 약소하나마 쿠데타의 3대 조건(이념, 지도부, 물리력)이 갖추어졌다. 이제 남은 것은 일정뿐이다.

거사 일정을 정해준 것은 중국이다. 1884년 봄, 청은 인도차이나에서 프랑스와 마찰이 일어나자 조선 주둔군의 절반을 빼서 그곳에 투입했다. 그것으로 조선에 주둔한 청군은 1500명으로 줄었다. 게다가 곧이어 여름에 벌어진 프랑스와의 전쟁에서 청은 참패하고 말았다.* 개화당으로서는 절호의 기회가 아닐 수 없었다. 드

● 인도차이나에서 중국이 전통적인 영향력을 발휘하고 있었던 지역은 베트남이다. 일찍이 한 제국 시절부터 안남(安南)으로 불리던 이곳은 한 무제가 9군을 설치하면서 중국의 속령으로 편입되었다(한반도에 한4군이 설치된 시기다). 이후 약 1000년 동안 그런 상태였다가 중국에 비중화 세계의 이민족 왕조들(요-금-원)이 들어서면서 베트남에도 독립 왕국이 성립되었다. 곧이어 명의 지배를 받게 되지만 베트남은 한반도의 조선과 달리 중국에 사대하는 대신 15세기에 독립을 택했다. 그러나 영국에 인도를 빼앗긴 프랑스가 19세기부터 인도차이나에 손을 뻗치면서 베트남은 중국과 프랑스가 영향력을 다투는 각축장으로 전락했다. 여기서 프랑스가 승리한 것은 장차 베트남 전쟁의 불씨를 남기는 동시에, 인도차이나만이 아니라 동북아시아 세계에도 큰 후유증을 남겼다. 조선의 개화 세력에게 기회를 주었으나 결과적으로는 일본에 조선이 넘어가게 되는 계기를 제공한 것이다. 이렇듯 19세기에는 국지적인 사건이 일파만파를 부를 만큼 역사의 글로벌화가 진행되고 있었다.

디어 디-데이가 잡혔다. 그해 12월 4일(양력) 개화당은 홍영식이 주관하는 우정국郵政局(우체국) 낙성식을 계기로 사대당의 대신들을 살해하고 정권을 잡는다는 계획을 세웠다.

쿠데타 자체는 실패였다. 식장에 투입된 쿠데타군은 현장에서 민영익에게 중상을 입혔을 뿐 정부 요인들을 처단하지는 못했다. 하지만 반군은 고종과 명성황후를 창덕궁 옆의 경우궁景祐宮(순조의 어머니를 모신 사당)으로 납치하는 데 성공했다. 그들은 즉각 왕의 이름으로 사대당의 수뇌들을 불러들였다. 민영익의 아버지인 민태호, 최초의 신문인 〈한성순보漢城旬報〉를 발행한 민영목閔泳穆(1826~1884), 묄렌도르프를 고문으로 초청한 조영하趙寧夏(1845~1884) 등이 영문도 모르고 경우궁에 갔다가 살해당했다(민태호 부자와 민영목은 임오군란 때 명성황후를 구한 민응식과 더불어 '4민四閔'이라고 불리며 위세를 떨치고 있었는데, 그중 둘이 죽고 하나가 중상을 입었으니 사대당은 치명타를 당한 셈이다). 이것으로 갑신정변甲申政變은 멋지게 성공했다.

정권을 장악한 김옥균 일파는 곧바로 다음 단계, 새 내각을 구성하는 작업에 들어갔다. 총지휘자 김옥균은 배후로 물러나고 홍영식과 박영효, 서광범이 입각했는데, 여기서 흥미로운 것은 개화당만이 아니라 대원군의 조카인 이재원李載元(1831~1891)과 아들 이재면 등 왕실 종친들을 참여시켰다는 점이다. 물론 구색을 맞추

19세기 정보 통신의 허브 지금 종로에 있는 우정총국 건물이다. 1884년 10월 1일부터 업무가 개시되었으나, 이내 갑신정변의 무대가 되었고 그 바람에 문을 닫았다. 2012년 128년 만에 우체국 기능을 갖추고 다시 문을 열었는데, 우정 사료를 전시하고 기본적인 우편 서비스를 제공하고 있다.

기 위한 인사였으나 쿠데타 정권이라는 색채를 불식시키는 데는 효과적인 조치였다.

이튿날인 12월 5일에 새 내각이 발표되면서 드디어 새 정권은 '쿠데타'라는 딱지를 떼는 듯 보였다. 이튿날 아침에는 문벌과 신분을 폐지하고 토지제도와 조세제도의 개혁을 기본 내용으로 하는 혁신정강도 발표했다. 드디어 역대 어느 정권도 하지 못한 '개혁+개화'라는 역사적 사명이 완수되는 듯했다. 김옥균의 꿈은 실현되는 듯했다.

그런데 그것을 한낱 사흘간의 백일몽으로 만든 것은 명성황후와 일본이었다. 쿠데타 세력이 내각을 발표한 12월 5일, 명성황후는 개화당으로 위장한 위안스카이의 첩자를 비밀리에 만난 다음 김옥균에게 거처를 창덕궁으로 옮기겠다고 말했다. 아직 소수 병

삼일천하 김옥균 김옥균의 쿠데타가 실패한 이유는 필요한 무력 기반을 갖추지 못한 탓도 있지만, 교활한 명성황후와 그녀에게 휘둘린 고종의 책임도 크다. 명성황후는 아무런 이론도 없이 무작정 개화를 추진하다가 정작 개화가 필요할 때는 수구로 돌아서버렸다.

력으로 정권을 유지하고 있던 김옥균은 넓은 창덕궁을 수비할 자신이 없었으므로 극구 만류했으나 한사코 고집을 부리는 국왕 부부를 막지는 못했다.

그러나 그것은 명성황후의 계략이었다. 고종이 혁신정강을 공식적으로 추인하는 절차가 약정되어 있던 12월 6일 오후 3시를 기해 1500명의 청군이 창덕궁으로 몰아닥쳤다. 겨우 50명의 병력과 사관생도로 이루어진 쿠데타군이 중과부적을 느끼고 후퇴할 때, 애초에 돕기로 한 일본군은 재빨리 창덕궁에서 철병해버렸다. 김옥균의 3일 천하, 아니 그보다도 조선 최후의 개혁 시도는 이것으로 싱겁게 끝나버렸다.

내전의 국제화

애초부터 안 되는 싸움이었을까? 그랬을지도 모른다. 조선 역사상 변방의 반란, 민란, 사대부의 반란은 여러 차례 있었지만 갑신정변처럼 물리적 기반이 취약한 쿠데타 세력은 없었다. 게다가 조선의 사정은 청과 일본이라는 두 강국이 간섭하고 있는 탓에 그 어느 때보다도 내부 쿠데타가 어려운 조건이었다. 따라서 김옥균이 자신의 꿈을 실현하려면 두 나라 중 하나는 반드시 잡아야 했다. 그러나 그는 일본에 의존하기보다 주체적으로 개혁과 개화를 이루고자 했고, 일본 측도 그가 일본을 이용 대상으로만 삼고 있다는 것을 알고 있었다(그랬기에 발을 뺀 것이다). 결국 당시의 조선은 내부 개혁을 꾀하는 시도 자체가 불가능한 상태였던 것이다.

갑신정변의 실패로 조선에서 개혁과 개화의 싹은 완전히 제거되었다. 김옥균과 박영효, 서광범, 서재필은 재빨리 일본으로 도피했으나(홍영식은 끝까지 남아 고종 부부를 청군에게 넘겨주는 과정에서 살해당했다), 명성황후 정권은 놀란 가슴을 쓸어내리는 데 만족하지 않고 그 참에 국내의 개화파를 철저히 색출해 모조리 처단해버렸다. 게다가 청과 일본은 톈진 조약을 맺고, 앞으로 이런 사태가 다시 일어나 양국이 조선에 파병하게 될 경우 사전에 통보한다는 자기들끼리의 약속을 정했다. 개혁의 시도가 오히려 안팎으로 화를 부른 셈이다.

이제 조선의 미래는 없다. 조선을 고칠 의사는 세계 어디에도 없다. 안은 온통 썩어 회생 불능이고 밖에서는 썩은 고깃덩이라도 먹겠다고 달려드는 하이에나들뿐이다. 남은 절차라면 중국과 일본 두 하이에나가 조선을 놓고 최후의 승부를 가리는 것뿐이다. 둘 중 조선을 먹는 측이 장차 동아시아 전체를 제패하게 될 것이다.

그러나 응당 뒤따랐어야 할 결승전은 10년가량 뒤로 늦추어졌다(실제로 1885년 초부터 조선에서는 두 나라가 곧 전쟁을 벌일 것이라는 소문이 끊임없이 나돌았다). 양측이 제 코가 석 자인 데다 각자 결전에 대비할 훈련 기간을 가져야 했기 때문이다. 우선 청은 명성황후 정권을 거느리고 있었으니까 먼저 일본 측에 시비를 걸 법도 했으나 그럴 사정이 못 되었다. 중국에 진출한 서양 열강이 각종 특혜와 이권으로 단물을 빨아먹는 데 혈안이 되어 있었으므로 당장은 그 문제가 더 시급했고, 게다가 아직은 양무운동이 완성되지 않은 탓에 일본과 결전을 벌일 처지가 못 되었다.

한편 일본은 군국주의로 가는 길의 마지막 고비에서 맞닥뜨린 걸림돌을 제거하는 게 급선무였다. 국내의 자유주의 세력이 들고 일어나 일본의 제국주의화에 제동을 걸고 나섰기 때문이다. 어쩔 수 없이 메이지 정부는 자유주의자들에게 근대적 헌법을 제정하겠다고 약속했는데, 여기서도 유신 정권의 잔꾀가 유감없이 발휘되었다. 자유주의자들은 정부가 약속대로 1889년에 대일본 제국 헌법을 공표한 것에 만족했지만, 이 헌법은 그들의 기대와 달리 천황의 전제를 합법화하는 내용이었다.●

● "대일본제국은 천황이 통치한다."(제1조), "천황은 신성하여 침범받지 않는다."(제3조) 등의 조항에서 보듯이, 새 헌법은 민주주의는커녕 천황의 독재를 정당화하는 역할을 했다. 삼권분립의 원칙에 따라 내각, 제국의회, 재판소가 신설되었으나 모든 기관은 사실상 천황(유신 정부)의 통치를 돕는 분업적 기관에 불과했다. 그럼 일본의 자유주의 세력은 왜 더 이상을 얻어내지 못했을까? 일본은 서유럽 국가들과 같은 시민사회의 역사적 경험이 없기에 자유주의도 한계가 있을 수밖에 없었다. 이 점에서는 당시 일본이 모델로 삼은 비스마르크의 독일제국도 마찬가지였다. 독일도 시민사회의 힘이 약했기에 정부가 의회를 쥐락펴락할 수 있었는데, 이 점은 20세기 들어 독일과 일본이 파시즘 국가로 변모하는 데 결정적인 원인이 되었다.

이렇게 중국과 일본이 자국의 문제를 처리하는 데 부심하고 있는 동안 조선은 상대적으로 안정기를 가질 수 있었다. 만약 이 시기에 김옥균의 개혁·개화 정권이 있었더라면, 아니 최소한 정상적인 행정이라도 꾸릴 수 있는 정권이었더라면 조선은 다가올 암울한 미래에 대비할 체력을 어느 정도 비축할 수 있었을지도 모른다. 그러나 논리도, 정강도, 일관성도 없는 민씨 정권은 그 소중한 시기를 기회로조차 인식하지 못했다. 심지어 1885년에는 영국 함대가 거문도를 불법으로 점령하는 사태가 터졌는데도 주도적으로 문제를 처리하지 못하고 각국 공사관에 도움을 호소하면서 갈팡질팡할 뿐이었다(그래서 거문도에는 1887년까지 무려 2년 동안이나 영국기가 게양되었다).

그나마 다행스럽게도 그 사건에서 국제 관계를 다양화해야 한다는 교훈을 얻은 덕분에 이후 조선 정부는 러시아와 프랑스, 이탈리아 등과 차례로 통상조약을 맺었다. 하지만 무원칙한 개방은 무질서의 확대를 낳을 뿐이다. 조선 정부로서는 국제 관계 이전에 나라 안을 걱정해야 했다. 바야흐로 조선 역사상 최대의 반란이 숙성되고 있었기 때문이다.

1893년 봄, 충청도 보은에서 2만 명의 농민이 모여 척왜양斥倭洋(일본과 서양을 배척하라)의 요구를 내걸고 대규모 시위를 벌였다. 범상치 않은 규모에 범상치 않은 시위였는데, 더 범상치 않은 것은 시위대의 구성이었다. 그들은 바로 동학교도였던 것이다. 전해부터 교주인 최제우의 명예를 회복해주고 동학을 탄압하지 말라고 정부에 요구하던 그들은 뜻이 이루어지지 않자 종교의 울타리를 넘어 정치 문제까지 들고 나오기에 이르렀다. 정부에서는 시위가 폭동화할 것에 대비해 진압을 준비하는 한편 시위대를 회유하는 양면책을 구사했으나 분위기는 쉽게 가라앉지 않았다. 과연 그해 내내 간헐적으로 일어나던 시위는 이듬해 1월 대규모 봉기로 터져 나왔다.

30년 전의 민란에서도 그랬듯이, 이번에도 역시 방아쇠를 당긴 것은 부패한 관리였다. 전라도 고부의 군수 조병갑趙秉甲은 저수지를 고치는 데 농민들을 동원했으면서도 농민들에게서 가혹한 물세를 받아먹는가 하면 자기 아버지의 공덕비를 세우는 데 드는 비용을 농민들에게서 뜯어냈다. 참다 못한 고부의 동학 접주 전봉준全琫準(1855~1895)은 농민과 동학교도로 이루어진 1000명의 시위대를 이끌고 고부 관청을 습격했다. 아전들을 옥에 가두고 곳간을 열어 농민들의 혈세를 돌려주었는데, 이것이 바로 동학농민운동의 시작이다(1894년이 갑오년이기에 갑오농민전쟁이라고도 부른다).●

● 전라도는 지금이나 조선시대에나 최대의 곡창지대였다. 지방관들의 탐학이 특히 심했던 이유도 그 때문인데, 여기에는 조선시대 내내 전라도 지역이 소외되었던 탓도 있을 것이다. 물론 전라도만이 그런 것은 아니고, 이른바 새외(塞外)라고 불렸던 서북 지역은 소외를 넘어 공식적인 차별을 겪었다. 이렇게 지역 차별이 심화된 이유는 조선 중기로 접어들어 사대부 체제가 되면서 영남 출신들이 중앙 관직을 독점했기 때문이다(초기까지는 주로 중부 지방 출신이 중앙 관직에 포진했으나, 중종반정 이후에는 거의 영남의 독무대였다).

호미로 막을 수 있는 일을 가래로도 막지 못할 만큼 키운 것은 정부의 조치였다. 안핵사로 파견된 이용태李容泰(1854~1922)는 안핵하기는커녕 봉기 농민들을 동학교도로 몰아붙였다. 동학은 실정법상 금지되어 있으니까 일단 처벌의 근거를 마련하려는 의도였다. 하지만 그것은 타오르는 농민들의 기세에 기름을 끼얹은 결과가 되고 말았다. 물론 농민들 중에 동학교도가 많은 것은 사실이지만 봉기의 근본 원인은 종교 때문이 아니었으니 농민들이 격분한 것은 당연했다.

이제 분노의 화살은 지방의 탐관오리만이 아니라 중앙정부에도 겨누어졌고, 농민 시위대는 농민군으로 탈바꿈했다. 농민군 지도자인 전봉준, 김개남金開南(1853~1895), 손화중孫華仲(1861~1895)은 동학의 전통적 이념인 보국안민輔國安民(나라를 일으키고 백성을 보호하자)은 물론 축멸양왜逐滅洋倭(서양과 일본을 몰아내자)라는 정치적 슬로건까지 거리낌 없이 내세웠다. 게다가 농민군은 5월 31일에 전주성을 함락시킴으로써 그 슬로건을 실현할 주체적 역량이 있다는 것을 과시했다.

그제야 정부는 발등에 불이 떨어졌다는 것을 깨달았지만, 막상 할 일은 별로 없었다. 그저 모국이나 다름없는 청에 지원과 해결을 부탁하는 게 고작이었다. 하지만 그럴 경우를 대비해 일본은 청과 톈진 조약을 맺어두었다. 한 측이 조선에 파병할 경우 사전에 통보한다는 약속이다. 그래서 사태는 제2라운드로 접어들었다. 이제 동학농민운동은 조선 정부가 아니라 오히려 청과 일본의

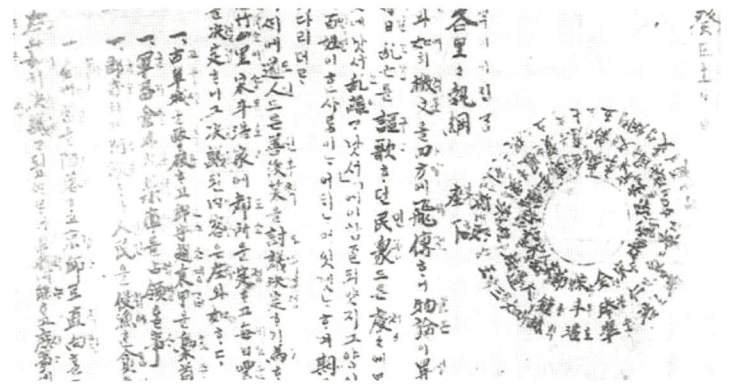

농민군의 연판장 동학 농민군이 거사를 앞두고 전국의 접주들에게 알린 비밀 통신문이다. 오른쪽에 둥글게 이름들을 명기한 게 사발 모양이라서 흔히 사발통문이라고 부르는데, 그 의도는 혹시 이것이 적의 손에 들어가더라도 주모자가 누군지 알 수 없도록 하기 위해서다. 사발의 아래쪽에 전봉준의 이름이 보인다.

현안이 되었다.

도발된 전쟁과 강요된 개혁

동학 농민군이 전주성을 함락시킨 1894년 4월 27일, 농민군에 못지않게 기뻐한 자들이 있었다. 바로 일본 메이지 정부의 지도부였다. 같은 날 제국의회가 정부 불신임안을 제기한 탓에 일본 정부는 난처한 상태에 처했는데, 불과 몇 시간 만에 해결책을 찾은 것이다. 메이지 정부가 발족한 이래 최대의 정치적 위기였으나 그 위기를 타개할 결정적 카드가 현해탄 건너편에서 왔다.

전주성이 함락되었다는 보고를 받은 명성황후 정권이 청에 진압 병력을 요청하자마자 톈진 조약이 발효되었다. 이제 메이지 정부는 내부의 정치적 위기를 바깥으로 표출해 해소할 수 있게 되었다. 당시 수상인 이토 히로부미伊藤博文(1841~1909)는 한양발 급전을 듣고 하늘이 도운 것이라며 기뻐했을 정도다(그는 앞에서 말한 요시다 쇼인의 제자였다).

신속과 일사불란함을 강점으로 삼는 메이지 정부는 정말 전광석화처럼 대처했다. 이틀 만에 의회를 해산하고 조선에 군대를 파견했는데, 정작 파병을 요청받은 청이 군대를 거느리고 충청도 아산에 상륙한 5월 초에 일본군은 남해와 황해를 빙 돌아 인천에 상륙할 정도였으니 얼마나 신속했는지 짐작할 만하다. 또한 청군이 전주에 가까운 아산으로 온 반면 일본군이 한양에 가까운 인천으로 왔다는 사실은 조선의 상황을 보는 양국의 시각을 말해주고 있었다. 청이나 일본이나 반란의 진압을 표방하고는 있었지만, 청은 실제로 그런 의도였던 데 반해 일본은 그 기회에 조선을 침략하겠다는 검은 의도를 품었던 것이다.

제 나라 백성이 일으킨 반란에 남의 나라 군대를 스스럼없이 끌어들이는 민씨 정권의 작태는 새삼스럽게 비난할 가치도 없지만, 어쨌든 그 때문에 농민군의 입장은 난처해졌다. 척왜양의 기치를 높이 치켜든 마당에 외세를 끌어들인 격이기 때문이다(사실 '척왜양'의 구호에 중국이 없다는 것은 농민군도 중국을 배척해야 할 외세로 간주하지는 않았다는 의미다). 그래서 전봉준은 즉각 정부와 화의를 맺고 전주성에서 철수해 외세가 개입할 빌미를 없애버렸다(당시 그는 동학교도가 관장하는 집강소執綱所라는 민간 행정기관을 전라도 일대에 두기로 하는 요구 조건을 관철시켰는데, 이는 후속 봉기를 위한 용의주도한 배려였다). 그러나 그것으로 한 외세에 대처하는 데는 성공했지만 다른 외세는 막지 못했다.

관점의 차이   조선에 내란이 터졌다는 소식을 전해들은 청과 일본의 태도는 확연히 달랐다. 청은 명성황후의 초청장을 받고 아산으로 온 반면, 일본은 톈진 조약을 구실 삼아 인천항으로 들이닥쳤다. 같은 사태를 바라보는 관점에서 차이가 있었으니 청일전쟁의 승패는 보지 않아도 뻔했다.

    '진압 대상'이 없어지자 청과 일본의 태도는 확연히 갈라졌다. 요청받은 진압의 임무를 수행하는 것 이외에 다른 구상이 없었던 청군은 머뭇거렸으나, 애초에 진압을 구실로 본국의 정치적 문제를 해결하는 것과 더불어 조선 진출을 가시화할 작정이었던 일본군은 농민군이 자체 해산했음에도 잔당을 없앤다며 설치고 다녔다. 위안스카이는 일본 측에 함께 철군하자고 제안했으나 일본 공사 오토리 게이스케大鳥圭介에게 내려진 본국의 지령은 그 참에 조선을 제압하라는 것이었다. 아니나 다를까, 두 달 가까이 법석

● 임오군란 이후 청에서 사실상의 유배 생활을 하던 대원군은 3년 뒤인 1885년 조선에 통상전권위원으로 부임하는 위안스카이와 함께 귀국했다. 이미 두 차례의 집권에서 실패를 맛본 데다 나이도 육순이 넘었으니 욕심을 버릴 법도 했지만, 대원군은 그렇지 않았다. 귀국한 뒤에도 그는 위안스카이와 결탁해 집권을 노리는가 하면 동학농민운동이 일어나자 농민군과 접선을 시도하기도 했다(임오군란 당시에도 반군의 힘을 빌려 집권하려 했던 경험이 생각났을 법하다). 그가 일본 측에 발탁된 이유는 권력에 관해 활화산 같은 의욕과 정력을 보였기 때문이리라.

을 떨던 일본군은 급기야 6월 하순에 느닷없이 경복궁에 침입하더니 명성황후 정권을 해체하고 대원군을 다시 불러들였다.●

동학 농민군이 해산한 뒤에도 일본이 자꾸 사태를 키운 이유는 본국의 사정상 조선에서 뭔가 한판 크게 벌여야 했기 때문이다. 그래서 일본은 조선에서 두 가지 과제를 설정했다. 하나는 조선의 내정을 개혁하는 것이다. 이는 물론 조선의 발전을 지원한다는 목적이 아니라 장차 조선을 집어삼키기 위해서는 일단 더 먹기 좋은 떡으로 만들어야 할 필요성에서다. 다른 과제는 조선에서 청의 입김을 제거하는 것이다. 아무리 조선을 맛있는 떡으로 만들어놓는다 하더라도 입이 둘이라면 별로 맛있게 먹지 못할 테니까.

대원군을 경복궁의 주인으로 들어앉힌 지 이틀 만에 일본의 해군과 육군은 황해상의 청 함대와 아산에 주둔 중인 청 육군을 기습했다. 이렇게 해서 청일전쟁淸日戰爭이 시작되었는데, 정식 선전포고는 사흘 뒤에야 이루어졌다(이후 태평양전쟁에 이르기까지 일본은 늘 기습 공격을 한 뒤 선전포고를 하거나 아예 선전포고 없이 전쟁을 감행하는 국제 깡패의 습성을 보여준다). 드디어 갑신정변 때 예고되었던 두 메이저 간의 조선 따먹기가 실행에 옮겨진 것이다. 더 긴 호흡으로 보면 임진왜란 이후 무려 300년 만에 재개된 중국과 일본의 대회전이라고 할 수도 있다. 당시에는 중화 세계와 비중화 세계의 대결이었으므로 지금과는 성격이 다르지만 무승부로 끝났으니 이번만큼은 승부를 봐야 한다. 조선의 입장에서는 하필이면 또다시 무대가 한반도라는 게 불운이었으나, 이번 전쟁은 어떤 의미에서 조선 정부가 자초한 것이므로 누굴 탓할 수도 없었다.**

전쟁 자체로 보면 흥미로울 수도 있다. 일본의 메이지 유신과 청의 양무운동이 대결하는 셈이기 때문이다. 둘 다 서양의 제국주의 열강을 모델로 한 개혁이지만 성격과 진행 방식에서는 사뭇 달랐기 때문에 성과를 비교 평가하는 데 시금석이 될 수 있었다. 그러나 소문난 잔치에 먹을 것 없다는 말처럼 전쟁은 싱겁게 끝났다. 이홍장이 각별히 공을 들인 청의 육군과 해군은 일본의 기민한 공격 앞에 여지없이 무너졌다. 개전 후 두 달이 못 되어 일본군은 평양에서 청의 주력군을 격파하고 청군을 한반도에서 완전히 몰아냈으며, 황해 해전에서도 일본 함대가 청의 주력 함대를 손쉽게 제압했다. 곧바로 랴오둥에 상륙한 일본군이 뤼순을 접수하고 산둥 반도까지 밀고 내려가자 청은 항복하고 말았다. 이로써 300년 전 10년 가까이 끌었던 승부를 일본은 불과 몇 개월 만에 끝냈다. 전쟁의 승리보다 더 반가운 것은 이제 조선을 독차지하게 되었다는 점이다.

전쟁의 와중에도 일본은 조선을 먹기 좋은 떡으로 다듬는 작업을 게을리하지 않았다. 그러나 전쟁이라면 몰라도 조선의 내정 자체에 일본이 앞장설 수는 없는 입장이므로 꼭두각시를 내세워야 한다. 그래서 발탁한 게 바로 대원군이다. 대원군에게 일본이 바라는 것은 단 하나, 조선에 친일 정권을 세우는 데 기둥이 되어달라는 것이다. 하지만 일본은 대원군을 잘 몰랐다. 권력욕의 화신

●● 여기서 주목할 것은 위안스카이의 행보다. 대원군과 함께 조선에 들어온 뒤 그는 오만방자한 태도로 조선의 국정에 간섭했다. 그는 고종 앞에서도 예의를 갖추지 않았고 심지어 고종을 혼군(昏君), 즉 무능한 군주라고 비난하며 폐위를 주장하기도 했다. 사실 그는 청의 정식 외교관도 아니었고 이홍장이라는 군벌의 부하에 불과했다. 그런 자의 전횡을 좌시할 수밖에 없는 조선 정부의 처지도 딱했다. 더구나 전쟁이 발발하기 며칠 전 위안스카이는 신변의 안전을 위해 청으로 도망쳤다. 이런 자가 이후 20년간 청의 실권자로 군림했으니, 당시 청의 형편도 조선보다 나을 게 없었다.

● 이런 점은 이승만과 박정희에게서도 볼 수 있다. 그들은 미국의 지원에 힘입어 대통령이 되었지만 막상 권좌에 오른 뒤에는 미국의 간섭을 배제하고자 했다. 또한 그들은 일본에 대해서도 나름 강경한 입장을 견지했다. 언뜻 보면 민족주의 이념에 투철한 지배자인 듯싶지만 그들을 참된 민족주의자로 존경할 수 없는 이유는 대원군을 현명한 지도자로 볼 수 없는 이유와 같다. 그들은 전부 자신의 병적인 권력욕을 구국과 애국으로 포장한 독재자들이다.

같은 인물들이 대개 그렇듯이, 대원군은 결코 권력을 남과 나누어가지거나 남의 허수아비가 되려 하지 않았기 때문이다.● 그러나 착각한 것은 대원군도 마찬가지였다. 이제 조선의 집권자는 허울뿐 아무런 실권도 없다는 사실을 그는 충분히 인식하지 못하고 있었다.

결국 주제를 모르고 주체성을 보였던 대원군은 한 달도 못 가 퇴출되고 만다. 일본이 다음 후보로 내세운 인물은 바로 김홍집이다. 온건 개화파인 그는 급진 개화파가 주도한 갑신정변을 수습한 뒤 10년 동안이나 한직에 머물러 있다가 오랜만에 중앙 무대로 돌아왔다. 물론 그에게 주어진 임무는 일본이 짜준 개혁 프로그램을 충실히 이행하는 것뿐이다. 그 프로그램을 갑오개혁甲午改革이라고 부르는데, 실은 김옥균이 10년 전에 시도한 개혁이 당시에는 그것을 반대한 김홍집에 의해 추진된 것에 불과했다.

겉으로 보기에 개혁의 주체는 김홍집이 이끄는 군국기무처軍國機務處인 듯하지만, 알고 보면 고문의 직함을 가진 오토리 공사이고, 더 알고 보면 그의 배후에 있는 일본의 메이지 정부다. 따라서 갑오개혁이 메이지 유신의 축소판일 것은 충분히 예상할 수 있다.

어쨌든 그 내용은 나무랄 데가 없다. 문벌과 신분의 차별을 철폐하고 노비 문서를 소각한 것이라든가, 연좌제를 폐지하고 과부의 재혼을 허용하며 관권에 의한 인신 구속을 제한하는 등 인권 보장에 비중을 둔 것은, 비록 강요된 개혁일지라도 한반도 최초로 근대적 법과 제도가 자리 잡은 기념비적 변화에 해당한다. 게다가 중국의 연호를 버리고 조선 고유의 개국기년을 사용하기로 한 것과 과거제를 폐지한 것은 중화 세계의 굴레를 벗어던진 것이므로 500년 조선사, 아니 1000년 한반도사를 완전히 뒤집는 획기적인 일이다(그래서 서기 1894년은 개국 503년으로 불리게 되었다). 그와 더불어 화폐제도도 개혁되고, 조세제도도 은납제로 바뀌며, 은행과 회사의 설립이 시작되고, 도량형도 통일되었다. 역대 어느 정권도 하지 못한 총체적인 개혁을 김홍집 내각은 불과 며칠 만에 우지끈뚝딱 해치운 것이다.

그러나 개혁의 내용이 아무리 좋다 해도 그것을 받아들이는 측에서 마음의 준비가 되어 있지 않다면 아무 소용도 없다. 어쩔 수 없이 친일로 선회하게 된 조선 정부도 지나치게 급진적인 갑오개혁을 선뜻 받아들이지 않을 정도였다면, 조선 백성들이 개혁을 바라보는 태도야 더 말할 것도 없었다. 아무리 새로 발행한 화폐를 사용하라고 해도, 조세를 화폐로 내라고 해도, 척尺이나 리里를 쓰지 말고 미터법을 쓰라고 해도 백성들이 따르지 않으면 말짱 도루묵이다. 더욱이 백성들은 정부의 모든 조치를 불신하고 있을 뿐 아니라 외세가 남의 나라 땅에 와서 자기들끼리 싸움박질을 벌이고 내정에 간섭하는 꼴을 더 이상 참지 않으려 했다. 전봉준이 2차 봉기에 나선 것은 그런 배경에서다.

외세가 간섭할 빌미를 주지 않기 위해 한동안 사태를 관망하기만 한 전봉준은 청일전쟁에서 일본의 승리가 굳어지자 다시 척왜의 기치를 내걸고 봉기했다. 집강소를 통해 신속히 연락이 이루어진 결과, 1894년 10월 전라도 삼례에는 무려 11만 명에 이르는 동학 농민군이 모였다.**

하지만 일본군이 정식으로 투입된 이상 농민군의 투쟁에는 한

●● 원래 동학의 2대 교주인 최시형은 전봉준의 계획에 반대했다. 동학이라는 새 종교를 착근시키는 것에 목숨을 건 그는 오히려 전봉준을 '역적'으로 몰며 정부 측에 추파를 던지고 있었던 것이다. 그래서 2차 봉기도 처음에는 전봉준을 비롯한 전라도 접주들(남접)이 시작했고, 최시형이 관장하는 충청도 접주들(북접)은 참여하지 않았다. 오지영(吳知泳, ?~1950)이 항일에 매진하자고 최시형을 설득한 끝에 가까스로 남접과 북접이 함께 대규모 농민군을 이룰 수 있었다. 그러나 이 봉기가 실패한 이후 남접의 지도부가 모두 죽임을 당한 것과 달리 최시형과 오지영, 손병희(孫秉熙, 1861~1922) 등 북접 지도부는 살아남아 훗날 동학을 계승한 천도교에서 간부를 맡았다.

계가 있을 수밖에 없었다. 공주성 공략에 실패한 농민군은 곧이어 벌어진 우금치 전투에서 일본 정규군의 조직력과 우세한 화력에 버티지 못하고 결정적인 패배를 당했다. 결국 12월 전봉준, 손화중, 김개남의 남접 삼총사가 체포되어 이듬해 참수당함으로써 동학농민운동은 최종적으로 막을 내렸다.

어느 부부의 희비극

1895년 봄, 일본은 청일전쟁에서 승리한 대가를 받았다. 청은 시모노세키에서 또 하나의 불평등조약을 맺어야 했는데, 이번에는 서양 열강이 아니라 일본이 상대방이었다는 점에서 무척 자존심이 상했을 것이다. 조약의 내용은 서양 열강이 중국과 체결한 각종 불평등조약을 망라하고 모방한 것이었다. 일본은 청으로부터 랴오둥 반도와 대만 등을 빼앗고 막대한 배상금도 받아냈다. 주목할 만한 사실은 이 시모노세키 조약에서 "조선이 완전한 독립국임을 승인한다."라는 내용이 제1항으로 채택되었다는 점이다(조선 내에서도 그 조항을 증명하는 사건이 있었는데, 그것은 바로 모화관이 문을 닫은 것이었다).

물론 조선을 청으로부터 독립시킨 일본의 의도는 이제부터 청 대신 일본이 조선에 대한 종주권을 행사하겠다는 것이었다. 과연 일본은 곧바로 일본에 망명해 있던 박영효와 서광범을 귀국시켜 2차 김홍집 내각을 친일 성향으로 개편하고,● 비현실적인 선언에 그친 갑오개혁을 수정해 홍범 14조라는 새로운 개혁안을 조선 정부에 강권했다. 그러나 이것 역시 조선 정부가 받아들이기에는 지나치게 급진적이었다.

우선 조선의 중앙 관제에서 언제나 으뜸이던 의정부가 폐지된 데서 민씨 정권은 큰 충격을 받았다(비록 갑오개혁 때 군국기무처에 모든 권한을 빼앗겨 유명무실해졌다고는 하지만 의정부가 지니는 상징성은 대단히 컸다). 게다가 왕실과 국정을 분리시킨 것은 일종의 입헌군주제를 도입하겠다는 구도였으니 이제 민씨 정권은 발 딛고 설 곳조차 없어졌다. 궁지에 몰린 그들의 눈에는 1500년에 걸친 중국의 영향력이 한반도에서 완전히 사라졌다는 것도 해방감을 주기는커녕 커다란 불안 요소로만 여겨질 뿐이었다. 그런 불안감에다 오랫동안 교린의 대상이던 일본의 지배를 받게 된 데 대한 거부감이 겹치면서 민씨 정권은 청을 대신해줄 새로운 파트너를 섭외했다. 바로 러시아였다.

1895년 7월, 조선 정부는 마침내 박영효를 내쫓고 친러파인 박정양과 어윤중을 내세워 3차 김홍집 내각을 성립시키는 데 성공했다.•• 그러나 이미 조선의 단독 주인이 된 마당에 그 꼴을 가만히 두고 볼 일본이 아

• 김옥균이 그때까지 살아 있었더라면 당연히 새 내각의 수반이 되었겠지만, 불행히도 그는 1894년 3월에 상하이에서 조선 정부가 보낸 홍종우라는 자객에게 암살되었다. 갑신정변 이후 민씨 정권은 여러 차례 일본 측에 김옥균 일당을 압송하라고 요구했으나, 일본은 당연히 그 요구를 일축했다. 김옥균이 일본의 정객들과 교류하면서 귀국을 획책하고 있다는 소문이 끊이지 않자 초조해진 정부는 그를 암살하기로 했다. 한 차례 섣부른 시도가 실패로 돌아간 뒤 일본은 김옥균을 빼돌려 보호하고자 했으나, 결국 김옥균은 자객의 계략에 빠져 상하이로 갔다가 피살되었다. 이 일로 일본의 언론이 조선 정부를 맹렬히 비난하면서 조선 침략의 분위기가 형성된 것을 보면, 김옥균은 일본의 정객들과 상당히 두터운 친분을 쌓았던 듯하다.

•• 친일-친청-친러로 이어지는 '눈부신' 노선 변화에서 명성황후 정권의 철저한 무원칙을 볼 수 있다. 물론 정권이 노선을 바꾸었다고 해서 무조건 비난할 일은 아니다. 그러나 민씨 정권의 변신은 자체 이념에 따른 게 아니라 언제나 적에 대한 반대로 취해졌다는 데서 일관성이 전혀 없었다. 처음에는 대원군을 반대해서 친일이었고, 그다음은 갑신정변을 주도한 급진적 개화파를 반대해서 친청으로 돌았으며, 그다음은 일본이 청을 제압하자 친러를 택했으니, 그 변화는 어떻게든 자신의 권력을 유지해보겠다는 안간힘과 다름없었다.

욕된 죽음 20년 동안 조선의 실권자로 군림한 명성황후는 사진에 나오는 건천궁의 옥호루에서 비극적인 죽음을 당했다. 건천궁은 경복궁에서도 가장 북쪽의 후미진 곳이었으니 야밤에 거기까지 도망친 명성황후의 다급한 심정이 보이는 듯하다(이 건물은 지금 남아 있지 않다). 조선 민족에게 그녀는 치욕스런 국모였으나 그녀의 죽음은 다른 의미에서 국가적인 치욕이었다.

니었다. 더욱이 일본은 시모노세키 조약에서 얻은 랴오둥을 러시아가 주도한 삼국간섭 때문에 곧바로 토해내야 했던지라 러시아라면 원한이 깊을 수밖에 없었다. 러시아 공사 베베르Karl Ivanovich Wäber가 조선 정부로 하여금 친러로 선회하게 만드는 데 큰 활약을 했다면, 이번에는 일본 공사가 활약할 차례다. 그런 의도가 있었기에 그 무렵 조선에 공사로 파견된 미우라 고로三浦梧樓(1846~1926)는 전의 공사들과 달리 무관 출신이었다.

부임한 직후 미우라 고로는 승려의 신분을 자처하면서 남산의 일본 공사관에 은거하며 외부와의 접촉을 피했다. 그러나 공식적으로 그런 것뿐이고 비공식적인 활동은 무척 활발했다. 우선 그는 정부에 반대하는 조선의 내부 세력과 접선해 해고 직전에 있던 조선군 훈련대를 자기편으로 끌어들였다. 그러나 예상외로 훈련대의 수준이 형편없는 것을 알게 되자 그는 한양에 와 있던 일본의 양아치와 상인, 기자, 통신원 들까지 긁어모아 얼기설기 조폭 같은 군대를 편성했다. 그 용도는 바로 다음 달인 1895년 8월에 드러났다. 그 조폭들이 느닷없이 경복궁을 기습한 것이다.

일개 깡패들을 당해내지 못할 정도라면 궁성 수비대라고 할 수도 없겠지만, 어쨌든 경복궁 수비대는 별다른 저항 한 번 해보지 못하고 깡패들의 입성을 허락했다. 왕의 침실로 들어간 깡패들은 고종의 옷을 찢었고 세자의 목을 칼로 후려쳤다. 다행히 세자는 죽지 않고 기절한 덕분에 살아남아 나중에 왕위까지 이을 수 있었지만 그 행운은 그의 어머니에게까지 이어지지 못했다. 명성황후의 침실로 간 깡패들은 앞을 막아서는 궁녀들을 죽인 다음 황후마저 살해해버렸다. 더욱이 그들은 증거를 인멸하기 위해 그녀의 시신을 불태우고 재마저 여기저기 흩뜨려놓아 찾을 수 없게 했다. 허수아비 남편을 주무르면서 20여 년간 권세를 누리는 동시에 조선의 몰락을 재촉한 명성황후는 결국 이 을미사변乙未事變으로 비참한 말로를 맞았다. 개인적으로는 안타까운 죽음이지만 역사를 거스르고 조선의 국정을 말아먹은 대가였다고 할까?

일본 정부는 사건 직후 미우라와 관련 인물들을 급히 소환하고 우발적인 범행이라며 발뺌했다. 그러나 정부의 사전 승인 또는 적어도 묵인이 있었던 것은 분명하다. 처음에는 사건이 대외적으로 알려지는 것을 은폐하려 했다가 미국과 러시아 공사관에서 알아차리는 바람에 관련 인물들을 재빨리 철수시켰기 때문이다(게다가 미우라는 재판을 받고 투옥되었다가 이듬해 증거 불충분으로 풀려나 정치 활동을 재개했다). 게다가 당시 국제 무대에서도 일본은 정부 자체가 조잡한 깡패 짓을 서슴지 않았으니 을미사변쯤은 아무것도 아니었을 것이다.

어쨌거나 숙적인 명성황후를 제거하고 뜻을 이루었다고 판단한 일본은 대원군을 다시 불러들이고 김홍집 내각에 갑오개혁을 계속 추진하라고 지시했다. 하지만 미우나 고우나 그래도 국모인 명성황후를 비참하게 잃은 조선 백성들이 그 개혁을 받아들일 리는 만무했다. 그런 분위기에서 11월에 시행된 단발령斷髮令은 조선 백성들의 반일 감정을 극에 달하도록 만들었다.• 그 직후 조선 전역에서 일본에 반대하는 의병들이 우후죽순으로 일어나기 시작한 것을 보면, 조선 백성들은 전해부터 전개된 조선의 일본화 작업보다 단발령에 더 큰 자극을 받았던 모양이다.••

그러나 백성들보다 일본에 대한 감정이 더 사무친 사람이 있다. 바로 일본에 의해 아내를 빼앗긴 고종이다. 백성들은 일본을 혐오하지만 고종은 혐오를 넘어 일본이 두렵다. 그에게 명성황후는 사랑하는 아내라기보다 20년 동안이나 자신을 이끌어준 정신적 지주였다. 아내가 있었기에 그는 그 긴 세월 동안 국왕의 책무를 면제받고 아무 생각 없이 편하게 지낼 수 있었으며, 아내의 넓은 치마폭에 숨어 있는 한 아무도 그를 건드릴 수 없었

• 단발령의 표면상 이유는 위생적이고 편리하다는 것이었으나 어쩌면 일본이 조선 백성의 저항적 분위기를 시험하려 했던 것인지도 모른다. 신체발부(身體髮膚)는 부모에게서 받은 것이니 훼손할 수 없다는 유교 예법에 따라 단발령에 대한 전국적인 반발이 일어났는데, 주목할 것은 사대부들은 물론이지만 일반 백성들까지도 그랬다는 점이다. 반일 감정도 원인이겠으나 500년 동안 성리학 이데올로기가 지배하면서 이제 조선 사회는 구석구석까지 성리학으로 도배된 것이다. 그래서 고종과 정부 관료들이 직접 이발을 해서 시범을 보였음에도 성리학의 골수분자들은 문명을 야만으로 바꾸려는 조치라며 결사반대했다. 특히 최익현은 머리를 잘릴지언정 머리카락은 자를 수 없다는, 골수분자답지 않게 재치 있는 명언을 남겼다.

•• 단발령이 시행된 날짜는 1895년 11월 17일이었는데, 하필 이 날짜인 이유는 따로 있다. 이날을 기해 조선은 그때까지 쓰던 음력을 공식적으로 폐기하고 양력을 쓰게 되기 때문이다. 그래서 1895년 11월 17일은 양력으로 1896년 1월 1일에 해당한다. 우리 역사에서 1895년 11월 17일부터 그해 말까지는 아무런 일도 일어나지 않은, 심지어 날짜조차 존재하지 않는 완벽한 공백기다. 남의 나라 달력을 가져다 쓴 역사의 후유증이다.

신데렐라의 최후   한미한 가문의 딸이었다가 일약 일국의 왕비가 된 명성황후의 삶은 그야말로 극적이었다. 모든 권력을 손에 쥐고 황후의 지위에까지 올랐으나 결국 그녀는 일본 하급 무사의 손에 비참한 최후를 맞았다. 사진은 대한제국 선포 이후 1897년 11월 국장으로 치러진 명성황후의 장례식 장면이다.

다. 그랬으니 이제 이 세상에 홀로 남게 된 그의 심정이 얼마나 참담했을지 충분히 짐작이 간다. 그에게는 상처받은 자신을 만져주고 보듬어줄 새 보호자가 필요하다.

  물론 아버지 대원군은 싫다. 평소에도 엄하고 무서웠지만 이제는 권력에 미친 노인네인 데다 아내를 죽인 일본의 앞잡이가 되어 있지 않은가? 의지할 데 없는 마흔네 살짜리 아이의 공허한 마음을 파고든 것은 친러파인 이범진 李範晉(1852~1911)과 이완용 李完用(1858~1926)이었다. 베베르 공사와 머리를 맞대고 짠 각본에 따라 그들은 1896년 2월 고종에게 러시아 공사관으로 피신할 것을 권유했다. 대원군과 친일파가 득시글거리는 궁중, 아니 그보다 아내의 치마폭이 사라진 썰렁한 궁중보다는 몸을 의지할 수 있는 러시아 공사관이 훨씬 낫다는 주장이었다. 일국의 왕이 거처

발코니의 국왕 정신적 지주였던 아내가 죽자 고종은 정신이 산란해졌다. 그래서일까? 그는 제집을 놔두고 1년 동안이나 남의 나라 공사관에서 셋방살이를 했다. 사진은 러시아 공사관에서 바깥을 내다보고 있는 고종의 모습이다. 그 바깥에서는 시위대가 고종의 환궁을 요구하고 있었는데, 어처구니없게도 그들은 조선인들이 아니라 일본군이었다.

를 옮기기에는 너무나 어처구니없는 주장이었으나 고종은 그것을 수락할 만큼 어처구니없는 왕이었다. 더 어처구니없는 일은 그렇게 해서 시작한 남의 나라 공사관에서의 피난 살림이 무려 1년 동안이나 지속되었다는 점이다. 이것을 아관파천俄館播遷이라 부르지만, 이렇게 터무니없는 사건에까지 이름을 붙일 가치가 있는지 의아스러울 정도다.

어쨌든 조선은 왕국인지라 왕이 피난한 효과는 있었다. 김홍집 친일내각은 즉각 김병시金炳始(1832~1898)를 수반으로 하는 친러내각으로 바뀌었고, 대원군은 또다시 정계에서 은퇴했다(칠전팔기의 뚝심을 지닌 그도 이번에는 마지막 은퇴였다). 김윤식은 체포되었고, 어윤중은 피살되었으며,《서유견문西遊見聞》을 쓴 갑오개혁의 젊은 주역 유길준俞吉濬 (1856~1914)은 일본으로 망명해 '일본견문'을 준비해야 했다. 이것만도 웃기는 코미디지만 진짜 코미디는 그다음이다. 정권을 친러파가 완전히 장악했어도 고종은 경복궁으로 돌아오려 하지 않았다. 이때부터 1년 동안 정부는 남의 나라 공사관에 가 있는 제 나라 국왕을 환궁시키기 위해 백방으로 궁리하고 상소했으나 국왕은 악착같이 가지 않으려 버티는 희한한 쇼가 여러 차례 벌어졌다. 아무리 일본의 위협이 남아 있다지만 일국의 왕으로서 그렇게 겁이 났을까?

그토록 무겁던 고종의 궁둥이가 바닥에서 떨어진 것은 1897년

2월이다. 러시아의 영향력이 일본을 충분히 견제할 만큼 튼튼해졌다고 판단한 그는 1년이나 남의 집 신세를 지고서야 제집으로 돌아왔다. 하지만 아직 그가 주연을 맡은 코미디는 한 편이 더 남아 있었다. 그것은 바로 그가 그동안 보인 추태에 영 어울리지 않게 황제를 자칭하게 되는 사건이다.

기묘한 제국

고종이 러시아 공사관에서 지내는 동안 조선의 정세는 미묘하게 돌아갔다. 일본은 물러났으나 조선에서 발을 뺀 것은 아니다. 따라서 조정을 손에 넣은 친러파도 결코 안심할 수는 없는 상황이다. 사실 침략의 야욕이 아니더라도 그간 조선에 들인 정성을 생각한다면 일본은 조선을 결코 포기할 수 없다. 조선을 먹기 좋은 떡으로 만들기 위해 내정 개혁에 그토록 애쓴 것이나, 조선 민중의 거센 도전과 강호인 청마저 물리친 것을 생각하면 이제 와서 조선에서 손을 뗀다는 것은 말도 안 된다.

그런데 난데없이 러시아라는 놈이 오더니 다 잡아놓은 닭을 털도 뽑지 않고 삼키려 한다. 일본으로서는 억울하기 그지없는 일이다. 삼국간섭만 해도 그렇다. 말이 삼국간섭이지 프랑스와 독일은 들러리만 섰을 뿐이고, 실제 일본에 대한 국제적 압력을 공작한 것은 러시아다. 그 사건으로 랴오둥을 뱉어낸 것만도 땅을 칠 일인데, 이제 러시아는 조선에서마저 물러나라고 강요한다. 이제 일본은 러시아와 한판 붙을 것을 각오하지 않을 수 없다. 애초에 결승 상대로 여긴 청은 준결승 상대에 불과했다.

● 러시아는 세계적으로 유일하게 정치적으로 제국이면서 경제적으로 제국주의를 추구하는 나라였다. 당시 전 세계를 통틀어 제국 체제를 취한 나라는 유럽의 러시아와 터키, 아시아의 청인데, 셋 중에서 제국주의 열강에 속한 것은 러시아뿐이었다. 그러나 강력한 중앙집권을 통해 넓은 영토를 다스리는 방식의 제국 체제는 세계적으로 힘을 잃어가는 추세였다. 청은 말할 것도 없고, 한때 강성했던 터키 제국(오스만튀르크)은 서유럽 열강에 위축되어 발칸과 소아시아에서 명맥만 유지하는 상태였으며, 러시아 제국은 덩치만 컸을 뿐 유럽의 후진국이라는 신세를 면치 못하고 있었다. 공교롭게도 이들 세 제국은 1910년대에 한꺼번에 멸망하게 된다. 역시 제국이란 새 시대에 맞지 않는 낡은 체제였던 것이다.

문제는 청과 달리 러시아는 당당한 제국주의 열강의 하나로서 일본의 영원한 모델인 영국마저 두려워하는 상대라는 점이다.● 실제로 러시아가 중국과 조선에서 취하는 행동을 보면 일본 따위는 안중에도 없는 듯하다. 따라서 사전에 철저한 준비를 거치지 않으면 다 된 밥에 재를 뿌리는 격이 될 수도 있다.

친러파가 조선 정부를 장악할 때 일본이 적극적으로 대응하지 않은 것은 이런 고민이 있었기 때문이다. 어쨌거나 그 덕분에 조선은 다시 한 번 귀중한 시간과 기회를 벌었다. 두 메이저 간의 결승전이 예정되어 있는 이상 넉넉한 여유는 없겠지만 한반도가 힘의 공백 상태에 있게 되는 것은 이번이 마지막일 것이다(앞서 일본과 청의 준결승전이 벌어지기 전에도 조선에는 폭풍 전야와 같은 짧은 정비 기간이 주어졌으나 무능한 정부가 다 날려버렸다). 그런 의미에서 1896년 최초의 민간 정치조직인 독립협회獨立協會가 발족한 것은 좋은 때맞춤이었다.

독립협회의 창립자인 서재필徐載弼(1864~1951)은 변신의 극치란 무엇인지 잘 보여주는 인물이다. 갑신정변 때 사관생도로 일본에 망명한 그는 이후 미국으로 가서 대학을 졸업하고 의사가 되었다가 갑오개혁의 물결이 한창이던 1895년에 귀국해 언론인이 되었다(실은 한 개인이 이런 다양한 편력을 걸을 수 있었다는 것 자체가 당시 조선 사회의 인적 기반이 얼마나 취약했는지 보여주는 사실이다). 그래도 급진적 개화론으로 출발한 이념의 뿌리만큼은 변하지 않았으므로 그는 1896년 4월 7일에 최초의 민간 신문이자 한글 신문인 〈독립신문〉을 창간하고 뒤이어 독립협회를 창립했다.**

독립협회가 내세운 개혁 노선은 그때까지 나왔던 모든 개혁론의 집대성에 해당한다. 자주국권과 자유민권의 이념을 골간으로 삼고 정치적으로는 입헌군주제, 경제적으로는 근대적 공업 체제, 사회적으로는 서유럽식 시민사회를 주장했으니, 민간단체의 이념과 주장으로서는 지나치다 싶을 만큼 급진적이고 호기롭다. 불과 2년 전이었더라면 독립협회는 당장 폐쇄되고 서재필은 처형을 면치 못했을 것이다. 그러나 이제는 수구의 기둥이었던 명성황후도 죽었고, 일본과 러시아가 조선에서 힘의 균형을 이루고 있는 상황이었으므로 조선의 사회적 분위기는 당시 여느 서유럽 국가들에 못지않을 만큼 자유주의적이었다.

독립협회의 주된 활동은 일단 일반 민중에게 애국계몽의 이념을 전파하는 데 있었다. 그러나 제도권 정치가 무능해진 마당에 정치적 야심이 없었다면 거짓말일 것이다. 오랜 사대의 상징이던 영은문을 부수고 그 자리에 독립문을 세운 것은 자주국권을 앞세운 독립협회의 정치적 이념을 상징적으로 보여주는 사건이다. 고종으로서는 종묘사직을 허무는 듯한 아픔이었겠지만, 입헌군주제까

최초의 민간 신문 강고한 이념의 소유자는 아니었으나 서재필은 〈독립신문〉에 모든 열정을 쏟아부었다. 정부 지원금 이외에 사재까지도 털어넣었으니까. 가로 22센티미터, 세로 33센티미터의 4면짜리 신문이 한반도 최초의 민간 신문이다.

●● 서재필은 스무 살까지 국내에서 자랐고 과거에도 합격했으므로 당연히 우리말을 잘했지만, 이 무렵에는 대중 연설을 할 때도 영어를 섞어 썼고 필립 제이슨이라는 영어 이름을 사용했다. 미국에 머물던 10년 동안 그는 영어 공부만 열심히 한 게 아니라 미국의 사회와 체제에 매료되었을 것이다. 그렇다면 그가 주장하는 독립은 순수한 독립이라기보다 서양을 추종하고 서양식 근대화를 모태로 하는 일종의 변형된 사대주의였을 것이다.

지 운위되는 판에 그가 강력한 'NGO'의 주장을 거부할 수는 없었으리라. 그러나 독립협회가 고종의 심기를 상하게 한 것만은 아니다. 오히려 협회는 고종을 역대 어느 왕보다 영예로운 지위로 격상시켜준다. 독립문의 완공을 한 달 앞둔 1897년 10월 고종은 조선의 국호를 대한제국으로 바꾸고 새 제국의 황제가 되는데, 이것은 독립협회와 친러파 정부의 완벽한 합작품이었다.●

● 사실 이것은 원래 갑신정변을 주도한 급진적 개화파의 구상이었다. 당시 혁신정강에서는 중국에 대한 조공을 폐지하고 조선의 국왕을 중국 황제와 대등한 지위로 끌어올린다고 되어 있었던 것이다. 그래서 정변 세력은 고종을 가리키는 삼인칭으로 군주가 아닌 '대군주'라는 용어를 썼다. 이인칭도 '전하'가 아니라 황제에게만 허용되는 '폐하'라는 용어를 사용했다. 독립협회는 그런 급진적 개화파의 노선을 계승하고 있었으므로 발족 초기부터 조선의 제국화를 추진한 것이다. 대한제국이 성립된 것도 1897년 9월 말에 독립협회 회원이자 농상공부 협판이던 권재형이 '칭제(稱帝)'를 주장하는 상소를 올린 데서 비롯되었다. 입헌군주제를 주장하는 독립협회로서는 고종이 왕이든 황제든 별 상관없었을 것이다.

그에 앞서 1896년 1월에 조선 정부는 갑오개혁의 마무리로 중국의 연호를 버리고 건양建陽이라는 새 연호를 제정한 바 있었다. 원래의 일정대로라면 대한제국도 그때 탄생했겠지만, 아관파천으로 늦어졌으니 고종은 스스로 황제 등극을 미룬 셈이다. 이렇게 황제 자리가 별로 매력이 없는 것이라면 대한제국도 과연 명실상부한 제국인지 의심할 여지가 충분하다. 좀 멀기는 하지만 건양의 '바로 전'에 한반도 왕조가 독자적 연호를 사용한 경우는 무려 900여 년 전인 고려 광종 때였다(1권, 358쪽 주 참조). 그러나 당시에도 광종은 중국이 5대 시대의 분열기에 있었기 때문에 정치적 행동으로서 독자적 연호를 제정했을 뿐이고, 중국의 신흥 왕조인 송이 안정되자 곧 송의 연호를 사용했다. 그런 사정은 대한제국도 마찬가지였다.

제국이라니까 상당히 자주적인 것처럼 보이지만, 사실 대한제국의 성립은 주체적인 체제 전환이 아니라 일본과 러시아가 한

제국의 기념사진 드디어 조선은 왕국에서 제국으로 업그레이드되었다. 하지만 왕국일 때도 정상이 아니었으니 제국은 말할 것도 없다. 중요한 것은 국호가 아니라 위기에 처한 국가를 어떻게 이끌 것이냐는 문제였으나, 대한제국의 건국을 기념하기 위해 여기 모인 고종과 대신들은 일단 뿌듯하기만 했다.

발자국씩 물러서서 사태를 관망하고 있는 상황에서 나온 다분히 선언적인 정치적 행동에 불과했다. 일본 추종의 성향이 강한 독립협회와 러시아에 줄을 대고 있는 친러파 정부가 사이좋게 제국화 작업을 추진한 데서도 대한제국의 허구적 성격을 짐작할 수 있다(그래서 앞으로도 대한제국이라는 어설픈 호칭보다는 조선이라는 이름을 계속 쓰기로 한다).

이렇듯 알맹이 없는 '무늬만 제국'이었기에, 막상 대한제국이 성립되자 그 작업을 주도한 두 세력은 제국이라는 그릇에 채울 알맹이를 둘러싸고 이내 의견이 엇갈렸다. 독립협회는 재야 세력인 만큼 입헌군주제라는 기존의 당론을 고수한 반면, 친러 수구파 정부는 집권 세력이므로 당연히 전제군주제를 주장했다. 물론 고종은

애국의 한길에 모두가 동지 독립협회가 주관하긴 했지만 만민공동회에는 서울 시민의 약 17분의 1인 1만여 명의 시민이 자발적으로 모여 러시아의 침략을 규탄했다. 만민공동회에서는 신분 차이와 관직의 높고 낮음을 넘어 누구나 연설할 수 있었다. 사진은 사회를 보는 이상재의 모습이다.

황제가 되었어도 허수아비 신세는 마찬가지였기 때문에 아무런 발언권도 없었다. 따라서 친러파가 말하는 전제군주제란 실상 자신들이 전제권을 가지는 체제였다. 그런 점에서 보면 독립협회는 시민사회가 등장하는 세계적인 추세에 부응하는 입장이고, 친러파는 옛 사대부 체제의 꿈을 버리지 못한 수구적 세력이라고 할 수 있다. 이렇게 근본적인 체제 문제에서부터 노선이 달라지자 두 세력은 다른 문제들을 놓고도 점차 서로 각을 세우기 시작했다.

그런 상황에서 1898년 초에 정부가 러시아의 요구에 따라 부산의 영도를 조차해주려 한 것은 독립협회만이 아니라 조선 국민 전체의 분노를 불러일으켰다. 그해 3월 10일에 독립협회는 서울 한복판의 종로에서 무려 1만 명이 넘는 군중을 모아 대규모 규탄대회를 열었는데, 이것을 만민공동회萬民共同會라고 불렀다. 예전 같으면 유림이 만인소라는 항의 방식을 썼겠지만, 이번에는 일반 국민이 참여한 정식 집회였으니 한층 진일보한 시민사회의 면모를 보여주는 사건이다(독립협회의 민중 계몽운동이 결실을 본 것이라고도 할 수 있겠다).

지방에서 일어난 봉기나 반란이라면 몰라도 서울 도심에서 평민들이 대형 시위를 벌인 것은 유사 이래 처음이었으므로 아무리 수구에 물들고 외세에 의존적인 정부라도 겁을 먹지 않을 수 없었다. 정부는 급히 새 모국이 된 러시아에 연락을 취해 영도의 조차 계획을 취소했으며, 이 조치와 균형을 맞추기 위해 그때까지 일본이 사용하고 있던 월미도의 석탄 창고도 반환받았다. 명백한 승리였다. 시민의 힘으로 정부와 외세를 굴복시킨 바로 이때가 조선 역사상 가장 자주적이고 주체적인 순간이었다.

그러나 그 순간은 오래가지 못했다. 혹시 내친 김에 의회가 구성되고 헌법이 제정되었더라면, 이후의 상황은 달라졌을지도 모른다. 실제로 독립협회는 여세를 몰아 1898년 10월에 친러파 정권을 탄핵하고 박정양을 수반으로 하는 개화파 정권을 수립했다. 그러고는 애초의 목표인 의회를 설립하기 위해 중추원을 개편하는 작업에 착수했는데, 친러파가 기회를 잡은 것은 바로 그때였다.

입헌군주제를 주장하는 무리가 의회를 구성한다면 고종은 명칭이야 왕이든 황제든 허수아비가 될 게 뻔하다. 친러파의 이런 꼬드김에 넘어간 고종은 개혁 세력의 지원으로 얻은 황제로서의 권한을 개혁 세력의 탄압에 써먹었다. 그해 11월에 그는 독립협회를 해산하고 간부들을 체포하라는 명을 내린 것이다. 그러나 고종은 그것과 더불어 자신이 상징적 존재로나마 조선의 지배자로 군림할 수 있는 토대가 사라졌고 자신의 제국이 자주 노선을 걸을 수 있는 마지막 기회마저 무산되었다는 사실을 미처 깨닫지 못했다.

● 무능한 위정자가 악한 위정자보다 낫다는 이야기는 바로 이런 상황을 두고 하는 말일 터이다. 평소에는 무능으로 일관하다가 오로지 수구적인 목적에만 왕권을 행사해 역사의 시계추를 되돌린 고종을 도대체 어떻게 봐야 할까? 러시아 공사관에 1년이나 머무른 고종이니, 그런 결정을 내린 데는 입헌군주제에 대한 두려움만이 아니라 수구 친러파 인물들과의 두터운 친분도 크게 작용했으리라.

후보 단일화

고종은 적어도 몇 년은 자신의 결정을 후회하지 않았을 것이다.

친러 수구파 정부로 복귀한 조선은 한동안 별 탈이 없었기 때문이다. 비록 독립협회를 무참히 짓밟았어도 큰 홍역을 겪은 만큼 나름대로 개화 정책을 수용하지 않을 수 없었으므로, 정부는 유럽 열강과 차례로 수교하면서 급변하는 동북아시아 정세 속에서 표류하지 않기 위해 안간힘을 썼다. 그러나 기본적으로 친러 노선을 취하는 이상 조선 정부는 러시아와 운명을 같이할 수밖에 없었다. 문제는 러시아가 국제사회에서 왕따를 당하고 있다는 사실이다.

애초에 러시아가 동북아시아에서 뿌리를 내리고자 한 지역은 만주와 한반도였다. 친러 정권이 부활함에 따라 조선을 완전히 장악했다고 여긴 러시아는 때마침 1899년 산둥에서 일어난 의화단 운동(《종횡무진 동양사》, 375~377쪽 참조)을 진압한다는 구실로 만주에 병력을 파견하고는 사태가 종결된 뒤에도 계속 눌러앉아 만주에 대한 욕심을 드러냈다. 그때 러시아의 전통적 앙숙인 영국이 나섰다. 하지만 유럽의 정세도 심상치 않은 판에 동북아시아에까지 직접 개입하기는 무리였으므로 영국은 현지에서 파트너를 구했는데, 그게 바로 일본이었다. 1902년 유라시아 양쪽 끝의 두 섬나라는 영일동맹을 맺어 각자 주어진 무대에서 패권을 잡자고 굳게 약속했다.●

영국으로서는 파트너에게 동북아시아의 질서를 일임한 것에 만족하는 정도였지만, 일본으로서는 천군만마를 얻은 기분이었다. 영국의 직접적인 지원을 기대하지는 않는다 하더라도, 영국과의 동맹으로 일본은 이제 러시아만 물리친다면 다른 유럽 열강의 간섭

● 1870년대부터 유럽 각국이 활발하게 이리저리 동맹을 맺고 협상을 벌이는 상황에서도 당대의 세계 최강국인 영국은 19세기 말까지 어느 나라와도 동맹 관계를 맺지 않았다(당시 유럽의 외교전을 주도한 인물은 독일의 비스마르크였기에 그 시기의 유럽 질서를 비스마르크 체제라고 부른다). 영국의 이런 태도를 '명예로운 고립(Splendid Isolation)'이라고 부르는데, 세계 최강이기에 가능한 자세다. 그토록 오만했던 영국이 드디어 동북아시아에서 러시아의 진출을 견제하기 위해 일본과 동맹을 맺은 것이다.

북으로 북으로 러일전쟁에서 일본이 승리하리라고 믿은 사람은 거의 없었다. 그러나 때마침 러시아에서 일어난 혁명으로 일본은 러시아를 물리치고 결승전에서 승리해 조선을 전리품으로 얻게 되었다. 사진은 만주로 진격하기 위해 평양 부근을 지나는 일본군의 행진 모습이다.

을 받지 않고 동북아시아를 마음대로 주무를 수 있게 되었다. 그러나 조선 정부는 일본이 러시아와 자웅을 결정하고 나서 첫 번째 표적으로 삼을 대상이 바로 조선이라는 것을 아직도 눈치 채지 못하고 있었다.

1903년까지도 만주의 러시아군은 여전히 철수하지 않았다. 물러가기는커녕 러시아는 압록강 연안의 목재와 광산에 관련된 이권을 노리고 조선의 용암포를 조차했다. 만주라면 몰라도 한반도에 관계된 사건이라면 일본이 개입할 수 있는 빌미가 된다. 1904년 2월, 일본은 마침내 10년 동안 미루어둔 조선 쟁탈전의 결승전을 시작한다. 청일전쟁에서도 그랬듯이 일본은 먼저 조선의 인천과 만주의 뤼순에 주둔하고 있던 러시아 함대를 기습하고 나서 선전포고를 했다. 이것이 조선 쟁탈 결승전에 해당하는 러일전쟁이다.

늙은 공룡을 상대로 한 10년 전의 청일전쟁과 달리 이번 전쟁은 두 제국주의 국가 간의 전형적인 제국주의 전쟁이었다. 그러나 일본에 있어 러시아는 중국과 급이 다른 강호였으므로 유럽 열강, 심지어 파트너인 영국조차 일본이 러시아를 상대하기는 어렵다고 생각했다. 그런 탓일까? 영국은 물론이고 프랑스와 미국까지도 일본에 전쟁 비용을 지원하고 나섰다.

졸지에 유럽 열강을 대표해 동북아시아에서 러시아와 맞싸우게 된 일본은 예상외로 초반부터 선전했다. 우선 육군은 랴오둥의 러시아 요새를 함락시킨 뒤 남만주 철도를 따라 북진해 1905년 3월에는 만주 봉천의 러시아 주력군을 격파했다. 해군 역시 명성을 떨치던 러시아 극동함대를 격파하고 황해 일대의 제해권을 확보했다. 실은 전쟁에 임하는 두 나라의 태도가 달랐다. 일본으로서는 사활이 걸린 전쟁이었고, 러시아로서는 동북아시아가 전체 전선의 일부에 지나지 않았던 것이다. 게다가 러시아의 중심은 1만 킬로미터 이상 떨어진 유럽이었다.

하지만 개전 초기에는 일본의 배수진이 통했지만 전쟁이 길어지자 점차 한계가 드러났다. 유럽 열강의 지원을 받아도 개전 후 1년이 지나자 일본은 전쟁을 수행할 능력이 고갈되었다. 전 국민이 전시 체제에 동원된 데다 흉작까지 겹쳤고 전쟁 비용마저 부족해졌다. 일본은 사력을 다해 전투에서 연전연승을 거두고도 전쟁에서는 패배할 수밖에 없는 처지였다.

일본을 사지에서 건져준 것은 러시아의 내부 사정이었다. 19세기 후반부터 활발하게 전개된 러시아의 혁명운동은 러일전쟁으로 더욱 고조되었다. 앞서 일본의 메이지 정부가 청일전쟁으로 숨통을 텄듯이 러시아의 차리즘은 국내의 정정 불안을 러일전쟁으로 타개하려 했으나, 전쟁은 혁명운동을 위축시키기는커녕 오히려 차리즘 정부의 무능함만 드러냈다. 급기야 1905년 1월 22일에 수도 페테르부르크에서는 군대가 대규모 시위대에게 발포하는 '피의 일요일' 사태가 일어났다. 러시아 내부 정세는 점점 걷잡을 수 없는 상태로 빠져들었다(《종횡무진 서양사》 2권, 326~327쪽 참조).

군국주의 일본의 성장보다 러시아 내부의 혁명운동에 더 큰 위협을 느낀 서양 열강은 루스벨트 미국 대통령의 주선으로 두 나라의 강화를 유도했다. 전쟁을 그만두고 평화를 회복하자는 데야 누가 반대할까? 다만 조선의 입장에서는 그것으로 조선의 운명이 결정되었다는 사실만이 안타까울 따름이다. 1905년 9월, 미국의 포츠머스에서 열린 강화 회담에서 러시아는 한반도와 만주의 모든 권리를 일본에 양도한 것이다.●

전쟁의 승리로 일본은 '새끼' 제국주의에서 '성숙한' 제국주의로 완전히 탈바꿈했다. 당당한 제국주의 국가의 자격을 획득한 일본은 이제 누구의 눈치도 볼 필요 없이, 또 아무런 거리낌도 없이 '양도받은 권리'를 행사하기로 했다. 러일전쟁의 최대 전리품, 그것은 바로 조선이다. 청일전쟁으로 수천 년 동안 한반도를 지배해온 조선의 전통적 종주국을 물리쳤고, 러일전쟁으로 새로운 종주국을 물리쳤다. 일본은 이제 조선의 단독 종주국으로 발돋움했다. 그러나 종전의 종주국들과 달리 일본은 조선에 영향력을 행사하는 데 만족하지 않고 조선을 통째로 갖는 방법을 택했다.

● 아슬아슬한 일본의 승리는 전 세계에 큰 충격을 안겨주었다. 서양 열강은 물론 인도의 간디와 중국의 쑨원 같은 식민지·종속국의 민족운동가들도 일본이 당시 세계 최대의 육군을 자랑하는 러시아에 승리했다는 소식에 커다란 자극을 받았다(심지어 청의 서태후 정권도 그 전쟁을 입헌군주제가 전제군주제에 승리한 것으로 해석하고, 일본을 본받고자 서둘러 의회를 구성하고 헌법을 제정하는 등 뒤늦게 부산을 떨었다). 그러나 역사의 흐름에 무지했던 간디와 쑨원은 큰 착각을 하고 있었다. 일본은 피억압 민족의 선두 주자가 아니라 제국주의 강국으로 발돋움하는 신흥 제국주의 국가였기 때문이다.

12부
식민지와 해방과 분단

세계 어느 나라의 역사와 비교해도 한반도의 지배층만큼 복된 자들은 없다. 나라를 빼앗겼어도 백성들은 그들을 탓하지 않았으니까. 심지어 식민지 시대에도 사대부의 후예들은 친일파로 화려하게 변신하거나 독립운동의 명망가로 거들먹거렸다. 가장 치열한 항일 투쟁을 전개해야 할 1930년대 후반부터 한반도에서는 오히려 투쟁의 불꽃이 꺼졌고, 그 결과 제2차 세계대전으로 일본이 패망한 뒤에도 한반도는 승전국들의 따가운 시선을 받아야 했다. 그런 와중에도 남북한의 정권이 권력욕으로 가득한 음모가들의 손아귀로 넘어간 것은 역사의 아이러니이자 '혁명 없는 역사'의 필연적인 귀결이다.

38장

가해자와 피해자

식민지를 환영한 자들

어쩌면 러일전쟁의 승패와 상관없이 처음부터 일본의 조선 지배는 예정되어 있었는지도 모른다. 무엇보다 전쟁에 임하는 두 나라의 자세가 그렇다. 1904년 2월 8일, 일본은 러시아를 불시에 기습하면서 그 이튿날 인천을 통해 서울에 입성했다. 군대를 따라온 일본 공사 하야시 곤스케林權助는 고종에게 전쟁이 시작되었음을 알리면서 일본을 도우라고 강요했다. 아직 선전포고를 하기도 전이었다. 반면 러시아 공사 파블로프는 청일전쟁을 맞아 위안스카이가 본국으로 잽싸게 도망친 것처럼 2월 12일에 공관 수비대와 함께 일찌감치 서울을 빠져나갔다. 전쟁이 시작되기도 전에 사실상 조선의 임자가 바뀌는 순간이었다.

전쟁 중에도 하야시는 조선의 외부대신(외무장관) 이지용李址鎔

(1870~?)과 한일의정서韓日議定書를 체결해 전쟁 수행에 필요한 물자를 조선으로부터 징발할 수 있는 근거를 마련했다. 그리고 일본 총리 가쓰라 다로桂太郎(1848~1913)는 루스벨트 미국 대통령의 특사인 윌리엄 태프트William Taft와 밀약을 맺고 미국의 필리핀 지배와 일본의 조선 지배를 교차 승인해주기로 약속했다.● 한일의정서는 일본이 조선을 소유했다는 뜻이고, 가쓰라-태프트 밀약은 그 소유를 국제적으로 인정받았다는 뜻이니, 일본이 러시아에 승리하는 순간 이미 조선은 일본의 식민지가 되어버린 셈이다.

하지만 아직 밟아야 할 절차가 있었다. 조선과 일본은 적어도 형식적으로는 강화도조약에서 규정된 '대등한 관계'에 있었고, 더구나 조선은 비록 무늬만이기는 하나 명백한 독립국이고 일본과 동등한 제국의 위상이었다. 그래서 조선을 완전히 소유하려면 먼저 일본의 보호국으로 만드는 단계를 거쳐야 했다. 1905년 11월 초에 일본 메이지 정부의 실력자 이토 히로부미가 특별대사의 자격으로 조선에 온 목적은 바로 일본이 조선을 '보호'해주겠다는 말을 전하기 위해서였다(강화도조약에서 두 나라를 '대등한 관계'라고 규정한 일본이 조선을 속국화하려는 것은 자기모순이지만, 불행히도 당시는 논리보다 총칼이 앞선 '제국주의 시대'였다).

덜 떨어진 고종도 이번만큼은 일본의 의도를 분명히 알아차리고 이토를 만난 자리에서 보호받을 의사가 없다는 뜻을 전했다. 그는 나라를 걱정하기에 앞서 사직을 자기 손에서 끝장낸다면 왕

● 가쓰라-태프트 밀약은 정식 조약이 아니었다. 우선 내용상 다른 열강이 모르도록 비밀에 부쳐야 할 필요성이 있었다. 두 나라는 나름대로 다급한 처지였다. 일본은 러일전쟁에서 이기는 대로 조선을 합병해야 했고, 미국은 1898년 에스파냐와의 전쟁에서 이겨 에스파냐의 식민지인 필리핀의 소유권을 확보했으나 필리핀의 독립운동이 거센 탓에 뜻을 이루지 못하고 있었다. 하지만 당시의 논리에도 약소국의 운명을 강대국들끼리 멋대로 결정하는 것은 비열한 책동이었으므로 가쓰라-태프트 밀약은 20년 뒤인 1924년까지 세상에 알려지지 않았다.

실의 조상들을 뵐 낯이 없다고 여겼을 것이다. 그러나 그대로 물러날 이토라면 애초부터 한반도에 발을 내딛지도 않았다. 그는 일본 군대를 무장시켜 서울 시내에서 시위하도록 하고, 궁성 주변에 헌병과 경찰을 배치해 공포 분위기를 조성하고는 다시금 고종에게 회유와 협박을 가했다. 과연 이 방법은 효과가 있었다. 겁을 집어먹은 고종은 슬그머니 무대에서 퇴장해버렸고, '국왕이 빠진 어전회의'는 처음처럼 강력한 반대의 분위기를 유지하지 못했다(수구화에는 앞장서다가 정작 국가적으로 중요한 때는 물러나버리는 고종을 어떻게 봐야 할까?).

때를 놓칠세라 이토는 직접 회의를 주재하면서 조정 대신들에게 한 사람씩 차례로 의사를 물었다. 어차피 국왕도 책임을 회피한 마당에 대신들이 망설일 이유가 없었다. 모두 여덟 명의 주요 대신들 가운데 다섯 명이 찬성함으로써 을사보호조약乙巳保護條約이 통과되었는데, 이완용과 이지용, 이근택李根澤, 박제순朴齊純, 권중현權重顯이 바로 을사오적乙巳五賊이라 불리는 자들이다.●●

강압적 분위기에서 달리 방도가 있었겠느냐고 을사오적을 두둔하는 것은 옳지 않다. 그들과 달리 을사보호조약에 끝까지 강하게 반대했고 나중에 일본이 인사치례로 주는 작위마저도 거부한 당시의 참정대신(지금의 부총리급) 한규설韓圭卨(1848~1930) 같은 사람도 있었기 때문이다. 하지만 을사오적에게만 모든 책임을 돌리는 것도 옳지 않다. 근본적으로는 조선왕조의 지배층이 역사를 잘못 이끌

●● 을사오적은 비록 1905년 11월 20일자 《황성신문(皇城新聞)》에서 장지연(張志淵, 1864~1921)의 집중포화를 맞았고 매국노라는 비난을 받았지만 개인적으로는 줄을 잘 선 대가를 톡톡히 받았다. 그 공로로 일본 정부가 수여하는 작위를 받았을 뿐 아니라, 모두 권력을 누리면서 살 만큼 살다가 죽었기 때문이다(특히 이완용은 이후에도 적극적으로 친일과 매국 행위를 계속했고 죽을 때까지 영화를 누렸다). 나라가 망한 것도 비극이지만 이처럼 민족의 반역자들이 제때에 처단되지 못한 것은 더 큰 비극이었다. 나중에 한반도가 일본의 식민지에서 해방된 뒤에도 친일 매국노들이 판치는 세상이 된 것은 그런 역사적 선례가 있었기 때문이다.

합병의 두 주역 일본과 조선은 둘 다 제국이었지만, 두 제국의 합병은 각각의 실세인 이완용(왼쪽)과 이토 히로부미(오른쪽) 사이에 이루어졌다. 비록 둘 다 실세였고 양국의 황제들은 허수아비나 다름없었지만, 일본은 황제와 정부가 원하는 조약이었고 조선은 그렇지 않았다. 그나마 이토는 자기 나라에서라도 영웅 취급을 받았지만 이완용은 일본 측에서 보면 침략의 주구였고 조선에서는 매국노였다.

어온 데 따른 필연적인 귀결이지만, 당시의 인물만으로 책임을 따진다 해도 가장 큰 책임은 단연 고종에게 있다. 따라서 을사오적은 '고종과 을사오적'이라고 하든가, 고종을 포함시켜 '을사육적'이라고 불러야 한다. 어렸을 때 아버지에게 휘둘리고 젊은 시절에 아내의 치마폭에 싸여 지낸 것까지는 인물이 모자란 탓이라고 보아 넘길 수도 있다. 그러나 아버지와 아내가 사라진 뒤에도 남의 집 더부살이로 국가의 위신을 실추시키고 자주국권을 수호하려는 애국 단체를 탄압하는 행동을 일삼은 고종은 을사오적보다 훨씬 더 무책임한 매국노다.

정작 고종이 약간이나마 잘못을 깨달은 것은 조약이 체결되고 난 뒤다. 이듬해 1월에 을사조약을 주도한 일본 공사관이 해체되고 통감부統監府가 성립되었다. 이제 조선은 공식적으로 일본의 속국이 되었으므로 공사관 대신 정식 지배 기관이 들어서게 된 것이다. 과연 통감부가 가장 먼저 한 일은 공사관의 위상으로서는 할 수 없는 일이었다. 그것은 바로 조선 정부의 외교권과 군사권을 박탈하는 것이었으니까. 사실 오랜 세월 동안 중국의 지배를 받은 조선은 전통적으로 중국에 외교권과 군사권을 내맡겨왔으니 새삼스러운 일은 아니지만, 종주국이 중국에서 일본으로 바뀌었다는 것은 아무래도 박탈감이 더 심할뿐더러 향후의 조짐도 심상치 않았다. 일본이 단지 예전의 중국이 담당해온 조선의 관리자라는 역할에만 머물 것 같지는 않았기 때문이다.

그제야 고종은 자신의 지위조차도 오래가지 못하리라는 것을 실감한다. 물론 왕위에 특별한 미련이 있는 것은 아니지만 만약 그의 대에서 조선의 왕통이 끊어진다면 종묘사직에 대죄를 짓게 되고 죽어서 조상 뵐 면목도 없어지게 되니까 큰일이 아닐 수 없다. 그러나 모든 후회는 때늦은 법, 이제 와서 그가 쓸 수 있는 카드는 거의 없다. 한 가지 있다면 오로지 국제사회에 호소하는 것이지만 그것도 쉽지 않다. 사실상 조선의 정부가 된 통감부는 외국에 있는 조선의 공사관들을 일제히 소환하고, 서울에 주재한 외국의 공사관들도 철수시켜버렸기 때문이다(외국의 관점에서도 일본과 조선이 하나로 통합되었다면 한 나라에 두 개의 공사관을 둘 필요는 없다고 여겼을 것이다).

고종에게 마지막 기회를 준 것은 그의 친정집이나 다름없는 러시아였다. 러시아 황제 니콜라이 2세가 1907년에 헤이그에서 만국평화회의를 열자고 열강에 제안하면서 고종에게 특사를 파견하라는 초청장을 보내온 것이다. 회의의 목적은 유럽에 감도는 전운을 해소하자는 것이지만 니콜라이가 굳이 종속국의 지위에 있는 조선에까지 초청장을 보낸 것은 일본에 조선을 빼앗긴 것

● 당시 유럽 세계에서 태풍의 눈은 독일이었다. 뒤늦게 국가 통일을 이루고 후발 제국주의 국가로 나선 독일은 영국과 프랑스 등 선진 제국주의 열강에 의해 전 세계의 식민지 분할이 사실상 완료되자 누구보다 불만이 클 수밖에 없었다. 그래서 독일은 같은 처지인 오스트리아, 이탈리아와 함께 삼국동맹을 맺고 형세의 역전을 도모했다. 그러자 독일의 강력한 군사력에 긴장한 영국은 라이벌 프랑스에다 오랜 앙숙인 러시아까지 끌어들여 삼국협상을 맺고 삼국동맹에 대비했다(《종횡무진 서양사》 2권, 308~309쪽 참조). 국제적 평화회의가 필요해진 이유는 이런 유럽의 정세 때문이었으므로 먼 동북아시아의 사정이 열강 대표의 관심을 끌기는 어려운 상황이었다.

을 억울하게 여긴 탓이었다. 어쨌거나 국제사회에 조선의 사정을 알릴 '매체'가 전혀 없었던 고종으로서는 하늘이 내린 기회나 다름없었다.●

일본의 눈길을 피하기 위해 회의를 1년 앞둔 1906년 4월에 일찌감치 이상설李相卨(1870~1917)이 출발했고, 1년 뒤에는 이준李儁(1859~1907)이 조선을 떠났다. 두 사람은 러시아의 수도인 페테르부르크에서 만나 그곳에 체재하고 있던 이범진의 아들 이위종李瑋鍾(1887~?)과 합류해 1907년 6월 회의 날짜에 맞추어 헤이그에 도착했다. 여기까지는 작전 성공이었으나 그다음에는 각오한 어려움이 따랐다.

회의의 분위기나 쟁점은 식민지·종속국 문제와 전혀 무관했다. 우선 열강은 조선 대표 자체를 인정하지 않으려 했다. 을사조약으로 일본의 속국이 된 이상 참가 자격이 없다는 것이었다. 뒤늦게 사태를 파악한 일본 대표가 유럽 대표들을 상대로 적극적인 방해 공작을 편 탓도 있었지만, 애초에 유럽 열강에 조선의 처지를 공감시킨다는 것은 불가능한 일이었다. 게다가 헤이그 밀사 세 사람은 아무런 공식 직함도 가지고 있지 않았다. 국제 회의장에서 순수한 '민간인'의 신분으로, 그것도 의제와 무관한 주제를 가지고 발언권을 얻기란 불가능했다. 결국 이준은 현지에서 순국해 열사가 되었고 나머지 두 사람은 눈물로 이준을 매장한 다음 귀국하지 않고 죽을 때까지 러시아에서 조선의 독립을 위해 활동했다.

그래도 밀사들이야 돌아오지 않으면 그뿐이지만 그럴 처지가 못 되는 고종은 꼼짝없이 헤이그 밀사 사건의 책임을 질 수밖에 없었다. 조약 체결 이후 초대 조선 통감統監(통감부의 책임자인데 아직 조선은 완전한 식민지가 아니기에 총독에 해당한다)이 된 이토는 이완용을 시켜 고종에게 사태에 대한 책임을 추궁하면서 제위에서 물러나고 아들에게 섭정을 맡기라고 강요했다. 자신도 어차피 허수아비인 판에 섭정까지 들인다면 허수아비의 허수아비가 되는 셈인데, 아무리 모자라고 못난 고종이라 해도 지켜야 할 최소한의 자존심은 있다. 결국 그는 1907년 7월 20일 아들에게 양위를 해버렸고, 이로써 대한제국의 2대 황제이자 조선의 마지막 왕인 순종純宗(1874~1926, 재위 1907~1910)이 즉위했다.••

허수아비 황제들 앉아 있는 노인은 고종이고, 서 있는 청년은 순종이다. 이들의 명함에는 황제라고 찍혀 있으나 실상 이들은 허수아비였다. 평생을 아버지와 아내에게 휘둘린 아버지와 침략자의 손에 의해 제위에 오른 아들, 이 부자의 운명은 곧 당시 조선의 운명이었다.

•• 개인적으로는 자존심을 지킨 것일지 모르지만 그 양위는 결국 고종의 마지막 실책이 되었다. 아무리 속국의 신세라 해도 조선 조정과 국민들의 정서가 있고, 또 아직 조선은 속국일 뿐 식민지는 아니었으므로 통감부가 조선의 황실을 마음대로 하기는 어려웠다(조선 정부의 대신인 이완용을 통로로 활용한 것도 그 때문이다). 따라서 고종에게 진정한 저항의 의지가 있었다면 당연히 통감부의 강압에도 굴하지 않고 최대한 자리에서 버텼어야 한다. 물론 그랬더라도 식민지화를 막을 수는 없었겠지만, 다만 몇 년이라도 조선의 식민지화를 지연할 수는 있었을 것이다.

때늦은 저항

조선의 왕위 교체가 무의미해진 것은 어제오늘의 일이 아니니까 순종이 즉위했다고 해서 하등 달라질 것은 없었다. 오히려 일본으로서는 나이 든 고종보다 젊은 순종이 훨씬 다루기 쉬웠다. 고종은 40년간이나 재위하면서 조선 국왕으로서의 상징성이 굳어진 데다 러시아와의 친분도 두터웠고 드물기는 해도 나름대로 실권을 행사한 경험도 있으니 일본으로서는 아무래도 껄끄러운 데가 있었다. 그에 비해 순종은 조선 국민들에게 인지도도 약하고 외국과의 별다른 인맥도 없으니 과도기에 써먹기 딱 좋은 허수아비였다(게다가 그는 을미사변 때 하마터면 일본 깡패들의 손에 죽을 뻔한 적도 있으니 일본에 대한 두려움에 젖어 있었을 것이다).

과연 순종이 즉위하면서부터 통감부의 프로그램은 한층 탄력을 받았다. 그가 즉위한 지 불과 나흘 만에 조인된 정미7조약이 바로 그 즉각적인 성과다. 이토의 사랑스런 수족인 이완용은 순종의 재가를 얻어 전권대신이 된 뒤 이토의 집(통감 사택)에서 둘이 사이좋게 조선의 군대를 해산하고 사법권과 경찰권마저 통감부에 위임한다는 엄청난 내용의 조약을 체결했다. 이제 일본은 조선에서 독립국으로서의 권리(외교권, 군사권)만이 아니라 '속국으로서의 권리'마저도 모조리 빼앗았다. 남은 절차는 일본의 공식적인 식민지로 만드는 것뿐인데, 곧바로 그 절차를 밟지 못한 이유는 조선 국민들의 저항 때문이었다. 그것도 왕실이나 조정의 일부 대신들처럼 소극적 저항이 아니라 무력을 이용한 저항, 즉 의병義兵이었으니 일본으로서는 무엇보다 급한 문제였던 것이다.

의병은 이미 2년 전인 1905년부터 활발히 일어나고 있었다. 처음 의병이 일어난 것은 을미사변과 단발령이 있었던 1895년 무렵이지만 그때는 사안이 일회성인 탓에 의병도 얼마 안 가 사그라졌다. 그러나 을사조약은 국가의 존망이 걸린 사건이었으므로 이번의 의병은 규모에서나 강도에서나 전에 비할 바가 아니었다. 그런 데다 고종이 반강제로 퇴위당하고 군대가 해산되는 사태에 이르자 '을사의병'은 자연히 '정미의병'으로 이어지면서 한층 치열해졌다. 왕고참에 해당하는 유인석을 비롯해 박창로朴昌魯(1846~1918), 정운경鄭雲慶(?~1908) 등 강원도와 충청도를 무대로 활약한 의병장들이 주축을 이루었으며, 그 밖에 경기도의 여주와 양평, 영남의 경주와 영덕 등지에서도 의병들이 구름처럼 들고 일어났다. 구국을 모토로 삼은 만큼 의병에는 신분의 차별도, 나이의 구분도 없었다. 민종식閔宗植(1861~1917)과 같은 민씨 세도가의 인물이 있었는가 하면 신돌석申乭石(1878~1908)과 같은 평민 의병장도 있었고, 정환직鄭煥直(1843~1907)과 같은 육순 노인이 있는가 하면 이은찬李殷瓚(1878~1909)과 같은 20대 젊은이도 있었다.

일본의 조선 침략을 '자본 진출을 통한 예속화' 정도의 의미로 착각한 애국적 부자들이 이른바 국채보상운동國債報償運動이라는 명목으로 차관을 갚자는 캠페인을 벌일 무렵* 각지의 의병들은 나라를 되찾기 위해 그야말로 목숨을 걸고 싸웠다. 그러나 그 치열함에 비해 효과는 별로 없었다. 자연발생적이고 비조직적인 의병은 훨씬 우수한 화력으로 무장한 일본 정규군의 상대가 되지 못했다. 더욱이 통탄스러운 일은 의병의 비밀 조직을 색출하는 데 조선인들이 앞장섰다는 사실이다. 친일 민간단체인 일진회一進會가 특히 그악스럽게 굴었다. 이 조직은 일본군의 통역을 맡은 송병준宋秉畯(1858~1925)이 창립한 유신회維新會를 기반으로 하고 이완용의 지령을 받고 있었는데, 일

● 국채보상운동도 구국 운동의 하나다. 그러나 그 운동을 주도한 '민족자본가'들은 일본의 진정한 의도가 무엇인지, 구체적으로 국채가 무엇인지도 알지 못했다. 그저 소박하게 나랏빚을 갚자는 생각이었을 것이다. 당시 일본은 조선에 네 차례에 걸쳐 대규모 차관을 제공했는데, 형식적으로는 국채였어도 조선을 식민지화하기 위한 자금이라는 점에서는 국채가 아니었다. 그래서 일본은 차관을 반환받을 의지가 전혀 없었다. 즉 국채보상운동은 채권자의 의도와도 무관한 무의미한 운동이었다. 그래도 이 캠페인은 무장투쟁보다 참여하기가 쉬웠던 탓에 전국민적 호응을 얻었으며, 그 때문에 통감부는 이 운동을 주도한 《대한매일신보(大韓每日申報)》를 탄압하고 운영자인 영국인 베델(Ernest Thomas Bethel)과 양기탁(梁起鐸, 1871~1938)을 잡아들였다.

진이라는 명칭은 조선의 식민지화를 위해 '일로매진'한다는 뜻이었을까?

비록 때늦은 저항이라 하더라도 의병의 의의는 적지 않다고 해야겠지만, 의병 운동은 근본적인 한계가 있었다. 자주독립의 취지는 높이 살 수 있으나 기본적으로는 위정척사의 이념을 바탕으로 하고 있었기 때문이다. 유인석도 그렇지만 실제 의병 활동은 보잘것없었던 최익현이 의병 운동의 상징적 구심점으로 널리 받아들여진 이유도 거기에 있다. 그래서 의병들의 공격 대상에는 침략자 일본과 그 앞잡이들은 물론이고 개화사상을 가진 인물들까지 포함되었으며, 이념적 목표도 외세를 완전히 배제하고 옛날의 제도를 부활시키려는 데 있었다.● 40년 전의 위정척사 운동이 그랬듯이 의병 운동 역시 성리학적 세계관을 동력으로 하는 시대착오적이고 수구적인 몸부림에 지나지 않았던 것이다.

그러나 식민지화 일정이 가시화되자 의병 이외에 또 다른 형태의 저항 방식이 생겨났다. 바로 테러였다. 어쩌면 일본과 친일파들은 의병보다 그것을 더 두려워했을지도 모른다. 의병은 힘으로 진압하면 될 것이고, 유학적 세계관에서 출발한 보수적 성격을 지니고 있었으니 오래가지 못할 터였다. 실제로 의병 운동은 일본의 탄압이 심해지자 위축되었다. 그러나 테러는 특정한 인물을 겨냥하기 때문에 더욱 무서운 저항 방식이었고, 체계화되면 장기적인 무장투쟁으로 비화될 수 있었다. 과연 전통적 이데올로기에 물들지 않은 새

● 의병 운동이 그런 '오해'를 피하려면 사실 독립협회가 해산될 때도 일어났어야 한다. 의병 운동이 진정 구국을 목적으로 삼았다면 조선이 존망의 위기에 처했을 때 일어났어야 할 텐데, 자주국권을 기치로 내세운 독립협회가 탄압을 받은 때가 바로 그때였기 때문이다. 하지만 구국보다는 수구를 이념으로, 민족보다는 사직과 유학 이념의 보존을 목표로 삼았기에 정작 그런 위기에서는 의병이 일어나지 않았다. 오히려 유림 세력은 을사조약으로 조선 왕실이 위기에 처하고 정미조약으로 고종이 퇴위된 사건에서 자극을 받아 의병을 일으킨 것이니, 그것을 순수한 민족운동이나 애국 운동으로 볼 수는 없다.

마지막 전쟁 포로 일본 검찰 앞에서 안중근이 유언을 남기고 있는 장면이다. 당시까지 아직 조선은 합병되지 않았으므로 안중근은 어디까지나 자신이 당당하게 밝힌 것처럼 '전쟁 포로'였다. 그러나 나라를 빼앗긴 뒤에 활약한 독립투사들은 불행하게도 법적으로 '테러리스트'의 지위에서 벗어나지 못하게 되었다.

로운 저항 세력은 점차 중국의 만주와 러시아의 연해주로 거점을 옮겨 본격적인 무장투쟁을 전개하기 시작했다. 그런 항일운동가들 중에 안중근安重根(1879~1910)이 있었다.

안중근은 열여섯 살 때 그리스도교에 입문해 세례까지 받은 데다 유학의 굴레에서 비교적 자유로운 황해도 출신이었다. 그런 만큼 그는 진보와 보수를 논하기 전에 민족을 먼저 생각할 수 있었고, 개화와 척사를 따지기 전에 먼저 자주독립을 지향할 수 있었다. 정미조약이 체결되자 그는 연해주로 넘어가서, 그곳에 부대를 가지고 있던 이범윤李範允(1856~1940)의 휘하로 들어가 함경도 일대에서 무장투쟁을 전개했다. 1909년 봄 동지들과 함께 단지회斷指會를 결성한 안중근은 약지를 자르는 데 그치지 않고, 조선 침략의 원흉인 이토 히로부미를 앞으로 3년 이내에 암살하지 못하면 조선 국민에게 자결로 속죄하겠다고 맹세했다.

그 기회는 3년이 아니라 반 년 만에 찾아왔다. 만주와 연해주의 항일 세력을 처리하는 문제로 그해 10월 26일 하얼빈에 온 이토를 군중 속에서 뛰쳐나온 안중근이 권총을 세 발 쏘아 죽였다. 젊은 시절 메이지 유신에 적극 참여했고 일본을 제국주의 강국으로 발돋움시킨 공로로 보면, 이토는 일본의 영웅이 되기에 충분한 인물이었다. 그러나 거기에 머물지 않고 조선의 식민지화를 강압적으로 추진한 것은 일본에서도 과연 영웅이라고 할 수 있는지 의심스럽다.●

이 사건이 단순한 테러가 아니라는 점은 사건 직후 안중근이 직접 밝힌 거사 동기에서 분명히 드러난다. 러시아 검찰관의 예비 심문에서 그는 개인적인 동기로 거사한 게 아니라 대한의용군 참모중장이라는 자격으로 조선의 독립 주권을 침탈한 적을 쏘아 죽인 것이므로 자신을 전쟁 포로로서 취급해 달라고 당당하게 요구한 것이다. 자신의 행위를 테러가 아닌 전쟁이라고 밝힌 것은 그가 의병 운동과 항일운동의 본질적 차이를 분명히 인식하고 있었음을 말해준다. 의병 운동은 조선의 왕실과 옛 체제를 부활시키려 했지만, 항일운동은 '왕국으로서의 조선'에 집착하지 않고 '주권국가로서의 조선'을 내세우는 것이었다. 이렇게 '국가 대 국가'의 관점을 취해야만 겉으로 테러처럼 보이는 사건도 '전쟁'에 포함시킬 수 있다. 더구나 안중근이 거사한 시점은 아직 일본이 공식적으로 조선을 합병하기 전이었으므로 그의 행위는 테러가 아

● 일본의 역사에서 이토는 근대화의 초석을 놓은 위대한 인물로 존경을 받지만 우리 역사에서는 조선 침략을 주도한 원수일 뿐이다. 거꾸로 보면 안중근도 역시 조선에서는 항일 투쟁의 상징적 영웅이며 어린이 위인전에 자주 등장하는 인물이지만 일본에서는 민족의 영웅을 살해한 테러리스트일 뿐이다. 언뜻 생각하면 두 인물에 대한 평가가 엇갈리는 게 당연한 듯싶지만 실은 그렇지 않다. 이토는 어디까지나 침략자였고 안중근은 침략에 대한 방어의 차원에서 테러를 벌인 것이기 때문이다.

근정전에 나부끼는 일장기 근정전은 국왕이 신하들의 조례를 받고 왕명을 반포하는 그야말로 왕의 상징적인 공간이다. 1910년 8월 29일 경술국치의 날, 경복궁 근정전에 걸린 일장기의 모습이다. 일본이 일장기를 근정전에 내건 것은 명백히 그 상징성을 파괴하려는 의도였다.

니라 전쟁이라고 보는 게 옳다.

안중근은 죽을 때까지 당당한 태도와 소신을 굽히지 않았지만, 불행히도 그의 논리는 그가 죽은 뒤 몇 개월 만에 근거를 잃게 된다. 전쟁이 가능하려면 무엇보다 국가가 행위의 주체여야만 하는데, 1910년 8월에는 조선이라는 국가 자체가 사라지기 때문이다. 따라서 그 이후에 일어난 독립투사들의 의거는 안중근의 경우처럼 '전쟁'이 되지 못하고 적어도 실정법상으로는 '테러'에 그치고 만다. 안중근으로서는 그런 꼴을 보지 않고 죽은 게 차라리 다행이랄까?

합법을 가장한 합병

이토가 죽으면서 공석이 된 통감 자리는 일본의 육군대신인 데라우치 마사다케寺內正毅(1852~1919)에게로 넘어갔다. 직책은 같아도 문관 출신인 이토의 후임으로 군 출신 인물이 부임했다는 것은 곧 조선의 식민지화가 임박했음을 말해준다(러일전쟁 이후 일본 정부는 군부가 사실상 장악하게 되었는데, 이때부터 일본 제국주의는 본격적으로 군국주의 노선으로 전환하게 된다. 《종횡무진 동양사》, 527~528쪽 참조). 그렇잖아도 1909년 가을에 대대적으로 전개된 '토벌작전'으로 한반도 내의 의병 운동은 완전히 진압되었으므로 남은 절차는 합병 조약을 비준하는 것뿐이다.

일본의 통감은 교체되었어도 조선 측 파트너는 죽지도, 바뀌지도 않았다. 이제 총리대신이 되어 있는 이완용이 바로 그 영원한 파트너다. 1910년 8월 22일에 데라우치와 이완용이 비밀리에 만나 합병 조약을 체결함으로써 조선왕조는 건국한 지 519년 만에, 왕계로 치면 27명의 왕을 역사에 남기고 최종적으로 문을 닫았다. 어찌 보면 1800년에 22대 왕인 정조가 죽으면서 망했어야 할 왕조가 100년 이상 온갖 추한 꼴을 보여주면서 쓸데없이 존속한 셈이다.

의병이라는 구체적인 저항 형태는 사라졌으나 워낙 큰일을 저지른 만큼 일본은 이완용과 친일파를 제외한 조선 국민들의 반발을 염두에 두지 않을 수 없었다. 그래서 조약을 비준한 뒤에도 정치단체의 집회를 금지하고 조정 원로대신들을 연금하는 등 어느 정도 정지 작업을 거친 다음 8월 29일에야 비로소 그 사실을 공식적으로 발표했다. 결국 조선 국민들은 나라를 빼앗기고도 일주일

동안이나 그런 사실조차 몰랐다는 이야기다. 이것이 한일합병韓日合倂인데, 이해가 경술년인 탓에 비공식적으로는 경술국치庚戌國恥라고 부르기도 한다. 국가적인 치욕을 결코 잊지 말고 길이 기억하자는 의미에서는 한일합병보다 경술국치라는 노골적인 이름이 더 나을 듯싶다(더구나 일본에서는 일한합병이라고 부르는 것을 굳이 순서를 바꾸어 표현하는 게 무슨 의미가 있을까? 합병을 한국이 주도했다는 뜻일까?).

통감에서 총독으로 전임 통감과 달리 군 출신의 데라우치가 새 통감으로 부임했다는 것은 일본의 조선 합병 전략이 막바지 단계에 왔음을 뜻했다. 사진은 1910년 7월 23일에 데라우치가 마차를 타고 부임하는 장면인데, 다음 달에 합병이 이루어지면서 그는 통감에서 총독으로 승진한다.

어쨌든 이것으로 조선은 일본의 완전한 식민지가 되었으므로 별도의 정부가 필요 없었다. 조선 정부는 즉각 해체되었고, 그 대신 일본 제국정부의 위임을 받아 한반도를 지배할 총독부總督府가 탄생했다. 통감부는 조선총독부로 자동 승격되었고, 통감으로 부임한 데라우치는 조선총독부의 초대 총독이 되었다. 그의 충실한 파트너 이완용은 제국의 총리대신에서 일개 총독부의 고문으로 강등되었으나 제국보다 총독부가 높으니 실은 승진이었다. 반면 3년 전에 멋모르고 고종에게서 제위를 물려받은 순종은 황제에서 왕으로 지위가 한 급 낮아졌다. 그래도 그로서는 왕실이 존속하게 된 것에만도 감지덕지했어야 할까? 그렇게 사직을 보존하는 게 과연 의미가 있는지 모르지만.

일본이 조선 왕실의 문을 아예 닫아버리지 않은 이유는 뻔하다. 한편으로는 왕실로 대표되는 조선왕조의 상징적인 측면마저 없앨 경우 국민적 저항을 낳을 수 있었기 때문이며, 다른 한편으로는 순종을 황제에서 왕으로 강등함으로써 조선이 일본 제국의 속국이라는 측면을 부각시킬 수 있었기 때문이다. 모름지기 왕이라면 황제(일본 천황)를 섬겨야 하니까.

우리 역사에서 이 한일합방은 일본이 조선 국민에게서 나라를 빼앗은 것으로 기록되어 있다. 그런데 그게 사실일까? 일본은 과연 강제로 조선의 주권을 침탈하고 우리 민족에게서 나라를 빼앗은 걸까? 그렇게 말하고 싶지만 사실은 그렇지 않다. 물론 일본은 분명히 침략 의도를 가지고 있었고 실제로 힘을 앞세워 조선을 병합했다. 그러나 이 과정에는 적어도 두 가지 고려해야 할 사항이 있다.

우선 이완용이라는 조선 측 파트너가 있는 한 일본이 조선을 '강제로 빼앗았다'고 말할 수는 없다. 매국노든 뭐든 이완용이 엄연히 조선을 대표하는 관직에 있었다는 사실을 무시하면 안 된다. 그는 분명히 순종에게서 전권을 위임받아 데라우치와 '국제법상으로 하자 없이' 합병을 조인한 것이다. 따라서 일본의 입장에서는 국가 간의 정치적 행위를 진행한 데 불과하다(일본의 침략 행위를 비난하는 것과 절차의 하자를 따지는 것은 별개의 문제다). 만약 일본이 을미사변처럼 물리력을 동원해 순종을 살해하거나 자결을 강요한 다음 조선을 합병했다면 문제가 되겠지만, 일본은 그렇게 하지 않고 교묘하게도 이완용이라는 조력자를 만들어내 작업을 진행했다. 도덕적 비난은 할 수 있을지언정 법적으로 잘못이라고는 할 수 없다.

그럼 나라를 빼앗긴 데 대한 책임을 누구에게도 물을 수 없는 걸까? 그렇지는 않다. 당연히 순종과 이완용에게 물어야 한다. 비록 일본의 압력 앞에 그들은 허수아비에 불과한 존재였지만, 아무리 허수아비라고 해도 일국의 왕과 전권대신이라면 그 지위에 걸맞은 역할을 가지고 있다.● 을사조약이 체결될 때 고종의 경우도 그랬듯이, 만약 순종이 합병 조약에 끝까지 강력하게 반대했다면, 또 이완용 같은 적극적인 협력자가 나오지 않았다면 일본의 식민지화 작업이 상당한 난항을 겪었을 게 분명하다(실제로 일본은 조약의 비준을 순종의 '조칙'이라는 형식으로 발표했다). 물론 당시의 정황에서는 합병이 불가피했다는 추론도 일리는 있다. 이를테면 누가 왕이라 해도 달라지지 않

● 이런 점은 앞서 살펴본 사대부 체제의 조선에서도 확인할 수 있다. 당시 조선의 국왕은 실권이 없는 상징에 불과했으나 왕이라는 지위에서 나오는 역할이 없지는 않았다. 물론 사대부 세력이 권력 다툼의 과정에서 국왕을 자기편으로 끌어들이는 것은 집권을 공식적으로 추인받기 위한 절차에 지나지 않았다. 그러나 실제로 국왕이 마음만 먹는다면 상황의 반전도 어느 정도 가능했다. 권력의 궁극적 원천은 국왕에게 있었기 때문이다. 신권이 왕권보다 컸던 것은 사실이지만 기묘사화에서 조광조를 최종적으로 단죄한 것은 중종이었으며, 병자호란에서 항복을 결심한 것은 인조였다.

았을 것이며, 어차피 매국노 몇 명쯤은 나오게 마련이 아니냐고 생각할 수도 있을 것이다. 그러나 설사 그렇다고 해도 책임 소재 자체를 따질 수 없는 것은 아니다. 역사적 필연성을 읽는 관점과 개별 사건의 책임을 묻는 관점은 서로 별개의 것이기 때문이다.

또 한 가지 고려할 사항은 당시 조선의 정체政體가 왕국이라는 사실이다. 나라를 빼앗겼다고 말할 수 있으려면 우선 조선의 주권이 국민에게 있어야만 한다. 그래야만 조선 국민의 입장에서 볼 때 일본이 한일합병을 통해 조선이라는 나라를 빼앗은 것이라고 말할 수 있다. 그러나 조선은 공화국이 아니라 왕국이므로 그런 말은 성립하지 않는다. 굳이 표현한다면 한일합병은 조선의 지배층이 조선의 소유권과 지배권을 일본에 넘겨준 사건이라고 말해야 한다. 조선이라는 나라의 소유자는 바로 왕이었기 때문이다.

이 문제도 역시 단지 형식적이거나 절차적인 것만이 아니다. 조선은 외형상 전제군주국이었기에 일본은 교활하게도 조선의 소

유자, 즉 왕실만을 집중적으로 공략해 쉽게 나라를 빼앗을 수 있었던 것이다. 왕국이라고 해도 유럽 국가들처럼 의회가 있었다면 국가 주권의 소유자가 국왕과 국민을 대표하는 의회로 분산되므로 일본으로서도 조선을 통째로 집어삼키기가 쉽지 않았을 것이다. 그런 점에서 10여 년 전에 입헌군주제를 제안한 독립협회는 혜안을 가지고 있었다. 그때 독립협회의 의견을 받아들여 형식적으로라도 의회와 헌법을 갖추었더라면 일본은 합병이 아닌 다른 방식을 모색해야 했을 것이다.● 결국 오로지 사직을 보존하겠다는 일념으로 고종과 순종 부자는 다른 모든 것을 내주었지만, 그 결과로 얻은 것은 오직 사직뿐이었으니 엄청난 아이러니가 아닐 수 없다(하긴, 조선이 왕국인 이상 가장 중요한 것은 왕실의 보존이니까 그들의 생각도 아예 틀린 것은 아니다).

일국의 왕으로서 순종이 취할 태도는 차라리 죽을지언정 조약을 비준하지 않겠다는 것이었어야 한다(그랬다 해도 순종이 죽는 일은 없었겠지만). 사실 그것은 영웅적인 기개를 보이는 것도 아니고, 그저 국왕으로서 최소한의 의무를 이행하는 것에 불과하다. 병자호란을 맞았을 때 인조가 청 태종 앞에 무릎을 꿇지 않았다면 더 많은 조선 백성들이 죽음을 당했겠지만, 일본의 압력을 순종이 끝까지 거부했다고 해서 조선 국민들이 특별히 더 피해를 입는 일은 없었다. 한일합병은 '국치'로 불릴 만큼 역사적이

● 물론 의회가 있었다고 해도 결과적으로 일본이 조선을 합병하고 식민지화했을 것은 틀림없다. 하지만 의회가 있었다면 고종만이 아니라 국민을 대표하는 의회도 조선의 '주인'이었다. 합병 과정을 합법적으로 진행해야 하는 일본은 고종만이 아니라 조선 의회와도 합의를 봤어야 한다. 일본은 매수와 위협으로 의회를 장악하려 했겠지만 수백 명의 의원으로 구성된 의회로부터 쉽게 동의를 얻어내기는 어려웠을 것이다. 일본은 조선 의회를 해산해야 했을 텐데, 그것은 일본에 상당한 정치적 부담이 되었을 것이다. 원래 의도와 달리 조선을 불법적으로 합병한 것이 되기 때문에 일본은 조선 강점기 내내 정치적 부담에 시달려야 했고, 조선의 민족해방운동은 한층 강력해졌을 것이다. 더구나 나중에 조선이 해방되었을 때도 국제 정치 무대에서 발언권이 달랐을 것이다. 원치 않는 합병이었다는 사실이 명백하기 때문이다.

고 국가적인 치욕이었지만, 진정한 치욕은 일본의 식민지가 되었다는 사실보다 그런 못난 지배자를 두었다는 사실일 것이다.

39장

식민지 길들이기

주식회사와 토지조사

한일합병은 그 명칭이나 조약의 취지로 보면 일본과 조선을 한 나라로 통합하는 조약이었어야 할 것이다. 그러나 실은 그렇지 않다는 게 금세 드러났다. 합병이라면 조선이 일본의 한 지방처럼 되었다는 뜻일 텐데, 일본 정부는 조선을 지방으로 대우하기보다는 착취하고 이용하는 데 열심이었기 때문이다. 조약의 제1조가 "한국 황제 폐하는 한국 전부에 관한 모든 통치권을 완전 또는 영구히 일본 황제 폐하에게 양여한다."라고 되어 있었으니 도저히 정상적인 합병 조약이라고 볼 수 없었다. 일본은 애초부터 한반도를 동반자가 아닌 소유와 착취의 대상으로 인식하고 있었다.

 그래도 순종은 사직을 보존했고 이완용은 권력과 부를 챙겼으니 개인적으로 합병에서 밑진 것은 없었다. 그러나 합병을 환영한 그들과 달리 조선 국민들은 보존할 것도, 챙길 것도 없었다. 오히려 가진 것이나마 잃지 않으면 다행이겠는데, 불행히도 그것조차 어려워졌다. 나라와 주권이야 원래 백성들의 것이 아니었으니 빼앗기든 말든 별로 상관없었다. 문제는 그들이 유일하게 가진 재산, 즉 얼마 안 되는 땅조차 빼앗길 처지에 놓였다는 점이다.

비록 한반도 전체를 합병했지만 조약의 제1조에서 보듯이 아직 일본은 조선에 관한 정치적 통치권만 손에 넣었을 뿐 실익을 얻지는 못했다. 통치권은 수단이자 도구이므로 이제부터는 그것을 잘 활용해서 조선으로부터 '수확'을 거두어야 한다. 어떤 방법이 있을까? 일본 정부와 조선총독부는 영악하게도 기존의 토지 소유 개념이 모호하다는 데 착안했다.

전통적으로 한반도 왕조들은 왕토 사상을 바탕으로 했다. 쉽게 말해 전국의 모든 재산, 특히 부동산은 오로지 왕(국가)의 것이므로 왕 이외에는 그 누구도 소유권을 주장할 수 없었다. 이런 체제에서는 농민들의 경작권은 인정되어도 토지 소유권은 인정되지 않는다. 이 점은 관리들의 경우에도 마찬가지였다. 그래서 관리들은 국가로부터 토지 자체를 불하받는 게 아니라 토지에서 나오는 생산물을 수취할 권리, 즉 수조권을 봉급으로 받았다. 이런 이중적 토지 소유관계 때문에 고려와 조선에서는 중대 이후에 토지제도가 붕괴했고, 또 그것이 경제적 기반을 와해시켰다.●

그에 비해 일본은 역사적으로 봉건영주들이 각자 자신의 장원을 소유하는 방식의 토지제도를 취하고 있었던 데다●● 메이지 유신

● 앞에서 본 조선의 애매한 정체 문제도 이런 사실과 연관된다. 국가 주권이 국왕에게만 귀속되어 있으므로 일본이 절차상 하자 없이 정치적인 행위로 포장해서 쉽게 조선을 합병할 수 있었듯이, 모든 국가 재산이 명목상 국왕의 것이었으므로 일본은 조선 백성들이 사실상 소유하고 있는 토지도 아무런 하자 없이 빼앗을 수 있었다. 결국 전제군주국이라는 조선의 정체가 일본의 침략을 훨씬 손쉽게 만들어준 셈이다.

39장 식민지 길들이기

●● 중세 일본의 경우 한반도와 비슷한 제도로 농민들에게 토지를 나누어주고 조세를 수취하는 반전제(班田制)가 있었으나, 이 제도의 적용 단위는 한반도의 경우처럼 나라 전체가 아니라 영주 소유의 장원이었다. 즉 봉건영주들이 자신의 영지에서 반전제를 시행하면서 독자적으로 조세를 수취한 것이다. 그렇기 때문에 일본의 역사에는 기본적으로 토지 사유의 관념이 있었다.

으로 근대적 토지 등기제도가 성립되어 있었으므로 토지 소유관계가 훨씬 명확했다. 합병이란 이제부터 일본과 한반도에서 하나의 제도를 적용한다는 뜻이니까 이 점을 잘 이용하면 일본은 한반도 농민들의 토지를 송두리째 먹을 수 있게 된다. 그런 취지에서 1910년부터 1918년까지 시행된 것이 이른바 토지조사사업이다.

물론 조선에 근대적인 토지 소유가 전혀 없었던 것은 아니다. 임진왜란으로 중대 이후 조선 사회에서는 사실상 모든 토지제도가 기능 마비되면서 왕토의 개념이 무너진 상태였다. 따라서 그 이후에는 자연스럽게 토지의 사유화가 진행되어 토지의 매매도 이루어졌다. 다만 그것이 공식적으로 제도화된 게 아니라 관행적으로 이루어져왔다는 게 문제인데(현실적으로는 왕토 사상이 무력해졌지만 공식적으로는 조선의 국체와도 같은 것이기 때문에 소멸하지 않았다), 일본이 노린 약점은 바로 그 공식과 관행의 틈이었다.

우선 전통적인 대지주의 토지는 건드리기 어려우니까 그대로 등기화해서 소유를 인정해주었다. 또 소유권을 확실하게 입증할 수 있는 일부 농민들의 토지도 등기를 거쳐 소유권을 인정했다. 여기까지가 토지조사사업의 긍정적인 측면이다(토지 소유의 근대화를 이루었다는 점에서). 그러나 원래 없던 공식적인 기준을 처음 설정했으므로 그 기준에서 벗어난 토지 소유관계는 모조리 비공식적인 것이 되며, 따라서 무효가 된다. 쉽게 말해 소유권을 문서로써 입증할 수 없는 모든 토지는 졸지에 임자 없는 땅이 되어버린 것이다. 등기권자만 없을 뿐 경작자는 있었으나 근대적 토지 소유

정복을 위한 측량 토지조사사업이 시작되자 일본은 많은 측량사와 기술자를 파견해 한반도의 상세한 지적도를 작성했다. 이 거대한 토지조사사업은 모든 자원을 면밀히 파악하여 수탈 경제의 기반을 마련하는 데 목적이 있었다. 결국 수백만의 농민은 토지에 대한 권리를 잃고 영세 소작인 또는 화전민으로 전락해버렸다.

제도에서 경작권이라는 모호한 권리는 전혀 배려되지 않았다.

그에 따라 사실상 자기 땅으로 알고 대대로 경작해오던 농민들은 이제부터 두 가지 중 하나를 선택할 수밖에 없다. 새로 설정된 지주에게 높은 소작료를 물고 계속 땅을 부쳐먹든가, 아니면 고향을 등지고 새 땅을 찾아 떠나든가. 말이 두 가지지 대다수 농민들은 후자를 선택할 수밖에 없는 처지다. 이렇게 해서 토지조사사업으로 인해 많은 농민이 토지를 잃고 고향에서 쫓겨나게 되었다. 게다가 이 과정을 더욱 가속화시킨 것은 한반도 최초의 주식회사였다.

한일합병이 정식 조인되기 전인 1908년에 조선과 일본 양국은 함께 동양척식주식회사(동척)라는 합자회사를 만들었다. 곧이어 합병이 이루어지게 되므로 합자회사라는 사실은 별 의미가 없지만, 창립 당시 본사를 서울에 둔 한반도 최초의 주식회사였다. 일

이상한 주식회사 이름은 주식회사였지만 설립 취지에서나 기능과 임무에서나 동척은 주식회사라기보다 조선의 농민들을 만주로 내몰고 일본인들을 이주시키는 역할을 담당했다. 그 과정에서 자연히 간도와 만주의 개발이 이루어지면서 만주 침략이 용이해졌는데, 일본 정부는 애초부터 그런 효과를 예상하고 있었을 것이다.

본의 의도는 이 동척을 통해 한반도를 경제적으로 운영하는 것은 물론, 장차 만주를 침략할 때 경제적 전진기지로 활용하려는 데 있었다. 우선 최고 책임자인 총재부터가 일본군 현역 육군 중장인 데서도 그런 의도를 읽을 수 있다(앞서 말했듯이 당시 일본 정부는 군부가 지배하고 있었다).

합병과 더불어 동척은 눈부신 활동을 전개했다. 1차 목표는 조선 내의 토지다. 우선 동척은 주로 곡창지대의 조선 농민들로부터 헐값으로 토지를 사들였다. 이 과정에는 함께 진행되던 토지조사 사업이 결정적인 역할을 했다. 등기가 불가능한 토지는 곧바로 동척의 부동산이 되었고, 등기된 토지라 해도 새로 제정된 소유관계를 유지하기 어려운 농민들은 동척의 집요한 공세에 휘말려 싼값으로 땅을 팔아버리는 경우가 많았다. 동척은 이렇게 마련한 토지를 일본에서 조선으로 오는 농업 이민자들에게 팔아버렸다.

낯선 땅에 가서 사느니 내 나라에서 가난하게 살겠다. 이런 이민의 두려움은 예나 지금이나 마찬가지다. 일본의 농민들은 아무리 조선을 일본이 지배하고 있다 해도 낯설고 물선 조선으로 가려 하지 않았다. 그래서 당근이 투약된다. 농업 이민자들에게 조선의 농지를 싸게 팔고 각종 특혜를 주는 것이다. 그러자 처음에는 꺼리던 이민 지망자들이 구름처럼 모여들었다. 심지어 일본 정부는 지망자들 가운데서 조선 침략에 적절하다고 판단되는 사람들을 엄선해 이민을 허가할 정도였다.

토지조사사업으로 잔매를 맞고 동척에 결정타를 맞은 조선 농민들은 휘청거렸다. 토지를 강제로 빼앗기거나 헐값으로 팔아넘기는 것 이외에 일본인 농업 이민자들마저 조선으로 꾸역꾸역 몰려드니 굳이 애국자가 아니더라도 나라 잃은 설움이 새로웠다. 고향을 등지면 어디로 갈 거나? 어차피 남의 것이 되어버린 내 나라 안에는 갈 곳이 없다. 그래서 조선 농민들은 점점 만주와 연해주로 이민을 가게 되는데, 오늘날 중국의 연변 동포나 러시아와 중앙아시아의 카레이스키는 바로 이들의 후손이다(그런 점에서 박경리의 소설《토지》라는 제목은 무척 시사적이다. 이 소설에도 고향을 버리고 연해주로 떠나는 농민들이 주요 인물로 등장한다). 1926년 일본의 농업 이민 정책은 중단되었지만, 이후에도 제 나라에서 밀려나 만주로 새 보금자리를 찾으러 떠난 조선 농민들은 해방 무렵까지 무려 150만 명에 달했다.●

동양척식주식회사라는 이름에서 '척식拓殖'이란 개척 이주를 뜻하는 말이다. 원래는 일본 농민의 조선 이주를 뜻하는 말이었으나 결과적으로는 그게 도미노처럼 작용해 조선 농민의 만주 이주까

● 주식회사와는 아무런 상관이 없는 회사였지만, 그래도 명색이 주식회사인 만큼 동척이 출범할 때는 일본과 조선에서 공모주 청약을 실시했다. 그런데 당시 일본과 조선의 공모주 청약 상황은 아주 대조적이었다. 조선에서는 모집 공모주의 불과 2퍼센트만이 응모한 데 반해 일본에서는 응모자가 무려 3500퍼센트, 그러니까 35배가 응모했다. 창립 취지는 "한국민으로 하여금 문명의 혜택을 입도록 한다."라는 것이었는데, 일본인들의 열화와 같은 성원은 바로 그런 데서 나온 걸까? 하지만 그들과 달리 한국민들은 동척을 문명의 혜택으로 여기지 않았던 게 분명하다. 1926년 의열단원 나석주(羅錫疇, 1892~1926)는 이미 한반도 최대 지주가 된 동척에 폭탄을 투척하고 순국함으로써 그 점을 온몸으로 보여주었다.

지 촉발하게 되었다. 그 덕분에 일본은 조선 농민들을 통해 자연스럽게 만주에 대한 영향력을 증대할 수 있었으니, 일본은 처음부터 그것까지 의도하고 있었던 게 아닐까? 일본은 과연 얼마 안 가 만주를 노리게 된다.

세계적 모순의 집약지

한반도에서 동척의 활동과 토지조사사업이 한창이던 1910년대 세계적인 관심의 대상은 한반도의 사정도 아니었고, 식민지·종속국의 문제도 아니었다. 당시 유럽 세계는 물론이고 동북아시아의 중국과 일본에도 초미의 관심사는 1914년 6월 28일 발칸에서 한 발의 총성과 함께 발발한 제1차 세계대전이었다. 영국과 프랑스 등 선진 제국주의 열강(연합국)에 독일과 오스트리아 등 후발 제국주의 열강(동맹국)이 도전한 이 전쟁은 전 세기 말부터 증폭되어오던 삼국협상과 삼국동맹 간의 다툼이 빚어낸 사건이었다(《종횡무진 서양사》 2권, 7부 34장 참조). 그렇다면 전장도 유럽이고 전쟁의 성격도 한반도와는 거의 무관한 사건이어야 할 것이다. 하지만 중국과 일본이 참전을 선언했기에 문제가 된다.

중국은 독일이라면 이를 갈고 있었으므로 당연히 연합국 편인데, 일본은 어느 편으로 참전했을까? 제국주의의 '발달 수준'으로 보면 일본은 후발 제국주의에 속하므로 동맹국 측에 붙어야 한다.

그러나 세계적인 기준으로 보면 그렇지만 지역적인 기준에서 보면 다르다. 아시아에서 일본은 유일한 제국주의 국가이기 때문이다. 그래서 일본은 연합국 측에 가담하게 된다. 마치 포유류에 속하는 박쥐처럼 모양새는 좀 이상하지만 결과적으로 일본을 위해서는 대단히 현명한 선택이었다(물론 한반도에는 그 반대다). 그 선택에는 무대가 유럽이므로 설사 연합국이 진다 해도 일본으로서는 크게 손해 볼 게 없으리라는 계산이 깔려 있었을 것이다.

전쟁 과정에서 일본은 태평양 지역에 산재한 독일의 해외 식민지들을 차례로 접수하고(후발 제국주의인 독일은 식민지 분할이 거의 완료된 시점에서 뒤늦게 식민지 쟁탈전에 나섰기에 태평양의 작은 섬들에 대해서까지 왕성한 '식욕'을 보였다) 중국 산둥에 있는 독일군 기지를 파괴하는 정도의 미미한 전과를 올리는 데 불과했다. 어쨌든 연합국 측은 아시아에서 제 몫을 해준 일본을 기특하게 여겼다. 전후 처리 과정에서 일본은 독일이 가지고 있던 중국에 대한 모든 이권을 승계하고, 나아가 만주 지역의 개발권마저 차지하는 파격적인 대우를 받았다.

그러자 가장 입이 부은 것은 중국이다. 개전 초기부터 연합국 측에 가담해서 독일에 선전포고를 했고 나름대로 열심히 싸웠는데도 전후의 논공행상에서는 승전국에 마땅한 대우를 받지 못했다.•• 결국 승전의 대가가 고작 독일 대신 일본을 불러들인 것뿐임을 자각하게 된 중국 민중은 1919년 5월 4일에

•• 사실 연합국 세력이 중국을 무시한 이유는 여러 가지가 있다. 우선 중국은 중국 내의 독일 조차지들을 공략한 정도였으므로 별로 전황에 보탬이 되지 않았다. 더욱이 연합국의 관점에서 보면 중국군의 활약은 자기 나라의 독립을 위한 것일 뿐 전쟁 자체를 위한 것은 아니므로 높이 평가할 수 없었다. 더 큰 이유는 연합국 측의 세계 재편 구상에서 중국에 부여할 역할이 없었기 때문이다. 신흥 제국주의 국가인 일본을 축으로 아시아의 제국주의적 질서를 구축하려는 게 연합국 측의 의도였으니, 여기서 중국의 사정 따위는 전혀 배려될 수 없었다. 그런 탓에 결과적으로 연합국은 차후 일본의 중국 침략을 공식 승인한 셈이 되었지만 모든 정세가 급박하게 돌아가던 당시에는 연합국의 어느 지도자도 그것까지 예측하지는 못했다.

전국적인 반일 시위를 벌였다. 중국인들이 그제야 일본의 진의를 알아차렸다면, 한반도인들은 일본의 식민지로 10년을 보낸 만큼 자각도 약간 더 빨랐다. 그래서 5·4운동에 두 달 앞서 1919년 3월 1일에 대규모 반일 봉기인 3·1운동을 일으켰다.

조선에서는 10년 동안 일본의 강압적 지배에 대한 반일 감정이 축적되었을 뿐 아니라 그 감정이 행동으로 표출될 만한 분위기도 팽배해 있었다. 1919년 1월에 고종이 70년에 가까운 욕된 삶을 마감하고 죽었는데, 때가 때인지라 그가 일본인에게 독살되었다는 소문이 끊임없이 나돌았다. 물론 근거 없는 소문이었고 또 고종에게 조선 민중이 새삼 애정을 품을 이유도 없었다. 하지만 식민지 세상에서 설움을 겪으며 살아가는 사람들에게는 아무리 못난 국왕이라 해도, 독살설이 헛소문이라 해도 폭발의 계기가 되기에 충분했다. 그런 분위기가 2월 8일 도쿄 유학생들의 독립선언으로, 3월 1일에는 서울 종로의 한 음식점에 저명인사들이 모여 독립선언문을 발표하는 행동으로 이어졌다(원래 거사 일자는 3월 3일 고종의 장례에 맞추었으나 추진하는 과정에서 이틀 앞당겨졌다).

3·1운동의 민족 대표 33명은 음식점에서 나와 순순히 경찰에 연행되었으나, 그들도 총독부도 전혀 예상하지 못한 사건이 터졌다. 미리 소식을 듣고 탑골공원에 모여 있던 수천 명의 어린 학생과 시민 들이 들고일어난 것이다. 분노한 조선 민중들은 각 종교계 인사들의 정치적 선언에 불과한 사건을 엄청나게 증폭시켜 이후 몇 개월 동안 한반도 전역, 나아가 만주와 연해주까지 '대한 독립 만세'의 구호로 뒤덮는 대형 사태로 엮어냈다. 그러나 식민지가 된 이래 처음으로 일본의 지배에 대규모로 항거한 탓일까? 이 운동은 산발적으로 이어졌을 뿐 전혀 조직적으로 전개되지는 못

뒤늦은 함성 나라를 빼앗길 때도, 의병들이 들고일 어날 때도 기층 민중은 앞에 나서지 않았으나, 토지조 사사업과 동척의 활동으로 삶의 터전이 무너지자 식 민지 지배의 실상을 깨닫게 되었다. 사진은 3·1운동 당시 광화문의 비각 앞에 모인 군중의 모습이다. 비록 뒤늦었지만 이 운동으로 인해 임시정부와 만주 독립 군 부대들이 속속 탄생하게 되었다.

했다. 게다가 전쟁의 피비린내로 얼룩진 당시의 세계정세에 비하면 순진하다고 할 만큼 철저히 비폭력적으로 진행되었기에 일본은 소수의 기마경찰과 군대로 어렵지 않게 진압할 수 있었다.

따라서 이 사건은 한 가지 중대한 교훈을 남겼다. 지속적인 항일운동을 전개하려면 지도부가 필요하다는 것이었다. 그래서 1919년 4월에 중국 상하이에서는 정치 망명객들이 대한민국임시정부大韓民國臨時政府를 수립하게 된다. 하지만 명칭은 '정부'라고 해도 식민지가 된 조국의 현실에서 도망쳐나온 인물들이 제대로 항일 투쟁을 지도하기란 사실상 불가능했다. 1945년 해방 때까지 임시정부가 거창한 명칭과 달리 그저 명패만 내리지 않은 것에 가장 큰 의의를 부여할 수밖에 없는 이유는 바로 거기에 있다(물론 윤봉길尹奉吉과 이봉창李奉昌의 의거는 임시정부의 '작품'이지만, 독립을 기치로 내걸었으면서도 아무런 군대 조직도 없이 테러만으로 목적을 달성하려 했다면 '정부'라는 이름이 오히려 사치스럽다).

그렇다면 국내에는 항일운동을 지도할 주체가 없었을까? 그렇지는 않다. 3·1운동은 중국의 망명정부만 낳은 게 아니었다. 상하이에 임시정부가 수립되고 몇 년 뒤인 1925년 4월 17일에 김재봉金在鳳(1890~1944), 김원봉金元鳳(1898~1958), 이여성李如星(1901~?) 등의 젊은 청년들은 서울에서 최초의 사회주의 비밀조직인 조선공산당을 창립했다. 임시정부와 조선공산당은 둘 다 3·1운동의 영향으로 탄생했지만 단지 연배의 차이만이 아닌 질적인 차이가 있었다. 임시정부는 기껏해야 의병 활동의 경력을 가진 원로 정객들의 친목 조직에 불과한 데 비해, 조선공산당은 독립에 대한 신념과 그 신념을 실천할 의지를 지닌 진보적 청년들의 조직이었다(실제로 김재봉과 이여성은 일본 경찰에 의해 여러 차례 투옥된 전력이 있었고 김원봉은 무력 투쟁을 내세운 의열단義烈團의 창립 멤버였으니, 임시정부의 망명객들과는 차원이 다른 투사들이었다).

이념적 성향이 사회주의인 만큼 조선공산당은 3·1운동을 계승하는 데 머문 임시정부보다 한 걸음 더 나아간 뚜렷한 목표와 지향점을 가지고 있었다. 당시 식민지·종속국 운동의 세계적 추세였던 '민족 해방과 사회주의 건설의 조합'을 근본적인 과제로서 설정한 것이다.● 그러나 확고한 이념으로 무장한 운동가 집단이나 간판만 내걸고 있는 망명가들의 친목 단체나 조직 운영의 미숙함과 방만함에서는 별로 차이가 없었다. 거창한 목표와 달리 조선공산당은 지도부의 분열로 여러 차례 결성과 해산을 반복하면서 표류했다. 이것 역시 오랜 사대부 정치의 역사적 전통에서 빚

대한민국임시정부 요인들 국내외에서 3·1운동이 민족적인 운동으로 확산될 때, 우리 민족이 주권국민이라는 뜻을 표현하고, 또 독립운동을 능률적으로 발전시키기 위해 흩어져 있던 여러 정부 조직들이 모여 대한민국임시정부로 통합되었다. 초대 내각에는 미국에서 활동하던 이승만이 대통령, 간도와 연해주에서 활동하던 이동휘가 국무총리를 맡았다.

어진 지극히 '한반도적인 현상'이었을까?

20세기 초의 상황에서 전 세계적으로 작용한 모순은 크게 세 가지다. 첫째는 제국주의 국가들 간의 모순이고, 둘째는 제국주의와 식민지의 모순이며, 셋째는 자본주의와 사회주의의 모순이다. 가장 두드러진 첫째 모순은 제1차 세계대전으로 완화되었으나 완전히 해소되지는 않았고, 둘째 모순은 방치되어 있는 상태였으며, 셋째 모순은 아직 표면화되지 않았다. 그

● 이 점은 당시 제국주의 국가와 식민지·종속국의 근본적인 차이에서 비롯된다. 3·1운동과 중국의 5·4운동에 영향을 준 것은 제1차 세계대전 말기에 미국 대통령 윌슨이 발표한 민족자결주의 노선이었다. 이는 말 그대로 각 민족이 자신의 운명을 판단하고 짊어지는 주체여야 한다는 이념이므로 제국주의 열강의 지배를 받고 있던 조선과 중국의 민중에게 호소하는 바가 컸다. 그러나 윌슨은 유럽 세계 내에서만 민족자결권이 적용된다고 주장했으니, 식민지·종속국의 처지와는 무관했다. 그와 달리 1917년 러시아 사회주의혁명을 승리로 이끈 레닌은 그 원칙이 식민지 민족들에게도 적용된다고 주장하면서 사회주의 이념을 세계화하는 데 성공했다.

사선에서 만주의 어느 유격대 훈련장에서 전사 후보들이 사격 훈련을 하고 있는 모습이다. 이미 만주 일대에는 조국에서 몰려난 조선인들이 도처에 자리 잡고 있었으므로 3·1운동 이후 이곳이 독립 투쟁의 중심지로 떠오른 것은 당연했다. 만주의 항일운동이 명망가 중심으로 전개되지 않은 이유는 고향을 등진 기층 민중이 주체가 되었기 때문이다.

런데 공교롭게도 당시 한반도의 정세에는 그 세 가지 모순이 혼재되어 있었다. 즉 한반도에서는 일본 제국주의가 서양의 선진 제국주의와 서서히 갈등을 키워가는 중이었고(첫째 모순), 일본에 병합된 조선이 독립과 해방을 위해 투쟁하고 있었으며(둘째 모순), 그 투쟁을 주도하는 주요한 세력은 장차 20세기 중반 이후 세계 체제로 등장하게 되는 사회주의 세력이었다(셋째 모순). 이 세 가지 모순이 차례로 발현되면서 한반도 현대사는 엄청난 진통을 겪게 된다.

그런 점에서 당시의 한반도는 사실 세계적 모순의 집약지로서 전 세계의 주목을 받을 만한 가치가 충분했다. 그러나 세계의 지도자들은 물론 한반도의 독립을 이끈 지도자들도 그런 역사적 비중을 전혀 인식하지 못했다. 당대에는 당대의 본질을 파악하기 어렵다. 지나고 보면 알기 쉽더라도 막상 그 시대의 한복판에서는 시대의 정체를 알지 못하는 것이다. 일찍이 "자본주의의 와중에 자본주의의 진정한 의미를 파악하기는 어렵다."라는 마르크스의 말은 바로 그런 어려움을 가리킨다.

높아지는 야망, 거세지는 항일

제1차 세계대전에서 일본이 연합국의 일원으로 참전했다는 것은 중대한 역설이다. 비록 박쥐처럼 이중적인 존재이기는 하지만 일본은 '체질상' 동맹국에 가까웠기 때문이다(그런 점은 원래 독일에 붙으려다 달마치야 해안 지대를 주겠다는 연합국 측의 막판 제의에 마음을 돌린 이탈리아도 마찬가지다. 이렇게 같은 색이던 독일과 이탈리아, 일본은 결국 제2차 세계대전에서 파트너를 이루게 된다). 영국과 프랑스, 미국 등 연합국의 주축은 시민혁명과 의회민주주의의 역사를 거친 '정상적인' 제국주의 국가들인 데 반해, 일본은 독일이나 오스트리아처럼 시민사회의 토대가 취약하고 의회가 제 기능을 하지 못하는 국가 주도형 후발 제국주의 국가였다. 게다가 일본은 군국주의적 색채마저 농후한 나라였으니, 종전 후 평화를 바라는 국제사회의 희망과는 반대로 언제든 태풍의 핵으로 등장할 가능성이 충분했다.

사실 제1차 세계대전 초기부터 일본은 조금씩 본색을 드러냈다. 산둥을 점령하고 중국에서 독일 세력을 몰아낸 뒤에도 일본은 군대를 철수하기는커녕 오히려 더욱 증원했다. 이러한 무력을 바탕으로 유럽 전선에서 아직 포연이 한창이던 1915년에 일본은 중국의 지배자인 위안스카이를 위협해 독일의 이권을 차지하고 남만주와 몽골, 중국의 해안 지대까지 독점 조차하는 조약을 관철시켰다. 전쟁이 연합국의 승리로 끝난 것은 일본의 그런 야망을 연합국이 사후 승인한 것이나 다름없었다. 그래서 일본은 유럽을 잿더미로 만든 세계대전을 계기로 오히려 경제 대국으로 성장했다.●

이제 일본의 앞에는 두 가지 길이 놓여 있었다. 하나는 독점자본주의로의 길이다. 이미 일본은 유럽 열강 어느 나라에도 뒤질 게 없는 경제 규모를 자랑하고 있었으므로 서양식 '정통' 제국주의 국가로 성장할 자격이 충분했다. 다른 하나는 군국주의로의 길이다. 군사적으로도 세계 정상급인 일본은 경제적인 침략보다 더 노골적이고 직접적인 군사적 침략을 실행할 힘도 충분히 지니고 있었다. 경제적 노선과 군사적 노선, 이 두 가지 중 일본이 택한 것은 무엇일까? 힌트는 1930년 하마구치 오사치濱口雄幸(1870~1931) 총리가 군부의 손에 암살된 사건에서 찾을 수 있다.

● 인류 최초의 세계대전은 패전국만이 아니라 전승국에도 막대한 피해를 주었다. 연합국 중에서 전쟁으로 인한 경제적 타격을 받지 않은 나라는 일본과 미국뿐이었다. 전쟁 중에 일본의 산업과 무역은 큰 성장을 이루어 종전 후 일본은 자본 수입국에서 자본 수출국으로 면모를 일신했다. 또 하나의 커다란 소득은 국제적 지위가 크게 상승한 것이었다. 종전 직후 윌슨 미국 대통령의 주창으로 결성된 국제연맹에 일본은 영국, 미국, 프랑스, 이탈리아와 함께 당당히 이사국으로 참여함으로써 세계 5대 강국의 하나가 되었다. 그러나 이것은 일본이 연합국 측의 일원으로 참여한 처음이자 마지막 행사였다.

세계경제가 최대의 호황을 누리던 시점에서 갑자기 터져나온 1929년의 세계 대공황이 없었다면 혹시 일본은 경제적인 노선, 즉 정상적인 제국주의화의 길로 나아갔을지도 모른다. 그러나 미국 경제를 순식간에 마비시킨 공황의 피해는 태평양 건너 일본에도 직격탄을 날렸다. 일본은 경제 대국이었으나 대외 의존도가 높다는 게 치명적인 약점이었다. 대공황이 터지자 서유럽 국가들은 피해를 막기 위해 지역적으로 블록경제를 취하고 국내적으로는 국가독점자본주의 노선으로 나아갔는데, 그 때문에 일본 경제는 수출이 급격히 감소되면서 휘청거리기 시작했다. 기업들이 도산한 것은 물론이고, 그렇잖아도 대기업(재벌)과 중공업 위주의 성장 전략으로 고통과 희생을 치르고 있던 노동자와 농민 등 기층 민중의 생활이 더욱 궁핍해졌다.

예나 지금이나 이런 사태에 대한 정부의 해결책은 경기 부양이다. 일본 정부는 서유럽 국가들과 공동 대응을 모색하고 그들로부터 금융 지원을 받아 사태를 수습하고자 했다. 그러나 같은 문제를 보는 군부의 시각은 달랐다. 군부가 제시한 해법은 만주를 완전한 식민지로 만들고, 나아가 중국마저 정복해서 경제 위기를 타개하자는 것이었다. 이런 상황에서 정통 정치인의 길을 걸었고 자유주의 이념을 어느 정도 가지고 있었던 하마구치 총리가 피살된 것이다. 이 사건은 정부와 군부의 싸움에서 군부가 승리했음을 뜻하며, 독점자본주의와 군국주의의 갈림길에서 군국주의가 채택되었음을 상징했다.

이제 노선이 결정되었으니 일본 군부는 그 노선을 구현할 '건수'를 찾기에 혈안이 되었다. 없으면 만든다. 1931년 9월 18일에 일본의 만주 주둔군인 관동군의 일부 장교들은 남만주 철도를 몰래 폭파해놓고 그것을 중국군이 저지른 짓이라고 몰아붙이면서 전쟁을 일으켰다. 이것이 만주사변인데, 일본이 도발한 예전의 전쟁들과 마찬가지로 선전포고 없이 기습으로 시작되었다.

전쟁이라 할 것도 없었다. 일본군은 불과 닷새 만에 랴오둥 일대를 손에 넣었고, 두 달 뒤에는 만주 전역을 장악했다. 중국의 위안스카이 정권은 일본의 의도를 뻔히 알고 있으면서도 만주를 거

● 당시 중국이 만주를 쉽게 포기한 데는 역사적으로 만주에 대한 집착이 덜한 전통도 작용했을 것이다. 1911년 신해혁명(辛亥革命)으로 청이 무너진 것은 제국의 시대가 종말을 고한 것인 동시에 300여 년에 걸친 이민족 지배가 끝난 것이기도 했다. 중국은 비록 지배자는 군벌이었으나 한족 정권으로 복귀했다. 알다시피 만주는 청 황실의 고향이고, 또 역사적으로 한족의 세력권 일지언정 영토는 아니었으므로 당시 중국의 집권 세력인 국민당은 만주를 그다지 중요하게 여기지 않았을 것이다. 쑨원(孫文, 1866~1925)이 한때 만주를 일본에 팔아넘길 마음을 먹었던 것도 그만큼 만주를 중국 영토로 여기는 의식이 희박했기 때문이다(그 계획은 5·4운동으로 무산되었다).

저 내주다시피 했다.* 이듬해 봄에 일본은 청의 '마지막 황제' 푸이溥儀(1906~1967)를 불러와 만주국이라는 괴뢰정권을 세우고 만주를 합법적으로 손아귀에 넣었다. 그러나 일본이 만주 정복에 만족하지 않으리라는 것은 이제 누구의 눈에도 뻔했다. 일본의 야망은 무력을 통해 경제 위기를 타개하는 데서 더 나아가 장차 아시아 전체를 지배하는 데 있었다.

일본의 대륙 침략이 노골화됨에 따라 조선의 항일운동도 중대한 전환점을 맞았다. 아직 분열과 재집결을 거듭하는 문제점을 극복하지는 못했지만, 시대의 요청에 따라 항일운동의 지도부가 생겼다. 지도부의 역할은 5년 전의 6·10만세운동을 통해 드러난 바 있었다. 1926년 6월 10일 순종의 장례식에 맞추어 권오설權五卨(1899~1930)과 김단야金丹冶 등의 사회주의자들이 노동자, 학생 들과 연대해 대규모 시위를 조직적으로 전개한 것은 운동 지도부가 존재했기에 가능한 일이었다(순종은 아버지처럼 장례식을 통해 민족에게 가장 큰 기여를 했다). 이 사건에 힘입어 그 이듬해 젊은 조선공산당원과 원로급 민족주의자 들이 처음으로 새로운 조직을 통해 상견례를 하게 되는데, 그렇게 탄생한 민족운동 통합 조직이 바로 신간회新幹會였다. 6·10만세운동으로 일본이 유화책으로 돌아선 덕분에 신간회는 처음부터 합법 단체로 출범할 수 있었다.

그러나 임시정부나 조선공산당처럼 동질적인 이념을 지닌 조직들에서도 늘 인맥들 간의 분열과 반목으로 애를 먹었는데, 신간

황제가 더 있었더라면 3·1운동과 달리 6·10만세운동은 자연발생적으로 이루어진 게 아니라 사회주의자와 학생 들이 조직한 결과였으므로 한층 진일보한 투쟁이었다. 그러나 고종의 장례식을 디 데이로 삼은 3·1운동처럼 이번 거사도 순종의 장례식을 이용했으니, 두 황제는 죽음으로써 민족에 기여했다고 할까? 일본으로서는 더 이상 황제가 없다는 데 안심했을 것이다.

회 같은 '대동단결형' 조직에 그런 단점이 없을 수는 없었다. 특히 명망가 지향적인 우익 민족주의 계열이 지도부 구성을 거의 자파로 도배한 것에 대해 좌익 계열은 처음부터 불만이 많았다. 출범 후에도 본연의 활동을 하지 못하고 한동안 강령을 만든다느니, 전국과 해외에 지회를 설립한다느니 하면서 부산을 떨던 신간회는 결국 좌익의 지원으로 중앙집행위원장에 선출된 허헌許憲(1885~1951)이 우익 조병옥趙炳玉(1894~1960)의 탄핵을 받으면서 지도부가 분열되어 1931년 5월에 와해되고 말았다. 일본이 만주 정복에 정신이 팔려 있는 중요한 시기에 대형 민족운동 조직이 불과 몇 년 만에 자체 붕괴했다는 것은 국내 항일운동의 맥을 끊는 치명타였다.

따라서 항일의 구심점은 자연히 북쪽의 만주로 옮겨가게 되었다. 당시 남만주 일대에는 토지조사사업과 동척에 밀려 고향을 떠나온 조선인들로 이미 '또 하나의 조선'이 성립되어 있었다. 이를 배경으로 1920년대부터는 만주에서도 본격적인 항일 투쟁이 시작되었는데, 일본의 치안력이 한반도만큼 강력하게 작용하지 못하는 지역이었기에 이곳의 투쟁은 일찌감치 명망가 중심의 정치 운동에서 벗어나 무장투쟁의 방식을 취하고 있었다. 항일 투사의 사관학교에 해당하는 신흥무관학교新興武官學校를 비롯해 북로군정서北路軍政署와 서로군정서西路軍政署 등의 무장 조직들이 모두 1919년에 결성되었다. 특히 북로군정서는 1920년 김좌진金佐鎭(1889~1930)의 지휘로 만주의 청산리 전투에서 무려 열 배에 달하는 일본군 2개 사단 병력을 무찔러 이름을 떨친 바 있었다.

만주사변으로 일본의 야망이 드러나자 만주의 항일 무장투쟁 조직들에는 중요한 원군이 생겼다. 그것은 바로 조선과 같은 운명에 처한 중국이었다. 이제 항일의 과제는 조선만이 아니라 중국에도 발등에 떨어진 불이었다. 중국은 워낙 넓은 탓에 아직 일본의 식민지로 전락하지 않았지만, 일본의 대륙 침략이 일정에 오른 만큼 더 이상 힘의 열세를 탓하며 수수방관할 처지가 아니었다. 그래서 중국은 만주 지역에서 활동하고 있는 조선의 항일 세력들과 통일전선을 구축하게 된다. 항일 무장투쟁의 분야에서 선배인 조선이 중국에 한 수 가르친 셈이다.

40장

항전, 그리고 침묵과 암흑

홍군 속의 조선군

3·1운동이 임시정부와 조선공산당을 낳았듯이, 중국의 5·4운동도 중국공산당이라는 새로운 항일운동의 지도부를 탄생시켰다. 다만 중국은 일본의 식민지가 아니었고 지식인들이 사회주의의 본산인 소련과 접촉하기가 훨씬 용이했던 탓에, 중국공산당은 한반도보다 5년 앞선 1920년에 소련의 지원을 받아 성립되었다. 그러나 소련은 제국주의 열강의 하나였다가 사회주의 공화국으로 탈바꿈했고, 중국은 식민지·종속국으로서 반#봉건 사회였으니, 같은 공산당이라고 해도 성격은 달랐다.

일단 소련의 권유에 따라 중국공산당은 우익의 국민당과 합작(1차 국공합작)을 이루고 반제국주의 항일 투쟁을 전개했으나, 이내 합작이 깨지면서 소련 측과도 멀어졌다. 그에 따라 초기 지도

부를 구성한 소련 유학파 지식인들이 물러나고 '토착' 공산주의자들이 당을 장악하게 되었는데, 그 중심인물이 바로 마오쩌둥毛澤東(1893~1976)이다.

공산당과 국민당이 결별한 이유는 국민당의 지도자인 장제스蔣介石(1887~1975)가 어처구니없게도 항일보다 공산당을 탄압하는 방향으로 노선을 전환했기 때문이다. 국공합작을 주도한 쑨원이 죽자 장제스는 자신의 독재 권력을 구축하기 위해 일방적으로 합작을 깨버렸다.● 대적을 앞에 두고 내홍을 빚는 현상은 중화 세계의 전매특허라고 해야 할까?

중국 정부의 분열은 당연히 일본에 호기를 제공했다. 일본은 그 틈을 타서 야금야금 남쪽으로 내려오더니 만주에 이어 화북에도 괴뢰정권을 수립했다. 마오쩌둥으로서는 국민당과의 내전도 괴롭지만 어느새 중국 대륙 전체가 일본 제국주의의 표적이 되었다는 데 위기감을 느끼지 않을 수 없었다. 그래서 그는 1935년 8월 1일 내전을 중지하고 항일민족통일전선을 수립하자는 8·1선언을 발표했는데, 이것이 국내외의 커다란 호응을 얻어 2차 국공합작이 이루어졌다. 이때부터 만주의 조선계 항일 무장투쟁 조직들은 중국공산당의 군대인 홍군紅軍에 속해 항일전선에 투입되기 시작했다.

물론 장제스는 여론에 밀려 어쩔 수 없이 따랐겠지만 마오쩌둥의 8·1선언은 일본의 야욕이 노골화되는 상황에서 대단히 효과

● 지독한 권력욕과 타고난 반공주의자라는 점에서 장제스와 닮은 사람은 바로 이승만(李承晩, 1875~1965)이다. 그는 미국에서 빈둥거리면서도 임시정부의 대통령직을 요구했고, 무능한 임시정부가 그 요구를 들어주었는데도 여전히 외교를 핑계로 미국에 머물렀다. 장제스와 마찬가지로 이승만도 해방 직후의 한반도에서 민족 지도자 김구(金九, 1876~1949)는 물론 미 군정까지도 권하는 좌우합작을 줄기차게 거부하고 남한만의 단독 정부 수립을 주장해 마침내 관철했다. 항일이라는 민족적 과제보다 자신의 권력을 추구했고 끝내 조국의 분단을 빚은 점에서 장제스와 이승만은 쌍둥이처럼 닮은꼴이다. 나중에 그들은 독재자가 되어 두 나라의 현대사를 얼룩지게 만드는 것까지 같은 행보를 보인다.

적인 적시타였다. 특히 그동안 만주 일대에서 턱없이 부족한 화력과 보급품에 오로지 불굴의 투지만 불살라가면서 일본 제국주의에 저항하던 조선의 독립군에게는 가뭄의 단비와도 같은 소식이었다. 무엇보다 통일적인 지도부가 생겼으니 이제 치고 빠지는 게릴라전이 아니라 일본군과 정식으로 맞붙어볼 수도 있다는 게 가장 큰 보람이었다. 그래서 선언이 발표된 바로 다음 달인 1935년 9월에 만주 지역의 모든 항일 조직은 한데 뭉쳐 동북항일연군東北抗日聯軍을 이루었다. 모두 3로군으로 구성된 이 조직에서 조선 독립군은 주로 1로군에 편입되었는데, 그들 가운데는 최용건崔庸健(1900~1976), 김책金策(1903~1951), 김일성金日成(1912~1994) 등 나중에 조선민주주의인민공화국, 즉 북한 정권을 수립하게 되는 주요 인물들이 포함되어 있었다.

국적 없는 항일 투쟁 나라를 잃은 마당에 새삼 국적을 따질 이유가 없다. 그래서 만주의 조선인 유격대들은 자연스럽게 중국인들과 하나가 되어 항일 투쟁에 나섰다. 사진은 동북항일연군 소속 어느 소부대의 모습이다. 하지만 이왕이면 팔로군 소속 조선 유격대와 힘을 합쳐 '국적 있는 항일 투쟁'을 벌였더라면 해방 후 국제적 발언권이 달라졌을 것이다.

과연 얼마 안 가 통일전선이 위력을 발휘하게 되는 상황이 발생했다. 1937년 6월에 관동군 참모장인 도조 히데키東條英機(1884~1948)는 "대소련 작전을 준비한다는 입장에서 볼 때 지금 중국을 공격해야 한다."라고 선언했다. 결과적으로 보면, 그것은 한 달 후 또다시 아무런 예고도 없이 시작된 중일전쟁의 선전포고에 해당하는 발언이었다. 당시 유럽에서도 독일과 이탈리아에 파시스트 정권이 들어서면서 새로운 전운이 감돌기 시작했으니, 제2차 세계대전은 이때 이미 시작된 셈이었다.**

침략자 일본이 조선과 중국을 구분하지 않으니 당연히 홍군 속의 조선인들도 굳이 국적을 따질 필요가 없었다. 그래서 중일전쟁

●● 그런 점에서 1936년부터 시작된 에스파냐 내전과 아시아의 중일전쟁은 제2차 세계대전의 서곡에 해당한다(에스파냐 내전에 관해서는 《종횡무진 서양사》 2권, 7부 36장 참조). 제1차 세계대전이 선진 제국주의에 후발 제국주의가 도전한 전쟁이었다면, 제2차 세계대전은 제1차 세계대전에서 패배한 후발 제국주의가 파시즘이라는 '신무기'로 무장하고 선진 제국주의에 재도전한 것이라고 할 수 있다. 그랬기에 제1차 세계대전에서는 연합국 측에 가담한 일본도 이번에는 본색을 드러내고 동맹국 측으로 참전하게 된다.

을 맞아 중국공산당이 홍군을 팔로군八路軍(화북 담당)과 신사군新四軍(강남 담당)으로 나누어 재편했을 때 동북항일연군에 참여하지 않은 만주의 조선 유격대들은 대부분 팔로군에 속하게 되었다. 주시경의 제자로서 한글 학자의 길을 걷다가 항일 투쟁에 뛰어든 김두봉金枓奉(1889~1960)을 비롯해 최창익崔昌益(1896~1957), 무정武亭(1905~1952, 본명은 김무정) 등 일찍부터 중국공산당과 연계를 맺고 있던 사람들이 당시 팔로군으로 소속을 옮긴 조선인 전사들이다. 의도한 것은 아니지만 이로 인해 만주에서 활동하던 조선의 무장 조직들은 동북항일연군과 팔로군으로 소속을 달리하게 되었는데, 이 사실이 나중에 북한 정권이 수립될 때 권력 다툼의 씨앗이 될 줄은 누구도 몰랐을 것이다.

동북항일연군과 팔로군에서 조선인 유격대는 눈부신 활약을 보였다. 특히 1937년 6월에 동북항일연군 1로군 소속의 한 부대는 함경도 갑산의 보천보를 습격해서 일본 경찰들을 살해하고 이곳을 잠시 동안 점령하는 쾌거를 이루었는데, 이 사건은 나중에 보천보 전투라는 사건으로 유명해지게 된다. 만주의 항일 유격대가 압록강을 건너 한반도까지 진출한 것은 유례없는 일이라는 점에서 역사적 의의가 없는 것은 아니지만, 규모나 성과에 비해 이 전투가 특별히 유명세를 탄 이유는 따로 있다. 그 부대의 지휘관이 바로 김일성이라는 스물다섯 살의 젊은 조선인 청년이라는 사실 때문이다.

당시 김일성은 마을 사람들을 모아놓고 조국이 곧 해방될 것이라는 일장 연설을 하고 나서 만주로 돌아갔는데, 꿈같은 연설을 들은 마을 사람들은 구세주가 등장한 것처럼 여겼다. 곧이어 이 사건은 '당시 민족지였던' 〈동아일보〉와 〈조선일보〉의 지면을 타고 전국에 퍼졌으며, 특히 한반도 북부에서 '김일성 장군'이라는 이름이 마치 만주 항일 유격대의 대명사처럼 알려지는 결정적인 계기가 되었다(또한 김일성도 대단치 않은 이 사건을 두고두고 우려먹었다).

그러나 중국의 국부군(국민당 군대)과 홍군, 거기에다 조선 유격대까지 힘을 합친 거센 항전도 일본의 우수한 화력과 조직적인 공략을 완전히 막아내지는 못했다. 중국의 동해안을 따라 강남까지 남하한 일본군의 집요한 공격으로 중국 정부는 난징에서 우한으로, 다시 우한에서 충칭으로 옮겨가면서 해안을 빼앗기고 연신 내륙 쪽으로 밀려났다(이 과정에서 일본은 무려 20만 명의 중국인들을 살해하는 난징 대학살을 저질렀다). 게다가 때마침 일본의 기세를 더욱 높여주는 사건이 유럽에서 발발했다. 1939년 9월에 독일이 폴란드를 침공하면서 제2차 세계대전이 시작된 것이다. 유라시아 대륙 동서 양끝의 파시즘이 조우하면서 바야흐로 세계는 인류 역사상 최대의 전란을 맞았다.

용공 보도? 〈동아일보〉가 호외로 다룬 보천보 전투에 관한 기사다. 식민지 시대 전체를 통틀어 만주 유격대가 국경을 넘어온 경우는 전무후무한 일이었다. 그러나 규모와 성과는 대단치 않았던 이 사건이 대서특필됨으로써 김일성이라는 이름이 한반도 전역에 알려졌으니, 이 보도는 해방 후 북한에 김일성 정권이 들어서는 데 크게 기여했다고 봐야겠다.

모두가 침묵한 때

히틀러의 도발을 예견이라도 한 걸까? 이미 1938년에 일본 군부는 국민 총동원령을 내렸는데, 제2차 세계대전에 연루되는 국가들 중에서는 가장 빠른 출발일 것이다. 그러나 이렇게 재빠르게 운신한 이면에는 사실 중대한 오판이 있었다. 중일전쟁을 시작할 때 일본은 속전속결로 중국을 정복할 수 있을 것으로 믿었으나 현실은 그렇지 못했던 것이다.

물론 일본이 예상한 대로 중국군은 홍군과 조선 유격대까지 가세했어도 일본의 상대가 되지 못했다. 그러나 일본군이 대륙을 먹어 들어갈수록 중국 정부가 아니라 중국 민중 전체를 상대로 하는 양상으로 바뀌면서 전쟁은 장기화될 전망이 커졌다. 게다가 이미 장악한 중국의 동해안도 남북으로 워낙 넓게 펼쳐진 탓에 일본군의 병력으로는 점령까지는 가능해도 수비는 불가능했다. 자칫하면 전투에서는 이겨도 전쟁에서 질지도 모르는 상황이었다. 일본 군부가 총동원령을 필요로 한 데는 그런 배경이 있었다. 그 덕분에 군부는 일본 내의 기업들은 물론이고 전 국민의 사유재산과 인력까지도 마음대로 동원할 수 있었고, 국민들의 일상생활까지도 통제할 수 있었다. 일본 본토가 이럴진대 식민지인 한반도의 사정은 말할 것도 없었다.

만주사변이 끝난 뒤부터 일본은 한반도를 대륙 침략의 전진기지로 활용하려는 계획을 세웠다.● 한반도 북부에 군수공장을 속속 설립하고 광산 개발에 주력한 것이나 남부에서 미곡 공출량을 크게 늘린 것은 그때부터다(그런 탓에 해방 직후 한반도는 북한의 공업과 남한의 농업으로 심각한 산업적 불균형을 보였다. 물론 분단이 없었더라면 그것은 불균형이 아니었겠지만). 그러나 차라리 경제적 착취라면 아무리 심하다 해도 견딜 수 있다. 조선 민중에게 그보다 더 견디기 어려운 것은 일본의 집요한 문화적 수탈, 이른바 '민족 말살 정책'이었다.

1920년대 후반 한때 유화적 분위기를 보이던 일본은 전쟁 일정이 가시화되면서 다시 탄압의 고삐를 죄기 시작했다. 그런데 급한 심정은 이해할 수 있지만, 그 방법은 유사 이래 어느 억압자도 흉내를 내지 못할 정도로 교활하면서도 치졸했다. 어떻게든 조선의 인적·물적 자원을 전쟁에 동원하기 위한 근거를 마련해야 했던 총독부는 우선 일본과 조선이 한 몸이라는 일체감을 조성할 필요가 있다고 판단했다. 그래서 내건 구호가 이른바 황국신민화皇國臣民化와 내선일체화內鮮一體化였다. 둘 다 뜻 자체로는 일본과 조선이 똑같다는 것이다. 특히 내선일체는 일본과 조선이 아무런 차별도 없는 하나의 공동체라는 뜻이므로 언뜻 보면 괜찮은 취지인 듯싶다. 그러나 그 공동체란 삶과 행복을 함께하자는 게 아니라 다 같이 황국의 신민으로서 공동의 의무, 즉 전쟁의 의무를 함께 나누자는 것이었다.

어쨌거나 공식적으로 서로 다른 민족이 아니라면 굳이 말과 글을 따로 쓸 이유가 없어진다. 그래서 총독부는 1935년부터 한글 교육을 일체 금지하고, 중일전쟁이 시작되면서부터는 아예 일상생활에서도 일본어만을 사용하라고 명령했다. 〈동아일보〉와 〈조선일보〉를 비롯해 한글을 사용하는 신문과 잡지는 전부 폐간되었

● 일본이 만주를 차지하고서도 5년 뒤에야 중일전쟁을 시작한 이유는 전쟁 수행을 위해 먼저 만주와 한반도를 병참기지화하는 기간이 필요했기 때문이다. 그러나 대륙 침략이 늦어진 데는 일본 내부의 사정도 있었다. 1932년에 일본에서는 또다시 총리가 암살되는 사건이 일어나면서 군부 내에서 치열한 권력 다툼이 벌어졌다. 신흥 재벌과 결탁한 황도파(皇道派)와 전통 재벌과 결탁한 통제파(統制派)가 경합한 결과 통제파가 승리하면서 군부는 비로소 대륙 침략을 결정할 수 있었다. 중국과 조선에서는 항일운동을 놓고 벌어진 분열조차 제대로 극복하지 못한 데 비해 일본은 군국주의답게 번개같이 분열을 봉합했다. 이런 차이로도 이미 전쟁의 승패는 뻔했다.

다. 그보다 더 심한 조치는 이른바 창씨개명創氏改名, 즉 고유의 성과 이름을 버리고 일본식 성명으로 바꾸라는 것이었다. 한글을 쓰지 말라는 것까지는 참을 수 있어도 성씨를 바꾸라는 것은 다른 문제다. 조상 숭배의 오랜 전통과 유학 국가의 오랜 역사를 지녀온 조선 사람들에게 성씨란 단순한 호칭이 아니라 존재의 근거였기 때문이다. 그런 점에서 45년 전 단발령이 시행되었을 때보다도 더 강력한 반발이 따랐다. 그러나 그때와 달리 조선은 식민지의 처지인 데다 마침 전시였으므로 그 맹랑한 조치가 그런대로 먹혀들었다. 창씨개명에 따르지 않는 사람들은 교육과 취업에서 제한을 받는 것은 물론 각종 징용과 노역을 당해야 했으므로 어지간한 강골이 아니고서는 이름을 바꾸지 않고 버티기란 어려웠던 것이다.●

● 이런 강제성이 있었기에 1940년 8월의 마감 기한까지 대상의 약 80퍼센트가 창씨개명을 했다. 해방 직후 한때 창씨개명을 했는지의 여부로써 '친일파'의 지표를 삼으려는 움직임이 있었는데, 만약 그렇다면 한국인의 대다수가 친일파의 딱지를 붙이게 되는 묘한 상황이 벌어졌을 것이다. 그러나 이 '제2의 단발령'에 용감하게 맞선 사람들도 있었다. 단발령 때처럼 자살로 항거하는 사람들이 있었는가 하면, 또 어떤 사람들은 일부러 자기 비하적인 뜻의 일본식 이름을 지어 불복 의사를 간접적으로 나타내기도 했다.

총독부의 치졸한 일체화 정책은 거기에 그치지 않았다. 한반도의 역사 전체를 식민사관으로 도배한 《조선사朝鮮史》 37권을 간행한 것은 그나마 외형상으로는 '문화 정책'이라고 불러줄 수도 있겠지만, 동방요배東方遙拜라는 이름으로 매일 일본 천황이 있는 동쪽을 향해 경배하도록 한다거나 천황의 신민임을 맹세하는 내용의 '황국신민서사'라는 것을 외도록 한 것은 도저히 문화라고 부를 수 없는 조잡함의 극치였다(1968년 독재 정권이 '국민교육헌장'을 어린 학생들에게 외도록 강요한 것은 황국신민서사에서 커닝한 게 아닐까?). 그에 비해서는 초기의 토지조사사업이나 동척의 활동이 오히려 식민지 지배에 어울리는 '정책'이었을 것이다.

1940년대 국민교육헌장 조선의 어린 학생들이 교사와 함께 황국신민서사를 외고 있는 장면이다. 두 손을 단전에 모은 모습이 자못 엄숙하다. 이런 유치하고도 군국주의적인 장면이 식민지에서 해방된 지 30여 년이나 지나 박정희 유신 정권의 국민교육헌장에서 되풀이된 것은 어떻게 설명해야 할까?

당시 일본은 정책의 멋을 부릴 처지가 아니었다. 곧이어 1941년 진주만 기습으로 중일전쟁이 태평양전쟁으로 확대되었기 때문이다. 당대의 세계 최강 미국마저 끌어들인 판에 이제는 더 이상 교활한 방식으로 식민지 수탈을 포장할 여유조차 없었다. 그래서 이전까지 '모집'이라는 형식을 취한 인력 충원도 이때부터는 노골적인 강제 징발로 대체되었다. 싸울 수 있는 자는 전장으로(징병), 일할 수 있는 자는 광산으로(징용), 심지어 젊은 여성들마저 위안부로 만들어 전장과 광산으로 보내면서, 일본은 한반도를 전쟁 수행을 위한 전면적 수탈 체제로 편제했다. 이런 일본 제국주의의 광기 속에서 한반도는 식민지의 어둠을 넘어 캄캄한 암흑 세상이

학병 그리고 징용 전쟁이 본격화되자 일제는 전 국민 총동원령을 내리고 한반도를 군사 기지화했다. 왼쪽은 아들을 학병으로 보내는 어머니의 모습이고, 오른쪽은 징용으로 끌려간 조선인 노동자들의 모습이다. 학병은 형식적으로는 자원이었으나 총독부는 각 학교를 통해 사실상 강제 동원령을 내렸다.

되었다.

그런데 도저히 이해할 수 없는 일은 바로 그때 항일운동의 맥이 뚝 끊겨버렸다는 사실이다. 조선공산당이 유명무실화된 것은 그렇다 치더라도 1930년대에 그토록 치열했던 항일 무장투쟁도 태평양전쟁이 시작되면서 갑자기 사그라졌다. 가장 어둠이 짙을 때, 나라와 민족이 가장 깊은 도탄에 빠져 있을 때, 항일 투쟁이 가장 긴요하고도 절실할 때 항전이 중단된 것은 어떻게 봐야 할까? 멀리 유럽에서는 나치 독일이 강점한 프랑스와 덴마크, 네덜란드, 유고, 체코에서 레지스탕스 운동이 치열하게 전개되고 있을 때, 일본 제국주의의 식민지인 한반도에서는 짙은 어둠에 깊은 침묵으로 대응했다. 이것을 어떻게 설명해야 할까?

물론 완전한 침묵은 아니다. 상하이의 임시정부에서는 1940년에 광복군光復軍을 조직해 처음으로 무력 항전의 기치를 내걸었다. 하지만 임시정부가 성립한 지 20년 뒤에야 비로소 창설된 군대가 제 기능을 하기는 어려웠다. 사령관과 참모를 정하고 지휘 체계와 편성을 갖추느라 부산을 떨다가 정작 필요한 병력은 군대 창설 후 1년이 지나서야 겨우 300명 정도를 모집하는 데 그쳤을 뿐이다. 그저 임시정부도 군대를 거느렸다는 기록만 남긴 게 고작이었다. 당시 유일하게 항일 투쟁을 지속한 사람들은 중국 홍군에 속한 조선 유격대원들뿐이었으나 이들도 중국공산당의 일원으로 항전한 것이었다.● 그럼 나머지는 모두 무엇을 했을까?

조선공산당의 우두머리였던 박헌영朴憲永(1900~1955)은 1939년에 만기 출소한 뒤 한동안 공산당 재건에 힘쓰다가 그게 잘 안 되자 기와공장에 인부로 위장 취업해 동료들과 비밀리에 안부만 주고받은 게 다였다. 그보다도 더 편하게 험한 시절을 보낸 사람은 김일성이다. 처음부터 중국공산당과 거리를 두었던 그는 1940년 동북항일연군이 해체되자 이듬해 동료 대원들과 함께 소련으로 가서 소련군 장교가 되어 해방될 때까지 간부 훈련을 받으며 지냈다. 정작 조국이 가장 어려운 시기를 맞았을 때 그는 투쟁을 포기하고 차후 권력을 장악하는 데 도움이 될 '이력서 만들기'에 주력했던 것이다.

● 1942년 김두봉은 조선의용군이라는 군대를 조직해 무력 투쟁을 계속했다(공교롭게도 그와 비슷한 시기에 비슷한 사람이 비슷한 군대를 조직했는데, 그것은 김원봉이 창설한 조선의용대였다. 하지만 이 군대는 주로 정보전과 테러에 주력했으므로 전투를 위주로 한 조선의용군과는 다를뿐더러 나중에는 광복군에 흡수되었다). 당시 항일 투쟁에서 국적을 따지는 것은 무의미하겠지만, 종전 후 정치적 구도에 미치는 영향으로 볼 때 홍군의 해방구에 근거지를 두고 있었고 홍군 지휘부의 지휘를 받았던 조선의용군의 가치는 상대적으로 평가절하될 수밖에 없었다.

모두가 일어나 가장 가열차게 항일 투쟁을 벌여야 할 때 오히려 모두가 약속이라도 한 듯이 침묵했다. 해방 직후 연합국 측이 한반도를 '준전범국'으로 취급한 이유는 일본에 의해 인력이 징병되

40장 항전, 그리고 침묵과 암흑

고 징용당함으로써 일본에 협력했다는 오해를 받은 탓도 있지만 그게 아니더라도 임시정부와 항일 유격대, 조선공산당 등 항일 투쟁의 주력이 되어야 할 세력이 모조리 침묵한 탓도 있다. 또한 해방 직후 연합국 측이 한반도의 어느 세력에게도 후한 점수를 주지 않은 이유는 그 가장 어려운 시기에 어느 세력도 앞장서서 항일 투쟁에 투신하지 않았기 때문이다. 투자한 만큼 이윤을 배분받는 것은 기업의 원칙만이 아니다. 한반도 토착 세력이 항일에 기여한 게 없으니 해방 후 승전국들이 배분하는 전리품을 그들이 할당받기란 사실상 불가능했다.

41장

해방, 그리고 분단

남의 손으로 맞은 해방

일본이 전쟁에서 승리하리라고 믿은 사람은 많지 않았지만, 그렇다고 한반도가 식민지에서 해방되리라고 믿은 사람도 많지는 않았다. 양자는 서로 모순인데도 묘하게 당시에는 둘 다 믿기 어려웠다. 일본이 세계 최강인 미국을 물리치기 어렵다는 것은 객관적인 전력상 명백했으나, 40년 가까이 식민지 시대를 거치면서 해방이 과연 가능하겠느냐는 회의가 사람들의 마음속에 자리 잡고 있었기 때문이다. 잘나가던 일본이 1942년 6월 미드웨이 해전에서 패배하면서 전세가 역전되기 시작했어도, 또 1945년 초에 미군이 유황도와 오키나와까지 진출해 일본 열도의 직접 공략을 눈앞에 두었어도, 사람들은 일본이 무너진다는 생각을 별로 하지 않았다.

하지만 모두가 그런 것은 아니다. 비록 막바지에 달한 일본 제국주의의 시퍼런 서슬에 눌려 변변한 투쟁을 전개하지는 못했지만, 머잖아 일본이 패배하고 한반도가 해방되리라고 확신한 사람들이 있었다. 해방이 오기 1년 전인 1944년 8월에 이들은 건국동맹建國同盟이라는 지하조직을 만들고 대중적 지지 기반을 넓혀가다가 마침내 해방이 되자 기다렸다는 듯이 지상으로 올라와 조선건국준비위원회(이하 건준)를 결성했다. 그 그룹의 우두머리인 여운형呂運亨(1886~1947)은 일찍이 임시정부의 수립에도 관여하고, 공산당에도 가입하고, 외교 무대에서 국제적 활동도 했다. 말하자면 당대의 거물들인 김구와 박헌영과 이승만을 한데 합친 듯한 인물이었다(그럼에도 불구하고 우리 현대사에서 여운형이 그 세 사람보다 지명도가 낮다는 것은 그 자체로 역사 왜곡이다).

'준비된 후보'답게 건준의 활동은 무척 신속했다. 해방 후 불과 보름 만에 전국적으로 145개소의 지부를 설치하는가 하면, 선언서와 강령을 발표하고 치안대 조직까지 갖추었다. 이만하면 '건국준비'라는 이름에 완벽하게 어울리는 활동이었다. 사실 당시 건준은 수권 세력으로서의 위상이 충분했으므로 그대로 새 독립국의 정부로 이어졌다 해도 전혀 이상할 게 없었을 것이다. 그러나 종전 직후 인천항으로 들어와 점령군의 자격으로 반도 남쪽의 새 지배자가 된 미군의 생각은 달랐다.

미군이 한반도를 바라보는 관점은 단순했다. 조선의 역사나 일본의 식민지 수탈 과정을 알지 못하는 그들의 시각에서 볼 때 한반도는 일본과 같은 전범국일 따름이었다. 미군이 '해방군'이 아니라 '점령군'의 자격으로 온 것은 그 때문이며, 즉각 군정청軍政廳을 차리고 식민지 지배 형식을 취한 것도 그 때문이다.• 더구나 한반도는 진짜 전범국인 일본에 비해 중요도가 크게 떨어졌으므로, 점령군 총사령관 맥아더Douglas MacArthur(1880~1964)는 연합군 사령부가 설치된 도쿄에만 신경을 쓸 뿐, 남한의 일은 오키나와에 있던 24군단장 하지John Hodge(1893~1963)에게 일임해버렸다. 한반도에 관해 철저히 무지한 상태에서 서울에 온 하지는 조선 총독 아베 노부유키阿部信行(1879~1953)에게서 항복 문서를 받는 자리에서 식민지 시대의 관리들을 모두 그대로 유임시킨다고 약속했다. 안타깝게도 그것으로 한반도의 미래는 사실상 결정되었다.

● 물론 1943년의 카이로 선언과 1945년의 포츠담 선언에서는 한반도가 일본에 의해 강제적으로 동원되었을 뿐이며, 따라서 종전 후 독립국가로 만들어야 한다는 조항이 삽입되어 있었다. 이것이 임시정부의 유일한 외교적 성과인데, 여기에는 두 회담에 모두 참여한 장제스가 대변인 역할을 해주었을 것이다. 그러나 일본에 전면적으로 항전한 중국과는 위상이 달랐기에 한반도는 종전이 되고서도 선언에 규정된 것과 같은 대우를 받지 못했다. 그랬기에 중국에 파견된 미군은 철저히 자문의 역할로만 스스로를 국한했으나 한반도에서는 점령자, 지배자의 역할을 자임했다.

이런 미군의 의도를 모른 채(혹은 무시한 채) 건국 과정을 지휘하던 건준은 1945년 9월 초에 전국인민대표자회의를 열어 대표자들을 뽑고 '조선인민공화국(이하 인공)'의 수립을 선언했다. 그 선언대로 되었더라면 한반도 역사상 최초의 공화국이 자체적으로 수립될 터였다. 하지만 그런 중대한 일이 일방적인 선언만으로 가능할 리 없었다.

일단 건준은 그 선언으로 모든 활동을 마치고 곧 공화국에 참여할 꿈에 부푼 채 발전적으로 해산했지만, 문제는 한반도의 주인인 미군이 모든 변화를 곧 '말썽'을 뜻하는 것으로 보았다는 사실이다. 인공이 내각 인선을 마친 9월 11일, 같은 날에 미 군정청이 세워진 것은 우연이 아니었다. 인공과는 별도로 미 군정청은 미군 장교들을 각 부처의 '장관'으로 임명해 또 하나의 '내각'을 급조했으며, 미 군정청만이 '남한의 유일한 정부'라고 선언했다. 아니나 다를까, 군정청은 곧 인공의 승인을 공식적으로 거부하는 성명을 포고했다. 수권 조직이 미군의 말 한마디로 졸지에 불법 조직이 되어버린 것이다. 그와 동시에 자체적인 정부를 구성하려던 건준의 꿈도 허무하게 물거품이 되어버렸다. 여운형으로서는 남의 손으로 맞은 해방의 한계를 절감할 수밖에 없었다.

한편 한반도 북부에서는 또 다른 해프닝이 벌어졌다. 일단 여기에도 소련군이 진주했지만 사정은 남한과 크게 달랐다. 우선 소련은 일본이 항복하기 불과 일주일 전에 동북아시아 전선에 참전한 탓에 미국처럼 주인 행세를 하기는 어려웠다.● 그래서 북한에 온 소련군은 남한의 미군과는 정반대로 점령군이 아니라 해방군의 태도를 취했다. 군정청을 설치하지도 않았고, 첫 포고문에서도 "조선은 해방되었고 조선의 미래는 조선인의 손에 달려 있다."라고 발표함으로써 일단 식민지 해방을 인정하고 한국민에게 자유와 자율을 부여하려는 듯한 자세였다. 하지만 그들이 믿는 도끼는 따로 있었다. 바로 소련군을 따라 들어온 김일성 일파였다.

8년 전 갑산의 보천보 전투에서 얻은 명성은 서른세 살의 김일성을 항일 투쟁의 대표자로 격상시키는 데 결정적인 역할을 했다. 오죽하면 나중에 그의 일파를 갑산파라는 이름으로 불렀을까? 미 군정청과 갈등을 빚은 남한의 수권 세력과 달리 소련군의 지원을 등에 업은 김일성은 무주공산의 북한을 손쉽게 장악하고 권좌에 올랐다. 한국민의 자

● 소련이 반도 북부에 들어온 것은 우리 민족으로서는 큰 불행의 시작이었다. 어차피 한반도는 중국처럼 승전국의 지위를 보장받지 못했으므로 외국군이 진주하는 것은 피할 수 없었는데, 공교롭게도 남북한에 서로 다른 외국군이 들어옴으로써 장차 민족 분단의 씨앗이 배태된 것이다(따라서 한반도는 한국전쟁으로 분단된 게 아니라 해방과 동시에 분단되었다고 봐야 한다). 소련의 의도는 뻔했다. 이미 1943년부터 연합국의 승리는 충분히 예상되고 있었으니까 소련은 전후에 재편될 세계 질서에서 미국과 양강 체제를 구축하기 위해 동북아시아 전선에 발을 들여놓았던 것이다. 더구나 일본의 패전 이후 중국이 미국의 고문단을 받아들인 것에 소련은 더욱 자극을 받아 한반도에 적극 개입하기로 결정했을 것이다(당시 중국은 장제스의 국민당 정권이 장악하고 있었으므로 소련이 발붙이기 어려웠다).

체 정권을 세우지 못한 남한에 비하면 그래도 나은 편이라고 말할 수도 있겠지만, 가장 엄혹한 시기에 투쟁을 방기하고 소련으로 도망친 그가 권력을 차지했다는 것은 이후 북한 정권의 성격을 짐작하게 하는 단서가 된다.

분열로 날린 기회

미 군정청의 의도는 결코 한국민의 손에 남한을 맡겨두지 않겠다는 것이었다. 남한을 일본에 부역한 준전범국으로 보던 초기의 태도는 곧 사라졌으나 미군의 기본 입장은 전혀 변하지 않았다. 미군이 남한 정치 세력들의 수권 능력을 의문시한 탓도 있었지만, 북한에 소련군이 진주함으로써 예상외로 남한의 전략적 가치가 중요해진 탓도 있었다. 그 때문에 미 군정청은 인공을 거부한 데 이어 대한민국임시정부도 인정하지 않았다. 결국 김구와 김규식金奎植(1881~1950) 등 임시정부의 요인들은 오랜 망명과 항일의 경력에도 불구하고 개인 자격으로 귀국해야 했다.

여운형의 인공과 김구의 임시정부는 둘 다 결격 사유는 좀 있지만 식민지에서 갓 독립한 한반도의 정권 담당자로서 큰 하자는 없었다. 결과적으로 보면 두 세력 중 어느 측이 새 나라의 정부를 구성했다 해도 이후의 실제 역사보다 나았을 것은 틀림없다. 게다가 두 세력은 서로 적대적이지 않았으므로 얼마든지 협상을 통해 통합을 이룰 수도 있었고, 그게 안 되더라도 최소한 사이좋게 '정치적 지분'을 나눌 수 있었다. 그러나 불행히도 미 군정청이 둘 다 퇴짜를 놓으면서 사정은 달라져버렸다. 이제는 누구나 대권 후보

우파와 좌파 분열의 시작 모스크바3국외상회의의 신탁 통치안이 전해지자 처음엔 너나없이 반발했다. 그런데 실은 공식 발표도 되기 전에 일부 언론이 소련이 38선 분할을 구실로 신탁통치를 주장한 반면, 미국은 즉시 독립을 주장했다는 잘못된 보도를 내보내 신탁통치 논쟁에 불을 붙였다. 왼쪽은 우익의 신탁통치 반대 모습이고, 오른쪽은 좌익의 3국외상회의 결정 지지 모습이다. 오보가 얼마나 큰 분열을 낳을 수 있는지를 보여준 사건이었다.

를 노릴 수 있을 뿐 아니라 오히려 인공이나 임시정부와 관련이 없는 인물일수록 유리한 상황이 된 것이다(미 군정청으로서는 미국의 이해를 대변해줄 수 있는 꼭두각시를 바랐을 테니 기존의 권력 기반 같은 것은 없을수록 좋았다). 그런 공백을 이용해 급부상한 자가 바로 '대통령병 환자'인 이승만이다.

사실 이승만은 1919년 임시정부가 출범할 때 이미 대통령으로 임명된 바 있었다. 원래 임시정부는 그에게 국무총리 직함을 주었으나 이승만은 굳이 대통령직을 달라고 고집을 부렸던 것이다. 당시 임시정부는 얼굴마담도 없는 데다 워싱턴에서 얼쩡거리고 있는 이승만 외에는 딱히 국제적으로 조선의 사정을 알릴 통로가 없었던 탓에 그의 요구를 들어줄 수밖에 없었다. 이름뿐인 망명정부의 이름뿐인 직함에까지 욕심을 냈으니 그의 대통령병은 그때부터 심각했던 셈이다(의원내각제를 취한 임시정부에서는 원래 대통령이라는 직함조차 없었으므로 순전히 이승만을 위해 급조해야 했다). 하지만 그는 해외 동포들의 성금을 횡령하고 외교 업무에서 전횡을 일삼아 1925년에 임시정부의 탄핵으로 해임되는 불명예를 안았다.

이런 얼룩진 경력에도 불구하고 해방 직후 국내 각 정치 세력마다 이승만을 영입하기 위해 애쓴 이유는 바로 미 군정청이 인공과 임시정부를 모두 인정하지 않았기 때문이다. 기존의 모든 활동과 기반을 무시한다면 영어를 알고 워싱턴 물을 먹어본 이승만이 단연 유리할 수밖에 없었다.● 주가가 잔뜩 오른 이승만은 오만하게도 모든 정치조직과 사회단체 들에 하나로 힘을 합쳐 자신을 밀어달라고 요구했다. 이렇게 해서 독립촉성중앙협의회라는 연합 단체가 출범했는데, 이승만은 그 총재의 자격으로 군정청과 접촉하면서 자연스럽게 단독 대권 후보로 떠올랐다(앞서 하지의 발언과 더불어 이승만의 무원칙한 대통합은 해방 이후 숨죽이고 있던 친일 전력자들이 부활하는 계기가 되었다).

● 당시 영어 한마디 할 줄 안다는 것은 큰 재산을 가진 것이나 다름없었다. 미 군정청의 '각료'들이 한국어를 배울 리는 없으므로 군정청과 대화할 일이 있다면 주로 선교사의 도움을 받아야만 했다. 그랬으니 이승만은 영어를 할 줄 안다는 것만으로도 기본 점수는 따고 들어갔던 셈이다. 한국에서 기업 활동을 하던 일본인들이 남기고 간 막대한 적산(敵産)도 영어 한마디만 잘하면 군정청에서 헐값으로 불하받을 수 있었던 게 당시의 세태였다. 그때 영어학원이 있었더라면 떼돈을 벌었을 것이다.

이제 남은 것은 아직 취약한 대국민적 인기를 높이는 일인데, 때마침 이승만에게 좋은 기회가 찾아왔다. 1945년 12월에 미국과 영국, 소련의 외무장관들이 모인 모스크바3상회의에서 한반도를 향후 5년간 신탁통치하자는 결정이 내려진 것이다. 지명도를 높이기 위해서라면 없는 구실도 만들어야 할 판에 이승만에게는 더없이 좋은 건수였다. 식민지에서 갓 해방된 한국민들에게 신탁통치란 그 지긋지긋한 식민지 지배의 연장으로 여겨질 수밖에 없었다. 더구나 신탁통치가 시행된다면 이승만이 바라고 바라던 대통령의 꿈은 무기한으로 미루어지게 될 터였다. 국민적 여망과 개인적 야망을 한데 모아 이승만은 전국적인 반탁운동을 계획했다. 여기에 김구를 비롯한 임시정부의 명망가들이 가세하면서 이승만의 반탁운동은 더욱 힘을 얻었다.

여기서 따져볼 것은 과연 반탁이 올바른 노선이었느냐는 점이다. 물론 완전한 독립을 바라는 대다수 사람들의 충심을 의심할 수는 없다. 그러나 그 독립이라는 게 말처럼 쉬웠을까? 유사 이래 한 번도 공화정의 경험이 없는 역사에서 서양식 공화정을 한국민 자체의 힘만으로 이룰 수 있었을까? 반탁운동에 동조한 많은 사람은 신탁통치를 단순히 식민지 지배로 등식화했지만, 3상회의의 결정에는 신탁통치의 시한이 정해져 있었고 그 뒤에는 독자적인 정부 수립이 예정되어 있었으므로 신탁통치는 결코 식민지 지배와 같은 게 아니었다. 조금만 냉철한 시선을 가졌더라면, 신탁통치 과정을 거치고 나서 정식으로 정부를 수립하는 편이 여러 가지로 미숙한 신생국으로서는 훨씬 순탄한 정치 일정을 걸을 수 있었을 것이다(실제로 정부가 수립되는 1948년까지 남한은 미 군정청의 '지배'를 받았는데, 그게 곧 신탁통치나 다름없었다). 그러나 일본 제국주의의 지배에 시달린 한국민들은 신탁통치의 의미를 이해하려 하지 않았으며, 더욱이 반탁운동을 주도한 이승만은 사람들에게 그 의미를 이해시키려 하지 않았다. 결과적으로 임시정부의 명망가들은 이승만에게 놀아난 셈이다.

처음에 반탁운동에 가담한 좌익은 뒤늦게 사태를 알아차리고 신탁통치 찬성으로 돌아섰으나 이미 때는 늦었다. 한국민들의 반발이 거센 것에 당황한 국제연합은 결국 신탁통치안을 거두어들였기 때문이다. 이로 인해 오히려 그들은 민심을 잃은 데다 이념적으로 어울릴 수 없는 미 군정청의 미움까지 받았다. 그런 상태에서 박헌영과 이승엽李承燁(1905~1953) 등 지도급 인물들이 월북하면서 남한의 좌익 세력은 와해되어버렸다. 지도부에게서 버림을 받은 좌익 세력은 결국 한국전쟁이 터진 뒤 산속으로 들어가 빨치산이 될 수밖에 없었다.

한편, 북한으로 간 남조선노동당(이하 남로당) 인물들도 기회주의자의 말로를 보여주었다. 북한에서는 이미 김일성이 실력자의 지위를 굳히고 있었다.* 하지만 김일성도 그들을 즉각 내치지는 못했다. 비록 그는 가장 선두에 선 대권 후보였지만 아직 라이벌들이 남아 있었으므로 남로당만 물리친다고 해서 저절로 챔피언이 되는 것은 아니었기 때문이다. 그래서 그는 한동안 남한의 이승만처럼 일단 자신을 구심점으로 여러 세력을 통합하는 데 주력했다(표방한 이념만 달랐을 뿐 이승만과 김일성은 권력욕에 물든 분단주의자인 점에서 전혀 다를 바 없었다. 이런 자들이 국가 수립 시기에 남북한의 지도자였다는 사실이 안타깝다).

당시 김일성이 권좌에 오르는 데 걸림돌이 될 만한 세력은 크게 봐서 세 그룹, 즉 우익 하나와 좌익 둘이었다. 우익의 핵심 인물은 조만식曺晩植(1882~1950)이었다. 하지만 그는 북한 민중의 폭넓은 존경을 받는 민족주의자였으나 정치적 역량이 모자라는 데다 사회주의 세

* 원래 김일성은 해방 직후 조선공산당이 재건되었을 때 북조선 '분국'의 책임자였다. 항일 무장투쟁을 주도한 세력은 만주의 유격대였지만 공산당 조직의 정통은 남한의 공산주의자들에게 있었으므로 북조선은 분국의 위상이었던 것이다. 그러나 북한의 실세인 김일성이 마냥 조선공산당의 지휘를 받으려 할 리는 만무했다. 게다가 남한의 공산당은 미 군정청으로부터도 인정받지 못하는 소수 세력에 불과하지 않은가? 결국 1946년 4월에 김일성은 북조선 분국을 북조선노동당으로 바꾸고 독립했다. 이때부터 원래의 조선공산당은 남조선노동당으로 불리게 된다. 그랬으니 지도부만 달랑 월북한 박헌영 일파를 김일성이 곱게 볼 리 없었다.

남북한의 닮은꼴 왼쪽은 1945년 10월 20일 이승만이 연합군 환영 연설을 하는 모습이고, 오른쪽은 같은 해 같은 달 14일에 김일성이 연설하는 장면이다. 이들의 뒤에는 미군과 소련군이 배석하고 있다. 권좌에 오르지 말았어야 할 자들이 남북한의 권력을 틀어쥠으로써 조국의 분단이 확정되었고, 암울한 현대사가 예고되었다.

상이 된 북한의 색깔에 어울리지 않았으므로 어차피 놔둬도 오래 가지 못할 게 뻔했다. 좌익의 라이벌로는 남로당 이외에도 중국공산당에서 활약한 연안파延安派가 있었다. 조선 공산주의자들에게 대선배 격인 김두봉은 그 이름 석 자만으로도 빛나는 인물이었고, 특히 무정은 팔로군의 군단장까지 맡은 화려한 이력에다 대장정大長征까지 참여한 바 있는 항일 전사로서 중국공산당에서도 명성이 자자했다. 김일성으로서는 사실 그들과 어깨를 견줄 처지가 못 되었다.

이런 구도였으니 만약 소련이 갑산파를 밀지 않았더라면 김일성은 결코 집권하지 못했을 것이다. 그는 항일 경력에서 김두봉과 무정에게 뒤졌고, 공산주의 이론의 수준에서 박헌영에 못 미쳤으며, 연배와 지명도에서는 조만식에 비해 모자랐다. 그러나 남한과 마찬가지로 당시 북한도 최대 주주는 역시 소련이었다. 남한에 비해 북한 정권의 도전자들은 항일 투쟁을 주도한 세력이었으므로 어느 정도의 정통성은 인정되었으나 스스로의 힘으로 해방을 이루지 못했다는 결점을 극복하지는 못했다. 결국 가장 어려운 시기에 독자적인 항일 투쟁을 전개하지 못한 한계는 남한에서나 북한에서나 국민들이 주체적으로 정치 행정을 전개하는 데 끝끝내 걸림돌이 되었던 것이다.

두 개의 정부, 분단의 확정

더 나은 후보들이 즐비했음에도 불구하고 하필이면 결격 사유가 가장 크고 권력욕에 물든 이승만과 김일성이 각각 남한과 북한의 권력을 장악했다는 것은 한반도 전체로 볼 때 크나큰 불운이 아닐 수 없었다. 그들보다 조금만 더 역사의식을 갖추었거나 조금만 더 권력욕이 덜한 인물들이 집권했다면 한반도의 분단은 피할 수 있었을지도 모른다. 실제로 이승만과 김일성이 대권 후보로 확정되면서부터 즉각 분단화 작업이 시작되었다. 혹시라도 한반도가 통일된다면 그들의 권력은 보장받을 수 없을 테니 그들로서는 필사적으로 분단을 바랄 수밖에 없었다. 때마침 민족적인 과제로 부상한 남북협상을 그들이 내심으로 환영하지 않은 것은 당연했다.

해방 이후 남한과 북한에 서로 다른 주둔군이 투입되고 서로 다른 정치 세력이 떠오르자, 오히려 이를 먼저 걱정한 것은 국제연합이었다. 물론 국제연합이 약소민족의 분단 문제에 크게 신경을 쓴 것은 아니다. 국제연합은 전후 세계 질서의 두 축이 될 미국과 소련의 두 강대국이 장차 한반도를 무대로 삼아 충돌할지 모른다고 우려했던 것이다. 자칫하면 제2차 세계대전이 끝나자마자 제3차 세계대전이 발발할 수도 있었다.

하지만 미국과 소련 어느 측도 한반도를 포기할 의사는 전혀 없었으므로, 국제연합은 우려하는 것 이외에 아무것도 할 수 없었다. 그래도 사태를 방치할 수 없었던 국제연합은 1948년 1월에 한국임시위원단을 구성해 한반도에 파견했다. 이들의 목적은 갈라설 조짐을 보이는 남한과 북한에서 통일 선거를 실시해 분단을 막으려는 것이었다. 그러나 미국이 주도하는 국제연합을 소련과 북한이 환영할 리 없었다. 결국 위원단은 북한으로부터 입국 자체를 거부당했고, 국제연합에 의한 분단 극복은 일단 실패로 돌아갔다. 이렇게 북한이 먼저 통일에 대한 반대 의사를 밝혔다면 그다음은 남한이다.

김일성의 속내도 다를 바 없지만 이승만은 그보다 더 집요하게 통일을 반대했다. 그도 그럴 것이, 정파와 단체마다 따로 놀던 상황을 이제 간신히 다잡아놓았는데 통일이 된다면 그동안의 노력은 물거품이 되고 말 터였다. 게다가 더 중요한 것은 그가 정식으로 집권할 기회도 자칫 사라질지 모른다는 점이었다. 그런 참에 북한이 국제연합의 요구를 거부한 것은 이승만에게 절호의 기회가 되었다. 그는 그것을 빌미로 삼아 남한만의 단독 정부를 구성하자고 부르짖었다. 대놓고 말하지는 못해도 김일성 역시 이승만이 가려운 곳을 긁어주는 것에 마음속으로 무척 반가웠을 것이다.

착잡하고 초조한 사람은 김구와 김규식이었다.* 그들은 다급한 마음에 북한의 김일성에게 남북 지도자 회담을 열자고 제안하는 서신을 보냈지만 답장을 받을 가능성은 없었다. 결국 1948년 2월에 국제연합 소총회에서 남한만의 단독 선거를 추진한다는 결정이 표결로 통과되면서 남북 분단이 확정되었다. 북한이 행동을 취한 것은 그다음이다. 3월에 북한은 방송과 서신을 통해 남한의 정당, 사회단체 들과 연석회의를 갖자고 제안한 것이다. 하지만 회의 개최 장소를 평양으로 일방적으로 정한 데다 초대장을 김구와 김규식 등 단독 선거에 반대하는 정파에만 보내왔으니 그 속셈은 너무도 뻔했다. 그래도 4월에 열린 회의에는 김구와 김규식, 조소앙趙素昻(1887~1959) 등 남한 지도자들이 참가했지만, 분단 극복에 관한 사항은 아무것도 논의되지 못했다(논의되었더라도 남한의 실세가 빠진 상태에서는 무의미했겠지만).

결국 남북협상은 오히려 이승만과 김일성에게 집권의 기회만을 더욱 강화시켜주었을 뿐이다. 이승만은 이미 단독 선거 방침을 확보했으니 남북협상파를 탄압할 구실을 얻었고, 김일성은 분단 극복을 위해 노력할 만큼 했다는 명분을 얻었다(이후에도 계속 통일을 주장하던 김구는 1949년 육군 장교 안두희에게 암살되는데, 이 역시 이승만 일파의 공작이었음이 분명하다).

이제 거칠 게 전혀 없어진 이승만과 김일성은 집권을 향한 탄탄대로에 들어섰다. 이승만은 곧바로 5월 10일 남한만의 단독 선거를 실시해 제헌국회를 구성했고, 7월 17일 한반도 역사상 최초의 헌법을 발표했으며, 8월 15일 마침내 꿈에 그리던 대한민국 정부를 수립하고 더 꿈에 그리던 대통령이 되었다.**

● 살아 있었다면 그들과 답답한 심정을 함께 나누었음직한 여운형은 1947년에 암살되었다. 남한 내에서 좌익과 우익의 갈등이 심화될 조짐을 보이자 여운형은 1946년 초부터 김규식, 허헌 등과 함께 좌우합작을 도모했으며, 여기서 성과를 얻어 미 군정청의 지원 약속을 받아내기도 했다. 이것이 제대로 되었더라면 남북 분단도 극복될 수 있었을 것이다. 하지만 불행히도 여운형은 평양에까지 가서 김일성을 만났으나 협상의 진전을 보지 못했다(이때 이미 김일성은 자신을 중심으로 하는 합작이 아니면 동의하지 않겠다는 의도를 품고 있었다). 이후 그는 온건 좌파로 세력을 재편하고 계속 좌우합작을 추진하다가 한지근이라는 자에게 암살당했는데, 범인은 이승만 계열의 하수인이었을 게 거의 확실하다. 미 군정청까지 동의한 좌우합작을 이승만과 김일성이 모두 거부함으로써 비극적인 죽음까지 맞았으니, 여운형은 죽어서도 눈을 감지 못했을 것이다.

합작의 좌절 남북협상회의는 비록 김일성이 불순한 의도를 품고 깔아놓은 멍석이었으나 어떻게든 분단을 막아야 한다고 여긴 김구는 회의에 참석하지 않을 수 없었다. 사진은 1948년 4월 평양에서 열리는 회의에 참석하기 위해 38선을 넘는 김구 일행이다. 그러나 칠십 줄에 들어선 원로 정객의 소망과는 달리 합작은 좌절되었고, 더욱이 이듬해 김구는 암살되고 말았다.

●● 이승만으로서는 임시정부 대통령에 이어 두 번째로 대통령이 된 셈인데, 임시정부의 시절은 그로서도 잊고 싶은 기억이었던 모양이다. 지금의 헌법 전문(前文)에는 "대한민국임시정부의 법통을 계승한다."라는 내용이 명문화되어 있지만, 당시에 채택된 제1공화국의 헌법 전문에는 임시정부라는 말이 전혀 나오지 않는다. 그 전문의 내용을 보면, "기미 3·1운동으로 대한민국을 건립하여 세계에 선포한 위대한 독립정신을 계승하여……"라고 되어 있는데, 3·1운동과 대한민국 건립이 그냥 직결되고 임시정부는 살짝 빠져 있다.

김일성의 작업도 몇 개월의 시차와 명칭에서만 차이가 있을 뿐 이승만의 작업과 전혀 다를 바 없었다. 행여 남한에 뒤질세라 그는 8월 25일에 인민회의 대의원 선거(남한의 5·10총선거)를 실시했고, 9월 2일 최고인민회의(남한의 제헌국회)를 구성했으며, 9월 9일 드디어 조선민주주의인민공화국을 수립하고 수상(남한의 대통령)이 되어 꿈을 이루었다. 남한과 북한의 지루하고 유치한 체제 경쟁은 이때부터 시작된 셈이다(두 체제는 곧이어 토지개혁을 놓고 경쟁을 벌이다가 급기야는 한반도 역사상 최대 비극인 한국전쟁을 일으키면서 경쟁을 전쟁으로 전화한다).

다만 일찌감치 정적을 모두 제거한 이승만에 비해 김일성은 그럴 만한 계기가 없었던 탓에 독재 정권의 수립이 좀 늦어졌다. 1950년에 도발한 한국전쟁이 실패로 돌아가자 그 책임을 구실 삼아 박헌영과 이승엽 등 남로당 세력을 '미국의 간첩'이라는 혐의를 씌워 처형하고, 전후에 김두봉을 비롯한 연안파 세력이 김일성 독재 권력에 반대하자 가차 없이 숙청해버린 것이다(가장 강력한 정적인 무정은 전쟁이 한창이던 1950년 12월에 명령 불복죄로 숙청되었다).

한반도 역사상 1945년 해방 직후의 상황은 그 어느 시기보다 중요한 때였다. 비록 남의 손으로 맞은 해방이라는 한계는 있었지만 나름대로 주체적 노력을 통해 극복할 수 있는 한계였다. 실제로 당시 한반도를 장악한 미국과 소련은 한반도 국내 정치에 관해 처음부터 일관적인 방침이랄 게 없었으므로 국내의 정치 세력들이 현명하게 처신했더라면 분단으로 치닫지는 않았을 것이다. 그런 점에서 당시의 민족 분단을 순전히 강대국 논리에 의한 강제적인 결과로만 보는 입장은 잘못이다. 단적으로 말해서 최소한 남한의 이승만과 북한의 김일성이 집권하는 것을 막을 수만 있었다면 분단은 피할 수 있었을 것이다. 역사의 전개 과정을 단순히 인물로 치환할 수는 없겠지만, 나라와 민족이 위기에 처한 상황에서는 역시 지도자가 중요하게 마련이다. 남한과 북한은 아무런 정통성도 없는데다가 자질에서도 문제가 많은 자를 지도자로 선택함으로써 결국 파멸을 자초했다.

에필로그

역사에 대한 반성으로 더 큰 도약을

진행 중인 역사

1948년 남북한의 경쟁적인 단독 정부 수립으로 한반도의 역사는 새로운 국면을 맞았다. 우선 이제부터 한국사는 하나가 아닌 둘의 역사다. 더욱이 이 현대사는 아직 진행 중이므로 역사라기보다는 시사에 가깝다. 이 책을 이 시점에서 끝맺기로 한 것은 그런 이유에서다.

적어도 남한에 관한 한 1948년부터 지금까지는 엄청난 변화가 있었다. 유사 이래 최대의 비극이라 할 소모적인 내전이 있었는가 하면, 이승만의 문민독재와 박정희의 군부독재를 겪었고, 그 뒤에도 다시 군부독재와 문민독재가 되풀이되는 간단치 않은 굴곡을 거쳐야 했다. 게다가 1997년의 외환 위기, 2008년의 금융 위기는 정치만이 아니라 경제와 사회의 영역에서도 향후 넘어야 할 고비가 많음을 시사한다.

주목할 것은 이러한 시사적인 사건들에도 역사의 두께가 어김없이 작용하고 있다는 점이다. 우선 한국전쟁만 봐도 그렇다. 이 전쟁을 제2차 세계대전 이후 강대국으로 떠오른 미국과 소련에 의한 세계 분할의 일환으로 파악하는 견해도 있다(그럴 경우 전쟁은 내전이 아니라 국제전의 성격을 띤다). 그러나 어린아이들의 싸움도 아닌 전쟁이 어떻게 외세의 책동으로만 빚어질까? 이 전쟁은 기본적으로 '민족 해방'이라는 슬로건 아래 김일성 정권이 도발하고, 그에 대해 남한의 이승만 정권이 외세를 끌어들여 저항한 사건이다. 북한의 사회주의나 남한의 자본주의나 모두 '정상적인' 게 아니었으므로 흔히 말하는 이념 분쟁이나 체제 갈등의 성격은 사실 매우 약하다. 따라서 한국전쟁은 남북한의 두 집권 세력이 '정권 수호의 차원에서' 전 국민을 볼모로 잡고 피비린내 나는 권력 다툼을 벌인 것에 불과하다. 이런 현상은 이미 조선시대 내내 비일비재했다.

그 뒤 남한에서 전개된 이승만과 박정희의 독재 역시 오랜 왕조시대를 경험한 우리 사회 특유의 정치지상주의가 낳은 산물이다. '공화정'의 전통이 전혀 없었던 우리 역사에서 외부로부터 이식된 공화정은 곧 왕정의 연장과 다름없으며, 시민사회의 역사가 부재한 상태에서 서양의 의회민주주의란 곧 조선시대 의정부의 다른 모습에 불과했다. 그래서 이승만과 박정희는 명함상으로는 공화국의 대통령이었음에도 불구하고 사실상 국왕으로서 절대 권력을 누렸고, 국회의원들은 조선의 사대부들처럼 때로는 권력자에게 아부하고 때로는 권력자를 끌어들여 자파 세력을 공고히 하는 데 열심이었다. 심지어 공화국의 국민조차 스스로를 '왕국의 백성'으로 인식하고 있었다(1950년대에 독재로 일관하고 실정을 거듭하는 이승만에게 '백성'들이 여전히 몰표를 준 깃은 그 때문이다. 백성이 '왕'을 바꾼다는 것은 상상할 수 없는 일이었으니까).

이른바 'IMF 사태'로 불리는 경제 위기도 예외가 아니다. 1897년 역사상 최초의 은행인 한성은행이 문을 연 이래 금융의 역사가 100년이 지났어도 아직 우리 사회의 국가와 은행과 기업은 금융자본주의의 기초인 신용의 개념을 체득하지 못했다(세계에서 유일하게 아직도 '담보대출'만을 고집하고 있는 게 우리나라다). 경제 규모로만 보면 세계 10위권의 경제 대국을 이루었음에도 국가 주도형 발전 전략 이외에 다른 구상이라고는 전혀 모르는 정부는 금융을 기업 활동의 보조적인 역할로만 이해했으며, 은행 역시 허울만 민간은행일 뿐 사실상 국책은행의 위상에서 벗어나려 하지 않았다. 하지만 물건을 싸게 만들어 비싸게 판다거나(산업자본주의) 싸게 사서 비싸게 파는 원리(상업자본주의)쯤은 굳이 자본주의라 명명할 필요도 없다. 인류 문명이 시작될 때부터 이윤의 개념은 있었고, 지금은 어린아이라도 아는 이치다. 자본주의가 정상적인 궤도에 오르려면 산업·상업 자본주의보다 금융자본주의에 관한 이해가 근본적이고 필수적이다. TV 9시 뉴스에 외국 '민간 기업'인 신용평가회사가 발표하는 신용 등급이 톱기사로 나오는 것을 목격하고서야 정부와 기업과 국민은 비로소 신용이 '장사꾼의 덕목'에 불과한 게 아니라 중요한 경제지표라는 것을 처음으로 깨달았다.

역사적 반성을 위해

과거가 비관적이라고 해서 미래도 그런 것은 아니다. 오히려 굴곡과 질곡이 많은 역사일수록 더 큰 도약을 꿈꿀 수도 있다. 그러려면 먼저 과거 역사에 대한 철저한 반성과 자각이 선행되어야 한다.

대개의 나라들은 오랜 역사를 거치면서 한 번쯤은 모든 질서가 뒤집어지는 '혁명'의 과정을 거쳤다. 그러나 우리 역사는 숱한 고통을 겪고 무수한 고비를 넘겼으면서도 혁명의 진통이 없었다. 혁명은 흔히 생각하는 것처럼 '큰 폭의 변화'가 아니다. 혁명의 본질은 과거와의 '단절'이다. 그래서 혁명은 세계 어디서나 구체제를 무너뜨리는 과정으로 진행된다. 그 과정이 폭력적이냐, 그렇지 않으냐는 혁명의 본질과 관련이 없다. 우리 역사는 내적으로나 외적으로나 단절의 계기가 여러 차례 주어졌음에도 불구하고(예를 들면 고대의 삼국 통일, 고려의 건국, 몽골이 물러갔을 때, 임진왜란, 영·정조의 왕정복고, 독립협회가 의회 수립을 제안했을 때, 해방 정국 등) 실제로 구체제와의 단절을 경험한 적이 없다. 한마디로 혁명이 부재한 역사다.

그렇게 보면 우리 민중처럼 지배층의 잘못에 너그러운 경우도 보기 드물다. 다른 나라라면 얼마든지 쿠데타나 민중의 반란으로 지배층이 교체되어야 마땅했을 상황에서도 우리 역사에서는 좀처럼 그런 현상을 찾아볼 수 없으니까.

고려의 현종과 조선의 선조가 북쪽(거란)과 남쪽(일본)의 외침을 맞아 각기 남쪽(나주)과 북쪽(의주)으로 도망쳤을 때도 왕조는 바뀌지 않았다. 고려의 무신정권과 조선 인조 정권이 백성들을 버리고 강화도로 들어갔을 때도 왕실은 다시 나와 멀쩡히 권력을 이어갔다. 대한제국의 고종이 을사보호조약을 나 몰라라 하고, 순종이 한일합병조약을 물리치지 못했을 때도 우리 민중은 복종하고 나중에는 그 못난 왕들이 죽었을 때 수십만 명의 인파가 모여 애도해주었다(일제에 항거한 것의 10분의 1만큼이라도 지배층에게 화살을 돌려야 하지 않았을까?). 해방 후에 친일파를 단죄해야 할 때도, 이승만이 한국전쟁 발발 사흘 만에 서울을 사수하겠다는 약속을 팽개치고 한강 인도교를 끊으며 도망쳤을 때도, 박정희 유신독재가 끝난 뒤 신군부의 군부독재가 계속되었을 때도 민중은 무능한 지배층을 언제나 그대로 놔두었다.

어느 시인은 우리 민족이 "소같이 일 잘하고 쥐같이 겁이 많고 양같이 온순하여 가위 법이 없어도 능히 살겠다."라고 칭송했지만, 그런 평판은 결코 칭찬이 아니다. 노래와 춤을 즐기고 흰옷을 사랑했다는 전통도 결코 미덕이 못 된다. 역사는 지배층 단독으로만 이끌어가는 게 아니기 때문에 역사적인 평가에서는 부패한 지배층을 응징하지 못하고 한 차례의 혁명조차 시도하지 못한 민중도 책임을 면할 수 없다.

조선시대 당쟁의 전통을 계승하겠다는 자세인지는 모르겠지만, 여전히 우리 사회는 정치와 행정의 모든 중심이 오로지 권력을 획득하는 목표에만 집중되어 있다(더구나 사대부 체제의 영향으로 지금도 정치 과정에서 우두머리를 중심으로 자파의 세력을 불리는 방식이 고수되고 있다). 심지어 정치와 무관하게 진행되어야 할 행정, 예컨대 장기적인 SOC 국책 사업조차도 정권이 바뀌면 성격과 진행 방식이 달라질 만큼 우리 사회에서는 여전히 과도한 정치 지향성이 근절되지 못하고 있다. 이런 전근대적 행태가 온존되고 있는 이유는 한편으로 역사에 대한 철저한 비판이 부재했기 때문이며, 다른 한편으로 지배층의 그런 작태를 민중이 용납해왔기 때문이다.

물론 과거 역사를 바꿀 수는 없다. 하지만 잘못된 역사에서 아무것도 배우지 못한다면 앞으로도 똑같은 잘못을 저지르게 된다. 잘못된 역사를 바로잡는 과정이 바로 혁명인데, 우리 역사에서는 혁명이 없었기 때문에 참된 역사적 교훈을 얻은 적이 없다. 지금부터라도 역사에서 적어도 잘못된 것을 인식할 수 있어야 하고, 나아가 비판할 수 있어야 한다. 그렇게 해서 혁명이 부재한 간극을 메워야 한다. 역사를 비판적으로 보는 관점이 어느 때보다도 필요한 이유다.

역사에는 지름길은 있을 수 있어도 비약이나 생략은 없다. 혁명으로 모순의 뿌리를 제거하지 못한 '원죄'는 두고두고 우리 사회의 앞길을 가로막는 걸림돌이 될 것이다. 그러나 그에 못지않게 분명한 사실이 있다. 올바른 역사의 비판이 행해질 때 그 걸림돌의 높이는 낮아질 것이며, 마침내 제거될 수도 있으리라는 것이다.

| 연표 |

	한국사		세계사
	1393 이성계의 새 왕조, 국호를 조선으로 결정함		
	1394 도읍을 개경에서 한양으로 천도		
	1396 정도전의 표전문 사건이 발생함		
	1397 랴오둥 정벌 계획을 추진함. 동대문 준공	1397	스칸디나비아에 칼마르 동맹 성립
	1398 이성계의 퇴임으로 1차 왕자의 난 발발, 남대문 준공		
	1399 도읍을 다시 개경으로 천도	1399	영국, 랭커스터 왕조 성립
1400	1400 2차 왕자의 난		
	1401 태종이 신문고 설치	1401	일본 쇼군, 명에서 일본 왕으로 책봉
	1402 태종이 호패법 실시	1403	독일, 후스의 종교개혁
	1404 경복궁 준공		
	1405 한양으로 재천도	1405	명, 정화의 남해 원정 시작
	1409 명의 명령으로 말 1만 필을 중국에 보냄		
	1413 양전 사업 실시		
		1415	독일, 호엔촐레른 가문 출범
	1419 세종이 왜구 본거지인 쓰시마 섬을 정벌함		
	1420 집현전 설치		
	1421 변계량이 《고려사》를 편찬		

한국사	세계사
1423 재인이나 화척을 백정으로 개칭 (백정이 천민을 뜻하게 됨)	
1428 한양의 인구조사(10만 3328명)	1428 베트남, 명을 국토에서 축출
	1429 프랑스, 잔 다르크에 의해 전세 역전
1430 《농사직설》 배포	
1433~1434 북방에 4군과 6진을 개척함	
1434 장영실이 앙부일구와 자격루 발명	1434 이탈리아의 피렌체에서 메디치 가문의 지배 아래 르네상스 전성기
	1436 명, 은납제 실시
1443 집현전 학자들의 훈민정음 창제	
1446 훈민정음 반포	
	1450
	1452 독일, 합스부르크 가문의 제위 세습
1453 계유정난 발발	1453 동로마 제국(비잔티움 제국) 멸망. 오스만튀르크 제국의 동유럽 지배 시작
1455 수양대군이 단종의 왕권을 탈취함	1455 영국에서 장미전쟁 시작
1456 사육신 사건으로 집현전과 경연이 폐지됨	1456 포르투칼의 엔리케가 베르데 곶 발견
1460 《경국대전》 편찬 시작(1470년에 완간)	
1465 원각사 건립	
1466 직전법 실시	
1467 이시애의 난 발발	1467 일본, 오닌의 난(센고쿠 시대 개막)
1468 남이의 옥사	1468 프랑스와 부르고뉴의 분쟁
	1469 에스파냐, 페르난도와 이사벨의 결혼(에스파냐 통일의 단초)
1470 관수관급제 실시	
	1471 베트남, 전국 통일
	1472 러시아에 차리즘 성립
1477 성종이 사찰 창건을 금지함	1477 부르고뉴, 프랑스에 병합
	1478 모스크바 공국, 노브고로드 정복
1479 왕비 윤씨(연산군의 생모)를 폐위시킴(2년 뒤에 사사)	1485 영국, 튜더 왕조 성립

한국사	세계사
	1488 바스쿠 다 가마가 희망봉 항로를 발견
	1490 막시밀리안 1세가 합스부르크 영토 통일
	1492 에스파냐, 레콘키스타의 완성. 콜럼버스의 신대륙 발견
	1493 포르투갈-에스파냐, 토르데시야스 조약 체결
1498 무오사화	
1500 1500 비융사 설치	1500 티무르 제국 멸망
1504 갑자사화	
1506 중종반정(사대부 체제의 시작)	
1510 삼포왜란(일본과의 통상 단절)	
	1512 명, 장거정의 개혁
	1513 명, 일조편법 실시
1514 원각사를 허물고 사찰의 재건을 금함	
1517 《여씨향약》과 《소학》을 번역하여 반포(유교 사회로 진입)	1517 루터의 종교개혁
1518 조광조가 현량과 건의	
1519 기묘사화(조광조 사사)	1519 카를 5세 즉위(합스부르크 제국 출범)
1520 비변사 설치	
	1521 아스테카 제국 멸망
	1526 바부르가 무굴 제국 수립
	1533 잉카 제국 멸망
	1534 영국 헨리 8세가 수장령 발표(영국교회 시작)
1543 주세붕이 백운동서원을 건립	
1545 을사사화	
1547 양재역 대자보 사건	
1550	
	1555 아우크스부르크 종교화의 성립
	1557 포르투갈, 마카오 점령
1559 임꺽정의 활동	1559 카토-캉브레지 조약
	1562~1598 프랑스의 위그노 전쟁

한국사	세계사
	1565 무굴의 아크바르가 데칸까지 영토 확장
1572 이이와 성혼의 서신 논쟁 시작(사단칠정 논쟁)	
1575 동인과 서인의 결집(당쟁 시작)	1581 네덜란드 연방공화국 성립
1588 종계변무 해결	
1589 기축옥사(정여립 사건)	
1590 일본에 통신사 파견	1590 도요토미 히데요시가 일본 통일
1592 일본의 침략(임진왜란)	1592 일본의 조선 침략(임진왜란)
1597 일본의 재침략(정유재란)	
1598 이순신이 노량해전에서 승리	1598 프랑스의 앙리 4세가 낭트 칙령으로 신교 허용
	1600 네덜란드 동인도회사 설립
	1603 일본에서 에도 바쿠후 출범. 영국에서 스튜어트 왕조 성립
1605 사명당이 일본의 조선 포로 송환	
1608 대동법 처음으로 실시	
1611 성균관, 정인홍을 유적(儒籍)에서 삭제	
1618 명, 조선에 원병 파견을 요청함	1618~1648 유럽에서 30년 전쟁
1619 강홍립의 조선군이 후금에 투항	
1623 인조반정	
1627 후금의 침략(정묘호란)	
1636 후금(이해부터 청)의 재침략(병자호란)	
1637 인조가 삼천도에서 청 태종에게 항복	
	1642 영국, 청교도혁명
	1644 청의 입관(중원 장악)
1645 소현세자가 귀국 직후 의문사	
	1648 베스트팔렌 조약(근대 유럽 형성)
1653 네덜란드 선원 하멜 일행이 제주도에 상륙	1653 인도의 샤 자한이 타지마할 축조
1659 1차 예송논쟁(서인 정권 성립)	

1600

1650

한국사	세계사
1674　2차 예송논쟁(남인 정권 성립)	1674　인도에서 마라타 왕국 성립
1680　유악 사건(경신환국)	
	1681　청, 중국 대륙 전체 지배
	1688　영국, 명예혁명(입헌군주제 성립)
1689　세자 책봉 문제로 노론 실각(기사환국)	1689　청-러시아, 네르친스크 조약 체결. 프랑스, 낭트 칙령 폐지
1694　장희빈 사건(갑술환국)	
1697　어부 안용복이 일본 바쿠후로부터 독도가 조선 땅이라는 확인을 받아냄	

1700

한국사	세계사
	1701~1714　에스파냐 왕위 계승 전쟁
1704　숙종이 대보단 건립	1707　아우랑제브의 사망으로 무굴 제국 약화 시작
	1711　청, 강희제의 성세자생인정 선포
1712　서원 신설을 금지함	1713　프로이센, 공국에서 왕국으로 승격
	1720　청, 지정은제 시행
1724　영조 즉위(왕정복고)	1725　중국 최초의 백과사전 《고금도서집성》 완성
	1740~1748　오스트리아 왕위 계승 전쟁
1742　영조가 탕평비 건립	1744~1764　영국-프랑스, 인도에서 카르나티크 전쟁
1744　《속대전》 편찬 시작	

1750

한국사	세계사
1750　균역법 실시	1756~1763　유럽, 7년 전쟁
	1757　플라시 전투로 영국이 벵골 독점
	1759　청, 신장과 시짱 영토화(오늘날 중국 영토 조성)
1762　영조가 사도세자를 뒤주에 가두어 살해함	1772　폴란드 분할
	1773　영국, 노스 규제법 통과(인도의 식민지 지배)
1776　정조가 규장각 설치	1776　미국의 독립선언

한국사	세계사

	1783 미국의 독립
1784 이승훈이 베이징에서 최초로 영세를 받음	
1787 프랑스 함대, 제주도와 울릉도 근해 측량(최초의 서양 선박)	1789 프랑스 혁명
1791 최초의 그리스도교 탄압(신해박해)	1791 프랑스 최초의 공화정 성립
1793 장용영 설치	
1794 수원성 축조 시작(2년 뒤 완성), 문체반정	
	1799 나폴레옹 집권, 프랑스 혁명 실패
1800 순조의 즉위로 세도정치 시작(사대부 체제 복귀)	
1801 신해박해	
	1805 나폴레옹이 유럽 정복 전쟁 시작
1811 홍경래의 난	
	1812 나폴레옹의 몰락
	1816 유럽, 빈 회의 시작
	1816~1825 라틴아메리카 각국, 에스파냐로부터 독립
	1817 영국, 마라타 연합 격파, 전 인도 지배
1818 정약용이 《목민심서》 저술	1819 영국, 싱가포르에 자유 무역항 설치
	1825~1830 자와 전쟁
	1829 그리스 독립
	1830 프랑스 7월 혁명
1832 영국 상선 애머스트호, 최초로 통상 요구	
	1835 벤팅크 총독이 인도에서 영어 교육 시작
1836 프랑스 신부 모방이 밀입국	
1840 헌종이 친정을 시작하면서 세도가문 교체(풍양 조씨)	1842 아편전쟁 발발
	1846 영국, 곡물법 폐지
1847 프랑스 제독 세실의 서신에 대한 답신(최초의 외교문서)	

1800

1830

한국사		세계사	
1850		1848	프랑스 2월 혁명. 독일 3월 혁명. 마르크스와 엥겔스가 〈공산당 선언〉 발표.
1851	안동 김씨가 세도가문으로 복귀	1850~1864	청, 태평천국의 난
		1853~1856	크림 전쟁
		1854	미국 페리 제독이 일본 개항
		1857	인도, 세포이의 반란
		1858	2차 아편전쟁. 중국, 톈진 조약 체결
1860	최제우가 동학 창시	1861~1865	미국의 남북전쟁
1862	진주민란, 제주민란 발생		
1863	고종의 즉위로 흥선대원군 이하응이 집권	1863	프랑스, 인도차이나 획득
1865	경복궁 중건 시작		
1866	제너럴셔먼호 사건. 병인양요		
		1867	오스트리아-헝가리 제국 성립
1868	오페르트가 남연군(대원군 아버지) 묘 도굴 사건	1868	일본, 메이지 유신 시작
		1869	수에즈 운하 완공
		1870~1871	프랑스-프로이센 전쟁
1870			
1871	신미양요	1871	독일제국 수립
1873	최익현의 탄핵으로 대원군 실각. 고종 친정 선언(명성황후 정권 성립)		
1875	운요호 사건		
1876	강화도조약 체결(최초의 국제조약)	1876	영국 빅토리아 여왕이 인도 황제 겸임
1880	일본에 수신사 파견. 통리기무아문 설치	1880	일본의 자유주의 세력이 국회 개설 요구
1881	일본에 신사유람단 파견. 별기군 창설		
1882	미국, 영국과 수호통상조약 체결. 임오군란과 제물포조약. 최초로 태극기 사용	1882	삼국동맹 성립

한국사	세계사
1884 이탈리아, 러시아 등과 통상조약 체결. 갑신정변	
1885 영국군의 거문도 점령(1887년까지)	1885 인도 국민회의 발족
1886 프랑스와 통상조약 체결	
	1889 일본, 제국헌법 선포
	1890 비스마르크 체제 종식
	1891 시베리아 횡단철도 건설 시작
1892 동학교도, 교조 신원 운동	
1894 동학농민운동. 청일전쟁. 갑오개혁 시작	1894~1895 청일전쟁
1895 을미사변. 11월 17일부터 양력 사용	
1896 을미의병 전국적으로 봉기. 고종의 아관파천. 독립협회 발족	
1897 고종 환궁. 대한제국 수립	
1898 만민공동회 개최. 고종이 독립협회 해산령 내림	1898 파쇼다 사건(영국-프랑스 화해)
1899 최초의 철도 경인선 개통	1899 의화단 사건 발발
	1903 영국, 벵골 분리 계획 추진
1904 일진회 창립	1904~1905 러일전쟁
1905 을사보호조약 체결	
1906 국채보상운동. 의병 운동 재개	
1907 헤이그 밀사사건. 고종 퇴위, 순종 즉위	1907 삼국협상 성립
1909 안중근이 이토 히로부미 암살	
1910 한일합병	
1911 105인사건	1911 중국, 신해혁명(제국의 역사 종식)
	1914 일본, 태평양의 독일 식민지 병합
	1914~1918 제1차 세계대전
	1917 러시아 사회주의혁명(소련 탄생)
1918 이르쿠츠크 공산당 결성	
1919 3·1운동. 대한민국임시정부 수립	1919 중국, 3·4운동. 독일, 바이마르 공화국 성립. 이탈리아 파시스트당 성립

한국사	세계사
1920 청산리 전투	1920 인도의 간디가 불복종 운동 시작
	1921 중국 공산당 탄생
1923 일본에서 관동 대학살 발발	1923 터키 공화국 수립
	1924 중국, 1차 국공합작
1925 조선공산당 창립	
1926 6·10만세운동	
1927 신간회 결성	1927 장제스가 중국 재통일
1929 광주학생항일운동	1929 세계 대공황 발발
	1931 만주사변 발발
	1933 독일, 히틀러의 집권
	1934 중국 홍군, 대장정
1935 만주에서 동북항일연군 결성	
	1936 에스파냐 내전 시작. 중국, 시안사건으로 2차 국공합작
1937 김일성이 보천보 습격	1937 중일전쟁 시작
	1939 독일의 폴란드 침공(제2차 세계대전 발발)
1940 1940 임시정부, 광복군 조직	1940 일본, 난징에서 괴뢰정부 수립
	1941 독일의 소련 침공, 일본, 하와이 진주만 기습(태평양전쟁 발발)
1942 만주의 항일 투사들이 조선독립동맹 결성	1942 일본군, 동남아시아 침략 개시
	1943 카이로 선언(한국 독립 보장)
1944 일본, 조선의 총동원령 포고. 여운형이 건국동맹 조직	
1945 일본으로부터 해방됨. 조선건국준비위원회 결성. 조선 인민공화국 수립. 미 군정청 수립	1945 미국, 일본에 원자폭탄 투하(제2차 세계대전 종전)
1946 신탁통치 반대운동. 이승만 지지를 위한 괴뢰단체 대한독립촉성국민회 결성	1946 중국, 내전 재개. 베트남, 대프랑스 독립전쟁 개시
	1947 인도, 독립과 동시에 인도와 파키스탄으로 분리
1948 국제연합, 한국임시위원단 조직. 남한, 5·10단독선거. 북한, 인민회의 대의원 선거. 남북한 별도의 정부 수립	
	1949 중화인민공화국 수립

| 자료 제공 및 소장처 |

고려대학교 박물관 〈동궐도〉

국립고궁박물관 〈경복궁도〉

국립중앙박물관 호패·〈연당(蓮塘)의 여인〉·〈타작〉·〈규장각도〉·〈부부행상〉·흥선대원군

국사편찬위원회 〈조선통신사 행렬도〉·《동경대전》·《용담유사》

독립기념관 전봉준·김개남·손화중·안중근·동양척식주식회사·토지조사사업·3·1운동·임시정부 주요 인사·강제 징용

문화재청 수정전·사육신 묘 사당·남이장군 묘·강릉향교·함양 학사루·연산군 묘·원각사10층석탑·대원각사비·세검정·남한산성 행궁·만동묘

삼성미술관 Leeum 〈인왕제색도〉

성신여자대학교 박물관 〈여지전도〉

셔터스톡 경회루

숭실대학교 한국기독교 박물관 청동지구의·〈연행도〉

용인시청 심곡서원

위키백과 봉은사(Rheo1905)·선조릉(김병래)

육군사관학교 육군박물관 〈부산진순절도〉

권태균 탕평비·다산초당·건청궁 곤녕합

김성철 수원 화성·우정국

백유선 영월 청령포·성균관 명륜당·소수서원·삼전도비·앙부일구·자격루

※ 이 책에 쓰인 사진은 정해진 절차에 따라 저작권자의 허락을 받아 사용했습니다. 저작권자를 찾지 못해 게재 허락을 받지 못한 일부 사진에 대해서는 저작권자가 확인되는 대로 허락을 받고 사용료를 지불하도록 하겠습니다.

찾아보기

ㄱ

가쓰라-태프트 밀약 · 448
갑술환국(甲戌換局) · 261, 262, 269, 270
갑신정변(甲申政變) · 412, 415, 422, 424, 434
갑오개혁(甲午改革) · 424, 426, 427, 430, 432, 434
갑자사화(甲子士禍) · 120, 181
강홍립(姜弘立) · 222
강화도조약 · 395~397, 448
강희제(康熙帝) · 262, 298, 325
개항(開港) · 148, 380, 383, 385, 386, 394~398, 400, 401, 403, 408, 409
개화당(開化黨) · 407, 408, 410~413
건국동맹(建國同盟) · 498
건륭제(乾隆帝) · 306, 325, 326, 383
건저(建儲) 문제 · 182, 184
《경국대전(經國大典)》 · 91, 245, 280
경복궁(景福宮) · 196, 198, 219, 369, 381, 389, 421, 422, 429, 432
경술국치(庚戌國恥, 한일합병) · 461, 463, 464, 466, 469
경신환국(庚申換局) · 257
《경제육전(經濟六典)》 · 56, 91

경종(景宗) · 270~272, 276, 277
계유정난(癸酉靖難) · 82, 83, 85, 92, 95, 308
《고금도서집성(古今圖書集成)》 · 300
《고려사(高麗史)》 · 23, 56
고종(高宗) · 364, 365, 371, 390, 405, 412, 415, 429~433, 435~437, 439, 447~454, 461, 463, 464, 474
고증학(考證學) · 298~300
과전법(科田法) · 46~48, 92, 100, 207, 338, 347
곽재우(郭再祐) · 192
관수관급제(官收官給制) · 99, 100, 105
광복군(光復軍) · 494
광해군(光海君) · 183, 202~207, 210, 212~219, 221, 222, 234, 261, 274, 275, 293, 308, 309
국조오례의(國朝五禮儀) · 101
국채보상운동 · 455
군국기무처(軍國機務處) · 424, 427
규장각(奎章閣) · 309~312, 316, 319, 323, 324, 331
균역법(均役法) · 281, 283, 284, 338
균전론(均田論) · 295, 345, 346

그리스도교 · 146, 236, 292, 319~321, 324, 326, 332~334, 353~355, 358, 373~375, 457

금성대군(錦城大君) · 84, 89, 95

기묘사화(己卯士禍) · 144, 181

기사환국(己巳換局) · 259

기유약조(己酉約條) · 210

기축옥사(己丑獄死) · 179, 184

기해박해(己亥迫害) · 355, 356

김굉필(金宏弼) · 113, 120, 133

김구(金九) · 498, 501, 504, 508, 509

김규식(金奎植) · 501, 508, 509

김대건(金大建) · 354, 356

김시민(金時敏) · 192, 199

김옥균(金玉均) · 410~416, 424

김일성(金日成) · 487~489, 500, 505~509, 511

김일손(金馹孫) · 113~115

김자점(金自點) · 216, 240

김조순(金祖淳) · 335~337, 352, 356

김종서(金宗瑞) · 67, 78~82, 85

김종직(金宗直) · 108, 113~115

김홍집(金弘集) · 400~403, 406, 407, 424~427, 430, 432

김효원(金孝元) · 172, 174

ㄴ

낙론(洛論) · 287, 288, 301

난징 대학살 · 489

남북협상 · 507, 509

남인(南人) · 184, 200, 243~245, 254~261, 276, 297, 313, 323

남조선노동당(남로당) · 505, 506, 511

내선일체화(內鮮一體化) · 491

노론(老論) · 258~260, 262, 270~273, 275, 276, 278, 297, 301~305, 308, 312, 313, 315, 316, 318, 323, 324, 331~336, 349

· 벽파(僻派) · 313~316, 318, 331~334

· 시파(時派) · 313, 332, 333, 349

농사직설(農事直說) · 57

ㄷ

단발령 · 430, 454, 492

단종(端宗) · 71, 75~77, 80, 81, 84~91, 109, 122, 153, 352 ·

당백전(當百錢) · 370, 391

대동법(大同法) · 207~210, 261, 262, 283, 284, 338

《대명회전(大明會典)》· 168, 169

《대전회통(大典會通)》· 91

《대한매일신보(大韓每日申報)》· 455

대한민국임시정부(大韓民國臨時政府) · 477, 501, 510

대한제국(大韓帝國) · 93, 308, 371, 431, 436, 437, 453, 516

데라우치 마사다케(寺內正毅) · 460~462

도요토미 히데요시(豊臣秀吉) · 159, 185,

186, 188, 193, 194, 195, 249
도쿠가와 이에야스(德川家康) · 196, 385
독립문(獨立門) · 166, 167, 435, 436
《독립신문(獨立新聞)》· 411, 435
독립촉성중앙협의회 · 503
독립협회(獨立協會) · 434~439, 464, 515
《동국여지승람(東國輿地勝覽》 · 101
《동국통감(東國通鑑)》· 101, 102
동북항일연군(東北抗日聯軍) · 487, 488, 495
동양척식주식회사 · 469, 471
동인(東人) · 172
동학(東學) · 366~368, 383, 384, 417, 418, 419, 421, 425
동학농민운동 · 418, 426

ㄹ · ㅁ

러일전쟁 · 441~443, 447, 460
만국평화회의 · 451
만동묘(萬東廟) · 264, 389, 391
만민공동회 · 438
만주사변 · 481, 484, 490
메이지 유신(明治維新) · 386, 387, 392, 396, 402, 410, 422, 424, 458, 467
명성황후(明成皇后) · 260, 371, 390, 399, 400, 405, 406, 412~415, 419, 421, 427, 428~431, 435
모스크바3상회의 · 503
모화관(慕華館) · 166~168, 200, 426

무오사화(戊午士禍) · 115, 117, 118, 120, 133
문정왕후(文定王后) · 153~156, 159, 163
문체반정(文體反正) · 322~324, 327
민겸호(閔謙鎬) · 400, 404
민영익(閔泳翊) · 400, 407, 412
민족 말살 정책 · 491 ·
민족자결주의(民族自決主義) · 477

ㅂ

박규수(朴珪壽) · 361, 362, 375, 376, 394, 410 ·
박영효(朴泳孝) · 400, 407, 410~412, 415, 426, 427
박제가(朴齊家) · 311, 312, 323
박지원(朴趾源) · 291, 312, 322, 323, 362
박헌영(朴憲永) · 495, 498, 505, 506, 511
《반계수록(磻溪隧錄)》· 293
《발해고(渤海考)》· 312
방군수포제放軍收布制 · 150
방납(防納) · 359, 360
벨테브레이(Weltevree, Jan Janes, 박연) · 250, 252
병인박해(丙寅迫害) · 376~378
병인양요(丙寅洋擾) 377, 378, 381
병자호란(丙子胡亂) · 226, 231, 236, 239, 454
보천보(普天堡) 전투 · 488, 500
북벌(北伐) · 239~242, 246, · 252, 254,

316

북인(北人) · 184, 200

- 대북(大北) · 200, 203, 205, 215, 218, 243, 308
- 소북(小北) · 200, 203, 205, 206

《북학의(北學議)》 · 312

북학파(北學派) · 291, 294, 295, 297, 312, 315, 324

비변사(備邊司) · 150, 159, 162, 188

빨치산 · 505

ㅅ

사간원(司諫院) · 43, 143

4군(四郡) · 67, 70, 102

사단칠정(四端七情) · 176, 178, 286

사대당(事大黨) · 407~410, 412

사대주의(事大主義) · 22, 24, 64, 246, 326

사림파(士林派) · 104, 106~108, 113~116, 120, 121, 130, 133, 158, 160, 163, 166

사육신(死六臣) · 75, 80, 90, 92, 98, 264

사헌부(司憲府) · 43, 137

사화(士禍) · 98, 115~121, 125, 131, 133, 144

삼국간섭 · 427, 433

3·1운동 · 474, 476, 485

삼전도(三田渡) · 229, 236

삼정(三政) · 338, 359

삼포왜란(三浦倭亂) · 148, 150

상평통보(常平通寶) · 256

서광범(徐光範) · 407, 410, 412, 415, 426

서원(書院) · 158, 264, 389

《서유견문(西遊見聞)》 · 432

서인(西人) · 172, 174, 179, 180, 184~186, 215, 216~219, 221, 222, 224, 227, 234, 239, 243~245, 254, 255, 258~261, 270

서재필(徐載弼) · 411, 415, 434

서학(西學) · 294, 312, 320~322, 350, 366, 368, 372, 373

《석보상절(釋譜詳節)》 · 61, 93

선조(宣祖) · 164, 166, 168, 175, 176, 180~185, 189, 192, 197~199, 201~203, 205, 219, 254, 358, 364, 515

선혜청(宣惠廳) · 208, 359, 404

성균관(成均館) · 49, 101, 133, 140, 205, 216, 389, 393

성삼문(成三問) · 60, 75, 85, 87, 89

성종(成宗) · 99~107, 109~111, 113~116, 119, 120, 122, 131, 132, 136, 243

성혼(成渾) · 177~179, 193, 234

성희안(成希顔) · 122, 141

세도정치(勢道政治) · 324, 327, 336~338, 341, 342, 349, 351, 353, 365, 366, 371, 398, 399

세조(世祖) · 84~102, 104, 105, 109, 114, 115, 129~131, 204, 275, 280, 308, 309, 316, 326
세종(世宗) · 23, 48, 51, 52, 55~57, 59~71, 75, 76, 82, 83, 90, 91, 99, 101~103, 109, 132, 147, 256
소격서(昭格署) · 93, 137
소론(少論) · 258, 260, 270~273, 275~278, 312
소현세자(昭顯世子) · 226, 236~239, 242, 274, 293, 319
《속대전(續大典)》· 91, 280, 281
《속육전(續六典)》· 56, 91
손화중(孫華仲) · 418, 426
송시열(宋時烈) · 240, 244, 255, 257~259, 264, 287
쇄국정책(鎖國政策) · 380, 381, 391
수신사(修信使) · 401
숙종(肅宗) · 255, 256, 258~260, 264, 269, 270, 309
순종(純宗) · 453, 454, 461~464, 466, 482, 516
시모노세키 조약 · 426, 427
신미양요(辛未洋擾) · 379, 381, 385, 388
신사유람단(紳士遊覽團) · 402, 403
신숙주(申叔舟) · 60, 81, 83, 87, 89, 95, 101, 104
신유박해(辛酉迫害) · 333, 345, 357
신탁통치(信託統治) · 503, 504

신해박해(辛亥迫害) · 321, 333
실학(實學) · 247, 291~300, 324, 344~346, 348, 381, 397
심의겸(沈義謙) · 170~172, 374
쌍거호대(雙擧互對) · 277~279

ㅇ

아관파천(俄館播遷) · 432, 436
아베 노부유키(阿部信行) · 499
《악학궤범(樂學軌範)》· 23, 102
안동 김씨(金氏) · 336~338, 351, 353, 355, 358, 364, 390, 399, 410
안용복(安龍福) · 261
안중근(安重根) · 457~459
안평대군(安平大君) · 77~82
양명학(陽明學) · 299, 300
양전(量田) · 45, 47, 48, 209, 210, 261
양헌수(梁憲洙) · 377
여운형(呂運亨) · 498, 500, 501
여전론(閭田論) · 346, 349
연산군(燕山君) · 110~112, 114, 115, 118~125, 129~131, 133, 136, 216, 218, 243
《열하일기(熱河日記)》· 322, 333
영남 만인소(萬人疏) · 403
영조(英祖) · 269, 272~281, 286, 297, 298, 301~309, 312, 314, 319, 324, 334, 336, 357
예송논쟁(禮訟論爭) · 243, 245, 246,

254~256, 286, 290, 297, 302

왕자의 난 · 35, 52, 70

《용비어천가(龍飛御天歌)》· 61

우정국(郵政局) · 412

위안스카이(袁世凱) · 406, 409, 413, 421, 480

위정척사(衛正斥邪) · 381, 389, 408, 456

유성룡(柳成龍) · 184, 190, 195, 198, 200, 234, 274

유인석(柳麟錫) · 455, 456, 381

유자광(柳子光) · 96, 97, 102, 113, 114, 116, 119

유향소(留鄕所) · 105, 106

유형원(柳馨遠) · 293, 294, 296, 345

6·10만세운동 · 482

6진(六鎭) · 67, 70, 79, 102

윤봉길(尹奉吉) · 476

을미사변(乙未事變) · 429, 454, 462

을사사화(乙巳士禍) · 156, 157, 174, 181

을사(보호)조약(乙巳條約) · 449, 450, 452, 463, 516

의병(義兵) · 192, 223, 430, 454~456, 485, 460, 476

의열단(義烈團) · 476

의정부(議政府) · 43, 44, 70, 78, 427

이봉창(李奉昌) · 476

이성계(李成桂, 태조) · 20~22, 24, 25~28, 31, 33~39, 41, 51, 61, 167, 168

이순신(李舜臣) · 190~192, 195, 197~199

이승만(李承晩) · 498, 502~505, 507~511

이완용(李完用) · 431, 449, 453, 454, 455, 460~463, 466

이이(李珥) · 165, 174, 177~179, 185, 234

이조전랑(吏曹銓郎) · 172, 172, 174, 179

이토 히로부미(伊藤博文) · 419, 448, 457

이황(李滉) · 165, 176~178, 205, 403

인물성동론(人物性同論) · 287, 290, 291, 349

인물성이론(人物性同論) · 287, 288, 290, 315, 349

인조(仁祖) · 217, 219, 223, 225~227, 229, 237~240, 250, 272, 293

인조반정(仁祖反正) · 217, 218, 234, 316

일진회(一進會) · 455

임꺽정 · 161~163

임오군란(壬午軍亂)

임진왜란(壬辰倭亂) · 137, 148, 157, 188, 195~197, 202, 206, 210, 213, 231, 261, 264, 282, 422, 468

ㅈ

자의대비(慈懿大妃, 장렬왕후) · 242, 243, 245

장용영(壯勇營) · 317~319, 324, 332

장헌세자(莊獻世子, 사도세자)·302, 304, 308, 313, 317, 332, 357, 365
전봉준(全琫準)·418, 420, 425, 426
전시과(田柴科)·46, 47, 347
전정(田政)·338
《정감록(鄭鑑錄)》·340
정도전(鄭道傳)·20~24, 26~38, 41~44, 55, 56, 90, 122, 144, 145
정묘호란(丁卯胡亂)·222, 226, 229
정미의병(丁未義兵)·455
정미7조약(정미조약)·454, 457
정순왕후(貞純王后)·302, 332, 333, 335
정약용(丁若鏞)·320, 344~346, 348~350
정유재란(丁酉再亂)·195
정전법(井田法)·295, 297, 349
정조(正祖)·304, 305, 307~319, 321~327, 331~333, 335~337, 349, 371, 372, 390, 460
정한론(征韓論)·388, 391, 392, 395
제국주의·252, 355, 372, 373, 375, 376, 378, 379, 387, 388, 393, 396, 393, 423, 433, 441, 443, 448, 458, 460, 472, 473, 478, 479, 480, 48~487, 493, 494
제너럴셔먼호·375, 376, 378
조광조(趙光祖)·132, 133, 135~145, 148, 151, 152, 158, 165, 274, 348
조선건국준비위원회·498

《조선경국전(朝鮮經國典)》23, 29, 30, 33
조선공산당·476, 482, 485, 494~496
《조선사(朝鮮史)》492
《조선왕조실록(朝鮮王朝實錄)》
조선인민공화국(인공)·499, 501~503
《조선책략(朝鮮策略)》401~403
조소앙(趙素昂)·509
조의제문(弔義帝文)·114
《주자가례(朱子家禮)》·137
주초위왕(走肖爲王)·143
중농학파(重農學派)·295~297
중상학파(重商學派)·295
중일전쟁·487, 490, 491, 493
중종(中宗, 진성대군)·122, 125, 129, 130~132, 134, 136, 142, 143, 152, 164, 165, 169, 175, 204, 274, 279, 282
중종반정(中宗反正)·122, 134, 137, 139, 141, 216, 218, 274, 316
《지봉유설(芝峰類說)》·293
직전법(職田法)·91, 92, 100
진경산수화(眞景山水畵)·235, 247, 288, 290, 326
진주민란(晉州民亂)·360
집강소(執綱所)·420, 425
집현전(集賢殿)·56, 60, 68, 71, 80, 85, 92, 100
《징비록(懲毖錄)》·195

ㅊ

창씨개명(創氏改名) · 492
척화비(斥和碑) · 381
천세력(千歲曆) · 326
《천주실의(天主實義)》 · 293
청일전쟁 · 422, 426, 441, 442, 443, 447
총독부(總督府) · 461, 467, 474, 491, 492
최명길(崔鳴吉) · 216, 224, 227, 299
최익현(崔益鉉) · 381, 389, 390, 393, 394, 456
최제우(崔濟愚) · 367, 368, 383, 384, 417

ㅌ·ㅍ

탕평책(蕩平策) · 273, 275~278, 297, 301, 305~307, 336
태종(太宗, 이방원) · 40, 41, 44~56, 66, 68~71, 75~77, 91, 96, 109, 129, 280
톈진 조약 · 415, 418, 419
토지조사사업 · 395, 468, 469, 471, 472, 484, 492
통감부(統監府) · 450, 451, 454, 461
통리기무아문(統理機務衙門) · 402, 405
팔로군(八路軍) · 488, 506
표전(表箋) 문제 · 25
풍양 조씨(趙氏) · 351, 354~356, 358, 365, 370, 399

ㅎ

《하멜 표류기》 · 251
하야시 곤스케(林權助) · 447
하위지(河緯地) · 75, 85
학익진(鶴翼陣) · 190
한명회(韓明澮) · 80, 81, 83~85, 89, 95, 97, 104, 107, 110, 120
한산대첩(閑山大捷) · 190
〈한성순보(漢城旬報)〉 · 412
한일의정서(韓日議定書) · 448
《향약집성방(鄕藥集成方)》 · 58
현량과(賢良科) · 139, 140, 143, 152, 158
호락논쟁(湖洛論爭) · 291, 297
호패(號牌) · 49
홍경래(洪景來) · 339, 342, 360
홍국영(洪國榮) · 313~315
홍문관(弘文館) · 101, 131, 137, 311, 337
홍영식(洪英植) · 402, 407, 410, 412, 415
환정(還政) · 338
황국신민서사(皇國臣民誓詞) · 492
황표정사(黃票政事) · 77, 80, 81
훈구파(勳舊派) · 104~108, 113~116, 118, 120, 121, 130, 133, 139, 140, 158, 164, 170, 230, 275
《훈민정음(訓民正音)》 · 61, 62
흥선대원군(興宣大院君) · 365, 366, 368, 369, 370~374, 377, 378, 380, 381, 385, 389, 390~394, 398, 399, 401, 403~406, 409, 412, 421~423, 430, 431, 432

종횡무진 한국사 2

1판 1쇄 발행일 2001년 8월 17일
개정판 1쇄 발행일 2015년 4월 13일
개정판 8쇄 발행일 2024년 9월 23일

지은이 남경태

발행인 김학원
발행처 (주)휴머니스트출판그룹
출판등록 제313-2007-000007호(2007년 1월 5일)
주소 (03991) 서울시 마포구 동교로23길 76(연남동)
전화 02-335-4422 **팩스** 02-334-3427
저자·독자 서비스 humanist@humanistbooks.com
홈페이지 www.humanistbooks.com
유튜브 youtube.com/user/humanistma **포스트** post.naver.com/hmcv
페이스북 facebook.com/hmcv2001 **인스타그램** @humanist_insta

편집주간 황서현 **편집** 최윤영 임미영 이영란 **디자인** 김태형 최우영 박인규
지도 임근선 **용지** 화인페이퍼 **인쇄** 청아디앤피 **제본** 민성사

ⓒ 남경태, 2015

ISBN 978-89-5862-783-8 04900

- 이 책은 저작권법에 따라 보호받는 저작물이므로 무단 전재와 무단 복제를 금합니다.
- 이 책의 전부 또는 일부를 이용하려면 반드시 저자와 (주)휴머니스트출판그룹의 동의를 받아야 합니다.
- 저작권자를 찾지 못해 게재 허락을 받지 못한 일부 사진과 그림에 대해서는 저작권자가 확인되는 대로 허락을 받고 사용료를 지불하도록 하겠습니다.